RF	radio frequency, Radiofrequenz
RFT	Radiofrequenztransmitter
RM	Rückenmark
SCS	spinal cord stimulation, elektrische Rückenmarkreizung
SENG	sensible Elektroneurographie
SEP	somatosensorisch evozierte Potentiale
t	time, Zeit
TENS	transkutane elektrische Nervenstimulation
US	Ultraschall
VC	voluntary contraction, Willkürkontraktion

H. Edel

Fibel der Elektrodiagnostik und Elektrotherapie

Meiner Frau Ingeborg
und meinen Töchtern Maria und Annerose gewidmet

Fibel der Elektrodiagnostik und Elektrotherapie

H. Edel

unter Mitarbeit von

J.-P. Güttler und D. Schubert

6., bearbeitete Auflage

mit 100 Abbildungen und 22 Tabellen

Verlag Gesundheit GmbH Berlin

Prof. em. Dr. sc. med. Herbert Edel
ehem. Inhaber des Lehrstuhls für Physiotherapie
an der Medizinischen Akademie „Carl Gustav Carus“ Dresden

Dr. sc. tech. Jörg-Peter Güttler und
Dr.-Ing. Dieter Schubert
Institut für Biomedizinische Technik
an der Medizinischen Akademie „Carl Gustav Carus“ Dresden

Edel, Herbert:
Fibel der Elektrodiagnostik und Elektrotherapie /
Herbert Edel; Jörg-Peter Güttler; Dieter Schubert. –
6., bearb. Aufl. – Berlin: Verl. Gesundheit GmbH, 1991. –
356 S.: 100 Abb. u. 22 Tab.

ISBN 3-333-00582-4

1. Auflage 1970
2. Auflage 1973
3. Auflage 1975
4. Auflage 1977
5. Auflage 1983
1. niederländische Auflage 1978
2. niederländische Auflage 1982

6., bearbeitete Auflage

Gesamtherstellung: Druckhaus „Thomas Müntzer“ GmbH, O-5820 Bad Langensalza
Einbandgestaltung: H. Hoeftmann, Berlin

Vorwort zur 6. Auflage

An dem grundsätzlichen Anliegen des Buches, elektrodiagnostisch und elektrotherapeutisch tätigen Fachärzten für Physiotherapie und Fachärzten anderer Fachdisziplinen, die diese Verfahren ambulant, stationär oder im Kurort, als Mono- oder Kombinationstherapie praktizieren, nützliche praktische Grundkenntnisse zu vermitteln, hat sich nichts geändert. Auch interessierte Bioingenieure, die auf diesem Gebiet mit Medizinern zusammenarbeiten, und Krankengymnasten kommen als Leser in Frage.
Bei der raschen Entwicklung dieser Fachdisziplin, besonders auf dem Gebiet der Elektrotherapie, durch Integration neuer Schlüsseltechnologien wie der Mikroelektronik in die Medizintechnik machte sich allerdings bei der Neuauflage eine gründliche Überarbeitung und Umgestaltung notwendig, um dem aktuellen Wissensstand zu entsprechen.
Ein wesentliches Charakteristikum der stürmischen Weiterentwicklung neuer apparativer Verfahren und der Einbeziehung neuer Anwendungsgebiete in die Elektromedizin und Medizintechnik ist die immer enger gewordene Partnerschaft von Ärzten (Medizinern) und Bioingenieuren. Wie unser eigener Arbeitskreis an der Medizinischen Akademie „Carl Gustav Carus" Dresden zeigt, hat diese fruchtbare Zusammenarbeit vielen Kranken, Verletzten und Behinderten erheblichen Nutzen gebracht. Es erschien deshalb durchaus folgerichtig, den Leiter der Abteilung Medizinische Technik und Elektronik des Institutes für Biomedizinische Technik unserer Akademie, Herrn Dr. sc. techn. J.-P. GÜTTLER und seinen Stellvertreter, Herrn Dr. Ing. D. SCHUBERT, für die Neuauflage als Mitarbeiter zu gewinnen. Durch ihre Beiträge zu prinzipiellen Fragen der Gerätegestaltung von Elektrostimulatoren (GÜTTLER und SCHUBERT) und zu Sicherheitsfragen auf dem Gebiet der Elektrotherapie (GÜTTLER), steuern sie nützliche Fachinformationen bei für die oft noch ungenügend orientierten Ärzte. Sie dürften damit dem Anliegen des Buches dienen und gleichzeitig die notwendige Zusammenarbeit beider Fachdisziplinen unterstreichen. Da der Umfang des Buches jedoch nicht erweitert werden sollte, waren einige Veränderungen erforderlich. So wurde in der 6. Auflage auf das Kapitel 2 der 5. Auflage verzichtet (Neuroanatomische, -pathologische, -physiologische und pathophysiologische Grundlagen der Elektrotherapie). Auf inzwischen erschienene Monographien zu dieser Thematik, wie z. B. die „Medizinische Neurophysiologie" von G. TEN BRUGGENCATE 1984 (G. Thieme Stuttgart) wird hingewiesen. Einige notwendige Fakten aus den ausgelassenen Kapiteln sind in die Abschnitte „Physiologische Grundlagen" der verschiedenen Elektrotherapieverfahren eingefügt worden. Auch die nicht direkt zur Elektrotherapie gehörigen Kapitel 7 und 8 der 5. Auflage „Ultraschallbehandlung" und „Ultraschallaerosoltherapie", bei denen es sich um eine indirekte Anwendung der Elektrizität handelt, wurden gestrichen, um neuen Elektrotherapieverfahren und ihren Anwendungsgebieten breiteren Raum zu gewähren.

Die Ultraschalltherapie ist von mir dargestellt worden im Kapitel 3 und 6 in den „Grundlagen und Techniken der Hydro-/Elektrotherapie und Massage“, 1. Auflage 1989, Hrsg. J. C. CORDES, W. ARNOLD und B. ZEIBIG, sowie im Hochschullehrbuch „Physiotherapie“, 5. Auflage 1990, Hrsg. J. C. CORDES, beide im Verlag Volk und Gesundheit, Berlin, erschienen. Außerdem besteht darüber eine hauptsächlich von Autoren der Medizinischen Akademie Dresden verfaßte Monographie „Therapie mit Ultraschall“, Gustav Fischer Verlag, Jena, von H.-G. KNOCH und K. KNAUTH, auf die hingewiesen wird und für die der Autor ein Geleitwort geschrieben hat.

Der dadurch freigewordene Platz wurde hauptsächlich genutzt, die wichtigen aktuellen Themen der Elektroanalgesieverfahren, der neuromuskulären Elektrostimulation einschließlich der funktionellen Elektrostimulation der Extremitäten, FESE, der Osteogenesestimulation im Kapitel Nieder- und Mittelfrequenz sowie der Hyperthermie-Therapie zur Tumortherapie den ihrer Bedeutung entsprechenden Umfang zu geben bzw. sie erstmals zu berücksichtigen. Die von Physiotherapeuten praktizierten einfachen klassischen Elektrodiagnostikverfahren, einschließlich der I/t-Kurvendiagnostik und direkten Chronaxiemetrie, wurden auf Wunsch von Rezensenten aus dem Kreis der Krankengymnasten ausführlicher dargestellt. Eine solche erweiterte und aktualisierte Neuauflage ist nur möglich, wenn der Autor sich auf die Erfahrungen eines großen Arbeitskreises von Ärzten und Bioingenieuren stützen kann, wie es in Dresden der Fall ist. Mein Dank gilt deshalb den Leitern der Physiotherapieabteilung und ihren Mitarbeitern der Klinik für Innere Medizin, Herrn Doz. Dr. sc. med. A. LANGE; der Klinik für Orthopädie, Herrn Prof. Dr. sc. med. J. KLEDITZSCH; der Zentralen Hochschulpoliklinik der Medizinischen Akademie, Frau Dr. E.-M. HEIDENREICH und dem Chefarzt der Zentralen Abteilung für Physiotherapie des Krankenhauses Dresden-Friedrichstadt, Herrn Dr. med. R. FREUND. Sie alle waren an meinem früheren Lehrstuhl für Physiotherapie in Dresden tätig. Ihnen bin ich seit Jahren kollegial verbunden.

Die in den letzten Jahren immer enger gewordene Partnerschaft mit der Abt. Medizinische Technik und Elektronik des Institutes für Biomedizinische Technik (Leiter: Herr Dr. sc. tech. J.-P. GÜTTLER) sei dabei noch einmal besonders hervorgehoben.

Dem Verlag Gesundheit, Berlin, der das Buch seit der 5. Auflage betreut und seiner Lektorin, Frau HINTZ, gilt mein Dank für Zusammenarbeit und Hilfe.

Möge die 6. Auflage wie die vorangegangenen den Interessenten der Elektrodiagnostik und Elektrotherapie bei der Anwendung von Nutzen sein und neue Freunde gewinnen.

Langebrück, 1990 Herbert EDEL

Inhaltsverzeichnis

1. Einführung in die Elektromedizin

Elektrodiagnostik und *Elektrotherapie*, die Themen des vorliegenden Buches, sind den Oberbegriffen *Elektromedizin* und *Medizintechnik* unterzuordnen. Diese haben sich zu wichtigen Teilgebieten der modernen Medizin entwickelt. Das Gebiet der Elektromedizin wird nicht einheitlich abgegrenzt und umfaßt sehr heterogene Bereiche (s. „Wörterbuch der Medizin", David (Hrsg.) 1990, Verlag Gesundheit, Berlin, Bd. 1, S. 565). Der Begriff Elektromedizin wird hier auf die Bereiche eingeschränkt, an denen elektrische Vorgänge im Körper wesentlich beteiligt sind.

1.1. Gliederung der Elektromedizin nach Anwendungsgebieten

1.1.1. Elektrodiagnostik

Definition: Die Elektrodiagnostik als Untersuchung mittels medizinisch-elektrischer Geräte wird begrifflich ebenfalls sehr weit gefaßt. Die folgende Darstellung wird sich jedoch, wie oben dargelegt, ebenfalls nur auf Elektrodiagnostikverfahren beschränken, bei denen elektrische Vorgänge im Körper ein wesentliches Merkmal sind (Tabelle 1).

Die Elektrodiagnostik hat als ein objektives, registrierbares und reproduzierbares diagnostisches Verfahren einen hohen Stellenwert im Gesamtdiagnostikprogramm erlangt. Das gilt besonders für die Diagnostik von neuromuskulären Erkrankungen, Verletzungsfolgen und Anomalien, auf die sich die Darstellung der Elektrodiagnostik in der Fibel konzentriert. Neben dem Fachgebiet der Physiotherapie, auf das dieses Buch in erster Linie ausgerichtet ist, sind Orthopäden, Traumatologen, Neurologen, Internisten, Sportärzte, Allgemeinmediziner u. a. Fachärzte, die neuromuskuläre Erkrankungen zu behandeln haben, wegen des diagnostischen, differentialdiagnostischen und prognostischen Wertes an dem Erwerb praktischer elektrodiagnostischer Kenntnisse interessiert.

Selbst wenn sie diese nicht selbst praktizieren, müssen sie zumindest die speziellen Indikationen der verschiedenen Elektrodiagnostikverfahren und ihre Aussagefähigkeit kennen. Nur damit ist oft die Art der Erkrankung bzw. Verletzung, der Schweregrad, die Lokalisation, die Prognose, der Verlauf und das Therapie- bzw. Rehabilitationsprogramm exakt zu beurteilen.

Einen neuen Stellenwert könnte die Elektrodiagnostik möglicherweise einmal bei der Konzeption kombinierter Elektrodiagnostik-Elektrotherapie-Geräte erhalten. Dabei gewinnt der Arzt während einer Behandlung über Rückmeldung bestimmter elektrodiagnostischer Parameter, z. B. der Chronaxie oder EMG-Parameter, Informationen über auftretende Reaktionen oder Adaptationsvorgänge, z. B. am

Tabelle 1 Elektrodiagnostik- und Elektrotherapieverfahren der 3 Frequenzbereiche der Elektromedizin

Frequenzbereiche	**Diagnostikverfahren**	**Therapieverfahren**
1. Niederfrequenz 0 ... 1000 Hz	1. Stimulationsverfahren: Reizstromdiagnostik, verschiedene Verfahren 2. Ableitungsverfahren: 2.1. Elektromyographie, Elektroneurographie u. a. 2.2. Elektrodermatographie (Hautwiderstandsprüfung)	1. Reizstromtherapie 1.1. Gleichstromtherapie (Galvanisation) 1.2. Reizstromtherapie im engeren Sinne (Impulsstromtherapie) verschiedene Verfahren
2. Mittelfrequenz >1000 Hz	Reizstromdiagnostik: „Mittelfrequenztest“	1. Interferenzstromtherapie 2. Amplitudenmodulation- MF-Stromtherapie (Amplipulsverfahren u. ä.)
3. Hochfrequenz $\geqq 1$ MHz		1. Kurzwellentherapie $\lambda_0 = 11{,}06$ m $= 27{,}12$ MHz 2. 69 cm (Dezimeter-) Wellentherapie $\lambda_0 = 69$ cm $= 433{,}92$ MHz 3. 32,8 cm Wellentherapie $\lambda_0 = 32{,}8$ cm $= 915$ MHz 4. Mikrowellentherapie $\lambda_0 = 12{,}5$ cm $= 2450$ MHz

neuromuskulären System. Auf deren Kenntnisse aufbauend, könnte die Fortsetzung der Therapie optimiert werden.

Um welche Elektrodiagnostikverfahren es sich dabei handelt (Stimulations- und Ableitungs-(Detektions-)Verfahren) ist Tabelle 1 zu entnehmen, sowie der folgenden Darstellung des Kapitels. Ein Teil der Elektrodiagnostikverfahren, meist handelt es sich um einfach durchzuführende, orientierende Vorfeld-Diagnostikmethoden, wie die der sog. klassischen Elektrodiagnostik, Chronaxiemetrie, Akkommodabilitätsquotient-Bestimmung und I/t-Kurvendiagnostik, fällt in den Zuständigkeitsbereich der Physiotherapeuten (mittleres medizinisches Personal). Dem Arzt obliegt jedoch die Aufsichtspflicht, Kontrolle, oft auch die Übernahme von Lehrverpflichtungen an Medizinischen Fachschulen, an denen diese Verfahren gelehrt und entsprechende Fähigkeiten im Lehrplan vermittelt werden. Oft wird er auch in der Praxis Hilfestellung bei der Bewertung und Interpretation der Ergebnisse geben müssen und exakte Hinweise, welche Nerven bzw. Muskeln im vorliegenden Fall zu untersuchen sind.

1.1.2. Elektrotherapie

Definition: Verfahren zur Behandlung, Nachbehandlung (Metaphylaxe) und Wiederherstellung (Rehabilitation) von Patienten mit elektrischen Geräten.
Auch hier wird sich die Darstellung auf solche Verfahren beschränken, bei denen elektrische Vorgänge im Körper ein Wesensmerkmal bilden. Damit entfallen z. B. die Elektrochirurgie u. a. Die wesentlichen Elektrotherapieverfahren gehen aus Tabelle 1 hervor. Unter den Elektrostimulationsverfahren, besonders des Niederfrequenzbereiches (bis 1000 Hz), der im letzten Jahrzehnt eine besonders stürmische Weiterentwicklung durch elektronische Kleinstimulatoren erfahren hat, zeichnet sich neben den zur Therapie (kurzzeitig, periodisch) benutzten Verfahren eine zweite Gruppe ab, die als moderne Rehabilitationsverfahren (langzeitig, evtl. dauernd) in Frage kommen. Hierbei dienen die elektrischen Ströme zum Ersatz (Substitution) oder zur Unterstützung teilweise oder vollständig ausgefallener Organfunktionen. Dafür wird die Bezeichnung *funktionelle Elektrostimulation, FES,* gebraucht. Der Prototyp dieses Verfahrens ist der Herzschrittmacher (Pacemaker). Die Kardiostimulationsverfahren werden jedoch als ein Spezialgebiet der Kardiologie hier in dem Buch ausgeklammert. Berücksichtigt werden jedoch Zwerchfell-, Blasenschrittmacher und besonders die funktionelle Elektrostimulation der Extremitäten, FESE. Im Hochfrequenztherapiebereich hat die Elektrotherapie durch die Hyperthermie, HT-Therapie zur Tumorbehandlung ein neues Anwendungsgebiet gewonnen.
So hat sich die Elektrotherapie in zunehmendem Maße zu einer immer wichtiger werdenden Physiotherapiemethode entwickelt. Sie kann unter 3 verschiedenen Behandlungsprinzipien eingesetzt werden:

1. kurativ
2. rehabilitativ
3. präventiv (selten)

Folgende 3 Betreuungsbereiche kommen als Einsatzorte in Frage:

1. ambulant
2. stationär
3. im Kurort

Im ambulanten Bereich zeichnet sich zunehmend die Tendenz zur Selbstbehandlung nach Anleitung und bei Kontrolle im häuslichen Bereich ab. Dabei kommen elektronische batteriebetriebene Kleinstimulatoren, besonders zur Schmerzbekämpfung und Muskelstimulation, zur Anwendung.
Die Elektrotherapie kann in den folgenden 3 Therapieformen eingesetzt werden:

1. als Monotherapie
2. als Kombinations- und
3. als Komplextherapie

Für die meisten Elektrotherapieverfahren ist heute eine Angabe über die abgegebene physikalische Energie und damit eine objektive Dosierung möglich geworden.

1.2. Gliederung der Elektromedizin nach Frequenzbereichen

Tabelle 1 gibt dazu eine Übersicht.
Diese Gliederung nach Frequenz- bzw. Wellenlängenbereichen* stammt von KOWARSCHIK, dem Wiener Altmeister der Elektrotherapie. Sie hat die früher übliche nach Stromformen abgelöst. Heute werden meist 3 Bereiche unterschieden:

1. Niederfrequenzbereich 0–1000 Hz (1 kHz) einschl. Gleichstrom
2. Mittelfrequenzbereich >1000 Hz
3. Hochfrequenzbereich >1 MHz

Die Gliederung ergab sich sowohl aus differenten biologischen Wirkungen als auch aus gerätetechnischen Unterschieden. Im Niederfrequenz(NF)- und Mittelfrequenz(MF)-Bereich dominieren *Reizwirkungen* (Reizstromtherapieverfahren), d. h. Erregungen an Nerven bzw. Muskeln durch den elektrischen Strom bzw. die elektrische Spannung. Im Hochfrequenz(HF)-Bereich sind dagegen *Wärmewirkungen* durch Umsetzung der elektromagnetischen Energie im Gewebe in Wärme zu erwarten (Diathermie-, Tiefenerwärmungsverfahren).

Größe Abkürzung	Name der Einheit	Einheiten-zeichen	Beziehungen zu anderen SI-Einheiten
Länge, l	Meter	m	Basiseinheit in mm, µm, nm
Masse, m	Kilogramm	kg	Basiseinheit in g, mg, µg
Temperatur, T	Kelvin	K	Basiseinheit in K, °C
Stromstärke, I	Ampere	A	1 A = 1 C/s
Frequenz, f	Hertz	Hz	1 Hz = 1/s*
Kraft, F	Newton	N	$1\ N = 1\ kg \cdot m/s^2$
Energie, E	Joule	J	$1\ J = 1\ N \cdot m$
Leistung, P	Watt	W	1 W = 1 J/s
Elektrizitätsmenge, Q	Coulomb	C	$1\ C = 1\ A \cdot s$
Elektr. Spannung, U	Volt	V	1 V = 1 W/A
Elektr. Kapazität, C	Farad	F	1 F = 1 C/V
Elektr. Widerstand, R	Ohm	Ω	1 Ω = 1 V/A
Elektr. Leitwert, G	Siemens	S	1 S = 1/Ω

Vorsätze für dekadische Vielfache und Teile von Einheiten

10^1	Deka	da	10^6	Mega	M	10^{-1}	Dezi	d	10^{-6}	Mikro	µ
10^2	Hekto	h	10^9	Giga	G	10^{-2}	Zenti	c	10^{-9}	Nano	n
10^3	Kilo	k	10^{12}	Tera	T	10^{-3}	Milli	m	10^{-12}	Piko	p

1 Hz = 1 Schwingung/Sekunde
1000 Hz = 1 kHz
1000 kHz = 1 M(Mega)Hz = 10^6 Hz = 1 Million Hz
1000 MHz = 1 G(Giga)Hz = 10^9 Hz = 1 Billion Hz

* Umrechnung von Frequenz f (Hz) in Wellenlänge in Luft λ_0 (m) erfolgt nach der Formel $\lambda_0 \cdot f = 3 \cdot 10^8$ bzw. $f = 3 \cdot 10^8/\lambda_0$.

1.3. Physikalische Größen und Internationales Einheitensystem (SI)

Seit der Einführung des Internationalen Einheitensystems (LIPPERT 1980) für physikalische Größen (Système International d'Unités), abgekürzt SI, in der Medizin, gelten diese Maßeinheiten auch für die Elektromedizin. Das SI besteht aus 7 Basis- und 100 abgeleiteten Einheiten. In der Elektromedizin werden jedoch nur eine kleine Anzahl physikalischer Größen und deren Einheiten benötigt, von denen die wesentlichen oben angeführt wurden.

2. Elektrodiagnostik

Die kurze Darstellung, die auf die Belange der Physiotherapie ausgerichtet ist, beschränkt sich auf die Elektrodiagnostik wesentlicher neuromuskulärer Erkrankungen.
Für ein weiterführendes Studium, besonders der elektromyographischen Methoden, werden folgende Monographien empfohlen: Buchthal 1958, Hopf und Struppler 1974, Ludin 1976 und 1981, Johnson 1980, Notermans 1984, Hopf 1985.

Aufgaben der Elektrodiagnostik

Als Hilfsmethode der neurologischen klinischen Diagnostik kann die Elektrodiagnostik durch Lieferung objektiver, quantitativer Daten zur Lösung folgender Aufgaben bei der Diagnostik und Differentialdiagnostik neuromuskulärer Erkrankungen beitragen:

1. Art der Schädigung
Abklärung, z. B. ob die Ursache einer Lähmung neurogen (Neuropathie), myogen (Myopathie), tendogen (Tendopathien, z. B. Sehnenruptur) oder psychogen (Psychopathie) ist, ob eine axonale oder demyelinisierende Polyneuropathie vorliegt.

2. Lokalisation der Schädigung (Topodiagnostik)
Abklärung des Ortes der Schädigung im Verlauf der Neuraxis bei Neuropathien, z. B. zentral (supranukleär), nukleär (Vorderhorn), radikulär (Wurzelsegment), im Plexusbereich (in welchem Faszikel?), im peripheren Nervenstamm (in welchem Segment?, z. B. bei Kompressionssyndromen), im motorischen oder sensiblen Ast, am Endorgan, im Endplattenbereich oder im Muskel selbst; auch ob eine Schädigung diffus (generalisierte Schädigung, z. B. bei Systemerkrankungen) oder lokalisiert ist (z. B. bei Mononeuropathie). Die Aufdeckung von Innervationsanomalien ist möglich.

3. Schweregrad (Typ) der Schädigung
Liegt eine *partielle* oder *totale Denervierung* vor, ob der Schädigungstyp eine Neuropraxie, Axonotmesis oder Neurotmesis ist.

4. Prognose der Schädigung (hängt eng mit 3. zusammen)
Teilweise oder vollständige oder keine Wiederherstellung, Defektheilung, Voraussagen über den Zeitpunkt möglicher Wiederherstellung.

5. Verlaufskontrolle der Schädigung
Stadium des Prozesses (Früh-, Spätphase), Eintritt, Progression, Stillstand von Regenerations-(Reinnervations-)prozessen; evtl. auch Aussagen zur Therapiekontrolle, zu Begutachtungsfragen u. ä.

Zu 3. Für periphere Nervenverletzungen hat SEDDON 1942 folgende *Klassifikation* der Nervenschädigungsgrade in Verbindung zu typischen Schädigungsmechanismen gegeben:

a) Neuropraxie
Kurzdauernde, reversible Unterbrechung der Nervenleitfähigkeit (ENG: Leitgeschwindigkeitsverlangsamung oder Leitungsblock) durch lokalisierte Myelinscheidenschädigung (Demyelinisierung). Keine Axonunterbrechung, keine Degenerations-(Denervierungs-)erscheinungen am Neuriten, keine Waller-Degeneration (Nadel-EMG o. B.).
Ursachen: Kurzdauernde Kompressionsschäden, wie z. B. Schlaf-, Krückenparesen, Hämatome, Prellungen, mäßige Ischämie, Kältetrauma, primär demyelinisierende Polyneuropathien.
Prognose: Im allgemeinen bei kurzzeitigen Gewalteinwirkungen gut, vollständige Wiederherstellung in 3 – 4 Wochen (selten evtl. in einigen Monaten). Konservative, abwartende Therapie.

b) Axonotmesis
Unterbrechung der Kontinuität der Axone (bzw. primäre Axonschädigung bei „axonalen Polyneuropathien") mit nachfolgender Waller-Degeneration (Nadel-EMG: Denervierungszeichen: Spontanaktivität, Veränderungen des Aktivitätsmusters und der Parameter motorischer Einheiten). Dagegen sind die bindegewebigen Hüllen (Endo-, Peri-, Epineurium) in der Regel intakt geblieben.
Ursachen: Quetschungen, schwere Traumen mit Gewebskontusionen, Geschoßverletzungen, chronische Kompressions-(Engpaß-)syndrome, Frakturen, Zerrungsverletzungen, arthrogene Spätschäden, primär axonale Polyneuropathien.
Prognose: Wiederherstellung erst in 3 – 6 Monaten möglich, da bei intraneuraler Regeneration das Axon täglich nur 1 – 2 mm auswächst. Wenn die Leitbahnen vollständig erhalten bleiben, ist eine sog. *isomorphe Neurotisation* möglich, d. h., das ursprüngliche Verteilungsmuster der motorischen Einheiten bleibt erhalten. Bei Mitverletzung des Endoneuriums ist aber auch eine sog. *heterogene Neurotisation* möglich, d. h., durch Fehleinsprossung regenerierender Axone können Defektheilungen auftreten. Axonotmesis und Neurotmesis sind nicht immer klar zu unterscheiden. Als Faustregel gilt bei geschlossenen Nervenverletzungen: Wenn in 6 – 8 Wochen keine Reinnervationserscheinungen (s. Nadel-EMG und konventionelle Elektrodiagnostik) festzustellen sind, ist der Nerv operativ freizulegen und auf vollständige Kontinuitätsunterbrechung (Nervennaht erforderlich) zu inspizieren. Bei Teillähmungszeichen kann der Nerv nicht völlig durchtrennt sein. Bei Zerrungsverletzungen unsichere, oft schlechte Prognose.

c) Neurotmesis
Vollständige Durchtrennung des gesamten Nervenquerschnitts (Axon und Hüllen).
Ursachen: Schnittverletzungen (Glas, Messer), Geschoßverletzungen mit Kontinuitätsunterbrechung des Nervs.
Prognose: Operativer Eingriff (Nervennaht, Nerventransplantation) immer erforderlich, da spontane Reinnervation nicht möglich. Immer heterotope Neurotisation. Regenerationsdauer nach Nervennaht ca. 3 – 6 Monate, je nach Nervenstumpflänge.

2.1. Reizstromdiagnostik

Definition: Unter Reizstromdiagnostik wird die Anwendung elektrischer Ströme zur Prüfung der Erregbarkeit von Nerven und Muskeln verstanden.
Im Gegensatz zur Elektromyographie und Elektroneurographie, die der Arzt durchführt, fallen die nachfolgend aufgeführten, z. T. als klassisch oder konventionell bezeichneten Elektrodiagnostikverfahren in den Zuständigkeitsbereich des mittleren medizinischen Personals (Physiotherapeuten).

Übersicht der Elektrodiagnostikmethoden zur Reizstromdiagnostik

a) Nervenerregbarkeits-(Excitability-)test =
Nervenleitungs-(Conductability-)test =
indirekter Muskelerregbarkeitstest mit Niederfrequenz- und Mittelfrequenzströmen: Mittelfrequenztest

b) Galvanisch-faradische Erregbarkeitsprüfung
(galv.-farad. Test)

c) *I*/*t*-Kurvendiagnostik =
Reizstromstärke – Reizzeit = *I*/*t*-Kurven-(Strength-Duration-)diagnostik

d) Direkte Chronaxiemetrie

Diese Berufsgruppe erhält dazu während der Ausbildung an einer medizinischen Fachschule theoretische Kenntnisse und auch praktische Fähigkeiten vermittelt. Der Arzt ist jedoch für die Kontrolle dieser Fähigkeiten verantwortlich und hat die Anweisung für ihren gezielten Einsatz sowie oft Hilfe bei der Interpretation der Ergebnisse zu geben. Alle diese Verfahren können nicht als subtile Methoden zur Diagnose, Differentialdiagnose oder Prognose von Erkrankungen bzw. Verletzungsfolgen des neuromuskulären Systems eingeschätzt werden. Von einer „Bausteinanalyse der Motorik“, wie bei der Elektromyographie, kann nicht gesprochen werden. Sie dienen aber der raschen Orientierung, die mit einfachen apparativen Mitteln zu erzielen ist. Auch sind sie, da sie mit Oberflächenelektroden praktiziert werden, im Gegensatz zur Nadel-Elektromyographie nicht invasiv und für den Patienten weniger belästigend. Nach elektrischer Reizung des motorischen Nerven über seinen Nerven- oder Muskelreizpunkt oder direkter Muskelreizung bei den zu eruierenden Muskeln wird dabei meist visuell die mechanische Gesamtantwort des getesteten Nerv-Muskel-Systems in Form einer Minimalzuckung getestet. Es ist verständlich, daß dabei subjektive Faktoren Bedeutung erlangen können, die bei erfahrenen Untersuchern jedoch ziemlich gering sind. Es ist auch verständlich, daß das Beurteilungskriterium der Gesamtantwort (Kontraktion) des Muskels feinere Aussagen über die Muskelsituation, z. B. in verschiedenen Tiefen gelegener Abschnitte des Muskels, nicht zuläßt. Aussagen sind überhaupt nur für die Anteile des Muskels zu erwarten, die von den Stromschleifen erfaßt werden (Abhängigkeiten von Elektrodenposition, -größe u. a. Faktoren). Es müssen schon stärkere Ausfälle, höhere Schädigungsgrade (Denervierungen) vorliegen bzw. eine Herabsetzung der Erregbarkeit durch abgeschwächte Muskelkontraktionen oder Veränderungen des Charakters der Muskelzuckung sichtbar werden. Deswegen sind z. B. partielle Denervierungen, bei denen verschiedene Schädigungsgrade und

normal innervierte Muskelfasern nebeneinander vorkommen, mit diesen Methoden schwerer zu erkennen als totale Denervierungen oder vollständig normale Muskeln.
Seitenvergleiche zur nichtbetroffenen, korrespondierenden Körperseite sind immer zur Beurteilung wertvoll. Frühzeitige Aussagen hinsichtlich des Eintritts einer Denervierung – von der Ausnahme des Nervenerregbarkeitstests bei Gesichtsnervenlähmungen vielleicht abgesehen – sind mit diesen Methoden kaum zu erwarten. Mit ebensolchen Latenzen ist auch hinsichtlich des Auftretens von Reinnervationserscheinungen zu rechnen. So ist es auch nicht überraschend, daß die Übereinstimmung der „klassischen" Reizstromdiagnostikverfahren im Vergleich zu Elektromyographiebefunden nicht sehr hoch ist, wie LANGE an unserer Klinik 1978 feststellte. Es wäre jedoch sicher zu weit gegangen, die konventionellen Methoden deshalb in Bausch und Boden abzulehnen, wie es von manchen Autoren geschehen ist. Es gilt die Grenzen dieser Verfahren richtig einzuschätzen, dann behalten sie ihre Bedeutung. Außerdem haben nicht alle Physiotherapieeinrichtungen die Möglichkeit der Elektromyographie und auch nicht die darin ausgebildeten Fachärzte.

Geräte und Zubehör zur Reizstromdiagnostik

Geräte (Stimulatoren) zur Erzeugung von Reizströmen für die „klassische" und I/t-Kurvendiagnostik sind derzeit selten als spezielle Elektrodiagnostikgeräte, sondern meist als kombinierte Elektrodiagnostik-Elektrotherapie-Geräte entwikkelt worden. Das Grundprinzip eines Reizstromdiagnostikgerätes besteht im Aufbau aus

1. einem Impulsgenerator,
2. einem Patienten-(Eingangs-)kreis, in den der Patient einbezogen ist, und
3. einem Meßkreis zur Messung der Strom- bzw. Spannungswerte.

Die Ausgangsschaltung (Endstufencharakteristik) ist meist stromkonstant (c. c.) bis >10 kΩ, seltener spannungskonstant (c. v.), oder es ist beides wahlweise verfügbar. Das angebotene Frequenzspektrum liegt zwischen 0 (= Gleichstrom) – 1000 Hz Rechteck- und Dreieckimpulse, Impulsdauern von 0,01 – 1000 (3000) ms und Intensitäten bis 60 mA für Gleichstrom, bis 100 mA für Impulsstrom sind verfügbar.
Als *Beispiele* für derzeit im Handel verfügbare Seriengeräte seien genannt

Universalreizstromgerät „TuR" RS 21 (c. c. und c. v.), Reizstromtherapiegerät „TuR" RS 10 (nur für galv.-farad. Test und Nervenerregbarkeits-Test),
„Erbogalvan U2" Erbe Elektromedizin GmbH Tübingen,
„Universal Neuroton 826" Siemens AG, Erlangen,
„Neuroton 827" (für „kleine" Diagnostik).

Zubehör: Oberflächenelektroden, Unterbrecherelektroden, Plattenelektroden verschiedener Größen, Elektrodentaschen, Elektrodengel.

Methoden zur Reizstromdiagnostik

Die üblicherweise dazu benutzten Verfahren wurden S. 18 genannt.

2.1.1. Nervenerregbarkeits-(Excitability-)test

= Nervenleitungs-(Conductability-)test,
= individueller Muskelerregbarkeitstest u. a. Synonyma

Die Prüfung der Erregbarkeit des motorischen peripheren Nervs, d. h. der Fortleitung von Impulsen nach elektrischer Reizung des Nervs auf die von diesem versorgte Muskulatur (= sog. indirekte Reizung) und die Beobachtung des Auftretens oder Nichtauftretens einer Muskelantwort (Muskelkontraktion) ist ein einfacher, nicht invasiver Test. Durch seine Einfachheit ist er besonders dort nützlich, wo durch größere Muskelausfälle (z. B. Plexuslähmungen) viele Muskeln zu testen sind, um einen raschen Überblick zu erhalten. Außerdem ist er vom mittleren medizinischen Personal durchzuführen, gute Kenntnisse im Aufsuchen von Nervenreizpunkten und Wissen, an welchen Muskeln bei der Nervenreizung eine Antwort erfolgen sollte, vorausgesetzt.
Der Test ist bei neuromuskulären Erkrankungen zum Ausschluß oder zur Bestätigung peripherer Nervenläsionen indiziert, besonders auch zur Beurteilung von Gesichtsnervenlähmungen. Er liefert auch Hinweise, ob partielle oder totale Denervierungszustände vorliegen, und hilft bei der Differentialdiagnose Neuropraxie/Axonotmesis, Neurotmesis. Nützlich ist er zur Aufdeckung, ob Innervationsanomalien vorliegen, wie sie z. B. hinsichtlich der Versorgung der Handmuskeln vom N. medianus bzw. N. ulnaris keinesfalls selten sind.

Methodik: Mit der sog. monopolaren Elektrodentechnik (Abb. 1) wird der zu testende periphere motorische oder gemischte Nerv bzw. Nervenstamm gereizt. Eine kleine aktive, kathodisch gepolte Elektrode (z. B. Unterbrecherelektrode) wird auf den Nervenpunkt gelagert nach entsprechender Hautvorbereitung und Durchführung der Elektrodenunterpolsterung bzw. Elektrodengelanwendung. Das Aufsuchen der Nervenreizpunkte wird durch entsprechende Tafeln erleichtert (Abb. 2 und 3). Die Gegenelektrode (disperse, indifferente E.) ist eine größere Plattenelektrode, anodisch gepolt und entfernt davon befestigt. Bei Testung von

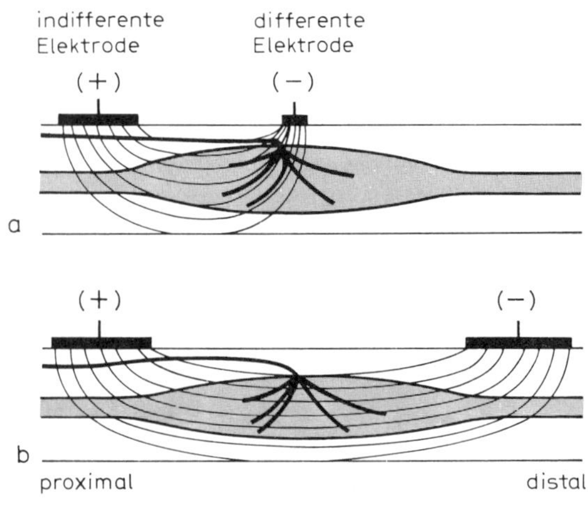

Abb. 1 Elektrodentechnik
a) sog. **monopolare** Elektrodentechnik (kleine aktive Elektrode (−), hier am Muskelreizpunkt),
b) **bipolare** Elektrodentechnik (zwei gleich große Elektroden, Längsdurchströmung vieler Muskelfasern)

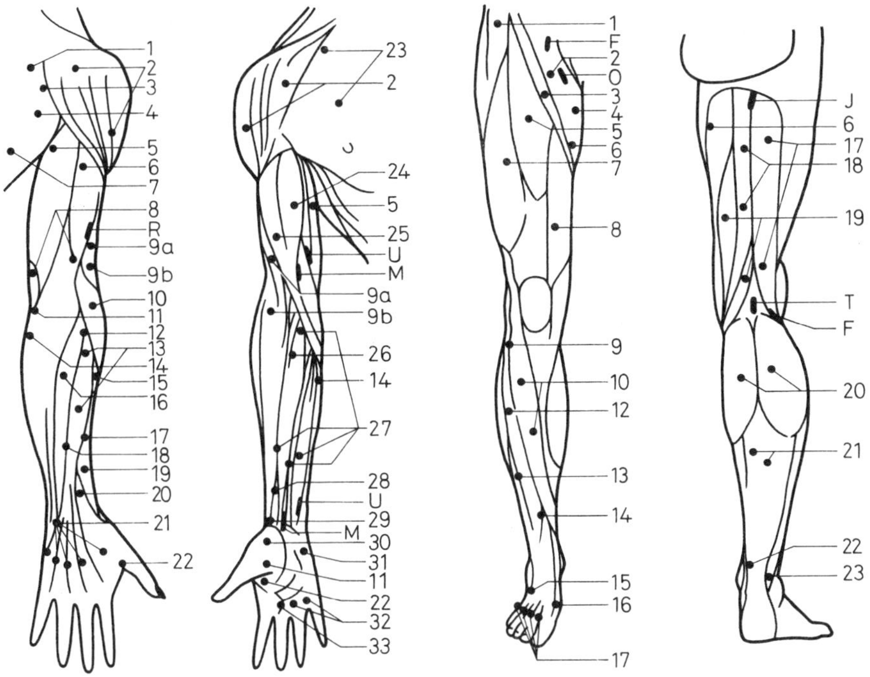

Abb. 2 Muskel- (●) und Nervenreizpunkte (Buchstabe) an den Extremitäten

RP	Muskel	Nerv	Segment
23	Pectoralis maj.	Thoracoventr.	C5-Th1
7	Latiss. dorsi	Thoracodors.	C5-8
1	Infraspinatus	Suprascapul.	C4-6
4	Teres major	Subscapul.	C5-7
3	Teres minor	Axillaris	C4-5
2	Deltoides	Axillaris	C5-6
		N. musculocutaneus	
24	Biceps		
	Cap. brev.	Musculocutan.	C5-6
25	Cap. long.	Musculocutan.	C5-6
9a	Brachialis	Musculocutan.	C5-6
M		N. medianus	
29	Pron. quadr.	Medianus	C7-Th1
26	Flex. carp. rad.	Medianus	C6-7
28	Flexor poll. long.	Medianus	C6-8
11	Flexor poll. brevis	Medianus	C7-Th1
27a	Flex. digit. superfic.	Medianus	C7-Th1
27b	Flex. digit. prof. II. III.		

Legende Abb. 2 (Fortsetzung)

M		N. medianus	
30	Abd. poll. brevis	Medianus	C7-Th1
33	Lumbric. I. II	Medianus	C8-Th1
U		N. ulnaris	
27b	Flex. dig. prof. IV. V	Ulnaris	C8-Th1
32	Lumbric. III. IV	Ulnaris	C8-Th1
21	Interossei	Ulnaris	C8-Th1
22	Abductor poll.	Ulnaris	C8-Th1
31	Abductor V	Ulnaris	C8-Th1
14	Flex. carp. uln.	Ulnaris	C7-Th1
R		N. radialis	
6	Triceps		
	Cap. lat.	Radialis	C6-8
5	Cap. long.	Radialis	C6-8
8	Cap. med.	Radialis	C6-8
9b	Brachioradialis	Radialis	C5-6
12	Supinator	Radialis	C5-7
17	Abd. poll. long.	Radialis	C6-8
RP	Muskel	Nerv	Segment
10	Ext. carp. rad. long.	Radialis	C5-7
15	Ext. carp. rad. brev.	Radialis	C5-7
16	Ext. carp. uln.	Radialis	C6-8
13	Ext. dig. comm.	Radialis	C6-8
18	Ext. V. proprius	Radialis	C6-8
19	Ext. poll. brevis	Radialis	C7-Th1
20	Ext. poll. longus	Radialis	C6-8
RP	Muskel	Nerv	Segment
1	Tensor f. lat.	Glut. cran.	L4-5
F		N. femoralis	
3	Sartorius	Femoralis	L2-3
5	Rectus fem.	Femoralis	L2-4
8	Vastus med.	Femoralis	L2-4
7	Vastus lat.	Femoralis	L2-4
O		N. obturatorius	
4	Add. long.	Obturatorius	L2-3
2	Pectineus	Obturatorius	L2-3
6	Add. magnus	Obturatorius	L3-4

Legende Abb. 2 (Fortsetzung)

J		N. ischiadicus	
18	Semitendin.	Ischiadicus	L4-S1
19	Semimembr.	Ischiadicus	L4-S1
17	Biceps fem.	Ischiadicus	L4-S2
T		N. tibialis	
20	Gastrocnem.	Tibialis	L4-S3
21	Soleus	Tibialis	L4-S2
22	Flex. dig. long.	Tibialis	L5-S2
23	Flex. hall. long.	Tibialis	L5-S2
16	Abduct. hall.	Tibialis	S1-2
17	Interossei	Tibialis	S1-2
F		N. fibularis	
10	Tibialis ant.	Fibularis	L4-5
12	Ext. dig. long.	Fibularis	L4-S1
15	Ext. dig. brev.	Fibularis	L4-S1
14	Ext. hall. long.	Fibularis	L4-S1
9	Fibular. long.	Fibularis	L5-S1
13	Fibular. brev.	Fibularis	L5-S1

Nerven im Kopf- oder Armbereich wird sie meist am Nacken, bei Beinnerven im Lumbalbereich postiert. Die Intensität (mA) wird bei c. c. Reizstromgeräten allmählich gesteigert, bis als Reizantwort eine *Minimalzuckung* beobachtet wird. Der Erregbarkeits-Schwellenwert dafür wird notiert. Kommt es auch bei Steigerung der Intensität bis zur Toleranzgrenze (d. h. maximal tolerabler Intensität) zu keiner Muskelkontraktion, so gilt das Testergebnis als negativ. Im Seitenvergleich zum entsprechenden Nerven der nicht betroffenen Seite ist festzustellen, ob Differenzen in den Schwellenwerten vorliegen, d. h., ob bei Herabsetzung der Erregbarkeit der kranken Seite höhere mA-Werte erforderlich werden. Gereizt wird meist mit kurzen 1 ms (oder 0,1 ms) Rechteckimpulsen aus c. c. Reizstromgeräten.
Reizorte sind bei Verdacht auf Zervikalwurzelläsionen, z. B. C5 oder C6, der Erb-Punkt (Abb. 4) oder die Axilla, bei den Extremitätennerven die auf Abbildung 2 abgebildeten Nervenreizpunkte. Für den N. facialis liegt der Reizpunkt (s. Abb. 3) über seiner Austrittsstelle am Foramen stylomastoideum. Der Zeitpunkt der Durchführung des Tests ist bald nach Auftreten der Lähmung, da pathologische Befunde (Herabsetzung der Erregbarkeit im Seitenvergleich) oder ein negativer Test schon zwischen 3.–10. Tag auftreten können.

Beurteilung und Bewertung: Beurteilt wird in erster Linie die Ja/Nein-Aussage, d. h., ob es zu einer Muskelantwort bei Nervenreizung kommt (= positiver Testausfall) oder nicht (= negativer Test). Bei partiellen Denervierungen, bei denen neben zugrundegegangenen, nicht mehr impulsleitenden denervierten Nervenfasern noch genügend Nervenfasern intakt geblieben sind, um eine Muskel-

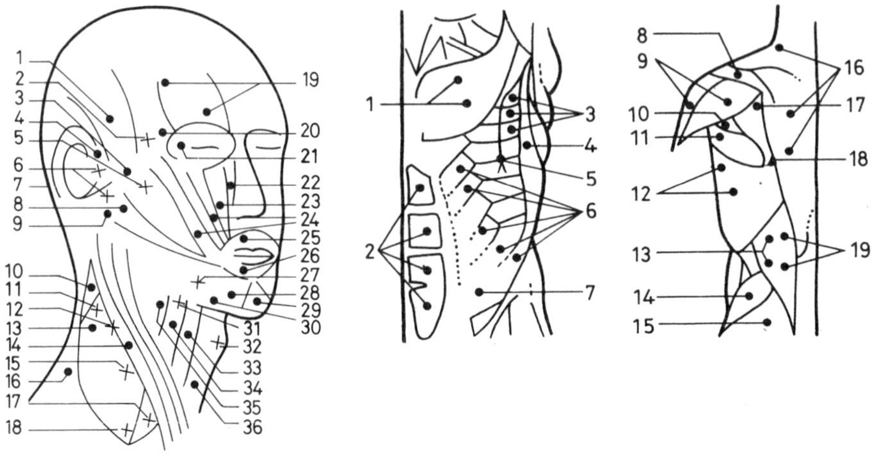

Abb. 3 Muskel- (•) und Nervenreizpunkte (+) am Kopf sowie Muskelreizpunkte am Rumpf

Kopf:

1 Temporalis
2 Facialis
3 Masseter
4 Auriculus anterior
5 N. facialis
6 N. facialis
7 Auriculus posterior
8 Stylohyoideus
9 Digastricus
10 Splenius
11 N. accessorius
12 N. phrenicus
13 Levator scapulae
14 Sternocleidomastoideus
15 Erbscher Punkt
16 Trapezius
17 N. thoracalis anterior
18 N. thoracalis longus
19 Epicoranius
20 Corrugator supercilii
21 Orbicularis occuli
22 Nasalis
23 Quadratus labii superioris
24 Zygomaticus
25 Orbicularis oris
26 N. facialis
27 Quadratus labii inferioris
28 Mentalis
29 Triangularis
30 N. hypoglossus
31 N. laryng. superior
32 Omohyoideus
33 Thyrohyoideus
34 Platysma
35 Sternohyoideus

Rumpf:

1 Pectoralis major
2 Rectus abdominalis
3 Serratus anterior
4 Latissimus dorsi
5 Thorac. longus
6 Obliquus abdom. extern.
7 Transversus abdominis
8 Supraspinatus
9 Deltoideus
10 Teres minor
11 Teres major
12 Latissimus dorsi
13 Iliocostalis
14 Gluteus medius
15 Gluteus maximus
16 Trapezius
17 Infraspinatus
18 Rhomboideus
19 Longissimus dorsi

kontraktion zu erzeugen, ist die Erregbarkeit herabgesetzt, d. h., es werden im Seitenvergleich höhere Stromstärken (mA) als normal benötigt, um eine Muskelantwort zu erzielen. Für den N. facialis, bei dessen Läsionen (z. B. idiopathische Facialislähmungen) der Test gern benutzt wird, sind auch Normalwerte bei einer größeren Patientenzahl getestet worden. Bei Reizung mit 1-ms-Rechteckimpulsen gibt Nelson 1971 4,07 ± 1,39 mA an, Campbell 1962 3–8 mA. Wertvoll ist immer der *Seitenvergleich*, besonders bei Nerven, bei denen keine solchen Normwerte im Schrifttum angegeben sind. Beim N. facialis wertet z. B. Hilger 1964 Seitendifferenzen von 3,5 mA und höher als Denervierungszeichen. Da bei der

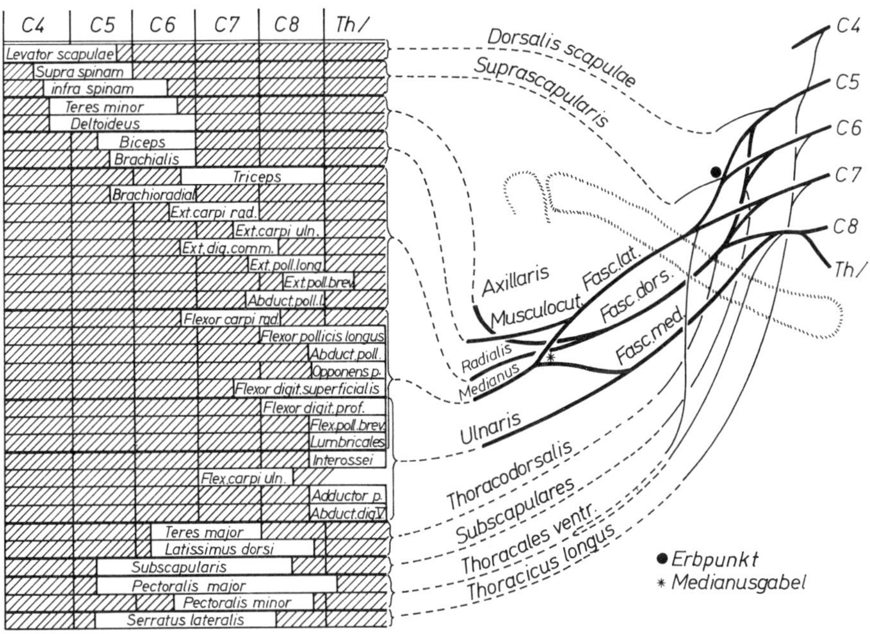

Abb. 4 Plexus brachialis

Facialislähmung die elektropathophysiologischen Veränderungen auffallend rasch auftreten, im Gegensatz zu Denervierungszeichen im EMG, die oft erst mit 2–3 Wochen Latenz nachweisbar sind, hat die Testung sobald als möglich nach Beginn der Gesichtslähmung, spätestens ab 3. (–5.) Tag täglich im Seitenvergleich zu erfolgen. Schon ab 3. Tag (bis 10. Tag) sind Hinweise auf partielle oder eingetretene totale Nervendegeneration zu erwarten. Das frühe Erkennen ist besonders wichtig für die bald zu fällende Entscheidung, ob eine operative Dekompression des Nervs vorgenommen werden soll oder konservativ vorgegangen werden kann, wofür die EMG-Befunde oft zu spät positiv werden. Auf die *prognostische Bedeutung* dieses Tests bei der Facialisnervenlähmung haben Campbell 1962 u. a. hingewiesen. Bleibt über mehrere (8–10) Tage nach der Lähmung ein positiver Testbefund (Muskelantwort bei normalen Reizintensitäten) bestehen, so trat bei 90% der Patienten eine volle Nervenregeneration ein, die Prognose war also gut. Bei herabgesetzter Erregbarkeit (Differenzen der Schwellenwertintensitäten im Seitenvergleich) war nur in 48%, bei negativem Test (= keine Muskelantwort) nur in 20% mit günstigen Regenerationsergebnissen zu rechnen. Bei den restlichen traten durch Fehleinsprossung (Sprouting) regenerierender motorischer Axone in falsche Muskelfasern Defektheilungen auf in Form von störenden Gesichtsmuskelmitbewegungen (Synkinesien), die bei Bewegung oder/und schon in Ruhe zu beobachten waren.

Die *Grenzen* des Nervenerregbarkeitstests und damit die mangelnde Verläßlichkeit der Beurteilung treten dann in Erscheinung, wenn z. B. bei tieferliegenden Nerven der elektrische Reiz auf andere Nerven überspringt (z. B. Antagonisten), die jedoch nicht zu denen gehören, die von dem zu testenden Nerv versorgt werden. Auch an mögliche Nervenanomalien (Hand) muß man denken, wenn an manchen Muskeln keine Muskelantwort auftritt. Ödeme im Testbereich können stark störend wirken. In den genannten Fällen ist die alleinige Durchführung dieses Tests nicht ausreichend. Auch für die Verlaufsbeobachtung in der Reinnervationsphase nach Denervierung gibt es geeignetere Elektrodiagnostikverfahren (I/t-Kurven-, EMG-Diagnostik). Im allgemeinen kann man einen positiven Test (Muskelantwort) als verläßlicher einschätzen als einen negativen.

Mittelfrequenztest

Eine interessante Variante des Nervenerregbarkeitstests hat LANGE 1978 an unserer Klinik entwickelt. Sie hat sich als aussagekräftiger, auch vom mittleren medizinischen Personal leicht durchführbarer, ökonomischer Test erwiesen, der zur Verlaufsbeurteilung auch in Einrichtungen gut geeignet ist, die über kein EMG verfügen. Er beruht auf der Beobachtung, daß nur ein intaktes Nerv-Muskel-System, ein normal oder weitgehend normal innervierter Muskel, nicht aber ein denervierter einen offenbar für einen geschädigten Nerv oder Muskel inadäquaten Mittelfrequenzreiz beantworten kann. Geprüft wurden Frequenzbereiche von 1 – 16 kHz. Hinsichtlich ausführlicher Erklärungshypothesen wird auf LANGE 1978 verwiesen.
Gerät: Zunächst wurde mit einem von EDEL und FÜCKER an der Medizinischen Akademie Dresden entwickelten Labormuster, später mit einem nach LANGE erstellten Spezialgerät getestet. Seriengeräte existieren derzeit noch nicht.
Methodik: Zur Reizung wurde der in Abbildung 5 dargestellte Impuls benutzt. Die Reizelektrode ist eine übliche Punktelektrode (ca. 1,5 cm^2). Mit monopolarer Reiztechnik, wie vorher beschrieben, wird der motorische Reizpunkt des zu testenden Muskels (sog. direkte Reizung) gereizt. Ein Seitenvergleich ist obligat. Die notwendige Stromstärke bis zum Auftreten einer Minimalzuckung wird notiert. Bei negativem Testergebnis ist auch bei maximal tolerablen Intensitäten keine Muskelkontraktion auslösbar.

Beurteilung und Bewertung:

- Intakte, normal innervierte Muskeln zeigen ein promptes Ansprechen auf MF-Reiz, seitengleich mit praktisch gleichen Stromstärken = positiver MF-Test.

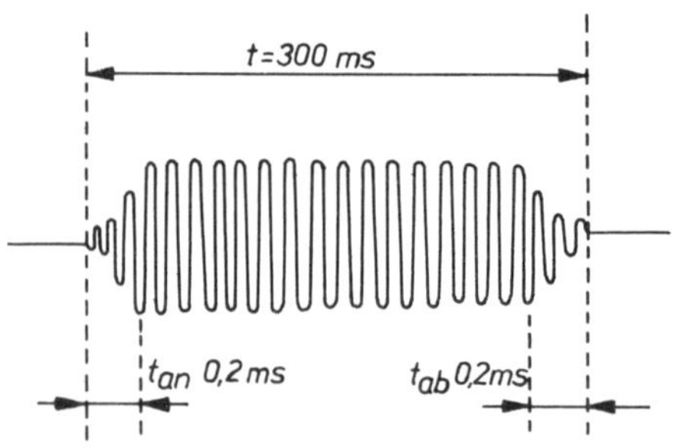

Abb. 5 Mittelfrequenz-Test, gleitspiegelsymmetrischer MF-Impuls; Trägerfrequenz 4 kHz

• Denervierte Muskeln beantworten auch bei maximal tolerablen Stromstärken den MF-Reiz nicht mit einer Muskelzuckung = negativer MF-Test. Der Test wird ohne Latenz negativ. Auch wurden keine Abhängigkeiten von der Nervenstumpflänge festgestellt. Im weiteren Verlauf ging der negative MF-Test im EMG mit dem Vorhandensein einer deutlichen Spontanaktivität parallel. Er bleibt auch in der Reinnervationsphase noch negativ, solange noch eine deutliche Spontanaktivität im EMG besteht.
• Partiell denervierte Muskeln. Muskeln, die im EMG nur geringgradige Denervierungszeichen aufwiesen, zeigten auch positive Testergebnisse. Jedoch waren im Seitenvergleich auf der betroffenen Seite höhere Stromstärken erforderlich. Die Seitendifferenzen verschwanden erst bei vollständiger Reinnervation.

Dieser einfache Test hat eigentlich nur den einen Nachteil, daß er ein Gerät benötigt, das diesen oder einen ähnlichen nullsymmetrischen MF-Impuls abgibt, der von den üblichen Serienreizstromdiagnostikgeräten nicht erzeugt werden kann. Kann diese Schwierigkeit, z. B. durch Eigenbau, überwunden werden, so ist er wegen seiner Einfachheit und prompten Ja/Nein-Entscheidung bei Verdacht auf Denervierung besonders für Einrichtungen ohne EMG oder auch zur Ergänzung eines EMG zur Verlaufskontrolle u. E. sehr nützlich und verdiente größere Verbreitung.

2.1.2. Galvanisch-faradische Erregbarkeitsprüfung

Der galvanisch-faradische Test (Erb 1883) ist das älteste Reizstromdiagnostikverfahren zur neuromuskulären Elektrodiagnostik. Wie der Name aussagt, wird dabei mit 2 unterschiedlichen Stromformen gereizt:

1. Mit *Gleichstrom* (= galvanischer Strom), d. h. einem langdauernden Rechteckimpuls, der beim Einschalten des Stromes zu einer Muskelkontraktion führt, wenn das Nerv-Muskel-System, das getestet werden soll, intakt (= normal innerviert) ist. Die Reizelektrode ist kathodisch (–) gepolt.

2. Mit einem *tetanisierenden Impulsstrom* (= faradischem Strom). Heute wird dazu der von modernen Reizstromgeräten abgegebene *neofaradische Strom* benutzt. Es handelt sich dabei um eine Impulsfolge monopolarer Rechteckimpulse mit einer Impulsdauer von 1 ms und der Frequenz von 50 Hz, statt des einst üblichen mit dem Schlitteninduktorium erzeugten faradischen Wechselstromes. Bei intaktem Nerv-Muskel-System führt dieser neofaradische Strom zu einer tetanischen Muskelkontraktion (Muskeltetanus) solange der Strom fließt.

Nach einem Vorschlag von Duchenne ist es dabei üblich, an 2 verschiedenen Reizorten zu reizen:

1. Am sog. Muskelreizpunkt (= motorischer Punkt) = sog. *direkte Reizung*. Der Muskelreizpunkt entspricht der Hautstelle, unter der anatomisch der Eintritt des motorischen Nervs in den Muskel erfolgt. Hier ist der normal innervierte Muskel bereits mit der geringsten Stromstärke zur Erregung (Minimalzuckung als Testkriterium) zu bringen. Gereizt werden dabei eigentlich nicht die Muskelfasern,

wie man aus der Bezeichnung Muskelreizpunkt entnehmen könnte, sondern bei normal innervierten Muskeln der eintretende motorische Nerv und seine sich bis zur Endplatte ausbreitenden Äste. Diese haben eine niedrigere Erregbarkeitsschwelle als die Muskelfasern, die bei Oberflächenreizung eine deutlich höhere Chronaxie (Reizzeitbedarf) aufweisen. Die Lage der Muskelreizpunkte ist entsprechenden Tafeln (s. Abb. 2 und 3) zu entnehmen, die zumindest ihr Auffinden erleichtern (in den Abbildungen als Punkte gezeichnet).

2. Am sog. Nervenreizpunkt = sog. *indirekte Reizung*. Dabei wird der den zu testenden Muskel versorgende motorische Nerv mit Oberflächenelektroden an solchen anatomisch bekannten Stellen gereizt, wo er relativ oberflächlich liegt und durch die eintretenden Stromschleifen noch erfaßt werden kann. Auch diese Stellen sind für die wichtigsten peripheren Nerven auf denselben Tafeln wie für die Muskelreizpunkte (Abb. 2 und 3) festgehalten und dort mit den Anfangsbuchstaben der Nerven bezeichnet. Beachte, daß im Verlauf langer Nerven u. U. mehrere Nervenreizpunkte existieren.

Als Elektrodentechnik wird die schon beschriebene monopolare Technik benutzt, da unter der kleinen kathodisch gepolten aktiven Elektrode eine größere Stromdichte vorhanden ist, die die Reizwirkung verstärkt. Die getroffenen Festlegungen, nämlich Reizung mit 2 unterschiedlichen Stromformen an 2 verschiedenen Reizorten haben folgende Begründung:

1. Denervierte Muskeln sind wegen der höheren Chronaxie mit den kurzdauernden Impulsen von 1 ms des neofaradischen Stromes, im Gegensatz zu normal innervierten, nicht mehr erregbar, weder bei indirekter noch bei direkter Reizung.

2. Denervierte Muskeln sind, wie die Bezeichnung denerviert ausdrückt, über den Nervenreizpunkt, d. h. bei indirekter Reizung, weder galvanisch noch faradisch erregbar, sondern nur bei direkter Reizung mit langdauernden Gleichstromimpulsen, wobei die Muskelfaser als erregbares Substrat mit längerer Chronaxie als die Nervenfaser selbst gereizt wird.

Methodik: Die Methodik geht aus dem vorher Dargelegten hervor: Reizung 1. mit langdauernden (z. B. 300 ms) monopolaren Rechteckimpulsen am Muskel und am Nervenreizpunkt; 2. mit neofaradischem Strom an den gleichen Reizorten. Jeweils kathodische Polung der Reizelektrode.

Beurteilung und Bewertung: Die Beurteilung des Reizerfolges: Auftreten bzw. Nichtauftreten (= Erregbarkeit erloschen) einer Minimalzuckung erfolgt quantitativ und qualitativ (Zuckungscharakter bestimmen!). Unter Minimalzuckung als Beurteilungskriterium wird eine bei guter Beleuchtung gerade sichtbare Muskelzuckung gewertet. Der dabei mögliche subjektive Faktor ist bei geübten Untersuchern relativ gering. Wo die palpatorische Feststellung eines Reizerfolges evtl. besser ist als die visuelle (z. B. bei Dorsiflexoren des Fußgelenkes), kann auch die gerade feststellbare Tastung der Bewegung einer den Muskel versorgenden Sehne als Beurteilungskriterium dienen. Jedoch sollte bei einer Testung das gewählte Kriterium beibehalten werden. Bei der *quantitativen* Bewertung der Reizantwort geht es darum, ob die Erregbarkeit des Muskels, z. B. bei partieller Denervierung, herabgesetzt ist oder nicht, d. h., ob auf der betroffenen Seite im Seitenvergleich

höhere Reizintensitäten (mA) notwendig sind. Bei der *qualitativen* Beurteilung der Reizantwort spielt der Zuckungscharakter der Muskelkontraktion eine Rolle. Ein normal innervierter Muskel hat über seinem intakten motorischen Nerv einen praktisch synchronen Start seiner Muskelfasern. Der Zuckungscharakter ist in diesem Falle blitzartig. Anders bei denervierten Muskeln. Durch die Denervierung entfällt der synchrone Start. Die in den Muskel eintretenden Stromschleifen erregen die Muskelfasern nicht so prompt. Der Zuckungscharakter wird träge, wurmartig. Bei partieller Denervierung ist der Zuckungscharakter relativ schwer einschätzbar, was dann zu wenig präzisen Festlegungen, wie z. B. „leicht träge", führt. Zu beachten ist auch, daß kühle Muskeln (Winterzeit, Übergangszeit) durch einen trägen Zuckungscharakter einen Denervierungsprozeß vortäuschen können und sich bei Erwärmung als normal innerviert, blitzartig reagierend erweisen.
In Tabelle 2 sind die möglichen Ergebnisse des Tests hinsichtlich der Aussage, ob eine partielle oder totale Denervierung vorliegt, noch einmal zusammengefaßt. Bei jahrelanger Denervierung kann die atrophische Muskulatur bindegewebig (fibrotisch) umgewandelt werden und fettiger Degeneration unterliegen. Dann erlischt auch die Erregbarkeit bei direkter galvanischer Reizung. Mit dem galv.-farad. Test wird meist noch die sog. Zuckungsformel (Brenner 1862) bestimmt, weil sie auch, allerdings nur in beschränktem Maße, Hinweise für eine Denervierung geben kann, aber nicht muß.
Sie lautet:

$$\text{KSZ} < \text{ASZ} < \text{AÖZ} < \text{KÖZ}\,.$$

Das besagt: Ein normal innervierter Muskel ist mit niedrigen Reizintensitäten reizbar, wenn die Reizelektrode kathodisch gepolt wird und die Erregung bei Schließen des Stromes auftritt (KSZ = Kathodenschließungszuckung). Höhere Stromstärken sind bei der Anodenschließungszuckung (ASZ), noch höhere bei der Anodenöffnungszuckung (AÖZ) nötig, usw. Bei denervierten Muskeln wird – jedoch keineswegs immer – die ASZ vor der KSZ einen Reizerfolg (Muskelkontraktion) erzielen (sog. Umkehr der Zuckungsformel). Ob dies der Fall ist, kann bei modernen Reizstromgeräten durch einen Polwechsel leicht überprüft werden. Die damit ermittelte günstige Polung der Reizelektrode hat für eine Reizstromtherapie bei Lähmungen (selektive Lähmungsbehandlung) auch praktische Be-

Tabelle 2 Differentialdiagnose partieller und totaler Denervierung mit dem galvanisch-faradischen Test

Art der Reizung	Partielle Denervierung	Totale Denervierung
Galvanisch		
direkt	herabgesetzte Erregbarkeit Zuckung: evtl. leicht träge	erregbar, Zuckung: träge, wurmartig
indirekt	herabgesetzte Erregbarkeit	Erregbarkeit erloschen
Faradisch		
direkt	herabgesetzte Erregbarkeit	Erregbarkeit erloschen
indirekt	herabgesetzte Erregbarkeit	Erregbarkeit erloschen

deutung, während ihr diagnostischer Wert relativ geringe Aussagekraft hat, worauf schon frühzeitig im Schrifttum hingewiesen wurde.
Insgesamt ist die Aussagefähgkeit (Validität) des klassischen galvano-faradischen Tests nicht sehr hoch einzuschätzen, wie auch LANGE 1978 im Vergleich zur Nadelelektromyographie an unserer Klinik zeigte. Jedoch können wir uns nicht dem Urteil von WYNN PARRY 1958 anschließen, der diesen Test für obsolet (veraltet) erklärte, der nicht mehr benutzt werden sollte. Seine Chancen werden von RITCHIE 1954, der 10000 Tests analysierte, bei peripheren Nervenverletzungen mit 50% angegeben im Vergleich zum operativen Befund (bei Benutzung eines Schlitteninduktoriums zum faradischen Test).

2.1.3. *I/t*-Kurven-Diagnostik

(= Reizintensität/Reizzeit-(Strength/Duration Curve-)diagnostik, bei c. v. Geräten Reizspannungs/Reizzeit-Diagnostik genannt).
Zur Auslösung einer Muskelkontraktion durch Nerven- oder direkte elektrische Muskelreizung sind erforderlich:

1. eine gewisse Reizintensität I (Stromstärke in mA bei c. c. Geräten) bzw. Reizspannung (in mV bei c. v. Geräten), um einen Reizerfolg zu erzielen,

2. eine gewisse Zeit t, d. h. eine bestimmte Impulsdauer des Reizstromes.

Beide Reizparameter stehen zueinander in einer Beziehung, die in einer mathematischen Formel (WEISS 1901) näherungsmäßig erfaßt werden kann. Im Koordinatenkreuz dargestellt, Stromstärke (mA) als Abszissse, Zeit (ms) als Ordinate, entspricht diese gegenseitige Abhängigkeit einer Hyperbelfunktion, Weiss-Hoorweg-Hyperbel (Abb. 6). Die Weiss-Hoorweg-Formel für Rechteckimpulse lautet:

$I = a + b/t$,

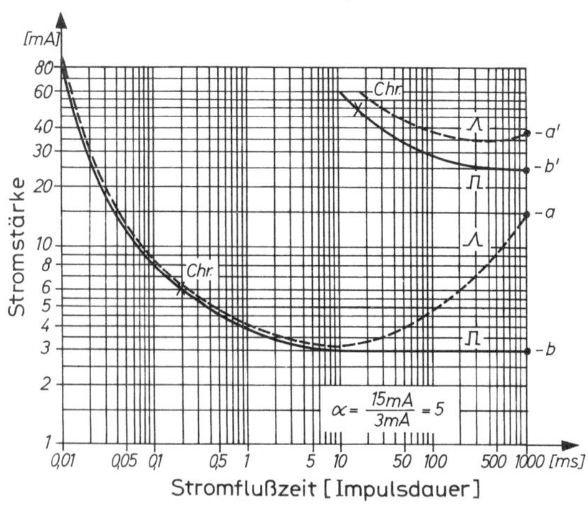

Abb. 6 a) Dreieckimpulscharakteristik DIC,
b) normale Rechteckimpulscharakteristik RIC;
pathologische DIC bei a′,
RIC bei b′

Wie TRNAVSKY 1980 experimentell zeigte, läßt sich aus der Gleichung $I = a\left(1 + \frac{\tau}{t}\right)$ der gesamte Kurvenverlauf durch Rheobase (a) und Chronaxie (τ) festlegen. Im wesentlichen ist der I/t-Kurve zu entnehmen: Je kürzer die Reizzeit ist (linker ansteigender Kurvenast), desto höher muß die Intensität sein, um eine Muskelkontraktion auszulösen, und umgekehrt: Je länger die Reizzeit (rechter horizontal verlaufender Kurvenast) ist, desto niedrigere Intensitäten werden benötigt.

LAPIQUE 1909 stellte die zwei obeng. charakteristischen Werte, die *Rheobase* und die *Chronaxie*, der I/t-Kurve heraus:

Rheobase = die Stromintensität I [mA (c. c. Gerät) bzw. mV (c. v. Gerät)], die beim Einschalten eines Gleichstromes (Rechteckimpuls) gerade eine Erregung (Minimalzuckung) auslöst, d. h. die Erregungsschwelle (Schwellenintensität) erreicht.

Der entscheidende Wert ist dabei eigentlich die Stromdichte, d. h. die Stromintensität (Stromstärke) pro Flächeneinheit. Dabei spielt die Größe (Oberfläche) der aktiven (Reiz-)Elektrode hinsichtlich des Schwellenwertes eine Rolle.

Chronaxie = die Dauer, mit der ein Rechteckimpuls der doppelten Rheobaseintensität fließen muß, um die Erregungsschwelle zu erreichen, also ein Zeitwert (ms) bei doppelter Rheobaseintensität. Er ist für die Erregbarkeit von Nerv bzw. Muskel sehr charakteristisch und besitzt praktische Bedeutung (er wird auch als Kennzeit bezeichnet).

Im deutschsprachigen Raum hat es sich eingebürgert, die I/t-Kurven für Rechteckimpulse *und* für Dreieckimpulse zwischen 1000 ms und 0,01 ms zu bestimmen (s. Abb. 6) = sog. *Rechteckimpulscharakteristik* (RIC) und *Dreieckimpulscharakteristik* (DIC), während sich angelsächsische Autoren meist mit der Bestimmung der RIC begnügen. Die Bestimmung der I/t-Kurve mit beiden Impulsformen hat den Vorteil, daß ein weiterer Meßwert anfällt, der für die Entscheidung denervierter oder normal innervierter Muskeln von Bedeutung ist: der sog. Akkommodabilitätsquotient α. Auf länger dauernde Dreieckimpulse (meist 10 ms und mehr) kann sich der normal innervierte Muskel akkommodieren, da diese Impulse eine langsam ansteigende, keine steile Anstiegsflanke wie die Rechteckimpulse besitzen (NERNST 1908, sog. Einschleicheffekt normal innervierter Muskeln). Um die Reizschwelle (Minimalzuckung) zu erreichen, müssen bei Dreieckimpulsen deshalb mit zunehmender Impulsdauer immer höhere Intensitäten angewandt werden, um einen Reizerfolg zu erzielen. Die DIC-Kurve steigt deshalb bis zum Erreichen des höchsten Testwertes (1000 ms) an. Oberhalb 1000 ms würde allerdings die Kurve der DIC nicht weiter linear ansteigen, sondern asymptotisch parallel zur Ordinate umbiegen und geradlinig wie die RIC weitergehen (EDEL u. Mitarb. 1970). Der Akkommodabilitätsquotient α (im österreichischen Schrifttum auch als Reizdivisor bezeichnet) ist der

$$\text{Quotient } \alpha = \frac{\text{Rheobaseintensität der DIC bei 1000 ms}}{\text{Rheobaseintensität der RIC bei 1000 ms}}$$

Werte von 2–4 werden als Normalwerte angegeben (s. Abb. 6), Werte um 1 gelten als pathologisch. Dies erklärt sich daraus, daß denervierte Muskeln ihre Akkommodabilität gegenüber langdauernden Dreieckimpulsen mit langsamer

Anstiegszeit verloren haben und sich entsprechend Rechteckimpulsen verhalten. RIC und DIC (s. Abb. 6) laufen jetzt im rechten Kurvenabschnitt den langen Impulsdauern parallel. Da stromempfindliche Patienten die langdauernden Dreieckimpulse mit der notwendigen hohen Intensität zur Auslösung der Minimalzuckung nicht immer tolerieren, wurde der Akkommodabilitätsquotient für diese Patienten bei 500 ms Impulsdauer für DIC und RIC getestet. Jantsch 1974 gibt dafür Normwerte von $>1{,}5-2{,}5$ an. Besonders wenn viele Muskeln, z. B. bei Plexus-brachialis-Läsionen, im Seitenvergleich zu testen sind, kann zur kurzen orientierenden Untersuchung der Akkommodabilitätsquotient evtl. zusammen mit der Chronaxie oder allein statt der genannten *I/t*-Kurve bestimmt werden.

Methodik der *I/t*-Kurven-Diagnostik: Zuerst wird die RIC, dann die DIC bestimmt. Begonnen wird mit den langen Impulsdauern von 1000 ms, dann folgen die kürzeren Werte von 500, 100 ms usw., wie auf dem Meßblatt, das die Meßwerte in logarithmischer Folge angibt (s. Abb. 6), gezeigt. Die Reizintensität wird bis zum Auftreten einer Minimalzuckung erhöht. Diese Intensität kann im Bereich der langen Stromflußzeiten der RIC solange beibehalten werden, bis die RIC im linken Kurvenabschnitt anlangt, wo die Intensität (Reizschwelle in mA) erhöht werden muß. Bei der normalen DIC können, wie Abbildung 6 zeigt, die Intensitätswerte zwischen 1000 ms und etwa 10 ms Impulsdauer abwärts verringert werden, bis sie im linken Kurvenabschnitt wieder ansteigen. Rheobase, Chronaxie und Akkommodabilitätsquotient α werden im Protokoll festgehalten. Seitenvergleiche sind oft nützlich. Geübte Untersucher benötigen ca. 3–5 min, um eine *I/t*-Kurve aufzunehmen. Der Aussagewert nur einzelner Punkte der *I/t*-Kurve, wie Chronaxie, Rheobase oder gar nur der Akkommodabilitätsquotient α, kann die Aufnahme der ganzen Kurve nicht ersetzen und besondes bei partieller Denervation durch Bestimmung sog. Pseudochronaxien bei Doppelkurven (Knicken) zu Fehlern führen.

Beurteilung und Bewertung: Bei der Beurteilung der *I/t*-Kurven ist die Lage der Kurve im Koordinatensytem das Hauptkriterium. Dazu kommt der Formverlauf der Kurve. Er kann entweder mehr oder weniger glatt sein (in Abb. 6 ideal schön) oder, wie Abbildung 7 (mittler Kurve) zeigt, einen oder mehrere Knicke, Zacken, Girlanden durch sich überschneidende Doppel- oder Mehrfachkurven vom Nerv-Muskel-System unterschiedlicher Erregbarkeit aufweisen. Dies ist der Fall, wenn Inhomogenitäten bestehen und, wie bei partiellen Denervierungen, normal innervierte und denervierte Muskeln nebeneinander vorkommen.

- Bei *normal innervierten Muskeln* liegt die *I/t*-Kurve links unten im Koordinatenkreuz (s. Abb. 6 und 7). RIC und DIC zeigen den typischen Kurvenverlauf, d. h. RIC verläuft im Bereich der langen Impulsdauern horizontal, DIC ansteigend. Der Chronaxiewert ist niedrig (<1 ms). Der Akkommodabilitätsquotient liegt im vorher angeführten Normalwertbereich, je nachdem, ob er mit 1000 oder 500 ms bestimmt wurde.

- *Denervierte Muskeln* zeigen RIC- und DIC-Kurven, die nach rechts oben (s. Abb. 6 und 7) gerückt sind. Die RIC- und DIC-Kurven verlaufen jetzt weitgehend parallel zueinander im Bereich der längeren Impulsdauern, da die denervierten Muskeln ihre Akkommodabilität gegenüber langsam ansteigenden Dreieckimpulsen verloren haben. Entsprechend ist der Akkommodabilitätsquotient niedrig und liegt um 1. Der Chronaxiewert ist – der Rechtsverschiebung der Kurve entsprechend – hoch (> 1 ms und oft wesentlich mehr); d. h., denervierte Muskeln sind mit kurzdauernden Impulsen (wie wir schon beim faradischen Test sahen) nicht mehr erregbar, sondern nur mit langdauernden, daher rückt die Kurve nach rechts.

• Bei *partieller Denervierung* liegt die Kurve im Koordinatenkreuz zwischen der eines denervierten und eines normal innervierten Muskels (Abb. 7). Typischerweise ist sie gebrochen, zeigt Knicke, Zacken, Girlanden. Dies spricht dafür, daß zwei oder mehrere unterschiedlich erregbare Substrate im Muskel vorhanden sind (Inhomogenitäten): 1. Muskelfasern, die normal über den Nerv erregt werden (linker Kurvenabschnitt); 2. denervierte Muskeln, bei denen sich nur noch die Muskelfasern selbst als ebenfalls erregbares Gewebe kontrahieren, allerdings mit anderen Reizparametern. Der rechts liegende Kurvenabschnitt entspricht den denervierten Muskeln. Für partielle Denervation typische Kurvenbilder können auftreten: 1. im Verlauf eines *Denervierungsprozesses*, wenn ein normal innervierter Muskel durch einen Krankheits- oder Verletzungsprozeß zunehmend denerviert wird, jedoch gleichzeitig noch normal innervierte Muskeln existieren; 2. wenn nach einer kompletten Denervierung eine größere Anzahl Muskelfasern im Verlauf eines *Reinnervationsprozesses* durch regenerierende Axone wieder innerviert werden.

Aussagen über den Erregbarkeitscharakter der getesteten Muskeln sind generell nur möglich für die Muskelbereiche, die von den Stromschleifen zwischen den Elektroden erfaßt werden. Dies ist abhängig von der Muskelgröße, der Elektrodenposition und der Stromstärke. Während es bei kleineren Muskeln keine wesentlichen Probleme gibt, wenigstens annähernd eine Gesamtantwort des Muskels in Form einer Minimalzuckung zu registrieren, kann das z. B. für große Muskeln wie den M. quadriceps femoris schon mit nur einer Elektrodenanlage problematisch sein. Hier ist es u. U. notwendig, den M. vastus lateralis, vastus

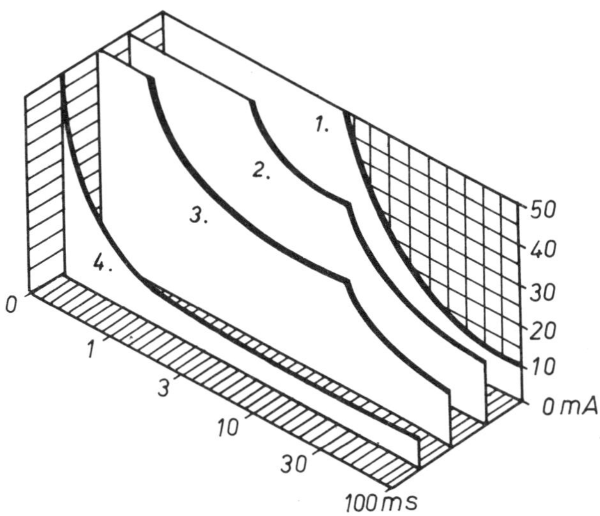

Abb. 7 *I*/*t*-Kurven-Verläufe
1. total denervierter Muskel, 2. und 3. partiell denervierte Muskeln, 4. normaler Muskel

medialis, intermedius und den M. rectus femoris getrennt zu testen, ähnliches gilt evtl. für verschiedene Muskelpartien des M. deltoideus u. a. Muskeln. Es sind also nur Aussagen über die aktuell stimulierten Muskelfasern möglich. Können tiefer gelegene Muskeln oder Muskelabschnitte mit der Oberflächenelektrodentechnik nicht erreicht werden, so sind über diese keine Aussagen zu erhalten, gleichgültig, ob dort degenerative oder regenerative Prozesse stattfinden. Hier kann die Nadelelektromyographie die Situation klären helfen. Serien-*I/t*-Kurven in etwa 2 Wochen Abstand zur Verlaufskontrolle sind sehr nützlich, z. B. um festzustellen, ob ein degenerativer Prozeß fortschreitet oder zum Stillstand kommt, und um das Verhältnis innervierter zu denervierter Fasern bei inhomogenen Muskeln abzuschätzen. Das gleiche gilt für die Verlaufskontrolle einer Reinnerva-

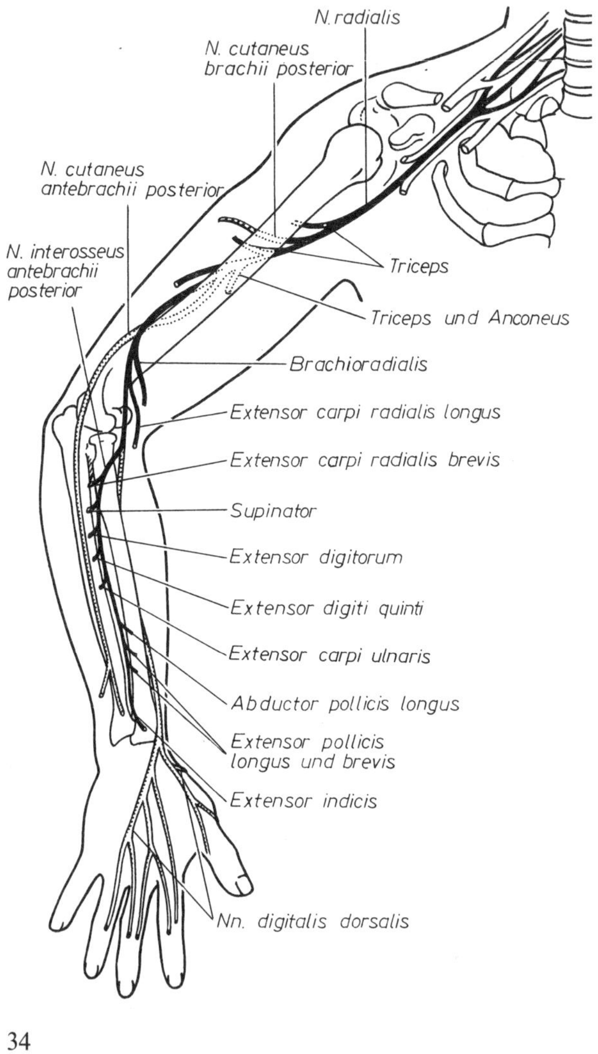

Abb. 8 Verlauf des N. radialis

tion. Hier muß der Untersucher jedoch wissen, an welchen Muskeln er zum richtigen Zeitpunkt seine Untersuchungen und in welcher Ablauffolge er sie anzustellen hat. Hier sagen ihm anatomische Tafeln, in welcher Höhe ein Nerv einen motorischen Nervenast zu welchem Muskel abgibt. Wann das etwa geschehen kann, vermag er sich auszurechen, wenn die regenerierenden Axone täglich etwa 1 mm auswachsen. So wird z. B. bei einer Nervenläsion des N. radialis am Oberarm, z. B. im Rahmen einer Oberarmfraktur, zuerst am M. brachioradialis nach Reinnervationszeichen zu suchen sein, bei einer Distanz von ca. 16 cm zwischen Frakturstelle und Nervenabgang zum M. brachialis also in ca. 140 – 160 Tagen! Erst viel später werden Handmuskeln erreicht, die der N. radialis versorgt (Abb. 8). Die bei Nichtbeachtung solcher Fakten entstehenden Fehler können nicht der Methode selbst angelastet werden, sondern dem wenig kenntnisreichen Untersucher.

2.1.4. Direkte Chronaxiemetrie

Die Chronaxie (Kennzeit) kann im Rahmen der *I/t*-Kurven-Diagnostik mitbestimmt werden, ebenso wie der Akkommodabilitätsquotient. Es gibt jedoch auch Autoren, die für eine alleinige direkte Bestimmung der motorischen Chronaxie plädieren. Gegenüber der zeitaufwendigen Aufnahme einer gesamten *I/t*-Kurve hat dies natürlich Vorteile, wenn das Ergebnis nicht durch höhere Fehlerquoten behaftet ist. Das scheint jedoch bei partiellen Denervierungen gegeben zu sein, da hier bei Kurven mit Knicken (gebrochenen Kurven) die Gefahr besteht, daß Pseudochronaxien bestimmt werden. Die Frage der direkten Chronaxiemetrie kann aber evtl. von Interesse werden, wenn, wie z. B. Schindler u. Mitarb. 1984 annehmen, der Parameter gut geeignet ist, Adaptationsprozesse nach Physiotherapieserien und auch Reaktionen auf eine einzelne Physiotherapiemaßnahme zu erfassen und somit dem Behandler zu ermöglichen, bei Anwendung kombinierter Diagnostik-Therapie-Geräte Dosierungsanpassungen auf eingetretene Reaktionen vorzunehmen. Damit bekäme die direkte Chronaxiemetrie eine neue Bedeutung.

Geräte: Seitdem die *I/t*-Kurven-Diagnostik immer größere Verbreitung findet, sind meistens Seriengeräte für die direkte Chronaxiemetrie nicht mehr im Angebot. Schindler u. Mitarb. 1984, haben (NV 102/77 BKA Bezirkskrankenhaus Dresden-Friedrichstadt) mit dem „Chronax 80“ ein teilautomatisiertes, batteriebetriebenes kleines Gerät entwickelt, das sich gut bewährt hat (Impulszeitparameter 0,04 – 200 ms, Intensität 0 – 10 mA).

Methodik: Nach Bestimmung des Rheobasewertes mit einem 100-ms-Rechteckimpuls wird dieser verdoppelt (beim „Chronax 80“ automatisiert); für diesen Wert wird die Impulsdauer bestimmt, die eine Minimalkontraktion bewirkt und die nach der Definition der motorischen Chronaxie entspricht. Als Elektrodentechnik kommt die monopolare zur Anwendung: 1 – 3 cm^2 große Unterbrecherelektrode (–) als aktive Elektrode, 50 – 200 cm^2 indifferente Plattenelektrode (+). Eine exakte Postierung der Reizelektrode auf dem Muskelreizpunkt (s. Abb. 2) ist dringend erforderlich. Vergleiche zur Körpergegenseite sind notwendig, um Chronaxiedysbalancen zu ermitteln.

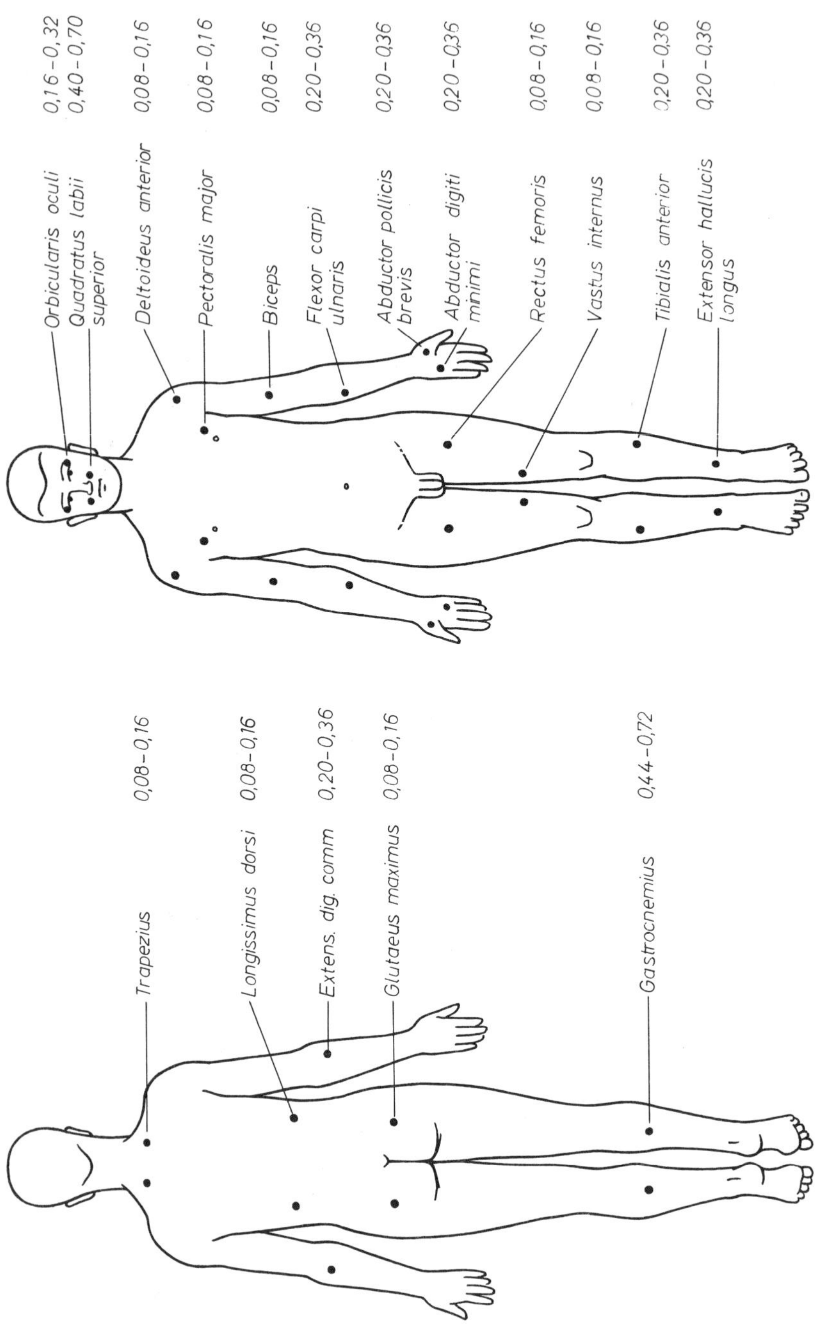

Abb. 9 Chronaxie-Normalwerte (nach FREUND u. HOPPE 1979)

Beurteilung und Bewertung: Bei den ermittelten Ergebnissen ist zunächst festzustellen, ob sie sich im Rahmen der Normalwertintervalle (NWI) bewegen, wie sie besonders BOURGUIGNON 1951, HARRIS 1962 und DUMOULIN und DE BISSCHOP 1975 mitgeteilt haben. Dabei sind folgende Verteilungsgesetze der motorischen Chronaxienormalwerte zu beachten:

Anteriore Muskeln (Körpervorderseite),
proximale: 0,08 – 0,16 ms
distale: 0,16 – 0,32 ms

Posteriore Muskeln (Körperrückseite),
proximale: 0,16 – 0,32 ms
distale: 0,44 – 0,72 ms

Man sieht daraus, daß posteriore Muskeln meist 2- bis 3fach höhere, in distalen Körperregionen gelegene Muskeln ebenfalls 2- bis 3fach höhere Chronaxien aufweisen als anteriore bzw. proximale Muskeln. Synergistisch agierende Muskeln der gleichen Seite sowie identische Muskeln der Gegenseite haben aber gleich große Chronaxien.
Für einige häufiger benutzte Muskeln sind in Abbildung 9 die Muskelreizpunkte (Meßpunkte) und Normalwertintervalle (NIV) angegeben (FREUND u. HOPPE 1979).
Für besondere Fragestellungen von Adaptations- bzw. Reaktionsprozessen können daneben, z. B. zur Erfassung, auch ausgewertet werden: „Chronaxiedysbalancen“ im Seitenvergleich (z. B. gelähmte: nicht gelähmte, behandelte: nichtbehandelte Seite), „Dyschronaxien“ = Differenzen zwischen Nerv und innerviertem Muskel, Normalisierungszeiten der Chronaxie nach bzw. während einer Reizserie als Ausdruck neuromuskulärer Adaptation bzw. Reaktion. Indikationen zur Chronaxiemetrie bleiben neben den erwähnten neueren Anwendungsbereichen (Reaktions- und Adaptationserfassung) weiterhin periphere Paresen (Läsionen des peripheren Nervs, des unteren motorischen Neurons), auch zentrale Läsionen, ferner myogene Schädigungen (oft Chronaxiewerte > 40 ms, gegenüber meist nur maximal 30 ms bei neurogenen peripheren Läsionen). Bei Kompressionssyndromen durch Bandscheibenprolaps geben die in den verschiedenen Extremitätenmuskeln gefundenen pathologischen Werte auch Hinweise auf die Lokalisation des Prolapses, z. B. M. gastrocnemius L5-S1, usw. (s. dazu Tab. 6). Das gleiche gilt für die Plexus-brachialis-Schäden (s. Abb. 4). Für Verlaufsbeurteilungen, besonders bei partiell denervierten Muskeln, ist die I/t-Kurven-Diagnostik besser geeignet als die alleinige Chronaxie, die sonst als rasch orientierende (Vorfeld-)Diagnostik besonders dort angewendet werden kann, wo bei Lähmungen viele Muskeln im Seitenvergleich orientierend zu beurteilen sind.

2.2. Elektromyographie (EMG)

Definition: EMG ist ein Überbegriff für eine Anzahl elektrophysiologischer Untersuchungsverfahren zur Diagnostik neuromuskulärer Erkrankungen.

Elektromyographie-(EMG-)Verfahren

1. Nadel-Elektromyographie (Detektionsverfahren)

2. Elektroneurographie (ENG) (Stimulationsverfahren)
a) Motorische ENG, motorische Nervenleitgeschwindigkeits-(NLG-)Messung
b) Sensible ENG, sensible Nervenleitgeschwindigkeits-(NLG-)Messung (SNLG)
c) H-Reflex-Bestimmung
d) F-Wellen-Bestimmung
e) Somatosensibel evozierte Potentiale (SEP)
f) Repetitive Nervenstimulation zur Testung des neuromuskulären Übergangs (Transmission)
g) Repetitive Nervenstimulation bei Myotonie
h) Elektrodiagnostik beim tetanischen Syndrom

Die EMG leitet entweder Aktionspotentiale von umschriebenen Teilen des Muskels, die unter physiologischen oder pathologischen Bedingungen entstehen, ab (Detektionsverfahren, wie die Nadel-EMG); damit kann ein Einblick in die Funktion motorischer Einheiten erhalten werden, „Bausteinanalyse der Motorik" (Struppler), oder sie registriert Muskel- oder Nervenaktionspotentiale als Antworten auf eine künstliche elektrische Reizung (Stimulationsverfahren, wie die Elektroneurographie bzw. repetitive Nervenstimulation).
Im Rahmen dieses Buches kann nur eine hauptsächlich auf die Belange des Physiotherapeuten ausgerichtete orientierende Einführung in die EMG gegeben werden. Auch dann, wenn der Physiotherapeut die EMG nicht selbst praktizieren kann, muß er über den Einsatz des geeigneten EMG-Verfahrens für seine Fragestellung, den richtigen Zeitpunkt der Untersuchung sowie die Aussagefähigkeit der einzelnen Methoden orientiert sein.
Auf wichtige weiterführende EMG-Monographien wurde bereits hingewiesen.

2.2.1. Nadel-Elektromyographie

Der Begriff EMG wurde ursprünglich allein für die Nadel-EMG gebraucht, später aber in der oben dargelegten Form erweitert. Diese durch Gebrauch konzentrischer Nadelelektroden von Adrian und Bronk 1929 eingeführte Methode war gegenüber der bis dahin mit Oberflächenelektroden durchgeführten EMG ein wesentlicher technischer Fortschritt. Es gelingt damit, Muskelaktionspotentiale motorischer Einheiten (motor units) als Summenpotentiale extrazellulär abzuleiten und mit Hilfe eines Kathodenstrahloszillographen zur Darstellung zu bringen.
In den letzten Jahren wurde zusätzlich zur konventionellen Nadel-EMG eine Einzelfaser-(single fibre-)Elektromyographie entwickelt (Stålberg u. Trontelj 1979, u. a.) sowie das Macro-EMG (Stålberg 1980) und das Scanning-EMG (Stålberg u. Antoni 1983), Techniken, auf die hier nicht eingegangen wird, da sie z. Z. nicht zur Routine-EMG gehören.
Die konventionelle Nadel-EMG ist ein invasives, apparativ- und auch relativ zeitaufwendiges sowie den Patienten belästigendes Untersuchungsverfahren. Es liefert jedoch andererseits diagnostische Aussagen, z. B. durch Feststellung von Spontanaktivität, von pathologischen Veränderungen bei Parametern motorischer

Einheiten oder von Aktivitätsmustern aus tiefer gelegenen, umschriebenen Muskelpartien, die durch andere neurophysiologische elektrische Methoden nicht zu erzielen sind. Sie gehört deshalb heute zusammen mit der Elektroneurographie und der repetitiven Nervenstimulation zu den wichtigsten Routinemethoden der Diagnostik neuromuskulärer Erkrankungen.

2.2.1.1. Geräte und Zubehör zur Elektromyographie

Eine EMG-Apparatur hat folgende 3 Grundprinzipien zu erfüllen:

1. Ableitung,
2. Verstärkung und
3. Wiedergabe und Registrierung der Aktions-(Bio-)potentiale aus Muskeln bzw. Nerven.

Für die Stimulationsverfahren der EMG (s. Kap. 2.2.2. u. 2.2.3.) kommt noch die elektrische Reizung mit Hilfe eines Reizstromgerätes (Stimulators) hinzu, das mit dem Oszillographen gekoppelt ist sowie einen Zeitgeber besitzt. Für klinische Belange sind 2-Kanal-Geräte (selten 1-Kanal-Geräte) angebracht. Für höhere Ansprüche kommen 3-, 4-Kanal- und z. B. für kinesiologische Studien auch 6-Kanal-Geräte in Frage. Kommerzielle Seriengeräte zur EMG werden in der BRD und Dänemark von der Firma Disa GmbH, in Ungarn von der Fa. Medicor angeboten. Beide Firmen liefern ein breites Angebot technisch ausgereifter Mehrkanalgeräte.

Zu 1. Ableitung

Dazu dient ein System verschiedener Elektrodentypen (Abb. 10). Am meisten benutzt werden koaxiale (konzentrische) Nadelelektroden. Das sind autoklavisierbare Hohlnadeln (0,5—0,6 mm ∅) aus Edelstahl. Sie enthalten einen sog. Kern aus Platindraht. Dieser ist in ein Isolatormaterial eingebettet, wobei die Spitze des Platindrahtes (= differente Elektrode) frei bleibt. Als indifferente Elektrode dient die Kanüle. Der Abgriff beträgt ca. 10 mm im Durchmesser. Spitzenpotentiale sind jedoch nur in ca. 1 mm Entfernung zu registrieren. Damit können pro Nadel Muskelfaser-Aktionspotentiale von ca. 5—30 motorischen Einheiten erfaßt werden. Meist werden 2—4 Nadeln gleichzeitig quer zum Muskelfaserverlauf senkrecht in den zu testenden Muskel eingestochen und mehrere Male um mindestens 5 mm im Muskel verschoben. Die hier angeführten Parameterwerte der motorischen Einheitspotentiale gelten nur für die Untersuchungstechnik mit Koaxialnadeln.
Seltener benutzt werden *bipolare Nadelelektroden*, 2 Platindrähte enthaltend, die als Erde dienen; ferner unipolare Nadelelektroden, deren indifferente Elektrode eine zweite Nadel- oder Oberflächenelektrode ist. *Multielektroden* benutzt man zur Bestimmung des Territoriums der motorischen Einheit und der zeitlichen Synchronisation der Aktionspotentiale. *Spezialelektroden* werden für die Ableitung der Muskelaktivität aus verschiedenen Organen verwendet. Bei der Stimulationselektromyographie können Nadelelektroden sowohl zur Ableitung, z. B. von Nervenaktionspotentialen, als auch als Reiz-(Stimulations-)elektroden benutzt werden.
Oberflächenelektroden sind bipolare Elektroden (s. Abb. 10 unten links), sie können als Reizelektroden bei der Stimulaions-EMG (s. Kap. 2.2.2.) eingesetzt werden oder auch als bipolare Ableitungselektroden von der Haut (s. Abb. 10 unten rechts). Bei kinesiologischen Studien wird ebenfalls oft mit Oberflächenelektroden von Muskeln abgleitet. *Ringelektroden*, die an den Fingergliedern befestigt werden, dienen als Reizelektroden bei der orthodromen Technik (s. Kap. 2.2.2.2.) zur Bestimmung der sensiblen Nervenleitgeschwindigkeit.

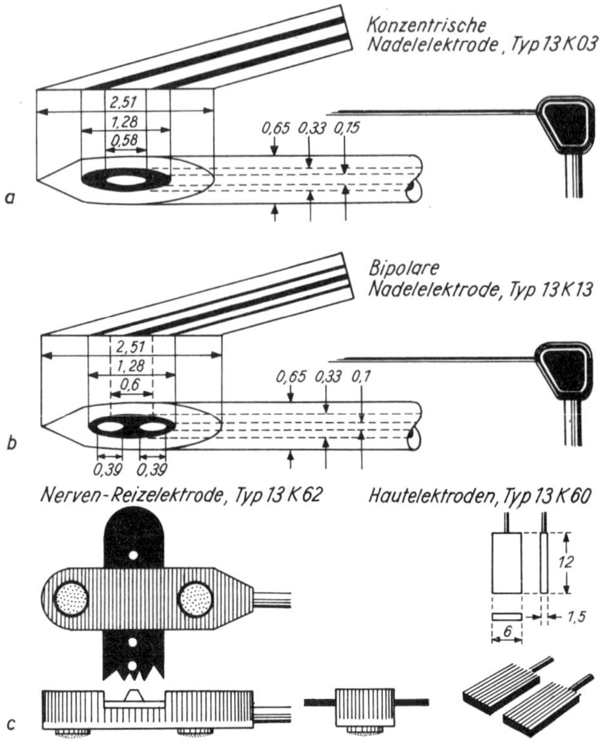

Abb. 10 EMG-Zubehör (Fa. DISA)
a) konzentrische Nadelelektroden, b) bipolare Nadelelektrode,
c) Oberflächenstimulationselektrode und Ableitungselektroden zur NLG-Messung

Zu 2. Verstärkung

Die abgeleiteten Aktionspotentiale müssen verstärkt werden. Dazu dient ein leistungsfähiger Vorverstärker mit symmetrischem Eingang (Differentialverstärker), hoher Verstärkungsempfindlichkeit, niedrigem ($< 5\ \mu V_{ss}$) Rauschpegel, 2 Hz – 10 kHz Frequenzbandbreite und mit hohem (mindest 100, besser 200 MΩ) Eingangswiderstand. Auf weitere technische Anforderungen soll im Detail nicht eingegangen werden.

Zu 3. Wiedergabe und Registrierung

Zur optischen Wiedergabe der Signale ist ein Kathodenstrahloszillograph das wichtigste Instrument. Er wandelt die elektrischen Aktionspotentiale möglichst verzerrungsfrei in optische Signale um, die kontinuierlich beobachtet werden können. Er wird ergänzt durch einen Lautsprecher, der gleichzeitig eine akustische Wiedergabe und damit eine Auswertung ermöglicht. Es zeigt sich nämlich, daß einige Spontanaktivitäten, z. B. myotone Entladungssalven u. a., typische akustische Geräusche und rhythmische Abläufe verursachen, die zur Diagnose beitragen können. Zur Registrierung kann eine Kamera fortlaufend mit verschiedenen Filmgeschwindigkeiten (20 ms/cm) die Aktionspotentiale aufnehmen. Dabei sind, um Einzelpotentiale zu erfassen, zur Auswertung in Kippablenkung Geschwindigkeiten von 1 ms/cm vorteilhaft. Auch andere als photographische Registrierverfahren, z. B. UV- oder Funkenschreiber oder Magnetspeicher (Magnetbänder), werden angewandt.

Elektronische Averager (Mittler) auf digitaler Basis sind wertvolle Hilfsapparaturen zur Auswertung kleiner Nervenaktionspotentiale, wie sie z. B. bei der Messung der sensiblen Nervenleitgeschwindigkeit anfallen.
Das Reizstromgerät (Stimulator) ist zur *Stimulationselektromyographie* erforderlich und soll bei c. c. Ausgangsschaltung Intensitäten bis maximal 100 mA abgeben können und einen Frequenzbereich von 0,1 – 50 Hz besitzen. Die monopolaren Rechteckimpulse sollen eine Impulsdauer von 0,1 – 1 ms aufweisen.

2.2.1.2. Methodik der Nadel-Elektromyographie und Elektroneurographie

Die Elektromyographiediagnostik besteht meist aus zwei sich ergänzenden EMG-Untersuchungsverfahren:

1. der konventionellen Nadel-Elektromyographie und
2. der Elektroneurographie.

Für die Nadel-EMG gibt es keine allgemein verbindliche Standarduntersuchungsmethodik. Die unterschiedlichen Fragestellungen an den Untersucher, die verfügbare apparative Ausstattung der Einrichtung, aber auch die Erfahrung des Untersuchers, erhobene Befunde im Untersuchungsverlauf u. a. erfordern oft ein variables Vorgehen. Für viele Situationen hat sich jedoch die folgende Reihenfolge für die Nadel-EMG-Unteruchung bewährt:

1. Untersuchung des ruhenden Muskels
a) hinsichtlich der Einstichaktivität
b) hinsichtlich einer Spontanaktivität

2. Untersuchung unter Willkürinnervation des Muskels
a) Aktivitätsmuster bei verschiedenen Graden der Innervationsstärke, besonders bei maximaler Willkürinnervation
b) quantitative Analyse der Parameter der motorischen Einheitspotentiale

Für bestimmte Festlegungen kann u. U. Punkt 2b entfallen.

2.2.1.2.1. Einstichaktivität (Abb. 11)

Definition: Unter *Einstich-* bzw. *Insertionsaktivität* werden die beim Einstich einer Nadelelektrode in einen ruhenden, entspannten Muskel, in dem elektrische Stille herrschen soll, auftretenden Aktionspotential-(Spike-)Folgen bezeichnet. Sie enden meist relativ rasch, nach wenigen 100 ms (300 ms), wenn die Nadel ruht. Beim Verschieben der Nadel können sie erneut auftreten. Die Amplitude der Spikes beträgt ca. 100 μV, die niedrige Potentialdauer 1 – 3 ms. Liegt die Nadelspitze in der Endplattenzone (s. Abb. 11 b), kann die Insertionsaktivität auch länger andauern. Als Ursache der Einstichaktivität werden Verletzungsströme angenommen, die durch mechanische Irritationen durch die Nadel in Muskelfasern auftreten.

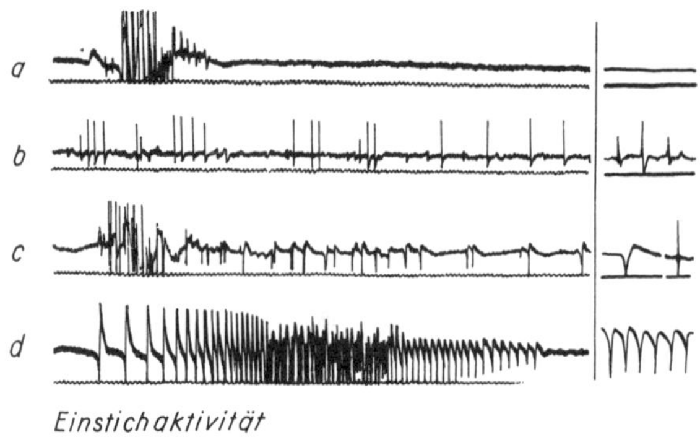

Abb. 11 Einstichaktivität (nach LAMBERT)
a) normale Einstichaktivität,
b) bei Lage der Nadel in der Endplattenzone,
c) bei Denervierung, gesteigert,
d) myotone Entladungen bei Myotonia congenita

Pathologische Einstichaktivität

Sie kann als gesteigerte (verstärkte) bzw. als fehlende Einstichaktivität auftreten.

2.2.1.2.1.1. Gesteigerte Einstichaktivität

Vorkommen: Nach Verletzungen peripherer Nerven, besonders nach frischen Läsionen im Frühstadium der Denervierung.

• Bei bestimmten Formen von Myopathien, z. B. der Myotonia congenita, der Dystrophia myotonica u. a. (s. Spontanaktivität). Diese länger dauernden, hochfrequenten (> 100 Hz) echten myotonen Entladungen (s. Abb. 11 d) sind Entladungssalven einzelner oder mehrerer Muskelfasern. Charakteristischerweise schwellen sie sowohl hinsichtlich der Frequenz als auch der Amplitude an und ab. Dies verursacht im Lautsprecher ein typisches Geräusch, das als sog. Sturzkampfbombergeräusch bezeichnet wurde.

2.2.1.2.1.2. Fehlende Einstichaktivität

Vorkommen:

• Bei Denervierung des Muskels jahrelanger Dauer, wenn keine Reinnervation eintritt, kommt es im Terminalstadium der eingetretenen Muskelatrophie schließlich zur bindegewebigen (fibrotischen) Umwandlung der Muskelfasern und zur fettigen Entartung. Dann ist weder eine Insertionsaktivität noch Spontanaktivität mehr nachweisbar (= silent-EMG). Der Untersucher hat beim Nadeleinstich deutlich einen erhöhten Widerstand zu überwinden.

• Nekrosen des Muskels, wie z. B. bei der ischämischen Muskelkontraktur (VOLKMANN), beim Tibialis-anterior-Syndrom, bewirken ebenfalls eine fehlende Einstichaktivität.

2.2.1.2.2. Spontanaktivität (Abb. 12)

Definition: Die Erscheinungen elektrischer Aktivität in einem ruhenden, völlig entspannten Muskel, ohne Willkür- oder Reflexerregung werden als *Spontan-*

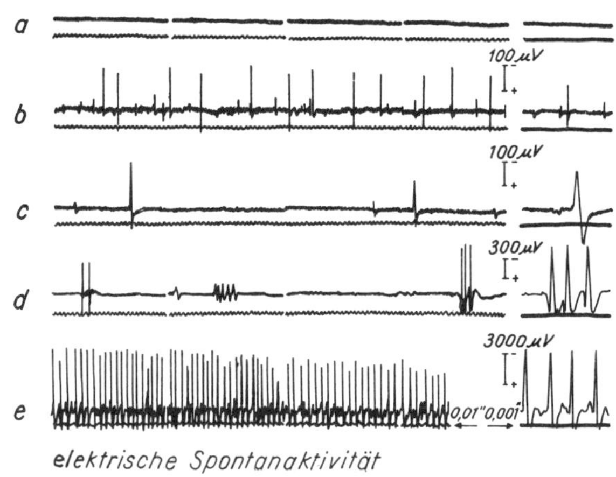

Abb. 12 Spontanaktivität (nach LAMBERT)
a) normal: keine Aktivität im entspannten Muskel,
b) Fibrillationen,
c) einfache Faszikulationen,
d) gruppierte Faszikulationen,
e) Wadenkrampf, sog. Crampus

aktivität oder *Ruheaktivität* bezeichnet. Im ruhenden Muskel soll elektrische Stille herrschen, d. h. keine Aktivität ableitbar sein (s. Abb. 12a).
Spontanaktiviktät kann in verschiedenen Formen (s. Folgendes) auftreten. Es wird zwischen *physiologischer* Spontanaktivität, die auch beim Gesunden auftreten kann, und *pathologischer* Ruheaktivität, die Hinweise auf Erkrankungen bzw. Verletzungen gibt, unterschieden. Dabei besteht jedoch für letztere keine „Spezifität" dieses elektromyographischen Befundes hinsichtlich des Vorkommens bei einer bestimmten Krankheit. So mußte man z. B. die Überzeugung aufgeben, daß Fibrillationspotentiale pathognomonisch für Denervationsprozesse seien, da sie nicht nur bei neurogenen, sondern auch bei myogenen Erkrankungen, ja sogar bei Gesunden auftreten können. Ebensowenig sind Faszikulationspotentiale „spezifisch" für Vorderhornprozesse (nukleäre Läsionen). Neben der Ermittlung der Art der Spontanaktivität ist die Berücksichtigung des Zeitpunktes ihres Auftretens im Krankheitsverlauf oft von wesentlicher Bedeutung. Der Arzt muß wissen, wann mit ihrem Auftreten zu rechnen ist bzw. wann nicht oder nicht mehr. Ebenso wichtig ist es zu wissen, *wo* sie gesucht werden müssen (Topodiagnostik). Die in Frage kommenden Muskeln sind im Untersuchungsplan festzulegen.

2.2.1.2.2.1. Endplattenrauschen und Endplattenpotentiale (-spikes)

Definition: Darunter versteht man eine physiologische Spontanaktivität, die nur an bestimmter umschriebener Stelle im Muskel, nämlich in der Endplattenzone, auftritt.
Endplattenrauschen sind unregelmäßige Deflektionen niedriger (5 – 50 µV) Amplitude und kurzer (0,2 – 2 ms) Dauer, die sich als Irregularitäten der Basislinie auf dem Oszillographen darstellen und im Lautsprecher als Rauschen auftreten (Abb. 13a).
Endplattenpotentiale: BUCHTHAL und ROSENFALCK 1966 unterscheiden *monophasisch* negativ gerichteten (s. Abb. 13b), ca. 1 mV, mit kurzer Dauer, von *diphasisch*

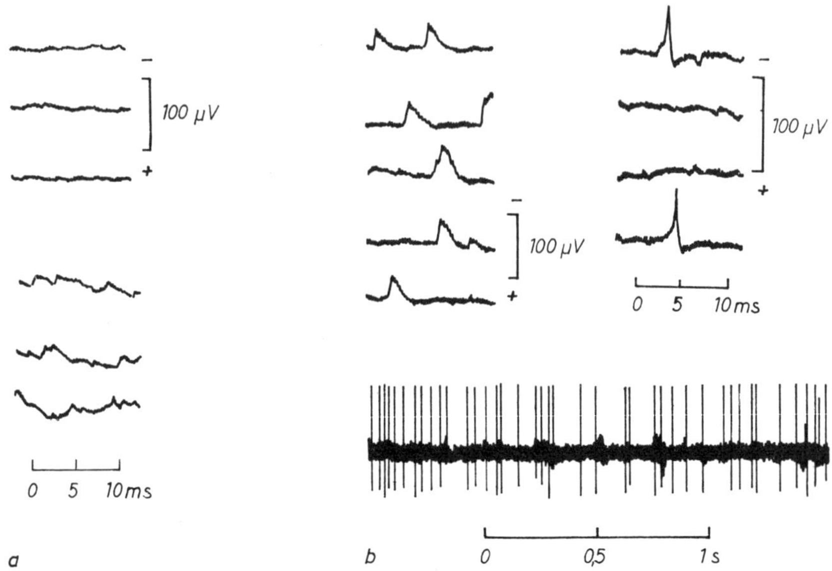

Abb. 13 Endplattenzone
a) Endplattenrauschen, b) monophasisch negativ gerichtete und diphasisch negativ beginnende Endplattenpotentiale

negativ beginnenden, 100 – 200 µV, länger (3 – 5 ms) dauernden. Im Gegensatz zu den meist in regelmäßiger Folge auftretenden Fibrillationspotentialen sind Endplattenpotentiale eher irregulär ablaufend (s. Abb. 13b) und haben kurze (< 70 ms) Interpotentialintervalle. Eine diagnostische Bedeutung kommt dem Endplattenrauschen und den Endplattenpotentialen nicht zu. Sie dürfen jedoch nicht mit Fibrillationspotentialen verwechselt werden!

2.2.1.2.2.2. Fibrillationspotentiale (Fibrillationen)

Definition: Darunter versteht man kurze (1 – 5 ms) Spontanpotentiale mit 2 und mehr Phasen, gleichgültig, ob sie in normalen Muskeln (= physiologische F. p.) oder in denervierten Muskeln oder bei Myopathien (= pathologische F. p.) auftreten [s. Abb. 12b und Abb. 14 (2.)]. Die mittlere Amplitude beträgt etwa 100 µV. Buchthal und Rosenfalck 1966 fanden bei diphasischen Fibrillationspotentialen etwas häufiger eine initial positive als eine initial negative Deflektion. Triphasische Potentiale waren relativ häufig, komplex gestaltete selten.

• Bei der Nadel-EMG gilt es nicht nur, ihr Vorkommen bzw. ihr Nichtvorkommen durch exakte gründliche Testung abzuklären, sondern auch die Häufigkeit ihres Vorkommens in oft zahlreichen zu untersuchenden Muskeln festzuhalten, da sich daraus u. U. Hinweise für die Art der Schädigung, den Schweregrad, das Stadium und evtl. die Prognostik ergeben können. Eine einfache Graduierung ist eine

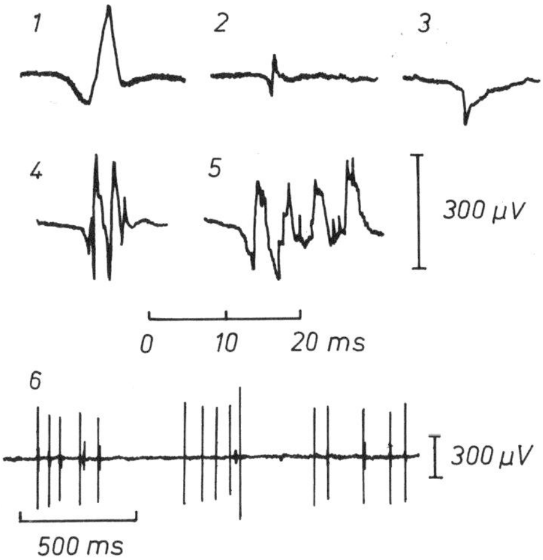

Abb. 14 Aktionspotentiale (nach BUCHTHAL)
1. Potential einer normalen motorischen Einheit, 2. Fibrillationspotential, 3. positive scharfe Welle, 4. polyphasische, 5. gruppierte polyphasische Potentiale, 6. hochfrequente Entladungen

Skalierung von – bis + + + +. Unter Einbeziehung der Häufigkeit des Vorkommens in verschiedenen Arealen (Gebieten) des bzw. der untersuchten Muskeln kann auch wie folgt graduiert werden:

0 = keine F. p.
+ (1) = einzelne Züge F. p. in wenigstens 2 Arealen (Einstichstellen) (0 und 1 können gelegentlich auch in gesunden Muskeln vorkommen)
+ + (2) = mäßig viele F. p. in 3 oder mehr Gebieten
+ + + (3) = viele F. p. in zahlreichen Gebieten
+ + + + (4) = sehr viele F. p. an fast allen untersuchten Stellen, wenn sie in einem Muskel in 20–30 Stellen gefunden werden, spricht dies nach BUCHTHAL und ROSENFALCK 1966 für eine klinisch relevante Schädigung des unteren motorischen Neurons.

• Neben der Feststellung der Häufigkeit kommt der Auswahl der Muskeln, in denen Fibrillationspotentiale und mit ihnen oft vergesellschaftete positive scharfe Wellen (s. 2.2.1.2.2.3.) zu suchen sind, eine große Bedeutung zu. Bei lokalisierten Schädigungen im Verlauf peripherer Nervenläsionen ist bei Verdacht auf einen partiellen oder totalen Denervierungsprozeß in den Muskeln zu suchen, die von den Nervenästen versorgt werden, die unterhalb der Läsionsstelle des betroffenen Nervs abgehen (s. z. B. Abb. 8), bei radikulären bzw. Plexusschäden ist das Verteilungsmuster (s. Abb. 4 und Tabelle 6) zu berücksichtigen. Bei Vorderhorn- (nukleären) Affektionen (u. U. mit Beteiligung des oberen motorischen Neurons und/oder bulbärer Muskeln) können bei dem oft systemisch generalisierten Charakter der Erkrankungen (z. B. der amyotrophischen Lateralsklerose) zum notwendigen Nachweis einer *Prozeßgeneralisation* die Zahl und Auswahl der zu untersuchenden Muskeln schon recht groß sein. Nicht nur Muskeln mit klinischen Symptomen der Muskelschwäche und/oder Atrophie, sondern auch klinisch unauffällige Muskeln können nicht selten pathologische Fibrillationspotentiale aufweisen. Das gleiche gilt auch für Myopathien.

• Schließlich spielt bei der Suche nach F. p. der richtige Zeitpunkt eine wesentliche Rolle. So ist die Latenzzeit bis zum Auftreten von Fibrillationspotentialen und ebenso von positiven scharfen Wellen (s. 2.2.1.2.2.3.) zu berücksichtigen. Im allgemeinen (Abhängigkeit von der Nervenlänge) ist nach einer axonalen Läsion, die zur Waller-Degeneration führt, nicht vor 2–3 Wochen mit dem Erscheinen von Spontanaktivität in den denervierten Muskelfasern zu rechnen. Während es in der nachfolgenden *Frühphase* relativ häufig zum Auftreten von F. p. und positiven scharfen Wellen kommt, ist bekannt, daß in der *Phase der Reinnervation* der Muskelfasern die Häufigkeit des Vorkommens durch kollaterale Sprossung von intakten Neuronen oder Auswachsen vorher degenerierter Axone mehr und mehr abnimmt und schließlich verschwindet; d. h., es können in *fortgeschrittenen Phasen* oder *Spätphasen* evtl. vorher einmal vorhandene Fibrillationspotentiale und damit Hinweise auf einen Schädigungsprozeß (z. B. eine Poliomyelitis oder periphere Nervenläsion) jetzt nicht mehr nachweisbar sein. Auch bei nicht eingetretener Reinnervation eines Muskels, bei der nach Jahren die atrophische Muskulatur bindegewebig umgewandelt wird und fettig degeneriert, ist weder mit dem Auftreten einer Einstichaktivität, wie wir sahen, noch mit Fibrillationspotentialen zu rechnen.

Vorkommen von Fibrillationspotentialen

1. Physiologische Fibrillationspotentiale

Auf das Vorkommen in gesunden Muskeln, was nach Buchthal in 15% an 1–2 Stellen außerhalb der Endplattenzone vereinzelt möglich ist, wurde schon hingewiesen, ebenso auf evtl. Verwechslungsmöglichkeiten mit Endplattenpotentialen.

2. Pathologische Fibrillationspotentiale

Als pathologisch dürfen nur Fibrillationspotentiale gewertet werden, die außerhalb der Endplattenzone an mindestens 2 Stellen im Muskel vorkommen. Als Einzelzeichen besteht keine Spezifität, d. h., sie sind weder für Neuropathien noch für Myopathien, noch für Untergruppen dieser vielgestaltigen Erkrankungsgruppen pathognomonisch, da sie bei beiden vorkommen können und großflächige Überschneidungsbereiche existieren. Dagegen können sie im Rahmen bestimmter Konstellationen elektromyo- und -neurographischer Kriterien sehr wertvolle Hinweise geben, so daß die Suche nach ihnen für die Nadel-EMG ein wesentliches Anliegen ist.

• Neuropathien

Fibrillationen, nicht selten zusammen mit positiven scharfen Wellen vorkommend, gelten als wichtige Spontanaktivität bei Denervierungsprozessen, wobei sie in denervierten Muskelfasern entstehen.
Bei *Vorderhornprozessen* (nukleären Läsionen des peripheren motorischen Neurons) treten sie schon frühzeitig im Verlauf auf, z. B. bei der *amyotrophen Lateralsklerose* (ALS), oder bei Patienten mit progressiv langsam fortschreitender Erkrankung. Da es rasch zu kollateraler Sprossung und damit Reinnervation denervierter Muskelfasern kommt, ist die Häufigkeit des Vorkommens meist begrenzt. Bei der Prozeßgeneralisation diffuser Erkrankungsformen, z. B. ALS, ist die Verteilung sehr verstreut. Nicht nur in muskelschwachen und atrophischen Muskeln ist in verschiedenen Gliedmaßen, besonders sorgfältig in Handmuskeln und im M.

gastrocnemius beiderseits, zu suchen, sondern bei bulbärer Beteiligung auch in der Zunge, im Masseter und in Gesichtsmuskeln. Nur dadurch ist eine Abgrenzung gegenüber fokalen Vorderhornprozessen (z. B. Syringomyelie u. a.) möglich. Wo differentialdiagnostische Abklärungen gegenüber Wurzel- und Plexusschäden nötig sind, müssen Muskeln getestet werden und betroffen sein, die außerhalb der Verteilungsmuster dieser Läsionen liegen, z. B. an der Gegenseite der Extremität. Daß pathologische Befunde (z. B. bei ALS) auch in klinisch unauffälligen Muskeln gefunden werden können, wurde schon erwähnt. Im allgemeinen wird zum Nachweis einer Prozeßgeneralisation (diffuse Systemerkrankungen wie z. B. ALS) das Vorkommen von Fibrillationspotentialen in 3 Extremitäten- oder 2 Gliedmaßenmuskeln und in einem kranialen Muskel gefordert.

Bei 10 Patienten, die 14–50 Jahre vorher eine *Poliomyelitis* mit initial schweren Paresen durchgemacht hatten, fanden Lütschg u. Ludin 1981 bei Nachuntersuchungen in keinem Fall mehr eine Spontanaktivität (dagegen eine verlängerte Potentialdauer). Bei *peripheren Nervenerkrankungen* kommt es bei Denervierung nach der entsprechenden Latenzzeit von 2–3 Wochen noch häufiger als bei nukleären Läsionen zum Auftreten von Fibrillationspotentialen und oft auch positiv scharfen Wellen mit unterschiedlichen Relationen. Gerade bei inkompletten (partiellen) Denervierungen können sie bei geringen Schädigungen oder auch zum Nachweis von Restschäden diagnostisch bedeutsam sein, wenn in den richtig ausgewählten Muskeln (Verteilungsmuster bei Spinalwurzel- bzw. Plexusläsionen, Versorgungsmuster bei langen Extremitätennerven) zum geeigneten Zeitpunkt danach gewissenhaft gesucht wird. Mit Einsetzen der Reinnervationsprozesse sinkt die Häufigkeit des Vorkommens u. U. bis zum völligen Verschwinden. Lütschg und Ludin 1981 fanden bei Nachuntersuchungen 6–16 Jahre zurückliegender peripherer Nervenläsionen nur noch 3 von 12 Patienten, die initial schwere Paresen aufwiesen. Bei abnormer Innervation, wie sie nicht selten bei Handmuskeln vorkommt, sind Fehlinterpretationen zu vermeiden. Im Prinzip sind bei peripheren Nervenerkrankungen Fibrillationspotentiale als Denervationszeichen nur zu erwarten, wenn das Axon so geschädigt ist, daß es zur Denervierung kommt (primäre oder sekundäre axonale Prozesse, z. B. bei bestimmten Polyneuropathien bzw. bei Axonotmesis- und Neurotmesis-Verletzungstypen). Nicht zu erwarten ist dagegen ihr Auftreten bei reinen Entmarkungsprozessen (Demyelinisierungsprozessen) der Nervenfasern, für die Nervenleitungsstörungen (ENG) typisch sind.

Bei *Erkrankungen des oberen motorischen Neurons*, bei denen eine Läsion des peripheren Neurons mit Sicherheit als ausgeschlossen gelten konnte, z. B. bei Paresen nach einem apoplektischen Insult, traten interessanterweise ebenfalls Fibrillationspotentiale bzw. positive scharfe Wellen als pathologische Spontanaktivität auf. Am häufigsten waren distale Arm- und Handmuskeln betroffen, meist 2–3 Wochen nach dem Insult. Der weitere Zeitverlauf ergab eine etwa konstante Häufigkeit des Vorkommens bis 10 Wochen nach dem Schlaganfall, dann abfallende Tendenz, 4 Monate danach zeigte keiner der Patienten der rein paretischen Gruppe mehr pathologische Spontanaktivität. 8 von 55 Patienten der Hemiplegie-Gruppe und 15 von 46 der Hemiparese-Gruppe zeigten in der gesamten Beobachtungszeit keine pathologische Spontanaktivität (F. p. und PSW). Benecke u. Mitarb. 1983 (weitere Literatur, s. Nepomuceno u. Mitarb. 1977) werten auch die Relation positive scharfe Wellen : Fibrillationspotentiale aus. Diese betrug bei Läsion des oberen Neurons 5 : 1, bei Läsionen des unteren Neurons 3 : 1, wobei die PSW bei letzterer Affektion eine statistisch signifikant längere Potentialdauer aufwiesen. Als Erklärung dieses Vorkommens wird von Benecke u. Mitarb. 1983 das Konzept der transsynaptischen Degeneration von α-Motoneuronen angegeben.

• Myopathien

Fibrillationspotentiale als Zeichen pathologischer Spontanaktivität sind auch bei Myopathien nicht selten, jedoch differiert die Häufigkeit bei den verschiedenen Myopathien nicht unwesentlich. Häufig treten sie bei Dermato- und Polymyositis (entzündliche Myopathien) und bei progressiver Muskeldystrophie vom Typ Duchenne auf, gelegentlich und spärlich bei Herdmyositiden, benigneren Dystrophien. BUCHTHAL 1976 gibt ein Vorkommen bei 50% der Patienten mit Polymyositis und bei ca. 1/3 der Patienten mit progressiver Muskeldystrophie an. Besonders bei degenerativen Muskelerkrankungen ist eine systematische Untersuchung zahlreicher Muskeln nötig, da im Anfangsstadium evtl. nur inselförmige pathologische Prozesse vorhanden sind. Ein einzelnes Kriterium, wie die Fibrillationspotentiale, genügt selten, um die Differentialdiagnose Myopathie oder Neuropathie oder die Differentialdiagnose unterschiedlicher Myopathien oder Neuropathien zu stützen.

2.2.1.2.2.3. Positive scharfe Wellen (PSW)

Definition: Spontanaktivität von Aktionspotentialen mit hauptsächlich einer positiven Phase, die scharf beginnt (gelegentlich w-förmig deformiert mit einer trägen Nachschwankung) [Abb. 14 (3)].
Sie stellen, wie die Fibrillationspotentiale, fortgeleitete Aktionspotentiale denervierter Muskelfasern dar. Nicht selten treten sie in regelmäßigen Entladungsfolgen auf. Bei der Waller-Degeneration ist, wie bei den Fibrillationen, mit einer Latenz des Auftretens von 2 – 3 Wochen zu rechnen.
Vorkommen: Nach STÖHR 1977 sollen PSW auch in gesunden Muskeln beobachtet werden können und sich gegenüber pathologischen PSW durch ein Entladungsmuster mit größerer Variabilität der Zeitintervalle im Gegensatz zu den mehr rhythmisch gleichförmigen pathologischen PSW auszeichnen.
Den *pathologischen PSW* kommt die Hauptbedeutung zu. Ihr Vorkommen, sowohl bei Neuropathien als auch seltener bei Myopathien, entspricht im wesentlichen den bei den Fibrillationspotentialen gemachten Feststellungen (s. 2.2.1.2.2.2.).

2.2.1.2.2.4. Faszikulationen

Definition: Eine Faszikulation ist ein Aktionspotential, das die Dimension eines Potentials einer motorischen Einheit, entweder normaler oder abnormaler Größe und Form, aufweist. Sie tritt spontan und sporadisch auf (s. Abb. 12 c und d).
Es handelt sich um Spontanaktivitäten größerer Fasergruppen der gesamten motorischen Einheit. Beim Auftreten in oberflächlichen Muskeln sind die Muskelfaserkontraktionen mit dem bloßen Auge erkennbar. Willkürlich sind sie nicht beeinflußbar. Sie sind auch im Schlaf vorhanden. Ihre Dauer liegt bei 5 – 15 ms, die Amplitudenhöhe entspricht der des Aktionspotentials der motorischen Einheiten. Bei leichter Willkürinnervation können deshalb Faszikulationen vorgetäuscht werden, wenn nicht auf völlige Muskelentspannung geachtet wird. Die Form ist bi- oder polyphasisch. Die Entladungen sind unregelmäßig, in wechselnden Abständen, auch gruppiert. Der Entstehungsort, längere Zeit im Vorderhorn angenommen, ist jedoch zum größten Teil im distalen Teil des Axons (terminale Endaufzweigungen) anzunehmen, ohne Rücksicht auf den Läsionstyp, die Dauer und Schwere der Läsion (ROTH 1982) (Kollisionstechnik).

Vorkommen:

- Benigne Faszikulationen bei Gesunden

Sie sollen nach TROJABURG und BUCHTHAL 1965 eine regelmäßige Wiederholungstendenz und höhere Entladungsfrequenz (1,25/s) als „maligne“ Faszikulationen (0,3/s) aufweisen. *Maligne F.* (= *pathologische F.*) sind jedoch in erster Linie dann anzunehmen, wenn sie zusammen mit anderen EMG-Befunden auftreten, die für einen Denervierungsprozeß sprechen. Die Häufigkeitsangaben *benigner F.* schwanken im Schrifttum stark (3% – 70%).

- Pathologische Faszikulationen

Bei Neuropathien (Läsionen des unteren motorischen Neurons), ohne daß daraus eine Spezifität abgeleitet werden kann, worauf Vogel und Tackmann 1984 nachdrücklich hingewiesen haben, kommen Faszikulationen häufig bei Vorderhorn- (nukleären) Prozessen vor (50%). Es folgen Polyneuropathien, einschließlich der neuralen Muskelatrophie, mit 25%, periphere Nervenschäden mit 14%, Wurzelaffektionen mit 10% (n = 177 Fälle).

2.2.1.2.2.5. Myotone Entladungen

Auf den Charakter dieser auch als Spontanaktivität in Form repetitiv auftretender Entladungssalven wurde schon bei der Einstichaktivität (2.2.1.2.1.) näher eingegangen.
Vorkommen: Als pathognomonisch geltend bei der *Dystrophia myotonica*, den verschiedenen Formen der Myotonia congenita (mit abnehmender Temperatur im Gewebe in zunehmender Häufigkeit auftretend), ferner im Anfall bei der Adynamia episodica hereditaria (familiär periodische Lähmung) und bei der Paramyotonia congenita (bei Abkühlung vermindert).

2.2.1.2.2.6. Pseudomyotone Entladungen = bizarre hochfrequente Entladungen (= bizarre high frequency discharges)

Im Gegensatz zu den echten myotonen Entladungen sind diese repetitiven Spontanentladungen [s. Abb. 14 (6)] in ihrer Amplitudenhöhe und Frequenz relativ konstant. Sie treten abrupt auf und brechen ebenso ab. Der Frequenzbereich variiert (5 – 30 Hz).
Vorkommen: Ihr Vorkommen stellt keinen spezifischen pathologischen Befund dar, da sie sowohl bei neurogenen Schäden als auch bei Muskeldystrophie, bei metabolischen Myopathien und Myositiden vorkommen können. Bei Gesunden werden sie nicht beobachtet.

2.2.1.2.2.7. Niederfrequente (0,3 – 10 Hz) bizarre Entladungen

Sie werden von Stöhr 1977 als seltene Form der Spontanaktivität beschrieben, die bei älteren neurogenen Schädigungen mit starken Umbauvorgängen vorkommen können.

2.2.1.2.2.8. Doubletten, Tripletten, Multipletten

Es handelt sich dabei um kurzdauernde repetitive Spontanaktivitäten (s. Abb. 22), wie sie bei der Tetanie (s. tetanisches Syndrom) auftreten, aber auch bei der Neuropathie und bei Crampi.

2.2.1.2.3. Aktivitätsmuster bei Willkürinnervation

2.2.1.2.3.1. Normales Aktivitätsmuster bei graduierter Willkürinnervation

Bei verschiedenen Graden der Willkürinnervation werden die in Abbildung 15 dargestellten 3 Innervationsmuster (Aktivitätsmuster, -pattern, „Dichtemuster") unterschieden. Dabei werden bei zunehmender Kraftentfaltung des Muskels 1. mehr der verfügbaren Einheiten rekrutiert, aktiviert, zum Einsatz gebracht (= räumliche Summation) und 2. die Entladungsfrequenz der rekrutierten motorischen Einheiten gesteigert (= zeitliche Summation).

• Minimale Innervationsstärke → „Einzelpotentialmuster"
Bei geringem Grad der Willkürinnervation werden nur einzelne motorische Einheiten aktiviert und entladen (s. Abb. 15c). Diese Potentiale lassen sich (bei Verstärkung von 1 mV/cm und Zeitablenkung von 200 ms/cm) gut voneinander abgrenzen, da die Grundlinie zwischen den Aktionspotentialen gut sichtbar bleibt. Sie werden, sofern dies erforderlich ist, zur Analyse der Parameter der Potentiale der motorischen Einheit (s. 2.2.1.2.4.) benutzt.

• Mittlere Innervationsstärke → „Mischmuster" [gemischtes Muster, mixed pattern, gelegentlich auch als „Übergangsmuster" bezeichnet (s. Abb. 15b)]
Durch Rekrutierung weiterer motorischer Einheiten und Frequenzsteigerung ist mit zunehmender Innervationsstärke das Aktionsmuster immer dichter geworden, die Grundlinie nur noch kurzzeitig sichtbar.

• Maximale Innervationsstärke → „Interferenzmuster" (s. Abb. 15a)
Die Potentiale der einzelnen motorischen Einheit sind jetzt nicht mehr voneinander zu unterscheiden. Diese Innervationsstärke ist besonders für die Beurteilung pathologischer Prozesse – unter den noch zu besprechenden Einschränkungen – von Wert, weil sie ein ungefähres Maß für die Zahl der willkürlich aktivierbaren, verfügbaren motorischen Einheiten abgibt.

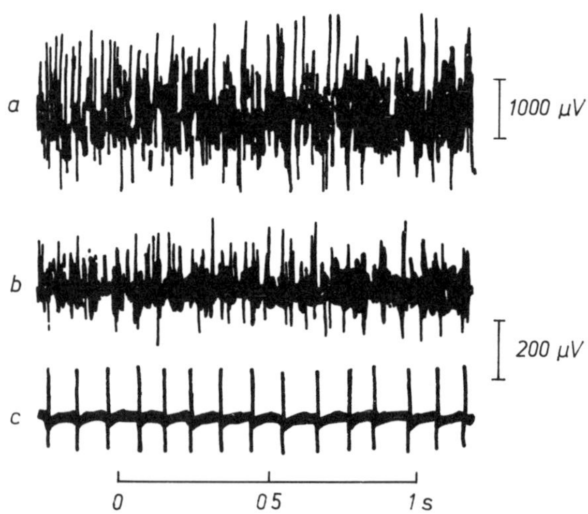

Abb. 15 Aktivitätsmuster normales EMG
a) Interferenzmuster bei maximaler Innervationsstärke,
b) Mischmuster (gemischtes Muster), Übergangsmuster bei mäßiger Willkürinnervation,
c) Einzelpotentialmuster (Einzelentladungsmuster) bei minimaler Innervationsstärke

Bei der Bewertung des Aktivitätsmusters einer Willkürinnervation ist zu beachten, daß es in starkem Maße von der Mitarbeit (Kooperationswilligkeit und -fähigkeit) des Patienten abhängig ist, wodurch sich subjektive Faktoren einschleichen können, insbesondere dann, wenn der Untersucher der geleisteten Patientenmitarbeit nicht die gebührende Aufmerksamkeit schenkt. So kann es durch fehlende Kooperation, z. B. bei Gutachterpatienten oder bei ungenügender Willküraktivierung infolge bestehender oder auftretender Schmerzen (Schmerzhemmung, Abb. 16d) nicht zu dem zu erwartenden Interferenzmuster kommen, sondern nur zu einem Misch- oder Einzelpotentialmuster. Es gibt jedoch auch unter Gesunden Personen, denen es, trotz guten Willens zur Mitarbeit, an der Geschicklichkeit fehlt, bestimmte Muskeln auf Kommando willkürlich zu innervieren. Bekannt ist das z. B. beim M. gastrocnemius, den kleinen Fußmuskeln, dem M. flexor carpi ulnaris, bei denen es nicht immer gelingt, ein Interferenzmuster zu aktivieren. Das darf dann nicht als pathologischer Befund bewertet werden.

2.2.1.2.3.2. Pathologisches Aktivitätsmuster

Je nach Schweregrad der Erkrankung kann das Aktivitätsmuster beim Versuch einer maximalen Willkürkontraktion die folgenden Veränderungen aufweisen. Trotz maximaler Willkürinnervation und Mitarbeit des Patienten

– ist überhaupt kein *Aktivitätsmuster* auslösbar. Das spricht für einen schweren organischen Schädigungsgrad, der klinisch mit einer schweren Parese einhergeht, wenn eine psychogene Lähmung ausgeschlossen wurde;
– ist nur ein *Einzelpotentialmuster* (s. oben) auslösbar. Dies spricht, unter den mehrfach erwähnten möglichen Einschränkungen, ebenfalls für einen erheblichen Schädigungsgrad, bei Neuropathien für den Ausfall einer größeren Zahl motori-

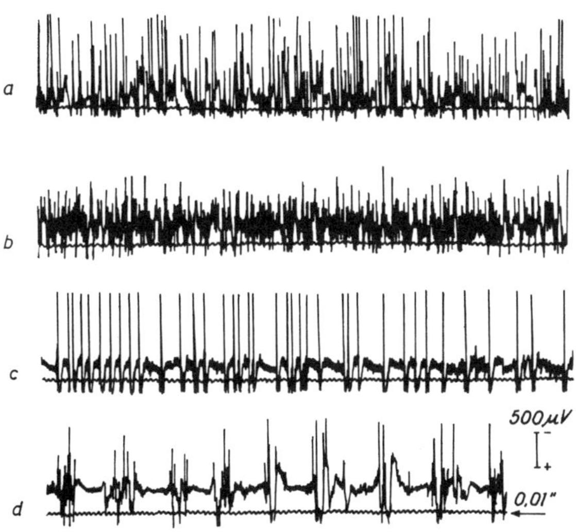

Abb. 16 Normale und pathologische Aktivitätsmuster bei maximaler Willkürinnervation
a) normales Interferenzmuster,
b) „Myopathiemuster", „dichtes" Interferenzmuster relativ niedriger Amplitude bei mittlerer Willkürinnervation,
c) „Neuropathiemuster" (Vorderhornzellerkrankung) „gelichtetes" Muster,
d) Schmerzhemmung oder schlechte Kooperation

scher α-Motoneuronen und nachfolgende Nervenfaserdegeneration bzw. bei Myopathien für den Ausfall zahlreicher Muskelfasern;
– kommt nur ein „*Mischmuster*" (gemischtes M.) zustande oder ein sog. *gelichtetes Interferenzmuster* (= reduziertes Rekrutierungsmuster, s. Abb. 16c), d. h., nicht wie normal ein „volles" (dichtes) Interferenzmuster.

Vorkommen: Pathologische Aktivitätsmuster, je nach vorliegendem Schweregrad der Parese vom völligen Fehlen der Willkürpotentiale über Mischmuster bis zur Lichtung eines Aktivitätsmusters, sind für
– *Neuropathien* kennzeichnend, wenn auch nicht pathognomonisch und wenn auch durch ihren subjektiven Faktor u. U. weniger verläßlich als eine bestehende Spontanaktivität oder Abweichungen der Parameter von Potentialen der motorischen Einheiten. Bei peripheren Nervenläsionen, sofern eine axonale Beteiligung vorliegt, ebenso bei Polyneuropathien sind alle genannten Aktivitätsmusterveränderungen möglich. Dabei ist die Amplitude der Aktionspotentiale des bei maximaler Willkürinnervation erzielten Musters normal oder erniedrigt. Klinisch korreliert die Schwere des EMG-Befundes mit der einer bestehenden Parese. Anders bei Vorderhornerkrankungen. Hier kommt es oft zu einer kollateralen Aussprossung intakt gebliebener motorischer Vorderhornzellen. Durch diesen Reinnervationsvorgang können die intakt gebliebenen Vorderhornzellen mehr Muskelfasern als normal versorgen. Die Folge ist, daß die Amplitude der motorischen Einheitspotentiale, z. B. des gelichteten Musters (s. Abb. 16c), erhöht ist. Auch brauchen dadurch keine klinisch feststellbaren Paresen aufzutreten, da durch die Reinnervation dieser Defekt u. U. längere Zeit oder überhaupt kompensiert werden kann. Ähnliches ist auch bei lange Zeit bestehenden Polyneuropathien beobachtet worden;
– für *Myopathien* sind andere pathologische Veränderungen des Willküraktivitätsmusters charakteristisch, die auch als „Myopathiemuster" bezeichnet wurden. Bei Myopathien ist die Situation (Abb. 17) gegenüber Neuropathien insofern anders, als die Zahl der motorischen Einheiten nicht vermindert ist, sondern die Zahl der Muskelfasern in den motorischen Einheiten. Schon bei mäßiger Willkürinnervationsstärke rekrutiert der Patient, früher als der Gesunde, mehr motorische

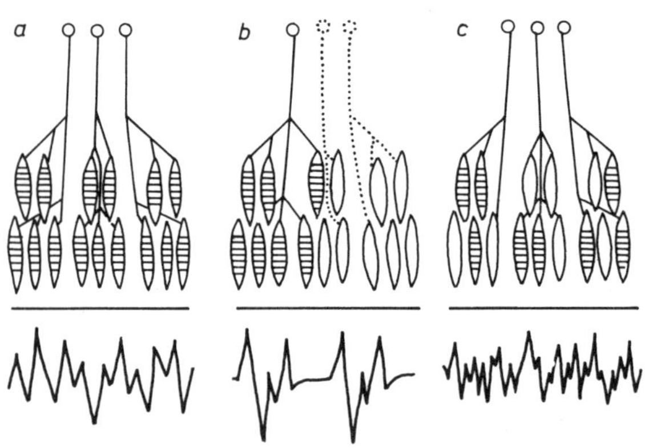

Abb. 17 Schematische Darstellung motorischer Einheiten a) beim Gesunden, Interferenz-muster, b) bei peripherer Neuropathie, Ausfall von 2 motorischen Motoneuronen, „gelichtetes" EMG-Muster, c) bei Myopathie, diffuser Ausfall zahlreicher Muskelfasern, „Myopathiemuster" im EMG. Punktiert = ausgefallene motorische Nervenzellen und Nervenfasern, weiße Muskelfasern = ausgefallene Muskelfasern

Einheiten, um den Ausfall der Muskelfasern zu kompensieren. Dadurch entsteht, zunächst wenigstens, ein dichtes Interferenzmuster, allerdings mit relativ niedriger Amplitude (wegen der verminderten Anzahl von Muskelfasern) (s. Abb. 16b, „Myopathie-Muster"). Bei Langzeitbelastung oder fortschreitendem Schweregrad lichtet sich allerdings dieses zunächst dichte Muster und ähnelt im weiteren Verlauf den Veränderungen bei schweren neurogenen Schäden immer mehr. Dagegen ist die Feststellung eines typischen Myopathiemusters dann von Wert, wenn in Muskeln noch keine oder nur geringe Grade von Muskelkraftschwund (JANDA, Stufe 3, 4) festgestellt werden. Auf Einzelheiten der bei Myopathien zu ermittelnden Veränderungen von Parametern der Potentiale motorischer Einheiten wird im folgenden eingegangen.

2.2.1.2.4. Parameter der Potentiale motorischer Einheiten

Die Feststellung von Aktionspotentialveränderungen der motorischen Einheiten, d. h. die Quantifizierung der Parameter:

1. Potentialdauer,
2. Amplitude des Muskelaktionspotentials und
3. der Potentialform,

evtl. 4. des Territoriums der motorischen Einheit,

gilt als wichtige objektive Untersuchungsmethode bei der Nadelelektromyographie.
Das Muskelaktionspotential einer motorischen Einheit ist die Summe der Aktionspotentiale (Ap) aller zu dieser Einheit gehörenden Muskelfasern. Die Zahl der zu einer motorischen Einheit gehörenden Muskelfasern variiert bekanntlich in verschiedenen Muskeln und darüber hinaus individuell. Auch existieren verschiedene Muskelfasertypen. In normalen Muskeln kommt es zur Überlappung verschiedener Einheiten (Mosaikmuster im Querschnitt bei histochemischer Färbung). Die Lage der differenten Ableitungsfläche bei Ableitung mit der meist benutzten konzentrischen Nadelelektrode zu den Muskelfasern bestimmt wesentlich die Parameter der abgeleiteten Aktionspotentiale. Unmittelbar benachbarte Fasern erzeugen die Hauptkomponente (Spike) des Potentials und bestimmen mit ihrer Anzahl auch die Amplitudenhöhe. Entfernte Muskelfasern gestalten die Vor- und Nachschwankung. Aus diesen Vorbemerkungen ist verständlich, daß schon bei Gesunden eine nicht unerhebliche Schwankungsbreite der Parameter resultieren muß. Eine Analyse evtl. auftretender Parameterveränderungen kann deshalb nur anhand einer statistischen Auswertung von 20–40 Aktionspotentialen pro Muskel erfolgen. Dabei wird, wie schon erwähnt, bei leichter Willkürinnervationsstärke aus dem Einzelpotentialmuster die genannte Zahl an Potentialen verschiedener motorischer Einheiten an verschiedenen Einstichstellen aufgezeichnet (Verstärkung 100 μV/cm, Zeitablenkung 10 ms/cm, Bandpaß 2 Hz–10 kHz). Nur unter diesen Bedingungen und nur mit Koaxialnadelableitung gewonnene Werte liegen den von BUCHTHAL 1958 gewonnenen, in Tabelle 3 für die Potentialdauer dargelegten Normalwerten der Parameter der motorischen Einheitspotentiale der dort angeführten Muskeln zugrunde und können mit den im vorliegenden Krankheitsfall gewonnenen arithmetrischen Mittelwerten verglichen werden. Da-

Tabelle 3 Normalwerte der Dauer der Einheitspotentiale (in ms) verschiedener Muskeln in Abhängigkeit vom Lebensalter

Alter (Jahre)	M. deltoideus	M. biceps brachii	M. triceps brachii	M. extensor digitorum communis	M. abductor digiti quinti	M. biceps femoris; M. quadriceps	M. gastrocnemius	M. tibialis anterior	M. peronaeus longus	M. extensor digitorum brevis	M. orbicularis oris superior; M. triangularis; M. frontalis
0	8,8	7,1	8,1	6,6	5,8	8,0	7,1	8,9	6,5	7,0	4,2
3	9,0	7,3	8,3	6,8	6,3	8,2	7,3	9,2	6,7	7,2	4,3
5	9,2	7,5	8,5	6,9	7,0	8,4	7,5	9,4	6,8	7,4	4,4
8	9,4	7,7	8,6	7,1	7,5	8,6	7,7	9,6	6,9	7,6	4,5
10	9,6	7,8	8,7	7,2	7,9	8,7	7,8	9,7	7,0	7,7	4,6
13	9,9	8,0	9,0	7,4	8,5	9,0	8,0	10,0	7,2	7,9	4,7
15	10,1	8,2	9,2	7,5	9,4	9,2	8,2	10,2	7,4	8,1	4,8
18	10,4	8,5	9,6	7,8	9,4	9,5	8,5	10,5	7,6	8,4	5,0
20	10,7	8,7	9,9	8,1	9,4	9,8	8,7	10,8	7,8	8,6	5,1
25	11,4	9,2	10,4	8,5	9,4	10,3	9,2	11,5	8,3	9,1	5,4
30	12,2	9,9	11,2	9,2	9,4	11,1	9,9	12,3	8,9	9,8	5,8
35	13,0	10,6	12,0	9,8	9,4	11,8	10,6	13,2	9,5	10,5	6,2
40	13,4	10,9	12,4	10,1	9,4	12,2	10,9	13,6	9,8	10,8	6,4
45	13,8	11,2	12,7	10,3	9,4	12,5	11,2	13,9	10,1	11,1	6,6
50	14,3	11,6	13,2	10,7	9,5	13,0	11,6	14,4	10,5	11,5	6,8
55	14,8	12,0	13,6	11,1	9,5	13,4	12,0	14,9	10,8	11,9	7,0
60	15,1	12,3	13,9	11,3	9,5	13,7	12,3	15,2	11,0	12,2	7,1
65	15,3	12,5	14,1	11,5	9,5	14,0	12,5	15,5	11,2	12,4	7,3
70	15,5	12,6	14,3	11,6	9,5	14,1	12,6	15,7	11,4	12,5	7,4
75	15,7	12,8	14,4	11,8	9,5	14,3	12,8	15,9	11,5	12,7	7,5

bei wurden auch die Einflußfaktoren verschiedener Altersklassen berücksichtigt. Die Auswertung erfolgt derzeit meist manuell, ist zeitaufwendig und deshalb nur dort sinnvoll anzuwenden, wo Veränderungen der Parameter eine diagnostische Aussage versprechen. Die Hauptparameter stehen in direkter Korrelation mit anatomischen Zuständen, wie Zahl, Größe der Muskelfasern u. a., die sich bei pathologischen Prozessen ändern können. In letzter Zeit werden Versuche unternommen, die Parameteranalyse mit Hife von Computern durchzuführen (STÅLBERG und ANTONI 1983).

2.2.1.2.4.1. Mittlere Potentialdauer

Sie steht in Beziehung zur Zahl der Muskelfasern in der motorischen Einheit. Die Messung erfolgt von der ersten Auslenkung des Aktionspotentials von der Grundlinie bis zur endgültigen Rückkehr. Eine Basislinie muß an beiden Seiten des motorischen Einheitspotentials (MEP) erkennbar sein. Nicht immer ist der Start der MEP jedoch abrupt, und auch das exakte Ende ist schwer auszumachen. STÅLBERG und ANTONI benutzen dann 5 µV oberhalb der Basislinie. Die mittlere Dauer gilt als aussagekräftigerer Parameter als die Amplitude, deren Werte stark streuen.

Physiologische Potentialdauer

Sie liegt bei ca. 10–12 ms mit erheblicher Streuung. Abweichungen von ±20% (= Irrtumswahrscheinlichkeit <5%) von den Normalwerten (s. Tab. 3) der bestimmten Muskeln und der Altersklasse werden noch als normal gewertet. Die Zunahme der Potentialdauer vom 1. bis zum 20. Lebensjahr, z. B. beim M. bizeps brachii um ca. 35%, wird auf das Längenwachstum der Muskelfasern zurückgeführt. Dadurch rückt die Endplattenzone weiter auseinander, woraus eine größere Dispersion des Aktionspotentials resultiert. Im höheren Alter nimmt die Potentialdauer durch Abnahme des Muskelfaserdurchmessers wieder ab.

Pathologische Potentialdauer

Verlängerte Potentialdauer, d. h. Werte > +20% der Normalwerte (>12–15 µs).

Vorkommen: Bei Neuropathien, bei denen es in der Reinnervationsphase als Kompensationsvorgang ausgefallener motorischer Vorderhornzellen zur kollateralen Aussprossung intakt gebliebener Motoneurone kommt (sog. „neurogener Umbau"). Da diese Vorderhornzellen dann Muskelfasern mehr als normal zu versorgen haben, wächst entsprechend der zunehmenden Muskelfaserzahl die mittlere Potentialdauer. Auch haben die ausgesproßten dünnen Nervenfasern eine niedrige Nervenleitgeschwindigkeit, wodurch es zu einer großen zeitlichen Streuung (Dispersion) der Ankunft der Impulse an den Endplatten kommt. Dadurch wird die mittlere Potentialdauer ebenfalls verlängert. Diese Faktoren spielen besonders bei Vorderhornläsionen in der Reinnervationsphase eine wesentliche Rolle und können u. U. auch nach durchgemachten Vorderhornerkrankungen, z. B. Poliomyelitis, noch viele Jahre überdauern und auf eine

durchgemachte Erkrankung hinweisen (LÜTSCHG und LUDIN 1981). Auch in diesem Zusammenhang auftretende vermehrte Polyphasie basiert auf diesen Vorgängen (s. Folgendes). Gleiche Verlängerungen der Potentialdauer wurden auch bei peripheren Nervenläsionen durch Neuaussprossung vorher degenerierter Axone (Axonotmesis, Neurotmesis) festgestellt. Auch bei den sog. „Riesenpotentialen" = Amplitudenwerte > +200% Erhöhung, die bei kollateraler Reinnervation von Vorderhornprozessen häufiger gefunden werden als bei Neuaussprossungen nach Axondegeneration infolge Läsionen peripherer Nerven, Polyneuropathien u. a., spielen Potentialdauerverlängerungen eine Rolle.
Verkürzte Potentialdauer, d. h. Werte < −20% (< −5 ms)
Vorkommen: Bei Myopathien gilt diese Veränderung nach BUCHTHAL 1976 als ein aussagekräftiges Myopathiezeichen. Sie tritt bei den verschiedenen Myopathieformen mit unterschiedlicher Häufigkeit (50−100%) auf. Der diffuse Ausfall von Muskelfasern in der motorischen Einheit (s. Abb. 17) macht dies verständlich. Diese Potentialverkürzung ist jedoch nicht obligat. Gelegentlich werden auch erhöhte Werte gefunden, z. B. durch Zusammenpackung (Packing-Effekt) geschrumpfter Muskelfasern, „Splitting" von Muskelfasern oder Reinnervation nach vorausgegangener myogener Degeneration.

2.2.1.2.4.2. Amplitude des Potentials der motorischen Einheit

Die Amplitudenhöhe ist positiv korreliert mit der Größe und der Zahl der Muskelfasern (Faserdichte) in der motorischen Einheit. Auf die Abhängigkeit dieses Parameters von der Muskelart, der Nadelart, vom Willkürinnervationsgrad, der Nadelposition u. a. und die daraus resultierende große Streubreite wurde schon hingewiesen. Meßtechnisch wird die Amplitudenhöhe durch den Abstand von positiver zu negativer Spitze gemessen (Peak-to-Peak-Technik).

Normale Amplitudenhöhe

Sie entspricht dem Normalwertsbereich (s. BUCHTHAL 1958) des untersuchten Muskels und der Altersklasse im Bereich von ±40%.

Pathologische Amplitudenhöhe

Erhöhte Amplitude, d. h. Werte > +40% der Norm des untersuchten Muskels und der Altersklasse.
Vorkommen: Neuropathien im Verlauf von Reinnervationsprozessen. Bei der kollateralen Reinnervation im Rahmen fortgeschrittener Vorderhornprozesse steigt mit der Muskelfaserdichte die Amplitude sowie – wie wir sahen – die Potentialdauer und Polyphasie (s. Folgendes). So fanden LÜTSCHG und LUDIN 1981 bei 6 von 10 Patienten 15−50 Jahre nach Poliomyelitis noch eine erhöhte Amplitude im Aktivitätsmuster nach maximaler Innervation. „Auffällig großamplitudige Innervationspotentiale" (bei leichter Innervation) von deutlich > 2 mV fanden VOGEL und TACKMANN 1984 bei 25% ihrer Patienten mit Vorderhornprozessen, echte „Riesenpotentiale" (Amplitude mindestens 10 mV, bei kleinen Handmuskeln 12 mV) in 16%. Jedoch war der Prozentsatz des Vorkommens bei peripheren Nervenverletzungen mit 31% bzw. 27% noch höher. Auch bei anderen

Neuropathien war er noch relativ hoch (Polyneuropathien 20% bzw. 23%, radikuläre Schäden 13% bzw. 15%), er sank ab bei Plexusschäden auf 4% bzw. 5% und war bei Muskelerkrankung mit je 1% sehr selten. Da große (4–6 mV) Aktionspotentiale bei neurogenen Läsionen auch bereits in den ersten Tagen beobachtet werden können, müssen noch andere Ursachen als Umbauvorgänge, z. B. in der Reinnervationsphase, daran beteiligt sein; evtl. werden normalerweise erst später im Rekrutierungsprozeß aktivierte motorische Einheiten partieller Denervierung vorzeitig rekrutiert. Es ist bekannt, daß die normalerweise zuerst rekrutierten motorischen Einheiten eine 50–200% niedrigere Amplitude aufweisen als die späteren bei höherer Willkürkontraktionsstärke (Summation der elektrischen Aktivität mehrerer Einheiten). Auch die Steigerung der Entladungsfrequenz spielt dabei eine Rolle.

Erniedrigte Amplitude, d. h. Werte < –40% der Norm des untersuchten Muskels und der Altersklasse.

Vorkommen: Myopathien zeigen neben einer Verkürzung der Potentialdauer meist auch eine erniedrigte Amplitude (s. „Myopathie-Muster", Abb. 16). Die bisherige Erklärung, dafür eine Verminderung der Muskelfaserdichte verantwortlich zu machen, wurde durch die Einzelfaser-(single-fibre-)EMG fragwürdig. Dabei wurde durch die auch bei Myopathien vorkommende kollaterale Aussprossung eine vermehrte Faserdichte gefunden. Nach der Ansicht von LUDIN haben wahrscheinlich bei der Myopathie die Spitzenpotentiale (Spikes) der einzelnen Muskelfasern eine verminderte Amplitude.

Neuropathien. Gleiche Veränderungen wie bei Myopathien wurden bei der sog. portio neuropathy (ENGEL 1973), beobachtet, bei der innerhalb einer motorischen Einheit nur einzelne terminale Nervenfasern betroffen sind. Dadurch degenerieren nur einzelne Muskelfasern, die über die eintretende Verminderung der Faserdichte die Amplitude erniedrigen sowie das Territorium der motorischen Einheit und die Potentialdauer verkürzen.

2.2.1.2.4.3. Potentialform

Das Aktionspotential der motorischen Einheit kann bi-, tri- oder polyphasisch sein. Als polyphasisch werden nur solche Potentiale bezeichnet, die die Grund-(Basis-, Null-)Linie mehr als 4mal überqueren (kreuzen), d. h. >4 Phasen (Durchgänge durch die Grundlinie) aufweisen.

Physiologische Polyphasie

Bis zu 12% polyphasische Potentiale, in einzelnen Muskeln, wie dem M. deltoideus, M. facialis, M. vastus lateralis und M. tibialis anterior bis zu 25%, können auch bei Gesunden auftreten und sind deshalb nicht als pathologisch zu werten. Dabei sind wenigtens 20 verschiedene Potentiale zu beurteilen.

Pathologische Polyphasie,

d. h. > +12% (bzw. 25%) polyphasische Potentiale.

Vorkommen: Neuropathien. Bei Läsionen des unteren motorischen Neurons (Vorderhorn-, Wurzel-, Plexus-, periphere Nervenschäden) ist eine pathologische

Polyphasie in der Regenerations-(Reinnervations-)Phase durch kollaterale Aussprossung bzw. Neuaussprossung ursprünglich denervierter Nervenfasern ein häufig zu beobachtender EMG-Befund. Er ist oft mit Verlängerung der Potentialdauer und Erhöhung der Amplitude (s. 2.2.1.2.4.1. und 2.2.1.2.4.2.) verknüpft. Die Erklärung für das Entstehen polyphasischer Potentiale wurde bereits dort (besonders bei 2.2.1.2.4.1.) erörtert. Pathologische Polyphasie tritt jedoch nicht bei allen neurogenen Schäden gleich stark auf, z. B. bei peripheren Neuropathien meist geringer als bei Vorderhornprozessen. Auch kann es bei unvollständigen (partiellen) Schäden eines peripheren Nerven u. U. Monate dauern, ehe die überlebenden motorischen Einheiten diese Parameterveränderungen aufweisen.
Myopathien. Auch bei diesen Erkrankungen ist die pathologische Polyphasie ein häufiges Vorkommnis. Nach BUCHTHAL 1976 wurde eine erhöhte Inzidenz in wenigstens einem Muskel bei 85% der Patienten mit Muskeldystrophie vom Duchenne-Typ, der Dystrophia myotonica und der kongenitalen Myopathie gefunden. Bei facioskapularer Dystrophie trat sie in 62% auf, bei Kollagenosenmyopathien in 40–70%, bei der Rheumatoid-Arthritis in distalen Muskeln in 25%, in proximalen in 38%. Auch bei Inaktivitätsatrophien wurde sie beobachtet.

2.2.1.2.4.4. Größe des Territoriums der motorischen Einheit

Diese ist nur mit der Multielektrodenuntersuchungstechnik (BUCHTHAL u. Mitarb. 1957) unter Verwendung von z. B. 14-kanaligen Multielektroden in Verbindung mit einem 3-Kanal-EMG-Gerät und speziellen Schaltkästen zu ermitteln. Normalwerte wurden von BUCHTHAL 1958 angegeben.
Vergrößerte Werte wurden besonders bei Reinnervationsvorgängen von Neuropathien gefunden, wo bei Vorderhornerkrankungen, wie z. B. der amyotrophen Lateralsklerose, durch kollaterale Aussprossung das Territorium um 80–140% vergrößert sein kann, oder bei peripheren Nervenläsionen, wo 15–40% Vergrößerungen festgestellt wurden, meist mit starken Amplitudenerhöhungen (s. 2.2.1.2.4.2.) kombiniert.
Verkleinerte Werte wurden von BUCHTHAL 1976 bei Myopathien festgestellt: Beim Duchenne-Typ der Muskeldystrophie, der Myopathia myotonica und der Polymyositis in 30%. Langsam fortschreitende Muskelsystrophieformen zeigen dagegen oft ein normal großes Territorium. Mit der Multielektrodentechnik kann auch die Synchronisation der motorischen Einheiten ausgewertet werden. Normalerweise entladen etwa 10% der Einheiten synchron. Eine vermehrte (>10%) Synchronisation wurde bei Neuropathien beobachtet, häufiger bei Vorderhornprozessen als bei distalen peripheren Schäden.

2.2.2. Elektroneurographie (ENG)

Definition: Unter dem Begriff Elektroneurographie oder kurz Neurographie werden verschiedene elektromyographische Untersuchungsmethoden zusammengefaßt, bei denen mittels eines Stimulators, daher auch die Bezeichnung Stimulationselektromyographie, im Gegensatz zur Detektions-(Ableitungs-)methode der Nadel-EMG, periphere Nerven, meist mit supramaximaler Reizintensität gereizt

werden. Das evozierte Muskel- bzw. Nervenaktionspotential wird abgeleitet und ausgewertet. Das Ziel dabei ist es, die wichtige Funktion der Nervenleitung zu testen, d. h., die Fähigkeit motorischer, sensibler bzw. gemischter Nerven, Erregungen (Impulse) fortzuleiten.
Dies ist besonders dann von großem diagnostischem Wert, wenn bei Neuropathien demyelinisierende (Entmarkungs-)Prozesse vorliegen, da die Myelinscheide des Axons wichtige Leitungsfunktionen ausübt (saltatorische Erregungsleitung). Diese können dadurch gestört werden; dies ist z. B. bei demyelinisierenden Polyneuropathien oder bei segmentalen Demyelinisierungen bei chronischen Kompressionssyndromen der Fall. Es ist dann mit Nervenleitungsstörungen zu rechnen. Die ENG ist deshalb bei neuromuskulären Erkrankungen eine oft unerläßliche Ergänzung der Nadel-EMG. Wichtige ENG-Verfahren sind:

- die motorische Elektroneurographie (mot. ENG). Bei der konventionellen motorischen ENG wird dabei die Nervenleitung der *raschen* motorischen Nervenfasern ermittelt. Die Bestimmung dieses relativ schmalen Anteils der Gesamtnervenpopulation unterschiedlich dicker und damit verschieden schnell leitender Nervenfasern ist für klinische Zwecke meist ausreichend. Viele pathologische Prozesse schädigen alle oder bevorzugt die schnell leitenden, dicken myelinisierten Nervenfasern, die mit dieser üblicherweise benutzten Technik bestimmt werden. Wenn die *langsamen* motorischen Nervenfasern auf ihre Nervenleitungsfähigkeit getestet werden sollen, ist dazu eine spezielle Technik erforderlich (Hopf 1962). Sie ist jedoch aufwendig und wird selten benutzt. Ebenso gehört die Untersuchung der Verteilung (Distribution) der motorischen Leitgeschwindigkeiten im Nerv, d. h. die vollständige Auswertung der Leitfähigkeit aller motorischer Nervenfaserpopulationen noch nicht zum Routineuntersuchungsprogramm und wird deshalb ebenfalls nicht näher beschrieben (Dorfman 1984 u. a.);

- die sensible Elektroneurographie (SENG). Auch hierbei werden in der Regel die rasch leitenden sensiblen Nervenfasern mit den üblichen Methoden bestimmt. Dabei wird nicht wie bei der mot. ENG ein Muskel-, sondern ein Nervenaktionspotential (NAP) aus einem gemischten bzw. rein sensiblen Nerv extrazellulär abgeleitet.

Zur Auswertung kommen für beide Verfahren in Frage:

1. die Nervenleitgeschwindigkeits-(NLG-)Messung,
2. die distale Latenz (DL),
3. die Analyse der Parameter des motorischen bzw. sensiblen evozierten Aktionspotentials, z. B. die Amplitude, Dauer, Potentialform, Fläche.

Computerisierte Auswertungsverfahren wurden entwickelt (Meyer und Hilfiker 1983 u. a.), da die quantitative Analyse ohne Computer zu mühsam ist.

2.2.2.1. Motorische ENG, motorische Nervenleitgeschwindigkeits-(NLG-)Messung

Sie wurde 1948 von Hodes, Larabee und German in die Klinik eingeführt und gehört seitdem zu den wichtigsten Routineverfahren der Diagnostik neuromuskulärer Erkrankungen.

Methodik: Das Grundprinzip der NLG-Messung eines motorischen Nervs ist seine elektrische Reizung an mindestens zwei oder mehreren Stellen seines Verlaufs. Bei Messung der Distanz D (= Weg) der beiden Reizorte, d. h. der Entfernung der beiden Reizpunkte auf der Haut (mm) von Reizkathode zu Reizkathode, und der Differenz der zwei Latenz-(Lauf-)zeiten des proximalen (t_1) und distalen (t_2) Reizpunktes (ms) ergibt sich als Quotient die motorische Nervenleitgeschwindigkeit (m/s)

$$\text{motorische NLG (m/s)} = D\ \text{(mm)}/t_1 - t_2\ \text{(ms)}$$

(vom Reizartefakt bis zum Beginn des Muskelaktionspotentials, sog. M-Welle) nach der Formel:

$$\text{Geschwindigkeit} = \text{Weg/Zeit}\,.$$

Nur bei supramaximaler Reizintensität ist die Gewähr gegeben, daß alle Fasern des Nervs gereizt werden (supramaximal ist 30–50% über der Stromstärke, die zur Erzeugung einer maximalen Reizantwort benötigt wird; eine maximale Reizantwort ist eine solche, bei der sich die Amplitude der Reizantwort bei weiterer Erhöhung der Stromstärke nicht mehr erhöht). Mit supramaximaler Reizung bestimmt man die NLG der raschen, am schnellsten leitenden motorischen Nervenfasern. Sie wird auch als maximale motorische Leitgeschwindigkeit bezeichnet. Das abgeleitete Muskelaktionspotential ist ein Summenpotential. Als Bezugspunkt für die Messung der Latenzzeit (Laufzeit) gilt meist die Zeit vom Beginn des Reizartefaktes bis zum ersten steilen negativen (nach oben gerichteten) Abgang des Muskelaktionspotentials von der Grundlinie (sog. onset latency).
Die elektrische Reizung des motorischen Nervs erfolgt mit einem c. c. (oder c. v.) Stimulator (Reizstromgerät), der von Erde isoliert ist. Es wird mit bipolarer Elektrodentechnik mit Oberflächenelektroden (s. Abb. 10) gereizt. Die Stimulationsorte sind für die verschiedenen Nerven vorgegeben (Tab. 4 und Abb. 18).
Die Reizkathode (–) liegt dabei stets distal, die Anode (+) proximal. Die Hautvorbereitung erfolgt in Form gründlicher Abreibung mit Ether, evtl. vorsichtiger Hautabschmirgelung zur Herabsetzung des Hautwiderstandes. Die Elektrodenunterfläche wird mit Elektrolytlösung durchtränkt. Das Reizmuster besteht aus kurzdauernden 0,1–0,2 ms Rechteckimpulsen. Nur bei stärker pathologischen Fällen, bei denen damit keine Reizantwort erzielt wird, ist eine Impulsdauer von 1 ms angebracht, dabei ist u. U. ein Überspringen des Reizes auf benachbarte Nerven möglich. Für schwierige Fälle ist auch die Reizung mit Nadelelektroden möglich.
Die Reizfrequenz liegt meist bei 1 Hz oder erfolgt mittels Einzelauslösung per Taste. Die Verstärkerfrequenz beträgt 0,8–8 kHz. Die Ableitung erfolgt in der Regel, ebenfalls mit Oberflächenelektroden (z. B. 2 Elektroden zu 1 cm^2, im Zentrum 2,5 cm entfernt). Die Zinnplättchen werden mit Elektrodenpaste bestrichen und mit Pflaster auf der Haut am Ableitungsort befestigt. Dabei wird die Kathode auf den Muskelbauch (motorischer Reizpunkt, Höhe der motorischen Endplattenzone) des Muskels, in dem das evozierte Aktionspotential abgeleitet werden soll, gelagert. Die Anode wird in der Längsrichtung des Muskels über der distalen Sehne angebracht, sog. belly-tendon-Position. Eine Erdungselektrode befindet sich entfernt davon zwischen Reiz- und Ableitungselektrode. In schwer

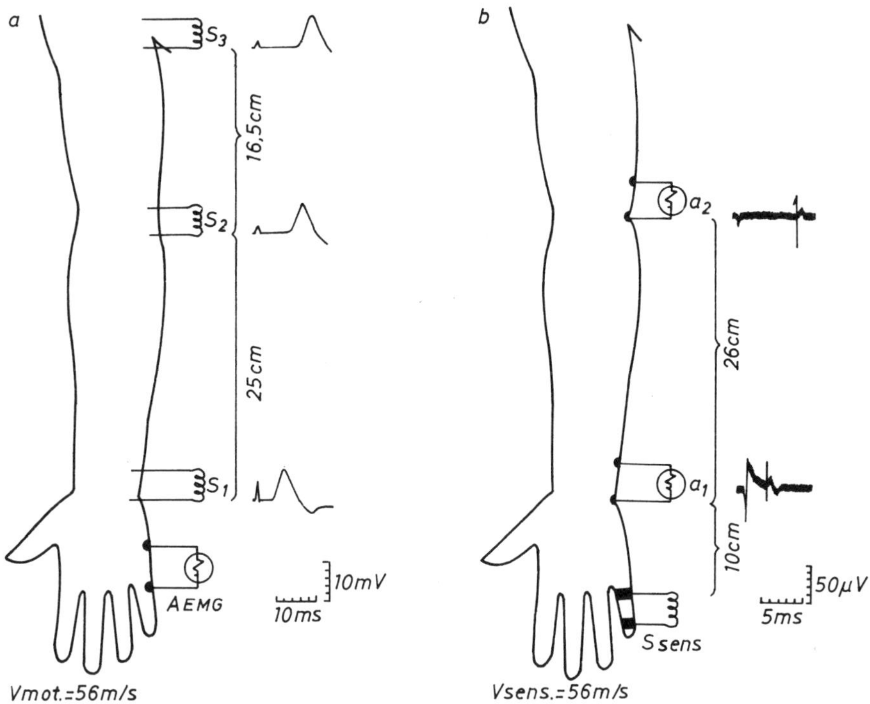

Abb. 18 NLG-Messung
a) motorische am N. ulnaris, b) sensible, orthodrome Technik Ringelektroden am Kleinfinger, A bzw. a = Ableitungsorte, S = Stimulationsorte

atrophischer Muskulatur kann auch mit Nadelelektroden (3,5–4,5 cm Länge, 0,5 mm ∅) abgeleitet werden.

Das erfaßte Muskelareal der Nadelelektrodenableitung ist kleiner als das der Oberflächenelektroden. Die ermittelten NLG-Werte sind nicht signifikant unterschiedlich. Von den Autoren, die die Nadelelektroden-Reizmethode bevorzugen, wird der Vorteil auch darin gesehen, daß sie mit der oft notwendigen Nadel-EMG kombiniert und die Antwortpotentialparameter besser analysiert werden können. Das vom proximalen und vom distalen Reizpunkt abgeleitete Muskelaktionspotential muß sich bei Reizung desselben Nervs in der Form weitgehend gleichen (s. Abb. 18). Ist das nicht der Fall, so besteht der Verdacht, daß verschiedene, z. B. benachbarte Nerven (z. B. N. ulnaris/N. medianus) gereizt wurden oder daß Innervationsanomalien (z. B. die Martin-Gruber-Anastomose) zwischen diesen Nerven vorliegen. Die Ausmessung der Distanz zwischen den beiden Reizelektroden muß in gleicher Körperstellung, in der gereizt und abgeleitet wurde, mit flexiblen Meßbändern so exakt wie möglich auf der Haut entsprechend dem anatomischen Nervenverlauf erfolgen. Hautverschiebungen und Dehnungen sind dabei zu vermeiden. Mehrfachmessungen vermindern Meßfehler, die sich besonders bei kurzen Distanzen folgenschwer auswirken können. Der Meßpunkt ist das Zentrum der Reizelektrode, das auf der Haut markiert wird.

Tabelle 4 Motorische und sensible Reizpunkte und Ableitungspunkte

Reizung		Ableitung
1. N. ulnaris		
motorisch:	distal: Handgelenk: Sulcus N. ulnaris proxim.: Ellenbogen oder/ und Oberarm: Sulcus N. ulnaris	M. abductor digiti minimi und M. inteross. dorsalis I Standard-Distanz: 3,5 cm oder <
sensibel:	orthodrom: Kleinfinger antidrom: wie motor. Reizpunkte	Handgelenk: Sulcus N. ulnaris proximal: Ellenbogen, Oberarm, Kleinfinger. 3,0 cm oder <
2. N. medianus		
motorisch:	distal: Handgelenk proxim.: Ellenbogen, Oberarmmitte, über dem Nerv	M. abductor pollicis brevis M. opponens pollicis 4,0 – 4,5 cm
sensibel:	orthodrom: Zeigefinger (oder Daumen, Mittel- finger)	Handgelenk, Ellenbeuge 3,5 cm
	antidrom: wie motor. Reizpunkte	I., II., III. Finger
3. N. radialis		
motorisch:	distal: Vorderarm 8 cm proximal d. Proc. styloid. ulnaris, lat. d. M. ext. carp. uln. Ellenbogen: zwischen Sehne d. M. brachioradialis und M. biceps brachii (6 cm prox. d. Epic. radialis humeri) Axilla: M. coracobra- chialis und med. Be- grenzung d. M. triceps brach. (18 cm prox. d. Epic. ulnar. humeri)	M. triceps brachii M. brachioradialis M. extensor digit. communis M. extensor pollicis long. M. extensor indicis
sensibel:	orthodrom: Daumen	distal: dist. Vorderarm lat. Seite, wo N. rad. palpabel proximal: Handgelenk, Ellen- bogen, Axilla, wie bei motor. Reizung
4. N. femoralis		
motorisch:	dicht unter d. Leisten- band, lat. d. Art. femor.	M. rectus femoris, in Längs- richt. Abstand 15, 20 und 25 cm vom Reizort

Tabelle 4 (Fortsetzung)

Reizung		Ableitung
5. N. ischiadicus		
motorisch:	Glutealfalte und Fossa poplitea (Kniekehle neben lat. Sehne d. M. triceps surae)	M. tibial. ant., M. gastrocn., M. soleus, M. ext. dig. brevis, M. abductor hallucis
sensibel:	orthodrom: Großzehe oder I, II und III zusammen	Gesäßfalte, Fossa poplit. Fußgelenk
6. N. tibialis		
motorisch:	Fossa poplit. und hinter Malleolus int.	M. abductor hallucis brev. und M. abductor dig. V
sensibel:	orthodrom: Großzehe	Hinter Malleolus int. Fossa poplitea
7. N. peronaeus		
motorisch:	1. hinter Capit. fibul. und Fußgelenk	M. extensor digit. brevis
	2. Fossa poplit. (Capit. fibul. und Fußgelenk) (Untersch.: 5 cm prox. d. Malleol. ext., etwas lat. d. vord. Tibiakante)	M. extensor dig. brevis
sensibel:	orthodrom: Fußgelenk (Retinaculum musc. ext. superius)	1 ... 2 cm distal Capit. fibul. und Fossa poplit.
8. N. suralis		
sensibel:	orthodrom: Dorsum pedis (2 cm distal d. Rand d. M. ext. dig. brevis) = distales Segment Malleolus lat. = prox. Segm.	hinter Malleolus lat. 15 cm prox. Mall. lat. Fossa poplitea (4 ... 5 cm prox. d. Hautfalte in Kniekehlenmitte)

Motorische distale Latenz (mot. DL)

Wegen der langsameren Erregungsleitung in den myelinärmeren, dünnen distalen Nervenendigungen der motorischen Nervenfasern im Endplattenbereich ist eine exakte Nervenleitgeschwindigkeitsmessung nicht durchführbar. Statt dessen wird die distale Latenzzeit (ms) als Maß für die Erregungsleitung bestimmt. Die Reizung und Ableitung erfolgt im Prinzip wie bei der NLG-Messung. Zur Verkleinerung der Streubreite der Meßwerte werden für verschiedene Nerven Standarddistanzen für die Distanz zwischen Reiz- und Ableitungsort vorgegeben (s. Tab. 4), oder die ermittelten Latenzwerte werden nach Formeln (Slonic u. Mitarb. 1968) korrigiert, wenn keine Standarddistanz eingehalten wurde.

Parameteranalyse des evozierten Aktionspotentials

Diese kann zusätzlich zur NLG- und DL-Messung erfolgen und wertvoll sein. Die Amplitudenhöhe wird meist Peak-Peak, d. h. von der Spitze der negativen zu der der positiven gemessen. Sie kann bei axonalen Schädigungen pathologisch erniedrigt sein, wenn die motorische NLG noch normal oder nur leicht pathologisch ist. Amplitude und Areal (Fläche der M-Welle) gelten als wertvolle Parameter, weil sie die Summe aller depolarisierten Muskelfasern und die Zahl der aktiven Muskelfasern repräsentieren. Bei Leitungsblockade ist kein Muskelaktionspotential (M-Welle) auslösbar.

– Die mittlere Dauer des evozierten Muskelaktionspotentials kann verlängert sein.
– Die Form des Potentials kann durch verschieden schnell leitende (geschädigte/nicht geschädigte) Nervenfasern polyphasisch aufgesplittert sein (sog. Dechronisation). Diese ungleichmäßige Leitung entlang der Axone wird meist durch umschriebene (fokale) Demyelinisierung ohne Nervenleitungsblock verursacht.

Normwerte

In Tabelle 5 sind Normwerte für die NLG in verschiedenen Nervensegmenten und die distalen motorischen Latenzen (ebenso die sensorischen ENG-Werte) aufgeführt, wie sie von verschiedenen Autoren publiziert wurden. Sie gelten im Prinzip nur für die Untersuchungstechnik, die diese Autoren benutzen. Werden abweichende Verfahren angewandt, so sind Normalwerte im eigenen Labor zu erarbeiten. Nur als Faustregel gelten als untere Grenzwerte zum Pathologischen für die motorische NLG:

Armnerven: pathologisch <45 m/s, normal >50 m/s,
Beinnerven: pathologisch <40 m/s, normal >45 m/s.

Als Grauzonen gelten die dazwischen liegenden Werte.

Tabelle 5 Normalwerte der motorischen NLG, distalen Latenz (D. L.) und der sensiblen NLG (nach Buchthal, Ludin u. a.)

Nerv	Motor. NLG (m/s)	Motor. D. L. (ms)	Sens. NLG (ms)
1. N. medianus Oberarm/Ellenbeuge	69,274 – 0,229 × Alter, SD: 5,72	2,994 + 0,004 × Alter, SD: 0,39	Zeigef./Handgel. 63,80 – 0,185 × Alter, SD: 6,44
Ellenb./Handgel.	64,482 – 0,23 × Alter, SD: 3,33	Distanz Korrekt. auf 6,5 cm	Handgel./Ellenb. 69,37 – 0,208 × Alter, SD: 4,45

Tabelle 5 (Fortsetzung)

Nerv	Motor. NLG (m/s)	Motor. D. L. (ms)	Sens. NLG (ms)
2. N. ulnaris Oberarm/prox. Sulc.	64,39 – 0,1 × Alter, SD: 7,66	M. abd. dig. V 2,12 + 0,01 × Alter, SD: 0,34 Distanz Korrekt. auf 7 cm	Kleinf./Handgel. 49,27 – 0,01 × Alter, SD: 4,15 Handgel./dist. Sulc. 68,69 – 0,13 × Alter, SD: 5,02 dist. Sulc./prox. S. 58,13 – 0,08 × Alter, SD: 6,17
3. N. radialis Axilla/Ellenbogen Ellenb./U.arm	69 (50–84) SD: 5,6 62 (52–72) SD: 5,1	M. extens. indic. 2,4 (1,4–3,4) SD: 0,5 Distanz 6 cm	Daumen/Handgel. 55,7 – 0 × Alter, SD: 4,8 Handgel./Ellenb. 68,8 – 0,12 × Alter, SD: 3,0 Ellenb./Axilla 67,5 – 0,02 × Alter, SD: 5,6
4. N. peronaeus Capit. fibul. Fußgelenk	55,941 – 0,155 × Alter, SD 4,05	Fußgelenk/ M. ext. dig. brev. 3,719 + 0,013 × Alter, SD: 0,54 Dist. Korrekt. auf 7,5 cm	Fußgelenk/ Capit. fibul. 57,6 – 0,08 × Alter, SD: 3,7
5. N. tibialis Fossa poplit/ Mall. intern.	69,7 – 0,166 × Alter, SD: 3,37	Mall. intern./ M. abd. hall. 4,021 – 0,004 × Alter, SD: 0,73 Dist. Korrekt. auf 10 cm	Großzehe/ Mall. lat. 47,2 – 0,07 × Alter, SD: 3,4
6. N. suralis Weitere Literatur: Manoli u. Mitarb. 1980	–	–	Fußrücken/ Mall. lat. 51,8 – 0,06 × Alter, SD: 4,6 Mall. lat./Wade 57,4 – 0,04 × Alter, SD: 3,7

Verlaufskontrollen und Seitenvergleiche bei einseitigen Prozessen sind sehr wesentliche Maßnahmen bei der ENG. Oft können erst daraus die richtigen Schlußfolgerungen gezogen werden.

Faktoren, die die Meßwerte der ENG beeinflussen

Physiologische Variationen der motorischen und sensiblen NLG und der distalen Latenzwerte. Sie ergeben sich durch folgende Einflußfaktoren:

- Temperaturabhängigkeit

Mit sinkender Haut- oder Gewebetemperatur sinkt die NLG, bzw. die distale Latenz verlängert sich. Dies ist ein sehr wesentlicher Faktor, der vor allem bei Grenzwerten besondere Aufmerksamkeit erfordert. Deshalb sollten bei der Übermittlung von ENG-Befunden immer die Hauttemperaturwerte, die z. B. mittels eines elektrischen Thermometers über dem getesteten Nerven ermittelt wurden, mitgeteilt werden. Die Hauttemperatur soll über 34 °C betragen, nach Halar 1981 bei 33 °C $\pm$ 1,7 °C liegen. Bei davon abweichenden Temperaturwerten sind Korrekturformeln anzuwenden. Nach Angaben der meisten Autoren sinkt pro Grad Celsius die NLG um 2,0 (1,9 – 2,4) m/s, die distale Latenz steigt um ca. 0,2 ms. Vorwärmmaßnahmen, z. B. mit Wärmelampen oder Wasserbädern (40 °C, 10 min), können kühle Extremitäten auf die zu fordernde Hauttemperatur bringen. Die Raumtemperatur soll bei 22 – 24 °C liegen.

- Altersabhängigkeit

Die NLG der Neugeborenen beträgt nur etwa die Hälfte der Werte von Erwachsenen, deren Werte schon im 3. – 5. Lebensjahr erreicht werden. Dies hängt mit dem geringen Durchmesser und Myelinisierungsgrad der Nervenfasern von Neugeborenen zusammen, die langsamer leiten. Mit zunehmendem Alter nimmt die NLG wieder ab, ab 20. Lebensjahr alle 10 Jahre um ca. 1 – 2 m/s. Die sensible NLG ist nach dem 75. Lebensjahr besonders an der unteren Extremität oft schwer zu bestimmen. Für die langsamere NLG im Alter werden segmentale Demyelinisierungsprozesse als Ursache angenommen.

2.2.2.2. Sensible ENG, sensible Nervenleitgeschwindigkeits-(NLG-)Messung (SNLG)

Mit dieser von Dawson 1965 beschriebenen und von Gilliatt und Sears 1958 weiterentwickelten Untersuchungstechnik können auch Nervenleitungsstörungen der sensiblen Nervenanteile gemischter Nerven bzw. sensibler Nerven (z. B. N. suralis) erfaßt werden. Damit ergeben sich entscheidende Verbesserungen, z. B. in der Diagnostik leichter Polyneuropathien oder leichter Nervenkompressionssyndromen und anderer peripherer Nervenschädigungen, bei denen nur sensible Störungen vorliegen. Dabei wird nach supramaximaler Reizung sensibler Nervenfasern die evozierte Antwort des Nervenaktionspotentials (NAP) erfaßt, wobei, wie bei der motorischen ENG, die sensible Nervenleitgeschwindigkeit (SNLG) bzw. die sensible distale Latenz (sens. DL) bzw. die Parameter (Amplitude, Dauer,

Phasenzahl) des sensiblen Nervenaktionspotentials (SNAP) ausgewertet werden können. Da bei der motorischen ENG die Nervenaktionspotentiale im Gegensatz zu den Muskelaktionspotentialen wesentlich kleiner sind, war es von Vorteil, sie mit neuen Registriertechniken fotographisch besser erfassen zu können. NAP von $< 2\ \mu V$ können somit vom Rauschpegel besser abgegrenzt werden. Nach der zuerst entwickelten sog. *Superpositionstechnik*, bei der z. B. 20 Reizantworten übereinander fotographiert werden, ist besonders die Auswertung Hunderter Aktionspotentiale mit der sog. elektronischen *Averaging-(Mittler-)Technik* eine wertvolle Verbesserung (GILLIATT u. Mitarb. 1965).

Methodik: Die Messung der SNLG und der sensiblen distalen Latenz kann mit 2 verschiedenen Untersuchungstechniken durchgeführt werden:

1. Orthodrome Technik
Dabei erfolgen die Nervenreizung distal, die Ableitung des Nervenaktionspotentials proximal, d. h. entsprechend der Verlaufsrichtung der afferenten sensiblen Nervenimpulse.

2. Antidrome Technik
Dabei wird proximal über dem Nervenstamm gereizt und distal, bei Armnerven am Finger bzw. bei Beinnerven an der Zehe, also entgegengesetzt dem Impulsverlauf sensibler Informationen, abgeleitet.

Zu 1. SNLG- und sens. DL-Messung mit der orthodromen Technik

Die Reiz- und Ableitungspunkte wichtiger peripherer Nerven sind in Tabelle 6 angegeben. Die SNLG-Messung der sensiblen raschen Nervenfasern entspricht im Prinzip der motorischen NLG-Bestimmung, nach der gleichen Formel wird auch die SNLG berechnet.

– Reizung: Als Stimulationselektroden werden 2 Ringelektroden (z. B. die DISA-Elektroden 13L69) benutzt. Sie werden z. B. bei SNLG-Messungen am N. medianus am II. (oder III.) Finger, bei Messung am N. ulnaris am Kleinfinger angelegt. Dabei liegt die am Grundglied angebrachte Reizelektrode, die kathodisch (–) gepolt wird, stets proximal, die Anode am Mittelglied stets distal. Eine detaillierte Beschreibung für die Beinnerven (N. peronaeus superficialis, N. suralis, N. tibialis posterior) haben BEHSE und BUCHTHAL 1971, für den N. suralis auch MAMOLI u. Mitarb. 1980 angegeben. Mit supramaximaler Reizung (etwa 4fache sensible Reizschwelle) erfolgt diese mit 0,1 – 0,2 ms Rechteckimpulsen. An den Beinnerven, z. B. dem N. suralis, wird meist mit unipolaren Nadelelektroden (z. B. DISA-Elektroden 13L64) gereizt, wobei die differente Elektrode (–) ca. 1 cm dorsal der Spitze des lateralen Malleolus, die indifferente ca. 2 – 3 cm dorsal davon postiert wird.

Ableitung: Sie erfolgt mit Oberflächen- oder Nadelelektroden. Die Verstärkerfrequenz liegt bei 8 – 1,6 kHz. Bei *Oberflächenableitung* wird die aktive Elektrode in einem standardisierten Abstand (bei Armnerven 13 oder 14 cm, beim N. suralis 15 cm) von der proximalen kathodischen Reizelektrode entfernt über dem Nervenstamm, bei Armnerven am Handgelenk, angebracht, die indifferente proximal davon (bipolare Elektrodentechnik). Bei *Nadelelektrodenableitung* wird mit unipolarer Elektrodentechnik die aktive Nadelelektrode dicht am Nerv im gleichen

Abstand eingestochen, wie bei Oberflächenelektroden beschrieben, die indifferente rechtwinklig dazu 3 cm entfernt davon. Für Nadelelektrodenableitung ist die Averaging-Technik angezeigt. Mit der Nadelelektrodenableitung kann bei unipolarer Elektrodentechnik auch eine Parameteranalyse (Amplitude, Dauer, Komponentenanzahl) des NAP erfolgen. Die Amplitudenauswertung erfolgt mit der Peak : Peak-Meßmethode.

Zu 2. SNLG- und sens. DL-Messung mit der antidromen Technik

Mit Oberflächenelektroden wird mit supramaximaler Reizintensität, bei Armnerven über dem Nervenstamm am Handgelenk gereizt, wobei die Reizkathode distal liegt, die indifferente Elektrode bei bipolarer Elektrodentechnik in Längsrichtung des Nervs proximal davon, bei monopolarer rechtwinklig seitlich davon. Als Ableitungselektroden dienen Ringelektroden, wobei die Kathode proximal des 1. Interphalangialgelenkes, die Anode 2 – 3 cm distal davon am Testfinger (bzw. Zehe) des zu untersuchenden Nervs angebracht wird. Die Reizelektroden-Ableitungselektroden-Distanz wird wie bei 1. angegeben gewählt. Die Elektroden des Testfingers dürfen sich nicht mit dem Nachbarfinger berühren. Eine Erdungselektrode wird entfernt angebracht. Zur Auswertung der Latenzzeit des sensiblen evozierten Nervenaktionspotentials wird meist die Zeit vom Reizartefakt bis zur Spitze des 1. negativen (nach oben gerichteten) Potentials (= peak latency) oder bis zum Beginn des negativen Deflektionsabganges (= onset latency) gewählt. Die antidrome Technik erzielt höhere Amplituden des NAP als die orthodrome Technik. Die Meßgenauigkeit der Latenzzeit soll auf 0,1 ms genau sein. Normalwerte der sensiblen NLG einiger wichtiger peripherer Nerven, s. Tabelle 5.

Mögliche Fehlerquellen bei der ENG-Untersuchung

Dabei spielen, von apparativen Fehlern abgesehen, besonders Fehler in der Untersuchungstechnik und unexakten Befundübermittlung eine Rolle.
Beispiele: Falsche Reizintensität (submaximale statt supramaximale), zu große Impulsdauer (Gefahr des Überspringens des Reizimpulses auf Nachbarnerven), Nichterkennen von Innervationsanomalien und Anastomosen (z. B. Martin-Gruber-Anastomose am Unterarm), Fehler der Elektrodentechnik (Verwechslung von Anode und Kathode, falsche Plazierung der Kathode, keine genaue Markierung des Elektrodenzentrums der Reizelektrode auf der Haut, ungenaue Distanzmessung auf der Haut durch Hautverschiebungen, Dehnungen, keine Angaben der Distanz bei Messung der distalen Latenz, keine Korrekturen, wenn keine Standarddistanz eingehalten wurde), NLG-Messung über zu kurzen Nervenabschnitten, keine Angaben, welches Segment gemessen wurde, ungenaue Latenzmessung bei unscharfem Abgang der Initialdeflektion des Muskels- oder Nervenaktionspotentials, keine Angaben, welche Auswertmethode der Latenz angewandt wurde (Peak Lat./Onset Lat.), keine Temperaturangaben, keine Vorwärmmethoden oder Anwendung von Temperaturkorrekturformeln bei Meßwerten, wo dies erforderlich wäre, keine Altersangaben, keine Seitenvergleiche, wo diese ratsam wären, oder Vergleiche mit anderen Nerven (z. B. N. medianus : N. ulnaris beim Karpaltunnelsyndrom).

2.2.2.3. H-Reflexbestimmung

Definition: Darunter werden die elektrische Auslösung des Muskeleigenreflexes (Dehnungs-, Stretch-Reflexes, entsprechend dem Achillessehnen-Reflex) durch submaximale elektrische Stimulation sensibler propriozeptiver afferenter Ia-Nervenfasern und das Studium dieser monosynaptischen Reflexantwort verstanden [Hoffmann 1918, von Magladery und McDougal 1950 als H-(Hoffmann-) Reflex bezeichnet].

Die H-Reflexbestimmung wird an der Wadenmuskulatur (M. triceps surae) bei Reizung des N. tibialis in der Kniekehle (Fossa poplitea) durchgeführt. In pathologischen Fällen wird der H-Reflex auch an anderen Nerven und den von ihnen versorgten Muskeln, wie z. B. dem M. tibialis anterior getestet, wo er normal nicht oder nicht häufig auslösbar ist. Der Weg des Reflexes (Abb. 19) verläuft dabei über die im gemischten peripheren N. tibialis verlaufenden motosensiblen, propriozeptiven Ia-Muskelspindelafferenzen. Diese nehmen von den „nuclear bag"-Endigungen der Muskelspindel ihren Ausgang. Über die Hinterwurzel des Nervens verlaufend, werden die Impulse im Rückenmark in monosynaptischer Verbindung auf α-Motoneuronen umgeschaltet. Deren Aktivierung löst über efferente motorische Bahnen in der Wadenmuskulatur die H-Antwort (Welle) aus.

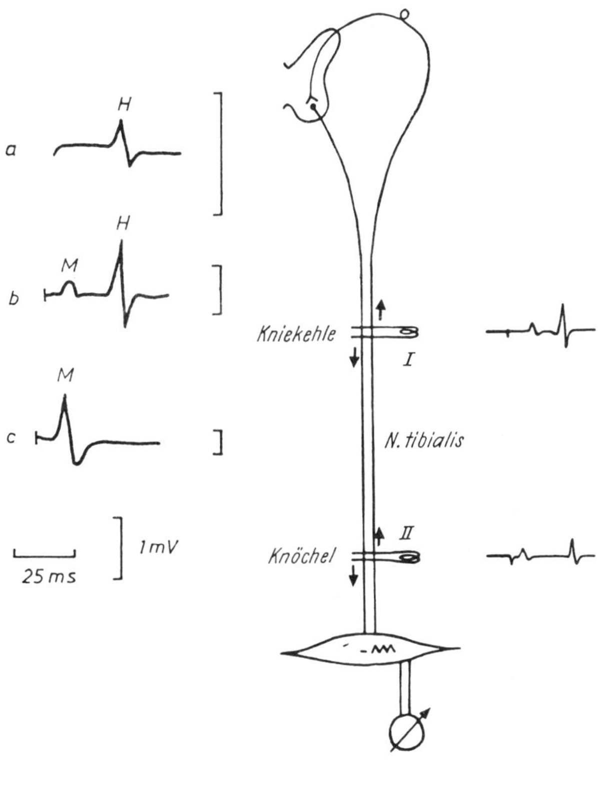

Abb. 19 H-Reflex
a) schwache, b) mittlere, c) supramaximale Reizstärke
H = H-Reflex, M = Muskelantwort; rechts: Verlauf des Reflexbogens

Der H-Reflex gibt nützliche Informationen über den proximalen Teil des sensorischen Axons.
Methodik: Standardisierungsvorschläge für die H-Reflexbestimmung mit unterschiedlichen, mono- und bipolaren Elektrodentechniken sind von verschiedenen Autoren publiziert worden, z. B. BRADDOM und JOHNSON 1974, MARYNIAK und YAWORSKI 1987.
Reizung: Sie erfolgt mit Oberflächenelektroden direkt über dem N. tibialis in der Mitte der Kniekehle. Differente Elektrode (−) proximal, Referenzelektrode (+) distal. Rechteckimpulsreizung. Reizfrequenz 0,1 Hz, Impulsdauer 0,1 − 1 ms, Reizintensität von submaximal bis supramaximal graduell steigend. Patient in Bauchlage ruhend, Füße entspannt über dem Untersuchungstisch hängend.
Ableitung: Mit Oberflächenelektroden in Wadenmitte über dem Triceps surae (1. Elektrode in Höhe der Halbierungslinie Kniekehle − Knöchel, 2 − 5 cm distal davon). MARYNIAK und YAWORSKI 1987 postieren die Ableitungselektrode nicht in der Halbierungslinie, sondern distal davon an der Grenze vom 3. zum 4. Viertel, weil sie dort größere, meist triphasische Amplituden der H-Antwort erzielten. Erdelektrode meist um das Fußgelenk.
Folgende Reizantworten werden fotographisch registriert und ausgewertet (s. Abb. 19a − c):

a) Bei *schwacher* (submaximaler) Reizintensität werden nur die motosensiblen Ia-Afferenzen erregt, die eine niedrigere Reizschwelle als die motorischen Nervenfasern besitzen. Es erscheint nach ca. 25 − 40 ms Latenz nur die H-Reflexantwort H (s. Abb. 19a).

b) Bei *mittlerer* Reizintensität erscheint mit einer kürzeren Latenzzeit von ca. 5 ms die relativ niedrige sog. Muskelantwort M des M. triceps surae (s. Abb. 19b) durch direkte Reizung motorischer Nervenfasern des N. tibialis. Das H-Aktionspotential ist größer geworden.

c) Bei supramaximaler Reizintensität vergrößert sich die M-Antwort, während die H-Antwort kleiner wird und schließlich ganz verschwindet (s. Abb. 19c). Dies tritt dadurch ein, daß antidrome Impulse, über efferente motorische Nervenfasern laufend, durch Blockierung der α-Motoneuronen im Vorderhorn die H-Antwort (Welle) unterdrücken.

Die H-Reflexbestimmungen werden beiderseits durchgeführt.
Auswertung: Die Zahl der im Schrifttum angegebenen Verfahren ist vielfältig. Ein häufig bestimmter Parameter ist die

- H-Latenzzeit

Sie ist vom Alter und der Bein- bzw. Körperlänge abhängig. Normalwerte haben u. a. BRADDOM und JOHNSON 1974 veröffentlicht und dazu ein Nomogramm erarbeitet. Es berücksichtigt Beinlänge, genauer gesagt Unterschenkellänge (Kniekehle − innerer Knöchel), sowie Altersklassen (20 − 80 Jahre). Ihre Berechnungsformel lautet:
H-Latenz (ms) = 9,14 ± 0,46 Unterschenkellänge (cm) + 0,1 Alter (Jahre).
Die Mittelwerte ihrer standardisierten Testmethode lagen bei 28,9 ms ± 2,74. Seitendifferenzen > 1,5 ms gelten als pathologisch.

• H-M-Index (ms)
Dieser wertet das H-M-Intervall (ms) bei Berücksichtigung von Gesamtkörperlänge (cm) und Alter (Jahre) aus (VISSER u. Mitarb. 1983). Ihre Formel lautet:
H-M-Intervall = 0,058 × Alter (Jahre) + 0,120 × Körperlänge (cm) + 2,70 ± 1,37 ms.
Die Mittelwerte betrugen 25,7 ± 1,9 ms. Für normale Seitendifferenzen werden 2 – 3 ms als oberer Grenzwert angegeben. Die Meßwerte sind für die Körpergrößen von 150 – 200 cm und für ein Alter von 20 – 80 Lebensjahren in einer Tabelle aufgeschlüsselt.

• Nervenleitgeschwindigkeit der sensomotorischen Nervenfasern
Sie kann bei Stimulation an 2 Stellen im Verlauf des N. tibialis (Knöchel und Kniekehle) nach der bei mot. NLG-Messung angegebenen Formel berechnet werden. DIAMANTOPOULUS und GASSEL 1965 geben Mittelwerte von 66,7 m/s (60 – 75) ± 6,2 m/s an.

• H/M-Quotient = H/M-Ratio, gebildet aus maximaler H- und maximaler M-Amplitude.

Indikationen der H-Reflexbestimmung (BRADDOM und JOHNSON 1974 u. a.)

• Unilaterale S_1-Radikulopathie
Dabei fehlt die H-Reflexantwort, oder die H-Latenzzeit ist verlängert. Empfohlen besonders beim Vorliegen geringer klinischer Symptome oder nur paraspinaler EMG-Befunde bei minimalen Achillessehnenreflexdifferenzen. Vorkommen zu einem frühen Zeitpunkt, vor EMG-Denervierungszeichen.

• Akute proximale Neuropathien
Wie beim Guillain-Barré-Syndrom. Verlängerte H-Latenz.

• Urämische Polyneuropathien
Zur Diagnostik und Verlaufskontrolle empfindlicher eingeschätzt als die motorische NLG (MATTHES u. Mitarb. 1986 u. a.).

• Affektionen des oberen motorischen Neurons
Der H-Reflex ist mit größerer Häufigkeit in Muskeln auslösbar, in denen er normalerweise selten oder nicht auslösbar ist, z. B. in Unterarm-, Handmuskeln, M. brachioradialis, lateralen und anterioren M. tibialis, besonders bei bestehender Spastik. Auch polyphasische H-Reflexpotentiale werden beobachtet. Dazu gehört das Vorkommen bei der Chorea chronica progressiva hereditaria (Huntington), hier wird er auch bei familiär belasteten Angehörigen beobachtet (JOHNSON u. Mitarb. 1977) (Auslösbarkeit des H-Reflexes im M. tibialis anterior bei N.-peronaeus-Stimulation) oder bei der Chorea minor.

• Als Beurteilungskriterium physikalischer Behandlungsmethoden, wie z. B. Wärme- oder Kälteanwendungen, benutzten JANTSCH und TRNAVSKY 1982 das H/M-Verhältnis (-Ratio). So ergaben z. B. KW-Erwärmungen der Wade eine Herabsetzung des H/M-Verhältnisses und Verringerung der Latenz, während KW-Erwärmungen in Rückenmarkhöhe diese Veränderungen nicht bewirkten; Kryotherapie verlängerte die Latenz von M- und H-Welle und verringerte die H/M-Ratio.

2.2.2.4. F-Wellenbestimmung

Die Bezeichnung stammt von MAGLADERY und MCDOUGAL 1950 (F = Feet, da zuerst an kleinen Fußmuskeln bestimmt). Sie gehört mit dem H-Reflex zu den „späten Antworten" (late responses), da sie erst nach der M-Antwort (direkte motorische Antwort) eintreffen. Ihr Wert liegt darin begründet, daß sie Einblicke in die Erregungsleitung proximaler Abschnitte (z. B. Wurzelregion) des peripheren Nervs verschaffen. Mit supramaximaler Stimulation erfolgt bei Reizung eines gemischten oder motorischen Nervs die antidrome Aktivierung von motorischen Axonen. Diese erregen direkt oder indirekt (über Renshaw-Zellen oder Dendriten) motorische Vorderhornzellen (α-Motoneuronen). Die F-Wellenlatenz ist deshalb eine Meßmethode der Nervenlaufzeit entlang motorischer Nervenfasern zum und vom Rückenmark, sie ist kein Reflex wie der H-Reflex.
Da bei der Stimulation Axone verschiedener Durchmesser und damit Nervenleitungsgeschwindigkeiten bestimmt werden, differieren die F-Wellenlatenzen von Reiz- zu Reizversuch. Es werden mindestens 10, besser 20 Antworten abgeleitet mit dem Ziel, die kürzeste Latenz zu bestimmen oder, nach anderen Autoren, einen Mittelwert (= mittlere Latenz) zu ermitteln. EISEN 1985 gibt folgende mittlere F-Wellenlatenzen und obere Grenzwerte an (Stimulationsorte in Klammer).

N. medianus	26,6 ± 2,2 ms, 33,0 ms (Handgelenk)
	22,4 ± 1,6 ms, 27,0 ms (Ellenbogen)
N. ulnaris	27,0 ± 2,0 ms, 33,0 ms (Handgelenk)
	23,0 ± 1,6 ms, 28,0 ms (Ellenbogen)
N. peronaeus	44,6 ± 3,6 ms, 55,0 ms (Fußgelenk)
	38,2 ± 3,1 ms, 47,5 ms (Kniegelenk)
N. tibialis	47,4 ± 3,3 ms, 57,0 ms (Fußgelenk)
	39,7 ± 3,0 ms, 48,5 ms (Kniegelenk)

In pathologischen Fällen, z. B. Radikulopathien oder Guillain-Barré-Syndrom, kommt es zur Verlängerung der Latenz oder zu Seitendifferenzen >2 ms. Auch Veränderungen der F-Wellenamplituden (Senkungen), der Dauer (Verlängerungen) und Form (Aufsplitterungen) können als Kriterium zur Bewertung abnormer Befunde hinzugezogen werden, besonders im Vergleich zur korrespondierenden Gegenseite (Seitendifferenzen).
Indikationen: Besonders angezeigt, wenn proximale Abschnitte auf Störung der Nervenleitung eingeschätzt werden sollen, weil sich dort der Krankheits- oder Verletzungsprozeß abspielt, z. B. zervikale oder lumbosakrale Radikulopathien, diabetische Radikulärprozesse, Guillain-Barré-Syndrom, urämische Polyneuropathien u. a.

2.2.2.5. Somatosensibel evozierte Potentiale (SEP)

Mit dieser neueren elektrodiagnostischen Methode, die hier nur kurz erwähnt werden kann, ist es möglich, das gesamte somatosensible System auf vorliegende Nervenleitungsstörungen zu überprüfen.

Bei pathologischen Vorgängen kommt es zu Latenzverzögerungen und Veränderung der Amplitude. Bei Arm- und Beinnervenstimulation motorischer und sensibler Nerven können spinale (C7, C2, L5, L1) und kortikale Reizantworten abgeleitet und ausgewertet werden und so eine Lokalisation des Krankheitsprozesses (Etagendiagnostik) bis zur sensiblen Hirnrinde (Kopfhautableitung) erzielt werden.
Methodik: Empfehlungen zur Untersuchungsmethode s. Hacke u. Mitarb. 1985.
Indikationen: Demyeliniserende Prozesse proximaler Lokalisation, wie z. B. Radikulopathien, Plexopathien, Myelopathien, intraoperative Überwachung bei Rückenmark- und Wirbelsäulenoperationen, Begutachtungsfälle psychogener Sensibilitätsstörungen, Hirntoddiagnose, u. a.
Literatur: Stöhr 1988.

2.2.2.6. Repetitive Nervenstimulation zur Testung des neuromuskulären Übergangs (Transmission)

Definition: Diese stimulationsmyographische Reiztechnik, die mit supramaximaler Reizintensität und repetitiven (Serien-)Reizen an einem motorischen peripheren Nerven ausgeübt wird und die Reizantwort an dem von ihm versorgten Muskel elektromyographisch auswertet, dient der Diagnostik von Störungen des neuromuskulären Übergangs (Transmission) und wird daher auch als Endplattentest bezeichnet.
In der klinischen Neurologie spielt diese Methode besonders zur Diagnostik der Myasthenia gravis pseudoparalytika, beim Lambert-Eaton-Syndrom, Botulismus u. a. selteneren Störungen des neuromuskulären Überganges eine Rolle.

Myasthenia gravis

Über die physiologischen und pathophysiologischen Veränderungen an der Endplatte, am prä- und postsynaptischen Spalt, an den Endplattenpotentialen, hinsichtlich der enzymatischen Vorgänge, den Transmitter Acetylcholin und die Calcium-Ionen betreffend, s. Daube 1983.
Methodik: Die Standardmethode mißt die Amplitude des Muskelpotentials, die durch eine repetitive Nervenstimulation mit supramaximaler Reizintensität am Muskel ausgelöst wurde.
Nach 15 min entspannter Ruhe des Patienten und routinemäßiger Vorerwärmung des Muskels mit einer Wärmelampe, wenn die Hauttemperatur nicht 35 – 37 °C beträgt, wird die Reizung mit Oberflächenelektroden (oder Nadelelektroden) am Nerv mit kurzen 0,1 – 0,2 (1,0) ms Rechteckimpulsen und 2 – 3 (2,5) Hz Stimulationsfrequenz durchgeführt.
Die Ableitung erfolgt mit Oberflächenelektroden oder Nadelelektroden. Die aktive Elektrode liegt über dem Muskelbauch (Endplattenzone), die Referenzelektrode über der Sehne. Die Erdelektrode befindet sich zwischen Reiz- und Ableitungselektrode. Reizort ist z. B. der N. ulnaris (Handgelenk), Ableitungsort der M. abductor digiti V oder/und der M. abductor pollicis brevis.
Folgende Tests werden durchgeführt:

1. Test mit niedriger 2–3 Hz Frequenz. Beurteilung, ob es zu einem Amplitudenabfall (Dekrement-Reaktion) um mindestens 10% des evozierten (Summen-) Muskelpotentials kommt. Dabei wird die Amplitudenhöhe des 1. Reizes mit der des 4. und 10. verglichen. Beim Gesunden treten keine Amplituden- und Formveränderungen am 1.–5. Potential auf.

2. Test sofort nach 20 s maximaler Willkürinnervation. Beurteilung, ob im getesteten Muskel eine Verbesserung des Abfalls oder eine Wiederherstellung seiner ursprünglichen Höhe eintritt. Phase der sog. posttetanischen Fazilitation (postactivation facilitation). Bei schwerer Myasthenie kann 20 s Muskelkontraktion zu lang sein, dann tritt die zu erwartende Fazilitationsphase nicht ein.

3. Test. Beurteilung, ob eine Verschlechterung des Amplitudenabfalles nach der maximalen Muskelkontraktionsphase eintritt. Testung im 1-min-Intervall. Zu erwarten ist die sog. posttetanische Erschöpfungsphase (postactivation exhaustion).
Bei milder Myasthenie-Symptomatik tritt zwar die Fazilitationsphase ein, die nachfolgende Erschöpfung tritt jedoch nicht in Erscheinung. Hier sollte nach DESMEDT innerhalb von 10 s wenige Minuten lang erneut jede Minute elektrisch stimuliert werden, bis evtl. eine Erschöpfung zu beobachten ist.
Unter Tensilon® (Endrophonium) sind die pathologischen Erscheinungen reversibel (Tensilon-Test) (Abb. 20c).
Für Problemfälle sind verschiedene Modifikationen in Form von Provokationstests beschrieben worden, z. B. der Test bei Ischämie mittels Blutdruckmanschettenkompression (DESMEDT und BORENSTEIN 1976 u. a. Methoden).
Nach OH u. Mitarb. 1980 spielt der Schweregrad für den Testausfall eine Rolle. *Milde* Erkrankungen zeigen bei niedriger Reizfrequenz abnormes Amplitudendekrement, normale Antwort aber bei höherer Frequenz, sowie ausgeprägte posttraumatische Fazilitation und Exhaustion. *Schwere* Myasthenie zeigt bei niedriger und hoher Frequenz Amplitudenabfall, weniger oft posttetanische Fazilitation und selten posttetanische Exhaustion.
Die repetitive Nervenstimulation muß bei der Myasthenie bei einer genügend großen Zahl von Muskeln durchgeführt werden. In Frage kommen die kleinen Hand- und Fußmuskeln, aber auch der M. biceps brachii, M. deltoideus oder die Gesichtsmuskeln (okuläre Myasthenie) müssen getestet werden, da nicht selten proximale Muskeln mehr Abnormitäten zeigen als distale. Unter gut durchgeführter Testung werden bis zu 80% pathologische Ergebnisse angegeben.

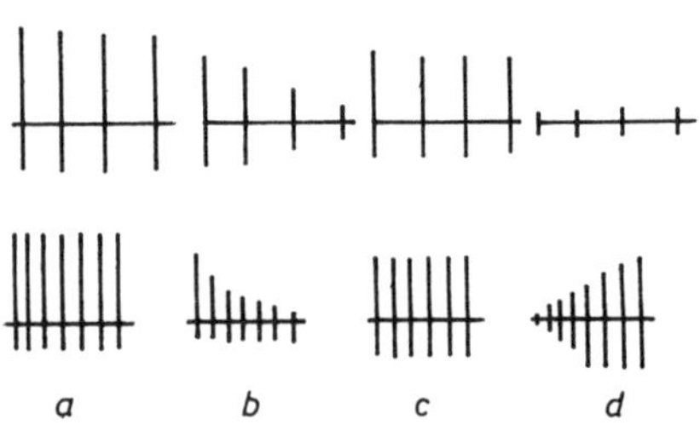

Abb. 20 Supramaximale repetitive Nervenstimulation des N. ulnaris
a) Gesunder: unveränderte Amplitudenhöhe in beiden Frequenzen, b) Myastheniker: Amplitudenabfall, sog. Dekrement, c) Myastheniker nach Tensilon-Test: Reversibilität der pathologischen Erscheinungen, d) myasthenisches Syndrom Eaton-Lambert: abnorm kleine Amplituden mit Abfall bei 3 Hz, starker Anstieg bei 30 (bis 50) Hz

Lambert-Eaton-Syndrom (paraneoplastisches Syndrom, s. Abb. 20d)

Vorkommen hauptsächlich beim kleinzelligen Bronchialkarzinom durch einen humoralen toxischen Faktor. Nach einer 15 s anhaltenden repetitiven Reizung mit 30 Hz oder 50 Hz, z. B. am N. ulnaris, mit supramaximaler Reizintensität Auftreten einer ausgeprägten posttetanischen Fazilitation (= Ansteigen der Potentialhöhe), Kreszendo-Reaktion, schlechtes Ansprechen auf Tensilon®, meist niedriges Ausgangspotential (0,4 – 0,5 mV).

Botulismus

Blockierung der neuromuskulären Übertragung führt zu mäßigem Amplitudenabfall, mäßiger posttetanischer Fazilitation.

Myasthenisches Syndrom bei Antibiotikatherapie

Durch verminderte Freisetzung von Acetylcholin kann ein präsynaptischer Block auftreten, z. B. bei Streptomycin, Colistin, Kanamycin, Polymycin, Bacitracin, Neomycin. Eine bestehende Myasthenie wird verschlimmert. Das ist auch der Fall bei Procain, Propanolol, Morphin und Magnesium. EMG-Störungen, wie Myasthenie, können auftreten.

2.2.2.7. Repetitive Nervenstimulation bei Myotonie

Die repetitive supramaximale Serienstimulation hat auch für die Diagnostik der Myotonie (Myotonia congenita, Paramyotonia cong., myoton. Muskeldystrophie) Bedeutung. Wiederholte Stimulationen (30 Hz) des motorischen Nervs können die für die Myotonie so typischen echten myotonen Salven (s. Abb. 11d) nahezu zum Verschwinden bringen, während die Perkussionsmyotonie nach direkter Reizung des Muskels fortbesteht. Untersuchungen an verschiedenen Formen der Myotonie (Aminoff u. Mitarb. 1977) zeigten einen Amplitudenabfall (Abb. 21), besonders bei Patienten mit Muskelschwäche. Er tritt schon bei repetitiver Stimulation mit 2 Hz oder 5 Hz auf, vergrößerte sich aber bei höheren Frequenzen (15, 30 Hz) (Wagner und Zett 1979). Im Gegensatz zur Myasthenie beginnt das Dekrement erst nach einem Intervall von u. U. mehreren Sekunden (s. Abb. 21). Es setzte sich während der Stimulation entweder fort, oder es kommt, wie Abbildung 21 zeigt, wieder zu einem allmählichen Amplitudenanstieg. Der Amplitudenabfall war nicht immer vorhanden und weder vom Schweregrad der Erkrankung noch von der nosologischen Entität abhängig. Da der Amplituden-

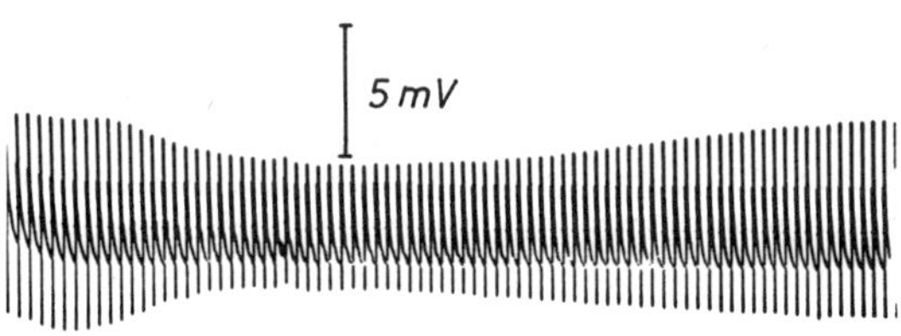

Abb. 21 Repetitive Nervenstimulation bei Myotonie; Amplitudenabfall (Dekrement) erst nach mehreren Sekunden, dann allmählicher Amplitudenwiederanstieg

abfall auch bei direkter Muskelstimulation auftritt, scheint es sich nicht um eine gestörte neuromuskuläre Transmission wie bei 2.2.2.6., sondern um besondere Eigenschaften der Muskelfasern selbst zu handeln.

2.2.2.8. Elektrodiagnostik beim tetanischen Syndrom

Die Tetanie ist der Ausdruck einer gesteigerten Erregbarkeit des Nervensystems. Die Erniedrigung des extrazellulären Calciums ist nur gelegentlich nachweisbar. Die folgenden Elektrodiagnostikverfahren zielen auf den Nachweis der gesteigerten Erregbarkeit.

• Galvanische Übererregbarkeit des motorischen Nervs, sog. Erb-Zeichen
Dieser älteste Nachweis gilt als positiv, wenn die Kathodenöffnungszuckung (KÖZ) oder der Kathodenschließungstetanus (KST) bei Intensitäten <5 mA ausgelöst werden können. Falsch positive Resultate sind bei niedrigen Hautwiderständen möglich. Reizorte sind die distalen Nervenreizpunkte des N. ulnaris und N. medianus, ca. 1 cm oberhalb der Handwurzel an der Unterarmbeugeseite. Reizintensität (mA) bis zum Auftreten einer Minimalzuckung an den zugehörigen kleinen Handmuskeln bestimmen. Nach Untersuchungen in unserer Klinik (Heidenreich u. Mitarb. 1979) korrelierten positive Ergebnisse des Erb-Tests nur in 50% mit positiven EMG-Ergebnissen.

• Chronaxiemetrie (s. Kap. 2.1.4.)
Bourguignon fand bei Tetanie im Intervall 2- bis 3fache, im Anfall bis 10fach erhöhte Chronaxiewerte, die bei >1 ms als pathologisch gelten. Chronaxiewerte und EMG-Befunde stimmten bei uns in 81% überein.

• Elektromyographie
Bei der Nadel-EMG treten schon in Ruhe spontan (s. Spontanaktivität), bei hoher Krampfbereitschaft sofort, sonst erst nach Provokationsmethoden (s. Folgendes) auch im klinisch latenten Zustand meist rhythmisch repetitive, gepaarte Mehrfachspontanentladungen einzelner motorischer Einheiten in Form von Zweifach- (= Doubletten), Dreifachentladungen (= Tripletten) oder Multipletten auf (Abb. 22). Diese verschwinden auch nach der Aufforderung, muskulär zu entspannen, nicht. Im pathologischen Fall sollen sie 2 min kontinuierlich bestehen bleiben. Wir fanden bei unserem Krankengut (Heidenreich u. Mitarb. 1979) eine Häufigkeit des Auftretens von 56%, Fehlinger u. Mitarb. 1977 von 71%.
Methodik: Die elektromyographische Ableitung mit konzentrischen Nadelelektroden erfolgt unter Ruhebedingungen, z. B. aus dem M. interosseus (dorsalis I) oder dem M. abductor digiti V. Kommt es zu einem tetanischen Anfall, so sind die repetitiven Entladungen in dem auftretenden dichten Aktivitätsmuster nicht mehr zu differenzieren. Bei negativem Ausfall des Tests unter Ruhebedingungen ist die Durchführung eines Provokationstests erforderlich. Als empfindlichste Methode gilt der kombinierte Ischämie-Hyperventilations-Test von Bonsdorf. Wir führen zunächst 5 min lang durch Stauung mit einer Blutdruckmanschette am Oberarm bei einem Druck von mindestens 40 mm Hg über dem systolischen Wert eine alleinige Ischämie durch. Für die nachfolgenden 5 min wird zusätzlich zur Ischämie mit einer Atemfrequenz von mindestens 30/min noch hyperventiliert.

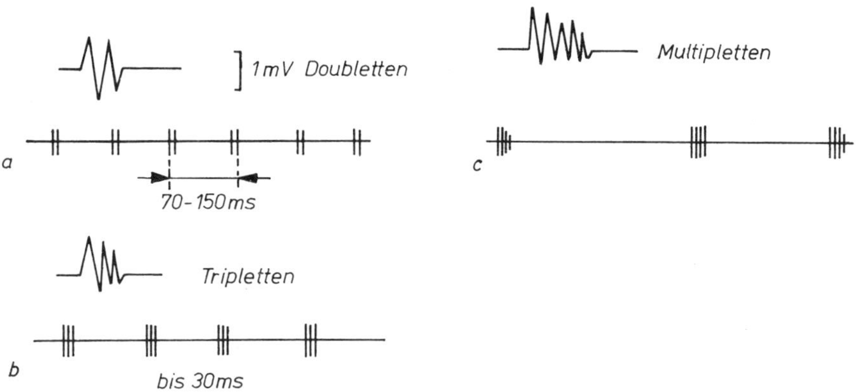

Abb. 22 Repetitive Entladungen bei Tetanie
a) Doubletten, b) Tripletten, c) Multipletten

Nach Beendingung dieses Provokationstests muß die EMG-Ableitung noch 5 – 10 min fortgesetzt werden, da evtl. erst in der 2. – 3. min repetitive Entladungen erstmals erscheinen oder wieder auftreten (= postischämische Reaktionen).

2.2.3. Spezieller Teil

Im folgenden sollen Hinweise auf die elektrophysiologischen Untersuchungsverfahren und für typische pathologische Abweichungen bei häufig vorkommenden Indikationen gegeben werden, sofern Nadel-EMG und/oder ENG zur Anwendung kommen.

2.2.3.1. Neuropathien (NP)

Als Neuropathien werden Erkrankungen oder Läsionen bezeichnet, die periphere Nerven betreffen. Das periphere motorische Neuron reicht von der Vorderhornzelle im Rückenmark bis zur motorischen Endplatte im Muskel. Die Ganglienzelle des sensiblen Neurons sitzt in der Hinterwurzel, das rezeptive Feld liegt in der Peripherie (Abb. 23). Wegen gewisser elektrischer, physiologischer Unterschiede der Befunde soll diese Strecke in die folgenden Abschnitte aufgeteilt werden:

1. Vorderhorn-(nukleäre) Läsionen,
2. Radikulopathien (Wurzelläsionen),
3. Plexusneuropathien (Plexopathien),
4. Mononeuropathien,
5. Kompressions-(Engpaß-)Syndrome,
6. Polyneuropathien,
7. Nervenregenerationsprozesse.

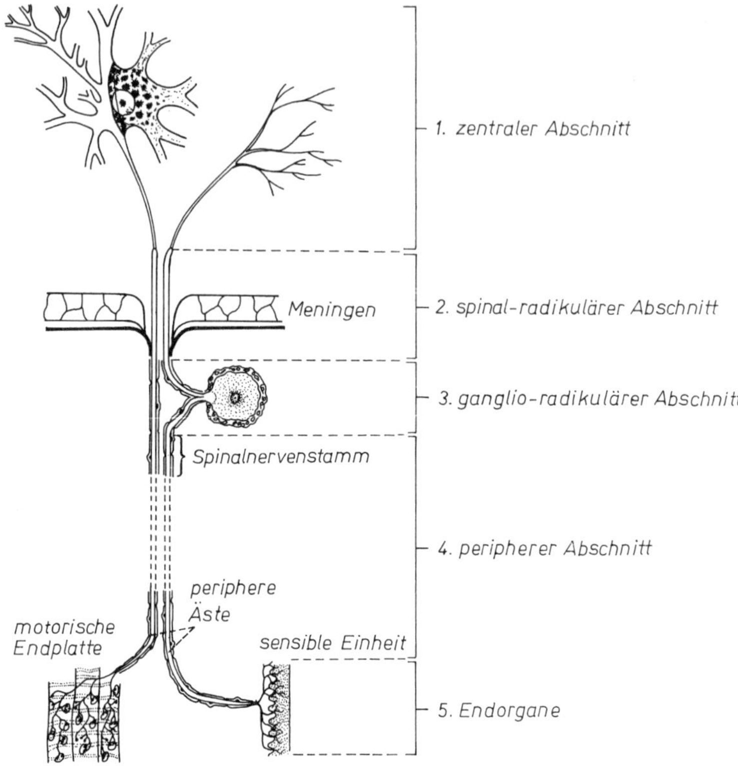

Abb. 23 Abschnitte des motorischen und sensorischen Neurons (nach Mumenthaler u. Schliack)

Die Nervenfasern, die den peripheren Nerven zusammen mit ihren Hüllen (Endo-, Peri-, Epineurium) bilden, bestehen aus dem Axon und der Markscheide (Myelin und Schwan-Zelle). Beide Substrate und das Interstitium (Hüllgewebe) können von dem pathologischen Prozeß einzeln oder kombiniert betroffen werden. Daraus resultieren zwei pathogenetische Hauptgruppen, zu deren Differentialdiagnostik unterschiedliche elektrophysiologische Untersuchungsverfahren geeignet sind:

a) Axonale Neuropathien
Dabei ist primär oder sekundär das Axon geschädigt. Sie können zur partiellen oder totalen Denervierung mit Axonuntergang und evtl. nachfolgenden Nervenregenerationsprozessen (s. Zu 7) führen. Untersuchungen mit dem Nadel-EMG sind besonders zur Aufdeckung axonaler NP geeignet.

b) Demyelinisierende Neuropathien
Hier ist überwiegend die Myelinscheide, die eine wichtige Nerven-(Impuls-) Leitungsfunktion ausübt, die saltatorische Erregungsleitung, betroffen. Diese Funktionsstörungen sind am besten durch ENG-Verfahren (motorische und

sensible NLG bzw. Latenz) nachweisbar, wobei eine Verlangsamung der Nervenleitung oder ein Leitungsblock auftritt. Nadel-EMG und ENG können somit wesentlich zur Aufklärung der Pathogenese von Neuropathien beitragen, worauf im Abschnitt Polyneuropathien (s. Zu 6) noch einmal näher eingegangen wird.

Zu 1. Vorderhorn-(nukleäre) Läsionen

Es kommen sowohl diffuse als auch umschriebene (lokale, fokale) Erkrankungen des α-Motoneurons vor. Meist liegen den diffusen Systemerkrankungen degenerative Prozesse unbekannter Ätiologie zugrunde, z. B. bei der häufigen amyotrophischen Lateralsklerose (ALS), bei der auch das obere motorische Neuron (Hyperreflexie, Spastik) mitbeteiligt sein kann und neben peripheren Spinalnerven der Extremitäten auch bulbäre Nerven betroffen sein können. Vorderhornaffektionen bekannter Ursache sind die Poliomyelitis u. a. Viruserkrankungen (Herpes, Coxsackie u. a.). Vorderhornmitbeteiligungen sind bei Neoplasmen, nach Röntgenbestrahlungen, bei Hypoglycämien bekannt. Miteinbeziehung der Vorderhornzellen bei fokalen (umschriebenen) Erkrankungen gibt es bei der Syringomyelie, bei Tumoren, Infarzierungen, kongenitalen Dysplasien des Rückenmarkes, Spondylolyse. Meist dominieren motorische Störungen, während im Gegensatz zu peripheren Neuropathien sensible Ausfälle fehlen. Die Nadel-EMG ist die wesentlichste elektrophysiologische Untersuchungsmethode für Vorderhornprozesse. Da der pathophysiologische Mechanismus, die Verteilung der betroffenen Muskeln, das Stadium (akut, chronisch), die Progressionsrate bei den verschiedenen Erkrankungen differieren, sind keine einheitlichen EMG-Befunde zu erwarten. Zeichen der Denervierung und Reinnervierung (durch kollaterale Aussprossung) können einzeln oder kombiniert, je nach Stadium und je nach Zeitpunkt der Untersuchung vorkommen. Der Schweregrad differiert nicht unerheblich. Auch klinisch noch normal erscheinende Muskeln sind zu testen, da es erst zur Muskelschwäche und Muskelatrophie kommt, wenn die Hälfte der Mononeuronen, die den Muskel innervieren, ausgefallen ist.
Nadel-EMG: Es gibt keine Spezifität eines einzelnen EMG-Befundes, der für Vorderhornerkrankungen pathognomonisch wäre (das gilt auch für die Faszikulationen). Die im folgenden angeführten Befunde sind auch nicht in jedem Stadium nachweisbar und nicht bei jeder Erkrankungsart.

a) Pathologische Spontanaktivität
Fibrillationspotentiale und positive scharfe Wellen unterschiedlicher Häufigkeit. Faszillationspotentiale sind relativ häufig (s. Kap. 2.2.1.2. – 2.2.2.4.), jedoch nicht spezifisch.

b) Veränderungen des Aktivitätsmusters je nach Schweregrad
Bei maximaler Willkürinnervation gelichtetes Interferenzmuster, da nur eine reduzierte Anzahl von Motoneuronen rekrutiert werden kann, weil zahlreiche ausgefallen sind. Schwache Aktivitätsmuster bei mangelnder Kooperation sind auszuschließen, sie gehen nicht mit pathologischer Spontanaktivität einher. Bei schwersten Erkrankungen ist auch ein Einzelpotentialmuster oder ein fehlendes Aktivitätsmuster möglich.
Parameterveränderungen der motorischen Einheitspotentiale, mittlere Dauer verlängert ($> +50\%$), Amplitudenerhöhung (>6 mV), vermehrte Polyphasie

($> +12\%$), vermehrte Variation der Potentiale, auch Riesenpotentiale, verbreitertes Territorium ($+100-300\%$). Die Veränderungen sind durch neurogene Umbauvorgänge bei der Reinnervation verursacht.

ENG: Die motorische NLG, ebenso die motorische distale Latenz sind normal oder nur leicht verlangsamt (nicht unter 70% der Normwerte), nicht so ausgesprochen wie bei peripheren Neuropathien und Polyradikulopathien. Auch ist die F-Wellenlatenz verlängert. Die ENG-Veränderungen sind durch selektiven Ausfall dicker, rasch leitender Nervenfasern zu erklären, es bleiben die dünnen, langsamer leitenden Fasern übrig. Die SNLG ist meist normal, der Wert, sie zu untersuchen, besteht im Ausschluß peripherer Neuropathien, bei denen die SNLG pathologisch ist. Entscheidend für eine exakte Diagnose ist die Auswahl der richtigen Muskeln, wie umfassend sie gestaltet wurde, ob auch Muskeln einbezogen wurden, die klinisch normal erschienen, ob bei bulbärer Mitbeteiligung (z. B. bei ALS) Gesichts-, Zungen-, Massetermuskeln getestet werden.
Literatur: Vogel und Tackmann 1984, Daube 1985.

Zu 2. Radikulopathien (Wurzelläsionen) (RP)

Elektrophysiologische Untersuchungen helfen, die Diagnose einer lumbosakralen RP, ihren Schweregrad, Prognose und funktionelle Relevanz der anatomischen Läsion mit elektromyographischen Methoden ambulant zu bestimmen. Die Nadel-EMG ist dabei die vorrangige Methode. Sie kann sogar abnorme Befunde ermitteln, wenn klinisch motorische, sensible oder Reflexabnormitäten fehlen oder nur rein sensible klinische Erscheinungen bestehen. Die Nadel-EMG liefert Denervierungszeichen in einem myotomalen Verteilungsmuster (Tabelle 6), das vom Untersucher abzusuchen ist. Denervierungszeichen dürfen nur in dem zu der geschädigten Nervenwurzel gehörenden Myotom auftreten, nicht in Muskeln außerhalb dessen Verteilungsmusters.

Zu 3. Plexusneuropathien (Plexopathien)

Der Plexus brachialis entsteht aus den 5 Nervenwurzeln C5–Th1 und bildet 5 Nerven, die die Armmuskeln versorgen: N. muskulocutaneus (C5–C7), N. axillaris (C5–Th1), N. medianus (C6–Th1), N. radialis (C5–C8), N. ulnaris (C8–Th1) (s. Abb. 4). Akute traumatische Läsionen entstehen oft durch Motorrad unfälle, auf Kompressionssyndrome im Plexus-brachialis-Bereich wird später (s. Zu 5.) eingegangen. Bei schweren Plexopathien ist der gesamte Plexus betroffen. Die Prognose ist meist schlecht. Meist sind die Nervenfasern des oberen Plexus (C5–C6) beteiligt, etwas weniger häufig der untere (C8–Th1), selten der mittlere Anteil (C7). Kombinationen sind möglich. Das Nadel-EMG ist die geeignete Methode, das Ausmaß und den Schweregrad der Beteiligung der axonalen Schädigung aufzudecken. Die vom Plexus versorgten Muskeln müssen auf Denervierungszeichen getestet werden. Diese sind 3 Wochen nach dem Schädigungsereignis zu erwarten, auch Abnormitäten im Willküraktivitätsmuster und an den Potentialen der motorischen Einheiten, wie sie besonders bei Reinnervationsvorgängen auftreten (s. Nervenregeneration, Zu 7.), können nach 3 Monaten auftreten. Das Nadel-EMG der paraspinalen Muskeln kann insofern zur Differentialdiagnose Plexopathie/Radikulopathie beitragen, als bei Plexopathien

Tabelle 6 Lumbal-Sakral-Myotome

	L2	L3	L4	L5	S1	S2
Femoralis/Obturator.-Gruppe						
Iliacus	++	++	+			
Addukt./Oberschenkel	+	++	++			
Quadriceps-femoris	+	++	++			
Gluteus/Ischias-Gruppe						
Gluteus ,medius			(+)	++	+	
Gluteus ,maximus				+	++	+
Semitendinosus			(+)	++	+	
Semimembranosus				+	++	
Peronaeus-Gruppe						
Tibialis anterior			++	++		
Ext. digit. longus			(+)	++	+	
Ext. digit. brevis				++	+	
Peronaei				++	+	
Tibialis-Gruppe						
Tibialis posterior				++	+	
Flexor digit. longus				++	++	
Gastrocnemius lat.				+	++	+
Gastrocnemius med.					++	++
Soleus					++	++
Abductor digiti					++	++
Abductor hallucis					++	++
Paraspinal-Muskeln	++	++	++	++	++	++

Erläuterung: ++ = häufig, + = geringer, (+) = gelegentlich vorkommend.

in diesem keine Denervierungszeichen zu erwarten sind. Allerdings müssen bei Radikulopathien (s. dort) nicht in jedem Fall Denervierungszeichen in der Paraspinalmuskulatur existieren (in ca. 50%).
ENG-Untersuchungen haben nur einen begrenzten Wert. Ihre Anwendung kann eher differentialdiagnostisch von Bedeutung sein, um z. B. eine N.-ulnaris-Neuropathie am Ellenbogen oder eine N.-medianus-Neuropathie, z. B. ein Karpaltunnelsyndrom, von Thorax-Ausgangsplexopathien, für die sie zunächst gehalten wurden, abzugrenzen. Sensible ENG-Untersuchungen können nützlich sein, Plexopathien von Radikulopathien zu unterscheiden. Bei Plexopathien ist das sensible NAP vermindert, während es bei Radikulopathien normal bleibt, da die Läsion proximal des sensiblen Ganglions in der Hinterwurzel liegt.

Zu 4. Mononeuropathien

Als Zusatzuntersuchung zur klinischen Analyse und meist zur Bestätigung des klinischen Befundes dienen die Nadel-EMG und ENG der Erkennung von Läsionen peripherer Einzelnerven. Die Lokalisation ist bei Kenntnis des anatomi-

schen Verlaufes aus dem Verteilungsmuster der Schädigungen der angeschlossenen Muskeln (s. z. B. Abb. 8) bei motorischen Nerven bzw. des sensiblen Versorgungsareals zu entnehmen. Auch typische Schädigungsmechanismen geben Hinweise: Druck → Neurapraxie, schwere Kontusionen → Axonotmesis, Schnittverletzungen → Neurotmesis (s. Kap. 2. Aufgaben der Elektrodiagnostik Zu 3.). Prognostische Hinweise ergeben sich aus der Feststellung einer partiellen oder totalen Entartung (Denervierungszeichen, das Auftreten oder Nichtauftreten von Reinnervationszeichen). Im Nadel-EMG ist bei Verdacht auf axonale Schädigungen nach einer Latenz von ca. 3 Wochen nach Denervierungszeichen (pathologische Spontanaktivität, Abnormitäten im Willkürmuster), nach einer längeren Latenz von Wochen bis Monaten nach Reinnervationszeichen (s. Zu 7.) zu suchen. Überschlagsweise kann der Zeitpunkt berechnet werden, wann bei einem Vorwachsen des Axonzylinders von täglich 1 – 2 mm der erste Muskel von dem auswachsenden Nerv erreicht werden kann. Dort ist zum richtigen Zeitpunkt nach Reinnervationszeichen zu suchen.
Die ENG kann feststellen, ob nur eine Neurapraxie infolge Demyelinisierung vorliegt (Leitungsverzögerung oder -block) oder eine axonale Schädigung mit Denervierungszeichen im Nadel-EMG. Zur Lokalisation bei umschriebener segmentaler Demyelinisierung (s. Kompressionssyndrome) kann die ENG wesentlich beitragen durch Testung verschiedener Nervensegmente, bis der Ort der Kompression durch örtliche Verlangsamung der NLG bzw. distalen Latenz ermittelt wurde. Dabei spielen die Amplitude, Dauer und Form (aufgesplittert, polyphasisch durch Desynchronisation) des evozierten Muskelpotentials bei motorischen Läsionen bzw. des Nervenaktionspotentials bei sensiblen Nervenschädigungen ebenfalls eine wesentliche Rolle. Für die Beurteilung peripherer Nervenläsionen ist die Frage wichtig, ob eine operative Revision erforderlich ist oder konservativ behandelt werden kann. Auf diese Problematik wurde bei Besprechung der Neurapraxie, Axonotmesis, Neurotmesis (s. Kap. 2., Aufgaben der Elektrodiagnostik, Zu 3.) näher eingegangen. Auch für Begutachtungsfragen können EMG und ENG als objektive Untersuchungsmethoden wertvoll sein.
Literatur: Mumenthaler und Schliack 1973.

Zu 5. Kompressions-(Engpaß-)Syndrome

Darunter werden umschriebene Läsionen peripherer Nerven durch akute, meist aber chronische Druckschäden verstanden, die an physiologischen Engstellen des Nervenverlaufes entstehen und den Nerv einklemmen („Entrapment-Syndrome“ = Nerv in der Falle). Segmentale Demyelinisierungsprozesse und daraus resultierende Verlangsamung der sensiblen und/oder motorischen Nervenleitung, u. U. bis zum Nervenleitungsblock, sind charakteristische Veränderungen, die als lokale Störungen am Ort der Kompression mittels geeigneter ENG-Technik nachweisbar sind. Es kann jedoch an motorischen Nervenfasern auch zu axonalen Läsionen mit nachfolgender Waller-Degeneration distal des Kompressionsortes kommen, auf die eine Amplitudenreduzierung des evozierten Muskelaktionspotentials bei proximaler Reizung und Denervationszeichen bei der Nadel-EMG, bei chronischen Verläufen auch Reinnervationszeichen, hinweisen. ENG- *und* Nadel-EMG-Untersuchungen, evtl. auch im Seitenvergleich zur nichtbetroffenen Seite, sind daher zur diagnostischen Abklärung der Lokalisation der Schädigung, des Schweregrades und damit der Prognose, des Verlaufes und evtl. der Beurteilung stattgehabter Therapiemaßnahmen wertvoll. Differentialdiagnostisch ist u. U. der Ausschluß von Polyneuropathien und Radikulopathien nötig. Es kann im folgenden nur auf einige häufiger vorkommende Kompressionssyndrome, ihre elektrophysiologischen Befunde und geeignete Untersuchungstechniken eingegangen werden.

N. medianus, Karpaltunnelsyndrom (KTS)

Bei diesem am häufigsten vorkommenden Kompressionssyndrom wird der Nerv unter dem Ligamentum carpi transversum eingeklemmt. Neben sensiblen Störungen (Schmerzen, Brachialgia paraesthetica nocturna, Parästhesien) können auch motorische Schäden (Muskelschwäche, Atrophie) an der Thenarmuskulatur, besonders am M. abductor pollicis brevis, auftreten. Je nach Schweregrad kann es zu unterschiedlichen elektrophysiologischen Abweichungen kommen. Im ENG: In leichten Fällen Verlängerung (normal: 3,7 ms oder weniger) der sensiblen distalen Latenz bei Testung mit der antidromen (oder orthodromen) Technik (temperaturbedingte Veränderungen sind auszuschließen) und Erniedrigung der Amplitude des sensiblen Nervenaktionspotentials. Bei mittelschweren Fällen vermindert sich auch die Amplitude des evozierten motorischen Potentials (M-Welle), und die motorische distale Latenz verändert sich. Werte bis 4,4 ms und weniger (andere Autoren 4,6 ms) werten wir als normal (Wagner u. Mitarb. 1984), bis 4,9 ms als grenzwertig, darüber liegende Werte und Seitendifferenzen von mindestens 1 ms als sicher pathologisch. Auch Verlangsamungen der motorischen Nervenleitgeschwindigkeit (NLG) proximal, im Segment Handgelenk/Ellenbeuge des N. medianus können auftreten (Normwerte bis 50 m/s, Grenzwerte bis 45 m/s, sicher pathologisch unter 45 m/s). Vergleiche der sensiblen distalen Latenz des N. medianus mit der des N. ulnaris an derselben Hand (im Segment Handgelenk/Ringfinger) gelten als eines der empfindlichsten Kriterien für das Vorliegen eines Karpaltunnelsyndroms. 0,5 ms und mehr Differenz ist als pathologisch zu werten. Damit ist ein sehr hoher Prozentsatz (95–98%) der KTS zu ermitteln.

In schweren Fällen von KTS sind auch motorische Ausfälle mit der Nadel-EMG im M. opponens pollis, M. abductor pollicis festzustellen (Fibrillationspotentiale, positive scharfe Wellen, gelichtetes Interferenzmuster, in chronischen Stadien auch Reinnervationszeichen).

Finden sich mit ENG und EMG keine pathologischen Befunde, so sollte man mit Empfehlungen zu einem operativen Eingriff zurückhaltend sein. Karpaltunnelsyndrome sind nicht selten doppelseitig, wenn auch nicht immer beidseitige klinische Symptome auftreten. Polyneuropathien müssen ausgeschlossen werden. Nach einer OP verbessert sich die sensible NLG in Höhe des Handgelenks etwa in 6–8 Wochen, die Normalwerte werden meist erst wesentlich später erreicht. Wenn bis zu 3 Monaten nach der OP keine Verbesserungen erreicht werden, ist evtl. eine Nervenexploration ratsam (Bindegewebsbildungen).

Die selteneren Kompressionssyndrome des N. medianus, wie das Pronator-teres-Syndrom, sind elektrophysiologisch schlecht erfaßbar, da der Nerv dort mit Oberflächenelektroden schwer zu erreichen ist. Daher kommen evtl. Nadelelektroden zur Reizung in Frage. Die Trefferquote bei chirurgisch bestätigten

Fällen lag aber nur bei 20%. Das Kompressionssyndrom durch den Processus supracondylaris im distalen Oberarmdrittel ist eine Rarität, auf die nicht näher eingegangen werden soll.

N. ulnaris, Sulcus-ulnaris-(Kubitaltunnel-)Syndrom

Bei diesem häufigsten Kompressionssyndrom des N. ulnaris handelt es sich um ein spontan oder als Spätschaden nach Ellenbogenfraktur oder -luxation auftretendes Syndrom am Ellenbogen im Bereich des Nervensulcus unter der Aponeurose des Flexor carpi ulnaris. Die motorische und/oder sensible NLG ist im Segment über dem Ellenbogen verlangsamt. Es wird z. B. die NLG im Segment oberhalb des Ellenbogens/Handgelenks mit der unterhalb des Ellenbogens/Handgelenks verglichen. Auch die sog. „Inching-Technik“ (Abb. 24) kann zum Nachweis der lokalen Leitungsstörung nützlich sein. Bei schweren Störungen, die zu Paresen und Atrophien der vom N. ulnaris versorgten kleinen Handmuskeln (M. abductor digit. V, Mm. interossei, M. abductor pollicis) führen können, sind im Nadel-EMG die schon vielfach beschriebenen Denervierungszeichen (s. N. medianus) zu erwarten.
Auf die selteneren distalen Kompressionssyndrome, z. B. das Syndrom der Loge de Guyon, und das isolierte Kompressionssyndrom des Ramus profundus (nur motorische Störungen an den Mm. interossei und M. add. policis), soll nicht näher eingegangen werden.

Abb. 24 Sogenannte Inching-Technik (Peterson u. Will 1988) am N. ulnaris; um den Ellenbogen Stimulationspunkte in etwa 2 cm Entfernung (a)
b) bei normalem Befund (M-Welle = gleich hohe Amplitude), c) zwischen 5 u. 6 Veränderungen der Amplitude und der Latenz als Zeichen „fokaler Neuropathie“

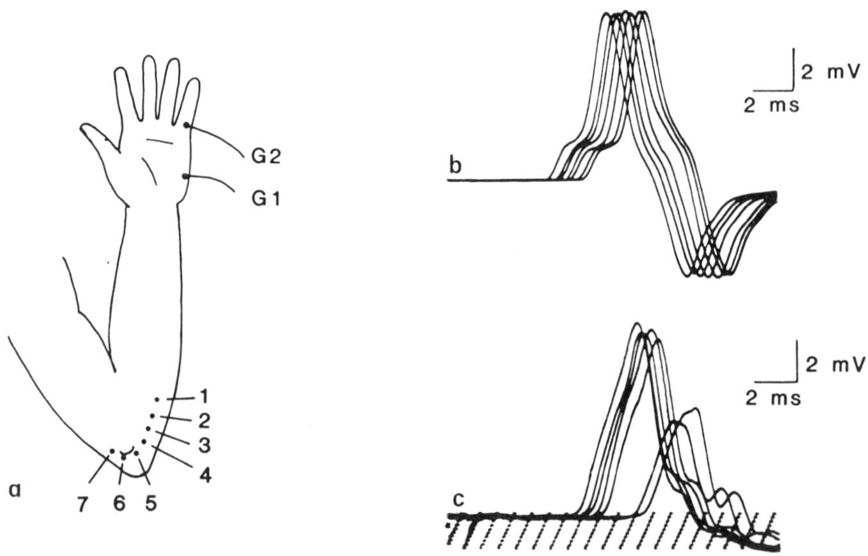

N. radialis

Druckläsionen des Nervs im Achselbereich sind die „*Krückenlähmung*" bei inkorrektem Gebrauch. In der Mitte des Oberarms windet sich der Nerv spiralig um den Humerus und ist hier durch externen Druck gefährdet. Als akutes Kompressionssyndrom ist die sog. *Sonnabend-Nacht-Lähmung* (saturday night palsy), z. B. Einschlafen mit Arm über einem Stuhl, meist unter Alkoholeinwirkung entstanden, bekannt. Diese Neurapraxie ist meist innerhalb 3–6 Wochen spontan ausgeheilt. Sie ist mit ENG-Untersuchungen bei Stimulation ober- und unterhalb der Läsion und Ableitung des evozierten motorischen Aktionspotentials mit Oberflächenelektroden über dem M. extensor digit. comm. durch die lokale Verzögerung im Kompressionsbereich festzustellen. Das *Supinator-Logen-Syndrom* ist eine rein motorische Lähmung, wobei der Nerv bei seinem Durchtritt durch den M. supinator unter Druck gerät. Lähmungen und Nadel-EMG-Befunde mit Denervierungszeichen können in den langen Finger- und Handextensoren (Extensor digit. comm., Extensor carpi ulnaris) nachgewiesen werden, mit Ausnahme des M. extensor carpi radialis, des M. supinators und M. brachialis, deren Nervenäste oberhalb der Läsion abgehen. Auf die Erörterung der rein sensiblen Läsion des oberflächlichen Astes des N. radialis (Ramus superficialis) distal am Unterarm wird verzichtet.

Plexus-brachialis-Kompressionssyndrome durch chronischen Druck oder Dehnung sind die sog. Rucksacklähmung, der Zustand nach Operationen in Trendelenburg-Lagerung, bei prolongierter Hyperabduktion und bei extremer Rotation. Dabei handelt es sich meist um Neurapraxien (s. dort) mit guter Prognose. Unter dem Oberbegriff *Thorax-Ausgangssyndrome* (thoracic outlet syndromes) werden das Skalenus-antikus-Syndrom in der Skalenuslücke mit und ohne Halsrippe, das Kostoklavikular-Syndrom, das Hyperabduktions-Syndrom bzw. das Syndrom des N. supraskapularis an der Incisura skapulae zusammengefaßt. Es sind relativ seltene Syndrome, bei denen ENG-Messungen meist keine diagnostische Bedeutung haben (evtl. verminderte Amplitude des sens. NAP des N. ulnaris, im motorischen ENG des motorisch evozierten Aktionspotentials des N. medianus bei Ableitung an der Thenarmuskulatur), oder es finden sich im Nadel-EMG der vom unteren (F. medialis, Abb. 4) Faszikel versorgten Muskeln Zeichen chronischer neurogener Abnormität.

N. peronaeus

Kompressionssyndrom des N. peronaeus communis am Fibulaköpfchen. Zum Nachweis einer örtlich umschriebenen Nervenleitungsverlangsamung oder eines Nervenblockes kommt die motorische ENG in Frage: Ableitung über den M. tibialis anterior oder M. extensor digit. brevis am Fuß, Stimulation ober- und unterhalb des Fibulaköpfchens oder Inching-Technik (s. N. ulnaris, Abb. 24).

N. femoralis

Kompression in der Leiste. Das Nadel-EMG gibt bessere direkte Zeichen einer femoralen Neuropathie als das motorische ENG, da ein zweiter Stimulationsort im Nervenverlauf außer dem in der Leistenbeuge praktisch kaum möglich ist.

N. tibialis, Tarsaltunnelsyndrom

Im ENG Verlängerung der sensiblen distalen Latenz und Amplitudenerniedrigung des SNAP an den Ästen des N. tibialis, den Nerven N. plantaris medialis (M. abductor hallucis) und lateralis (M. abductor digiti V). Im motorischen ENG meist erst später gleiche Ausfälle. Im Nadel-EMG des M. abductor hallucis Denervierungszeichen: Fibrillationspotentiale u. a., gelichtetes Interferenzmuster, Abnormitäten der Potentiale motorischer Einheiten. Ein normales EMG schließt jedoch ein Tarsaltunnelsyndrom nicht aus. Beachte, daß die genannten distalen Muskeln nicht selten die ersten sind, die bei generalisierten Polyneuropathien befallen sind und so ein Tarsaltunnelsyndrom vortäuschen können.

Zu 6. Polyneuropathien (PNP)

Polyneuropathien sind definitionsgemäß nicht entzündliche multilokuläre Erkrankungen des peripheren Nervensystems. Überlappungen und weitgehende Entsprechungen bestehen zu entzündlichen multilokulären Erkrankungen, die als Polyneuritiden bezeichnet werden. Polyneuropathien sind ätiologisch, pathogenetisch und prognostisch eine inhomogen große Gruppe. Motorische, sensible, autonome Nervenfasern können in symmetrischer oder asymmetrischer, proximaler und/oder distaler Verteilung geschädigt sein. Unter den zahlreichen Ursachen spielen endotoxisch-metabolische Stoffwechselerkrankungen, wie z. B. Diabetes mellitus, eine führende Rolle; ferner exotoxische Ursachen, darunter auch Medikamente, toxische Stoffe wie Alkohol, seltener genetische u. a. Ursachen. Das strukturelle (morphologische) Substrat, an dem die Noxen angreifen, ist durch den anatomischen Bau der Nervenfasern vorgezeichnet. Es ist

a) die Markscheide, besonders deren Myelinschicht, die betroffen ist. Diese pathogenetische Hauptgruppe ist die der sog. demyelinisierenden Polyneuropathien. Ihr Wesensmerkmal ist der selektive, in einem oder mehreren Nervensegmenten auftretende Entmarkungsprozeß, die segmentale Demyelinisierung. Sie führt zur Beeinträchtigung der elektrischen Nervenleitfähigkeit, der Impulsfortleitung. Diese neurologische Störung ist mit der Elektroneurographie (ENG) durch Testung der motorischen und/oder sensiblen Nervenleitgeschwindigkeit (NLG) bzw. der distalen Latenz (DL) durch Verlangsamung der NLG bzw. DL oder in schweren Fällen durch einen Nervenleitungsblock festzustellen. Die sensible ENG zeigt u. U. deutlicher und frühzeitiger auftretende (oder evtl. alleinige) Abnormitäten an als die motorische ENG. Pathologische Veränderungen an den Parametern des evozierten Muskel- bzw. Nervenaktionspotentials sind Amplitudenverminderungen, verlängerte Dauer und polyphasische Form durch Desynchronisation. Bei einigen PNP, wie z. B. beim Guillain-Barré-Syndrom, einer Polyneuritis, bei denen proximale Abschnitte des peripheren Nervs bevorzugt betroffen sind, können ENG-Verfahren aus der Gruppe „verspätete Antworten" (late responses), wie H-Reflex und/oder F-Wellenbestimmung oder somatosensorische evozierte Potentiale (SEP), von Interesse sein (s. Kap. 2.2.2.3. u. 2.2.2.4.). Die Ursachen der Demyelinisierung sind verschieden: angeborene, wie z. B. die Charcot-Marie-Tooth-Erkrankung; erworbene, z. B. immunopathologische, toxische, häufiger metabolisch dystrophische Prozesse. Zu den Erkrankungen, bei denen primäre Entmarkungsprozesse eine wesentliche, wenn auch keine ausschließliche Rolle spielen, zählen die diabetische und die urämische Polyneuropathie, Röntgenbestrahlungsfolgen, toxische PNP, z. B. durch Blei, Diphtherietoxin u. a. Außer bei primären Entmarkungsprozessen vom Typ der seltenen Enzymopathien treten als Regenerationsvorgänge Remyelinisierungsprozesse auf. Dabei sind die regenerierten Nervenfasern jedoch meist dünner, die Internodien kürzer, so daß es zu einer NLG-Verlangsamung kommt.

b) Die zweite Hauptgruppe ist durch eine bevorzugte Schädigung der Axone der Nervenfasern gekennzeichnet. Dieser pathogenetische Haupttyp wird als primär axonal degenerative PNP bezeichnet. Die dabei auftretende partielle oder totale Denervierung kann elektrophysiologisch in erster Linie durch die Nadel-EMG nachgewiesen werden. Denervierungszeichen werden nach einer Latenzzeit von 2–3 Wochen in Form pathologischer Spontanaktivität (Fibrillationspotentiale, positive scharfe Wellen), verstärkter Insertionsaktivität, besonders auch an distalen Muskeln, wie z. B. den kleinen Hand- und/oder Fußmuskeln, nachweisbar. Das Willkürmuster kann reduziert sein („gelichtetes Interferenzmuster"). Veränderungen der Parameter der motorischen Einheitspotentiale können auftreten (s. Kap. 2.2.1.2.4.) und besonders bei chronischen Prozessen im Stadium der Reinnervation durch terminale axonale und kollaterale Aussprossung hervortreten (s. Zu 7 Nervenregenerationsprozesse). Die sensible ENG ist bei rein axonalen Prozessen normal, die motorische ENG ebenfalls oder nur gering beeinträchtigt.
Ursachen dieser Hauptgruppe können toxische sein (z. B. Medikamente, Schwermetalle), genetische, metabolische, Neoplasien, Kollagenosen, Porphyrie. Besonders die häufig vorkommende alkoholische PNP wird dazu gezählt. Im Einzelfall ist eine exakte pathogenetische Zuordnung zu einer der beiden Hauptgruppen nicht immer möglich. Die oft primär nur an einem der 2 Substrate angreifende Schädigung kann im Verlauf auch das andere erfassen. Ja sogar ein drittes: das Interstitium (endoneurales Gefäßbindegewebe, Hüllgewebe) der Nervenfaser kann geschädigt oder von vornherein am Krankheitsprozeß beteiligt sein. Eine kombinierte Pathogenese trifft bis zu einem gewissen Grade für die diabetische, urämische und alkoholische PNP zu.
Elektrophysiologische Untersuchungsverfahren sind bei PNP zur Verlaufskontrolle nützlich und auch zur Therapieerfolgsbeurteilung angewandt worden (z. B. Diabeteseinstellung, Dialysekontrolle, zur Beurteilung immunsuppressiver Maßnahmen). Die Aussagefähigkeit der Untersuchungen wird oft entscheidend vom Umfang der eingesetzten Untersuchungsverfahren sowie der Zahl der untersuchten Arm- und Beinnerven (auch klinisch unauffälliger) bestimmt. Daß ein breites Untersuchungsspektrum wesentlich höhere Trefferquoten erzielen kann als ein enges, haben kürzlich Rondinelli u. Mitarb. 1988 bei Diabetikern (Typ II) gezeigt, bei denen in einem sehr hohen Prozentsatz eine diabetische PNP aufgedeckt werden konnte. Sie ermittelten dazu aus 12 Untersuchungen einen Index. Folgende ENG-Untersuchungen wurden durchgeführt: mot. und sens. ENG des N. medianus und N. ulnaris (jeweils NLG, DL, Amplitude wurden ausgewertet), mot. ENG des N. peroneus, sens. ENG des N. suralis. Im allgemeinen sind sensible ENG-Untersuchungen sensitiver als motorische, distale Nervenabschnitte häufiger als proximale betroffen; das bei proximaler Stimulation evozierte NAP ist oft von geringerer Amplitude als das bei distaler.
Literatur: Ludin und Tackmann 1984, Stöhr 1984.

Zu 7. Nervenregenerationsprozesse

Bei der Beurteilung von Nervenregenerationsprozessen mit Hilfe von Nadel-EMG und ENG interessieren besonders Aussagen über den Reinnervationsbeginn: Treten an dem axonal geschädigten Nerv zu dem zu erwartenden Zeitpunkt Reinnervationszeichen im EMG auf oder bleiben sie aus? Nach Axondurchtrennung eines peripheren Nervs kann man überschlagsweise den Zeitpunkt errechnen, wann ein täglich 1 – 2 mm auswachsender Axonzylinder den ersten von diesem peripheren Nerv versorgten Muskel erreichen kann (z. B. den M. brachioradialis bei einer Radialisläsion durch Oberarmfraktur), wenn man die Distanz von der Bruchstelle bis zum Abgang des Nervenastes des N. radialis mißt, der diesen Muskel versorgt. Bei Verlaufsbeobachtungen sind dann das Fortschreiten des Weiterwachsens auf die nächsten Muskeln zu verfolgen oder auch ein Sistieren der Reinnervierung festzustellen.

Schließlich kann auch bei Beendigung der Reinnervation das Resultat des Regenerationsprozesses ermittelt werden. Bei Fehleinsprossungen in Muskeln, die ursprünglich nicht durch diesen Nerv versorgt wurden, können als Defektheilungen pathologische Mitbewegungen anderer Muskeln, Masseninnervationen, Kokontraktionen oder Synkinesien gefunden werden, z. B. nach Facialisparesen u. a. Therapieerfolgskontrollen sind ebenfalls möglich, ebenso prognostische Aussagen, jedoch nicht durch eine einmalige Untersuchung, sondern durch *Verlaufskontrollen* in sinnvollen Abständen, zum richtigen Zeitpunkt, am richtigen Muskel. Bleiben Reinnervationszeichen zum erwarteten Zeitpunkt aus, so ist oft ein operatives Eingreifen nötig. Nach der Exploration des Nervs muß entschieden werden, ob eine Neurolyse, Nervennaht oder Nerventransplantation erforderlich wird, da sonst der von dem degenerierten Nerv versorgte Muskel atrophiert und irreversibel zugrunde geht. Auch nach einer stattgehabten Nervenvennaht ist eine Revision nötig, wenn nach ca. 7 Monaten keine oder nach 9 – 12 Monaten nur eine sehr geringe Willkürinnervation beobachtet wird. Auch bei einem beobachteten Stillstand bzw. erst recht bei Verschlechterung des Reinnervationszustandes ist zu intervenieren. Die auftretenden EMG-Befunde, die als Reinnervationszeichen nach axonaler Degeneration beobachtet werden können, wurden bereits mehrfach erwähnt. Sie sollen noch einmal kurz zusammengefaßt werden.

Nadel-EMG: Während die ersten motorischen Einheitspotentiale noch klein und kurz sein können, treten mit Fortschreiten des „neuronalen Umbaus“, besonders infolge kollateraler Sprossung, die typischen Parameterveränderungen der reinnervierten Einheitspotentiale auf. Die mittlere Dauer ist verlängert. Die mittlere Amplitudenhöhe ist vergrößert. Es kommt zu einer vermehrten Polyphasie, die sich erst allmählich vermindert. Die Amplitudenhöhe liegt oft noch lange Zeit über der der Gegenseite. Das Willküraktivitätsmuster ist infolge des Verlustes motorischer Einheiten bei maximaler Willkürinnervation reduziert, d. h., es tritt ein *gelichtetes Interferenzmuster* auf. Sogar im Verlauf des Wiederherstellungsprozesses ist oft kein normales Interferenzmuster zu erzielen.

ENG: Remyelinisierungsprozesse nach demyelinisierenden Erkrankungen bzw. mechanischen Läsionen sind bei der Verlaufskontrolle innerhalb von Wochen bis Monaten in Form von allmählich, graduell sich verbessernden motorischen NLG- und distalen Latenz- bzw. SNLG- und sensiblen distalen Latenzwerten festzustellen. Die Normalwerte vor der Schädigung werden oft nicht mehr erreicht. Die elektrophysiologischen Reinnervationsbefunde treten meist Wochen vor klinischen Reinnervationszeichen auf.

2.2.3.2. Myopathien

Unter dem Oberbegriff Myopathien werden sowohl hinsichtlich der Pathogenese (degenerativ, metabolisch, entzündlich, hereditär/nicht hereditär), dem Verlauf, dem Verteilungsmuster als auch der Prognose sehr unterschiedliche Erkrankungen zusammengefaßt. Es ist deshalb nicht verwunderlich, daß bei den einzelnen myopathischen Erkrankungen nicht alle der im folgenden geschilderten klassischen Kriterien eines „Myopathie-EMG" gefunden werden, am regelmäßigsten vielleicht bei der Duchenne-Form der progressiven Muskeldystrophie. Auch sind differentialdiagnostische Abgrenzungen in der Myopathiegruppe im Einzelfall mittels EMG nicht möglich. Obwohl statistisch gesehen quantitative Unterschiede bei den verschiedenen nosologischen Einheiten ermittelt wurden, fehlen spezifische Einzelkriterien – mit der einzigen Ausnahme: dem Vorkommen echter myotoner Entladungssalven bei der myotonen Dystrophie und kongenitalen Myotonie.
Wichtiger als ein Einzelkriterium ist deshalb eine bestimmte Konstellation verschiedener elektrophysiologischer Befunde. Diese ermöglicht meist eine differentialdiagnostische Abgrenzung gegenüber Neuropathien (von den schwierigen „gemischten" neurogen-myogenen Zustandsbildern abgesehen).
Im allgemeinen ist bei den primären Muskelerkrankungen die systematische Untersuchung zahlreicher Muskeln nötig, da besonders bei degenerativen Myopathien im Anfang nur inselförmige pathologische Prozesse bestehen können, zu deren Ermittlung der Muskel systematisch an mehreren Stellen untersucht werden muß. Auch ist das von der Klinik her bekannte Verteilungsmuster des Muskelbefalls (Becken-, Schultergürteltyp, distaler, proximaler, okulärer Befall u. a.) zu berücksichtigen. Wenn auch pathologische EMG-Befunde in atrophischen Muskeln häufiger sind als in hypertrophischen oder klinisch unauffälligen (z. B. den kleinen Handmuskeln), so sollte man sich nicht ausschließlich auf die Untersuchung atrophischer Muskeln beschränken. Eine geplante Muskelbiopsie sollte generell *nach* der EMG durchgeführt werden.

Typische Myopathie-Muster bei Nadel-EMG

1. Pathologische Spontanaktivität

Sie ist bei vielen Myopathien feststellbar, besonders bei aktiven Stadien der Polymyositis: Fibrillationspotentiale, positive scharfe Wellen, pseudomyotone Entladungen, bei der Myotonia congenita und Dystrophia myotonia kommt es zu echten myotonen Entladungen.

2. Aktivitätsmuster bei maximaler Willkürinnervation

Da die Zahl der Muskelfasern (s. Abb. 17) reduziert ist, rekrutiert der Patient zur Kompensation mehr als üblicherweise motorische Einheiten und erhöht außerdem deren Entladungsfrequenz. Dadurch entsteht, oft im auffallenden Gegensatz zu

der klinischen Muskelschwäche, in vielen Fällen ein volles, dichtes Interferenzmuster schon bei relativ geringer Kraftentwicklung. Die Amplitude ist im Gegensatz zum Neuropathie-EMG jedoch meist niedrig (s. Abb. 16), auch bei maximaler Willkürinnervation.
In schweren atrophischen Muskeln können aber auch nur ein gemischtes (Übergangs-)Muster (s. Kap. 2.2.1.2.3.2.) oder gar nur ein Einzelpotentialmuster oder selten Areale ohne Einzelaktionspotentiale auftreten. Diese Abnormitäten müssen nicht in allen untersuchten Muskeln gleich sein. Da das Zustandekommen des Aktivitätsmusters von der Patientenkooperation abhängt, sind die davon weitgehend unabhängigen folgenden Befunde noch aussagekräftiger.

3. Parameterveränderungen der motorischen Einheitspotentiale

– Die mittlere Dauer des AP ist um >20% vermindert, d. h., die Aktionspotentiale sind (oft im Gegensatz zur Neuropathie) schmal (Inzidenz bei Polymyositis 100%, bei progr. Muskeldystrophie 74–85%).
– Die mittlere Amplitude ist erniedrigt, um wenigstens 35%. Wegen großer Variation ist dieser Parameter nicht sehr aussagekräftig.
– Vermehrte Polyphasie (= >12–25%, s. Kap. 2.2.1.2.4.3.) kurzer Dauer. Bei Muskeldystrophien (Duchenne) wurde eine vergrößerte Inzidenz (Vorkommen in wenigstens einem Muskel) in 85% gefunden, bei anderen Myopathien seltener (30–8%). Polyphasie gibt es jedoch auch bei Neuropathien (BUCHTHAL 1976).

ENG: Im Gegensatz zur Neuropathie ist das motorische und sensible Elektroneurogramm bei Myopathien normal.

2.2.3.3. Zentrale (supranukleäre) Nervenläsionen

Im Gegensatz zur Diagnostik peripherer Nervenläsionen hat die Nadel-EMG bei zentraler Läsion (1. motorisches Neuron) einen geringeren Stellenwert. Auf das überraschende Vorkommen pathologischer Spontanaktivität, z. B. bei der Hemiplegie infolge zerebrovaskulärem Insult, wurde schon im Kapitel 2.2.1.2.2.2. hingewiesen. Diese Befunde wurden mehrfach bestätigt. Von SPAANS und WILTZ [J. Neurol. Sci. 57 (1982) 291–305] sind gleiche Befunde auch 2–3 Wochen nach schweren zerebralen Kontusionen beobachtet worden, die evtl. in 6 Monaten wieder verschwanden. Auch nach Rückenmarkläsionen wurden sie beobachtet (DI BERNADETTO). Eine andere Möglichkeit elektromyographischer Untersuchungsverfahren bei Spastik infolge zentraler Läsionen ist

• der sog. Überdauerungseffekt. Darunter wird der Zeitraum (ms) bis zum Sistieren der elektrischen Aktivität im EMG beim plötzlichen Abbruch einer Willkürkontraktion verstanden (auf das Kommando: Entspannung oder beim Abheben des Beines von der Unterlage: Fallenlassen). Der Überdauerungseffekt ist bei Spastik verlängert, Normwerte: testen. Wir benutzen diesen Test mit Erfolg auch zum Nachweis von Therapieeffekten, z. B nach Elektrotherapie, da er mit krankengymnastischen Untersuchungsmethoden gut korreliert.

• Mit einem 2-Kanal-EMG-Gerät kann man beim Vorliegen einer Spastik, z. B. der unteren Extremität, bei langsamer passiver Dorsalflexion (EMG-Ableitungen im M. tibialis und M. soleus und nachfolgender Plantarflexion im normalen Muskel keine EMG-Aktivität, beim Spastiker aber im gedehnten Muskel elektrische Aktivität nachweisen. Bei aktiven (Willkür-)Bewegungen dieser Muskeln kommt es im normalen Muskel nur im Agonisten zu einem Willküraktivitätsmuster, während im dazugehörigen Antagonisten durch die sog. reziproke Innervation im EMG elektrische Stille herrscht. Anders verhält sich der spastische Antagonist, in dem es zu einer unwillkürlichen Kokontraktion kommt. Elektrische Aktivität kann sogar in entfernten Muskelgruppen auftreten.

- Auf die elektrophysiologischen Untersuchungsmöglichkeiten mittels evozierter (akustischer, visueller, somatosensibler) Potentiale (SEP) bei zentralen Läsionen kann im Rahmen dieses Buches nicht eingegangen werden (STÖHR 1986), ebensowenig auf die Silent period (Auftreten einer postreflektorischen Innervationsstille, bei Spastikern verkürzt) oder auf Darlegungen zum Nachweis eines extrapyramidalen Tremors u. a. (WAGNER und REICHEL 1981). Es ist anzunehmen, daß sich die elektrophysiologische Untersuchungspalette zur Diagnostik zentraler Läsionen in Zukunft noch erweitern und verbessern wird.

3. Elektrotherapie im Niederfrequenzbereich

Als Niederfrequenz-(NF-)Bereich der Elektrotherapie wird der Frequenzbereich 0 – 1000 Hz (1 kHz) bezeichnet. Als Oberbegriff für diese Elektrotherapieverfahren wird auch die Bezeichnung Reizstromtherapie benutzt.
Definition: Verfahren zur Therapie, Metaphylaxe und Rehabilitation von Krankheiten, Anomalien und Verletzungsfolgen mit Gleichstrom oder niederfrequenten Impuls- und Wechselströmen.

Der NF-Bereich wird üblicherweise gegliedert in:

Gleichstromtherapie = Elektrotherapie mit konstantem Gleichstrom, Galvanisation (engl.: direct current, DC; franz.: courant continu, courant galvanique).
Impulsstromtherapie = Reizstromtherapie im engeren Sinne (engl.: pulsed current, low frequency electrical stimulation; franz.: courants a l'etat variable de basse fréquence).

3.1. Gleichstromtherapie

Die Bezeichnung Galvanisation stammt von Alexander v. Humboldt zu Ehren des Bologneser Anatoms und Physiologen Luigi Galvani, 1737 – 1798; dabei kommt aber eigentlich Alessandro Volta, dem Erfinder der ersten Gleichstrombatterie (Volta-Säule), das größere Verdienst zu.
Definition: Ein Verfahren der niederfrequenten Elektrotherapie mit konstantem Gleichstrom, d. h. einem Strom, der in gleicher Richtung mit gleicher Stromstärke (bei c.c. Ausgangsschaltung) fließt. Konstant bezieht sich auf die Stromstärke während der Behandlung, sieht man von der sog. Ein- und Ausschleichphase (s. Behandlungsrichtlinien) ab, und auf die Stromrichtung. Die gelegentlich benutzte Bezeichnung stabile Galvanisation bezieht sich auf die während der Behandlung fixe Elektrodenlage, im Gegensatz zu einer früher auch üblichen Behandlung mit Rollenelektroden, die über das Behandlungsfeld bewegt wurden.
Die Gleichstromtherapie kann als Sonderform der NF-Elektrotherapie mit der Frequenz Null gelten. Im Gegensatz zur Impulsstrom-(Reizstrom-)Therapie im engeren Sinne soll es dabei zu keiner fortgeleiteten Erregung am Nerven oder Muskel kommen.
Die Gleichstromtherapie gehört zu den ältesten Elektrotherapieverfahren und hat trotz ihrer über 150jährigen Geschichte ihre Bedeutung als empirisch bewährtes wertvolles Elektrotherapeutikum durch ihr komplexes Wirkungsspektrum bis heute nicht verloren. Sie ist außerdem mit einfachen, überall verfügbaren Geräten durchführbar und hat durch neue Anwendungsgebiete sowie durch batteriebetrie-

bene, sichere elektrische Kleinstimulatoren, die zur häuslichen Behandlung eingesetzt und vom Patienten nach Anleitung selbst praktiziert werden können, auch an Bedeutung gewonnen.

3.1.1. Physikalisch-chemische und allgemeine physiologische Grundlagen

Zur Erklärung der Wirkung des Gleichstroms sind als Ursache auf physikalischer Ebene 3 elektrokinetische Vorgänge zu nennen, die zwischen den Elektronen im elektrischen Strömungsfeld ablaufen:

1. Ionenwanderung,
2. Elektrophorese,
3. Elektroosmose.

Zu 1. Ionenwanderung

Voraussetzung für die Ionenwanderung, den Ionentransport (Ionentransfer, Ionenverschiebung, Ionon = griech.: die Wandernden), ist der Vorgang der *Dissoziation.* Dieser tritt bereits vor Einwirkung des elektrischen Stromes im menschlichen Körper und seinen Geweben ein. Die Gewebe verhalten sich aus der Sicht der Elektrizitätslehre wie Leiter 2. Klasse (Ordnung, Art). Die Stromleitung erfolgt wie in einem Elektrolyt und wird deshalb elektrolytische Stromleitung genannt.
Elektrolyte sind wässrige Lösungen von Salzen, Säuren und Basen. Bei der Dissoziation kommt es in den Elektrolyten zum Zerfall von Molekülen in elektrisch positiv und negativ geladene Teilmoleküle, die Ionen genannt werden. Diese werden dadurch zu Ladungsträgern des elektrischen Stromes im Gewebe. Die einander entgegengesetzten Ladungen der Teilmoleküle sind dabei gleich groß. Der unterschiedliche Grad des Auftretens von Ionen in Elektrolyten wird als ihr Dissoziationsgrad bezeichnet. So zerfallen schwache Elektrolyte wie reines Wasser nur zu einem Bruchteil in Ionen. Sie haben durch ihren geringen Dissoziationsgrad nur eine geringe elektrische Leitfähigkeit, da keine Ladungsträger vorhanden sind. Verbindet man einen Leiter 2. Ordnung über 2 unterschiedlich gepolte Elektroden (Pluspol = Anode, Minuspol = Kathode) mit einer konstanten Gleichstromquelle, so setzt die Ionenwanderung in beide Richtungen gleichzeitig ein. Dabei werden die Ionen jeweils vom Pol gleicher Ladung abgestoßen und wandern zum entgegengesetzten Pol. Nach ihrem Wanderungsziel erfolgt die Benennung der Ionen. Die positiv geladenen Ionen, z. B. Na^+, die zur Kathode wandern, heißen deshalb Kationen, die negativ geladenen, z. B. Cl^-, die zur Anode wandern, Anionen. Je kleiner die Ionen, desto rascher wandern sie, wie z. B. die H^+-Ionen. Ihnen folgen OH^--Ionen und in bestimmter Reihenfolge die übrigen Kationen und Anionen. Insgesamt ist die Wanderungsgeschwindigkeit der Ionen gegenüber dem sich mit Lichtgeschwindigkeit ausbreitenden elektrischen Feld sehr gering. Sie beträgt z. B. im Muskelgewebe je nach Ionenbeweglichkeit und Stromstärke maximal einige Millimeter pro Sekunde. Wer sich genauer über den derzeitigen Stand der komplizierten physikalischen Gesetzmäßigkeiten informieren möchte,

soweit sie hinsichtlich der Wechselwirkungen von Gleichstromfeldern mit biologischen Geweben bekannt sind, sei z. B. auf das Übersichtsreferat von Barnes 1986 hingewiesen.
Dort wird die Situation der Leitfähigkeit in Flüssigkeitskanälen und an Zellmembranen genauer dargelegt. Die hauptsächlich zu überwindenden Kräfte sind der osmotische Druck und Diffusionskräfte. Dazu ist ein gewisser Schwellenwert der Stromstärke erforderlich. Durch die komplexen Strukturen und Substrukturen des lebenden Gewebes und deren Inhomogenität sind die sich abspielenden Verhältnisse schwer zu bestimmen. Der physikalische Primärprozeß der Ionenwanderung im stromdurchflossenen Gewebe führt sekundär zusammen mit den noch zu besprechenden 2 anderen elektrokinetischen Vorgängen, besonders durch die Veränderungen des Ladungszustandes an den Zellmembranen, zu den physiologischen Veränderungen, zu Funktionsänderungen des Gewebes bzw. von Organsystemen (s. 3.1.2.).

Thermische Wirkungen des Gleichstroms

Durch Reibung von Ionen mit Atomen und Molekülen entsteht im elektrischen Feld Joule-Wärme
Wärmemenge $Q = I^2$ (Stromstärke) $\times$ R (Widerstand) $\times$ t (Dauer)
Bei den in der Gleichstromtherapie angewandten Stromstärken ist der Temperaturanstieg gering, so daß er weder als Schädigungsfaktor noch therapeutisch eine Rolle spielt (Danz und Callies 1979, thermographische Untersuchungen).
Die elektrokinetischen Erscheinungen der Ionenwanderung können auch zu therapeutischen Zwecken zum Einbringen von ionisierten Medikamenten transkutan genutzt werden. Darauf wird bei der Iontophorese eingegangen (Kap. 3.1.4.).

Zu 2. Elektrophorese (Kataphorese, Anaphorese)

Darunter wird die Wanderung geladener, nicht dissoziierter Moleküle, z. B. von Proteinmolekülen, Kolloiden, Fett-, Stärkepartikeln, Blutzellen, Bakterien, Einzelzellen, im elektrischen Feld verstanden. Ihre Beweglichkeit (μ) ist noch langsamer, für Protein z. B. ist $\mu = 10^{-10} - 10^{-8}\ m^2/V \cdot s$ (gegenüber $5{,}2 \times 10^{-8}$ bis $7{,}9 \times 10^{-8}\ m^2/V \cdot s$ von Na^+- bzw. Cl^--Ionen).

Zu 3. Elektroosmose

Dabei handelt es sich um Wasserbewegungen bzw. Flüssigkeitsverschiebungen über den Stromeinfluß durch Poren der Zellwände. Unter der Kathode kann dabei die Haut leicht ödematös, unter der Anode leicht eingesunken sein.

Chemische Vorgänge bei der Gleichstromtherapie

Den physikalischen elektrokinetischen Vorgängen, besonders der Ionenwanderung im Gewebe, schließt sich an beiden Elektroden ein chemischer Prozeß an. Dieser ist weniger wegen seiner therapeutisch nutzbaren Wirkung (s. Elektrolyse zur Therapie) als vielmehr wegen seiner schädigenden Wirkung (s. Gefahren der Gleichstromtherapie) von erheblicher Bedeutung. An den Elektroden verlieren die

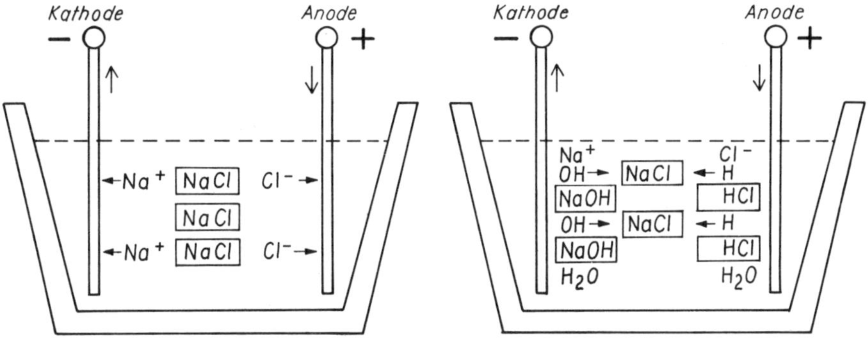

Abb. 25 Ionenwanderung im Gleichstromfeld

Ionen ihre elektrischen Ladungen. Es entstehen chemisch aggressive Radikale mit oxidierender Wirkung an der Anode bzw. reduzierender Wirkung an der Kathode, die gewebeschädigend wirken können. Folgende chemische Reaktionen laufen dabei ab (Abb. 25):

- An der Kathode:

$2\,Na^+ + 2\,e^- + 2\,H_2O \rightarrow H_2 + 2\,NaOH\,.$

Die Anreicherung basischer Produkte (NaOH) führt zu einer starken Alkalisierung ($pH > 9$). Diese alkalische Reaktion kann zu einer Laugenverätzung führen, wenn der als Elektrolyse bezeichnete Prozeß an den Elektroden nicht durch dicke Elektrodenunterpolsterungen von der Haut ferngehalten wird (s. Behandlungstechnik). Der das Gewebe verflüssigende Nekroseprozeß an der Haut (bzw. der Schleimhaut, wenn dort behandelt wird) wird als Kolliquationsnekrose bezeichnet.

- An der Anode:

$2\,Cl^- + H_2O \rightarrow 2\,e^- + 2\,HCl + 1/2\,O_2\,.$

Mit HCl entstehen saure Reaktionsprodukte. Sie können am Gewebe relativ feste Koagulationsnekrosen erzeugen.

Diese gewebeschädigenden Elektrolyseprodukte können nicht nur bei der Gleichstromtherapie auftreten, sondern auch bei der Impulsstromtherapie, wenn monopolare (unipolare) Impulsströme angewandt werden, die alle einen Gleichstromanteil besitzen, der je nach Impulsdauer, Amplitude, Frequenz, Tastverhältnis größer oder kleiner ist.
Ja sogar bei diagnostischer Langzeitmonitorierung, z. B. bei EKG-Ableitungen, Monitorierungen an der Kopfhaut von Neugeborenen mit Oberflächenelektroden, sind durch Gleichstromkomponenten der Monitorverstärker Verätzungen vorgekommen (Orpin 1982).

3.1.2. Spezielle physiologische Grundlagen

Hyperämisierende Wirkung

Bei der Gleichstrombehandlung tritt unter beiden Elektroden an der Haut eine u. U. stundenlang anhaltende Rötung (und ein Wärmegefühl) auf, das sog.

galvanische Erythem. HILLE 1975 zeigte an Hand von Wärmeleitmessungen mit der Hensel-Wärme-Leitsonde, daß dieses auch mit einer, allerdings wesentlich kürzeren, Mehrdurchblutung der Haut verbunden ist. Noch wesentlicher ist seine Feststellung, daß es gleichzeitig an der darunter gelegenen Muskulatur zu einer sogar erheblichen *Durchblutungssteigerung* kommt. HILLE gibt an der Haut Steigerungswerte bis zu 500%, an der Muskulatur bis zu 300% der Ausgangswerte an. Diese Durchblutungssteigerungsraten entsprechen Werten, wie sie bei intraarteriellen Acetylcholininjektionen festzustellen sind. In eigenen Untersuchungen mit der Infratonoszillographie nach BOUCKE und BRECHT konnten wir an unserer Klinik bei Anwendung hydroelektrischer Unterschenkelbäder bei Gesunden ebenfalls eine Verbesserung der akralen Durchblutung feststellen. LISSNER 1963 fand eine Volumenpulssteigerung von 141% am behandelten und von 82% am unbehandelten Bein (sog. konsensuelle Reaktion). Bei mehr als der Hälfte der 35 getesteten Probanden hielt die Volumenpulssteigerung über 40 min an. Daß mit der konstanten Gleichstrombehandlung mit hydroelektrischen Teilbädern auch bei Patienten mit artiellen peripheren Verschlußkrankheiten im Stadium II eine verbesserte akrale Durchblutung erzielt werden kann, zeigten EDEL und FÜSSEL 1967 mit der gleichen Methode. Dabei schnitt die Gleichstrombehandlung noch günstiger ab als temperaturansteigende Teilbäder nach HAUFFE in der Vergleichsgruppe. Gehstreckenverbesserungen um +41% im Stadium II nach Gleichstromanwendungen mit Plattenelektroden fanden auch BÜHRING u. Mitarb. 1984. Die Aufklärung des Wirkungsmechanismus dieser Vasodilatation durch den Gleichstrom ist derzeit noch unbefriedigend. Bei der komplexen Wirkung des Gleichstroms ist sie möglicherweise ebenfalls vielgestaltig.
Diskutiert werden u. a. Freisetzung vasoaktiver Substanzen, direkte Einflüsse auf die Gefäßwandmuskulatur, beim ischämischen Schmerz auch Einflüsse über die oft zu beobachtende Schmerzlinderung und damit günstige Einflüsse auf die Mikrozirkulation. Diese Fragen sind z. Z. noch ungeklärt. Motorisch wirkende Impulsströme (s. Kap. 3.2.4.4.) werden z. Z. häufiger zur Durchblutungsförderung genutzt.

Analgetische Wirkung

Wie die durchblutungsfördernde ist auch die schmerzlindernde Wirkung des konstanten Gleichstroms schon lange empirisch bekannt und wird therapeutisch genutzt (s. Indikationen). Unter der Anode ist diese Wirkung durch den hyperpolarisierenden Effekt des Pluspols auf sensorische Nervenfasern, der zur Heraufsetzung der Erregungsschwelle führt, verständlich. Wie aber schon KOWARSCHIK immer wieder betonte, ist der analgetische Effekt nicht ausschließlich an die Anode gebunden. In eigenen Untersuchungen mittels eines elektrischen Algesietestes bei Gesunden (EDEL und LANGE 1979) rangierten Gleichstromanwendungen mit Plattenelektroden (das hydroelektrische Teilbad wurde nicht getestet) in bezug auf die Anhebung der Schmerzschwelle hinter Ultraschall, diadynamischem Strom, Träbertschen und stochastischen Reizströmen. Dies entspricht auch dem derzeit häufigeren Einsatz monopolarer Impulsströme, die allerdings alle eine galvanische Komponente besitzen, zur Elektroanalgesie (s. TENS).

Regenerationsfördernde Wirkung

Heilungsfördernde, trophikverbessernde Wirkungen des konstanten Gleichstroms bei Langzeitanwendungen mit niedrigen Stromstärken zur Verbesserung der Heilung chronischer Hautulzera und von Wundheilungsstörungen wurden von WOLCOTT u. Mitarb. 1969 festgestellt und therapeutisch genutzt. Sie wurden von EDEL und FREUND 1975, GAULT und GATENS 1976, CARLEY und WEINAPEL 1985 u. a. bestätigt (s. Indikationen). Auch hier ist der Wirkungsmechanismus noch keinesfalls vollständig geklärt. CHENG u. Mitarb. 1982 fanden als Wirkung geringer Gleichstromstärken (50 µA) eine Stimulierung der Proteinsynthese, der ATP-Bildung sowie des Aminosäurentransportes in der Rattenhaut.
Da Regenerations- und Wachstumsprozesse auch normal im Organismus mit endogenen elektrischen Vorgängen verknüpft sind, ist eine Beeinflussung durch exogene elektrische Applikation wahrscheinlich und derzeit ein wichtiges Forschungsgebiet. Das betrifft nicht nur die Wachstumsförderung von Epithelgewebe der Haut, sondern auch die von Bindegewebsstrukturen und die Stimulation zur Heilung von Sehnengewebe (Fibroblasten) (NESSLER und MASS 1987) oder die des Neuritenwachstums (Nervenregenerationsförderung). Diese Anwendungsgebiete befinden sich z. Z. noch im Forschungsstadium. Dagegen haben Elektrostimulationen mit niedrig dosierten Gleichströmen (5 – 20 µA) zur Anregung der Osteogenese schon seit Anfang der 70er Jahre im Tierversuch, zum klinischen Einsatz beim Menschen zur Förderung der Knochenbruchheilung bei verzögerter Frakturheilung, bei Pseudarthrosen u. a. Indikationen geführt (s. Kapitel Elektrostimulation zur Anregung der Osteogenese, 3.2.4.5.). Im Kapitel 3.2.4.5. werden neben der Gleichstromtherapie auch andere elektrische Stimulationsverfahren (Impulsströme, elektromagnetische Felder u. a.) besprochen. Bei der Gleichstromtherapie tritt die stimulierende Wirkung in unmittelbarer Nähe der Kathode auf und ist je nach verwendetem Elektrodenmaterial an bestimmte Dosierungen gebunden (5 – 20 µA bei Stahlelektroden), sowie an eine kontinuierliche (tags und nachts), über Monate durchzuführende Behandlungsdauer. Die Reaktion an der Kathode führt zu einem vermehrten O_2-Verbrauch und zur Produktion von Hydroxyl-Radikalen. Auch hier gibt es noch offene Fragen hinsichtlich des genauen Wirkungsmechanismus.

Erregbarkeitssteigernde Wirkung auf motorische Nerven

Diese unter der Kathode auftretende polspezifische Wirkung ist schon lange bekannt. Da die Membran der Nervenfaser außen positiv geladen ist, hat die Kathode (–) beim Gleichstrom depolarisierenden Charakter im Sinne lokaler Depolarisierungserscheinungen (Katelektrotonus). Willkürkontraktionen können nach Galvanisation erleichtert werden. Die Behandlung wird teilweise noch zur Vorbehandlung denervierter Muskulatur mit Impulsströmen (s. dort) benutzt.

Erregbarkeitssteigernde und erregbarkeitsherabsetzende Wirkungen auf das Zentralnervensystem

HOLZER uns SCHEMINSKY 1943 hatten bei Längsdurchströmung mit konstantem Gleichstrom im hydroelektrischen Bad polspezifische Wirkungen festgestellt. Je nachdem, welche Polung die am Kopf plazierte Elektrode aufwies, war es bei Tierversuchen mit Fröschen, wenn die Anode am Kopf und die Kathode an den

Füßen plaziert war (= sog. absteigende Stromrichtung), zu einer erregbarkeitsherabsetzenden, dämpfenden, sedierenden Wirkung des Anelektrotonus gekommen. Bei den Fröschen trat eine Galvanonarkose auf, beim Menschen beobachteten sie eine Herabsetzung der Patellarsehnenreflexe. Umgekehrt trat bei Plazierung der Kathode am Kopf und der Anode an den Füßen (= aufsteigende Stromrichtung) die erregende Wirkung des Katelektrotonus in Erscheinung. Die Frösche gerieten in einen Elektrokrampf (-tetanus). Beim Menschen war bei dieser Elektrodenposition eine Steigerung der Patellarsehnenreflexe zu beobachten. Diese Untersuchungsbefunde können therapeutisch beim hydroelektrischen Vollbad (s. dort) genutzt werden.

3.1.3. Geräte und Zubehör

Geräte

Gleichstromtherapiegeräte gehören in die Gruppe Therapieelektrostimulatoren. Sie müssen den Forderungen der Norm DIN VDE 0750 „Medizinische elektrische Geräte" (Teil 219) entsprechen. Sie können entweder nur für die Gleichstromtherapie allgemein oder für bestimmte Methoden dieser Therapieform, wie Hydrogalvanisation, Iontophorese, chronische Hautulzerabehandlung oder Osteogenesestimulation, speziell konzipiert sein. Oft ist jedoch der konstante Gleichstrom nur eine Stromform universell gestalteter Reizstromdiagnostik- und -therapiegeräte (sog. „Universalstimulatoren"), wie z. B. beim „TuR" RS 21 und 10. Bei Netzanschlußgeräten (netzgespeiste Elektrostimulatoren) wird die Netzspannung des Wechselstromes zunächst durch einen Eingangstransformator herabgesetzt. Dann erfolgt durch Halbgleichrichter eine Umformung und durch Siebketten eine Glättung. Die sog. Welligkeit, die der ideale Gleichstrom wie ihn Batteriegeräte abgeben, gar nicht aufweisen sollte, darf 1% des maximalen Ausgangsstromes nicht überschreiten. Als „völlig pulsationsfreier Gleichstrom" werden Pulsationen von < 0,5% gewertet. Als Maximalwerte für die Stromstärke von Gleichstromgeräten sind 80 mA ± 15% zugelassen. In Nullstellung soll der sog. Patientenreststrom < 0,5 mA betragen. Für die Hydrogalvanisation sind maximale Ausgangsstromwerte bis 300 mA erlaubt. Als Ausgangsschaltung (-stufe) des Elektrostimulators sind constant-current-(c.c.)-Schaltungen erforderlich, wobei die Größe des Bereiches, in dem das Gerät noch als Konstantstromquelle arbeitet (sog. Ausgangscharakteristik, -kennlinie), bis 20 MΩ betragen sollte. Dies ist aus der Bedienungsanleitung des Gerätes zu entnehmen. Für bestimmte Spezialgeräte sind höhere Werte (z. B. > 100 kΩ bei Iontophoresegeräten) durchaus wünschenswert. Manche Geräte, z. B. bestimmte Kleinstimulatoren, sind diesbezüglich zu niedrig ausgelegt.
Batteriebetriebene Geräte, meist als Kleinstimulatoren, haben ökonomische, aber auch sicherheitstechnische Vorteile gegenüber netzgespeisten Geräten. Außerdem können sie zur häuslichen Selbstbehandlung nach Anleitung eingesetzt werden („TuR" RS 40).
Heimgeräte (Kategorie H = Home) müssen der Schutzklasse II (Flachstecker) angehören, auch Schutzklasse III (Kleinspannungen 0–24 V) ist erlaubt, nicht aber die Schutzklasse I (= Schukostecker).

Der Einsatz von Batterien ist durch den geringen Energieverbrauch elektronischer Geräte, besonders bei Benutzung wenig Energie benötigender Schaltsysteme (CEMOS), gegenüber den viel Strom verbrauchenden Netzstromgeräten mit Elektronenröhren möglich geworden (z. B. bei Osteostimulatoren). Dazu kommt die Einsatzmöglichkeit verbesserter Batterien mit längerer Nutzungsdauer, Lagerungsfähigkeit u. a. Eigenschaften. Das gilt für Alkali-Mangandioxid- und besonders für die Lithium-Mallory-Organic-Batterien. Letztere können bei gleicher Masse, z. B. 85,5 g, eine fast 6fach größere Arbeit in Wattstunden leisten als die Standard-Zink-Kohle-Batterien.
Für hydroelektrische Teilbäder werden meist kommerzielle Seriengeräte als Vierzellenbäder benutzt, ebenso für hydroelektrische Vollbäder. Das „Hydroelektrische Vollbad" der Fa. Illgen, Leipzig s. NAUNDORF 1969 zeigt Abb. 26).
Für alle Geräte in Baderäumen (Feuchträumen) gelten erhöhte Sicherheitsbestimmungen. Der Schutzgrad IP 34 ist einzuhalten (wobei I den Berührungsschutz, P den Feuchtigkeitsschutz, 3 den Isolierungsgrad betrifft, und 4 spritzwassergeschützt von allen Seiten bedeutet. Bei Improvisation solcher Geräte in Form von Eigenbau ist deshalb Vorsicht geboten und dringend zu raten, aus Sicherheitsgründen einen Fachmann hinzuzuziehen. Viele Reizstromgeräte sind nicht „spritzwassergeschützt", wie bei ihrer Verwendung zu hydroelektrischen Teilbädern zu fordern ist, sondern entsprechen nur dem Schutzgrad IP 20 (= kein Feuchtigkeitsschutz, nur für Anwendung in Trockenräumen).

Elektroden

Plattenelektroden werden aus Zinn-, Zink-, Bleiblech, Messing-, Kupferdraht u. a. dünnen Metall angefertigt. Die Oberfläche muß glatt sein, und die Form muß sich gut der Körperoberfläche anpassen. Verschiedene Standardgrößen werden geliefert, z. B. ca. 50 cm^2 = 6 × 8 cm, ca. 100 cm^2 = 8 × 12 cm, ca. 200 cm^2 = 12 × 17 cm, ca. 300 cm^2 = 14 × 22 cm. Auch können Elektroden selbst zugeschnitten werden, je nach notwendiger Größe des Behandlungsfeldes. Für die Quergalvanisation nach KOWARSCHIK bei Ischialgie eines Beines werden 90 × 8 cm große Elektroden benötigt, die an der Vorder- und Rückseite des Beines vom Gesäß bis zur Ferse reichen und mit einer größeren durchfeuchteten, 7fachen Frotteeunterpolsterung versehen werden. Für die Behandlung von Trigeminusneuralgien und von Facialislähmungen ist eine nierenförmige, mit 3 abgerundeten Fortsätzen versehene spezielle Plattenelektrode, die sog. *Bergonié-Maske* (s. Abb. 27) üblich. Auch schalenförmig gestaltete runde Elektroden verschiedener Größe, sog. Elektrodenschalen (mit Viskoseschwammunterpolsterung), die über einen Elektrodenbügel zu zweit zusammengehalten werden, so daß die Applikation vom Behandler mit einer Hand durchgeführt werden kann, sind möglich. Sie werden jedoch meist zur Reizstromtherapie, z. B. bei diadynamischen Strömen, benutzt.
Sonderformen sind *„Einmalelektroden"* („Wegwerfelektroden") aus Aluminiumfolie, getränkt mit einer Schicht von Magnesiumacetat als Puffer und einer Haftsubstanz. Sie sind relativ kostspielig, aber hygienisch vorteilhaft, jedoch nicht an allen Körperpartien und nicht bei hohem Behaarungsgrad gut zu befestigen.

Saugelektroden erfordern ein Zusatzspezialgerät, um sie durch Erzeugung eines Unterdruckes zum Haften zu bringen; dazu wird ein Pumpaggregat angewandt, das an den Netzstrom angeschlossen ist („Neoserv 724“ der Fa. Siemens AG, Erlangen). Es arbeitet nach dem Unterdruck-Injektor-Prinzip. Die Stromzufuhr erfolgt dabei vom Elektrodengehäuse, das mit einem anmodulierbaren Dichtrand versehen ist, über korrosionsfreie Sinterscheiben aus Kohleelektroden bzw. Metallplatten, die durch eingelegte durchfeuchtete Schwämme vor direktem Hautkontakt geschützt sind. Elektroden aus leitendem Gummi und selbstklebende Elektroden spielen eher bei bestimmten Reizstrom-(Impulsstrom-)Therapieverfahren eine Rolle.

Elektrodenunterpolsterungen

Sie sind bei Plattenelektroden ein sehr wichtiges Zubehör. Sie üben wichtige Funktionen aus, wenn sie gut durchfeuchtet sind und in ihrer Größe so gestaltet werden, daß sie einen direkten Hautkontakt verhindern, d. h. die Metallelektroden um 1 – 2 cm überragen bzw. diese taschen-(handschuh-)förmig umhüllen sowie eine genügende Dicke aufweisen. Bei Erfüllung dieser Forderungen liefern sie einen gut anliegenden Haut-Elektroden-Kontakt, guten Stromübergang, besonders bei Durchfeuchtung mit Elektrolytlösungen. Sie verhindern den gefährlichen direkten Haut-Metall-Kontakt (s. Kap. 3.1.1.). Bei genügender Dicke verdünnen sie an den Elektroden entstehende, gewebeschädigende Elektrolyseprodukte so weitgehend, daß diese keine Verätzungen bewirken können. Neben mehrfach (6- bis 8fach) zusammengefalteten, gut mit warmem Leitungswasser oder Elektrolytlösung durchtränkten Frotteetuchunterpolsterungen werden z. Z. gern preisgünstige Viskoseschwammtücher benutzt und zu Taschen gestaltet, in die die Elektroden gesteckt werden. Die Unterpolsterung muß bei Wiederverwendung zur Entfernung der entstandenen elektrolytischen Produkte unter fließendem Wasser gründlich gereinigt werden.

Befestigungsmaterial

Dazu dienen Binden, gelochte Gummibänder, Sandsackauflagen oder die Körperauflage bzw. die erwähnten Saugelektrodenbefestigungen.
Bei hydroelektrischen Bädern stellt das Badewasser, in das die Elektroden aus Kohleplatten oder aus säure- und korrosionsfestem Chrom-Nickel-Stahl in die Badewanne oder das Teilbad eingelassen sind, eine ideale, großflächige, gut anliegende Elektrode dar, die Elektrolyseschädigungen praktisch ausschließt. Die dazu erforderlichen Gefäße für Teilbäder können aus Steingut oder aus Plaste bestehen, entweder als Unterarm- bzw. Unterschenkelbadewannen. Bei Vollbädern (etwa 600 l Wasser fassend) kommen Plastewannen aus glasfaserverstärktem Polyester, mit stoß- und schlagfesten, gut säurebeständigen und isolierenden Eigenschaften in Frage. Die eingeführten Elektroden sind gegen direkten Kontakt geschützt.

Zuleitungskabel vom Gerät (Stimulator) zu den Elektroden

Sie müssen immer auf ihre intakte Isolierung und auf Bruchstellen kontrolliert werden. Es ist untersagt, verzweigte Patientenkabel zu benutzen, um damit z. B. gleichzeitig 2 Gliedmaßen oder 2 Patienten mit einem Gerät zu behandeln (aus Unkenntnis werden leider immer noch solche „Neuerungsvorschläge“ eingereicht).

3.1.4. Methoden der Gleichstromtherapie

Der Gleichstrom kann als Lokalbehandlung oder als Gesamtkörperbehandlung (hydroelektrisches Vollbad) durchgeführt werden. Folgende Applikationsformen sind möglich:

1. Gleichstromtherapie mit Plattenelektroden
2. Gleichstromtherapie in Form hydroelektrischer Bäder (Hydrogalvanisation)
a) als hydroelektrisches Teilbad: Ein-, Zwei-, Vierzellenbad
b) als hydroelektrisches Vollbad (= Stanger-Bad)
3. Gleichstromtherapie als Kombination: Plattenelektrode mit Ein- oder Zweizellenbad (es können Quer-, Längs- und Diagonaldurchströmungen durchgeführt werden).

Nach den Behandlungszielen sind ferner folgende Sonderformen der Gleichstromtherapie von Interesse:

4. Iontophorese = Gleichstromtherapie zur Einbringung von Medikamenten (= Kombination von Elektro- und Pharmakotherapie)
5. Gleichstromtherapie zur Knochenwachstums-(Osteogenese-)anregung
6. Gleichstromtherapie chronischer Hautulzera
7. therapeutische Elektrolyse

Zu 1. Gleichstromtherapie mit Plattenelektroden

Die Lokalbehandlung mit Plattenelektroden ist, wie Kowarschik immer wieder betonte, im Prinzip eine Flächen-, *keine* Punktbehandlung. Sie erfolgt oft mit 2 gleich großen Elektroden. Werden unterschiedlich große Elektroden angewandt, so gilt die kleinere als differente (aktive) Elektrode, da es dort zu einer größeren Stromdichte kommt. Die größere ist die sog. indifferente Elektrode. Wo die Hauptwirkung gewünscht wird, ist die differente Elektrode zu plazieren. Bei kleinen Elektroden ($5-10\ cm^2$) ist die Stromdichte bei höheren Stromstärken hoch (s. Dosierung nach mA/cm^2 Elektrodenfläche) und kann damit Schäden verursachen. Auf die große Bedeutung einer exakten Unterpolsterung ist im Abschnitt Elektrodenunterpolsterung ausführlich eingegangen worden. Hinweise auf evtl. vorteilhafte Polung wurden bei der Besprechung der speziellen Physiologie und werden bei den Indikationen gegeben. Die Elektroden können entweder so angeordnet sein, daß es zu einer *Quer-* oder zu einer *Längsdurchflutung* kommt. Bei Querdurchflutung (z. B. am Kniegelenk oder Thoraxdurchflutung Brust/Rükken) bestehen Unterschiede hinsichtlich der sog. Eindringtiefe, die auch tieferliegende Gewebe erreichen kann, jedoch mit geringerer Stromdichte als bei Längsdurchflutung. Dabei spielt die unterschiedliche Leitfähigkeit der Gewebe eine entscheidende Rolle. Bei Längsdurchflutung, wie z. B. am Rücken, ist die Stromdichte in oberflächennahen, gut durchbluteten Geweben wie Muskeln hoch, allerdings nur, wenn die Schichten zwischen Elektroden und Muskeln auch eine relativ gute Leitfähigkeit aufweisen. Im allgemeinen sucht sich der Strom den günstigsten Weg, den durch gut leitende Regionen, um von einer Elektrode zur anderen zu gelangen. Die Verteilungen des Gesamtstromes im Körperinnern sind im Gegensatz zum Gesamtstrom außerhalb des Körpers schwer meßbar. Diese Gesetzmäßigkeiten gelten auch für Impulsstromanwendungen.

Zu 2. Hydroelektrische Bäder (Hydrogalvanisation)
Zellenbäder

Durch das Wasser als großflächig anliegende Elektrodenfläche kann bei Zellenbädern ohne Verletzungsgefahr eine hohe Stromstärke eingebracht und damit oft eine größere Wirkung, z. B. hinsichtlich Durchblutung, Schmerzlinderung, erzielt werden. Während beim Einzellenbad und beim hydroelektrischen Vollbad der Körperteil bzw. der Körper im elektrischen Nebenschluß liegt, d. h. nur ein Teil des Stromes durch den Körper fließt und der andere Teil im Bademedium (Wasser) an ihm vorbeifließt, ist dies beim Mehrzellenbad (Zwei-, Drei-, Vierzellenbad) oder bei der Kombination Plattenelektrode mit Ein- oder Mehrzellenbad anders. Hier ist der Körper als elektrischer Leiter im elektrischen Hauptschluß, d. h., der gesamte Strom muß den Körper passieren, z. B. 1. Teilbad → 1. Gliedmaße → Rumpf → 2. Gliedmaße → 2. Teilbad.
Unter der Idee einer möglichst großflächig wirksamen, risikoarmen Behandlungsmethode wurde das Vierzellenbad von dem Karlsbader Arzt Schnee bereits Ende des 19. Jahrhunderts eingeführt. Von ihm stammen auch die insgesamt 50 Möglichkeiten, die 4 Zellen (Wannen) zu polen (Längs-, Quer-, Diagonalverbindungen). Behandlungstechnisch ist zu erwähnen, daß der Patient während der Behandlung die Arme bzw. Beine nicht aus dem Wasser nehmen darf, da er sonst mit unangenehmen Belästigungen zu rechnen hat. Da die Dosierung nach dem Stromgefühl geschieht, sind hydroelektrische Bäder bei Hautsensibilitätsstörungen kontraindiziert. Mit Vorteil können Zellenbäder dort angewandt werden, wo gegen Vollbäder (s. Kontraindikationen) aus Herz-Kreislauf-Gründen Bedenken bestehen oder das Einsteigen in die Vollbadewanne zu beschwerlich ist. Die Wassertemperaturen werden meist mit 36 – 37 °C gewählt, bei Durchblutungsstörungen keinesfalls höher. Größere apparative Kosten, größerer Raumbedarf und besonders bei Vollbädern auch größere Personalbelastung gegenüber Plattenelektrodenanwendungen sind der Grund, warum diese therapeutisch wertvollen Applikationsformen leider immer weniger in ambulanten und stationären Physiotherapieeinrichtungen verfügbar sind.

Hydroelektrisches Vollbad (Abb. 26 und 27)

Diese hydrogalvanische Ganzkörperanwendung des konstanten Gleichstromes wurde bereits 1860 von Steve eingeführt. Um 1900 benutzte sie der Reutlinger Gerbermeister Stanger, nach dem das hydroelektrische Vollbad heute noch oft benannt wird, unter Anwendung von Gerberlohebadezusätzen zur Behandlung seines eigenen rheumatischen Leidens. Sein Sohn, der Ingenieur Stanger, hat es später in Stuttgart in die im Prinzip noch heute gültige Form gebracht. Wie beim Einzellenbad befindet sich der Körper im elektrischen Nebenschluß, d. h., ein großer Teil des Stromes fließt am Körper vorbei durch das Badewasser. Leider zeigt das Strommeßgerät (Amperemeter) nur die Gesamtstrommenge an, nicht den Anteil, der durch den Körper fließt und den Therapeuten eigentlich interessiert. Nach älteren Untersuchungen von Wedekind 1932 soll nur etwa 1/3 des Stromes, der durch die Wanne fließt, den Körper passieren. Hille und Friehe 1968 haben wesentliche therapeutisch relevante Beiträge zur Problematik des Stromdurchflusses durch den Körper im hydroelektrischen Vollbad durch ihre Unter-

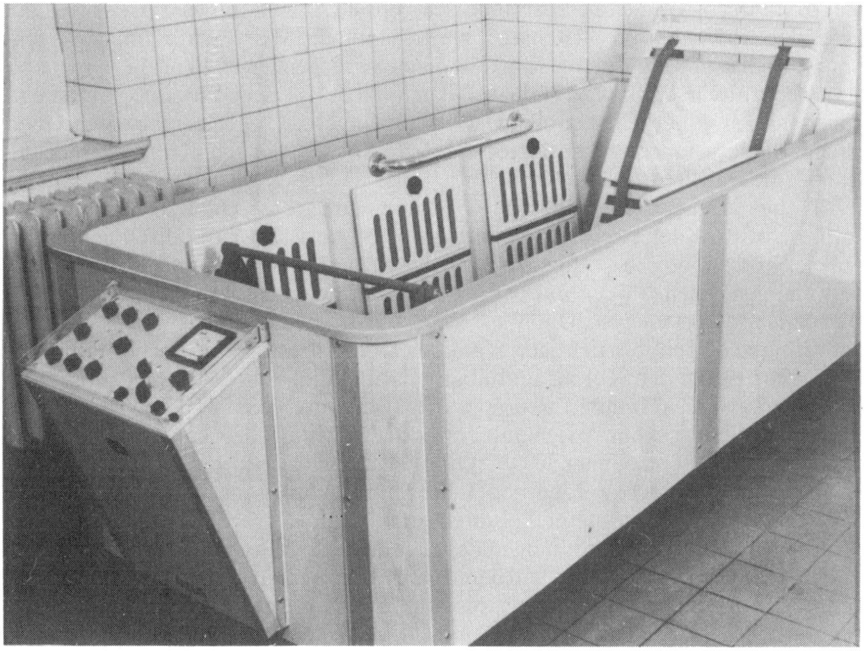

Abb. 26 Hydroelektrisches Vollbad

suchungen beigesteuert. Zwischen dem Stromdurchfluß durch den Körper und der Elektrolytkonzentration in der Badewanne bestehen quantitative Beziehungen. So ist bei anorganischen Salzen, z. B. Natriumchlorid und -sulfat, ein maximaler Stromdurchgang durch den Körper, wie er therapeutisch erwünscht ist, in einem engen Bereich von 0,1 – 0,2% Elektrolyt zu erzielen. Diese Konzentration entspricht interessanterweise der der Schweißkonzentration (150 – 300 mg%). Es ist bekannt, daß die Schweißdrüsen die Haupteinwirkstellen des Gleichstromes durch die Haut bilden. Unterhalb dieses Konzentrationsbereiches fällt der Stromdurchgang rasch ab, so daß Leitungswasser nicht im Optimalbereich liegt. Aber fast ebenso rasch ist der Abfall der Werte bei anorganischen Badezusätzen wie den oben genannten Salzen, wenn die Konzentration im Badewasser darüber liegt. Das kann bei hoher Salzkonzentration bis zur Wirkungslosigkeit des Gleichstromes führen. Die oft praktizierte Parole „Viel hilft viel" führt hier zum Gegenteil. Günstiger liegen die Verhältnisse bei Verwendung organischer Bademedien, wie z. B. Gerbsäure-, Huminpräparaten u. a. Hier ist der Bereich des maximalen Stromdurchflusses im Körper deutlich breiter und fällt in höheren Konzentrationsbereichen, d. h. bei Überdosierung, langsamer ab. Eine diesbezüglich exakte Untersuchung der handelsüblichen Badezusätze mit der von Hille und Friehe angegebenen Methode hat S. Haller 1975 im Rahmen einer Diplomarbeit an unserer Klinik durchgeführt. Möglichkeiten, die 8 Elektroden je nach vorliegendem Befund zusammenzuschalten, zeigt Abbildung 27. Auch eine Zusatzelektrode kann noch eingefügt werden. Bei Schmerzzuständen wird die differente

Elektrode über dem Schmerzort anodisch gepolt. Auch kann es u. U. vorteilhaft sein, den Patienten in Seitenlage zu behandeln. Meist wird zunächst eine Längsdurchströmung durchgeführt. Je nach vorliegender Indikation wird dabei die polspezifische Wirkung auf das ZNS genutzt (s. spezielle Physiologie). Ist eine sedierende, erregbarkeitsdämpfende Wirkung angezeigt, z. B. bei nervösen Übererregbarkeitszuständen, Neuralgien oder Spastik, so ist die Kopfelektrode als Anode, die Fußelektrode als Kathode zu polen = sog. *absteigende Stromrichtung*. Wird eine erregbarkeitssteigernde Wirkung, z. B. bei schlaffen Lähmungen, gewünscht, wird der erregende Pol am Kopf postiert und kathodisch gepolt, die Fußelektrode anodisch = sog. *aufsteigende Stromrichtung*. Dem folgen die u. U. notwendigen, mehr lokal auf den Krankheitsort ausgerichteten *Quer-* oder *Diagonaldurchströmungen*. Die Wassertemperatur beträgt meist 36–37 °C. Die Badezusätze dienen, bei richtiger Wahl der Konzentration, der Verbesserung des Stromeintrittes in den Körper und üben pharmakologische Wirkungen aus, z. B. antirheumatische (Huminsäurepräparate). Damit ist die Wirkung hydroelektrischer Vollbäder komplex, nämlich: 1. die Wirkung des konstanten Gleichstromes, 2. die entspannende Wirkung des Vollbades, mit dessen Auftrieb Bewegungen erleichtert werden und 3. die pharmakologische Wirkung, die durch iontophoretische Prozesse noch unterstützt wird. Das erklärt die günstigen Wirkungen, z. B. bei Erkrankungen des rheumatischen Formenkreises, die ich als leitender Physiotherapeut eines Rheumainstitutes immer wieder bestätigt finden konnte. Stromstärken werden meist bis zum Eintreten eines angenehmen Prickelns gewählt, die Badedauer beträgt 20 min. Eine Nachruhe (30 min) ist sehr zu empfehlen. Behandlungen: 2–3× wöchentlich in Serien von ca. 12mal, dann längere Behandlungspausen. Kontraindikationen von Vollbädern, wie Herz-Kreislauf-Dekompensationserscheinungen, Emboliegefahr u. a., sind zu beachten.

Zu 3. Kombination Plattenelektroden mit hydroelektrischen Teilbädern

Man verwendet *Einzellenbäder*, wenn nur eine Extremität erkrankt ist, oder *Zweizellenbäder* bei doppelseitigen Prozessen mit einer großen ($200\ cm^2 - 300\ cm^2$) unterpolsterten Plattenelektrode, die segmental im Nacken bei Arm-, in der Lumbalgegend bei Beinprozessen postiert wird. Dies ist ein sehr bewährtes Applikationsverfahren (s. Abb. 27). Indikationen sind neuralgische Prozesse wie Brachialgien bzw. Lumboischialgien bzw. funktionelle oder organische arterielle Durchblutungsstörungen (Akrozyanose, M. Raynaud, arterielle Verschlußkrankheiten im Stadium II) oder postthrombotische Syndrome u. a. Stehen keine spritzwassergeschützten Reizstromgeräte zur Verfügung, so können sicherheitstechnisch Improvisationen vertretbar sein, die es gestatten, durch längere Elektrodenkabel die wassergefüllte Arm- bzw. Beinwanne vom Reizstromgerät entfernt aufzustellen und das Reizstromgerät außerdem noch mit einer Plastikhülle gegen evtl. Spritzwasser zu schützen.

Zu 4. Iontophorese

Bei dieser Sonderform der Gleichstromtherapie wird der Vorgang der Ionenwanderung zwischen den beiden Elektroden dazu benutzt, ionisierbare Pharmaka transkutan (durch die intakte Haut), unter Umgehung des Verdauungstraktes (=

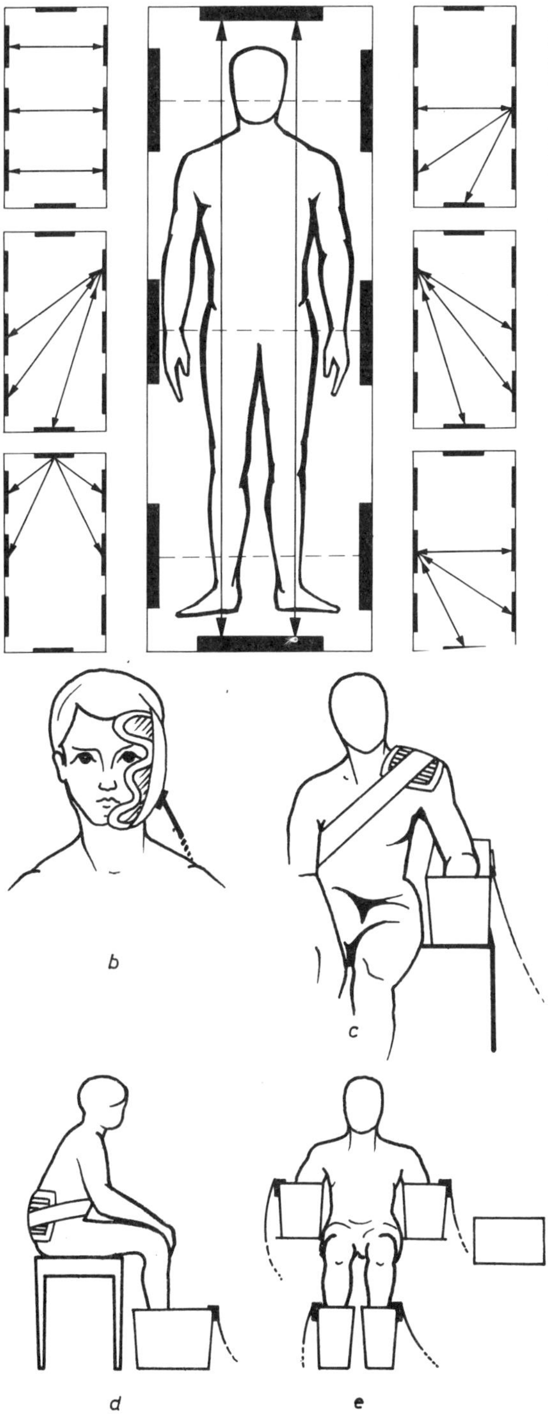

Abb. 27 Einige Schaltungsmöglichkeiten der 8 Elektroden im hydroelektrischen Vollbad (a)
b) Bergonié-Maske zur Trigeminusneuralgietherapie,
c) Kombination Einzellenbad u. Plattenelektrode, z. B. beim Schulter-Arm-Syndrom,
d) z. B. für periphere Durchblutungsstörungen oder Ischialgie,
e) Vierzellenbad

parenteral) in den Körper einzubringen. Im Gegensatz zu einer Applikation durch Injektionen geschieht dies nicht invasiv und schmerzlos.
Die Methode wurde bereits 1747 von VERATI genutzt. Der Begriff Iontophorese stammt von FRANKENHÄUSER 1906. Als geistiger Vater einer wissenschaftlich fundierten Iontophorese gilt allgemein der Franzose LEDUC 1908. Mit seinem berühmt gewordenen Kaninchenversuch (Abb. 28) bewies er, daß eine solche Einbringung möglich ist. Das wurde später auch durch Untersuchungen mit Radioisotopen für verschiedene Pharmaka bestätigt. Gleichzeitig hat er auf eine wichtige Gesetzmäßigkeit hingewiesen, daß nämlich die Einschleusung vom richtigen Pol dabei eine entscheidende Rolle spielt. Die ionisierten Medikamentenlösungen bzw. Salben müssen vom Pol gleicher Ladung aus eingebracht werden, d. h. positiv geladene von der Anode (Pluspol) aus, negativ geladene von der Kathode (Minuspol) aus. Wie wir heute wissen, fehlt einem positiven Ion ein Elektron. Es wird von der Kathode angezogen, weil diese ein Excess-Elektron besitzt. Ein negatives Ion mit einem Zusatzelektron wird dagegen von der Anode angezogen, die eine negative Elektronenbilanz aufweist. Die Iontophorese wird in den verschiedenen Ländern auffallend unterschiedlich häufig eingesetzt und different bewertet. Ursachen für den verschiedenen Stellenwert sind bestehende Dosierungsprobleme, noch wenig geklärte Fragen der Eindringtiefe und der Konzentration der Medikamente in verschiedenen Geweben, der Wirksamkeitsbeleg für die benutzten Pharmaka, ihre Einschleusbarkeit und noch weitere offene Probleme (s. folgendes). Durch die eng verwandte transkutane (= dermale) medikamentöse Therapie (= perkutanes Einbringen von Medikamenten durch Diffusion entlang des Konzentrationsgefälles ist das Interesse an der Iontophorese, das eine Zeitlang stagnierte, wieder etwas gewachsen. Dies zeigen kürzlich erschienene Monographien, wie die von PRATZEL 1987, aber auch Publikationen zu generell wichtigen Grundlagenfragen (Theorie, elektrolytische Stromleitung, Grenzschichtverhalten der Haut), wie z. B. die von FRIEDMANN u. Mitarb. 1988. Erste Meßergebnisse über erzielbare Gewebespiegel in Abhängigkeit von Gewebetiefe und Applikationsort (µg/g Gewebe) veröffentlichten GLENN u. Mitarb. 1980, und über erzielbare Plasmaspiegel berichteten REINICKE und DIETZE 1983 u. a. Wissenschaftlich fundierte, kontrollierte klinische Studien könnten zu einer

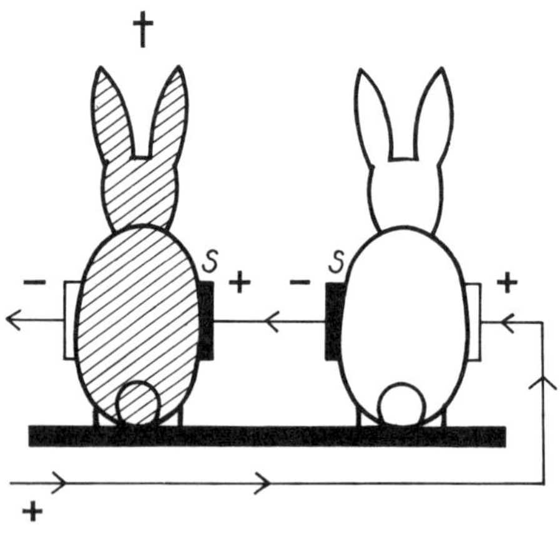

Abb. 28 Kaninchenversuch von LEDUC mit Strychnin (S). Nur das von der Anode (+) eingebrachte Strychnin wirkt tödlich

besseren Bewertung der Iontophorese wesentlich beitragen, sind aber z. Z., wenn überhaupt, nur sporadisch im Schrifttum zu finden, z. B. GROSSI u. Mitarb. 1986. Diese Studien müßten neben der Iontophorese-(Verum-)gruppe eine Vergleichsgruppe mit alleiniger Gleichstromtherapie (ohne Medikamente), evtl. ergänzt durch eine Plazebogruppe ohne Strom und ohne Medikamente, und eine Gruppe mit reiner transkutaner medikamentöser Therapie (Stofftransport durch Diffusion) beinhalten. Da es sich bei der Iontophorese im Prinzip um eine Kombinationsbehandlung zweier therapeutischer Prinzipien handelt, nämlich um eine Gleichstromtherapie und Pharmakotherapie, wäre mit obigem Untersuchungsmodus auch eine bessere Einschätzung der beiden differenten Wirkkomponenten möglich. Das wäre aus ökonomischen Gesichtspunkten wertvoll.
Die Effektivität der Iontophorese ist an zahlreiche Voraussetzungen geknüpft, für deren Aufklärung die obengenannten Autoren z. T. wesentliche Beiträge geleistet haben:

1. Nicht jedes Medikament ist zur Iontophorese geeignet. Eine prinzipielle Voraussetzung seiner Verwendung ist, daß es in ionisierbarer Form vorliegt. Nur dann kann es mit dem Gleichstrom transportiert werden.

2. Da die Hornschicht der Haut (Stratum corneum) eine wichtige Barriere darstellt, die sich dem Eindringen von Stoffen in den Körper entgegenstellt, ist für eine effektive Einschleusung mittels Gleichstrom nötig, daß die ionisierten Medikamentenlösungen einen pH-Wert aufweisen, der dem pH-Wert der Hornschicht (pH 4,5 – 5,5) entspricht (PRATZEL 1987). Amphotere Medikamentenverbindungen dissoziieren in Abhängigkeit vom pH-Wert der Hornschicht unterschiedlich. Das wirksame Agens kann je nach dem pH-Wert des Milieus als Anion oder Kation vorliegen. Davon hängt ab, von welcher Elektrode es einzubringen ist (s. oben). Daher sind amphotere Verbindungen mit einem Neutralpunkt von pH = 4,5 – 6,0 zur Iontophorese nicht geeignet.

3. Wirksamkeitsbelege sollten eigentlich für jedes Medikament, das zur Iontophorese angewandt wird, vorliegen. Daß es dabei u. U. unliebsame Überraschungen geben kann, zeigten z. B. CHANTRAINE u. Mitarb. 1986. Bei 6 von ihnen untersuchten handelsüblichen wasserlöslichen Corticosteroiden der Schweiz (darunter Prednisolon-, Dexamethazon-, Hydrocortison-Präparate) konnten sie in ihren in-vitro- und in-vivo-Experimenten keinen Nachweis dafür erbringen, daß diese Stoffe die Hautschranke passieren können. Auch radioisotopmarkierte Corticosteroide (Dexamethason) bei iontophoretischer Applikation an der Kniehaut, bei arthroskopischen Untersuchungen in der Synovialflüssigkeit nachzuweisen, gelang GOBELET u. Mitarb. 1983 nur in so geringen Mengen, daß diese von ihnen als passive Diffusion oder Nadelverunreinigung, bei der Punktion entstanden, gedeutet wurden. Sie zitieren eine von GANGAROSA u. Mitarb. gemachte in-vitro-Studie, die ebenfalls für eine sehr geringe elektrophoretische Kapazität von Corticosteroiden spricht. GLASS u. Mitarb. 1980 konnten in Tierversuchen an Rhesusaffen tritium-markiertes Hydrocortison mit Iontophorese auch nicht stärker in der Haut anreichern als im Kontrollversuch ohne Strom. Dagegen gelang das mit Dexamethason in der Haut am Knie, z. B. mit 258 µg/g Hautgewebe. Aber bereits in der Muskulatur und noch tiefer in der Gelenkkapsel und im Knorpel sanken die Werte rapid ab, bis auf 3,2 µg/g. Ähnliches zeigt sich an

anderen Applikationsorten, z. B. am Ellenbogen, wo an Gelenkkapsel und -knorpel 0,17 µg/g (bei 127 µg/g an der Haut) gefunden wurden. Diese Untersuchungen unterstreichen gleichzeitig die geringen Tiefenwirkungen lokaler (topischer) Anwendungen, auf die noch eingegangen wird. Daß hinsichtlich des Wirksamkeitsbeleges viel zu tun ist, steht fest. Wenn JASNOGORODSKIJ 1987 in seiner „Elektrotherapie“ (in russisch) 78 Pharmaka zur Iontophorese anführt, dann ist noch eine beträchtliche Arbeit zu leisten, um festzustellen, ob nicht eine rein transkutane Anwendung (ohne Strom), z. B. in Form von Einreibung, Gel, Pflaster u. ä. dasselbe oder annähernd dasselbe leistet wie eine alleinige Gleichstrombehandlung. Bei der nicht optimalen Dosierungsmöglichkeit der Iontophorese sind ohnehin nur Pharmaka geeignet, die ein relativ breites therapeutisches Wirkungsspektrum besitzen und die möglichst schon in kleinen Mengen wirksam sind.

Methoden der Iontophorese: Im Prinzip stehen 2 Applikationsmethoden zur Verfügung:

- Die topische (lokale) Anwendung, d. h., man will das Medikament direkt, mehr oder weniger gezielt (fokusiert), in so hoher Konzentration, daß ein therapeutischer Gewebespiegel zustande kommt, an den Krankheitsprozeß in die Tiefe bringen. Hierzu sind einige mancherorts immer noch bestehende falsche Vorstellungen zu korrigieren. So war z. B. die Vorstellung von KÖHLER 1960 (bei der Konzeption seiner sog. transkardialen Magnesiumiontophorese zur Behandlung der Angina pectoris), mit dem Gleichstrom Magnesium-Ionen gleichsam wie mit dem Pfeil und Bogen in die Koronargefäße zu schießen, absolut irrig, wie STRAUZENBERG 1964 an unserer Klinik zeigen konnte. Was geschieht wirklich? Am Applikationsort wird in der Haut unter der Wirkelektrode ein *Medikamenten-Depot* gebildet. Gegenüber der reinen Diffusion – wo dies ebenfalls geschieht – hat die Iontophorese den Vorteil, daß dabei die Penetrationsrate u. U. deutlich höher liegen kann, wie dies PRATZEL u. Mitarb. 1986 und 1987 am Beispiel des Hirudins, des Indomethacins und der Salicylsäure eindrucksvoll gezeigt haben. Durch den Gleichstrom gelingt es nämlich, die für die reine Diffusion schwer überwindbare Hornschicht des Stratum corneums besser zu überwinden. Damit sind aber die Möglichkeiten der Iontophorese schon weitgehend erschöpft, da die Feldstärke unterhalb der Haut zu gering ist, um den Ionentransport voranzutreiben. Dazu kommt, wie im Kapitel 3.1.1. gezeigt, die außerordentlich langsame Wanderungsgeschwindigkeit (ca. 10^{-8} cm/s). In diesen Regionen mit guter Leitfähigkeit (gegenüber dem Stratum corneum) wird die Diffusion entsprechend dem Konzentrationsgefälle die treibende Kraft mit ihrer viel größeren Diffusionsgeschwindigkeit. Sie baut das Hautdepot ab. Dazu kommt, daß im Körperinneren Ionen dieses Milieus die Pharmakon-Ionen vom Stofftransport verdrängen, so daß diesen nur noch ein geringer Stromanteil zukommt. Ein weiteres wichtiges Moment versperrt das Eindringen des Medikamentes in tiefere Schichten: das subepitheliale Kapillarnetz (Rete Malpighi). Ein wahrscheinlich nicht unerheblicher Teil des Medikamentendepots in der Haut wird hier in den Gesamtkörperkreislauf abgeschwemmt und damit ein *Verdünnungseffekt* hinsichtlich des Weitertransportes in Richtung Tiefe des Gewebes, wo meist der Krankheitsherd liegt, erzielt. Nur was von dem Medikament an dieser Drainagestelle vorbei diffundieren kann, bleibt noch für eine Tiefenwirkung übrig. So ist es nicht verwunderlich, daß eine topische (lokale) Wirkung nur bei ziemlich oberflächlich gelegenen Krankheitsprozessen zu erwarten ist, wie dies auch die erwähnten gewebespezifischen Meßwerte von GLENN u. Mitarb. 1980 in unterschiedlicher Tiefe eindeutig zeigten. Die in der Tiefe damit zu erzielenden Werte dürften kaum einen therapeutischen Wirkspiegel in einem dort gelegenen Krankheitsprozeß erreichen. Daß eine Tiefenwirkung aber auf dem im folgenden zu besprechenden 2. Applikationsweg, dem systemischen, u. U. möglich ist, wird durch den Abtransport des Medikamentes im subepithelialen Kapillarnetz in das Gesamtblut verständlich. Von dort aus kann bei genügend hohem Plasmaspiegel auch auf tiefer gelegene Krankheitsprozesse eine pharmakotherapeutische Wirkung erzielt werden.

• Systemische Applikation. Wie diese unter den folgenden Voraussetzungen zu einem Therapieeffekt führen kann, wurde gerade dargelegt. Wichtige Voraussetzungen sind:

– Große Behandlungsfläche bei Anwendung relativ indifferenter Pharmaka, wie z. B. Salicylsäure, Indomethazin. Bei stark wirkenden Substanzen dagegen, wie z. B. Histamin, können u. U. schon relativ kleine Behandlungsflächen zu *unerwünschten* systemischen Nebenwirkungen führen. Sie sind damit für eine systemische Therapie ungeeignet.

– Lange Behandlungszeiten. Nach Untersuchungen von PRATZEL u. Mitarb. 1986 wurden z. B. bei rheumatischen Erkrankungen nach 1stündiger Dauer der Iontophorese und Anwendung von 25 g 1% Amuno-Gel auf einer Fläche von 1380 cm^2 an der Rückenhaut (der Ort der Applikation ist bei systemischer Applikation von weitgehend untergeordneter Bedeutung) Plasmaspiegel von maximal 221 µg/ml erzielt. Diese sind am Wirkungsort wahrscheinlich in der Lage, die für einen rheumatischen Krankheitsprozeß bedeutsame Prostaglandinsynthese zu hemmen. Bei täglicher Iontophorese mit 0,5 g/1 l wässriger Salicylsäurelösung auf einer Behandlungsfläche von 400 cm^2 und 1 h Behandlungsdauer erreichten sie Salicylsäure-Plasmaspiegel von 600 µg/ml. Dagegen konnten REINICKE und DIETZE 1983 auf kleineren Flächen von 200 cm^2 und 30 min Behandlungszeiten mit 1,6 g Phenylbutazon-Natrium im Serumspiegel kein Phenylbutazon nachweisen. Sie schlossen daher eine systemische Wirkung bei Anwendung der genannten Behandlungsparameter aus (die Stromintensität war mit 30–36 mA/200 cm^2 aktiver Elektrodenfläche hoch genug gewählt). Die langen Behandlungszeiten pro Sitzung, die notwendig hohen Ausgangsleistungen der Geräte bei den großen Elektrodenflächen, fordern neue Gedanken zur Realisierung einer solchen Therapie in der Praxis. PRATZEL 1987 schlägt dabei für die täglich notwendige Behandlung den Einsatz geeigneter Heimgeräte, evtl. in Form von Leihgeräten, und Selbstbehandlung (nach Anlernen) des Patienten oder durch seine Angehörigen vor. Die doch relativ aufwendige Therapieform erscheint mir in erster Linie bei Rheumatikern angezeigt, bei denen eine orale Therapie mit Antirheumatika z. B. zu gastrointestinalen Nebenwirkungen führt; dabei ist jedoch noch zu prüfen, ob diese durch Iontophoreselangzeitapplikation sicher vermieden werden können oder andere Nebenwirkungen, wie z. B. Hautirritationen, dafür in Kauf genommen werden müssen.

Behandlungstechnik der Iontophorese: Diese entspricht im Prinzip der der Gleichstromtherapie ohne Medikamente. Wichtig ist es jedoch, die Medikamente unter der Elektrode einzubringen, von der sie durch den Strom in den Körper eingeschleust werden können (Leduc-Versuch).

Es ist dies vom Pol gleicher Ladung der Medikamentenlösung. Dieser Pol ist bei der folgenden Besprechung der Medikamente in Klammern angegeben. Mit der Medikamentenlösung wird die Unterpolsterung der sog. Wirkelektrode durchtränkt. Geeignete Unterpolsterungen sind Filtrierpapier, Mullkompressen, Frotteestofflagen u. a. Nach PRATZEL 1987 hat es sich bewährt, zwischen der mit dem Medikament durchtränkten Schicht, die der Haut angelagert ist, und der Viskoseschwammunterpolsterung eine stromdurchlässige Zellophanfolie, wie sie z. B. für Einweckgläser benutzt wird, einzulegen. So wird die Viskoseschwammunterlage nicht durch eindringende Medikamente verunreinigt, was für eine Wiederverwendung ungünstig ist.
Medikamente zur Iontophorese: (eine Auswahl nach Anwendungsgebieten gegliedert. In Klammern die Angabe, von welchem Pol aus das Medikament einzubringen ist).

- Antirheumatika, Antiphlogistika, Analgetika

– Salicylsäure (–), wässrige Lösung 0,5 g/1 l zur systemischen Anwendung (nach PRATZEL)
– Natriumsalicylat, 2% (–), Salicylamid (–), keine Salicylsäureester!
– Indomethazin (–), als Amuno-Gel®, 1%
– Phenylbutazon (–), 2% Lösung, auch Ibuprofen, Diclofenac, Natriumproxen, Flufenaminsäure, Piroprofen (nicht Etofenamin) wurden eingesetzt (PRATZEL 1987).

- Vasodilatantia, gefäßerweiternde und hyperämisierende Mittel

– Histaminhydrochlorid-Lösung (+), 0,1%. Die in dunklen Flaschen aufzubewahrende Stammlösung von 1% wird als Ausgangslösung benutzt: 15 Tropfen davon in 50 ml Aqu. dest., Vortestung auf Histaminempfindlichkeit. Kontraindikationen beachten. Histaminsalbe (+), 1%. Histamin kann auch zur sog. Counter-Irritation benutzt werden. Bienengiftsalbe (Forapin®) (+).

- Venenmittel

– Hirudin, z. B. als Exhirudin-Salbe®, 500 ATE 100 g (–)
– Heparin, z. B. als Hepathrombin-Gel®, auch Heparinoide, Eglin, Aescin, Rutodin (PRATZEL 1987)

- Medikamente zur Lymphödembehandlung, sog. erweichende Medikamente

– Hyaluronidase (+), 150 E Hylase® in 250–300 ml eines 0,1 M Acetatpuffer, pH 5,4 (11,42 Natriumacetat × 3 H_2O 0,923 ml Eisessig, Aqu. dest. ad 1000), Lösung bei 0 °C 1 Woche haltbar
– Kaliumiodatum (–), 1%–3%

- Lokalanästhetika, Lokalanalgetika

– Xylocitin (+), 0,5–1,0–2% Lösungen, Lidocain hydrochlorid (+), bis max. 4%

- Antibiotika

– Penicillin (–), Gentamycinsulfat (+), 5–8 mg/ml Aqu. dest.

• Corticosteroide

Effektivität ist fraglich (Chantraine u. Mitarb. 1986), da Migrationsfähigkeit durch die Haut nicht nachweisbar war, evtl. Dexamethason-Natriumphosphat, z. B. Decadron® (+), 4 mg/ml (Glass u. Mitarb. 1980)

• Hydrosis manum et pedum: (–), Leitungswasser, nach halber Behandlungszeit umpolen.

• sog. Schutzlösungen nach Ipser 1955

Rasch wandernde H^+-Ionen an der Anode (5× größere Wanderungsgeschwindigkeit als übrige Kationen) und 2× rascher als übrige Anionen wandernde OH^--Ionen der Anode nehmen einen im Verlauf der Behandlungszeit immer größer werdenden Anteil des elektrischen Stromes für sich in Anspruch. Dieser fehlt für den Medikamententransport. Ipser empfiehlt daher, die folgenden Lösungen an den Elektrodenunterpolsterungen anzubringen. Diese haben auch vorbeugende Wirkungen gegenüber elektrolytischen Gewebsschäden, die insbesondere bei größerer Stromdichte auftreten können; daher auch die Bezeichnung Schutzlösungen. Ihre Anwendung hat sich aber offenbar nicht in größerem Umfang durchgesetzt.

– Anodenschutzlösung. Natriumchlorid 4,8 g, Natriumhydroxid (in Substanz) 0,8 g, Aqu. dest. ad 1000 ml
– Kathodenschutzlösung. Natriumchlorid 4,8 g, Acid. hydrochlorici dil. 6,3 g, Aqu. dest. ad 1000 ml

Zu 5. Gleichstromtherapie zur Knochenwachstums-(Osteogenese-)anregung

Die Gleichstromtherapie nicht heilender Frakturen (Non union), erworbener und kongenitaler Pseudarthrosen und verspätet heilender Frakturen (delayed union), Osteotomien u. a. wurde von Brighton und seinen Mitarbeitern an der Universität Pennsylvania USA Anfang der 70er Jahre begonnen und intensiv weiterentwickelt, 1979 waren bereits 200, von anderen orthopädischen Teams der USA 100 Patienten damit behandelt. Im November 1979 gab die USA Food and Drug Administration Gleichstromgeräte zur Knochenwachstumsstimulation frei. 1983 waren an der Universität Pennsylvania ca. 500 Patienten mit einer Erfolgsrate von 71% behandelt, allein in den USA schätzungsweise 1000 Patienten (Brighton 1984).
Behandlungstechnik: Hier soll die Brighton-Methode besprochen werden (s. Abb. 62). Es ist eine halb-(semi-)invasive Technik, bei der je nach Größe des frakturierten Knochens 1–4 Elektroden in Form von kathodisch gepolten Kirschner-Drähten perkutan, unter sterilen Bedingungen, in Lokalanästhesie und Röntgenkontrolle in den Frakturspalt eingebracht (implantiert) werden. Bei größeren Frakturen, wie Femur, Tibia, Humerus, werden 4 Elektroden benutzt. Der auch ambulant durchführbare Eingriff ist für Orthopäden bzw. Traumatologen einfach. Die stromzuführenden Elektrodenkabel sind teflonisoliert, die Spitze der Stahlelektroden bleibt frei. Die Stromstärke pro Kathode beträgt 20 μA (unter 5 μA ist keine Wirkung zu erwarten, mehr als 20 μA führen bei Stahlelektroden zu Zellnekrosen). Die Anode, eine ca 50 cm² große unterpolsterte Metallplattenelektrode oder selbsthaftende nichtmetallische Elektrode, wird proximal auf der

Haut angebracht. Der extern an der Extremität befestigte c.c. Kleinstimulator führt über 12 Wochen lang tags und nachts eine Dauerstimulation durch. Bei großem Frakturspalt (über 1/2 Knochendurchmesser im Bruchspaltbereich) oder bei synovialen Pseudarthrosen ist die Technik nur nach vorheriger operativer chirurgischer Korrektur anwendbar. Als notwendige Zusatzmaßnahme ist eine Ruhigstellung der Fraktur im Gipsverband nötig. An der unteren Extremität darf keine Gewichtsbelastung erfolgen.
Seriengeräte: Fa. Zimmer USA, „Bulstim-DC-2", Bulgarien; „Osteostim" (Model 200, 20 µA, Titanium Elektrode), USA.
Total implantierte Systeme, die mit Gleichstrom arbeiten, wurden in Australien von Dwyer und Mitarbeitern Anfang der 70er Jahre entwickelt und besonders von Paterson 1984 angewandt. Die invasive Methode gestattet an der unteren Extremität eine unterstützte Gewichtsbelastung.
Auf die übrigen Methoden zur Anregung der Osteogenese wird in einem Sonderkapitel bei der niederfrequenten Reizstrom-(Impulsstrom-)Therapie noch einmal eingegangen (s. Kap. 3.2.4.5.).

Zu 6. Gleichstromtherapie chronischer Hautulzera

Geräte: Zu dieser Therapie ist jeder c.c. Elektrostimulator, der konstanten Gleichstrom abgibt, geeignet. Auf den Vorteil kleiner batteriebetriebener elektronischer Spezialgeräte zur Heim- und Selbstbehandlung wurde schon hingewiesen. Über mehrere Laborgeräte [Edel u. Mitarb. 1978, Medizinische Akademie Dresden (Neuerervereinbarung: „Gleichstromtherapiegerät", MAD, NVO-Nr. 177034)] erfolgte 1983/84 die Herstellung eines Seriengerätes, des Kleinstimulators des „TuR" Dresden: „Galvano-Stimulator" „TuR" RS 41. Er ist ein Batteriegerät, c.c., 2 Kanäle, 2 Intensitätsbereiche: 0 – 1 mA, 1 – 10 mA, je 2 Paar Elektroden zu 16 bzw. 100 cm^2, LED-Anzeige zur Überprüfung des Ladezustandes der 4 R6-Batterien. USA-Geräte: „Vitron", Fa. Ritter.
Behandlungstechnik (s. Edel und Freund 1975): Die „Ulkuselektrode" ist eine Metallplattenelektrode, etwas größer als das Ulkus, die großflächige Gegenelektrode wird proximal postiert. Überstehende Elektrodenunterpolsterung am Ulkus mit 3 – 4 sterilen Mullkompressen, die mit physiologischer Kochsalz- oder Ringer-Lösung oder einem Desinfektionsmittel bzw. dem Antiseptikum 8-Oxychinolin (Sulfachin®, Chinosol®) in 0,02 – 0,2% Lösung getränkt sind. Viskoseschwammtücher mit Leitungswasser unter die Gegenelektrode. Polung: Zunächst „Ulkuselektrode" kathodisch (–) polen, etwa 7 Tage lang. Wenn sich die Geschwürfläche gesäubert hat, alle 3 Tage umpolen, sonst weiter kathodisch behandeln. Intensität: Einschleichend bis „sensibel schwellig" (0,1 – 1,0 mA/cm^2 Elektrodenfläche der „Ulkuselektrode"), „Ausschleichen". Bluthaltige Absonderungen gelten nach Wheeler als Überdosierungszeichen.
Behandlungsdauer: Täglich 3 × 1 (– 2) h oder 2 × 2 h, mit 3 – 4 h Intervallen, bis zur Ulkusheilung. Sistieren nach 14 Tagen die Heilungsvorgänge – Behandlungsabbruch. Sonstiges: Mechanische Reinigung des Geschwürgrundes und der nekrotischen Randzonen mit der Pinzette, evtl. zusätzliche Säuberung mit antinekrotischen Mitteln, wie z. B. Empykratin comp.®. Randepithelschutz mit Ungt. Zinci. Hautpflege mit Vasenol-Kinderöl®, Jehosan-Salbe oder Hautmilch® oder ähnlichem.

Indikationen: Venöse, neurotrophische (einschl. Dekubitus), arterielle chronische Hautulzera, sekundäre Wundheilung. Ergebnisse: s. Literatur Kap. 3.2.4.5.
Zur Elektrotherapie chronischer Hautulzera mit Reizströmen bzw. Impulsströmen, Elektroakupunktur sowie Magnetfeldtherapie, s. die entsprechenden Kapitel.

Zu 7. Therapeutische Elektrolyse

Als therapeutische Methode wird die Elektrolyse z. Z. nur selten genutzt [als gewebezerstörende Maßnahme, z. B. zur Epilation (Dauerepilation) von Haaren bei unerwünschter Behaarung (Hypertrichose)]. Häufiger kommt z. Z. die Elektrokoagulation mit Hochfrequenzwechselströmen zur Anwendung. Die Gleichstromepilation ist aber vergleichsweise sicherer, schmerzärmer und hinterläßt weniger Narben (Blankenship 1979). Eine endgültige Entfernung von Haaren hat die völlige Zerstörung der Haarwurzel mit der dermalen Haarpapille zur Voraussetzung. Diese Zerstörung erfolgt durch Laugenverätzung an der Kathode, was eine flüssige Koagulationsnekrose zur Folge hat (Kap. 3.1.1.).
Behandlungstechnik: Als aktive Elektrode wird eine feine, kathodisch gepolte Nadelelektrode benutzt, als (indifferente) Gegenelektrode dient eine größere anodisch gepolte, unterpolsterte Plattenelektrode in der Nähe des Behandlungsfeldes. Die Nadel wird parallel zum Haar durch die Haarpore bis zur Haarwurzel eingeführt. Dann wird der Stromkreis bei 0,5 (–1,0) mA Stromstärke für 15–60 s geschlossen. Erst nach Ausschalten des Stromes wird die Nadelelektrode herausgezogen. Pro Sitzung können 75–100 Haare, jeweils in 3–4 mm Abstand voneinander, epiliert werden. Auf die Langwierigkeit der Prozedur bei ausgedehnten Behaarungsfeldern sollte man den Patienten bei dieser, auch vom Arzt Geduld und Geschicklichkeit erfordernden Therapie aufmerksam machen. Als Geräte können sowohl batteriebetriebene als auch netzbetriebene Elektrostimulatoren benutzt werden.

3.1.5. Behandlungstechnik

Allgemeine Behandlungsrichtlinien

• Lagerung des Patienten. Wie bei fast allen physikalischen Therapiemaßnahmen ist eine entspannte Ruhelage des Patienten wichtig, bei größerer Anwendung auch die Einhaltung von Nachruhe.

• Aufklärung des Patienten vor der Behandlung: Erscheinungen wie Brennen, Schmerzen, starkes Wärmegefühl unter den Elektroden dürfen nicht auftreten. Sollte es doch dazu kommen, ist der Patient verpflichtet, dies sofort dem Behandler zu melden. Dieser hat sich dazu während der Behandlung in Ruf- bzw. Sichtweite aufzuhalten.

• Inspektion der Haut in der Behandlungsregion vor und nach der Behandlung. Das Behandlungsfeld, auf dem die Elektroden plaziert werden sollen, ist auf Vorliegen vorbestehender Hautirritationen, -entzündungen, -infektionen zu überprüfen. Wenn überhaupt eine Gleichstrombehandlung durchgeführt werden kann,

sind vorbestehende Schäden auf der Behandlungskarte festzuhalten, damit sie dem Behandler nicht als Behandlungsfolgen angelastet werden können. Kleine Einrisse, Rhagaden, sind zur Vermeidung von Schmerzen mit Vaseline oder Zinkpaste abzudecken.
Bei Verdacht (Anamnese) auf *Hautsensibilitätsstörungen* ist eine entsprechende Testung vorzunehmen. Nur bei dringender Behandlungsindikation und nur unter Anwendung niedrigster objektiver Dosierung (0,5 mA/10 cm Elektrodenfläche) kann eine Behandlung durchgeführt werden. Eine besonders sorgfältige Überwachung ist nötig, da das Warnungssignal einer Überdosierung: Schmerz, Brennen u. a., fehlt.
Nach der Behandlung ist generell das Behandlungsfeld unter den Elektroden auf evtl. entstandene Schäden zu inspizieren. Sollte es zu Hautverätzungen gekommen sein, so hat der Behandler (Krankengymnast) dies dem für die Abteilung zuständigen Arzt unbedingt sofort zu melden. Ein entsprechendes Protokoll des Schadens ist anzufertigen. Geeignete Behandlungsmaßnahmen sind sofort einzuleiten. Geschieht dies nicht, so ergeben sich bei Schadenersatzansprüchen meist erhebliche Schwierigkeiten, wenn solche Schäden dem Arzt verheimlicht wurden. Dieser sollte bei den obligaten Arbeitsschutzbelehrungen immer wieder auf die Verpflichtung hinweisen, solche Vorkommnisse umgehend zu melden.
Bei Behandlungsschäden durch Pflichtverletzung und bei gutachterlich festgestelltem Kausalzusammenhang zwischen Schaden und Pflichtverletzung in einer Gesundheitseinrichtung können vom Betroffenen *Schadenersatzforderungen* erhoben werden. Mängel in der Dokumentation erschweren die Beurteilung und einen Entlastungsbeweis erheblich. Diese Hinweise gelten generell für alle Schäden, die auch bei anderen Elektrotherapiemaßnahmen auftreten können.
Ausführung der Behandlung: Ein wichtiges Behandlungsprinzip bei der Gleichstromtherapie ist das „Ein- und Ausschleichen". Darunter wird das allmähliche Hochregeln auf die therapeutisch erforderliche Intensität zu Behandlungsbeginn („Einschleichen") bzw. das nicht abrupte Herabregeln auf Null am Behandlungsende („Ausschleichen") verstanden. Geschieht dies nicht, so kann es zu unerwünschten Reizerscheinungen (Muskelzuckungen) und/oder sensiblen Irritationen („elektrischer Schlag") kommen, die den Patienten unnötig belästigen und erschrecken. „Ein- und Ausschleichen" gilt auch beim sog. Polwechsel („Polwenden"), den manche Behandler bei einigen Indikationen nach der halben Behandlungszeit durchführen, sofern nicht wie bei modernen Geräten eine automatische Regelung ein abruptes Herabgehen auf Null und einen abrupten Anstieg verhindern. Bei älteren Gleichstromgeräten ohne Einschaltsicherung ist darauf zu achten, daß der Amplituden-(Intensitäts-)Regler sich zum Behandlungsbeginn (bei Anschalten der Elektroden) in Nullstellung befindet, sonst kann der Patient u. U. einen erheblichen Stromstoß erhalten.
Auf spezielle Behandlungsrichtlinien, die zu beachten sind, wurde im vorausgegangenen Kapitel: Methoden der Gleichstromtherapie (3.1.4.) bei den verschiedenen Verfahren hingewiesen.

3.1.6. Dosierung der Gleichstromtherapie

Der Vorteil der Elektrotherapie gegenüber anderen Physiotherapieverfahren besteht nicht zuletzt darin, daß sie vom Arzt hinsichtlich wichtiger Behandlungsparameter genau verordnet werden kann. Leider wird diese Chance durch pauschale Verordnungen, wie z. B. 6 × Gleichstrom, oft nicht genutzt.
Generell geht es bei elektrotherapeutischen Verordnungen aller Frequenzbereiche um die Angabe von Dosierungsparametern

1. für die Einzelbehandlung,
2. für die Behandlungsserie.

Zu 1. Dosierungsparameter für die Einzelbehandlung

• Intensität [Stromstärke (mA), genauer gesagt die Stromdichte = Stromstärke pro Elektrodenfläche der aktiven (differenten) Elektrode (mA/1 cm^2 Elektrodenfläche oder meist mA/10 cm^2 Elektrodenfläche)]. Es ist vorteilhaft, in die Metallplattenelektroden die Flächengröße für die Berechnung bei der Dosierung nach objektiven Kriterien einzuritzen (s. Folgendes). Eine Angabe allein der Stromstärke, wie man sie oft noch im Schrifttum findet, ohne Mitteilung der Elektrodenfläche als Bezugsgröße ist unzureichend!
Eine Stufung der Intensität bzw. Stromdichte in 3 Stufen (schwache, mittlere und starke Dosierung) ist vorteilhaft. Die Dosierung der Intensität bzw. Stromdichte kann nach subjektiven Kriterien erfolgen. Voraussetzung dafür ist ein intaktes Empfindungsvermögen des Patienten. Bei Verdacht auf Sensibilitätsstörungen hat man sich davon durch eine entsprechende Testung zu überzeugen. Vorsicht bei der Dosierung bei Lokalanästhetika-Iontophorese (nur schwache Dosisstufen der objektiven Dosierung benutzen). Interindividuell bestehen u. U. recht unterschiedliche Angaben, wonach objektive (mA/cm^2) Stromdichtewerte als schwach, mittel oder stark empfunden werden. Nur selten besteht jedoch eine so hochgradige Empfindlichkeit gegenüber dem elektrischen Strom, daß eine Behandlung gar nicht stattfinden kann.
Folgende 3 Stufen haben sich für die Dosierung der Stromdichte nach subjektiven Kriterien bewährt:

– *Schwache Dosis* = „sensibel unterschwellig“ = Hochregeln der Stromstärke, bis gerade ein Stromgefühl in Form von *Prickeln* bzw. *Kribbeln* unter der differenten Elektrode auftritt, dann die Stromstärke zurückregeln, bis es gerade wieder verschwindet.
– *Mittlere Dosis* = „sensibel schwellig“ = Auftreten eines angenehm empfundenen Stromgefühls. Häufigst benutzte Dosisstufe.
– *Starke Dosis* = „sensibel überschwellig“ = starkes Stromgefühl, u. U. bis an die Nähe der Toleranzgrenze, jedoch noch kein Brennen, Schmerz, starkes Wärmegefühl. Diese Dosisstufe ist wegen Verätzungsgefahr besonders bei längerer Behandlungsdauer nicht ungefährlich. Wenn sie aus therapeutischen Gründen für angezeigt gehalten wird, ist besonders auf exakte Elektrodentechnik, evtl. Anwendung der Schutzlösungen von Ipser (s. Medikamente zur Iontophorese, Zu. 4.) und auf sorgfältige Überwachung des Patienten zu achten.

Überdosierungserscheinungen sind Brennen, Schmerzen, starkes Wärmeempfinden, gemeinsam oder auch als Einzelsymptom auftretend. Hier ist sofort die Ursache zu klären und abzustellen, da Überdosierungszeichen nie auftreten dürfen (s. Patientenvorinformation).
Die Dosierung nach objektiven Kriterien ist zu bevorzugen. Sie muß jedoch wegen des unterschiedlichen individuellen Stromempfindens die Dosierung nach subjektiven Kriterien berücksichtigen, d. h., es darf unter der gewählten Stromdichte nie zu den genannten Überdosierungserscheinungen kommen!

- schwache Dosis: 0,5 mA/10 cm^2 Elektrodenfläche (= 0,05 mA/cm^2),
- mittlere Dosis: 1,0 mA/cm^2 (= 0,1 mA/1 cm^2),
- starke Dosis: 1,5 mA/10 cm^2 (= 0,15 mA/1 cm^2).

Die Toleranzgrenze liegt meist noch deutlich höher. Die Dosierungsangaben gelten pro Behandlungsfeld (meist 1–3). Thermographische Untersuchungen am Institut für Physiotherapie der Universität Jena zeigten, daß diesen 3 Dosisstufen auch unterschiedliche thermographische Wirkungen zugeordnet werden konnten (Danz und Callies 1979), wodurch die Empfehlung dieser Stufung bestätigt wird.
Im allgemeinen gelten pro Behandlungsfeld (meist 1–3), unter der Einschränkung, daß kein Brennen o. ä. auftritt, Stromdichten von 0,5 mA–2,0 mA pro 10 cm^2 aktiver Elektrodenfläche als therapeutisch wirksamer Bereich, ohne daß Gefahren (s. dort) zu erwarten sind.
Behandlungsdauer (min):
Als Stufung bietet sich an:
- kurze Behandlungsdauer: 5 min (3 min),
- mittlere Behandlungsdauer: 10 min (6 min),
- lange Behandlungsdauer: 20 min (9 min) [bis 30 min, in Sonderfällen (s. systemische Iontophorese) noch länger].

Zu 2. Dosierungsparameter für die Behandlungsserie

Da physiotherapeutische Maßnahmen in der Regel als (Reiz-)Serienbehandlungen vorgenommen werden, sind noch folgende Parameter in der Rezeptur-Verordnung festzulegen:

a) Größe der Behandlungsserie = Zahl der Einzelbehandlungen [kleine: (3)–5, mittlere: (6)–10, große: (7)–20],

b) das Behandlungsintervall = Abstand zwischen den Einzelbehandlungen (kurz = täglich = 5 × wöchentlich, mittel = 3 × wöchentlich, lang = 2 × wöchentlich).

a) und b) kann auch bei Festlegung des Behandlungsintervalls, z. B. 5 × wöchentlich oder 3 × wöchentlich (2 × wöchentlich wird selten in Frage kommen), in Form der Anzahl der Behandlungswochen, als Dosierungsparameter für die Behandlungsserie genutzt werden: kurz = 1 Woche, mittel = 2 Wochen = 10 bzw. 6mal, lang = 3 Wochen = 15 bzw. 9mal und länger. Nach einer größeren Behandlungsserie sollte eine längere Pause folgen.
Eine optimale Gleichstromtherapieverordnung sollte daher folgende Angaben enthalten:

– Personalangaben, Datum der Verordnung, bei vorliegender Arbeitsunfähigkeit Vermerk auf dem Rezept.
– Krankheitsdiagnose und Stadium (akut, subakut, chronisch).
Aus dieser Angabe ergeben sich prinzipielle Dosierungshinweise. So sind z. B. Neuralgien in der Regel als stromsensibel anzusehen. Bei den Stadien erfordern akute Krankheitsphasen in der Regel niedrige Dosisstufen hinsichtlich Stromdichte, kurze Behandlungszeit, kurze Behandlungsserien, kurze Behandlungsintervalle. Umgekehrt ist es bei chronischen Krankheitsphasen: lange Behandlungsserien, längere Intervalle. Subakute Stadien liegen zwischen akuten und chronischen.

Dosierung:
1. Hinsichtlich Stromdichte (als subjektives Kriterium oder in $mA/10\ cm^2$ Elektrodenfläche),
2. hinsichtlich Behandlungsdauer (1. und 2. in den angegebenen 3 Dosisstufen),
3. hinsichtlich Größe der Behandlungsserie und
4. hinsichtlich Behandlungsintervall.

Zur Dosierungsstrategie: Hat nach einigen Behandlungen die an Hand der Krankheitsart und des Krankheitsstadiums vom Behandler getroffene Dosierung auf den Krankheitsverlauf nicht den erwünschten Erfolg, so ist sie zu korrigieren, d. h., bei zu starken Reaktionen ist um eine Dosisstufe zu reduzieren, bei zu schwachen ist um 1 Dosisstufe zu steigern.

Behandlungsmethode: Plattenelektroden (Größe der differenten und indifferenten); Elektrodenposition (evtl. Skizze), Polung (Stromrichtung); hydroelektrische Bäder (Ein-, Zwei-, Vierzellenbad): Polung; hydroelektrisches Vollbad: Polung; Kombination Plattenelektroden und hydroelektrisches Bad: Elektrodengröße, -position, Polung (Ein- oder Zweizellenbad).

Behandlungsprotokoll

Es gehört zu jeder Behandlung und ist quasi die Visitenkarte des Behandlers hinsichtlich seiner fachlichen Qualifizierung und der Qualität seiner Arbeitsweise. Es sollte die in der Verordnung vorgegebenen oder, sofern diese unvollständig waren, ergänzten Angaben festhalten. Die Durchsetzung dieser Prinzipien durch den verantwortlichen Leiter und ihre laufende Kontrolle sind für eine wissenschaftliche Elektrotherapie von größtem Wert. Zur Auswertung der Ergebnisse ist die etwas schematische Einteilung in 3 Dosisstufen vorteilhaft; ebenso eine zu jeder Behandlung erfolgende Bewertung des Behandlungserfolges, z. B. in Form ++, +, 0, –. Besondere Vorkommnisse, aufgetretene Reaktionen sind festzuhalten, Schädigungen zu melden und protokollarisch exakt zu dokumentieren (s. Behandlungstechnik).

3.1.7. Indikationen zur Gleichstromtherapie

Sie ergeben sich aus den in den speziellen physiologischen Grundlagen geschilderten Wirkungen (durchblutungsfördernd, analgetisch, regenerations- und wachstumsfördernd u. a.). Unter dem Gesichtspunkt dieser komplexen Wirkung, d. h. des Zusammenwirkens der genannten Effekte, erscheinen folgende Indikationsgruppen für die Gleichstromtherapie auch heute noch wertvoll zu sein:

• Erkrankungen des rheumatischen Formenkreises, wie z. B. der Rheumatoid-Arthritis (Früh- und Zwischenphase), Spondylitis ankylosans (Frühphase) (CALLIES 1980). Wenn viele Gelenke beteiligt sind, bietet sich generell das hydroelektrische Vollbad an; ferner bei Weichteilrheumatismus, z. B. Neuralgien (Gesichtsneuralgien), Zustand nach idiopathischer Facialisparese (Bergonié-Maske), Myalgien, Epikondylo-, Burso-, Tendopathien, Periarthropathien (letztere Indikationen auch mittels Iontophorese), sowie bei degenerativen Gelenkerkrankungen (besonders bei akuten Schmerzzuständen), Spondylopathien, besonders mit Wurzelreizsyndromen (Radikulopathien), wie z. B. zervikalen, thorakalen, lumbosakralen Wurzelreizsyndromen.

• Counter-Irritations-Therapie mit Histamin-Iontophorese.

• Ischialgien (Querdurchströmung nach KOWARSCHIK) oder hydroelektrisches Vollbad.

• Posttraumatische Schmerzzustände an den Muskeln (Myalgien, Hämatome, Ödeme), Gelenken, Sehnen, auch bei Überlastungssyndromen. Sudeck-Reflexdystrophie im Stadium I und II, besonders als kühle hydroelektrische Teilbäder.

• Erkrankungen der peripheren Gefäße (EDEL 1980 und 1988). Primär funktionelle akrale Angiopathien, besonders als hydroelektrische Teilbäder; Angioneuropathien, z. B. Morbus Raynaud, Digitus mortuus, Akrozyanose, Erythrozyanosis crurum puellarum, u. a.; Angioorganopathien wie periphere arterielle Verschlußkrankheiten (Durchblutungsstörungen, meist auf arteriosklerotischer Basis), im Stadium I und II nach FONTAINE, besonders als hydroelektrische Teilbäder, im Stadium IV zur Behandlung chronischer arterieller Hautulzera (s. Kap. 3.1.4., Zu 6.); Venopathien wie das postthrombotische Syndrom (hydroelektrische Teilbäder, Iontophorese). LAMPERT 1962 und HILLE 1975 gaben auch eine Gleichstromtherapie mit Plattenelektroden bei akuten oberflächlichen Thrombosen an. Dabei soll es bei gleichbleibender Polung der Elektroden an der einen Seite zur Anheftung des Thrombus kommen. Die Behandlungsindikation ist seit der Antikoagulantien- und Fibrinolysetherapie wenig aktuell, bei tiefen Phlebothrombosen ohnehin ineffektiv; venöse chronische Hautulzera, besonders Ulcus cruris varikosum (s. Kap. 3.1.4., Zu 6.).

• Knochenbruchheilung. Zur Anregung der Osteogenese bei Pseudarthrosen (kongenitalen, erworbenen), verspäteter Frakturheilung, Osteotomien, z. B. bei Beinverlängerung (s. Kap. 3.1.4., Zu 5.).

• Chronische Hautulzera, Dekubitus, sekundäre Wundheilung (s. Kap. 3.1.4., Zu 6.).

• Erkrankungen der peripheren Nerven und des Zentralnervensystems. Spastische Paresen nach zerebrovaskulärem Insult, schlaffe Paresen (hydroelektrisches Vollbad), desgleichen nervöse Erschöpfungszustände. Lumboischialgien, Polyneuropathien.

• Lokalanästhesie umschriebener Regionen mit Iontophorese (Xylocitin) bei kleinen chirurgischen Eingriffen u. ä.

• Hauterkrankungen. Hyperhydrosis pedum et manum: Iontophorese mit Leitungswasser (in flachen Plastikwannen wie für photographische Zwecke) (Hölzle u. Mitarb. 1984, Raulin und Petzola 1987); Lymphödem (Köstler 1978): Iontophorese mit Hylase.

• Posttraumatische Folgezustände, z. B. bei Distorsionen, Kontusionen, Hämatomen, Schwellungszuständen, besonders zur Schmerzlinderung (+), Resorptionsförderung (−).

3.1.8. Kontraindikationen der Gleichstromtherapie

Hautirritationen oder -schäden, z. B. akute Hautentzündungen, Hauterkrankungen u. ä. im Behandlungsfeld. Relative Kontraindikationen sind Hautsensibilitätsstörungen, Lokalanästhesie im Behandlungsareal, da Warnsymptome (Brennen, Schmerz) einer Überdosierung fehlen; fortgeschrittene Stadien arterieller Verschlußkrankheiten (Stadium II und sehr kurze Claudicatio-intermittens-Distanz), Herz-Kreislauf-Dekompensationszustände, Emboliegefahr bei hydroelektrischen Vollbädern, Herzschrittmacher, wenn sie im Strömungsfeld liegen; Metallteile, z. B. Osteosynthesematerial, Endoprothesenköpfe im Strömungsfeld, wegen möglicher Schädigung durch Elektrolyseprodukte; Arzneiüberempfindlichkeiten bzw. Allergien, z. B. bei Histamin-Iontophorese (Asthma bronchiale).

3.1.9. Gefahren der Gleichstromtherapie

Die Hauptgefahr ist die Entstehung von Verätzungen der Haut bzw. von Schleimhäuten, wenn die Behandlung, was selten der Fall ist, dort erfolgte. Ursachen dafür sind:

1. Überdosierung der Stromstärke bzw. zu hohe Stromdichte, z. B. bei zu kleiner aktiver Elektrode (s. Dosierung).

2. Gefahren durch Elektrolyseprodukte bei Fehlern der Elektrodentechnik, besonders bei direktem Kontakt von Metallelektrode und Haut, ebenso durch Berührung von stromleitenden Metallelektroden;
Fehler der Unterpolsterung, z. B. zu dünne, mangelhafte Durchfeuchtung im Verlauf längerer Behandlung, unebene Auflagerung, die zu örtlicher Stromverdichtung führt; mangelnde Reinigung der Unterpolsterung führt zur Anhäufung von Elektrolyseproduktion; ungenügende Befestigung der Elektroden mit der Gefahr des Verrutschens.

3. Mißachtung von Kontraindikationen (s. Kap. 3.1.8.) entweder für die Gleichstromtherapie überhaupt oder für bestimmte Methoden, z. B. hydroelektrische Vollbäder oder bestimmte Medikamente bei der Iontophorese.

Die Gefahren sind durch aufmerksame und kenntnisreiche Behandler weitgehend vermeidbar.

3.2. Impulsstromtherapie, Reizstromtherapie im engeren Sinn

Definition: Der Begriff Impulsstromtherapie weist auf das physikalische Prinzip des Reizes hin, auf seinen Impulscharakter. Dadurch unterscheidet sie sich von dem konstanten, ohne Unterbrechung fließenden Gleichstrom. Als ein Impuls (Puls) wird ein einmaliger stoßartiger Vorgang endlicher Dauer definiert. Bei der Impulsstromtherapie kommt ein solcher elektrischer Reiz als Einzelimpuls, viel häufiger jedoch als Impulsfolge zur Anwendung. Der synonym benutzte Begriff Reizstromtherapie zielt dagegen auf das physiologische Prinzip dieser Therapieform hin. Durch einen elektrischen Reiz (= Ursache) kann lebendes erregbares Gewebe (z. B. Nervengewebe) erregt werden (= Antwort auf den Reiz).

3.2.1. Physiologische Grundlagen der Impuls-(Reizstrom-)therapie

Auf den physikalischen Charakter des Reizes, nämlich den eines Impulses, eines Stromstroßes relativ kurzer Dauer, wurde in der Definition schon hingewiesen. Neben seiner Zeitbegrenzung (Impulsdauer) ist der Impuls noch durch weitere Kenngrößen (Parameter) zu charakterisieren: seine Impulshöhe (Amplitude) und seine Anstiegs- und Abfallzeit. Diese Parameter bestimmen zusammen mit der polaren Ausrichtung auch die Impulsform, die uni- oder bidirektional (-polar, -phasisch) sein kann (s. Kap. 3.2.3.1.). Eine kardinale physiologische Eigenschaft lebender Zellen, Gewebe und Organe ist ihre *Erregbarkeit.* Sie können auf verschiedene exogene und endogene, darunter auch elektrische Reize antworten. Dies gilt besonders für Nervenzellen und ihre Fortsätze sowie die von ihnen versorgten Endorgane (Muskeln, Rezeptoren). Daher spielt die Neuroelektrostimulation (NES) und die neuromuskuläre Elektrostimulation (NMES) eine Hauptrolle in der Reizstromtherapie. Biologische Vorgänge im lebenden Organismus, wie z. B. Skelett-, Herzmuskelkontraktionen, sowie das Nervensystem betreffende Prozesse, wie z. B. die Perzeption von Reizen, die Fortleitung von Informationen u. a., gehen mit elektrischen Vorgängen an der Zellmembran einher. Es ist deshalb nicht verwunderlich, daß exogen gesetzte künstliche elektrische Reize biologische Wirkungen (Erregungen, Reizantworten) hervorbringen, die den natürlichen Reizen weitgehend entsprechen. Dabei sind die Schwankungen des Stromflusses (im Strömungsfeld) im Gewebe, die Änderungen der Stromdichte wie sie im Impulscharakter gegeben sind, für die Wirkungen des Reizes (die Reizantwort) maßgebend. Welche allgemeinen elektrophysiologischen Vorgänge dabei gesetzmäßig an den Membranen des gereizten Substrates ablaufen, Ionenverschiebungen, Entstehung eines Aktionspotentials (Ionentheorie der Erregung), Erregungsfortleitung u. a., sowie die allgemeinen Grundprinzipien der Reiz- und Erregungsbeziehungen und deren Gesetzmäßigkeiten (Schwellenstromstärke, Nutzzeit, Mindeststeilheit des Reizimpulses usw.) können aus den im Vorwort dargelegten Gründen in dieser Auflage nicht mehr näher dargelegt werden (s. dazu Richter 1979, „Allgemeine Elektrophysiologie"). Für die neuromuskuläre Elektrostimulation NMES (s. Kap. 3.2.4.1.) und für die Elektroanalgesieverfahren (s. Kap. 3.2.4.2.) werden jedoch einleitend die speziellen physiologischen Grundlagen dargelegt.

Wichtige Voraussetzungen für eine erfolgreiche Reizstromtherapie sind:

1. die verwendeten Reizmuster (s. Kap. 3.2.3.1.) müssen effektiv sein, d. h. dem zu reizenden Substrat in ihren elektrophysiologischen Reizparametern adäquat sein (soweit sie bekannt sind),

2. sie dürfen das Gewebe nicht schädigen, d. h., sie müssen sicher sein.

Die Herstellung sicherer Reizmuster, die dieser Forderung entsprechen, hat sich durch Einführung neuer Technologien in die Medizintechnik, wie z. B. Transistortechnik, Mikroelektronik, ganz erheblich verbessert. Es bestehen heute, wie Kapitel 3.2.3.1. zeigt, keine prinzipiellen technischen Schwierigkeiten, die verschiedensten, auch kompliziert zusammengesetzten Reizmuster, auch mit entsprechenden Variationsmöglichkeiten zu realisieren. Das führt z. B. fast zu einem Überangebot. Dabei werden nicht selten aus merkantilen Gründen immer neue Varianten auf den Markt gebracht, für die eine wissenschaftliche Begründung ihrer Notwendigkeit und ihrer Effektivität z. T. noch gar nicht vorliegt. Auch ist auf diesem Gebiet inzwischen ein beträchtliches Gestrüpp an Begriffsbezeichnungen angewachsen, das Fehldeutungen nicht ausschließt. Es ist daher ein notwendiges Anliegen, besonders im Hinblick auf die wichtige Partnerschaft von Arzt und Ingenieur (Physiker, Bioingenieur), gemeinsam verständliche, sinnvolle, akzeptable Bezeichnungen zu schaffen, d. h. die gleiche Sprache zu sprechen. Die Vielfalt der Möglichkeiten moderner Reizmustergestaltungen einmal in eine sinnvolle Ordnung zu bringen, die auch deren technische Herstellungsmöglichkeiten einschließt, ist ein weiteres Anliegen des folgenden Kapitels, das von Dr. sc. techn. J.-P. GÜTTLER und Dr. Ing. D. SCHUBERT gestaltet wurde.

3.2.2. Physikalische Grundlagen

J.-P. GÜTTLER

Um die Einwirkung der Ströme oder Spannungen auf ein biologisches Objekt zu verstehen, ist es notwendig, auf die physikalischen Vorgänge im biologischen Objekt einzugehen. So kann man mit dem Strom selbst, der nur einer Ladungsmenge pro Zeiteinheit entspricht, die Vorgänge im biologischen Objekt nicht mehr ausreichend beschreiben. Der Strom ist eine skalare Größe, d. h. er wird nur durch einen Wert gekennzeichnet. Die Richtung des Ladungsflusses ist praktisch durch den Draht vorgegeben, der z. B. vom Geräteausgang zu den Elektroden fließt. Im Patienten, der hier das biologische Objekt darstellt, verteilen sich dann die Ladungsträger dreidimensional gemäß Geometrie und Materialkennwerten (speziell der elektrischen Leitfähigkeit $\varkappa$ und der Dielektrizitätskonstante ε), um an der Gegenelektrode wieder „zusammenzutreffen“ und als „echter“ Strom durch den Anschlußdraht zum Gerät zurückzufließen. Dieser Strom hat dieselbe Größe wie der, der aus der Ausgangsbuchse herausfloß, denn es kann kein Ladungsträger verlorengehen. Trotzdem können die Ladungsträger „unterwegs“ Arbeit geleistet, d. h. einen Teil ihrer Energie abgegeben haben. Diese Arbeit kann in Form chemischer Energie oder Wärme oder Ionenverschiebung am Patienten wirksam werden.

Im biologischen Objekt selbst ist es notwendig, die „Spur der Ladungsträger" sowohl von ihrer Stärke (dem „Wert") als auch der Richtung an jedem bestimmten Punkt im Objekt zu beschreiben. Die Größe an einem Punkt ist gerichtet, d. h. eine vektorielle Größe, zu deren Beschreibung im dreidimensionalen Raum drei Werte notwendig sind. Dies können der Absolutwert und zwei Winkel sein, aber auch drei Werte, die den Anteilen in drei senkrecht aufeinander stehenden Richtungen entsprechen. Solche Vektoren existieren an jedem Punkt im biologischen Objekt. Die Gesamtheit aller Vektoren wird durch ein Vektorfeld beschrieben.

3.2.2.1. Feldarten

Bei der Einwirkung elektrischer Ströme auf biologische Objekte können sowohl Skalarfelder als auch Vektorfelder von Bedeutung sein. Ein typisches *Skalarfeld* ist das Temperaturfeld, bei dem keine Richtungsinformationen vorliegen. Es ist bei allen Diathermie-Verfahren von Interesse. Das Skalarfeld beschreibt dreidimensional die Temperatur im biologischen Objekt, d.h., jedem Punkt im Raum ist ein einfacher Wert [die Temperatur (°C) oder (K)] zugeordnet. Man kann dieses Temperaturfeld graphisch unterschiedlich aufzeigen, z. B. durch besondere Schnitte mit der Temperatur als Funktion einer Koordinate oder durch eine quasidreidimensionale Darstellung als „Temperaturgebirge", wobei die Temperatur als dritte Koordinate über zwei Koordinaten (also einer ausgewählten Fläche) des biologischen Objektes dargestellt wird.
Eine graphische Darstellung über drei Koordinaten erfordert eine vierte Koordinate zur Angabe des Wertes an jedem Ort und ist deshalb nicht als Einzelbild möglich. Hier können nur mehrere Temperaturgebirge, sozusagen „schichtweise", zusammen angegeben werden.
Neben der graphischen Darstellung ist eine mathematische Beschreibung möglich. Wenn sie exakt durchgeführt werden kann, ist eine Vielzahl von Prozessen berechenbar, sofern diese eindeutig mit den Werten des Feldes verknüpft sind. Leider ist eine exakte mathematische Beschreibung in der Medizin selten möglich, da alle Gewebe inhomogen, geometrisch, nicht einfach mathematisch zu beschreiben und in ihren Eigenschaften auch nicht zeitlich konstant sind. Somit muß man sich mit Näherungen begnügen, die mit Einsatz von Computern größerer Leistung immer genauer werden.
Das über die Darstellung des Skalarfeldes Gesagte gilt prinzipiell auch für *Vektorfelder*, wobei hier jedoch für jeden Ort drei Werte anzugeben sind. Dadurch wird die graphische Darstellung noch komplizierter, so stellt man oft den Absolutwert als Skalarfeld dar und muß weitere „Richtungsfelder" in geeigneter Weise angeben. Diese Kompliziertheit hat sich oft als Barriere für ein echtes Verständnis elektrotechnischer Vorgänge im biologischen Objekt erwiesen.
Bei der Elektrotherapie werden folgende Feldarten eingesetzt:

- das elektrische Strömungsfeld,
- das elektrische Kondensatorfeld,
- das magnetische Feld,
- das elektromagnetische Feld.

Die medizinische Bedeutung dieser Feldarten wird in Kapitel 3.2.4. von H. EDEL aufgezeigt. Hier soll die Beschreibung aus physikalischer Sicht erfolgen.
Das *elektrische Strömungsfeld* wird durch den Vektor der Stromdichte $\mathfrak{S}_{St}$ (S_{St}) beschrieben. Er beschreibt die Dichte der Ladungsträgerbahnen und deren Richtung in jedem Punkt. Die Stromdichte ist mit der elektrischen Feldstärke $\mathfrak{E}$ (E) über die Materialkonstante $\varkappa$ (spezifische Leitfähigkeit) oder deren Kehrwert ϱ (spezifischer Widerstand) verbunden gemäß

$$\mathfrak{S}_{St} = \varkappa \cdot \mathfrak{E} = \frac{1}{\varrho} \cdot \mathfrak{E} .$$

Die Feldstärke $\mathfrak{E}$ ist die Spannung zwischen zwei Punkten bezogen auf den Abstand dieser Punkte, ihre Dimension ist deshalb V/m. Die Dimension der Stromdichte entspricht der Stromstärke pro Flächeneinheit, also A/m^2. Daraus folgen die Dimensionen der Materialkonstanten:

Spezifische Leitfähigkeit $\varkappa$, gemessen in A/Vm = S/m
Spezifischer Widerstand ϱ, gemessen in Vm/A = $\Omega \cdot$ m.

Im Kondensator gibt es keinen direkten Ladungsfluß. Somit kann das *elektrische Kondensatorfeld* im Gegensatz zum Strömungsfeld auch im Vakuum existieren. Im Kondensatorfeld wird Energie gespeichert, d. h., ein Kondensator, der sich auflädt, kann die Ladung wieder abgeben oder bei Umpolung sich entgegengesetzt aufladen. Dies findet zyklisch statt, wenn Wechselspannung an den Kondensator gelegt wird. Dadurch fließt in den Zuführungsdrähten ein echter Strom, der aus bewegten Ladungen besteht, ohne daß diese Ladungen zwischen den Kondensatorplatten existieren. Der zwischen den Platten entstehende Raumzustand des elektrischen Feldes wird durch die dielektrische Verschiebung $\mathfrak{D}$ (D) gekennzeichnet. Dieser Wert entspricht der Ladungsdichte je Flächeneinheit. Da die Ladung die Dimension As hat, hat $\mathfrak{D}$ die Dimension As/m^2. Wenn sich diese Ladung zyklisch infolge Umladungen ändert, hat die zeitliche Änderung des Raumzustandes die gleiche Wirkung wie die Stromdichte eines Strömungsfeldes, deshalb spricht man von einem *Verschiebungsstrom*, der die gedachte Fortsetzung des Leitungsstromes in den Zuleitungen ist. Im biologischen Objekt muß wieder der Vektor benutzt werden, der die Dichte und Richtung dieses Verschiebungsstromes angibt. Dies ist die *Verschiebungsstromdichte* $\mathfrak{S}_V$ (S_V), die der zeitlichen Änderung der Verschiebung selbst entspricht:

$$\mathfrak{S}_V = \frac{d\mathfrak{D}}{dt} .$$

Die dielektrische Verschiebung ist mit der elektrischen Feldstärke $\mathfrak{E}$ über die Materialkonstante ε (Dielektrizitätskonstante) verknüpft gemäß

$$\mathfrak{D} = \varepsilon \cdot \mathfrak{E} .$$

Aus den angegebenen Dimensionen von $\mathfrak{D}$ uns $\mathfrak{E}$ folgt die Dimension der Dielektrizitätskonstante zu As/Vm. Die Dielektrizitätskonstante wird meist als

Vielfaches der absoluten Dielektrizitätskonstante ε_0 ($= 8{,}859 \cdot 10^{-12}$ As/Vm) des Vakuums angegeben:

$$\varepsilon = \varepsilon_0 \cdot \varepsilon_r$$

wobei die relative Dielektrizitätskonstante ε_r, ein dimensionsloser Zahlenwert, 1 oder größer ist. So hat beispielsweise destilliertes Wasser $\varepsilon_r = 80{,}4$ und Eis $\varepsilon_r = 3{,}1$.
Sowohl für das Strömungsfeld als auch für das Kondensatorfeld ist die elektrische Feldstärke $\mathfrak{E}$ die bestimmende Größe. Die Gesamtstromdichte $\mathfrak{S}$ (S) setzt sich wie beschrieben aus zwei Komponenten zusammen:

$$\mathfrak{S} = \mathfrak{S}_{\mathrm{St}} + \mathfrak{S}_{\mathrm{V}} = \varkappa \cdot \mathfrak{E} + \frac{\mathrm{d}\mathfrak{D}}{\mathrm{d}t} = \varkappa \cdot \mathfrak{E} + \varepsilon \cdot \frac{\mathrm{d}\mathfrak{E}}{\mathrm{d}t}.$$

Daraus erkennt man, daß jedes biologische Objekt über seine beiden Materialkonstanten $\varkappa$ und ε aus einem resistiven (Widerstands-) und einem kapazitiven (Kondensator-) Anteil besteht. Der dadurch bestehende Einfluß der Gewebeeigenschaften auf Sinus- oder Impulsströme wird im Abschnitt 3.2.2.3. beschrieben.
Das *magnetische Feld* wird durch den Vektor der magnetischen Feldstärke $\mathfrak{H}$ (H) beschrieben. Diese Feldstärke erzeugt einen magnetischen Fluß Φ, dessen Dichte auch als magnetische Induktion $\mathfrak{B}$ (B) bezeichnet wird. Die Feldstärke $\mathfrak{H}$ wird in A/m, die Flußdichte bzw. Induktion $\mathfrak{B}$ in T (Tesla, $1\ \mathrm{T} = \mathrm{Vs/m^2}$) gemessen. Die Flußdichte ist bei konstanter Feldstärke $\mathfrak{H}$ direkt einer Materialkonstante, der Permeabilität μ proportional:

$$\mathfrak{B} = \mu \cdot \mathfrak{H} = \mu_0 \cdot \mu_r \cdot \mathfrak{H}.$$

μ hat die Dimension Vs/Am. Im Vakuum, aber auch in Luft und in allen Geweben ist $\mu = \mu_0 = 1{,}257 \cdot 10^{-6}$ Vs/Am (d. h. $\mu_r = 1$).
Ferromagnetische Werkstoffe haben Werte von μ_r sehr viel größer als 1, sie verzerren damit das magnetische Feld, indem sie die Flußlinien „aufsaugen" und damit ihrer geometrischen Form anpassen.
Das elektrische und das magnetische Feld sind nur unabhängig, wenn keine schnellen Änderungen der Felder vorliegen. MAXWELL hat 1873 zwei Gleichungen aufgestellt, die die Verknüpfung beider Felder beschreiben:

$$1.\ \ \mathrm{rot}\,\mathfrak{H} = \varkappa \cdot \mathfrak{E} + \varepsilon \cdot \frac{\mathrm{d}\mathfrak{E}}{\mathrm{d}t},$$

$$2.\ \ \mathrm{rot}\,\mathfrak{E} = -\mu \cdot \frac{\mathrm{d}\mathfrak{H}}{\mathrm{d}t}.$$

Die Vektoroperation rot liefert eine Beschreibung der Wirbel eines Vektorfeldes. Dieses Wirbelfeld ist selbst wieder ein Vektorfeld. Die mathematische Behandlung solcher Vektorfelder wird mittels der Vektoranalysis durchgeführt, die in mathematischen Fachbüchern beschrieben wird (z. B. BRONSTEIN-SEMENDJAJEW 1963).

Die *1. Maxwell-Gleichung* sagt aus, daß elektrische Ströme stets von Magnetfeldern umgeben sind. Dieses Magnetfeld ist der Stromdichte des Strömungsfeldes und der Verschiebungsstromdichte proportional, der erste Anteil existiert auch bei Gleichfeldern, der zweite ist von der zeitlichen Änderung, damit also von der Frequenz des elektrischen Feldes abhängig.

Nach der *2. Maxwell-Gleichung* erzeugen auch magnetische Feldlinien ein elektrisches Wirbelfeld, d. h., es entstehen in sich geschlossene elektrische Feldlinien um die magnetischen Feldlinien herum, aber nur, wenn das Magnetfeld zeitveränderlich ist. Auch hier ist eine Proportionalität zur Frequenz festzustellen.

Daraus folgt, daß bei hohen Frequenzen eine neue Feldart entstehen kann, dies ist das *elektromagnetische Feld.* Hier wechseln sich in sich geschlossene Feldlinien des elektrischen und magnetischen Feldes ab, so daß es zur Ausbreitung des Feldes (auch im Vakuum) kommt. Dies ist die Grundlage für den gesamten Funkverkehr. In der Medizin werden ebenfalls elektromagnetische Felder angewendet, so bei der Kurzwelle, Dezimeterwelle oder Mikrowelle. Da alle diese Verfahren senderähnliche Geräte benutzen, sind hier Störstrahlbestimmungen und festgelegte Frequenz genau einzuhalten. Ein Überblick über die Frequenzbereiche wird in Tabelle 22 im Kapitel 5 gegeben.

3.2.2.2. Zeitverhalten und Frequenzverhalten

Der Begriff der Frequenz ist eng mit einer Zeitfunktion verbunden, die als Sinusfunktion bekannt und in jedem Wechselstromnetz realisiert ist. Doch auch bei anderen zyklischen Vorgängen, so z. B. bei sich ständig wiederholenden Impulsen, wird die Frequenz als Zahl der Impulse/s angegeben. Eine Unterscheidung kann nur durch die Dimension erfolgen, obwohl auch dies in der Literatur nicht konsequent durchgeführt wird. Frequenzen von Sinusgrößen haben die Dimension Hz (Hertz, 1 Hz = 1 Schwingung/s) bei Impulsen wird als Dimension s^{-1} (also 1/s), pps (Pulse pro Sekunde) oder cps (cycles per second) verwendet.

Wichtig für die Unterscheidung von Funktionen mit verschiedenem Zeitverhalten ist jedoch nicht so sehr die verwendete Dimension, sondern die Tatsache, daß sich jede periodische Zeitfunktion als Summe von Sinusfunktionen darstellen läßt, deren Frequenzen exakte Vielfache der sog. Grundfrequenz sind und bei denen die zu jeder Frequenz gehörenden Amplituden feste Verhältnisse zueinander haben. In Abbildung 29 ist angedeutet, wie eine symmetrische Rechteckschwingung (also ein Impuls mit gleicher Puls- und Pausendauer) sich aus Sinusschwingungen ungeradzahliger Vielfacher der Frequenz zusammensetzt. Hier sind jedoch nur die Schwingungen mit drei- und fünffacher Frequenz zur Grundschwingung mit $\omega_1 = 2\pi f_1$ addiert (ω ist die sog. Kreisfrequenz, die mit der „echten" Frequenz über den Faktor 2π verbunden ist, der aus der Periodizität der Sinusfunktion mit 2π, dem Winkel im Bogenmaß, der 360 grd entspricht, entsteht).

Trotzdem ist die Summenkurve schon ähnlich dem angestrebten Rechteck. Je mehr Sinusschwingungen mit ungeradzahligen Vielfachen der Grundfrequenz addiert werden, desto genauer nähert sich die Summenkurve dem Rechteck. Dabei werden die Amplituden der Teilschwingungen bei höheren Frequenzen immer kleiner. Dadurch kann man ab einer bestimmten Frequenz weitere Summierungen

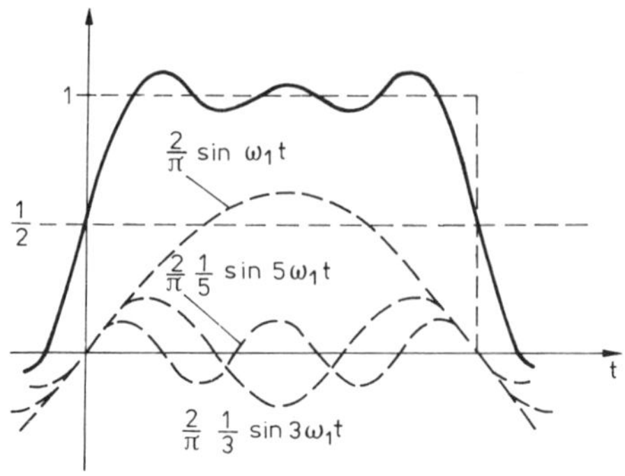

Abb. 29 Aufbau einer monophasischen Rechteckschwingung aus einzelnen Sinusschwingungen um den Mittelwert

ohne großen Fehler unterlassen. Werden nur die Sinusschwingungen selbst addiert, entsteht ein Impuls, der biphasisch ist und dem Mittelwert „Null" hat. Will man einen monophasischen Impuls erzeugen, so muß man noch seinen Mittelwert selbst addieren, wie es auch in Abbildung 29 durchgeführt wurde (Mittelwert = 1/2).
Um die Frequenzanteile einer periodischen Zeitfunktion anschaulich darzustellen, ist eine spektrale Darstellung günstig. Hier werden die jeweiligen Amplituden über der Frequenz dargestellt. Abbildung 30 zeigt die Spektraldarstellung der Sinusfunktion, verglichen mit einer Rechteckfunktion. Die Sinusfunktion ist nur durch eine einzige Frequenz gekennzeichnet, die Rechteckfunktion ist die Summe aus einer Sinusschwingung mit der Grundfrequenz und weiteren Sinusschwingungen mit ungeradzahligen Vielfachen der Grundfrequenz. Diese Vielfachen werden in der Technik „Oberwellen" genannt, wobei die 2. Vielfache der 1. Oberwelle entspricht. Ändert sich jedoch das Verhältnis von Pulsdauer zu Pulspause, reichen die ungeradzahligen Vielfachen der Grundfrequenz zur Synthese dieser Impulsreihe nicht aus. Hier kommen auch geradzahlige Vielfache hinzu. Weiterhin führt jede Manipulation am Sinus von der Einzelfrequenz zu einer Summe gerad- und

Abb. 30 Spektraldarstellung

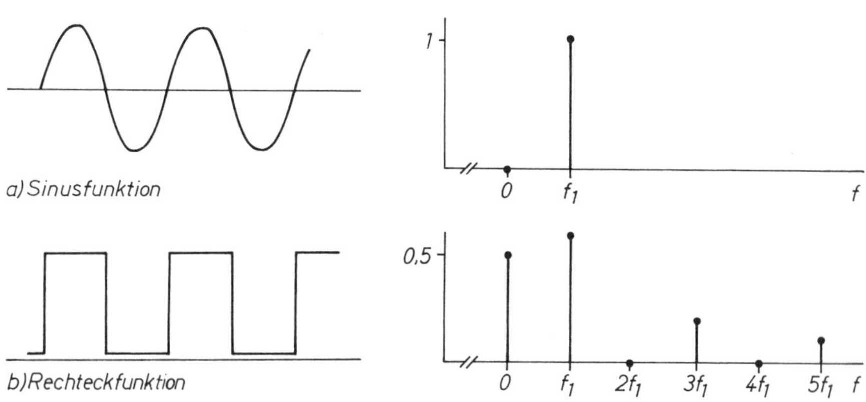

ungeradzahliger Vielfacher. Das betrifft die Einweggleichrichtung, die den diadynamischen Reizstrom „MF“ entstehen läßt, genauso wie die Doppelweggleichrichtung, die zur Stromform „DF“ führt.
Tabelle 7 listet die einzelnen Amplitudenanteile über den Vielfachen der Frequenz für einige in der Reizstromtherapie verwendeten Stromformen bis zur 15. Vielfachen, also der 14. Oberwelle auf.
Abbildung 31 zeigt die dazugehörigen Stromformen als Zeitfunktion, wobei gleichzeitig die Spektraldarstellung gegeben wird.
Es ist erkenntlich, daß beim Rechteckstrom (Pulsdauer = Pulspause) die Spektrallinien relativ schnell gegen „Null“ konvergieren. Daraus folgt z. B. für Stimulations-

Tabelle 7 Spektralanteile ausgewählter Reizströme bis zur 15fachen Grundfrequenz (14. Oberwelle)

Stromart	Impulsstrom Tastverhältnis			Dreieck-strom ohne Pause	Sinusstrom	
	1:2	2:7	1:143		einweg-gleich-ger.	doppel-weg-gleich-ger.
Polarität	biphasisch Mittel-wert „0“	monophasisch				
Therapeut. Bedeutung	Osteoge-nesesti-mulation	Träbert	TENS	Stimul. denerv. Musku-latur	Diadynamischer Strom „MF“	Diadynamischer Strom „DF“
Gleichwert ($f = 0$)	0	28,57	0,7	50,0	31,83	63,66
Grundfrequenz $f = f_1$	63,66	49,77	1,40	31,83	50,0	0
2. Vielfache von f_1	0	31,03	1,40	15,92	21,22	42,44
3. Vielfache von f_1	21,22	9,21	1,40	10,61	0	0
4. Vielfache von f_1	0	6,91	1,40	7,96	4,24	8,49
5. Vielfache von f_1	12,73	12,41	1,40	6,37	0	0
6. Vielfache von f_1	0	8,29	1,40	5,31	1,82	3,64
7. Vielfache von f_1	9,09	0	1,39	4,55	0	0
8. Vielfache von f_1	0	6,22	1,39	3,98	1,01	2,02
9. Vielfache von f_1	7,07	6,90	1,39	3,54	0	0
10. Vielfache von f_1	0	2,76	1,39	3,18	0,64	1,29
11. Vielfache von f_1	5,79	2,51	1,39	2,89	0	0
12. Vielfache von f_1	0	5,17	1,38	2,65	0,45	0,89
13. Vielfache von f_1	4,90	3,83	1,38	2,45	0	0
14. Vielfache von f_1	0	0	1,38	2,27	0,33	0,65
15. Vielfache von f_1	4,24	3,31	1,37	2,12	0	0

Alle Angaben in % des Spitzenwertes.

ströme dieser Form mit einer Frequenz von etwa 1 Hz (angewendet bei der Knochenwachstumsstimulation) eine notwendige Frequenzbreite von etwa 25mal der Grundfrequenz, also 25 Hz. Hier wird es auf technischer Seite kaum Probleme

Abb. 31 Zeitverhalten und Spektraldarstellung
a) Impulsstrom (Pulsdauer = Pulspause, d. h. Tastverhältnis 1:2), b) „Ultrareizstrom“ nach Träbert (Tastverhältnis 1:3,5), c) TENS-Strom (Tastverhältnis 1:143), d) Dreieckstrom, e) diadynamischer Strom „MF“, f) diadynamischer Strom „DF“

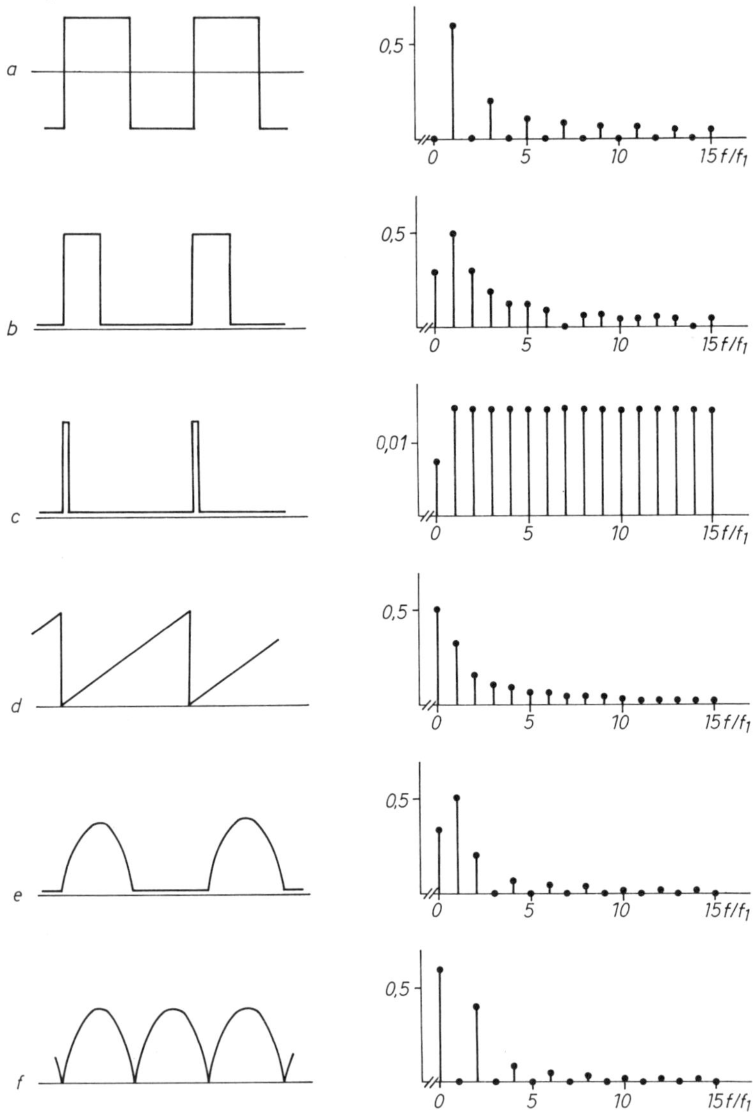

bei der Impulsübertragung geben. Im biologischen Objekt jedoch kann eine interne tiefere Grenzfrequenz oder auch eine Filtercharakteristik existieren, die zu Impulsverformungen führen kann (s. 3.2.2.3.).

Da der Strom zur Osteogenesestimulation biphasisch mit dem Mittelwert „Null" ist, fehlt im Spektrum der Anteil bei der Frequenz „Null".

Bei TRÄBERT-„Ultrareizstrom", der mit einer Pulsbreite von 2 ms bei einer Pulspause von 5 ms, also einer Frequenz von etwa 140 Hz definiert ist, sollte die technischer Grenzfrequenz etwa das 50fache der Grundfrequenz, also etwa 7,2 kHz betragen, was technisch ebenfalls kein Problem ist. Sehr schmale Impulse im Vergleich zum Impulsabstand werden bei der TENS verwendet (s. 3.2.4.2.2.). Hier geht das Spektrum bis zu sehr hohen Vielfachen der Grundfrequenz. In dem gezeigten Ausschnitt der ersten 15 Vielfachen ist noch kaum ein Absinken der Amplituden der einzelnen Spektralfrequenzen festzustellen. Praktische Rechnungen zeigen, daß man hier bis zur etwa 2200fachen Frequenz der Grundfrequenz ohne wesentliche Verluste übertragen muß, um die Impulse nicht schon auf der technischen Seite zu verformen. Im Beispiel der TENS-Parameter 70 Hz, Pulsbreite 0,1 ms, ist die notwendige Grenzfrequenz etwa 150 kHz. Einige Gerätehersteller haben diese Grenzfrequenz nicht realisieren können, wodurch trotz sauberer Impulserzeugung im Gerät verzerrte Impulse am Ausgang anliegen.

Ähnliche Betrachtungen kann man auch für andere Reizstromformen durchführen. Die drei weiteren Beispiele („MF", „DF" und Dreieckstrom) erfordern keine so hohen Grenzfrequenzen, daß es auf technischer Seite Probleme gibt, da es sich weder um sehr kurze Impulsformen handelt noch die Grundfrequenz hoch ist.

Die Spektraldarstellung hat eine große praktische Bedeutung. So haben komplexe elektrische Widerstände, die eine resistive („ohmsche") und eine kapazitive Komponente haben, für jede Frequenz andere Werte. Wenn der komplexe elektrische Widerstand bekannt ist, kann der Einfluß dieses Widerstandes für jede der einzelnen Frequenzkomponenten einzeln betrachtet werden. Der komplexe Widerstand biologischer Objekte läßt sich aus den unter 3.2.2.1. beschriebenen Materialkonstanten $\varkappa$ und ε sowie der Geometrie zwischen den Elektroden, die am biologischen Objekt liegen, berechnen oder auch mittels elektronischer Meßgeräte als Funktion der Frequenz messen.

Somit wird z. B. bei vorgegebener Spannung jede Frequenzkomponente einen Strom liefern, der von dem komplexen Widerstand bei dieser Frequenz abhängt. Verringert sich der komplexe Widerstand bei höheren Frequenzen, werden diese Spektralanteile beim Strom eine Anhebung gegenüber denen der Spannung erfahren.

Weiterhin können elektronische Schaltungen zur selektiven Veränderung einzelner Spektralbereiche führen. Durch die stets vorhandene obere Grenzfrequenz werden darüberliegende Spektralanteile unterdrückt. Die Bemerkungen zu Tabelle 7 und Abbildung 31 haben dies an einzelnen Beispielen verdeutlicht. Starke Einflüsse auf das Spektralverhalten haben elektronische Filter, die außerhalb ihres Durchlaßbereiches die Amplitudenwerte je nach ihrer Filterkennlinie verschieden stark dämpfen.

Theoretisch kann nun eine solche neue Spektralverteilung wieder zu einer periodischen Zeitfunktion führen, die anders als die der ursprünglichen Zeitfunktion ist. Der mathematische Apparat zur Herstellung der Spektralfunktionen ist die sog. Fourier-Analyse, die auf Fourier-Reihen beruht (benannt nach dem französischen

Mathematiker und Physiker Baron DE FOURIER, 1768–1830). Die Synthese der Zeitfunktionen aus der Spektralfunktion geschieht durch einfache Summation der Einzelzeitfunktionen.
Für einfache Zeitfunktionen läßt sich deren Verformung infolge komplexer elektrischer Widerstände auch direkt aus Zeitbetrachtungen gewinnen, was im nächsten Abschnitt beschrieben wird.

3.2.2.3. Einfluß der Gewebeeigenschaften

Bereits im Abschnitt 3.2.2.1. wurde auf die voneinander unabhängigen Materialkonstanten $\varkappa$ und ε biologischer Materialien hingewiesen. Dies bedeutet, daß für biologische Materialien eine elektrische Ersatzschaltung aufstellbar ist, die aus Widerständen und Kapazitäten bestehen muß. Eine einfache Parallelschaltung eines Widerstandes R mit einem Kondensator C zeigt Abbildung 32a, wobei bei einem biologischen Objekt zwischen zwei Flächenelektroden der Fläche A, mit dem Abstand d die Werte einfach zu berechnen sind:

$$R = \frac{d}{\varkappa \cdot A} \quad \text{und} \quad C = \varepsilon \cdot \frac{A}{d}.$$

Das elektrische Verhalten dieser Materialprobe entspricht nun aber nicht einer solch einfachen RC-Parallelschaltung. So müßte z. B. bei sehr hohen Frequenzen der komplexe Widerstand etwa „Null" sein, da ein Kondensator bei höchsten Frequenzen wie ein Kurzschluß wirkt.

Abb. 32 Ersatzschaltungen biologischer Materialien (YAMAMOTO u. a. 1977)
a) formale Ersatzschaltung, b) vereinfachte Ersatzschaltung mit frequenzkonstanten Bauelementen; c) Hautersatzschaltung mit Bauelementen definierter Frequenzabhängigkeit

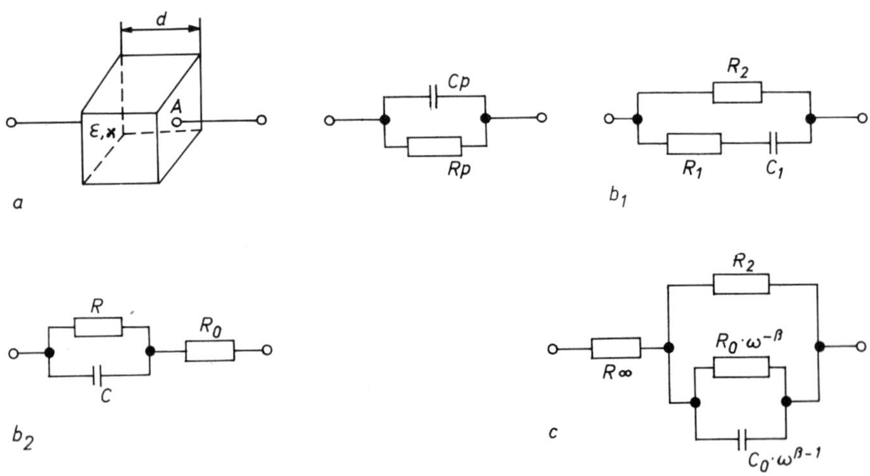

Aus diesem Grund werden die beiden Ersatzschaltungen der Abbildung 32b als einfachste Ersatzschaltungen biologischer Materialien angesehen. Dabei sollen alle Bauelemente, unabhängig von Frequenz und Meßstrom, ihren Wert beibehalten. Die erste Ersatzschaltung (Abb. 32b$_1$) läßt sich als Ersatzschaltung einer Zellsuspension darstellen, C_1 wäre die Membrankapazität, R_1 der intrazelluläre Widerstand und R_2 der Widerstand der extrazellulären Umgebungsflüssigkeit. Die zweite Ersatzschaltung (Abb. 32b$_2$) dagegen wird als einfache Darstellung der Gewebeimpedanz bei Anlegen von Oberflächenelektroden gedeutet. R und C sind Widerstand und Kapazität der obersten Hautschicht, R_0 symbolisiert den Gewebewiderstand der darunterliegenden Schichten.
Interessant ist, daß beide Ersatzschaltungen sich frequenzunabhängig ineinander umrechnen lassen, d. h. denselben elektrotechnischen Sachverhalt beschreiben. Die Umrechnungsgleichungen sind:

$$R_1 = R_0(1 + R_0/R)\,; \qquad R_2 = R_0 + R\,; \qquad C_1 = C(1 + R_0/R)^{-2}$$

bzw.

$$R_0 = R_1(1 + R_1/R_2)^{-1}\,; \qquad R = R_2(1 + R_1/R_2)^{-1}\,; \qquad C = C_1(1 + R_1/R_2)^2\,.$$

Für einfache Überlegungen reicht die Verwendung dieser Ersatzschaltungen aus, sie sollen deshalb zur Erklärung der Impulsverformung bei verschiedenen Ausgangsstufen bei Reizstromgeräten verwendet werden.
Für detaillierte Untersuchungen ist jedoch die Näherung dieser Ersatzschaltung an reale Meßergebnisse nicht gut genug. Um z. B. den Einfluß verschiedener therapeutischer Maßnahmen auf das elektrische Verhalten der Haut zu untersuchen, muß eine Hautersatzschaltung gefunden werden, die den gemessenen Sachverhalt genauer beschreibt. Hier kommt man mit frequenzkonstanten Bauelementen nicht mehr aus. Yamamoto u. Mitarb. beschrieben 1977 einfache Hautersatzschaltungen mit frequenzabhängigen Bauelementen, die eine bessere Näherung an die Meßwerte zeigten als Ersatzschaltungen mit frequenzkonstanten Bauelementen (Abb. 32c).
Für die Betrachtung der Impulsverformung von rechteckförmigen Impulsen ist die Ausgangscharakteristik des Stimulators wichtig.
Hier gibt es die *„constant current“*-(c.c.-) und die *„constant voltage“*-(c.v.-) Ausgangsstufe.
Eine c.c.-Ausgangsstufe ist eine Konstantstromquelle. Das bedeutet jedoch nicht, daß hier zeitlich konstanter Strom, also Gleichstrom, abgegeben wird, sondern daß sich der eingestellte Strom (Sinus-, Impuls- oder andere Stromformen) nicht ändert, wenn der Lastwiderstand R_L variiert. Der Lastwiderstand ist der Widerstand, der an die Ausgangsbuchsen der Endstufe angeschlossen wird, im Normalfall also der elektrische Widerstand des biologischen Objektes. Diese Stromkonstanz kann nicht bis zu beliebig hohen Lastwiderständen gehen, da dann die im Stimulator dafür notwendige Spannung sehr groß würde. Diese kann die Betriebsspannung jedoch nicht überschreiten. Die Betriebsspannung darf aus Sicherheitsgründen und aus Gründen der Realisierbarkeit nicht beliebig hoch gewählt werden. Wenn 300–400 V die obere Grenze darstellen, folgt aus dem Ohm-Gesetz, daß bei einfacher resistiver Last (ohne kapazitive Komponente) ein eingestellter Strom mit einem Spitzenwert von z. B. 40 mA gemäß $R_{L\max} = U_{\max}/I$ bis 10 kΩ Last-

widerstand unverändert bleibt. Erhöht sich der Lastwiderstand, so muß der Strom gemäß $I = U_{max}/R_L$ absinken. Damit stellt die Funktion $I(R_L)$ oberhalb des Grenzwiderstandes $R_{L\,max}$ eine Hyperbel dar (I ist proportional zum Kehrwert von R_L). Stellt man diese Hyperbel in doppeltlogarithmischem Maßstab dar, ergibt sich bei gleicher Achsenaufteilung eine fallende Gerade mit einem Winkel von −45 grd. Da unterhalb des Grenzwiderstandes über elektronische Schaltungen im Gerät der Wert des eingestellten Stromes konstant gehalten wird, wenn sich R_L ändert, ergibt sich als Ausgangscharakteristik einer c.c.-Endstufe die in Abb. 33a gezeigte. Diese Kurve sagt aus, daß beim maximal einstellbaren Strom i_{max} ein Grenzwiderstand $R_{L\,max}$ existiert, bis zu dem dieser Maximalstrom konstant bleibt. Wird jedoch ein kleinerer Strom i_1 eingestellt, so ist dieser bis zu einem Widerstand R_{L1} stromkonstant, wobei R_{L1} größer als $R_{L\,max}$ ist. Damit man für jeden Einstellwert den Grenzwiderstand des Konstantstromverhaltens bestimmen kann, ist es sinnvoll, daß die Ausgangscharakteristik für jeden Stimulator bis zu einem Lastwiderstand von 20 kΩ anzugeben ist.

Analoge Betrachtungen lassen sich für die c.v.-Ausgangsstufe, die Konstantspannungsquelle durchführen. Hier steigt bei sehr kleinen Lastwiderständen der Strom sehr stark. Dieser muß begrenzt sein, wodurch im doppeltlogarithmischen Maßstab eine Ausgangscharakteristik gemäß Abbildung 33b folgt. Es existiert also ein Minimalwiderstand $R_{L\,min}$, der mindestens an die Ausgangsbuchsen anzuschließen ist, damit die maximal einstellbare Ausgangsspannung unabhängig vom Lastwiderstand konstant bleibt. Für eine kleinere eingestellte Spannung u_1 ist der Grenzwiderstand R_{L1} kleiner als $R_{L\,min}$. Prinzipiell folgt daraus jedoch, daß c.v.-Stufen empfindlich gegen Kurzschluß der Ausgangsbuchsen sind, wenn nicht besondere schaltungstechnische Maßnahmen ergriffen werden.

Der Einfluß des komplexen Gewebewiderstandes auf das Zeitverhalten von Impulsen soll nun unter der Bedingung betrachtet werden, daß die Lastwiderstände stets im Konstantbereich liegen, also unterhalb $R_{L\,max}$ bzw. oberhalb $R_{L\,min}$. Dann

Abb. 33 Impulsverformung bei c.c.- und c.v.-Ausgangscharakteristik
a) c.c.-Ausgangscharakteristik, b) c.v.-Ausgangscharakteristik, c) Verformung des Spannungsimpulses bei c.c.-Betrieb, d) Verformung des Stromimpulses bei c.v.-Betrieb

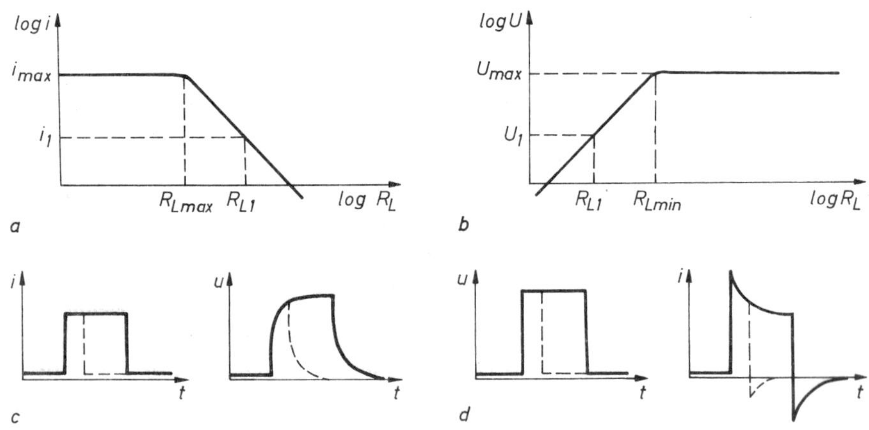

sind die Stromform $i(t)$ bei c.c.-Stufen bzw. die Spannungsform $u(t)$ bei c.v.-Stufen immer unverändert rechteckförmig, wie die linken Teilbilder in Abbildung 33c und 33d zeigen.
Zur Beschreibung des Zeitverhaltens von Impulsen führt man an der einfachen Ersatzschaltung für biologische Materialien nach Abbildung 32b folgende Betrachtungen durch:
– Vor dem Impuls, nach dem Impuls und während des Impulses bilden sich stationäre Zustände aus, wenn sowohl Impulsdauer als auch -pause lang genug dafür sind.
– Beim Übergang von einem stationären Zustand in einen anderen ist die Zeitfunktion stets eine Exponentialkurve, da es sich um Kondensatorauf- bzw. -entladungen handelt. Die sog. Zeitkonstante τ, das ist die Zeit, bei der die Funktion auf den $e^{-1} = 1/e = 1/2{,}718 = 0{,}368$fachen Wert abgesunken ist, ist einfach aus dem Produkt der für Auf- und Entladung verantwortlichen Widerstände und Kapazitäten bestimmbar, z. B. in Abbildung 32b

$\tau_a = R_0 \cdot C$ für die Aufladung

und

$\tau_e = R \cdot C$ für die Entladung.

– Im allerersten Moment eines unendlich steilen Impulses wirkt der Kondensator wie ein Kurzschluß. Nach einer Zeit, die genügend über der Zeitkonstanten liegt, wirkt der Kondensator so als ob er nicht vorhanden wäre. Daraus folgen die Grenzwerte, zwischen denen die Exponentialkurven liegen.

Diese Betrachtungen führen auf die Impulsverformungen, die im rechten Teil der Abbildung 33c und 33d dargestellt sind (durchgezogene Linien).
Bei der c.c.-Ausgangsstufe hat die Spannung, die über den Elektroden am Patienten gemessen wird, einen abgerundeten Zeitverlauf (Abb. 33c). Zunächst springt die Spannung auf einen Wert, der dem Produkt $i \cdot R_0$ entspricht (Kondensator als Kurzschluß betrachtet), dann beginnt die Kondensatoraufladung gemäß der Zeitkonstante $R_0 \cdot C$ bis auf den Wert $i \cdot (R + R_0)$. Bei der Abschaltung des Stromimpulses sinkt die Ausgangsspannung ruckartig um den Wert $i \cdot R_0$ (da $i = 0$). Der geladene Kondensator wirkt jedoch noch als Spannungsquelle. Er entlädt sich dann gemäß der Zeitkonstante $R \cdot C$ bis auf „Null".

Bei der c.v.-Ausgangsstufe hat der Strom, der in den Patienten fließt, deutlich sog. „Spikes", also Stromspitzen, die unangenehme Reize für den Patienten darstellen können (Abb. 33d). Die Stromspitze beim Beginn des Spannungsimpulses folgt aus u/R_0 (Kondensator als Kurzschluß betrachtet) und kann für kleine R_0 recht groß sein. Infolge der gemäß der Zeitkonstante $R_0 \cdot C$ stattfindenden Aufladung des Kondensators bildet sich an diesem eine Spannung, die einen Teil der Spannung u des Eingangsimpulses verbraucht, wodurch der Stromimpuls bis auf den Wert $u/(R + R_0)$ absinkt. Bei der Abschaltung des Spannungsimpulses wirkt wieder der Kondensator als Spannungsquelle, bis er sich gemäß der Zeitkonstante $R \cdot C$ entladen hat. Der Entladungsstrom fließt naturgemäß in umgekehrter Richtung zum Aufladestrom, wodurch der „Spike" beim Abschalten bis ins Negative führen muß.

Wenn die Impulsdauer kürzer als die Auf- und Entladezeitkonstanten τ_a und τ_e ist, kann der verformte Impuls nicht auf seinen stationären Wert gelangen, da bereits vorher der Rechteckimpuls abgeschaltet wird. Dies hat zur Folge, daß die Amplitude des verformten Impulses geringer wird, je schmaler der Impuls, verglichen zu den Zeitkonstanten wird. Der Zeitverlauf entspricht dann den gestrichelten Linien in Abbildung 33c und 33d. Im Extremfall sehr kurzer Impulse („Spikes") ist der jeweils resultierende Impuls selbst nur noch ein „Spike", der bei der c.c.-Schaltung den Spannungswert $i \cdot R_0$ und bei der c.v.-Schaltung den Stromwert u/R_0 hat. Der Kondensator in der Ersatzschaltung (Abb. 32b) wirkt dann wie ein Kurzschluß.
So wie die Gewebeeigenschaften zur Impulsverformung führen, kann man umgekehrt aus Messungen von Impulsverformungen auch auf die Werte der Ersatzschaltbildelemente der Abbildung 32b schließen (GÜTTLER 1977). Dies setzt jedoch die Gültigkeit dieser Ersatzschaltung voraus, was meist aber nur mit Einschränkungen gegeben ist. Trotzdem können so ermittelte Ersatzschaltbildelemente einen groben Überblick über zu erwartende Reaktionen bei Anlagen von Reizstromimpulsen an biologischen Objekten geben.
Aus den Ersatzschaltbildelementen kann auf die Materialkonstanten $\varkappa$ und ε des biologischen Materials geschlossen werden, wenn die geometrischen Verhältnisse so sind, daß sie mathematisch erfaßbar sind. Auch das ist nur in den seltensten Fällen gegeben, meist nur bei in-vitro-Experimenten. Bei diesen entsprechen jedoch die Bedingungen meist nicht den in-vivo-Verhältnissen, wodurch zu erklären ist, daß die elektrischen Materialeigenschaften, die von verschiedenen Autoren gemessen wurden, so stark voneinander abweichen. GEDDES und BAKER gaben 1967 einen Überblick über solche Meßwerte.
Der Einfluß der Gewebeeigenschaften auf kompliziertere Impulsformen als Rechteckimpulse (z. B. diadynamische Ströme) läßt sich einfacher über die in Abschnitt 3.2.2.2. beschriebene Spektraldarstellung erfassen. Hier wird das Spektrum der periodischen Zeitfunktion über die Fourier-Analyse gewonnen. Die frequenzabhängigen Eigenschaften des Gewebes müssen durch Messung oder theoretische Betrachtungen bekannt sein. Gemäß dieser Kenntnis wird jede der Spektrallinien gesondert behandelt, woraus ein neues Spektrum der gesuchten Größe (z. B. der Spannung am Patienten bei c.c.-Ausgangsstufe) entsteht. Durch die entsprechende Synthese der Zeitfunktionen aller dieser neuen Spektrallinien entsteht dann die gesuchte Zeitfunktion der durch die Gewebeeigenschaften veränderten ursprünglichen Zeitfunktion.

3.2.3. Gerätetechnik der Reizstromtherapie im Nieder- und Mittelfrequenzbereich (NF- und MF-Bereich)

D. SCHUBERT

3.2.3.1. Stimulationsmuster

Reizstromeffekte können erzielt werden

a) mit impulsförmigen Einzelereignissen (z. B. Einzelimpulse Abb. 34b) oder
b) mit fortlaufenden Signalen (z. B. Impulsfolgen Abb. 34c).

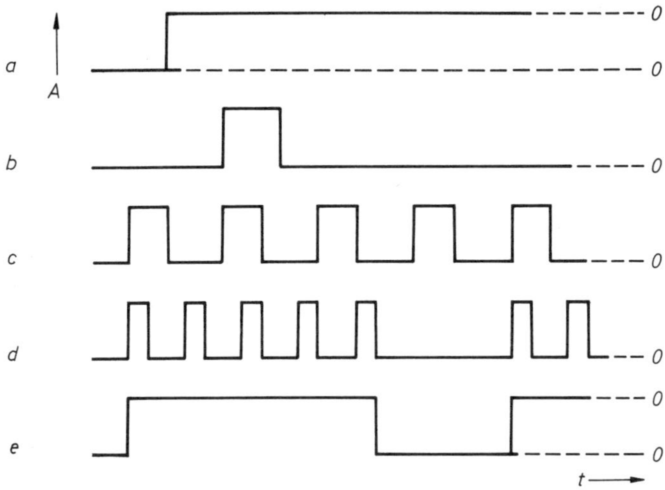

Abb. 34 Stimulationsströme
a) Gleichstrom, b) Einzelimpuls, Rechteck, monophasisch, c) Impulsfolge, Rechteck, monophasisch, d) Impulsgruppen, e) Hüllkurve der Impulsgruppen von d)

Unter einem Impuls wird ein einmaliger stoßförmiger Vorgang von endlicher, d. h. begrenzter zeitlicher Dauer, verstanden. Als fortlaufende Signale werden in der Regel Folgen von Einzelimpulsen verwendet. Zu den fortlaufenden Signalen zählen aber auch nichtimpulsförmige Signale, z. B. das Sinussignal.

Zur Charakterisierung der Reizströme seien zunächst die Formen der verwendeten Einzelimpulse beschrieben. Dazu dienen die sog. Kenngrößen. Sie sind zu unterscheiden nach Amplituden- und Zeitparametern (Abb. 35).
Als Amplituden werden üblicherweise die Maximal- oder Spitzenwerte angegeben: A_s (auch A_{max} oder $\hat{A}$), entweder als Spitzenstrom (I_s) oder als Spitzenspannung (U_s). Darüber hinaus ist es manchmal sinnvoll, mit dem mittleren Wert eines Einzelimpulses für die gesamte Impulsdauer zu arbeiten. Da es hier auf applizierte Ladungsmengen ankommt, wird dazu der arithmetische Mittelwert verwendet: A_-, I_- oder U_-. (Bei Leistungsbetrachtungen würde man eher den Effektivwert heranziehen.) Der arithmetische Mittelwert entspricht dem Maximalwert eines Rechteckimpulses der gleichen Amplituden-Zeit-Fläche bei gleicher Impulsdauer (Abb. 36a). Beim Rechteckeinzelimpuls (s. Abb. 35b1) ist demzufolge die mittlere Amplitude mit dem Spitzenwert identisch. Beim Sägezahnimpuls (Abb. 35d1) verhalten sich Mittelwert und Spitzenwert wie 1 : 2. Für die Sinushalbwelle (Abb. 35f 1) ist das Verhältnis $1 : \sqrt{2}$. Dieser Mittelwert des Einzelimpulses ist aber nicht identisch mit dem Mittelwert einer Impulsfolge, wie er z. B. an Reizstromgeräten abgelesen werden kann, weil dort noch die Impulspause zu berücksichtigen ist (Abb. 36d). Hier wird der Effektivwert zur Kennzeichnung verwendet.
In der Abbildung 35 sind oben die wichtigsten monophasischen Impulsformen in ihrem zeitlichen Verlauf dargestellt. Die Rechteckimpulsform (Abb. 35b 1) und die Dreieckimpulsvarianten (Abb. 35c 1 bis e 1) können als Sonderfälle der Trapez-

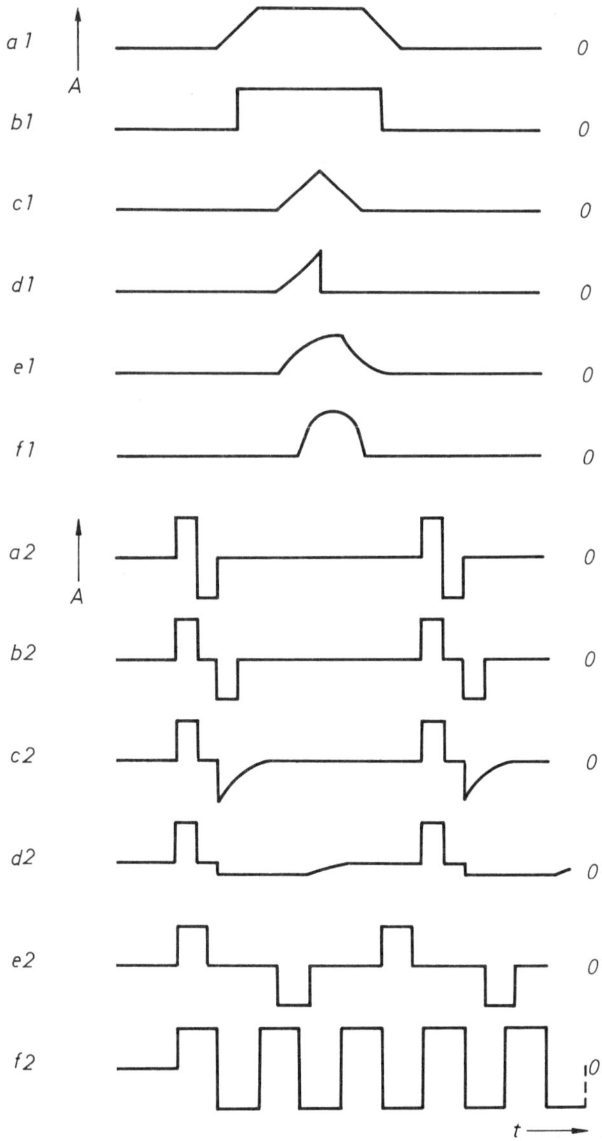

Abb. 35 Monophasische (a1 ... f1) und biphasische (a2 ... f2) Impulsformen

impulsform angesehen werden. Der Trapezimpuls besitzt eine Gesamtimpulsdauer t_i mit einer ansteigenden Flanke der Dauer t_{an} und einer abfallenden Flanke der Dauer t_{ab} (Abb. 36c). Für den Rechteckimpuls gilt $t_{an} = t_{ab} = 0$ und für den symmetrischen Dreieckimpuls $t_{an} = t_{ab} = t_i$; beim Sägezahnimpuls ist $t_{ab} = 0$.
In der Praxis der Impulserzeugung können Idealformen immer nur näherungsweise erreicht werden. Jeder reale Rechteckimpuls hat endliche Anstiegs- und Abfallflanken. Deren Dauer ist nur vernachlässigbar klein gegenüber der Gesamt-

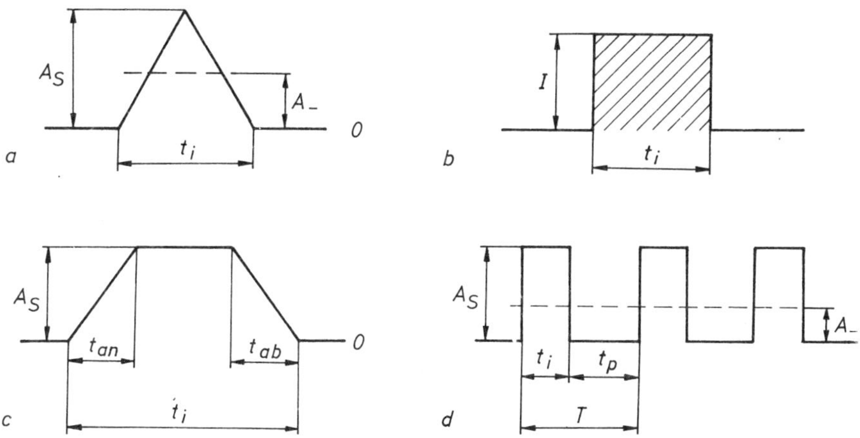

Abb. 36 Parameter monophasischer Impulse
a) Spitzenwert und mittlere Amplitude *eines* Dreieckimpulses (gleiche Amplituden-Zeit-Fläche bei gleicher Impulsdauer), b) Ladungsmenge eines monophasischen Impulses (////): $Q = I \times t_i$, c) Trapezimpulsparameter, d) Definition des Tastverhältnisses:

$$T_v = \frac{t_i}{T} = \frac{t_i}{t_i + t_p}$$

A_- = mittlerer Gleichstrom einer Impulsfolge

impulsdauer. Ebenso besitzen die Flanken der Dreiecks- und Trapezimpulse selten einen konstanten Anstieg. Sie sind meist Abschnitte von exponentiellen Verläufen (Kondensatorauf- und -entladungen). Für fortlaufende Signale (z. B. Impulsfolgen) kommt als zusätzliche Kenngröße die Frequenz hinzu. Sie gibt an, mit welcher Häufigkeit sich das Einzelereignis je Zeiteinheit wiederholt. Zu ihrer Dimension sei auf den Abschnitt 3.2.2.2. verwiesen.
Es erscheint sinnvoll, die teilweise ineinandergeschachtelten Impulse in Ebenen aufzuschlüsseln:
Die Ebene der reizwirksamen Impulse mit Frequenzen im Niederfrequenzbereich (NF, vor allem zwischen 1 und $100\,s^{-1}$) erhält die Bezeichnung *Reizmuster* (RM).
Üblicherweise werden Impulsfolgen mit einem kleinen Tastverhältnis appliziert. Unter dem Tastverhältnis T_v wird in der Impulstechnik der Quotient aus Impulsdauer t_i und Periodendauer T verstanden (Abb. 36d), wobei sich die Periodendauer aus der Impulsdauer t_i und der Impulspause t_p zusammensetzt. Dies bedeutet, daß ein Puls-Pausen-Verhältnis von 1 : 1 einem Tastverhältnis von 1 : 2 entspricht.
Nicht immer werden fortlaufende Signalfolgen ununterbrochen angewendet. Durch zyklische Unterbrechungen entstehen Impulsgruppen (Abb. 34d). In Anlehnung an Bezeichnungsweisen in der Technik wird eine Impulsgruppe auch „Burst“ genannt. Die sog. Hüllkurve einer Impulsgruppe hat wiederum das Aussehen eines Impulses (Abb. 34e). An- und abschwellende Impulsgruppen besitzen eine trapezförmige Hüllkurve (s. Abb. 38d). Die neue Ebene, die tiefere Frequenzen als

die Ebene RM hat, erhält die Bezeichnung *Modulation* (MO), da dies der technische Begriff der Hüllkurvenerzeugung ist.
In gewissen Grenzen ist für den Reizerfolg nur die eingebrachte elektrische Ladungsmenge pro Zeiteinheit ausschlaggebend. Das trifft beispielsweise für Muskelkontraktionen bei Impulsbreiten von weniger als 300 µs zu (Nürnberg 1986). Die elektrische Ladung Q ist definiert als Integral des Stromes über die Zeit des Stromflusses. Sie entspricht damit der Strom-Zeit-Fläche der dargestellten Impulse (Abb. 36b). Ihre Einheit ist Coulomb (C) bzw. Ampere × Sekunde (As): 1 C = 1 As.
Die eingebrachte Ladungsmenge pro Zeiteinheit kann auf 3 verschiedene Arten variiert werden:

- Änderung der Amplitude,
- Änderung der Impulsdauer,
- Änderung des Impulsabstandes bzw. der Frequenz.

Dementsprechend spricht man von *Amplitudenmodulation* (AM), *Pulsdauermodulation* (PDM) und *Pulspausenmodulation* (PPM) bzw. *Frequenzmodulation* (FM). Abbildung 37 demonstriert diese Möglichkeiten an dem Beispiel einer Verdopplung der Ladungsmenge pro Zeit.
An- und abschwellende Reizeffekte können also nicht nur durch Variation der Amplitude (Abb. 38a), sondern auch durch Variation der Zeitparameter erzielt werden. Die Abbildung 38b bringt das analoge Beispiel für die Pulsdauermodulation und Abbildung 38c die entsprechende Pulspausen- bzw. Frequenzmodulation.
Betrachtet man die Hüllkurven der Modulation bzw. den Verlauf der Ladungsmengen pro Zeit (Abb. 34e und 38d), dann erkennt man Impulsformen, die denen

Abb. 37 Verdopplung der Ladungsmenge pro Zeit
a) einfache Ladungsmenge/Zeit; doppelte Ladungsmenge/Zeit durch: b) doppelte Amplitude, c) doppelte Impulsdauer, d) doppelte Frequenz

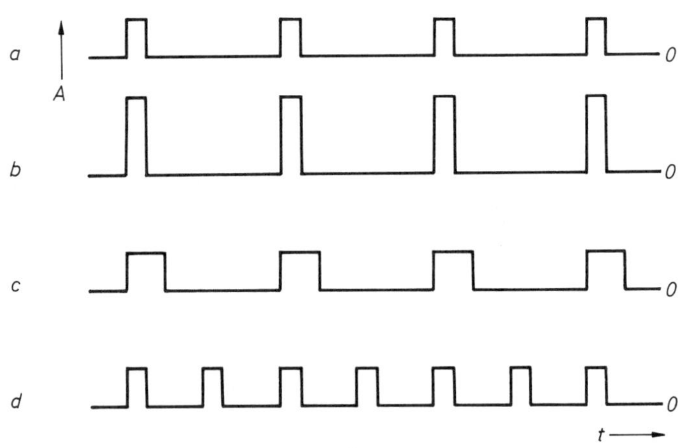

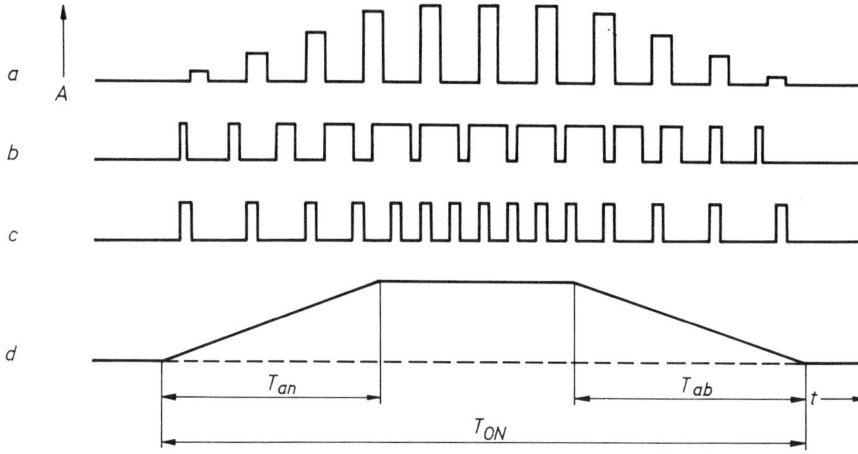

Abb. 38 Modulationsebene (MO)
a) Amplitudenmodulation (AM), b) Pulsdauermodulation (PDM), c) Pulspausenmodulation (PPM) bzw. Frequenzmodulation (FM), d) Verlauf der Ladungsmenge/Zeit

der Einzelimpulse ähneln. Sie unterscheiden sich jedoch von jenen in ihren Zeitparametern Frequenz, Impulsdauer und -pause. Diese Impulsdauer (das ist die Gruppendauer) wird hier ON-Zeit genannt, und die Impulspause (das ist die Gruppenpause) heißt OFF-Zeit. Zur ON-Zeit gehören die ansteigende Rampe T_{an} und die abfallende Rampe T_{ab}.
Diese Frequenzebene Modulation (MO) beinhaltet auch die Spezialfälle $T_{OFF} = 0$ (keine Gruppen) und $T_{an} = T_{ab} = 0$ (keine Schwellungen).
Seit einiger Zeit werden international Geräte mit stochastischen Impulsfolgen angeboten. Im einfachsten Fall werden durch einen eingebauten Zufallsgenerator die Impulsabstände in gewissen Grenzen variiert. Dadurch entsteht eine stochastische Frequenzmodulation. Der Verlauf der Ladungsmenge pro Zeit spiegelt diese Unregelmäßigkeiten wider. Ebenso ist es möglich, die Impulsbreite oder die Impulsamplitude stochastisch zu modulieren. Solche Realisierungen sind aber noch nicht bekannt.
Die Refraktärzeiten der Aktionspotentiale begrenzen im allgemeinen die Wirkung höherfrequenter Ströme für die Nervenstimulation (bis etwa $1000\,s^{-1}$). Bei der reinen Muskelstimulation liegen die Grenzen der Wirksamkeit bei wesentlich höheren Frequenzen. So ist in jüngster Zeit die Tendenz zu beobachten, Muskeln auch mit Mittelfrequenzströmen (MF) zu stimulieren (Jogger, „TuR“ RS 24); die Frequenzen liegen dabei über $1000\,s^{-1}$. In praxi werden dazu die normalen Impulse der NF-Ströme noch einmal untersetzt, so daß auf der nächsthöheren Frequenzebene wiederum eine Impulsgruppe entsteht, aber auf der nächsthöheren Frequenzebene (Abb. 39 oben). In Anlehnung an Bezeichnungsweisen in der Technik wird diese Ebene Trägersignal-Ebene (TS) genannt.
Ein Sondergebiet der Anwendung von Mittelfrequenzströmen ist die Interferenzstromtherapie. Als Interferenz wird die Überlagerung zweier Signale bezeichnet, die sich in ihrer Frequenz unterscheiden. Als Ergebnis entsteht ein Signal, dessen

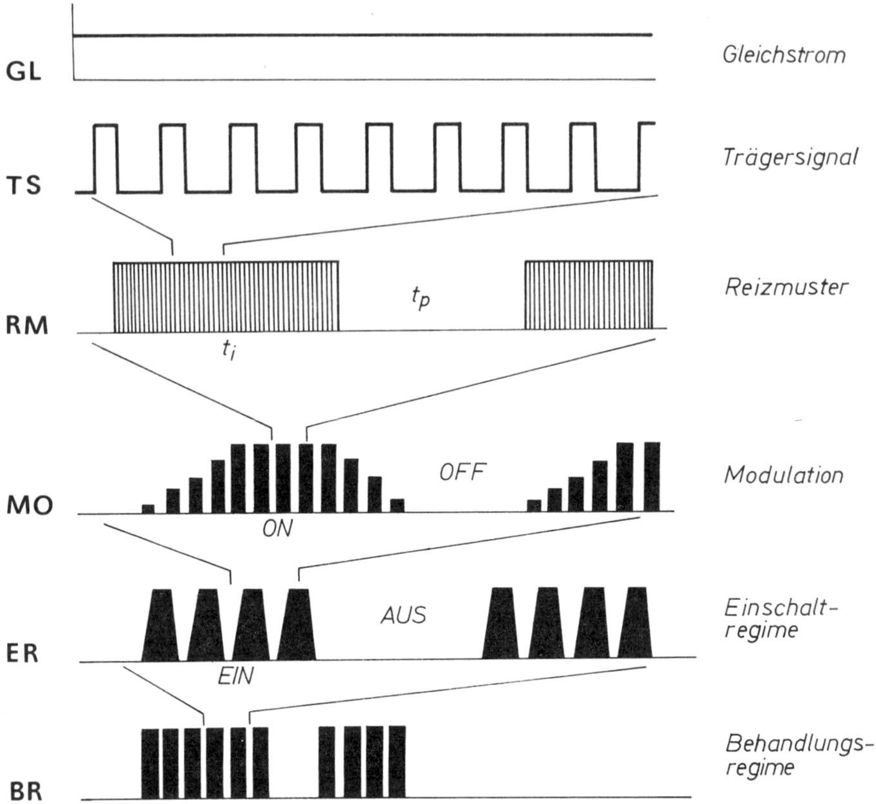

Abb. 39 Hierarchie der Frequenzebenen

Amplitude im Rhythmus der Differenzfrequenz schwankt (Abb. 65). Dieser Effekt wird folgendermaßen ausgenutzt: Von außen werden an einen Körperteil zwei mittelfrequente Ströme so eingebracht, daß sich ihre Strombahnen, die dreidimensional, also vektoriell betrachtet werden müssen, ortsabhängig kreuzen und überlagern. Auf dem Wege bis zu dem gewünschten Reizort fließen also die geringer wirkenden und weniger belastenden höherfrequenten Ströme, die auch die kapazitiven Gewebekomponenten besser passieren, während an der Überlagerungsstelle mehr die Hüllkurve des niederfrequenten Interferenzergebnisses wirksam werden soll.

Häufig gehört zum Stimulationsmuster ein zusätzlich aufgeprägter Gleichstrom. Als Kenngröße kann dafür nur die Amplitude angegeben werden. Im Spezialfall besteht eine Therapie nur aus der Gleichstromapplikation. Diese Ebene mit der Frequenz $f = 0$ wird mit *Gleichstrom* (GL) bezeichnet. Man spricht von einer reinen Gleichstromanwendung, wenn der eigentlich durch Ein- und Ausschalten entstehende monophasische Einzelimpuls der Länge der Behandlungsdauer der Sitzung entspricht.

Zum bisher beschriebenen Umfang des Stimulationsmusters gehören die Ebenen Gleichstrom (GL), Trägersignal (TS), Reizmuster (RM) und Modulation (MO), deren jeweilige Kenngrößen an den Stimulationsgeräten eingestellt werden. Die Ströme mit den vorgewählten Parametern werden in der Regel während einer Sitzung appliziert. Führt man den Gedanken der Frequenzebenen weiter, dann kann eine solche Sitzung als „Behandlungsimpuls" entsprechender Dauer angesehen werden. Die Behandlung während einer Sitzung kann andererseits auch durch Pausen unterbrochen sein. Es können Einschalt- und Ausschaltzeiten unterschieden werden. Alles zusammen bildet die Ebene *Einschaltregime* (ER) (Abb. 39 Mitte). Die „Impulse" dieser Ebene sind immer Rechtecke.

Abb. 40 Impulsmuster der Ebenen TS, ER und BR
oben: Bildung der TS-Ebene: a1) NF-Rechteckimpuls der RM-Ebene (t_i = 0, 1 ... 1000 ms) = Hüllkurve für TS, b1) MF-Rechteckimpulsgruppe der TS-Ebene (Impulsdauer z. B. 5 µs, Gruppendauer t_1); Mitte: Frequenzebene „Einschaltregime" (ER): a2) ununterbrochene Stimulation einer Sitzung, b2) durch Pausen unterbrochene Stimulation in einer Sitzung; unten: Frequenzebene „Behandlungsregime" (BR): a3) Beispiel einer 2wöchigen Behandlung mit je einer Sitzung montags, mittwochs und freitags, b3) Hüllkurve von 3a)

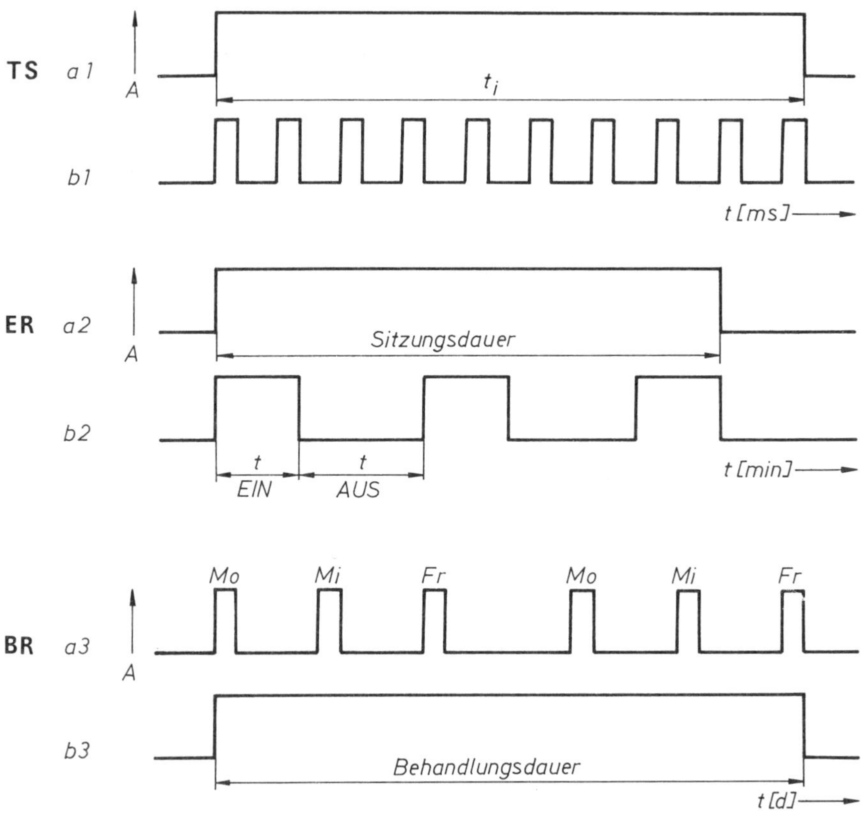

Eine Behandlung besteht nur in seltenen Fällen aus einer einzigen Sitzung, meist sind mehrere solcher „Behandlungsimpulse“ nötig. In Fortführung des Frequenzebenenschemas ergibt sich als letzte Ebene das sog. *Behandlungsregime* (BR) (Abb. 39 unten). Als Sonderfälle sind die einmalige Behandlung und die Dauerbehandlung (z. B. Herzschrittmacher) anzuführen. Ein Beispiel für ein Behandlungsregime ist z. B. 1 Woche lang täglich 20 min.
Die Gesamtübersicht über alle Ebenen des nach der Frequenz geordneten Schemas ist in Abbildung 40 gezeigt. In einer lupenähnlichen Darstellung ist in der jeweiligen höherfrequenten Ebene ein Ausschnitt aus der benachbarten niederfrequenten gezeigt. Für jede dieser nach der Frequenz geordneten Ebenen sind die gebräuchlichen Bereiche der Frequenz und der Impulsdauer angebbar (Schubert, D. u. Mitarb. 1989). Das Ebenenschema ergibt sich nicht nur aus formalen Erwägungen. Jede Ebene hat ihre Besonderheiten, und jeder sind auch spezifische physiologische Wirkungen zuzuschreiben. Eine Übersicht darüber bringt die Tabelle 8.
Bei den bisherigen Ausführungen wurde von einem unveränderlichen Stimulationsmuster während einer Behandlung ausgegangen. Das ist eine unzulässige Ein-

Tabelle 8 Charakterisierung der Stimulationsmusterebenen

Ebene	Hauptwirkung	Bemerkungen
Gleichstrom	Ionentransport/Iontophorese Schwellenverschiebung	– alleinige Anwendung möglich – als additive Komponente möglich
Trägersignal	Überwindung der kapazitiven Hautwiderstandskomponente	– vorrangig für externe ES – kann fehlen
Reizmuster	beabsichtigter Reizeffekt	– obligat – alleinige Anwendung möglich
Modulation	physiologische Anpassung Steuerung von Bewegungs abläufen und Kraftentfaltung	– kann fehlen
Einschalt-regime	Wechsel: Beanspruchung – Erholung	– Angabe für Therapie – bei Geräten oft durch Therapieuhr realisiert – auch Triggerung einmaliger Abläufe
Behandlungs-regime	(Auf-)Trainieren Einschleifen des Effektes	– Angabe für Therapie oder Beübung
Programm-wechsel	gezielte Beeinflussung unterschiedlicher Strukturen, z. B. für FESE	– gilt für alle Ebenen GL ... Br
Kanalzahl	Reizung komplexer Strukturen, z. B. zur Erzeugung von Bewegungsabläufen Interferenzverfahren und die meisten FES-Anwendungen setzen Mehrkanaligkeit voraus	– Entkopplung der Kanäle zur Vermeidung von Querströmen notwendig – Verzögerungszeit zwischen den Kanälen ist zusätzlicher Parameter

schränkung. Bei nicht wenigen Anwendungsfällen wechselt es nicht nur in den Ebenen BR und ER, sondern auch in den höherfrequenten. Ein Musterbeispiel für diesen Programmwechsel (PW) ist die diadynamische Stromform CP, die aus den paritätischen Anteilen DF und MF (je 1 s im Wechsel) besteht.

Jedes der festgelegten Stimulationsmuster gilt für einen Stimulationskanal. Bei mehrkanaliger Stimulation unterscheiden sich in der Regel die Stimulationsmuster, die nur in Ausnahmefällen autonom und unkoordiniert ablaufen. Für diese Kanalzahl (KZ) sind noch Koordinationsparameter (z. B. die Verzögerungen – t_v) anzugeben, wenn mehr als ein Kanal existiert.

Neben der vereinheitlichten und übersichtlichen Darstellungsweise von Stimulationsmustern besitzt das Ebenenschema folgende Möglichkeiten: Angabe von

- Parameterbereichen unterschiedlicher Anwendungen,
- technischen Daten von Stimulatoren und
- Therapieanweisungen.

Außer bei reiner Gleichstrombehandlung ist die Ebene Reizmuster (RM) immer obligat. Für die unterschiedlichen Anwendungen ist es aufschlußreich, die Parameterbereiche für Impulsdauer und Frequenz in dieser Ebene darzustellen (SCHUBERT, D., u. Mitarb. 1989).
Stimulationsgeräte existieren in den verschiedensten Ausbaustufen. Ansonsten reicht die Palette von dem fest vorgegebenen Stimulationsmuster einer Ebene bis zu einstellbaren Parametern aller Ebenen außer BR. Zu den Geräten mit den letztgenannten Möglichkeiten gehören Universalstimulatoren, zu den Geräten mit den zuerst genannten Möglichkeiten zählen die Spezialstimulatoren mit meist Einzweckanwendung.
Ein allgemeines Schema für die Angabe der Kenngrößen der entsprechenden Ebenen ist in der Tabelle 9 angegeben. Diese Tabelle ist zunächst geeignet, technische Daten von Stimulatoren zu beschreiben. Die Ebene BR kann dabei entfallen, da sie in die Geräte nicht integriert ist. Die Funktion der Ebene ER wird häufig nur durch die Therapieuhr realisiert. Von den drei Kenngrößen Frequenz, Impulsdauer und -pause ist eine redundant. Sie ergibt sich aus den jeweils beiden anderen. Die Tabelle ist vor allem geeignet zur Charakterisierung von Rechteck- bzw. Dreieckimpulsvarianten. Oftmals dürfte in der Spalte Impulsform eine grafische Darstellung verständlicher sein als eine verbale Beschreibung.
Weiterhin ist das in der Tabelle 9 angegebene Schema voll nutzbar für die Vorgabe von Therapieanweisungen. Hierbei ist die Ebene BR ein wesentliches Element der Vorgabe.

Den bisherigen Betrachtungen wurden Impulse zugrunde gelegt, bei denen die Auslenkung von der Nullinie stets in eine Richtung erfolgt. Diese Impulse werden *monophasisch* genannt. Als synonyme Begriffe dazu sind „monopolar“, „unipolar“ und „unidirektional“ in Gebrauch. In der Literatur bezeichnen die Begriffe „monopolar“ und „unipolar“ mehr die Elektrodentechnik als die Impulsform. Bei der unipolaren Stimulation werden eine kleinflächige differente und eine großflächige indifferente Elektrode verwendet. Eine bipolare Elektrostimulation geht von zwei gleichberechtigten Elektroden aus (s. Abb. 1).

Tabelle 9 Ebenenschema mit Parameterangabe

Ebene	Frequenz	Impulsdauer	Impulspause	Rampe		Impulsform
				Anstieg	Abfall	
GL	0					
TS	f_i	T_i	T_p			
RM	f	t_i	t_p	t_{an}	t_{ab}	
MO	F	T_{ON}	T_{OFF}	T_{an}	T_{ab}	
ER		t_{EIN}	t_{AUS}	–	–	–
BR				–	–	–

Das Gegenstück der monophasischen Impulse sind die *biphasischen* bzw. bidirektionalen Impulse (s. Abb. 35 unten). Bei ihnen wechselt die Stromrichtung innerhalb eines Zyklus'. Monophasische Impulse haben immer eine verbleibende verschobene Ladungsmenge, die nicht wieder aufgehoben oder zurückgenommen wird, biphasische Impulse können, müssen aber eine solche verschobene Restladung nicht haben. Die durch die Strom-Zeit-Fläche repräsentierte Ladungsmenge entspricht einem mittleren Gleichstrom (s. Abb. 36d). Bezüglich der Strom-Zeit-Fläche exakt nullsymmetrische biphasische Impulse besitzen keine resultierende Gleichstromkomponente. Jeder Gleichstrom hat im Gewebe eine Ionenverschiebung zur Folge, unabhängig davon, ob er zusätzlich aufgeprägt wurde oder ob er sich aus einer nullunsymmetrischen Impulsfolge ergibt. Die damit verbundenen unerwünschten oder unangenehmen Nebenwirkungen beruhen auf elektrolytischen Effekten. Sie reichen von Gewebeveränderungen (beispielsweise Hautrötung) bis hin zur Materialabtragung implantierter Elektroden. Die Gewebebeeinflussung führt in manchen Anwendungsfällen zu erwünschten Wirkungen, z. B. bei der Wundheilung. In besonderer Weise wird die Ionentransportwirkung des Gleichstromes bei der Medikamenteneinbringung ausgenutzt, die als *Iontophorese* bezeichnet wird. Dazu eignet sich jeder Stimulationsstrom mit einer resultierenden Gleichstromkomponente. Bei der Muskelstimulation oder bei der TENS sind die Gleichstromwirkungen jedoch zu minimieren. Hierin liegt die eigentliche Begründung der Verwendung biphasischer Impulse zur Elektrostimulation. Speziell bei der Muskelstimulation wird deutlich, daß biphasische Impulse so ausgebildet werden müssen, daß die erwünschte Wirkung (Umkippen eines Membranpotentials und Auslösen eines Aktionspotentials) in deren ersten Phase irreversibel erfolgt und erst in der zweiten Phase des Doppelimpulses die eingetretene Ionenverschiebung wieder rückgängig gemacht wird. Die in Abbildung 35a2 gezeigten biphasischen Impulse sind dazu noch nicht optimal. Ist die erste Phase dieser Doppelimpulse zu kurz, wird die Ladungsmenge bereits wieder entzogen, bevor die Auslösung des Aktionspotentials erfolgt. Es ist günstiger, zwischen dem Stromrichtungswechsel eine Pause einzufügen, so daß der Gegenimpuls verzögert auftritt (Abb. 35b2). Es gibt die verschiedensten Möglichkeiten der Realisierung einer solchen Ladungsbalance. In Abbildung 35 unten sind einige Varianten ladungsbalancierter Impulsfolgen dargestellt. Der Fall e2 in Abbildung 35 ist insofern interessant, als er einer monophasischen Impulsfolge entspricht, bei der jeder zweite Impuls umgepolt wird ($t_v = t_p$). SCHUBERT, W., berichtete 1986 über die günstige Wirkung langer biphasischer Impulse (bis zu 20 ms) bei schlaffer Lähmung. Die festgestellte geringere Ermüdung der denervierten Muskeln im Gegensatz zu der bei monophasischen Impulsen wird dadurch erklärt, daß in den beiden Phasen eines Impulszyklus' jeweils andere motorische Einheiten rekrutiert werden. Bei der verwendeten Impulsform ist keine Impulspause nötig, und die Verzögerung zwischen den beiden Phasen kann entfallen (Abb. 35f 2).

In der Elektrotherapie ist die Anwendung einiger *Sonderstromformen* verbreitet, die sich im Verlaufe der Entwicklung des Fachgebietes herausgebildet haben und bei denen der Gegenimpuls verzögert auftritt (Abb. 35b2). Es gibt die verschiedensten Möglichkeiten der Realisierung einer solchen Ladungsbalance. In Abb. 35 unten sind einige Varianten ladungsbalancierter Impulsfolgen dargestellt.
Der Fall e2 in Abbildung 35 ist insofern interessant, als er einer monophasischen Impulsfolge entspricht, bei der jeder zweite Impuls umgepolt wird ($t_v = t_p$). SCHUBERT, W., berichtete 1986 über die günstige Wirkung langer biphasischer Impulse (bis zu 20 ms) bei schlaffer Lähmung. Die festgestellte geringere Ermüdung der denervierten Muskeln im Gegensatz zu der bei monophasischen Impulsen wird dadurch erklärt, daß in den beiden Phasen eines Impulszyklus' jeweils andere motorische Einheiten rekrutiert werden. Bei der verwendeten Impulsform ist keine Impulspause nötig, und die Verzögerung zwischen den beiden Phasen kann entfallen (Abb. 35f 2).

In der Elektrotherapie ist die Anwendung einiger *Sonderstromformen* verbreitet, die sich im Verlaufe der Entwicklung des Fachgebietes herausgebildet haben und meist mit Eigennamen belegt sind. Sie fanden oft deswegen Eingang in die Praxis, weil ihre Erzeugung dem jeweiligen technischen Stand entsprechend einfach realisierbar war. Von großem Vorteil ist, daß für diese Sonderstromformen ein breiter Erfahrungsschatz über Möglichkeiten und Grenzen ihrer Wirkung vorliegt. Dabei sind fast nie Untersuchungen durchgeführt worden mit Variation der Zeitparameter dieser Stromformen – das war in der Regel nicht möglich – sondern nur solche zur Abgrenzung der fixen Stromformen gegeneinander.
So wurden 1950 von BERNARD die sog. *Diadynamischen Ströme* eingeführt (s. Abb. 55), deren Grundmuster (RM-Ebene) eine Halbwelle des sinusförmigen Wechselstroms mit der Frequenz 50 Hz ist (Halbwellendauer 10 ms). Wären die Diadynamischen Ströme in Nordamerika inauguriert worden, wo eine Netzfrequenz von 60 Hz üblich ist, betrüge die Halbwellendauer sicherlich 8,33 ms. Untersuchungen über einen möglichen Wirkungsunterschied der beiden Varianten sind dem Autor nicht bekannt. Im Gerät „TuR" RS 21 werden die Sinushalbwellen durch Trapeze angenähert.
Die sog. Faradischen Impulse sind nicht mehr gebräuchlich, sie wurden durch die *Neofaradischen Ströme* ersetzt. Es handelt sich hierbei um Dreiecks- oder Exponentialimpulsströme (manchmal auch um eine Rechteckform) mit ca. 1 ms Dauer und einer Folgefrequenz von wiederum 50 Hz bzw. einer Pulsperiodendauer von 20 ms (RM-Ebene).
Als „*Ultrareizstrom*" nach TRÄBERT wird eine Folge von Rechteckimpulsen von 2 ms Dauer und einer Frequenz von ca. 140 Hz (Pulsperiodendauer etwa 7 ms)

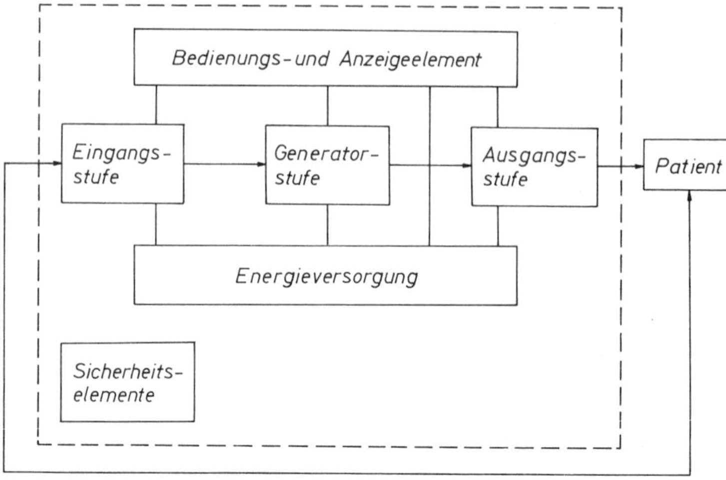

Abb. 41 Blockschaltbild Elektrostimulator (im gestrichelten Kasten)

bezeichnet. Die Extrembezeichnung „Ultra" rührt von den relativ hohen Intensitäten her, mit denen dieser Strom zur „Reizstrom-Massage" appliziert wird.

3.2.3.2. Gerätetechnik

Stimulationsgeräte besitzen folgende Baugruppen (Abb. 41):

- Impulserzeugung
- Endstufe(n)
- Energieversorgung
- Bedienung und Anzeige
- Sicherheitselemente
- Signalerfassung

Ein oder mehrere Generatoren erzeugen das Stimulationsmuster. In der Regel benötigt man je Ebene einen Oszillator. Vor allem für Universalstimulatoren werden neuerdings zur Generierung des Stimulationsmusters Mikroprozessoren eingesetzt, über die in eleganter Weise noch Einstell- und Anzeigefunktionen

Tabelle 10 Stimulationsmusterebenen ausgewählter Geräte

Gerät/Ebene	GL	TS	RM	MO	ER	t_v
TuR USR 2	×	–	×	×	Uhr	–
TuR RS 10	×	–	×	×	Uhr	×
TuR RS 12	×	–	×	×	–	–
TuR RS 21	×	–	×	×	–	×
TuR RS 24	–	×	×	×	–	(×)
TuR RS 40	–	–	×	–	–	–
TuR RS 41	×	–	–	–	–	–
Jogger	–	×	×	–	–	–
BIUS1	–	–	×	×	–	–

realisiert werden. Die Impulserzeugung entfällt nur bei reinen Gleichstromstimulatoren. Eine Palette ausgewählter Geräte überstreicht beispielsweise unterschiedliche Stimulationsmuster (Tab. 10).
Die Endstufe ist das eigentliche Anwendungsteil des Stimulators. Durch diese Baugruppe wird die benötigte Ladungsmenge zur Verfügung gestellt. Die an ihrem Eingang nahezu leistungslos anliegende und vom Generator vorgegebene Signalform wird in elektrische Leistung umgesetzt. Hier greift die Einstellung für den Strom bzw. die Spannung ein. Die Endstufen müssen eine stromkonstante (c.c. = constant current) oder spannungskonstante (c.v. = constant voltage) Charakteristik besitzen (Abb. 33). Die Größen der Konstantbereiche sind gerätespezifisch und aus deren technischen Dokumentationen ersichtlich.
Die *stromkonstante Ausgangscharakteristik* bedeutet, daß die eingestellte Stromamplitude in weiten Grenzen (bis zu einem Maximalwiderstand) unabhängig vom Patientenwiderstand ist durch automatische Nachführung der Ausgangsspannung. Der Vorteil der c.c.-Charakteristik ist die konstante und reproduzierbare Einbringung elektrischer Ladung in das biologische Objekt. Nachteilig ist das starke Ansteigen der Spannung bei Vergrößerung des Patientenwiderstandes z. B. bei Elektrodenablösung. Moderne Stimulatoren besitzen deshalb eine Überwachung des Patientenwiderstandes und schalten rechtzeitig den Strom ab oder begrenzen die Spannung.
Die *spannungskonstante Ausgangscharakteristik* bedeutet, daß die eingestellte Spannungsamplitude in weiten Grenzen (oberhalb eines Mindestwiderstandes) unabhängig vom Patientenwiderstand ist. Der Patientenstrom ist also von diesem Patientenwiderstand völlig abhängig. Der Vorteil der c.v.-Charakteristik ist, daß es bei Elektrodenablösung mit Vergrößerung des Patientenwiderstandes (eigentlich des Elektrodenübergangswiderstandes) zu keinem Ansteigen der Ausgangsspannung kommt. Geräte mit c.v.-Charakteristik sind in der Regel auch einfacher und billiger zu realisieren.
Weiterhin ist zu beachten, daß es bei c.v.-Ausgangsstufen zur Verformung des Stromimpulses (Überschwingen) kommt und bei c.c.-Ausgangsstufen zur Verformung des Spannungsimpulses (Abrundung) (s. Abb. 33). Ursache dafür sind die kapazitiven Anteile des Hautwiderstandes. Auf der einen Seite sind unerwünschte Stromspitzen bei längeren Impulsen bei c.v.-Endstufen zu erwarten, auf der anderen Seite sind sehr schmale Impulse (10 µs und kürzer) besser in c.v.-Technik zu realisieren.

Eine Signalerfassung ist nur in solche Geräte integriert, die der closed-loop-Stimulation (FES) dienen. Durch diese Eingangsstufe wird der Stimulationserfolg ausgewertet, der mittels Elektroden und Sensoren registriert wird. Daraus wird eine Steuergröße zur Variation der Stimulationsparameter abgeleitet.
Alle Baugruppen des Stimulators benötigen zu ihrem Betrieb elektrische Energie. Diese Energieversorgung kann durch ein Netzteil oder durch Batterien bzw. Akkumulatoren geleistet werden.
Bei der Energieversorgung durch ein Netzteil ist vom Aufbau her Sorge zu tragen, daß im Fehlerfall vom Netz keine gefährlichen Spannungen bzw. Ströme an den Patienten oder das Bedienpersonal gelangen können.
Beim Batteriebetrieb sind zwei Fälle zu unterscheiden: Im ersten Fall überschreitet die Amplitude der Stimulationsspannung die Batteriespannung nicht. Das ist

beispielsweise gegeben bei der Osteogenesestimulation (z. B. Implantat IES4). Der zweite Fall betrifft vor allem die externe Elektrostimulation, bei der weitaus höhere Spannungen als die Batteriespannungen erforderlich sind. Hier leistet ein Konverter die Spannungsumsetzung (z. B. beim Gerät BIUS). Die Energieversorgung mittels Batterie hat den Nachteil, daß mit einem Batteriesatz nur eine begrenzte Betriebsdauer gewährleistet ist. Da der Leistungsverbrauch von Stimulatoren nicht unter eine Mindestgrenze zu senken ist (es ist auf jeden Fall die Stimulationsleistung aufzubringen), kann der Preis für den Jahresbedarf an Batterien den Gerätepreis durchaus erreichen und überschreiten. Aus diesem Grunde wird die Stromversorgung häufig durch wiederaufladbare Akkumulatoren realisiert (z. B. Gerät JOGGER2). Das zusätzlich benötigte Ladegerät und die gegenüber Batterien teureren Akkumulatoren amortisieren sich binnen kurzem.
Einen Sonderfall der Energieversorgung der Endstufe stellt das sog. RF-TS (radio frequency transmitter system) dar. Bei ihm werden mittels einer Hochfrequenzsenderspule sowohl Energie als auch Stimulationsmuster transcutan an die Empfängerspule des Implantates übertragen.
Kompliziertheitsgrad und Aufwand eines Stimulators wachsen sofort, wenn nicht nur einkanalig stimuliert werden soll. Dann ist zu gewährleisten, daß zwischen den Kanälen keine Querströme fließen, d. h. die Querströme dürfen einen Wert von 0,1 mA nicht überschreiten. Querströme können unbeabsichtigte Stimulationswirkungen hervorrufen. Solche Querströme entstehen, wenn die Kanäle auf irgendeine Weise verkoppelt sind. Das kann z. B. galvanisch leicht über eine einheitliche Energieversorgung oder eine gemeinsame Impulserzeugung eintreten. Die unzulässigen Querströme können durch galvanische Entkopplung der Kanäle vermieden werden, indem die informative Kopplung der Kanäle über Optokoppler oder auf induktivem bzw. kapazitivem Wege realisiert wird. Es sind aber auch Kopplungen über Schutzimpedanzen möglich (GÜTTLER/SCHUBERT 1988). Eine elegante Lösung zur Vermeidung von Querströmen ist das zyklische Umschalten der einen Ausgangsstufe auf die verschiedenen Kanäle (realisiert beim Gerät BIUS2). Eine mehrkanalige funktionelle Elektrostimulation ist ohne Mikroprozessor nicht sinnvoll zu realisieren. Dieser ist dann das Herz der Impulserzeugung.
Eine Mehrkanalstimulation kann natürlich auch durch mehrere gekoppelte Einkanalgeräte erreicht werden. Dann müssen die soeben beschriebenen Kopplungsbedingungen gewährleistet sein. Eine Vielzahl von Kopplungsvarianten bietet z. B. der Universalstimulator „TuR“ RS 21 (Parallel- u. Serienbetrieb). Da er eine Polaritätsumschaltung besitzt, sind durch gekoppelte Geräte auch biphasische Impulse erzeugbar, obwohl jeder einzelne Stimulator nur monophasische Impulse liefert. Ein Vertreter kaskadierbarer Kleinstimulatoren ist der BIUS1K, der mit einer Koppelbuchse ausgerüstet ist, hinter der ein Optokoppler die Querströme verhindert.
Zu einem Stimulationsgerät gehören weiterhin Bedien- und Anzeige-Funktionen. Im einfachsten Fall wird über die Bedienelemente auch die Anzeige der eingestellten Parameter realisiert (Knopfstellung). Bei batteriebetriebenen Geräten wird in der Regel auf alles verzichtet, was die Betriebsdauer herabsetzt, z. B. Leuchtanzeigen. Der Bedien- und Anzeigekomfort netzbetriebener Stimulatoren reicht von der gegenseitigen Verriegelung von Bedienknöpfen, über die Verhinderung unsinniger Parametereinstellungen bis hin zur wahlweisen Anzeige von Spitzen- oder Effektiv-

werten und zu Bandanzeigen, die im Stimulationsrhythmus aufleuchten. Mikroprozessoren erhöhen den Bedienkomfort beträchtlich und ermöglichen eine interaktive Parametereinstellung im Dialogbetrieb.
Nicht zuletzt sind auch solche Elemente und Baugruppen als Bestandteile eines Stimulators aufzuführen, die dem Sicherheitsregime dienen (siehe dazu Kapitel 6).

Die Stimulationsgeräte werden u. a. nach ihrem Einsatzort eingeteilt. So unterscheidet man *externe Stimulatoren* und *Implantate.* Darüber hinaus gibt es noch eine Mischform, das bereits erwähnte *„Radio Frequency Transmitter System"* (RF-TS), ein Halbimplantat, bei dem die Endstufe mit den Elektroden implantiert wird und deren Ansteuerung und Energieübertragung von einem externen Gerät erfolgt.

Weiterhin ist es üblich, die Stimulationsgeräte global nach ihrem Einsatzzweck einzuteilen. *Universalstimulatoren* verfügen über universelle Einstellmöglichkeiten der Stimulationsmuster und oft auch über Sonderstromformen. *Spezialstimulatoren* besitzen in der Regel einen eingeschränkten Anwendungsbereich (meist sind es Einzweckgeräte). Für die sog. *„Heimstimulatoren"* ist diese verbreitete Bezeichnung mißverständlich. Es ist sinnvoller, von *Stimulatoren für den häuslichen Gebrauch* zu sprechen. Solche Stimulatoren sind meist Einzweckgeräte, die batteriebetrieben und schon aus Preisgründen mit minimalem Komfort ausgestattet sind.

3.2.4. Methoden der Impulsstrom-, Reizstromtherapie

H. Edel

Eine Gliederung dieses z. Z. umfangreichsten und sich am raschesten entwickelnden Anwendungsgebietes der Elektrotherapie nach *Stimulationszielen* bzw. *Stimulationsorten* erscheint sinnvoller als eine Gliederung nach Stromformen.
Folgende 5 Hauptgruppen sind dabei von Bedeutung:

1. Neuromuskuläre Elektrostimulationsverfahren NMES, Myostimulationsverfahren
2. Neurostimulationsverfahren zur Schmerzkontrolle, Elektroanalgesieverfahren
3. Sonstige Neurostimulationsverfahren
4. Elektrostimulationsverfahren zur Durchblutungsverbesserung
5. Elektrostimulationsverfahren zur Regenerationsförderung (Wundheilung, Weichteilregeneration, Knochenwachstumsförderung

3.2.4.1. Neuromuskuläre Elektrostimulationsverfahren, NMES

Entwicklungstendenzen

Die Elektrostimulation (ES) ist ein schon lange bekanntes und therapeutisch genutztes Verfahren. Die erste Anwendung einer ES mit Hilfe der natürlichen Elektrizität (Bioelektrizität) elektrischer Fische (Zitterrochen) zur Behandlung eines Analprolapses wird in der Antike dem römischen Arzt Dioskurides (um 76 n. Chr.) zugeschrieben. Schon mit der ersten künstlich (apparativ) erzeugten Elektrizität, der statischen Elektrizität (elektrische Funken) der Reibungselektrizitätsmaschinen, behandelte KRATZENSTEIN 1744 in Halle Muskelkontrakturen am Finger. Mit galvanischen Stromstößen reizte GALVANI 1791 nicht nur bei seinem berühmten Froschschenkelversuch, sondern auch zu Therapiezwecken beim Menschen. Dazu stand die um 1800 von VOLTA entwickelte 1. Batterie (Volta-Säule) als Stromquelle zur Verfügung. Einen großen Aufschwung für die Myostimulation brachte die Erfindung des Schlitteninduktoriums durch FARADAY 1831. Mit dem faradischen Strom („faradisieren"), einem Wechselstrom von 50 Hz und 1 ms, kann man einen Muskeltetanus und nicht nur eine Einzelzuckung erzeugen. 1895 führte BERGONIÉ damit ein Verfahren zur Muskelkräftigung ein, das er Elektrogymnastik nannte, da die erzeugten Muskelkontraktionen den Willkürkontraktionen weitgehend gleichen. Die Einführung der Elektronenröhre in die Medizintechnik ermöglichte die Entwicklung moderner Reizstromtherapiegeräte im NF-Bereich als Netzstromgeräte. Hier konnten erstmals unabhängig voneinander in einem bestimmten Bereich variable Impulsstromparameter wie Frequenz, Amplitude, Impulsdauer, Anstiegs- und Abfallzeit von Einzelimpulsen und Impulsgruppen sowie der sog. „Schwellstrom" realisiert werden. Dieser Schwellstrom ermöglichte die zur Muskelstimulation beliebte „Schwellstromtherapie". Sie gestattete, wenn auch mit sehr begrenzter Variationsbreite der Reizmuster, eine Einschalt-(ON) und Ausschalt-(OFF)Gestaltung der meist neofaradischen Stromform. Solche Geräte wurden z. B. 1947 von HENSSGE und SCHWARZER in Dresden konstruiert („ELMESTAT III", „Universal Elmestat" der Fa. Elmeco Coswig), 1952 entwickelte die Firma „TuR" Dresden das Reizstromtherapiegerät „TuR" RS 1 als Vorläufer der weiterentwickelten Geräte RS 10, RS 11, RS 21. Die Entwicklung auf dem Gebiet der NMES ging jedoch stürmisch weiter infolge neuer Technologien, wie die der Transistoren und besonders der Mikroelektronik (integrierte Schaltkreise, IC, Chips). Neue Stromformen kamen neben der Niederfrequenz-ES zur Anwendung, z. B. die Mittelfrequenz-(MF-) und die Hochvolt-(HV-)Stimulation. Durch Miniaturisierung der Stimulatoren und durch Batteriebetrieb konnten Kleinstimulatoren zur NMES entwickelt werden (s. Tab. 12). Damit ergaben sich bedeutungsvolle neue Einsatzbereiche für die Myostimulation: die Verwendung zur häuslichen und zur Heimbehandlung und zur Selbstbehandlung. Eine für viele Indikationen der Myostimulation so notwendige Langzeitbehandlung war damit überhaupt erst realisierbar. Ein wesentlicher Fortschritt war auch die neue Anwendungsmöglichkeit von Kleinstimulatoren als elektronische Orthesen in der Rehabilitationsmedizin neuromuskulärer Erkrankungen bzw. Verletzungsfolgen. Das in den letzten Dekaden entwickelte Rehabilitationsverfahren der funktionellen Elektrostimulation FES, besonders das der Extremitäten FESE (z. B. Peronealorthese von Hemiplegikern, Orthesen zur Fortbewegung oder Verbesserung der Handfunktion bei Paraplegikern), ist ohne elektrische Kleinstimulatoren und Mikroprozessoren ebenso undenkbar wie das der funktionellen Elektrostimulation von Organen FESO, wie z. B. von Herzschrittmachern, Blasen-, Zwerchfellstimulatoren u. a. Besonders durch die FES ergab sich die Notwendigkeit, die Stimulation von Muskeln bzw. motorischen Nerven nicht mehr nur mittels Überflächenelektroden durchzuführen, sondern u. U. vorteilhafter mit implantierten Elektroden an der Muskeloberfläche (epimyseal) oder im Muskel (intramuskulär) oder um einen motorischen Nervenstamm (selten intraneural) bzw. in seine unmittelbare Nähe (z. B. implantierte Peronealorthesen). Dazu wurden Radiofrequenz-(RF-)Transmitter-(RFT-)Systeme (Abb. 42) entwickelt. Sie gestatten es, von einem externen Kleinstimulator und einer Antenne (Sendespule) aus einem subkutan implantierten Empfänger (den implantierten Elektroden) die Signale des Reizmusters durch die intakte Haut zu übermitteln. Auch komplett (total) implantierte Systeme zur Muskelstimulation sind nicht nur für die Kardiostimulation möglich. Reizung motorischer Nervenbahnen in höheren Ebenen der Neuraxis (Rückenmark-, Spinal-cord-, SCS-Stimulation, Kleinhirnstimulation, chronisch zerebellare-, CCS-Stimulation) erwiesen sich für Patienten mit schweren motorischen Störungen (s. entsprechende Kapitel) als erfolgversprechende neue Indikationsgebiete für die NMES. Diese Beispiele zeigen, wie stark sich dieses Gebiet z. Z. in Entwicklung befindet.

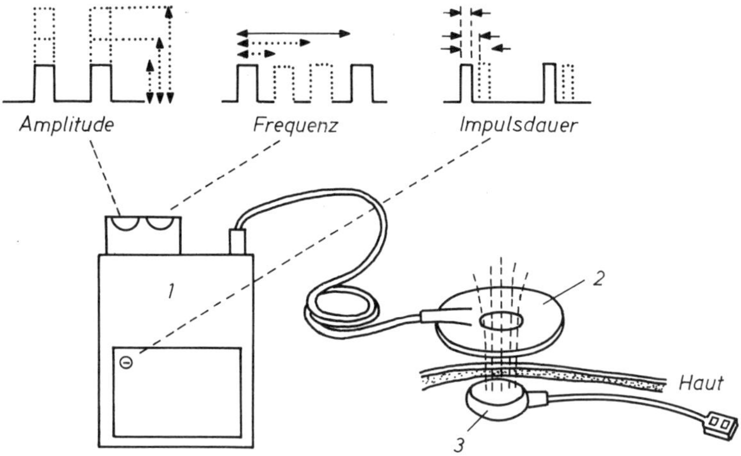

Abb. 42 RF-TS, Radiofrequenz-Transmittersystem; drahtlose Übertragung durch Induktion
1 = externer batteriebetriebener Stimulator mit variabler Amplituden-, Frequenz- und Impulsdauereinstellmöglichkeit, 2 = Sendeantenne (Induktionsspule), 3 = implantierter Empfänger (Receiver) und Elektrodenkabel zur implantierten Elektrode

Physiologische Grundlagen der NMES

Wie im Kapitel 3.2.1. ausgeführt, muß das elektrische Reizmuster adäquat gewählt sein, um am Nerv-Muskel-System ein Aktionspotential und eine fortgeleitete Erregung zu erzeugen. Bei einem normal innervierten Muskel (intaktes Nerv-Muskel-System) haben generell die motorischen Nervenfasern eine niedrigere Reizschwelle als die Muskelfasern. Sie werden deshalb zuerst, schon bei niedriger Reizintensität, erregt. Das gilt auch bei der sog. direkten Reizung, d. h. am Muskelreizpunkt; anders ist es beim denervierten Muskel. Motorische Nervenfasern und motorische Endplatten sind nicht mehr erregbar. Nur die Muskelfasern selbst können noch elektrisch erregt werden. Allerdings werden dazu andere Reizparameter erforderlich als zur Nervenreizung. So hat die Muskelfaser gegenüber der Nervenfaser einen deutlich höheren Chronaxiewert (bei Oberflächenelektrodenreizung >1 ms). Sie benötigt zur Erregung deshalb eine längere Impulsdauer. Sie ist mit den kurzen Impulsen von 1 ms des faradischen Stromes nicht mehr erregbar (s. Kap. 2.).
Bei der *Nervenfaserreizung mit elektrischem Strom* gelten noch einige weitere Gesetzmäßigkeiten (s. dazu auch Tabelle 11 und Abb. 43). Dicke, myelinreiche Nervenfasern haben eine niedrigere Reizschwelle als dünne, myelinarme bzw. markscheidenlose. Dadurch werden im Gegensatz zur Willkürkontraktion bei der Elektrostimulation die dicken Nervenfasern der großen Typ-II-Motoneuronen, die die phasisch, rasch kontrahierenden, aber schnell ermüdenden Muskelfasern erregen, vor den kleinen Typ-I-Motoneuronen-Nervenfasern, die die ermüdungsresistenten tonischen Muskelfasern versorgen, erregt. Bei der Willkürkontraktion ist mit steigender Belastung das Rekrutierungsmuster gerade umgekehrt. Bei Anwendung höherer Stromstärken, wie sie z. B. als Belastungsintensität im

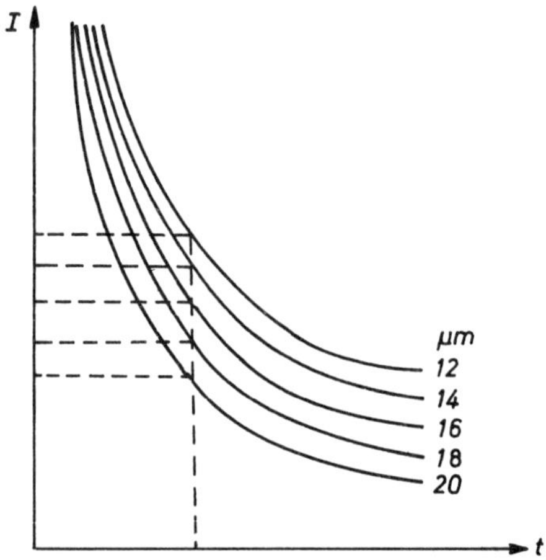

Abb. 43 *I*/*t*-Kurven von Nervenfasern (Nf) verschiedener Dicke (20 – 12 µm ∅) Die dicken myelinisierten, rasch leitenden Typ-II-Nf (20 µm ∅) werden mit den niedrigsten Intensitäten (*I*) zuerst erregt (rekrutiert) = umgekehrtes Rekrutierungsmuster

Rahmen eines Muskelkrafttrainings erforderlich werden können, kann es zur Mitreizung sensibler Nervenfasern, wie den A-δ bzw. C-Fasern kommen, die Schmerzinformationen leiten, wobei schließlich die sensible Toleranzgrenze erreicht wird. Da dies bei stromsensiblen Patienten evtl. schon sehr früh auftritt, kann dadurch u. U. der angestrebte Trainingseffekt einer Muskelkraftsteigerung nicht erzielt werden. Bei der sensiblen Belästigung durch transkutane Reizung ist neben der Intensität auch der Impulsparameter Impulsdauer beteiligt. Während

Tabelle 11 Vergleich Willkürkontraktion : NMES

Willkürkontraktion	NMES
Rekrutierungsmuster der motorischen Einheiten: slow twitch vor fast twitch, kein synchroner Start	Rekrutierungsmuster umgekehrt: fast twitch vor slow twitch, synchroner Start
Vorteile: Nicht apparativ, einfach, weniger gegen lokale Muskelermüdung anfällig als NMES	Von der Motivation des Patienten weitgehend unabhängig. In der Frühphase der Rehabilitation schon effektiv. Sehr gezieltes Einzelmuskeltraining möglich. Auch paretische Muskeln durch FESE stimulierbar (psychogene Lähmung, Paraplegie)
Nachteile: Von der Motivation des Patienten abhängig. In der Frühphase der Rehabilitation (posttraumatisch, postoperativ) durch Reflexinhibitation der Muskeln oft wenig effektiv. Bei psychogener Lähmung, Paraplegie nach RM-Läsion nicht durchführbar	Apparatives, damit aufwendigeres Verfahren. Relativ rasche Muskelermüdung besonders bei Frequenzen > 50 Hz (sog. high frequency fatiguation)

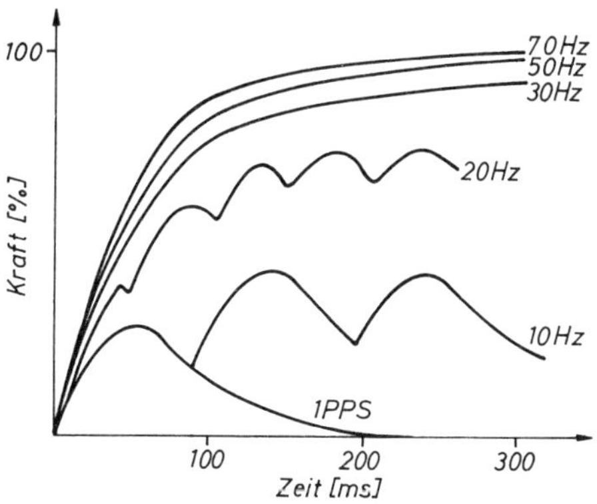

Abb. 44 Erreichbare Muskelkraftwerte bei den verschiedenen Reizfrequenzen Ab ca. 30 Hz (PPS) Erzielung fusionierter tetanischer Muskelkontraktionen. Erst in höheren Frequenzbereichen gute Muskelkraftentwicklung

eine Impulsdauer von 0,3 ms und darunter im allgemeinen sensibel wenig belästigt, ist das von Impulsen langer Pulsdauer, z. B. diadynamischen Strömen (10 ms) bekannt. Mittelfrequente Sinusimpulse in den zur Myostimulation angewandten Trägersignalfrequenzen, z. B. 2500 Hz und höher, sind kurz und deshalb sensibel wenig belästigend, obwohl sie zu einem Reizerfolg höhere Stromstärken benötigen als niederfrequente Impulse. Das gleiche gilt für die sehr kurzen Pulsdauern (4 – 40 µs) der „Hochvoltstimulatoren". Djourno (s. Dumoulin und de Bisschop 1980) hat auf ein weiteres diesbezügliches frequenzbedingtes Phänomen hingewiesen, das er „Trennung der Schwellen" nannte.

Nach der dort gezeigten Abbildung liegt ab Frequenzen von ca. 6 kHz die Schmerzschwelle deutlich oberhalb der Tetanisationsschwelle. Auch soll in diesem Bereich keine Gefahr bestehen, daß es zu Herzkammerflimmern kommt, wie das ja bei Anwendung niederfrequenter Sinusströme bekannt ist. Eine weitere physiologische Bedeutung der adäquaten Frequenzwahl bei der NMES ist darin zu sehen, daß es zur Auslösung einer vollständigen, kompletten, sog. fusionierten tetanischen Muskelkontraktion, wie sie in der Regel das Therapieziel ist, einer Mindestfrequenz bedarf. Diese sog. *Fusionsfrequenz* ist bei den verschiedenen Muskeln bzw. Muskelgruppen nicht ganz einheitlich. Sie beginnt bei 20 Hz und darüber (Abb. 44). Unterhalb dieses Grenzwertes kommt bei der Reizung nur ein inkompletter, nicht fusionierter Muskeltetanus zustande. Es tritt ein „Muskelwogen", „Schütteln" auf, daher sprechen Autoren, die diese Frequenz zu therapeutischen Zwecken eingesetzt haben, was relativ selten geschieht, auch von einem „Schüttelstrom". Ein weiterer wichtiger Frequenzbezug bei der Reizmustergestaltung zur NMES ist der, daß erst ab einer bestimmten Frequenz eine genügend starke Muskelkontraktion erfolgt. Die Höhe der zu erzielenden Muskelkraft, meist als % der maximalen isometrischen Willkürkontraktionskraft angegeben (max. isometr. voluntary contraction, MIVC abgekürzt), ist also frequenzabhängig und steigt mit der Frequenz. Mit Frequenzen unterhalb 50 Hz sind Muskelkraftwerte, in Newton · Meter (N · m) gemessen, die prozentual in die Nähe der MIVC (= 100%) kommen, nicht zu erzielen (s. dazu Abb. 44). Solche hohen Muskelkraftwerte müssen aber evtl. bei vortrainierten Sportlern mit der NMES erreicht werden, wenn ein Trainingserfolg hinsichtlich einer Muskelkraftsteigerung erzielt werden soll. Die Frequenz ist auch dann von Bedeutung, wenn bestimmte Muskel-

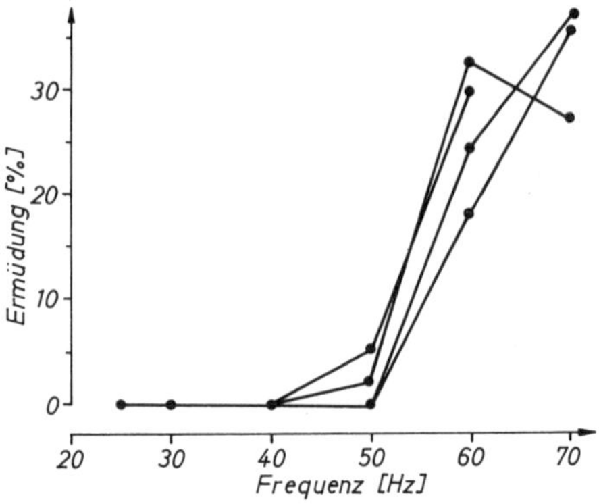

Abb. 45 Beziehung zwischen Stimulationsfrequenz und lokaler Muskelermüdung bei Elektrostimulation Ab 40–45 Hz rasche Ermüdung (sog. high frequency fatiguation). Angaben in % der Ermüdung der Muskelkraft am Ende einer 30 s dauernden Muskelkontraktion

fasertypen gezielt elektrisch trainiert werden sollen. Slow twitch, tonische, rote Typ-I-Muskelfasern sind mit relativ niedrigen Frequenzen von ca. 10 Hz in *Langzeitstimulation* über Wochen bis Monate zu reizen (Muskelfasertypenkonversion), wenn man Typ-II-Muskelfasern in ermüdungsresistente Typ-I--Muskelfasertypen umwandeln will. Dagegen werden phasische Muskelfasertypen (= Ty p II) durch höhere Frequenzen von 30–50 Hz erregt. Ein letzter praktisch wichtiger physiologischer Frequenzbezug ist der der lokalen Muskelermüdung bei der elektrischen Stimulation. Wie Abbildung 45 zeigt, kommt es schon bei Frequenzen oberhalb 40 Hz zu einem raschen, deutlichen Abfall der erzielbaren Muskelkraftwerte durch lokale Muskelermüdung, sog. high frequency fatiguation (s. Salomonow 1984).
Hierin unterscheidet sich die Elektromyostimulation deutlich von der Willkürkontraktion. Das Ermüdungsproblem ist besonders für die FESE und FESO (Zwerchfellstimulation) unter Langzeitstimulationsbedingungen von großem Interesse, aber auch bei der Frequenzwahl für Trainingstherapieprogramme zur Muskelkraftsteigerung zu berücksichtigen. Aus dem bisher Dargelegten geht hervor, wie bedeutsam sich eine optimale Reizmuster- und Reizparametergestaltung elektrophysiologisch günstig auswirken kann, eine unzureichende aber einen erwünschten Reizerfolg auch vollständig in Frage stellen kann. Auf die nicht unwesentliche Bedeutung von Trainingsparametern eines Muskelkrafttrainings, wie die ON-(= Stimulations-, Belastungs-)Dauer und die Pause zwischen den Kontraktionen (OFF-Dauer) sowie die ON-OFF-Relation (Duty cycle) und ihre physiologische Auswirkung soll bei der Behandlungstechnik näher eingegangen werden, ebenso auf andere wichtige Trainingsparameter [die Zahl der Wiederholungen innerhalb der Trainingseinheit (Sitzung), der Belastungshäufigkeit (Zahl der Trainingseinheiten/Woche), die Gesamttrainingszeit (Belastungsdauer × Belastungshäufigkeit) u. a.] sowie auf die physiologischen Auswirkungen zahlreicher Einflußfaktoren durch die Behandlungstechnik. Nicht auf alle Fragen sind z. Z. schon verbindliche Antworten zu geben, so z. B.: Welche Bedeutung hat innerhalb eines Reizmusters das Vorhandensein oder Nichtvorhandensein eines Trägersignals im Hinblick auf den direkten Reizeffekt (nicht auf eine mögliche, evtl. kleinere sensible Belästigung)? Welche Frequenz des Trägersignals spielt dabei evtl. eine Rolle?

3.2.4.1.1. Stimulationsverfahren und Geräte zur NMES normal-innervierter Skelettmuskulatur

Die NMES ist derzeit mit den folgenden *3 Stimulationsverfahren* durchzuführen. Die dazugehörigen Geräte sind in Tabelle 12, ihre Parameter in Tabelle 13 angegeben.

1. Niederfrequenz-(NF-, low frequency-)Stimulation
Dabei besteht die tendenz zum Einsatz batteriebetriebener elektronischer Kleinstimulatoren als Ein- oder Mehrkanalgeräte.

2. Mittelfrequenz-(MF-, high frequency-)Stimulation
Hier existieren z. Z. zur Myostimulation nur Netzstrom-(Tisch-)geräte.

3. Hochvolt-(HV-)Stimulation
(in den USA: HVS, weniger gut auch als High voltage pulsed galvanic stimulation, HVPGS, HVG bezeichnet)
Dazu gibt es neben verschiedenen Tischgeräten auch einen Kleinstimulator („Jogger").

Das Gerätespektrum reicht von Universal- und Routinestimulatoren über Kleinstimulatoren zur Heimbehandlung bis zu Ein- und Mehrkanalgeräten. Die Einsatzbereiche umfassen stationäre, ambulante und Heimbehandlungen. Als Anwender kommen Physiotherapeuten, Orthopäden, Traumatologen, Sportärzte, Neurologen, Internisten, Ärzte für Allgemeinmedizin in Frage.
Der Einsatz kann als Allein- oder Zusatztherapie in Kombination, z. B. mit krankengymnastischen Maßnahmen erfolgen.

Zu 1. Niederfrequenzstimulation

Diese gehört zu den am längsten praktizierten und bewährten Muskelstimulationsverfahren. Sie wurde und wird teilweise derzeit noch bei nichtdenervierten Muskeln mit Stromformen vom Typ des neofaradischen Stromes (monopolare Rechteckimpulse, 50 Hz, 1 ms) durchgeführt. Besonders kommt dabei die amplitudenmodulierte und rhythmisch unterbrochene Stromform des sog. Schwellstromes (1 s ON: 1 s OFF) zur Anwendung. Diese ist mit den meisten in Tabelle 12 als Netzstromgeräte angeführten NF-Reizstromtherapiegeräten durchführbar. Von Bergonié erhielt das Verfahren, wie im Abschnitt „Entwicklungstendenzen" angegeben, die Bezeichnung „Elektrogymnastik". Auch die schon 1959 von dem französischen Zahnarzt Bernard eingeführten diadynamischen Ströme, die rasche Verbreitung fanden, haben in der rhythmisch alternierenden Stromform CP (courtes périodes) und LP (longues périodes) sowie der rhythmisch unterbrochenen Form RS (rhythme syncopé) (s. Abb. 55) muskelkontrahierende, tetanisierende Wirkungen. Bei CP (MF 50 Hz und DF 100 Hz je 1 s im Wechsel) wirkt die 50-Hz-Phase muskelkontrahierend, die DF-Phase als Pause. Die Impulsdauer der genannten Ströme ist mit 10 ms an der Basis der Sinushalbwelle ziemlich breit und daher, obwohl effektiv, in höheren Stromstärken relativ belästigend, zumindest gegenüber den von modernen NF-Stimulatoren verabreichten kurzdauernden Impulsen von etwa 0,2–0,3 ms. Der weitere Nachteil der bisher genannten NF-Ströme ist die fixierte Parametergestaltung, diese ist weniger störend in bezug auf die 50-Hz-Frequenz, eher schon im Hinblick auf die unveränderliche Impulsdauer (1 ms bzw. 10 ms), am meisten betrifft das jedoch die ON-OFF-Zeit von 1 s: 1 s. Das entspricht am wenigsten den derzeit benutzten Ein-/Ausschalt-Regimen, z. B. den Trainingsparametern, wie sie zu

Tabelle 12 Geräte zur NMES

Niederfrequenz	Mittelfrequenz	Hochvolt
„TuR" RS 10, RS 21 Kleinstimulatoren: ST 40, ST 80, ST 80 K Mediz. Akad. Dresden Muskelstim. SP 4 Diadyn 4, Fa. Bosch Neody nator, Neuroton 676, Fa. Siemens Galvamat, Fa. Zimmer *BRD* und *USA:* Respond II Medtronic Inc.	Zweikanal-Stim. „TuR" RS 24 Nemectrodyn 7 u. 8, Fa. Nemectron Interferenz 4, Fa. Bosch Stereodynator 728 S, Fa. Siemens Sinus, Fa. Zimmer *UdSSR:* Stimul. I. u. II., Amplipuls *USA:* Multistim. *Kanada:* Electrostim.	Jogger, Starkstromanlagen Leipzig/Halle HV-Reizstromgerät HV_4, Fa. Bosch HV-Therapiegeräte Dynamik 6 u. 8, Fa. Abele Hochvolt-Therapiegerät dyn 38 Standard und Spezial, Fa. Ever-med „Galva 4", Hochvolt- programme 20–28, Fa. Zimmer *USA*: Microdyn Intellect Model 500 HVG

Tabelle 13 Parameter von NF-Kleinstimulatoren MF und HVS-Stimulatoren

	Niederfrequenz				MF	HVS
	„TuR" RS 40	MAD$^+$ ST 40 ST 80 K	MAD$^+$ Bius	Respond	„TuR" RS 24	Jogger
Trägersignal	–	–	–	–	2 kHz	40 kHz
Reizmuster:						
Impulsform	R	R	R^{++}	R	R	R
bzw. Mod. (Hz)	10–100	40	20–45	3–50	70	2–128
t_i (ms)	0,1–0,4	0,5	0,3–2	0,3	5	7 µs
ON-Zeit (s)	p. H.$^{+++}$	1–10	1–10	2–55	2/3/5/10	p. H.
Rampe (s)	–	0,7–5	0–5	0,8–8	–	–
OFF-Zeit (s)	p. H.	5–27	5–27	2–55	2/3/5/10	p. H.
Ausgang	c.c.	c.c.	c.c.	c.c.	c.c.	
Betrieb	Batt.	Batt.	Batt.	Batt.	Netz	Batt.

Erläuterungen:
MAD$^+$ = Mediz. Akad. Dresden, R = Rechteckimpulse, bei „Bius" R^{++} mono- und biphasisch, p. H.$^{+++}$ = per Hand

der häufigen Indikation der Steigerung der Muskelkraft (Tab. 14) üblich sind. Diese Anforderung erfüllen dagegen Universalstimulatoren, wie z. B. das „TuR" RS 21 u. a. Aus Gründen, die einleitend im Abschnitt „Entwicklungstendenzen" dargelegt wurden, sind jedoch die in Tabelle 13 genannten Kleinstimulatoren vorteilhaft, die auch zur Heim- und Selbstbehandlung eingesetzt werden können. Ihre Parametergestaltung ist aus Tabelle 13 ersichtlich. Zweikanalgeräte wie das ST 80 K (K = koppelbar) der Med. Akademie Dresden oder das Respond II der Fa. Medtronic Inc., können zur synchronen oder alternierenden Stimulation von Streckern und Beugern (Agonisten und Antagonisten) benutzt werden. Dies ist u. U. für manche Indikationen der Myostimulation vorteilhaft (s. z. B. synchrone Behandlung von Streckern und Beugern an der Oberschenkelmuskulatur in der Frührehabilitationsphase nach Kreuzbandrekonstruktionen am Kniegelenk).
Elektronische Kleinstimulatoren mit Batteriebetrieb im NF-Bereich sind derzeit auch die einzigen Geräte für die funktionelle Elektrostimulation der Extremitäten, FESE. Neben ihrer Einsatzmöglichkeit als Orthesen [s. Kap. FES, Edel 1987 (z. B. als Peronealorthese für Hemiplegiker mit Läsionen des zentralen Neurons)], können sie auch therapeutisch als Trainingsgerät von erheblichem Nutzen sein („Gehen im Bett") oder zur Verbesserung der Handfunktion des Hemiplegikers bei Schwächung der Extensoren der Finger infolge Beugespastik (Baker 1983). Auf das Reizprinzip der NF-Reizung wird am Schluß der 3 Stromformen eingegangen.

Zu 2. Mittelfrequenzstimulation

Daß rhythmisch unterbrochene (intermittierende) MF-Impulsreizungen motorische Phänomene in Form von weitgehend schmerzfreien kräftigen Muskelkontraktionen auslösen können, ist schon frühzeitig beobachtet worden. Daß der MF-Reizung ein anderes Reizprinzip zugrunde liegen muß als der NF-Reizung, konnte erst später, besonders durch Wyss 1976 und seinen Mitarbeitern (Senn u. Wyss 1979) geklärt werden. Darauf wird am Schluß der Besprechung der 3 Stromformen noch eingegangen. Um den Reizeffekt auf die Muskulatur zu erhalten, müssen die sinusförmigen Wechselströme, die meist Trägerfrequenzen von 2000, 2500 – 5000 Hz aufweisen, „frequenzmoduliert" werden. Dabei wird oft die im NF-Bereich übliche Frequenz 50 Hz (10 Hz – 150 Hz) als fixe Frequenz oder variierbar gewählt. Da die Impulse bei den genannten Trägerfrequenzen nur eine kurze Dauer haben, sind sie, auch bei den notwendigerweise höheren Amplituden als bei der NF-Reizung, kaum sensibel belästigend. Der Sinusstrom weist keine Gleichstromkomponente auf, spiegelsymmetrische MF-Impulse führen daher auch zu keinen elektrolytischen Nebenwirkungen wie Verätzungen unter den Elektroden. Die MF-Myostimulation wurde zunächst mit Interferenzstrom oder „Amplipulsstrom" (amplitudenmoduliertem MF-Strom, s. Kap. 4) durchgeführt (Netzstromgeräte). Anfang der 70er Jahre wurden in der UdSSR spezielle Geräte zur MF-Therapie, besonders zum Muskeltraining gesunder Athleten (2000 Hz), mit dem Ziel der Leistungssteigerung konzipiert und mit Erfolg angewandt: „Stimul 1 und 2" (Kots 1971). Sie gestatten variable ON/OFF-Zeitgestaltung (sog. Intervallprogramme). Dabei wird von Kots z. B. das ON/OFF-Verhältnis 10 s ON : 50 s OFF = 1 : 5 als günstig beurteilt. Die Ausgangsleistung verschiedener MF-Geräte zur Myostimulation liegen unterschiedlich

Tabelle 14 Literaturübersicht zu Trainingsprogrammen des M. quadr. fem. bei Gesunden

Autor u. Untersuchungsgut	Indikationen und Fragestellung	Geräte und Parameter	Trainingsprogramme	Elektrodenposition	Ergebnisse und Beurteilungskriterien
CURRIER et al. 1979 1. Kontr.gr. n = 4 2. VC n = 11 3. ES + VC n = 12	Vergleich: VC : ES + VC	„Multitone" Electric London NF ⎍ 25 Hz	6 s ON/10 s OFF 6 Wiederhol./ Sitzung 5 × wöchentl., 2 Wochen	Elektr. 7,6 × 12,6 cm 1. prox. N. fem. (−) 2. dist. M. q. fem. 5 − 7 cm ↑ Pat.rand	M. Kraftanstieg Gr. 2 (VC) + 19% Gr. 3 (ESVC) + 21% 2. : 3. nicht sign.
ROMERO et al. 1982 1. Kontr.gr. n = 9 2. ES isom. n = 9 3. ES isokin. n = 9	Vergleich: Kontr.gr.: ES isom.: ES isokin.	Teca low V.- Gen. SP 5 MF 2 kHz 50 Hz, I: ca. 50 mA (8 − 15 V)	4 s ON/4 s OFF 2 × wöchentl. 15 min 5 Wochen	Elektr. 10 cm² 1. prox.: 10 cm ↓ Leistenbeuge 2. dist.: 10 cm ↑ Kniegelenk	M. Kraftanstieg Gr. 2: + 21% domin. Bein. + 31% nicht dom. B., ES isokin. + 13%, nicht dom. B.
CURRIER/MANN 1983 1. Kontr.gr. n = 9 2. VC (119%) n = 9 3. ES (67%) n = 9 4. ESVC (88%) n = 9 (%) = MIVC	Vergleich: Kontr.gr. VC : ES ESVC	„Electrostim" MF: 2 kHz 50 Hz Mod. fr. I: bis 80 mA	10 s ON/50 s OFF ON: + 5 s Rampe 10 Wiederhol./ Sitz. 5 × wöchentl. 5 Wochen	Elektr. 13 cm ∅ 1. prox.: N. fem. (−) 2. dist.: 5 − 7 cm ↑ ob. Pat.rand	M. Kraftanstieg sign. Anstieg in Gr. 2. − 4. trotz untersch. Trainings- intensit. (MIVC)
MCMIKEN et al. 1983 1. ES n = 9 2. VC n = 9 ca. 80% d. MIVC	Vergleich: ES : VC	„Stewart" farad. Unit Model GF 01 NF: 75 Hz, 0,1 ms max. 10 V	50 s ON/50 s OFF 10 Wiederhol./ Sitz. 4 × wöchentl. 3 Wochen	Elektr. 12,4 × 4 cm, 1. prox. Femoraldreieck 2. 13 × 6 cm über M. vast. medial.	M. Kraftanstieg sign. in Gr. 1. + 22% in Gr. 2.: + 25% 1. : 2. = nicht signif.

LAUGHAM et al. 1983 1. Kontr.gr. n = 19 2. ES (33%) n = 20 3. VC (78%) n = 19 (%) = MIVC	Vergleich: Kontr.gr.: ES : VC	„Electrostim" MF: 2,5 kHz 50 Hz Mod. fr. I: max. 70 mA	10 s ON/50 s OFF ON + 5 s Rampe 10 Wiederhol./ Sitz. 5× wöchentl. 5 Wochen	Elektr. 13 cm ∅ 1. prox. M. rect. fem. u. M. vast. lat. 2. dist. M. vast. medial	M. Kraftanstieg in Gr. 2.: +22% in Gr. 3.: +18% 2. u. 3. signif. Gr. 1.: +2% n. s.
URABE 1984 1. ES n = 7 2. VC n = 7	Vergleich ES : VC	NF: 50 Hz 0,5 ms ⊓	10 s ON/50 s OFF 10×/Sitzung 4× wöchentl., 6 Wochen	ohne Angabe	Muskelkraftanstieg in Gr. 1.: +29% in Gr. 2.: +38%
SELKOWITZ 1985 1. Kontr.gr. n = 12 2. ES n = 12 ca. 100% d. MIVC	Vergleich: Kontr.gr.: ES	„Electrostim" MF: 2,2 kHz 50 Hz Mod. fr. I: max. 90 mA	10 s ON/50 s OFF ON: +0,6–3 s Rampe 10×/Sitzung 3× wöchentl., 4 Wochen	Elektr. 7,6×12,7 cm 1. prox. Fem. Δ 2. dist. Obersch.	M. Kraftanstieg in Gr. 1.: +16% in Gr. 2.: 16% in 2.: sign. <0,01
MOHR et al. 1985 1. Kontr.gr. n = 6 2. VC n = 5 3. ES (HVS) n = 6	Vergleich: Kontr.gr.: VC : ES (Hochvolt)	„Microdyn Intelect M 500" Doppelimp. 28 μs u. 17 μs, 50 Hz I: p/p 250 mA	10 s ON/10 s OFF ON + 3 s Rampe 15×/Sitzung 5× wöchentl. 3 Wochen	Elektr. 2 zu 10,2×10,2 cm (−) 1 zu 12,7×17,8 (+) 1. (−) M. vast. m. u. M. v. l. 2. (+) M. rect. fem.	M. Kraftanstieg in Gr. 2.: +14% in Gr. 1. u. 3. +1% nicht signif. = HVS ineffektiv
STEFANOVSKA 1985 1. Kontr.gr. n = 3 2. ES (NF) n = 5 3. ES (MF) n = 5	Vergleich: Kontr.gr.: ES (NF): ES (MF)	NF-Stim.: ⊓ 25 Hz, 0,3 ms I: ca. 43 mA MF: 2,5 kHz 25 Hz Mod. fr. I: ca. 73 mA	10 s ON/50 s OFF tgl. 10 min 5× wöchentl. 4 Wochen	Elektr. 9×5 cm 1. M. rect. fem. 2. M. vast. lat. u. M. vast. med.	M. Kraftanstieg in Gr. 2.: +25% in Gr. 3.: +13% dabei rasche Ermüdung bei MF in 10 s

Erläuterungen: ES Elektrostim., VC Willkürkontr. (isom.), ESVC ES auf VC aufgepropft (Superposition), HVS Hochvoltstim., MIVC max. isom. Willkür (voluntary) Kontraktion (contraction). Lit.: EDEL 1988 (Übersichtsreferat)

hoch, oft bis 100 mA. Nach einem Gemeinschaftssymposium Kanada/UdSSR 1977 über Elektrostimulation der Skelettmuskulatur fand das Verfahren in Kanada und den USA rasche Verbreitung. Es kam zu zahlreichen Geräteentwicklungen (z. B. Electrostim 180-2, Micromed. Inst. Montreal, Kanada). Das Verfahren wird im Gegensatz zur NF-(low frequency-)Stimulation oft als „russische Technik" der Muskelstimulation und in den USA (unglücklicherweise) als „high freq. stim." HFS bezeichnet. 1986 wurde von der Fa. „TuR" GmbH (in Anlehnung an das „Stimul 2") das „TuR" RS 24, ein MF-2-Kanal-Netzstromgerät (Ausgangsleistung Mittelwert 30 mA), als Seriengerät in den Handel gebracht. Es gestattet mehrere sog. Intervallprogramme (s. Bedienungsanleitung), wie sie für Muskelkrafttrainingsprogramme geeignet sind. Generell sind alle MF-Verfahren für die Behandlung denervierter Muskeln ungeeignet (s. dazu Mittelfrequenztest, Kap. 2.). Eine z. Z. noch schwierig zu beantwortende Frage ist die, welche der 3 Stromformen (NF, MF, HVS) die effektivste ist, um die Muskelkraft zu steigern. Bisher liegen nur wenig gut fundierte Vergleichsuntersuchungen dazu vor. Bekanntlich ist dabei die bessere Verträglichkeit allein noch nicht das entscheidende Kriterium, sondern der dynamisch gemessene erreichte Muskelkraftwert (N · m, Torque) in Prozent der MIVC (s. Physiologische Grundlagen).
Die Beurteilung der wenigen bisher vorliegenden vergleichenden Studien ist auch deswegen schwierig, weil neben der Stromform auch zahlreiche andere Faktoren das Trainingsergebnis beeinflussen können, z. B. die Ausgangsleistung der Geräte und Trainingsparameter (s. Tab. 14). Unter diesem Vorbehalt sollen nur wenige Ergebnisse kurz erörtert werden. Im Vergleich von 2 Amplipulsstromformen mit NF-(neofarad.)Strom war letzterer effektiver, um eine Muskelatrophie infolge Immobilisation post Meniskotomie zu mindern, von Kleditzsch und Lange 1979 oder Lange 1978 in Modellversuchen am M. quadriceps femoris untersucht. Im Vergleich NF : MF-Stimulation schnitt bei Untersuchungen an Gesunden (Stefanovska u. Vodovnik 1985) die NF besser ab, wobei auf eine rascher eintretende Ermüdung bei der MF hingewiesen wurde. Seichert u. Mitarb. 1986 konnten bei MF-Muskelstimulation des M. biceps nur 33% der MIVC bei Gesunden erzielen. Currier und Mann 1983 erreichten am gesunden M. quadriceps femoris 67% der MIVC. Der signifikante Anstieg der Muskelkraft bei diesem Trainingsprogramm war aber nicht signifikant unterschiedlich zu krankengymnastischen isometrischen Quadricepsübungen oder wenn diese mit ES kombiniert wurden. Kramer 1987 erreichte mit niederfrequenter ES allein (mit 50 Hz und 100 Hz und 1 ms Pulsdauer) am M. quadriceps femoris Werte von 84%–87% der MIVC, wobei bei ES aufgepropft auf Willkürkontraktionen die Werte signifikant größer waren als bei ES allein.

Zu 3. Hochvoltstimulation

HVS ist die zuletzt, Anfang der 70er Jahre, in den USA entwickelte Stromform zur Myostimulation. Das charakteristische Kennzeichen, auf das der Name hinweist, sind die hohen Spannungen der Impulse. Nach Definition sollen sie >150 V betragen. Viele Geräte liefern maximal 500 V (bei nicht geschlossenem Stromkreis). Ferner ist die Impulsdauer außerordentlich kurz, z. T. nur 4 µs, öfter 40–75 µs, als einfache mono- oder biphasische Spikes oder als Doppelimpulse gestaltet. Die Modulationsfrequenzen zur Myostimulation liegen meist bei 50 Hz

(20–120 Hz) mit unterschiedlichen Variationsbreiten, jedoch immer im NF-Bereich. Diese Stromformen werden auch außer zur Myostimulation zur Schmerzkontrolle, Durchblutungsförderung, Resorptionsförderung, Ödemverminderung u. a. eingesetzt. Die kurze Impulsdauer macht ihre gute Verträglichkeit verständlich. Wichtig ist jedoch, wie bei den beiden anderen Stromformen, die Frage nach ihrer Effektivität zur Erzielung eines Trainingseffektes bei ihrem Einsatz zur Muskelkraftsteigerung. Auch hier liegen wie bei der MF-ES nur wenige Studien vor, in denen die erzielten Prozente der MIVC gemessen wurden. ALON 1985 erreichte bei gesunden Probanden am M. quadriceps femoris 31–34% der MIVC, SEICHERT u. Mitarb. 1986 am M. biceps bei Gesunden etwa 33%. Ob das bei vortrainierten Leistungssportlern zur weiteren Muskelkraftsteigerung ausreicht, müßten Sportmediziner in entsprechenden Untersuchungen entscheiden. Bei bestehender Muskelatrophie dürften diese Werte schon eher genügen. Nach HETTINGER 1972 soll mit MIVC-Werten von 30% eine Muskelatrophie verhütet werden können. Positive Behandlungsergebnisse mit HVS bei Kranken sind Tabelle 15 zu entnehmen.
Weitere Studien, besonders Vergleiche zur NF- und MF-Stimulation sind notwendig, um zu einer besseren Beurteilung des Wertes dieser Stromform zu kommen. Besonders die in den Firmenprospekten behaupteten „enormen Tiefenwirkungen auf das Gewebe“, „starken Wirkungen auf tieferliegende Muskelschichten“ u. a. erscheinen sehr fragwürdig und unwahrscheinlich. Wenn vielleicht mit subtilen Meßmethoden auch in den tieferen Gewebeschichten noch Impulse nachgewiesen werden konnten, sind ihre Amplituden sicher zu niedrig, um reizwirksam zu sein. Bei der Schmalheit der Impulse ist die dazugehörige Impulspausendauer doch sehr lang, so daß im Vergleich zur NF nur wesentlich geringere Effektivwerte von Spannung und Strom erreichbar sind. Manche Geräte sind auch apparativ noch verbesserungsbedürftig. Sie besitzen (z. B. der „Jogger“) keine klare c.v. oder c.c. Ausgangsschaltung, keine exakt reproduzierbare und einstellbare Parametergestaltung, außerdem Mängel der Sicherheit bei der Einschaltung (KLEDITZSCH u. GÜTTLER 1988).

Reizprinzipien der 3 Stromverfahren

- Bei der *NF-Reizung* ist das primum movens electricum der durch den kathodischen (–) Stromstoß auftretende Reizimpuls. Er erzwingt eine Depolarisierung des Ruhemembranpotentials an der motorischen Nervenfaser, also ein an bestimmte Polaritätsänderungen im Reizkreis gebundenes polares Reizprinzip.

- Bei der *MF-Reizung* liegt dagegen ein apolaritäres (ambipolares) Reizprinzip vor (WYSS 1962), das nicht von einer bestimmten Polung im Reizkreis abhängig ist. Nach WYSS kommt es dabei primär zu einer direkten (unmittelbaren) Einwirkung an der Membran durch die raschen Strom- bzw. Spannungsänderungen des MF-Wechselstromstoßes. Erst sekundär kommt es zu der für die Erregung typischen reversiblen Durchlässigkeit von Na^+-Ionen. Daher hat WYSS dafür die Bezeichnung „reaktive Depolarisierung“ gewählt. Sie bewirkt dann, daß durch weitere Steigerung der Durchlässigkeit für Na^+-Ionen. das Membranpotential und das Aktionspotential für eine fortgeleitete Erregung ausgelöst werden.

- Für die *HVS-Reizung* ist wieder ein anderes Reizprinzip anzunehmen. Es ist das von RICHET 1877 entdeckte und Addition latente benannte Prinzip der Reizsummation. Ein als einmaliger Reiz unwirksamer Reiz kann durch Repetition am Reizort eine Erregung anstoßen und durch Summation der Einzelreize zum Reizerfolg führen. Wesentlich ist dabei, daß nur kurze Reize, kurz auch zur Dauer des Aktionspotentials, der Erregungsdauer, eine echte

Tabelle 15 NMES-Trainingsprogramme orthopädischer Indikationen

Autor und Untersuchungsgut	Indikationen und Fragestellung	Geräte und Parameter	Trainings-programme	Elektroden-position	Ergebnisse und Beurteilungskriterien
Kleditzsch und Lange 1979 1. Kontr.gr. nicht op. Bein, ohne Behandl. n = 61 2. ES + VC, n = 15 3. nur NF-ES n = 12 4. nur MF-ES n = 12 Tastverhält. 1 : 2 5. nur VC + aktive Bewegung, n = 12	post offener Meniskotomie Vergleich: Kontr.gr.: 5 versch. Therapie- gruppen davon 3 ES-Gr.: 1 NF-, 2 MF-ES	NF-Gerät „TuR" RS 12-1 50 Hz, 1 ms 6 s ON/24 s OFF MF-Gerät: „Amplipuls" 5 kHz Trägerfreq. 50 Hz Modul.freq., 3 s ON/6 s OFF bzw. 6 s ON/6 s OFF	2 × tgl. 30 min 10 Tage	2 Platten- elektroden 6 × 8 cm, M. quadr. fem.	M. Kraftmessung kp Gr. 1: +0,77 kp Gr. 2: −0,6 kp Gr. 3: −2,0 kp Gr. 4: −3,1 kp Gr. 5: −5,5 kp Gr. 6: −6,8 kp
Gould et al. 1983 1. ES n = 10 3. nur VC n = 10	post offener Meniskotomie Vergleich: ES : VC	batteriebetr. Klein.stimul. 35 Hz Ω 8 h Pause 100 µs, I: bis 100 mA, max. tolerabel 5 s ON/6 s OFF	16 h tgl. 8 h Pause 2 Wochen	3 Elektroden ringf. 1,26 cm 1. 6–10 cm unter Gefäßfalte (+) 2. 3–7 cm über Patella (−) 3. nur poster. über größten Wadenumf. (−)	isom. M. Kraftmessung M. q. fem.: ES: −16,8% VC: −50,1% Beuger: −8,6: −49% Plantarflexoren −8,8: −50,6% Obersch.-Umfang −1,4: −4,1 cm
Dippold 1983 n = 22 1. ES + VC 2. nur VC	Knieinstabilit. nach chron. Distorsionen Vergleich: ES + VC : VC	NF-Gerät 50 Hz, 0,7 ms Ω I: bis max. 80 mA	3 × tgl. 10 min 3 Wochen Elektro- mechanother.	2 Elektroden 4 cm ∅ über M. vast. med. 5–8 cm Abst.	mittl. elektr. Aktiv. Gr. 1: vor/nach 35% : 100% der ges. Extr. M. Kraft. M. q. f. 65% : 138%

ARVIDSSON et al. 86 1. ES + VC n = 8 ♂ 2. VC n = 10 ♂ 3. ES + VC n = 8 ♀ 4. VC n = 10 ♀	post ($\bar{x}$ = 3 Jahre) ACL-Rekonstrukt. Vergleich: ES + VC: VC. ♂ : ♀ Heimbehandlung	Respond II 40 Hz, 300 µs 10 s ON/30 s OFF 0,5 s Rampe I: max. tolerabel	3× tgl. 30 min 6× wöchentl. 5–6 Wochen	Gipsfenster: 5×10 cm El. 1. 5 cm unter Leiste 2. 8 cm oberhalb Patella	M. querschn. (CT) M. q. f. vor: nach 6 Wo. ♂ Gr. 1 : 2 nicht sign. ♀ Gr. 3 sign. geringere Vermind. d. M.querschn.
SISK et al. 1987 n = 22 1. ES + VC 2. nur VC	post ACL-Rekon-strukt. Vergl. ES + VC: VC, Leist.-: Freizeit-sportler	Respond II 40 Hz, 300 µs 10 s ON/30 s OFF 0,5 Rampe I: max. tolerabel	1× tgl. 8 h 7× wöchentl. 6 Wochen (16 h vorge-schlagen)	Gipsfenster 10×5 cm 1. N. femor. 2. M. vastus medial. (lat.)	M. Kraftmessung (N · m) in Gr. 1 = Gr. 2 in 7.-9. Woche, aber Leistungssportler sign. > als Freizeitsportler
WIGERSTAD-LOSSING et al. 1988, n = 23 1. ES + VC simult. 2. nur VC	post ($\bar{x}$ = 34 Mon.) ACL-Rekonstr. bei 6 Wo. Gips-imm., Vergleich 1 : 2	Respond II 30 Hz, 300 µs 6 s ON/10 s OFF I: 65–100 mA	1× tgl. 4×10 min 10 min Intervall Heimbehandl.	Elektr. 4×10 cm 1. prox. 5 cm dist. Lig. inq. 2. dist. M. vast. lat.	M. Kraftmessung u. M. querschn. (CT) in 1. Gr. sign. weniger vermindert als in Gr. 2
HALKJAER-KRISTEN-SEN et al. 1985 1. Kontr.gr. n = 23 2. VC (isom.) n = 13 3. ES (10 Hz) n = 15 4. ES (50 Hz) n = 15 5. Fahrrad. ges. Bein	post. konserv. MCL-Verletz. u. Rekonstr. während 31 Tage Gipsverb., Sportler Vergleich 1 : 2 : 3 : 4 : 5	„Neuroton G 26" 10 Hz bzw. 50 Hz 40 s ON/20 s OFF bzw. 2 s ON/13 s I: nur 7–10 mA tolerabel	1× tgl. 1 h 5× wöchentl. 4,5 Wochen	indir. Reizung d. M. q. f. über N. fem. bipolare Elektrodentechn.	in Gr. 1.–5. keine M. atrophieverhüt. M. biopt. durch 10 bzw. 50 Hz keine M.typ (I : II) Veränd.

Erläuterungen: ES Elektrostim., VC Willkürkontr. (isom.), ESVC ES auf VC aufgepropft (Superposition), HVS Hochvoltstim., MIVC max. isom. Willkür (voluntary) Kontraktion (contraction), ACL anterior cruciate ligament, vorderes Kreuzband, MCL medial collateral ligament, mediales Seitenband, CT Computertomographie Lit.: EDEL 1989

Reizsummation ergeben. Dabei fällt jeder Teilreiz einer Reizserie zeitlich in die lokale Erregung und die durch den vorangegangenen Teilreiz ausgelöst wurde, löst einerseits wieder eine Erregung aus, der Vorausgegangenen auflagernd. Der soundsovielte Teilreiz erreicht schließlich die kritische Depolarisationsschwelle, die zur fortgeleiteten Erregung führt (SCHWARZ u. VOLKMER 1965). Je höher die Trägersignalfrequenz (beim „Jogger" z. B. > 40 Hz), um so ausgeprägter ist der Summationseffekt. Die Teilreize sind als solche definitionsgemäß unterschwellig, ihre Reizstärke bzw. -spannung muß jedoch über dem Rheobasewert liegen bei HVS-Geräten z. B. bis 500 V Spitzenspannung bei nicht geschlossenem Stromkreis, bei etwa 200 V für die Therapie. Sie ist maßgebend für die Größe der lokalen Erregung, wodurch der Summationserfolg auch von der Reizstärke bzw. -spannung abhängt. MF-Wechselstromimpulse dagegen lösen keine lokale Erregung aus, sondern, wie wir sahen, eine unmittelbare direkte „reaktive Depolarisation" der Membran. Da die einzelnen Perioden des Sinuswechselstromimpulses kaum noch als unterschwellige Teilreize bezeichnet werden können, da sie nie zum wirksamen Reiz werden (wie bei der Addition latente), hält WYSS den Begriff Reizsummation bei der MF für nicht angebracht. MF-Wechselstromimpulse wirken seiner Ansicht nach „gewissermaßen als Ganzes" (WYSS 1976), sie „Verschmelzen" an der Membran. Der kontinuierliche Vorgang der „reaktiven Depolarisation" führt deshalb auch nicht zu einem periodenbezogenen Zeitpunkt zur Reaktion.
Solange manche Gerätehersteller oder Autoren, die neue Myostimulation propagieren, noch von ganz neuen, bisher unbekannten Reizprinzipien sprechen und die Ärzte damit verwirren, erscheint es angebracht, auf lange bekannte, von namhaften Neurophysiologen wie WYSS oder SCHWARZ erarbeitete Erkenntnisse hinzuweisen, da sie zur Erklärung ausreichen.

Behandlungstechnik, Reizmuster- und Trainingsprogrammgestaltung

Da die einzelnen Parameter des Reizmusters die Wirkung der Myostimulation entscheidend beeinflussen können (s. Abschnitt „Physiologische Grundlagen der NMES"), kommt der Parametergestaltung des Reizmusters [Impulsform, Frequenz, Impulsdauer, Intensität (Amplitude)] eine wesentliche Bedeutung für die Behandlung zu, ebenso der ON-/OFF-Regelung. Beide Angaben sind sicher wichtiger als die Wahl des Trägersignals oder auch die der Amplitudenmodulation. Wichtig ist auch die Festlegung des Behandlungsregimes, also Parameter, die das Trainingsprogramm betreffen, wie z. B. Zahl der Wiederholungen von Kontraktionen (Belastungsdauer), Zahl der Trainingseinheiten (Sitzungen) pro Tag, pro Woche (= Belastungshäufigkeit) und schließlich die gesamte Trainingszeit (Belastungsdauer × Belastungshäufigkeit).

- Impulsform

Ob diese rechteckig, dreieckig, sägezahnförmig, sinusförmig gestaltet ist, dürfte bei den ohnehin meist steilen kurzdauernden Impulsen, soweit es die Erzeugung tetanischer Muskelkontraktionen generell betrifft, reizphysiologisch nicht von entscheidender Bedeutung sein. Bei Langzeitstimulationen der Muskulatur wie bei der FESE oder FESO, sind jedoch unbedingt biphasische Impulse (nulliniensymmetrische, balancierte Impulsformen, ohne Gleichstromkomponente), besonders bei implantierten Elektroden, zu fordern. Damit kann die Gefahr der Gewebeschädigung durch Elektrolyseprodukte vermieden werden. Von sportärztlicher Seite wird berichtet, daß eine hohe Anstiegssteilheit der Impulsvorderflanke, d. h. eine möglichst exakte Rechteckimpulsgestaltung durch das Gerät die Muskelkontraktionsgeschwindigkeit steigert. Dies kann evtl. für ein Schnellkrafttraining von Sportlern bedeutsam sein.

• Frequenz

Hier kann das im Abschnitt „Physiologische Grundlagen" Dargelegte hinsichtlich der Frequenzwahl des Reizmusters nur noch einmal stichwortartig zusammengefaßt werden:

– Die Frequenz muß so hoch sein, daß ein komplett verschmolzener, fusionierter Muskeltetanus zustande kommt.

– Die Frequenz muß so hoch sein, daß die erwünschte und für den Trainingserfolg notwendige Muskelkraft (% der MIVC) damit erreicht wird; bei Vortrainierten u. U. nahe der maximalen (> 70 – 80 – 100%) isometrischen Muskelwillkürkontraktionskraft (MIVC) (s. Abb. 44). Dazu sind höhere Frequenzen (50 Hz) erforderlich.

– Wird die Frequenz bei kontinuierlich applizierten Stromformen zu hoch gewählt (> 500 – 1000 Hz), so kommt es zur sog. Wedenski-Hemmung, d. h. zu keiner Muskelkraftentfaltung.

– Die Frequenz darf nicht so hoch gewählt werden, daß es zu lokaler Muskelermüdung kommt, weil dadurch die Muskelkraft und damit der Trainingserfolg einer Muskelkraftsteigerung sinken. Schon bei etwa 40 – 50 Hz beginnt die Muskelermüdung (s. Abb. 45). Dieser Aspekt ist bei Langzeitstimulation der Muskulatur, wie bei der FESE und FESO, von besonderer Bedeutung.

– Bei dem Behandlungsziel einer Muskelfasertypentransformation (-konversion), meist fast-twitch (Typ II) in slow-twitch (ermüdungsresistenten Typ I) ist für die notwendige Langzeitstimulation die richtige Frequenz zu wählen, d. h. die des Muskelfasertyps, der angestrebt wird. Bei Typ I (slow twitch) = 10 – 20 Hz, bei Typ II = 30 – 50 Hz.

• Impulsdauer

Sie wird weitgehend von der Chronaxie (dem Zeitbedarf der motorischen Nervenfasern des zu reizenden Muskels, bestimmt (s. Abb. 9). Nach Bourguignon liegen diese Chronaxiewerte im Mittel um 40 µs (80 – 800 µs). Eine unnötig höhere Impulsdauer führt nicht nur zu einer größeren sensiblen Belästigung, sondern (bei batteriebetriebenen Kleinstimulatoren nicht unwesentlich) zu einem rascheren Batterieverbrauch. Daher werden meist Werte um 0,3 ms zur Myostimulation benutzt. Je kürzer aber die Impulsdauer ist, desto größer muß die Amplitude gewählt werden, um einen Reizeffekt zu erzielen (entsprechend der I/t-Kurve). Ist das Gerät hinsichtlich seiner Ausgangsleistung nicht hoch genug ausgelegt, kann dieser Forderung nicht nachgekommen werden. So resultiert daraus u. U. ein ungenügender Muskelkräftigungseffekt, da der erreichte Prozentsatz der MIVC zur Erzielung eines Trainingseffektes unzureichend ist. Hier ergeben sich evtl. bei manchen im Handel befindlichen Serien-MF- bzw. HVS-Geräten Probleme.

• Intensität (Amplitude)

Um einen Trainingseffekt zu erzielen, muß die Belastungsintensität größer sein als die existierende Kapazität (= sog. Overload-Prinzip, De Lorne 1975). Die Intensität ist daher ein Impulsparameter des Reizmusters, der den Muskeltrainingseffekt entscheidend bestimmt. Als Minimumintensitäten werden meist solche gefordert, die 30 – 40% der MIVC erzielen. Das Optimum liegt etwa bei 80 – 100%. Der mit der benutzten Intensität erzielte MIVC-Wert [Torque, Drehmoment in Newton × Meter (N · m)] sollte zumindest für wissenschaftliche Aussagen dynamometrisch objektiviert werden. Eine allein subjektive Angabe, daß die Intensität an der Toleranzgrenze lag, ist unbefriedigend. Ob eine Intensitätsstufe gerade noch als tolerabel eingeschätzt wird, hängt u. U. von vielen Faktoren ab, wie Motivation, Kooperationswilligkeit, Gewöhnung, besonders auch von der individuell recht unterschiedlichen elektrischen Stromempfindlichkeit. Auch die vorliegende Situation kann bedeutsam sein, z. B. bestehende Schmerzen unmittelbar nach OP oder Verletzung. Bekannt ist, daß u. U. bei Selbstregulation der Intensität durch den Patienten höhere Muskelkraftwerte zu erzielen sind als durch Fremdregelung. Auch Nachregeln nach eingetretener Gewöhnung kann nützlich sein. Es ist auch bekannt, daß nicht jede am Gerät ablesbare Steigerung der Amplitude zu einer objektiven Steigerung der Muskelkraft (in N · m) führt. Muskelkontraktionen von Antagonisten, ausgelöst durch die gestiegene subjektive Belästigung bei höheren Amplituden, können die Gründe dafür sein.

- ON-(Einschalt-)Zeit und Amplitudenmodulation

Je länger die Stromflußzeit (Impulsgruppendauer) desto länger ist die Dauer des Muskeltetanus. Eine genügende Stromstärke (Intensität) vorausgesetzt, nimmt damit der Trainingseffekt zu hinsichtlich der Steigerung der Muskelkraft, da dieser von der Belastungsdauer abhängig ist. Dies gilt allerdings nur so lange wie es unter der anhaltenden Muskelkontraktion nicht zu einer wesentlichen lokalen Muskelermüdung kommt. Diese tritt meist erst ab 8 – 10 s ON-Zeit, u. U. aber schon früher in Erscheinung. ON-Zeiten von 1 s, wie sie von konventionellen Reizstromgeräten z. B. als neofaradischer Schwellstrom oder motorisch wirksame diadynamische Ströme abgegeben werden, können jedoch derzeit nicht mehr als optimal angesehen werden.
Von der wirksamen ON-Zeit ist die amplitudenmodulierte Anstiegszeit der Impulsgruppe, meist als Rampe bezeichnet, abzurechnen. Sie wird in den verschiedenen Geräten als fixierter (z. B. 2 s) oder variabler Parameter angeboten. Für den Reizeffekt zählt nur die Dauer des Plateaus der Impulsgruppe. Diese bricht meist abrupt ab oder wird ebenfalls amplitudenmoduliert in kurzer Zeit absteigend gestaltet. Reizphysiologisch ist die Abstiegsdauer praktisch bedeutungslos.

- OFF-(Pausen-)Zeit und ON : OFF-Relation

Die OFF-Zeit entspricht der Impulsgruppenpause, in der keine Muskelkontraktion stattfindet. Diese Pause benötigt der stimulierte Muskel, um die während der Muskelkontraktion entstandenen metabolischen Produkte, die zur lokalen Muskel ermüdung führen, wieder zu beseitigen, z. B. die Lactatanhäufung u. a. Auch muß sich das erschöpfte Energiesystem der ATP-Kreatininphosphatase wenigstens z. T. wieder erholen. Dazu sind ON : OFF-Relationen von 1 : 1 zu kurz. Sie sollten mindestens 1 : 2, besser 1 : 3 oder 1 : 5 gestaltet werden, z. B. 10 s ON : 50 s OFF, wie das z. B. Kots 1971 empfohlen hat. Auch Packman-Braun 1988, die sich mit dieser Problematik in Vergleichsuntersuchungen beschäftigt haben, fanden zur Muskelkraftsteigerung 1 : 3- und 1 : 5-Relationen signifikant besser als ein 1 : 1-Verhältnis. Moderne Myostimulatoren, wie z. B. das „TuR“ RS 24, bieten solche sog. Intervallprogramme bis zu 50 s OFF-Zeit an, ebenso die elektronischen Kleinstimulatoren.

• Gestaltung der Trainingsparameter

Die für den Trainingseffekt bedeutsame Belastungsdauer kann entweder durch die Wiederholungsrate der Muskelkontraktion pro Sitzung oder, bei festgelegtem Einschalt/Ausschalt-(ON/OFF-)Regime, durch die Dauer [(min) oder (h)] angegeben werden. Erfahrungswerte für die Muskelkraftsteigerung bei gesunden Probanden oder bei bestimmten Indikationen des orthopädischen bzw. traumatologischen Bereiches gehen aus Tabelle 14 und 15 hervor.
Hinsichtlich des Behandlungsregimes sind außerdem die Zahl der Sitzungen (Trainingseinheiten) pro Tag (einmal, mehrmals), pro Woche und schließlich die Gesamtbehandlungsdauer (Wochen, Monate) festzulegen. Die Behandlungsdauer ist eine ganz entscheidende Größe für die Gestaltung des Behandlungsregimes (Belastungsgrad). Sie ist aber auch von der Ausgangslage, d. h. vom Grad der Muskelatrophie, den es zu rehabilitieren gilt, und dem Behandlungsziel, d. h. dem angestrebten Grad, den Verlust wieder auszugleichen, abhängig. So können zur Vorbereitung einer FESE bei einer lange bestehenden, erheblichen Muskelatrophie, die nach einer u. U. vorausgegangenen Paraplegie behoben werden soll, evtl. monatelange Trainingsprogramme nötig sein.

• Einflußfaktoren, die Applikationsform betreffend

Diesbezügliche Faktoren, die den Trainingseffekt beeinflussen können, sind zahlreicher und bedeutsamer, als oft angenommen wird.

– *Elektrodentyp*. In der Regel kommen Oberflächenelektroden zur Anwendung: Metallplattenelektroden (unterpolstert), elastische Carbon-Gummielektroden mit Elektrodenpaste, selbsthaftende Elektroden. LEO 1986 verglich selbsthaftende, konduktiv adhäsive Elektroden (CAE) mit Carbon-Gel-(CE-)Elektroden. Erstere waren signifikant komfortabler und erzielten höhere Muskelkraftwerte. Die Oberflächenelektroden müssen glatt und gut anliegend sein. Die Befestigung kann u. U. problematisch sein. Mit Oberflächenelektroden sollen etwa 70% der Muskelfasern des M. quadriceps femoris aktiviert werden können.

– *Elektrodengröße*. Sie muß der des zu reizenden Muskels angepaßt sein. Große Muskeln, wie der M. q. f., benötigen daher relativ große Elektroden. So erzielte ALON 1985 z. B. mit 9 × 9 cm- und 5 × 16,5 cm-Elektroden signifikant bessere und nicht schmerzhafte Muskelkraftwerte (N · m) als mit 3 × 3 cm- bzw. 6 × 6 cm-Elektroden. Zu kleine aktive monopolare Reizelektroden über dem N. femoralis können z. B. bei Reizung des M. q. f. durch zu hohe Stromdichten Hautirritationen, Schmerzen und letztlich zu niedrige Muskelkraftwerte bewirken.

– *Elektrodentechnik, -plazierung, Polung*. Die Elektrodentechnik wird oft bipolar gewählt, d. h. es werden zwei gleichgroße Elektroden über dem Muskel plaziert. MCNEAL und BAKER 1988 haben damit 45% höhere Muskelkraftwerte (Torque-, N · m.-) am M. q. f. erzielt als mit der monopolaren Elektrodentechnik, d. h. mit einer kleinen Kathode (–) über dem Nervenreizpunkt des N. femoralis und einer größeren indifferenten Elektrode (+) entfernt davon. Bei der Elektrodenplazierung versucht man oft, auch die Lage der motorischen Reizpunkte der verschiedenen Muskelgruppen, z. B. des M. q. f. (M. rectus fem., M. vastus medialis u. lateralis) zu berücksichtigen. Häufig ist es ratsam, die effektivste Elektrodenposition vergleichend zu testen.

– *Elektrodenzahl.* In der Regel werden 2 Elektroden benutzt, von GOULD u. Mitarb. 1982 z. B. aber 3 (s. Tabelle 15). Bei der Zweikanalreizung, z. B. von Agonisten und Antagonisten, sind 4 Elektroden erforderlich.

– *Gelenkposition.* Bei der M. q. f.-Elektrostimulation fanden MCNEAL und BAKER 1986 für das isometrische Muskelkrafttraining eine 30°-Kniegelenkbeugestellung am effektivsten (60° für das Willkürkontraktionstraining). MOHR u. Mitarb. 1985, CURRIER und MANN 1983 benutzten 60°-Knieflexionsposition. Als die günstigste Gelenkposition in der Frühphase nach vorderen Kreuzband-Knie-Rekonstruktionen, wo synchron Streck- und Beugemuskeln des Oberschenkels stimuliert werden, geben YASUDA und SASAKI 1987 7,4° Beugung als optimal an. Dieser Problematik ist sicher noch weitere Aufmerksamkeit zu schenken.

– *Trainingsmethoden.* Meist wird die isometrische (statische) Trainingsmethode benutzt, seltener die isokinetische (dynamische), bei der bestimmte Geschwindigkeiten in einem bestimmten Winkel, z. B. 60°/s, vorgegeben werden. Auch Elektrostimulationsverfahren gegen vorgegebene Widerstände, entsprechend den resistiven Trainingsformen der Krankengymnastik (s. Elektromechanotherapie, DIPPOLD 1984) kommen zur Anwendung.

Es gibt auch Trainingsformen, die die Elektrostimulation synchron mit Willkürkontraktionen koppeln, indem sie diese auf die Willkürkontraktionen aufpfropfen (CURRIER u. Mitarb. 1979). Ob das effektiver ist als die ES oder die Willkürkontraktionen allein, wird z. Z. noch unterschiedlich beurteilt.
Hinsichtlich des Zeitpunktes des Trainingsbeginnes, ob schon während der Immobilisationsphase (z. B. in Gipsruhigstellung) oder danach, besteht die Tendenz, so früh wie möglich mit atrophieverhütenden Maßnahmen zu beginnen. Dazu werden die Elektroden in eingeschnittenen Fenstern im Gipsverband postiert. Worin sich Willkürkontraktionen und NMES-Verfahren unterscheiden und worin ihre Vor- und Nachteile liegen, zeigte Tabelle 11.

Indikationen: Für die NMES in der Orthopädie/Traumatologie wurden die bisher vorliegenden positiven Erfahrungen von EDEL 1989 zusammengefaßt, die hier nur gekürzt erörtert werden.

– *Kniebandverletzungen, -instabilität, Rehabilitation nach Kniebandrekonstruktionen.* Mit der NMES wird schon im Gipsverband begonnen, die Behandlungstechnik ist aus Tabelle 15 ersichtlich. TEGNER u. Mitarb. 1986 empfehlen ein 3monatiges und u. U. noch wesentlich längeres Muskeltrainingsprogramm des M. q. f. und der Beuger als Versuch, eine evtl. sonst notwendige operative Maßnahme zu vermeiden. Notwendigkeit zur NMES sehen JÄRVINEN und KANNUS 1987 besonders auch bei den oft noch Jahre nach Kniebandrekonstruktionen bestehenden Extensoren- und Flexorenatrophien wegen der sonst bestehenden Rezidivneigung und schlechten Prognose (Gonarthrosen). Bei vorderen (anterioren) Kreuzband-(ACL-) Rekonstruktionen dürfen in der Frühphase, solange die rekonstruierten Ligamente noch nicht fest verheilt sind, durch die NMES keine Risiken eingegangen werden. Biomechanische Analysen von YASUDA und SASAKI 1987 ergeben dazu praxisrelevante Einsichten für die NMES-Gestaltung. Vorteilhaft dürfte ein simultanes Training (= Ko-Kontraktionen) von Streckern (M. q. f.) und Oberschenkelbeugern mit einem Zweikanalstimulator sein, bei einer Kniebeugestellung von 7°, da dadurch einerseits ein wirksamer Trainingseffekt und andererseits keine ungünstigen Scherkräfte entwickelt werden (DELITTO u. Mitarb. 1988 mit einem MF-Gerät entsprechend dem „TuR“ RS 24).

– *Meniskotomien.* Schon am 1.–3. postoperativen Tag sollte im Interesse einer guten Kniestabilität die in der Immobilisationsphase rasch auftretende Muskelatrophie durch

NMES bekämpft werden. Dabei erwies sich die Kombination ES und Krankengymnastik (isometrische Spannungsübungen und aktive Bewegungen) (KLEDITZSCH u. LANGE 1979 aus unserem Arbeitskreis) im Vergleich zu alleiniger Krankengymnastik oder ES am wirksamsten (s. Tabelle 15). Auch GOULD u. Mitarb. 1983 (s. Tabelle 15) hatten mit NMES günstige Ergebnsse. Schon analgetische Maßnahmen wie TENS waren vorteilhaft (JENSEN u. Mitarb. 1986). Die Patienten hatten 25% weniger Schmerzen, 36% weniger Analgetikaverbrauch und bessere Funktionsparameter. MUCHA 1978 und 1987 sah bei der analgetischen und muskelstimulierenden diadynamischen Stromform CP, kombiniert mit Krankengymnastik, signifikant niedrigere Beschwerden, Kniegelenkergüsse bzw. Ergußrezidive als in den Vergleichsgruppen.

– *Totale Kniearthroplastik.* Hier gilt es, in der postoperativen Rehabilitationsphase eine aktive Kniegelenksstreckung bis 0° zu erreichen. Dazu bewährte sich bei HAUG u. Mitarb. 1988 die Kombinaion aus einer apparativen kontinuierlichen passiven Bewegungstherapie simultan mit einer NMES.

– *Muskelkontrakturen.* Sie treten am Knie-, Fuß- und Hüftgelenk, besonders bei nicht optimaler Lagerung, nach Immobilisation auf. Eine NMES der Agonisten, die dem kontrakten Muskel entgegenzuwirken haben, kann als adjuvante Therapie oder Alternative nutzen, wo die üblichen konservativen Maßnahmen versagen (s. dazu auch die Kapitel „Elektrostimulation spastischer Muskeln"). MUNSAT u. Mitarb. 1976 haben bei therapieresistenten Kniebeugekontrakturen durch NMES mit um den N. femoralis implantierten Elektroden unter Verwendung eines RF-Transmittersystems noch klinisch befriedigende Ergebnisse erzielt.

– *Chondropathia und Chondromalazia patellae.* Hier hat sich ein selektives NMES-Training des M. vastus medialis obliqus (VMO) (MOLLER u. Mitarb. 1987, HARVEY 1983) bewährt, da dieses Training durch Willkürkontraktionsübungen schwer realisierbar ist. Auch in häuslicher Behandlung ließen sich, z. B. bei motivierten Leistungssportlern, die bei Biegebeanspruchung bestehenden Beschwerden durch die muskuläre Dysbalance der Oberschenkelmuskeln beheben. Ebenso scheint bei chronisch disloziierter Patella eine ES des M. vastus medialis nützlich zu sein (BOHANNON 1983).

– *Oberschenkelfrakturen.* Noch 1–5 Jahre postoperativ fanden sich signifikante Muskelkraftverminderungen an der operierten Extremität, und zwar besonders bei Patienten mit (offenen) Plattenosteosyntheseoperationen, weniger ausgeprägt dagegen bei (geschlossenen) Marknagelungen (STAPPAERTS u. Mitarb. 1986). Hieraus ergeben sich rehabilitative Konsequenzen.

– *Schultergelenksubluxation (inferiore).* Durch ein konsequent durchgeführtes NMES-Trainingsprogramm des M. deltoideus posterior und M. supraspinatus mit 12–25 Hz, ON/OFF-Relationen 1 : 3, ON allmählich bis 25 s steigernd, OFF-Zeit reduzierend und Trainingszeiten von 3 × 1/2 h bis 1 × 6–7 h tgl. steigernd (6 Wochen), ließen sich, wie Röntgenkontrollen zeigten, in der ES-Gruppe die Subluxationsstellungen von 14,8 mm auf 8,6 mm reduzieren. In der Kontrollgruppe mit üblichen Kg-Methoden blieben sie unverändert 13,3 mm (BAKER u. PARKER 1986).

– *Rückenmuskelkräftigung bei Kreuzschmerz (Low back pain).* Da eine positive Korrelation zwischen schwacher Rückenmuskelkraft und Kreuzschmerz besteht, sind entsprechende Trainingsprogramme unter NMES-Einsatz nützlich, wie KAHANOVITZ u. Mitarb. 1987 im Vergleich zu nur Kg-Trainingsprogrammen zeigten (35 Hz, 300 µs, 0–100 mA NF-Ströme, oder MF-Stimulation: 50 Hz moduliert, 400–600 µs, 25 mA, die aber weniger effektiv waren als NF-ES). Die ES wurde bei akuten und subakuten Kreuzschmerzen besser toleriert als die Kg-Übungstherapie, wahrscheinlich wegen der gleichzeitigen analgetischen Wirkung. Die Behandlungsdauer betrug tgl. 30 min, 5 × wöchentlich, 4 Wochen. Elektroden über beiden Mm. erector trunci.

Sonderformen der NMES normal innervierter Muskulatur

- Elektromechanotherapie

Durch Einschalten mechanischer Widerstände, wie beim krankengymnastischen Widerstandstraining, kann der Trainingseffekt der ES noch gesteigert werden, z. B. bei der Myostimulation des M. quadriceps femoris durch Gewichtsbelastung am Fuß, für andere Muskeln können dosierte Widerstände gegen angelegte Haltezügel eingesetzt werden, u. a. Verfahren.

- Intentionsübungen nach Foerster

Wie der Name Intention (latein. Absicht, Vorhaben) besagt, koppelt dabei der Patient seine Absicht zu einer bestimmten Willkürbewegung (-kontraktion), die er nicht mehr ausführen kann, synchron mit der Auslösung einer elektrischen Stimulation dieses Muskels mit Hilfe einer Hand- oder Fußtaste. Indikationen für die Intentionsübungen sind sog. psychogene Lähmungen, wie sie z. B. nach Unfällen beobachtet werden, oder sog. funktionelle Restlähmungen, z. B. im Verlauf einer Poliomyelitis, in der Umgebung des Lähmungsbezirkes. In beiden Fällen ist es dabei nicht zu einer anatomischen Läsion des peripheren Nervs gekommen. Zur Wiedererlangung der motorischen Kontrolle, der verlorengegangenen „psychomotorischen Bahnung", braucht der Patient eine sensomotorische Rückkopplungskontrolle (Feedback control), die er durch die ES über die Erregung von Propriozeptoren der stimulierten Muskeln erhält. So läßt sich durch ES synchron mit seinen Willkürkontraktionsversuchen allmählich die psychomotorische Bahnung wieder „einschleifen". Dazu muß am besten mehrfach täglich, jedenfalls ohne längere Intervalle, motiviert geübt werden.

- Elektrostimulation der Wadenmuskulatur zur Prophylaxe postoperativer tiefer Phlebothrombosen und zur Embolieverhütung

Bereits 1949 hatten Tichy und Zankel dazu *post operationem* bzw. *post partum* die „Schwellstrombehandlung" vorgeschlagen. Da aber tiefe Venenthrombosen bereits während der Operation oder Geburt entstehen, hat sich die intraoperative Wadenmuskelstimulation beim narkotisierten Patienten durchgesetzt. Hinsichtlich des Wirkungsmechanismus der ES wurde ursprünglich in erster Linie auf die Förderung des venösen Rückflusses und damit auf die Verhinderung einer die Thrombosebildung fördernden Stase durch den pumpenden Effekt der Muskelkontraktion hingewiesen. Nach Katz u. Mitarb. 1987 ist die mit der Doppler-US-Methode gemessene venöse Blutflußsteigerung aber nur mäßiggradig. Von den Autoren wird als neuer wesentlicher Aspekt ein signifikanter Anstieg der fibrinolytischen Aktivität im Plasma herausgestellt (Untersuchungen bei Para- und Quadriplegikern).
Geräte: Auch die modernen batteriebetriebenen Kleinstimulatoren können dazu verwendet werden.
Behandlungstechnik: Die Anwendung biphasischer nulliniensymmetrischer Impulsformen ist wegen der Vermeidung schädigender elektrolytischer Nebenwirkungen vorteilhaft. Sonstige Parameter: 30 Hz, 250 µs, ON: 2 s Rampe und 2 s Plateau, 1 Impulsgruppe pro min, I: bis zur Auslösung deutlicher tetanischer Wadenmuskelkontraktionen. Katz u. Mitarb. empfehlen, 6 min lang die anterioren und die posterioren Wadenmuskelabschnitte alternierend zu stimulieren.

Ergebnisse: Bernhard und Gruber 1976 haben mehrere Studien ausgewertet. Dabei zeigten allgemeinchirurgische Patienten gegenüber einer Kontrollgruppe ohne ES eine statistisch hochsignifikante ($p < 0{,}001$) niedrigere Thrombosehäufigkeit. Bei Laparatomierten wegen gutartiger Krankheiten fand Pollock 1977 in der ES-Gruppe eine Thromboseinzidienz von 16%, in einer Heparingruppe von 9%, in einer Kontrollgruppe ohne prophylaktische Maßnahmen aber von 35%. Bei einer Gruppe von Risikopatienten mit malignen Tumoren schnitt dagegen die Heparingruppe mit 5% gegenüber einer ES-Gruppe mit 59% eindeutig besser ab.
Indikationen: Unzweifelhaft dominieren derzeit zur Prävention tiefer Venenthrombosen medikamentöse Maßnahmen wie Antikoagulantien (Heparin) oder Dextran 70, die jedoch mit Risiken bzw. Nachteilen wie blutungsbedingten Komplikationen, behaftet sind. Bei Patienten mit gestörter Gerinnung können sie daher nicht angewandt werden. Als Alternative kommt die physikalische Methode der intermittierenden pneumatischen Kompression in Frage, die in der Allgemeinchirurgie, Urologie und Neurologie sowie Orthopädie ebenfalls Erfolge aufweisen kann (Gruber u. Bon 1983). Es dürfte von den apparativen Möglichkeiten und den persönlichen Erfahrungen abhängen, ob sich der Physiotherapeut bei geeigneter Indikation für die ES oder die Kompression entscheidet. Auch der postoperative Einsatz (Freund u. Mitarb. 1981) bei zerebrovaskulärer oder Koronarinsuffizienz und postpartal) oder die postoperative Fortsetzung der ES nach intraoperativem Beginn (Lindstroem u. Mitarb. 1982) werden befürwortet.

• Verfahren zur Elektrostimulation der Rückenmuskulatur als Therapie der idiopathischen Skoliose

Idiopathische Skoliosen sind strukturelle, nicht ausgleichbare Seitverbiegungen der Wirbelsäule mit Rotation der Wirbelkörper um die Längsachse (Torsionsdeformität). Sie treten ohne feststellbaren Grund mit oder etwa mit der Pubertät und vor der Skelettreife auf. Elektrostimulationsverfahren haben zumindest für einen Teilbereich der konservativ zu behandelnden Skoliosen niederen Grades [Krümmungswinkelwerte nach Cobb $>(15°)\ 20°$ und $<30°\ (40°)$] ihre, wenn auch derzeit noch nicht unbestrittene Bedeutung erlangt, entweder als adjuvante Therapie zur Krankengymnastik oder als Alternative zur Korsett- und/oder krankengymnastischen Behandlung. Durch die Kräftigung der Muskulatur der Konvexseite der Skoliose mit Hilfe der Elektrostimulation soll indirekt die skoliotische Fehlform aufgerichtet werden. Der Krümmungswinkel der thorakalen bzw. thorakolumbalen oder der bestehenden Doppelkurven soll vermindert oder wenigstens die vorher bestehende Progredienz gestoppt (stabilisiert) werden. Wenn dies in einem ebenso hohen Prozentsatz gelänge wie mit der häufig dazu eingesetzten Korsettbehandlung, die nicht wenige Nachteile und eine nicht optimale Compliance aufweist, wäre dies als eine echte Alternative anzusehen. Seit Ende der 70er Jahre ist bereits eine größere Zahl von Elektrostimulationsverfahren dazu entwickelt worden. Neben teil- oder total implantierten Systemen sind Systeme mit Oberflächenelektroden in verschiedenen Elektrodenpositionen (medial, lateral, dazwischen), als Ein- oder Zweikanalgeräte, in Langzeit-(nachts) oder Kurzzeit-(20 min tags)Anwendungen im Gebrauch, Tabelle 16 gibt eine Übersicht. Da derzeit nur wenige exakte, vergleichende Studien dazu vorliegen, ist es schwer einzuschätzen, ob einem der Verfahren eine herausragende Stellung zuzumessen ist.

Tabelle 16 ES-Verfahren für die Behandlung der Rückenmuskulatur bei Skoliose

Verfahren und Autoren	Applikationsform	Geräte
1. ESI = Elektro-Spinal-Instrumentation, invasive Methode, Langzeitstim. nachts (BOBECHKO et al.)	3 *implantierbare Pt-Ir-Elektroden* − + − gepolt RF-Transmitter System, externer Stimulator	*Einkanalsystem:* *f*: 30 Hz, biphas. 225 µs 1,5 s ON/9 s OFF *Zweikanalsysteme:* Medtronic
2. ESO = Electro-Spinal Orthosis, nicht invasiv Langzeitstim. nachts (MCCOLLOUGH)	Oberflächenelektroden 1. WS nahe Musk., 2. lateral, mittl. Axillarlinie 3. zwischen 1. u. 2.	*Einkanalsystem:* Medtronic Model 3120 *Zweikanalsystem:* Model 3120-2
3. LESS = Lateral Electrical Surface Stim. = LEOS (lat. elektr. Ober-*flächenstim.)* Langzeitstim. nachts, (AXELGAARD et al.)	wie ESO 1. thorakal: M. lat. dorsi, *Interkost. M.* 2. lumbal: M. obliq. ext. M. quadr. lumb.	*Einkanalsystem:* „Scolitron“ Neuromed: *f: 25 Hz,* *200* µs, 6 s ON/ 6 s OFF, bis 80 mA *Zweikanalsystem:* Eigenbau
4. LEOS-Variante 20 min Kurzzeit-Tagesstimulation (SCHMITT)	1. paravert. M., synchron mit 2. M. interkost., 3. M. obliq. abd.	*Dreikanalsystem:*„Scolimax“ *f:* 100 Hz, exakt ⊓⊔ t_i: 1 ms ON: 1 s, c.c.

Die bisherigen Ergebnisse ähneln sich in ihren Erfolgs- und Versagerquoten weitgehend und sind nicht zuletzt auch davon abhängig, wie weit die Indikation besonders hinsichtlich des vorliegenden Schweregrades der Skoliose (COBB- u. a. Kriterien) gestellt wurde. Die Tendenz, elektronische Kleinstimulatoren als Heimgeräte zum Einsatz zu bringen, ist auch bei dieser speziellen Anwendungsform der NMES offensichtlich. Dies wird auch aus dem kommerziellen Geräteangebot (s. Tabelle 16) ersichtlich. An der Medizinischen Akademie Dresden wurde dazu der Skoliosestimulator ST 80 zur LEOS entwickelt (GÜTTLER 1987) (50 Hz, 1 ms, ON: 1 – 10 s, Rampe 2,5 (0,7 – 5) s, OFF: 5 – 27 s, *I*: max. 80 mA bis 1,5 kΩ c.c.). Abbildung 46 zeigt die Elektrodenposition bei LEOS.

Indikationen: Juvenile und adoleszente Thorakal oder/und Thorakolumbalskoliosen mit Skoliosewinkel (COBB) < 30°und noch zu erwartendem Skelettwachstum von mindestens 2 Jahren. Erweiterte Indikationen für Kyphosen bzw. Lordosen haben AXELGAARD u. Mitarb. 1983 angegeben. Komplikationen können bei Oberflächenelektrodenverfahren besonders bei Langzeitanwendungen durch Hautirritationen auftreten. Die Abbruchrate deswegen ist aber nicht hoch (ca. 3%). Die Compliance (85 – 100%) ist besser als bei Korsettbehandlung. Bei implantierten Systemen sind es technische Fehler, die zur Reoperationen Anlaß geben können.

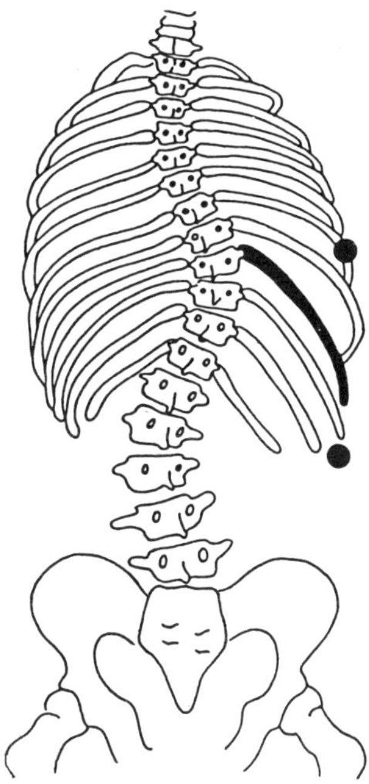

Abb. 46 LEOS: Laterale elektrische Oberflächenstimulation (= LESS = lateral electrical surface stimulation); Elektrodenposition bei einer idiopathischen Skoliose im Thoraxbereich

- Elektrostimulation der Beckenbodenmuskulatur bei Streßinkontinenz

Bei Streßinkontinenz kommt es bekanntlich besonders bei intraabdominellen Drucksteigerungen wie Husten oder Pressen zum unwillkürlichen Harnabgang. Das Behandlungsziel bei dieser häufigen Inkontinenzform der Frau ist ein Beckenbodenmuskeltraining (als Alternative eines krankengymnastischen Trainings) mit Hilfe neuromuskulärer Elektrostimulation. Durch die Kräftigung der Beckenbodenmuskulatur soll gleichzeitig die Verschlußmuskulatur der hypotonen Urethra aktiviert und damit deren Verschlußdruck angehoben werden. Im Laufe der letzten Jahre wurden dazu verschiedene Wege eingeschlagen. Kontinuierliche und intermittierende Stromformen, Kurzzeit- (10–20 min) oder Langzeitstimulation (6–20 h täglich), rektale und vaginale Applikation kommen zur Anwendung. Auch die Geräte- und Zubehörgestaltung änderte sich. Externen Stimulatoren folgten elektronische Systeme, die Batterie, Generator, Elektroden in einer Einheit verbunden haben und vaginal oder rektal postiert werden können. Die Tendenz zur Heimbehandlung ist auch bei diesem Anwendungsgebiet offensichtlich. Die Ergebnisse scheinen trotz unterschiedlicher Methoden und Behandlungsregime sowie deutlicher Preisunterschiede nicht wesentlich zu differieren.

– *Transrektale Stimulation mit einem externen Netzstromstimulator.* Mit dieser einfachen und preisgünstigen Methode konnten Florek und Hollstein 1979 an unserer Klinik bei Streßinkontinenz (Typ I) 1. und 2. Grades zeigen, daß man gute Behandlungsergebnisse erzielen kann. Die transrektale Elektrostimulation der Beckenbodenmuskulatur erfolgte mit einer V_2A-Stahl-Stabelektrode von 10 cm Länge und 1,2 cm ∅ (Eigenbau). Mit einem konventionellen Netzstromstimulator (Reizstromtherapiegerät „TuR“) wurde folgendes Reizmuster ange-

wandt: monopolare Rechteckimpulse 2 ms, 50 Hz, 10 geschwellte Impulsgruppen von 1 s/min, Behandlungsdauer 20 min, 3 × wöchentlich, 12 × pro Serie. Die Stromstärke wurde bis zu gut tolerablen Muskelkontraktionen hochgeregelt. Ungünstige Reizwirkung durch die Rektalelektrode wurde nicht beobachtet.
Ergebnisse: Von 23 Patienten mit Streßinkontinenz 1. Grades zeigten 91% nach Ende der Behandlungsserie bzw. 60% nach 6 Monaten Pause positive Ergebnisse. Bei 28 Patienten mit Streßinkontinenz 2. Grades waren es 74 bzw. 53%, bei einer Plazebo-ES-Gruppe jedoch nur 30 bzw. 25%. Eine Kombination ES + krankengymnastisches Beckenbodentraining war nicht erfolgreicher als die ES-(Verum-) Gruppe. Kiesewetter 1986 empfiehlt bei der transrektalen ES für die Praxis biphasische balancierte Rechteckimpulse (zur Vermeidung elektrolytischer Prozesse) 1 ms, 20 Hz, 2 s ON/4 s OFF-Impulsgruppen, Stromstärken 12–24 mA. Diese Reizmuster sind mit modernen batteriebetriebenen Kleinstimulatoren zur Myostimulation einstellbar. Der erzielte Druckanstieg in der Urethra betrug bis 68 cm H_2O. Die Geräte sind mit Hilfe der Mikroelektronik meist als Spezial-Kleinstimulatoren für Streß- und auch Dranginkontinenz laufend weiter perfektioniert, aber auch verteuert worden. So werden solche modernen Geräte z. Z. mit 1000 DM angeboten (Schwing 1986).

– *Externe Kleinstimulatoren (batteriebetrieben) mit Verbindungskabel zu vaginalen oder analen Spezialelektroden*, meist in Form von ca. 6 cm langen, 2,5 cm ∅ Plastik-Stöpsel („Plung"), auf denen die positiven und negativen ringförmigen Metallelektroden befestigt sind. Die Stimulatoren können am Gürtel befestigt werden. Beispiele solcher Gerätetypen sind: „Continator", Litalograph. Ltd., Buckingham, England; „Conmax", Lectromed Ltd., Jersey Channel Islands (anal oder vaginal, 20 Hz, 0,75 ms, 0–90 mA c.c., biphas. Imp.) zur Kurzzeit-Heimbehandlung (Plevnik u. Mitarb. 1986); „Conigator" NV NL 40/78 Humboldt-Univ. Berlin (170 Hz, 70 µs, Rechteckimpulse, 40–50 mA) (Fischer u. Mitarb. 1978); Feca Typ PO17, Soca, Ljubljana, Yugoslawien; „Vigicon" u. „Recticon" u. „Recticon 0" (für Kinder) (20 Hz, 1 ms, bis 35 mA), Gorenje Promet Servis, Velenje, Yugoslawien.

– *Einheitssysteme von Generator, Batterie und Elektrode*, sog. vollintegrierte Systeme, anal oder vaginal zu postieren, können als Weiterentwicklung angesehen werden. Beispiele für solche Gerätetypen sind: „Vigicon X", Gorenje Promet Servis (s. oben, Suhel u. Mitarb. 1978), auch als sog. Anal pressure controlled electric stimulator (s. folgendes) bezeichnet (10–30 Hz, 0,5–2 ms, 0–8 V, bei Druckschwellenwertüberschreitung höher); „Incontan", Fa. Kone, Medizintechnik GmbH, Quickborn BRD oder über Euro Lab., Labortechnik Kg München (25 Hz, 0,7 ms, 0,5 s ON/1,5 s OFF, biphasische Spike-Impulsform); Medicon PPS-1, Medicon, Tiller Norwegen.
Analapplikationen kommen bei Männern (Inkontinenz bei Prostataadenomen) oder Frauen mit zu kurzer oder langer Scheide, Uterusprolaps oder Virgo intacta in Frage. Sie sollen effektiver sein als die vaginale Applikation.

– *Demand-Stimulationstypen* sind der letzte Geräteentwicklungsschritt. Diese Einheitssysteme sind für die Patienten nützlich, die nur gelegentlich (z. B. Pressen, Husten, was zu einem Anstieg der Muskelspannung im Levator ani führt) inkontinent sind. Drucksensoren (Dehnungsmeßstreifen) vermitteln die Drucksteigerungen. Das Gerät stimuliert dann 2 s die Beckenbodenmuskeln (wenn z. B.

die Spannung > 100 μV erreicht), sonst bleibt es im „Sensing Modus", d. h., es erfolgt keine ES. Behandlungsregime. Auch hier gibt es verschiedene Methoden:
1. Langzeitstimulationsverfahren über 6–20 h täglich, z. T. nachts.
2. Kurzzeitstimulation von (10)–20 min täglich mit z. T. automatischer Abschaltungsvorrichtung (PLEVNIK u. Mitarb. 1979, 1986).
Von letzteren Autoren und NAKAMURA 1987 werden solche Verfahren auch als maximale ES, MES bezeichnet, weil maximal tolerable Intensitäten dazu benutzt werden (z. B. mit „Conmax", s. oben); nur bei Streßinkontinenz anzuwenden.
Indikationen: Neben Streßinkontinenz Typ I wird von manchen Autoren auch die Drang-(Urge-)Inkontinenz genannt. Sie hat allerdings einen anderen Mechanismus, der eine Detrusorkontraktionsinhibition (Hemmung) benötigt. Nach Untersuchungen von OHLSSON u. Mitarb. 1984 sind dazu Stimulationsfrequenzen von 10 Hz bei intravaginaler Stimulation angezeigt, während bei Streßinkontinenz 50 Hz und bei der 3. Indikation, der kombinierten (Mischform) Streß- und Dranginkontinenz 20 Hz für einen optimalen Reizparameter gehalten werden.

Kontraindikationen sind Streßinkontinenzen vom Typ II, sog. Transmissionstyp.

• Elektrostimulation bei Analinkontinenz

Unter analer Inkontinenz versteht man die Unmöglichkeit, Darmgase und dünnflüssigen Stuhl beim aufrechten Gang, bei Husten oder Niesen intraanal festzuhalten. Ähnlich, wie bei der Streßinkontinenz der Blase kann bei der Analinkontinenz ein elektrisches Stimulationstraining der Analschließmuskulatur die Insuffizienz mindern bzw. beheben. Bei Sphinkterschwäche sind die Sphinkterdruckwerte oft um mehr als 50% erniedrigt. Die Ursachen sind sehr verschieden (MELZER und KNOCH 1985). Die ES kommt nur für die Grade 1 und 2, nicht für 3 = totale Inkontinenz mit unkontrollierter Defäkation in Frage. Von den verschiedenen Applikationsverfahren hat sich nur die intraanale ES bewährt. MELZER und KNOCH an der Medizinischen Akademie Dresden benützen dazu eine selbstgefertigte Stabelektrode aus verchromtem Rundstahl (330 mm Gesamtlänge, 8 mm dick). Das 25 mm lange, 10 mm breite, leicht abgewinkelte Endstück wird in den Analkanal eingeführt. Das Reizmuster ist ein neofaradischer Schwellstrom, der mit einer Intensität von 2–6 mA verabreicht wird. Als Stimulator diente das Reizstromtherapiegerät „TuR" RS 10. Die Behandlungszeit wurde, mit 10 min/Sitzung beginnend, allmählich gesteigert. 3 × wöchentliche Behandlungen, insgesamt 10 ×. Nach 8–12 Wochen bei Bedarf erneut 20 Behandlungen. Über einen neuen verbesserten Stimulator berichteten KLUG, KNOCH, GERBER 1988.

• Elektrostimulationsverfahren der Bauchmuskulatur post partum und zur Verminderung lokaler Unterhautfettpolster

Die Elektrogymnastik der schlaffen Bauchmuskulatur post partum ist ein schon lange bekanntes Verfahren der NMES (OUTREQUIN u. Mitarb. 1980 u. a.). Neben NF- können auch MF-Elektrostimulationsverfahren zum Bauchmuskeltraining eingesetzt werden. Die dazu benutzten Reizmuster sind mono- oder bipolare Rechteckimpulsfolgen, *f*: 50 Hz, 200 μs, *I*: bis zur Toleranzgrenze. OUTREQUIN benutzte 100–200 Hz, 1–3 ms, 3 s ON/7 s OFF, auch längere ON-Zeiten, meist mit Rampe, OFF-Zeiten bis 50 s wurden angewandt. Etwa 14 × 5-cm-Plattenelektroden (–) werden beiderseitig auf den motorischen Reizpunkten der Mm.

recti abdominis plaziert, die Gegenelektrode (+) 25 × 20 cm wird in Höhe der korrespondierenden Rückenseite gelagert. Auch die Mm. obliqui abdom. können im 2. Teil der Sitzung stimuliert werden. Behandlungsdauer jeder Muskelgruppe 15 min, 3 × wöchentlich, mehrere Wochen. *Kontraindikationen* sind schmerzhafter Uterus, fortbestehende infektiöse und/oder hämorrhagische Prozesse, Myasthenia gravis. Das Verfahren ist gut geeignet, eine Bauchmuskelinsuffizienz zu beheben.

– *Lokale Fettpolster* durch Elektromyostimulation zu vermindern oder zu beseitigen, war schon um die Jahrhundertwende ein BERGONIÉ bekanntes Verfahren (Bergonisation genannt, FÜRSTENAU 1914). Er entwickelte dazu einen „Entfettungsstuhl", der mit großen Metallplatten ausgelegt war. Mittels faradischer, tetanisierender Ströme, durch ein Metronom rhythmisch ein- und ausgeschaltet, wurden größere Muskelpartien stimuliert. Dadurch wurde der Stoffwechsel der darüber liegenden Fettpolster angeregt. Die elektrisch aufgezwungene Arbeitsleistung der Muskeln zwang diese, die als Fett aufgespeicherte Energie anzugreifen. Die Patienten sollen bei einer Anwendung von 1 h tgl. pro Woche 2 – 3 kg Gewicht verloren haben. Die Fa. *Alex Eden* GmbH London hat unter der Bezeichnung „Slendertone-Verfahren" (slender = schlank) eine modifizierte Methode der Bergonisation zum Abbau *lokaler* Fettpolster, z. B. an der Hüfte, Taille, den Schenkeln, im Gesicht entwickelt. Es kann in häuslicher Anwendung mit einem batteriebetriebenen Gerät zur Schönheitspflege benutzt werden. Das Reizmuster: monopolare Rechteckimpulse, 60 – 70 Hz, 0,2 ms, 750 ms ON/750 ms OFF (80 ms Rampe), *I*: 24 V (38 mA), tgl. 30 – 40 min. Über 4 getrennt regelbare Kanäle können 4 Elektroden stimuliert werden. KANZLER 1976 konnte an unserem Lehrstuhl bei 2 Untersuchungsgruppen (à 20 Probanden) übergewichtiger jüngerer bzw. Frauen mittleren Alters die im Firmenprospekt angegebene Reduktion des Umfangs an 2 behandelten Körperstellen im Prinzip bestätigen. Die letztgenannte Gruppe zeigte nach 12 Wochen etwa um das Doppelte bessere Resultate (am Abdomen ca. – 4 cm, am Oberschenkel ca. – 5 cm). Reduktionen des Gesamtkörpergewichts waren dagegen nicht zu verzeichnen, jedoch vom Gerätehersteller auch nicht behauptet. Diese Methode ist mit den z. Z. zur NMES benutzten Kleinstimulatoren ebenso praktikabel.

3.2.4.1.2. Funktionelle Elektrostimulation, FES

Mit der FES entstand ein neues, wichtiges Anwendungsgebiet der neuromuskulären Elektrostimulation NMES im rehabilitativen Bereich. Im Gegensatz zu den bisherigen therapeutischen NMES-Verfahren, die bei Anwendung relativ kurzer Dauer der Verbesserung bestimmter Muskelfunktionen, z. B. der Muskelkraftsteigerung oder der Erzielung antispastischer Wirkungen, dienten, hat die FES das Ziel, eine verlorengegangene lebenswichtige Funktion zu ersetzen, zu substituieren oder wenigsens zu unterstützen, die der Patient durch Krankheit bzw. Verletzung verloren hat. Durch *langfristige*, evtl. *dauernde* Elektrostimulation soll diese Funktion unter Anwendung miniaturisierter elektronischer Orthesen wiederhergestellt werden. Die FES hat sich in den letzten 2 Jahrzehnten weltweit rasch zu einem wichtigen neuen Rehabilitationsverfahren (Rehabilitation Engineering) in neuer Qualität entwickeln können. Gegenüber den früher geübten *passiven* Methoden, z. B. mit Schienen, Stützen u. a., ist die FES ein *aktives* Verfahren, die Muskulatur wird durch die ES aktiviert. Dies hat z. B. bei der Rehabilitation gelähmter Extremitäten (FESE) günstige Auswirkungen auf den Kreislauf, Stoffwechsel, das Knochensystem u. a., die dem Rehabilitanten zugute kommen. Das Sondergebiet der FES läßt sich in 2 Hauptanwendungsgebiete gliedern:

1. Die FES der Extremitäten = FESE, zum Einsatz bei
a) Läsionen des oberen Neurons, z. B. einer Hemiplegie nach einem zerebrovaskulären Insult (CVI) oder einer Zerebralparese (CP) oder
b) Läsionen des Rückenmarks RM, z. B. bei Querschnittslähmungen mit Paraplegie bzw. Tetraplegie.
2. Die FES von Organen = FESO. Typische Beispiele dafür sind der Herzschrittmacher (Pacemaker), der Zwerchfellschrittmacher, die FESO der neurogenen Blase, des Mastdarms bei Inkontinenz, die FESO des N. cochlearis bei Taubheit oder die Bemühungen zur Schaffung einer visuellen elektronischen Orthese bei Blindheit.

Die Anwendungsgebiete der FESE sollen in einer kurzen Übersicht, auch mit Darlegung der Entwicklungstendenzen, hier erörtert werden, nicht zuletzt, weil die dabei z. T. auch beobachteten Trainingseffekte für die Routinepraxis des Elektrotherapeuten von Bedeutung sind. Eine vollständige Erörterung der FESO würde den Rahmen dieses Buches überschreiten. Kapitel, wie die Kardioelektrostimulation oder die Kochlearisstimulation, die als Spezialgebiete von Kardiologen bzw. Otologen ausgeübt werden, wurden hier vollständig ausgeklammert.

Zu 1. FES der Extremitäten, FESE

Eine ausführliche Darstellung des Standes und der Entwicklungstendenzen gibt Edel 1987 in einem Übersichtsreferat. Die folgende Aufstellung zeigt einen kurzen Überblick, Entwicklungstendenzen sind durch Pfeile gekennzeichnet.

Übersicht über die Indikationen, Anwendungsgebiete, Kontroll- und Stimulationssysteme der FESE

Indikationen:
a) Hemiplegie (Läsion des oberen Neurons) untere und obere Extremität
b) Querschnittlähmung, Rückenmarkläsion je nach Höhe, Quadriplegie, Paraplegie

Anwendungsgebiete: Als Orthese, als Therapie-Trainingsgerät

Kontrollsysteme

1. Open-loop Systeme
→ closed loop Systeme
(Feedback-Kontrolle)
Einsatz von Sensoren:
• kinesthetische
(Potentiometer),
• proportionale
(Kraft-, Druckmesser)
• taktile Sensoren
(Druckmesser)
2. ON/OFF gesteuerte
→ computergesteuerte Systeme
3. Binäre (flip/flop)
→ proportionale Kontrolle

Stimulationssysteme

1. Einkanalsysteme
→ Mehrkanalsysteme
2. Externe Systeme mit Oberflächenelektroden
→ teil- oder total implantierte Systeme
3. Efferente, afferente oder kombinierte Stimul.
4. Synchrone Stimulation
→ „sequentiale“ oder Karussell-Stimulation
5. Miniaturisierte
→ ultraminiat. Geräte
6. Labor-, Forschungs-Routinegeräte

Zu a) FESE bei Hemiplegie (Läsion des oberen Neurons)

Sie ist die z. Z. am häufigsten in der klinischen Praxis benutzte FESE-Form und zugleich die älteste. Liberson u. Mitarb. 1961 hatten die geniale Idee, durch ein am Gürtel tragbares, batteriebetriebenes, kleines Gerät (ein open loop, on-off-System), die elektronische Peronealorthese, den Ausfall, die Parese der Fußbeuger (Dorsalflexoren), der beim Hemiplegiker zum sog. Lähmungsspitzfuß (Foot drop) führt, durch eine gangsynchrone ES des N. peronaeus mittels Oberflächenelektrodenstimulation zu beheben. Damit kann die Gangstörung gemindert

Abb. 47 Elektronische Peronealorthesen
a) erstes Modell („Theratron") nach Liberson u. Mitarb. 1961 mit Oberflächenelektroden und mechanischem Fersenschalter, b) neues Modell „Ljubljana – Implant" von Varken u. Jeglic 1976
I = Implant, in Nervennähe (s. rechts) implantierter Empfänger (6 × 20 mm) mit daran angebrachten Elektroden, bei T miniaturisiertes RF-TS-System in der Schuheinlage zur gangsynchronen Aktivierung des externen Stimulators (S). Dieser stimuliert eine auf der Haut über dem implantierten Empfänger plazierte Sendeantenne (RF-TS)

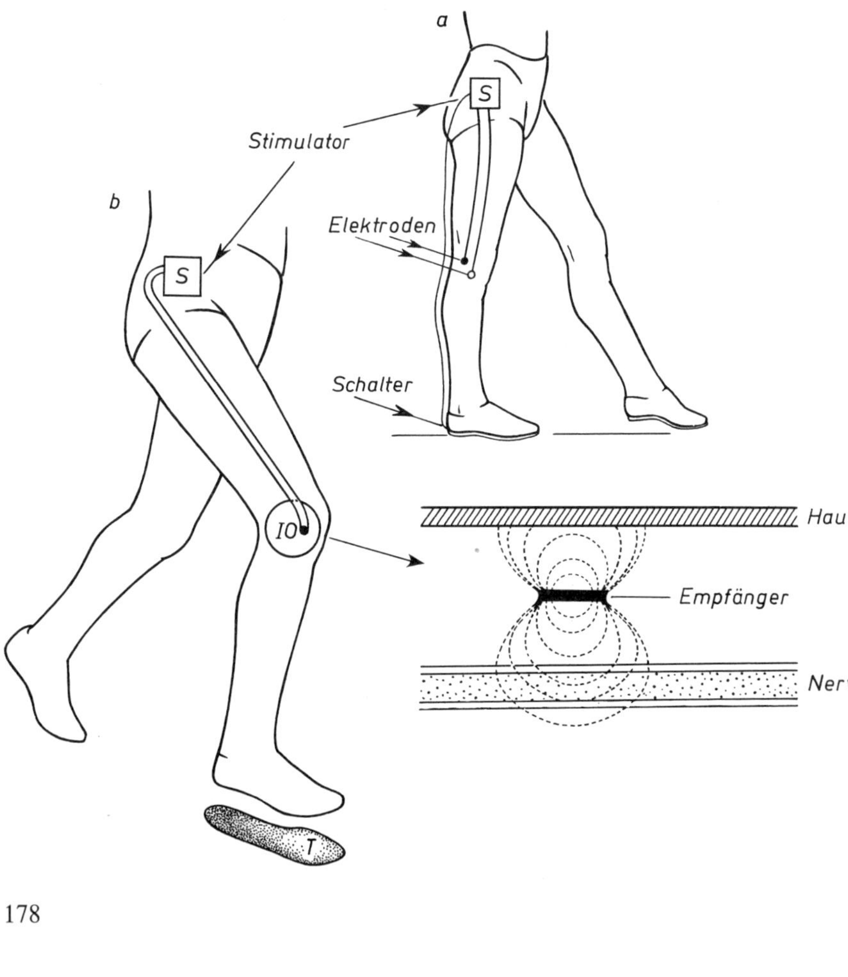

werden. Zur Ingangsetzung des einfachen ON-OFF-Systems dient ein Schalter, der in der Fersengegend im Schuh angebracht ist. Beim Fersenheben wird die ES der Dorsalflexoren des Fußgelenkes gangsynchron getriggert. Dieses ursprüngliche Modell wurde, wie Abbildung 47 zeigt, mehrfach verbessert. Der z. Z. letzte Stand ist das Ljubljana-Implant-System von VARKEN und JEGLIC 1976. Dabei werden die Elektroden in der Nähe des N. peronaeus implantiert. Ein RF-Transmittersystem übermittelt die Stimulationsimpulse des Generators, der von dem Fersenschaltsystem getriggert wird. WATERS u. Mitarb. 1985 haben ein total-implantiertes Zweikanal-System zur Erzielung einer „reinen Dorsalflexion" vorgeschlagen. Die Vorschläge von KRALJ u. Mitarb. 1971 für ein Dreikanal- und von MALEŽIČ u. Mitarb. 1984 für ein Sechskanal-(Trainings-)System wollen damit bei ausgedehnten Gangstörungen eine weitere Gangverbesserung durch Einbeziehung der M. gastrocnemii, Kniebeuger, Hüftstrecker und -beuger erzielen. Neben ihrem Anwendungsgebiet als nützliche Orthese können die elektronischen Kleinstimulatoren aber auch als Trainings- und Therapiegeräte zum Auftrainieren der paretischen Dorsalflexoren eingesetzt werden. Das führt zu einer rascheren Wiedererlangung der Willkürkontrolle durch motorische Fazilitation. Außerdem ist ihre Anwendung zur Verminderung der meist bestehenden Spastik in der täglichen Routinebehandlung des Hemiplegikers von erheblichem Nutzen. Schon LIBERSON hatte auf das Phänomen des „Carry over", des Überdauerungseffektes hingewiesen. Es wurde von mehreren Autoren, z. B. von VODOVNIK und REBERSEK 1973, bestätigt. Sie empfahlen die FESE als Trainingsverfahren („Gehen im Bett", „Gehen im Sitzen") zur rascheren Wiederherstellung der Funktion. Der Einsatz solcher Geräte sollte bereits in der Frühphase der Hemiplagie erfolgen, täglich angewandt und nach Entlassung aus der stationären Behandlung, wenn notwendig, in häuslicher Selbstbehandlung fortgesetzt werden. Antispastische Therapieeffekte durch FESE bestätigen auch ALFIERI 1982 sowie VODOVNIK u. Mitarb. 1984. Längerer Gebrauch solcher Orthesen führt bei einem bestimmten Prozentsatz der Patienten dazu, daß der Einsatz solcher Orthesen durch Wiedererlangung der Willkürkontrolle überhaupt hinfällig werden kann. WATERS u. Mitarb. 1985 teilten mit, daß dies bei 4 ihrer 7 Patienten mit einer implantierten Peronealorthese der Fall war. Zwei benutzten die Orthese nach 1 Jahr erneut, da es ohne FESE zu einer Spastizität des M. triceps gekommen war. Positive Ergebnisse der FESE bei Hemiplegie sind u. a. von GRACANIN, Ljubljana 1984, mitgeteilt worden. Er hält die FESE bei 30% der über 1000 erwachsenen Hemiplegiker und sogar bei 77% der von ihm behandelten 465 zerebralparetischen Kinder als Gehhilfe für indiziert. In seinem Krankengut wurden bei 78% Gang- und Haltungsverbesserungen, bei 22% sogar ein normales Gangbild erreicht. MERLETTI u. Mitarb. 1975 haben klare Patientenauswahlkriterien angegeben, um eine hohe Erfolgsquote zu erzielen.
Über günstige Wirkungen der FESE bei Hemiplegie berichten auch TAKABE u. Mitarb. 1976, CARNSTAM u. Mitarb. 1977 und MERLETTI u. Mitarb. 1979.
Auch an der oberen Extremität hat man bei Hemiplegikern versucht, mit Hilfe von FESE die Rehabilitationsergebnisse durch Radialorthesen zu verbessern. Durch Stimulation des N. radialis soll die Streckmuskulatur der Fingergelenke und des Handgelenks unterstützt werden. Damit kann der Hemiplegiker einen ergriffenen Gegenstand auch wieder loslassen. Die erste Radialisorthese von LONG und MASCIARELLI 1963 („Electrophysiologic splint for the hand") arbeitete noch mit einem mechanischen Handschluß durch eine Stahlfeder. Bei modifizierten und

verbesserten Systemen sind Positionstransducer (Wandler) an der gesunden Körperseite für eine proportionale Kontrolle der einzusetzenden Kraft angebracht. Sie können die Strecker des Handgelenks und der Fingergelenke der betroffenen Seite durch entsprechende Bewegungen der Schulter steuern. Auch andere Kontrollsysteme (myoelektrische Signale, Drucksensoren an der Bauchmuskulatur) wurden erprobt. An der Hand bewährten sich wie am Fuß Orthesen als nützliche Trainingsgeräte für die häusliche Selbstbehandlung, ebenso während des Klinikaufenthaltes (BAKER u. Mitarb. 1983).

Zu b) FESE bei Querschnittlähmungen, Paraplegie, Tetraplegie

Im Gegensatz zu Läsionen im Bereich des unteren motorischen Neurons (Kap. 3.2.4.1.4. Elektrotherapie denervierter Muskulatur) bleibt bei Läsionen des Rükkenmarks (Querschnittslähmungen) die Funktion der motorischen α-Motoneuronen unterhalb der Durchtrennungsstelle des RM für die von dort abgehenden peripheren Nerven zu den Extremitäten noch intakt. Wie Abbildung 48 zeigt, können deshalb bei der FESE die elektrischen Impulse eines externen batteriebetriebenen Stimulators die ausgefallenen kortikalen Impulse ersetzen (substituieren). Dadurch kann die gelähmte Extremität aktiviert werden. Ausgefallene lebenswichtige motorische Funktionen wie Aufstehen, aktives Stehen, Gehen, wichtige Hand- und Armfunktionen können damit ersetzt werden. Die noch erhalten gebliebenen motorischen Funktionen oberhalb des Ortes der Läsion können zu wichtigen Kontroll- und Steuerungsaufgaben genutzt werden. Damit war ein Weg aufgezeichnet für Hunderttausende in der Welt, die an den Folgen einer durch Verkehrs-, Sport-, Betriebs- und sonstige Unfälle oder Krankheiten entstandenen Querschnittslähmung leiden, ihr schweres Schicksal des *Rollstuhl-*

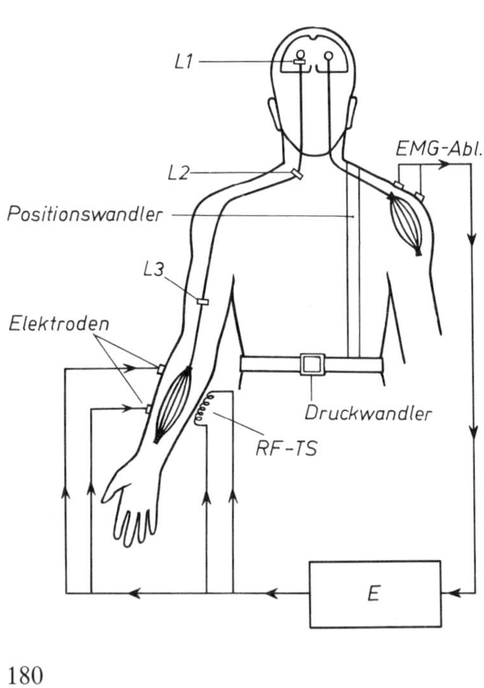

Abb. 48 FESE: Funktionelle elektrische Stimulation der Extremitäten (schematische Darstellung)
Lokalisation von Läsionen efferenter motorischer Bahnen: L1 = zerebrale Läsionen (z. B. bei CVI), L2 = Läsionen in der Zervikalregion (z. B. bei $C^{5/6}$ bei Querschnittslähmungen), L3 = periphere Nervenläsion; *Kontroll-Signal-Systeme* über EMG-Signale oder Positionswandler (Transmitter, Sensoren) von der Schulter der normal innervierten Seite oder Druckwandler von Bauchmuskeln (selten); *Applikation* über Oberflächenelektroden oder i.m. oder epimyseal implantierte Elektroden und RF-TS

daseins mit seinen ungünstigen Folgen zu verbessern. Diese schwierige Aufgabe ist seit Ende der 70er Jahre in führenden Rehabilitationszentren in Europa (Ljubljana, Wien) und in den USA (Dayton, Downey, Cleveland u. a.) zumindest in Angriff genommen worden. In ausgewählten Einzelfällen sind damit auch bereits ermutigende Ergebnisse aufzuweisen. Die benutzten Systeme reichen vom Vierkanal- bis zum 24-Kanalsystem [Bajd u. Mitarb. 1983, Ljubljana Vierkanal; ebenso Graupe u. Mitarb. 1983, Chicago; Petrofsky u. Mitarb. 1984, Dayton (24-Kanal); Holle u. Mitarb. 1982–85, Wien (16-Kanal, implantierte Elektroden)]. Dies sind jedoch nur einige Autoren, die sich in der Welt um die Problematik bemühen, die sich im wesentlichen noch im Forschungs- und Entwicklungsstadium befindet. Dabei sind die Rehabilitationsaufgaben für die obere Extremität (C4- bis C6-Läsionen) noch ungleich schwieriger zu lösen als die für die untere. Der Arm hat 7 Freiheitsgrade hinsichtlich der Bewegungsebene, in denen die Funktionen seiner 3 Gelenke ablaufen. Peckham u. Mitarb. 1980, 1981 haben ein Dreikanalsystem mit „sequentialer Stimulation", Nathan 1984 hat ein durch Stimme (Voice-control) kontrolliertes System entwickelt. Edel 1987 geht in seiner schon erwähnten Übersicht ausführlicher auf Entwicklungstendenzen und z. Z. anstehende Probleme ein, wie z. B. closed-loop-Systeme (= geschlossene Systeme mit Rückmeldung von Sensoren, d. h. Meßfühlern) u. a. Sie werden z. T. in einer Aufstellung S. 177 stichwortartig angedeutet. Eine wesentliche Vorbedingung einer erfolgreichen FESE bei Paraplegikern ist das Auftrainieren als Vorbehandlung der oft erheblich atrophischen, durch Inaktivität geschwächten Muskeln. Dies ist besonders dann notwendig, wenn die Querschnitslähmung u. U. schon viele Jahre zurückliegt. Bajd u. Mitarb. 1983, Kern u. Mitarb. 1985 haben dazu geeignete Trainingskonzeptionen erarbeitet. Dabei ist der Nutzen einer häuslichen Selbstbehandlung durch geeignete batteriebetriebene Geräte offensichtlich. Auch wenn der Patient sein FESE-Gerät später benutzt, was ja in der Regel höchstens für Stunden/Tage der Fall ist, ist meist ein zusätzliches Muskelkrafttraining durch ES nötig. Die Programme entsprechen weitgehend den in Abschnitt 3.2.4.1.1. geschilderten Trainingsprogrammen. Ihr Erfolg wurde von den genannten Autoren durch dynamometrische Messungen der Muskelkraft bestätigt.

Zu 2. FES von Organen, FESO

- Funktionelle Elektrostimulation der Zwerchfellmuskulatur

(Zwerchfellschrittmacher, Diaphragma pacing). 1948 konnten Sarnoff u. Mitarb. zeigen, daß durch *externe Reizung* des intakten Nervus phrenicus mit Oberflächenelektroden am Nervenreizpunkt am Hals rhythmische Kontraktionen des Zwerchfells ausgelöst werden können. Diese waren in der Lage, eine total ausgefallene Ventilation zeitweilig zu ersetzen. Sie nannten dieses Verfahren deshalb „elektrophrenische Respiration". Für eine Langzeitbeatmung war diese Methode jedoch nicht geeignet. Es ist das Verdienst von Glenn u. Mitarb. 1972 an der Yale Universität New Haven, diese Möglichkeit realisiert zu haben. Eine Elektrode wurde dazu im Hals- oder Thoraxbereich um den N. phrenicus implantiert und mit einem Radiofrequenz-Transmittersystem stimuliert (Abb. 49). Das neue Verfahren wurde von den Autoren als Diaphragma pacing bezeichnet.
Indikationen: Atemlähmungen bei Quadriplegie mit Halsmarkläsionen oberhalb des Abgangs der N. phrenicus-Wurzeln (C3, 4, 5), ferner zentrale Hypoventila-

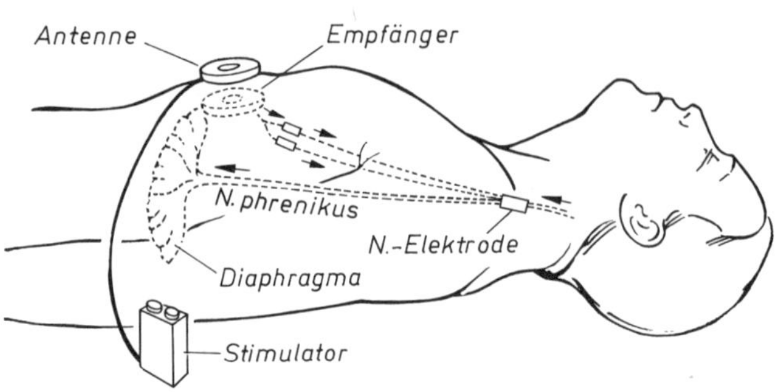

Abb. 49
Zwerchfellschrittmacher, unilaterales Stimulationssystem (einer Zwerchfellhälfte)
Elektrode um den N. phrenicus im Nackenbereich implantiert (auch im Thoraxbereich möglich), RF-TS, externer batteriebetriebener Stimulator

tionssyndrome (schlafinduzierte Apnoe, sog. Undine-Syndrom) und evtl. andere Erkrankungen (s. folgendes).
Zur Durchführung dieses Verfahrens ist ein mehrmonatiger (ca. 6 Monate) stationärer Krankenhausaufenhalt nötig in einer dafür besonders spezialisierten chirurgischen Klinik, die Erfahrung mit dieser insgesamt nicht einfach zu bewältigenden Rehabilitationsmethode hat, die eine exakte Patientenauswahl erfordert. Überwachungseinrichtungen (Alarmmonitoren) und eine Langzeitkontrolle der Patienten sind ebenso notwendig wie teure Pacemaker und Zubehör, wie sie z. B. von den Firmen Avery Labs, Framingham USA, oder Atrotechoy, Tampere Finnland, als kommerzielle Seriengeräte entwickelt und weiterentwickelt wurden. Eine exakte vorherige Testung des N. phrenicus auf seine Intaktheit muß unbedingt erfolgen. Die bisherigen Stimulationssysteme arbeiten mit fixierten Reizmustern und sind open-loop-Systeme ohne Rückmeldung. Eine Koordination der Zwerchfellkontraktionen mit denen der Interkostal- bzw. Atemhilfsmuskulatur ist bei ihnen nicht gewährleistet. Das macht z. Z. noch die Notwendigkeit einer chronischen Tracheotomie erforderlich, bis bessere technische Lösungen erprobt werden. Eine möglicherweise zukunftsweisende Weiterentwicklung und Erschließung neuer Indikationen, wie z. B. zum Zwerchfelltraining bei chronisch obstruktiven Lungenerkrankungen mit Neigung zur respiratorischen Insuffizienz, könnte die inzwischen erprobte Möglichkeit sein, statt um den N. phrenicus die Elektroden direkt in die Zwerchfellmuskulatur (abdominaler Zugang) zu implantieren (Gabler u. Mitarb. 1981, Nochomovitz 1983, Peterson u. Mitarb. 1986 u. a.).
Auf die derzeit für das Diaphragma pacing benutzten Reizmuster, auf Einzelheiten der Implantationen, des Implantationszeitpunktes u. a. soll im Rahmen dieses Buches nicht näher eingegangen werden.
Die bisherigen Ergebnisse einiger Spezialzentren sind den folgenden Publikationen zu entnehmen: Glenn 1972, 1980, 1985 (USA); Fodstadt 1985, 1987 (Schweden); Mugica u. Mitarb. 1987 (Frankreich).

- FES der neurogenen Blase

Der Begriff neurogene Blase (n. Bl.) wird bei Störungen der Blasenfunktion durch Krankheiten, Verletzungen und Anomalien des peripheren oder zentralen Nervensystems angewandt. Erweitert können auch Störungen, die Blasenwand und Sphinktermuskulatur betreffend, in den Begriff mit eingeschlossen werden (Gibberd 1981). In erster Linie denkt man dabei an traumatische Rückenmarkläsionen

(Paraplegiker) und Störungen wie die Meningomyelozele. Die komplexe Problematik der viszero-motorischen Versorgung der unteren Harnwege, die Neuroanatomie sowie die Neurophysiologie der parasympathischen und sympathischen, somatischen motorischen und sensiblen Steuerung des Detrusors (glatte Muskeln) und Urethersphinkters (quergestreifte Muskeln) können hier nicht abgehandelt werden (s. MADERSBACHER 1981). Sie alle sind an der Funktion der Harnspeicherung bzw. der periodischen, restharnfreien Entleerung der Blase (= Miktion) beteiligt. Auch auf eine notwendige exakte Patientenauswahl für die inzwischen zahlreichen ES-Verfahren zur Verbesserung von Miktionsstörungen und auf komlizierte Klassifizierungsfragen kann nicht eingegangen werden. In jedem Fall ist jedoch eine umfassende neurologische und urologische, einschließlich einer urodynamischen Diagnostik erforderlich. Die z. T. noch in Erprobung und Weiterentwicklung befindlichen Methoden können nur in einer kurzen Übersicht dargelegt werden. Im Prinzip gibt es 2 Möglichkeiten für die ES bei der neurogenen Blase:

a) Die direkte ES der Blasenwandmuskulatur (Detrusor-ES) = sog. myotope ES.
b) Die indirekte, d. h. die ES der Nerven, die die Blase versorgen = neurotope ES.

Zu a) Direkte ES der Blasenwandmuskulatur

Indikationen: z. B. deafferenzierte Blase und ungenügende Detrusorkontraktion. Methoden:
– Implantation mehrerer Elektroden in die *Blasenwand*. Ihre ES erfolgte mittels eines RF-Transmittersystems durch einen externen, batteriebetriebenen Kleinstimulator.
Ein Nachteil der Methode ist die Koaktivierung (Mitstimulation) anderer Muskeln oder Nerven als die des Detrusors infolge elektrischer Streuung durch die zur Erregung der glatten Muskulatur notwendigen, relativ hohen Stromstärken. Verbesserung der Methode durch Entwicklung neuer Elektrodensysteme, sog. „Mentorelektroden" der Fa. Mentor. Die 4 bipolaren Einzelelektroden, die mit einer eigenen Spannungsquelle verbunden sind, begrenzen das elektrische Feld auf engsten Raum und verhindern dadurch weitgehend unerwünschte Mitstimulationen von Muskeln bzw. Schmerzreaktionen bei inkompletten Lähmungen sowie Elektrodenkabelbrüche.
– Endovesikale (intravesikale), transurethrale ES mit einer Kathederspezialelektrode (KATONA 1958).
Indikation: besonders bei Meningomyelozele.
Ein spezieller Blasenstimulator „B2-1" (13–125 Hz, 2 ms Rechteckimpulse, 3–8 s ON/1–8 s OFF, Intensität bis max. 10 mA, c.c. bis 15 kΩ) wurde dazu an der Klinik für Urologie der Medizinischen Akademie Dresden (Prof. Dr. sc. med. WEHNER) entwickelt.

Zu b) Indirekte ES der Blasenwandmuskulatur über Sakralnerven

Bei Rückenmarkläsionen bleiben unterhalb der Läsion die nervalen Verbindungen zu den Harnwegen und der Blase über die Sakralnerven noch intakt. Nach TALALLA 1986/87 ergeben sich damit bei Paraplegie ES-Möglichkeiten in 4 verschiedenen anatomischen Ebenen.
– ES des *Conus medullaris*. Das schon 1973 von COOK und WEINSTEIN benutzte Verfahren wurde von NASHOLD u. Mitarb. durch intramedullare ES des Miktions-

zentrums, in dem sich die motorischen Kerne parasympathischer Nerven befinden, ausgebaut. Technisch schwierig ist dabei eine exakte Fokusierung.
– ES *anteriorer Sakralnerven* (Brindley u. Mitarb. 1986). Kokontraktionen des Detrusors und externen Urethralsphinkters werden dabei durch intermittierende Reizmuster umgangen. Nachteil: Die Elektroden müssen intradural im Zerebrospinalflüssigkeitsraum plaziert werden.
– ES *gemischter Sakralnerven.* Sie ist zwar extradural möglich, benötigt aber eine Rhizotomie und Neurotomie der Nn. pudendi. Diese Notwendigkeit wird z. Z. aber in Frage gestellt.
– ES der *Nn. pelvici.* Diese Nerven enthalten efferente Nervenfasern nur zum Detrusor, nicht zu dem quergestreiften Urethrasphinkter. Das Verfahren muß jedoch intraabdominal, retroperitoneal durchgeführt werden.

Alle Verfahren beinhalten noch Probleme. Sie benötigen spezielle Erfahrungen. Nach Ansicht von Talalla u. Mitarb. 1987 ist eine definitive optimale FES zur Wiederherstellung der Blasenfunktion noch zu entwickeln.

- FES bei Analinkontinenz (Analpacemaker)

Schon 1963 wurde von Caldwell ein „analer Pacemaker" in Form eines in den Anus eingeführten stöpselförmigen elektrischen Impulsgebers angewandt. Die Elektroden waren dabei noch in den betroffenen Muskelschichten implantiert. Hopkinson und Lightwood 1966 und Meisner u. Mitarb. 1968 erregten die Analmuskulatur mit anal eingeführten Prothesen. Die letztgenannten Autoren ließen sich diese Prothesen individuell herstellen, der Form und Größe des Anus angepaßt. Dazu wurde, entsprechend stomatologischen Praktiken, ein Sphinkterabdruck hergestellt. Nach Ausguß mit Paladur wurde der Elektrodenträger gefertigt oder entsprechend dem Gipsmodell aus Plexiglas gedrechselt. Als Elektrode diente V_2A-Draht, mit dem der Stöpsel umwickelt wurde. Die ES erfolgte von einem Kleinstimulator über Elektrodenkabel. Wie bei der Streßinkontinenz der Blase beschrieben, sind auch Analpacemaker möglich, bei denen Generator, Batterie und Elektroden in einer Einheit im Analstöpsel enthalten sind. Meisner verwendete entweder niederfrequente 65–250 Hz Rechteckimpulse von 1 ms oder Mittelfrequenzstimulation von 20–40 kHz Frequenz, um kontinuierliche Kontraktionen des analen Muskelrings zu erzielen. Caldwell 1963 gibt Frequenzen zwischen 25–200 Hz an, Hopkinson und Lightwood 80 Hz, 1 ms, 8–12 V. Die Mittelfrequenzstimulation soll sensibel weniger belästigend sein. Mit individuell angefertigten Analstöpseln kann der Patient auch im Sitzen und Umhergehen Kontinenz erzielen. Fischer und von der Mosel 1969 halten sanduhrförmig gestaltete Elektroden für besser geeignet als stöpselförmige. Sie reizen mit 20 (–90) Hz Rechteckimpulsen von 1 ms und 11 V. An den ersten 3 Behandlungstagen wird die Analelektrode alle 12 h, später alle 24 h entfernt.

3.2.4.1.3. Elektrostimulation bei der Spastik

Von den zahlreichen Therapieverfahren (medikamentöse, chirurgische, krankengymnastische, kryotherapeutische u. a.), die bei der Spastik zur Anwendung kommen, ist nach unseren langjährigen Erfahrungen auch der Elektrotherapie ein nicht unwesentlicher Stellenwert beizumessen. Elektrotherapeutische Verfahren werden jedoch vielerorts z. T. aus Unkenntnis noch zu wenig genutzt. Die einsetzbaren Methoden sind vielfältig (Edel und Hentschel 1981). Auch sind sie an unterschiedliche apparative Möglichkeiten gebunden. Die Suche nach optimalen Reizmustern für die verschiedenen, in der Pathogenese sicher nicht einheitlichen Formen des vielgestaltigen Komplexes motorischer Störungen, die unter dem unheitlich definierten Begriff Spastik (Spastizität) zusammengefaßt werden (z. B. Spastik bei Zerebralparese oder nach Rückenmarkläsionen oder multipler Sklerose) ist z. Z. sicher noch nicht als abgeschlossen zu betrachten. Die nachfolgende Aufstellung gibt eine Übersicht über die derzeit möglichen Ansatzpunkte für eine antispastische Elektrotherapie.

Übersicht über die Elektrostimulationsverfahren bei Spastik

Periphere Ebene
Einkanal-Elektrostimulation
Elektrostimulation spastischer Muskeln
Elektrostimulation der geschwächten Antagonisten
Zweikanal-Elektrostimulation, rhythmisch alternierend auf spastische und antagonistische Muskeln
Hufschmidt-Methode
Variante nach Jantsch
Vierkanal-Elektrostimulation nach Edel u. Mitarb.
Funktionelle Elektrostimulation der Extremitäten, FESE
EMG-Biofeedback-Training

Rückenmarkebene
Elektrische Rückenmarkreizung (Spinal cord stimulation, SCS (früher Dorsal column stimulation, DCS)

Supraspinale Ebene
Elektrostimulation des Kleinhirns (chronische zerebellare Stimulation, CCS)
Elektrostimulation des Gehirns (Deep brain stimulation, DBS)

• Elektrostimulation spastischer Muskeln

Das Verfahren wurde von Lee u. Mitarb. 1950 erstmals mit tetanisierenden Impulsströmen praktiziert. Nach Granit beruht sein Wirkungsmechanismus 1. auf der sog. **autogenen Hemmung** der spastischen Muskeln, die eintritt, wenn deren Golgi-Sehnenorgane (Spannungsrezeptoren) mit kurzen, kräftigen Einzelreizen erregt werden. Dies führt zu einer Inhibition (Hemmung) und damit antispastischen Wirkung. Gleichzeitig tritt 2. eine **Fazilitation** (Bahnung, Förderung) der dazugehörigen geschwächten (paretischen) Antagonisten ein.

• Elektrostimulation der geschwächten Antagonisten

Diese von Levine, Knott und Kabat 1952 angegebene Methode wird häufiger benutzt als die vorhergenannte. Sie ist mit allen konventionellen Reizstromgeräten sowie batteriebetriebenen Kleinstimulatoren zur Muskelstimulation leicht zu praktizieren. Sie wird z. B. zur Elektrostimulation der geschwächten Beuger (Dorsiflexoren des Fußes und M. peronaei) bei spastischer Hemiplegie mit Extensorenspastik an der unteren Extremität benutzt. Ebenso nützlich ist sie zur Verbesserung der Handgelenk- und Fingerfunktion, wenn die durch die Spastik der Beuger geschwächten Extensoren zu kräftigen sind. Die Reizmuster sind im Prinzip dieselben wie die zur Behandlung der Muskelatrophie nicht denervierter Muskeln.

Alfieri 1982 behandelte z. B. mit amplitudenmodulierten Impulsgruppen von 50 Hz, 0,5 ms, 2 s ON/2 s OFF. Er macht darauf aufmerksam, daß die Intensität nicht so hoch gewählt werden darf, daß die spastischen Gegenspieler mitgereizt werden, eine Gefahr, die bei starker Spastik und damit stark geschwächten Antagonisten besteht. Hier soll man sich, wenn eine ES überhaupt in Frage kommt, besser mit niedrigeren Intensitäten begnügen. Den M. deltoideus reizt er mit Rechteckimpulsen von 10–20 ms, 0,5 Hz, ebenso den M. quadrizeps femoris, der nur stimuliert wird, wenn er lange schlaff bleibt.

Baker u. Mitarb. 1979 benutzten bei der Behandlung ihrer spastischen Hemiplegiker zur Beeinflussung der geschwächten Handgelenk- und Fingerextensoren Rechteckimpulse mit 33 Hz, 0,2 ms, 7 s ON/10 s OFF. Ihr Gerät hatte eine maximale Ausgangsleistung von 100 mA, die Behandlungsdauer betrug 2 × täglich 15 min, im Verlauf der Behandlungsserie auf 3 × tgl. 30 min steigernd, ca. 6 Wochen oder länger. Wir können die mitgeteilten günstigen Behandlungsergebnisse der Antagonistenreizungen aus den langjährigen Erfahrungen unserer Klinik voll bestätigen. Die Behandlung kann entweder stationär mit Netzstromgeräten, wie z. B. dem „TuR" RS 21, oder wenn dieses Gerät nicht vorhanden ist, mit diadynamischen Reizstromgeräten (Stromform CP), besonders aber mit den modernen Kleinstimulatoren zur Muskelstimulation (ST 80, Respond 2 u. a.) durchgeführt werden. Ihr Vorteil ist, daß sie nach Anlernen auch nach der Krankenhausentlassung zu Hause vom Patienten selbst oder seinen Angehörigen fortgesetzt werden kann. Das gleiche gilt für die Übung der geschwächten Dorsiflexoren bei Fall-(Lähmungsspitz-)Fuß des Hemiplegikers („Gehen im Bett"). Die Behandlungen sollten so früh wie möglich zu einem wichtigen Bestandteil des komplexen Rehabilitationsprogrammes werden. Sie könnten die Rehabilitationsergebnisse (Vermeiden von Kontrakturen u. a.) oft entscheidend verbessern. Leider gehört diese einfache Maßnahme noch nicht zum Routineprogramm aller Einrichtungen. Weitere Einsatzmöglichkeiten bei Patienten nach Schädeltraumen haben Baker u. Mitarb. 1983 angegeben. Der Wirkungsmechanismus wird in erster Linie durch die von Sherrington entdeckte reziproke Innervation erklärt.

• Ob die Elektrostimulation der spastischen Muskeln oder die der geschwächten Antagonisten bessere Ergebnisse bringt, ist in größeren gut fundierten Vergleichsstudien bisher kaum untersucht worden. Vodovnik u. Mitarb. 1984 fanden bei 5 ihrer 10 Hemiplegiker mit Kniespastik durch Antagonistenstimulation (Hamstrings) Verbesserungen, 3 sprachen nur auf ES der spastischen Muskeln an (Reizmuster 30 Hz, 0,3 ms, 5 s ON, davon 2 s Rampe/5 s OFF, 2 × 30 min). Die Autoren schlagen deshalb vor, im Einzelfall zu testen, welches der 3 Verfahren besser antispastisch wirkt bzw. ob keines wirksam ist.

Zweikanal-Elektrostimulation, rhythmisch alternierend auf spastische und antagonistischen Muskeln

Hufschmidt 1966–1968 hat dieses Verfahren eingeführt. Es hat der ES bei Spastik starke Impulse gegeben. Das von ihm benutzte Reizmuster ist aus Abbildung 50 ersichtlich. Für den Wirkungsmechanismus können die beiden vorhergenannten verantwortlich gemacht werden. HUFSCHMIDT mißt aber auch dem geordneten Zusammenspiel von Agonisten und Antagonisten große Bedeutung zu. Dieses Zusammenspiel wird durch die ES simuliert (die Koordination ist bei der Spastik gestört, es kommt zu Kokontraktionen). Die motorischen Kommandostellen im Gehirn erhalten damit wieder richtige Rückmeldungen (Feedback). Nach eigenen nicht veröffentlichten Untersuchungen 1985 unserer Arbeitsgruppe an Hemiplegikern mit Ellenbeugespastik ist dabei die Verzögerungszeit zwischen den 2 Reizkreisen (spastische Muskeln: Antagonisten, am Arm Beuger : Strecker) insofern bedeutungsvoll, daß sie kurz sein muß, z. B. 50 ms, und damit in der sog. silent period liegt. Die Reizung der Antagonisten muß also in der Ruhephase des spastischen Muskels erfolgen. Dies stimmt auch mit neurophysiologischen Beobachtungen überein. Verzögerungen über 300 ms erwiesen sich als ineffektiv. Die günstigen Ergebnisse, die wir mit der Hufschmidt-Methode bei der Beinspastik zerebralparetischer Kinder einer Körperbehindertenschule objektivieren konnten (EMG-, Pendeltest-, krankengymnastische Methoden), sind von EDEL u. Mitarb. 1973 publiziert worden. Als Gerät wurde von HUFSCHMIDT ein Spezialgerät „Spasmotron“ entwickelt. Das erforderliche Reizmuster kann aber auch mit 2 „TuR“ RS 21 (früher RS 11) oder 2 ST 80 K (K = koppelbar) der Medizinischen Akademie Dresden (Kleinstimulatoren) praktiziert werden. JANTSCH 1972 entwickelte eine sinnvolle Variante der alternierenden Zweikanal-Elektrostimulation bei

Abb. 50 Reizmuster zur Elektrostimulation bei Spastik
a) nach HUFSCHMIDT Zweikanal-Reizmuster, b) Variante nach JANTSCH (im 2. Reizkreis tetanisierende Impulsgruppen statt Einzelimpulse auf die geschwächten Antagonisten, c) Vier-Kanal-Reizmuster nach EDEL u. Mitarb.

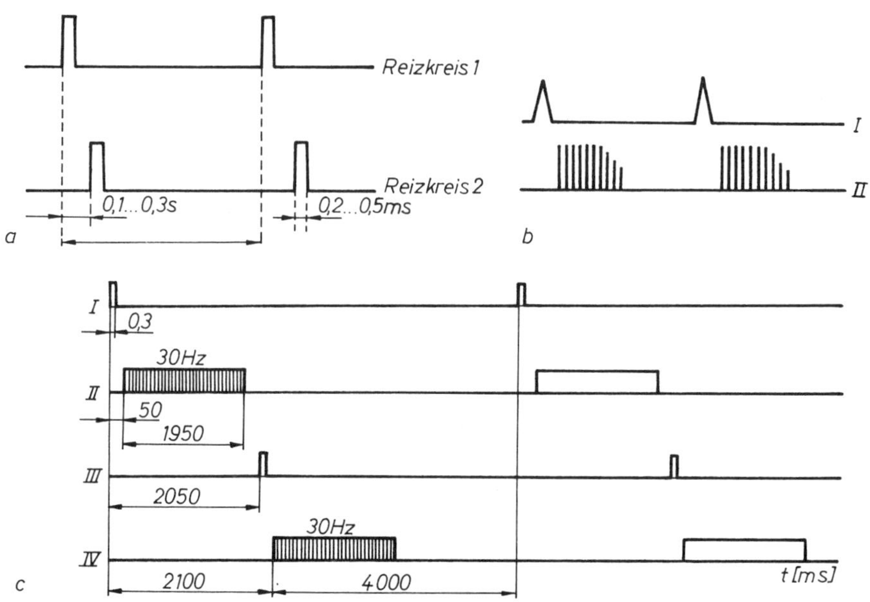

Spastik (s. Abbildung 50), indem er statt eines kurzen Einzelimpulses eine tetanisierende Impulsgruppe von 500–1000 ms auf den geschwächten Antagonisten abgibt, wie bei der Behandlung atrophischer Muskeln üblich. Die Fa. Schuhfried, Wien, hat dazu ein tragbares, handliches Netzstromgerät „Tonolyt"entwickelt. Dieses Reizmuster kann auch mit dem „TuR" RS 21 praktiziert werden. Dabei kann die Verlängerung der Impulsgruppendauer auf über 1 s (z. B. bis 5 s) zur Steigerung der Muskelkraft vorteilhaft sein. Bei den beiden genannten Methoden müssen mit dem 1. Reizkreis immer zuerst die spastischen Agonisten, dann erst mit dem 2. Reizkreis die geschwächten Antagonisten gereizt werden.

Vierkanal-Elektrostimulation der Spastik (Edel u. Mitarb. 1976)

Abbildung 50 zeigt das dazu entwickelte Reizmuster. Kleine Elektroden werden auf die motorischen Reizpunkte der oben angegebenen Muskeln plaziert. Als Geräte können 4 zusammengeschaltete „TuR" RS 21 (früher RS 11) zur Anwendung kommen. Die Rückmeldung (Feedback) dieses größeren, durch laufenden Bewegungsmusters an die motorischen Zentren im Gehirn ist mögli cherweise neurophysiologisch vorteilhaft. Ökonomisch von Vorteil ist auf jeden Fall, daß die Gesamtbehandlung einer Extremität statt durch mehrfache Anwen dungen in verschiedenen Etagen nacheinander jetzt in einer 15-min-Sitzung erfolgen kann. Die günstigen Ergebnisse, besonders bei Kindern mit spastischer Zerebralparese, wurden in mehrfach wiederholten Studien bestätigt (z. B. Hentschel u. Mitarb. 1980, Lange u. Mitarb. 1988). In einer 6wöchigen Testperiode wurde auch ein positiver Plazeboeffekt festgestellt. Eine darauffolgende 6-Wochen-Verum-ES führte zu einer darüber hinaus gehenden Verbesserung. Deren antispastische Wirkungen gingen erst nach einem 6-Wochen-Intervall ohne ES auf den Endwert nach der Plazeboperiode zurück. Der Überdauerungseffekt wurde von uns in allen Studien beobachtet. Deshalb kann die Elektrotherapie auch intermittierend oder alternierend mit den zeitaufwendigen krankengymnastischen Behandlungsverfahren eingesetzt werden.

Elektrodenanlage (Reizorte) für Vierkanal-ES der Spastik

Arme

1. Reizkreis: M. biceps brachii (bipolar)
2. Reizkreis: M. triceps brachii (bipolar)
3. Reizkreis: Handbeuger und Daumen (monopolar)
4. Reizkreis: Handextensoren (bipolar)

Beine

1. Reizkreis: Adduktoren (bipolar)
2. Reizkreis: M. gluteus med. und M. quadriceps femoris (monopolar)
3. Reizkreis: M. gastrocnemius (bipolar)
4. Reizkreis: M. tibialis ant. und M. peronaeus (bipolar)

Die betroffenen Gliedmaßen werden von proximal nach distal in 2(–3) Etagen jeweils 15 min nacheinander gereizt. Um diesen nachteiligen Zeitaufwand zu vermeiden, aber auch um entsprechend der krankengymnastischen Behandlungskonzeption ein durchlaufendes Bewegungsmuster elektrisch zu simulieren, kamen Edel u. Mitarb. auf die Idee einer Vierkanalreizung.

Für die Therapie der spinalen Spastik, z. B. bei Rückenmarkläsionen oder bei der multiplen Sklerose, liegen hinsichtlich einer peripheren ES offenbar weniger Erfahrungen vor als bei der zentralen Spastik. VODOVNIK u. Mitarb. 1984 haben bei 7 Patienten mit Kniegelenkspastik infolge RM-Läsion eine Vierkanal-ES mit 2 Zweikanalkleinstimulatoren („Respond" 2, Medtronik) durchgeführt, die durch eine elektronische Vorrichtung getriggert wurden. Reizmuster war 30 Hz kompensierte monophasische Rechteckimpulse, 300 µs, 5 s (ON) auf den ipsilateralen M. quadriceps fem. und die kontralateralen Oberschenkelbeuger (Hamstrings), davon 2 s Rampe, dann ebenso 5 s (ON) auf den kontralateralen M. q. f. und die ipsilateralen Beuger. Die Intensität betrug ca. 100 mA, Kohle-Gummi-Elektroden 5 × 10 cm. 5 Tage tägliche Stimulation. Etwa 50% des differenten Patientengutes zeigten positive Ergebnisse. Die Reduktion der Spastik hielt bis zu 24 h an. 5 Patienten fanden Heimgeräte als nützlich. Bei tonischer Spastik scheint die ES am wirksamsten zu sein. BAJD u. Mitarb. 1985 behandelten 6 Patienten mit RM-Läsion und symmetrischer Spastik in beiden Beinen mit konventioneller TENS. Reizmuster war 100 Hz, monophasische Rechteckimpulse 0,3 ms, Intensität bis 50 mA, ohne daß es dabei zu Muskelkontraktionen kommt; Elektroden 6 × 4 cm, auf die Dermatombereiche L_3, L_4 postiert. Eine Elektrode medial unter dem Kniegelenk, die zweite (–) lateral oberhalb davon zur Beeinflussung der Kniestreckerspastik. Behandlungsdauer 20 min. Bei 3 Patienten war im Pendeltest eine deutliche Relaxation der vorbestehenden Spastik nachweisbar. Sie hielt jedoch nicht länger als 2 h an. Offensichtlich führt auch die afferente sensorische Stimulation der A-ß-Nervenfasern in einem bestimmten Prozentsatz zu einem antispastischen Effekt. VODOVNIK u. Mitarb. 1987 testeten bei 7 Patienten mit spinaler Kniespastik nach RM-Läsion die antispastische Wirkung von Frequenzen zwischen 10 und 1000 Hz sowie Impulsdauern von 10 µs – 1000 µs. Am effektivsten erwies sich die Kombination 100 Hz/100 µs. Reizmuster bei M. q. f.-ES 4 s ON/4 s OFF, Intensität bis 30 mA, 20 min tgl., Elektroden 10 × 6 cm.

Funktionelle Elektrostimulation der Extremitäten (FESE) als antispastische Maßnahme

Schon frühzeitig, seit den ersten FESE-Anwendungen als Peronealorthese bei Hemiplegikern (LIBERSON u. Mitarb. 1961) wurden auch Reduktionen einer bestehenden Spastik mitgeteilt, also therapeutische Effekte neben denen der Orthese. STEFANOVSKA u. Mitarb. 1988 haben bei 8 Hemiplegikern nach 6 Monaten Gebrauch einer implantierten Peronealorthese, bei Anwendung verschiedener Testmethoden, einen signifikanten Abfall der passiven Resistenz sowie der tonischen Reflexaktivität im M. tibialis ant. und M. triceps surae festgestellt. Die phasische Aktivität im stimulierten M. tibialis ant. stieg an. Dies führte zu einer Verbesserung der Willkürkontrolle der agonistischen und antagonistischen Muskelgruppen und zeigt die größere Bedeutung der tonischen gegenüber der phasischen Reflexaktivität der Dehnungsreflexe. Auch geht daraus hervor, daß die ES, hier ca. 2 h täglich, kontinuierlich langzeitig angewandt werden kann.

EMG-Biofeedback-(Myofeedback-)Training bei Spastik

Dieses Verfahren wird seit längerem besonders bei Lähmungsspitzfuß (Foot Drop) bei spastischer zentraler Hemiparese angewandt (BASMAJIAN u. Mitarb. 1975,

1977, Wolf 1983 u. a.). Die Muskelaktivität wird dabei entweder im Sinne einer Relaxation der spastischen Muskeln (M. triceps surae) zu beeinflussen versucht oder entgegengesetzt, zum Muskelkrafttraining der Fußheber, d. h. der paretischen Antagonisten. Eine Mindestaktivität muß bei letzterem Vorgehen vorhanden sein. Die gut motivierten Patienten müssen mindestens 3 – 5 × wöchentlich jeweils wenigstens 10 min pro Muskel üben (je 12 Anspannungsphasen à 10 s, mit dazwischen geschalteten Pausen) (Wagner u. Mitarb. 1988).
Die von manchen Autoren, wie z. B. Becker und Liebermeister 1985, nicht sehr hoch eingeschätzte Methode kann nach unseren Ergebnissen durch eine antispastische Vorbehandlung des M. triceps surae verbessert werden. Ob dabei die vorher erwähnte Vierkanal-ES (Edel u. Mitarb.) oder eine Kryotherapie (20 min Kältekompressen von – 18 °C) besser geeignet ist, konnte unsere Studie noch nicht sicher aussagen.

Elektrische Rückenmarkreizung (Spinal Cord Stimulation SCS) zur Therapie der Spastik

Diese jetzt in einer höheren Ebene der Neuraxis ansetzende Therapie der epiduralen ES des RM (Abschnitt 3.2.4.2.5.) wird z. Z. besonders bei spinaler Spastik und multipler Sklerose erwogen, wenn eine periphere Stimulation mit Oberflächenelektroden oder eine andere Therapie, z. B. eine medikamentöse, nicht erfolgreich ist (Cook und Weinstein 1973, Dimitrijevic und Sherwood 1980). Die in Lokalanästhesie epidural implantierten Spezialelektroden werden über ein RF-Transmittersystem von einem kleinen externen, batteriebetriebenen Generator stimuliert. Implantationsorte sind T_1, T_2 oder $C_2 - C_4$. Reizmuster 50 Hz (75 – 100 Hz), biphasische Impulse, 200 µs, ca. 5 mA, kontinuierliche oder intermittierende Stimulation, evtl. nachts Pause. In erster Linie kommen benigne oder langsam progrediente MS-Formen in Frage bei Patienten, die noch nicht an den Rollstuhl gefesselt sind. Die endgültige Entscheidung über den Wert der SCS zur Therapie der Spastik steht wahrscheinlich z. Z. noch aus (Gybles und van Roost 1987).

Elektrostimulation des Kleinhirns, chronisch zerebellare Stimulation CCS

Die ersten Veröffentlichungen über eine günstige Beeinflussung motorischer Störungen wie Spastik u. a. bei Patienten mit CP (cerebral palsy) durch CCS, stammen von Cooper u. Mitarb. 1973. 1978 berichtete diese Forschungsgruppe über 141 Patienten, die in 41% deutliche bis mittelmäßige, in 32% leichte und in 24% keine Besserungen zeigten. Andere Autoren bestätigten die günstigen Resultate. Siegfried und Hood 1985 äußern sich zurückhaltender über den Wert.

Elektrostimulation des Gehirns (tiefe Gehirnstimulation, Deep brain stimulation, DBS) bei Spastik

Mundinger führte 1976 in Europa die DBS mit stereotaktisch implantierten Elektroden und Stimulation durch den Patienten selbst über ein RF-Transmittersystem von einem externen, batteriebetriebenen Stimulator zur Therapie anders nicht beeinflußbarer chronischer Schmerzsyndrome ein. 1977 wurde von ihm über die günstige Beeinflussung spastischer Zustände durch die DBS berichtet. Von

12 Patienten mit spastischen und unwillkürlichen motorischen Bewegungsstörungen wurden 2 gut, 5 deutlich, 5 mäßig gebessert. Implantationsort war der Lemniscus medialis des Thalamus. Mundinger und Neumüller 1982 haben für die DBS cin spezielles Stimulationssystem entwickelt (sog. programmierte Stimulation).

SCS, CCS und DBS sind Maßnahmen, die für ausgewählte, durch andere Therapiemaßnahmen nicht beeinflußbare Patienten mit Spastik in dafür profilierten Neurochirurgie-Kliniken in Frage kommen. Gegenüber irreversiblen, destruktiven chirurgischen Verfahren sind sie eine reversible, nicht destruierende Alternative.
Als zusammenfassende Schlußbemerkung muß man einschätzen, daß das Kapitel Elektrotherapie der Spastik z. Z. noch nicht abgeschlossen ist. Da die Pathogenese der verschiedenen Spastikformen nicht einheitlich ist, wird es ratsam sein, nach optimalen Reizmustern für die unterschiedlichen Formen statt nach einem Reizmuster für alle Spastikformen zu suchen; wahrscheinlich gibt es letzteres gar nicht. Eine weitere Erkenntnis ist die Notwendigkeit einer *Langzeit-* bzw. *Dauerbehandlung*, die u. U. wegen des relativ kurzen Überdauerungseffektes der antispastischen Therapie mehrfach täglich praktiziert werden muß. Auffallend ist jedoch, daß es bisher durch kein ES-Verfahren gelang, die Spastik langzeitig (Tage, Wochen) auszuschalten. Eine Langzeittherapie kann vom Patienten nur mit geeigneten elektronischen Kleinstimulatoren in häuslicher Selbstbehandlung realisiert werden. Dabei ist zu entscheiden, ob dies mit Oberflächenelektroden-Systemen peripher oder mit implantierten Systemen peripher oder in höheren Ebenen der Neuraxis (SCS, CCS, DBS) notwendig ist. Für die periphere ES mit Oberflächenelektroden liegt der Wert elektrotherapeutischer Maßnahmen bei der Spastik in erster Linie in einer *Kombinationstherapie mit krankengymnastischen Maßnahmen*. Sie kann die mit einer zeitlich vorangegangenen ES erzielten Verbesserungen nutzen. Auch ein alternierender Einsatz ist möglich. Ein besseren Verständnis des komplexen Phänomens Spastik durch neurophysiologische Grundlagenforschungen kann der ES evtl. neue Perspektiven eröffnen.

3.2.4.1.4. Elektrotherapie denervierter Muskulatur, Reizstromtherapie schlaffer Lähmungen

Bei Läsionen des unteren (zweiten) motorischen Neurons (peripheren schlaffen Lähmungen) wird der Muskel (die Muskelfaser) von dem ihn versorgenden motorischen Nerv (seiner α-Motoneuronzelle und damit dem axonalen Transport) getrennt. Deshalb kann man bei der Elektrotherapie denervierter Muskeln nicht mehr, wie bei den bisher erörterten neuromuskulären Störungen, von einer neuromuskulären Elektrostimulation (NMES) sprechen. Elektrisch stimuliert werden kann jetzt nur noch der Muskel (die Muskelfaser) selbst = sog. direkte Muskelstimulation im eigentlichen Sinne), d. h., er ist nicht mehr über die ihn normalerweise versorgenden intramuskulären Nervenfasern reizbar. Die Elektrostimulation des Muskels, die bei intaktem Nerv-Muskel-System noch in verschiedenen Ebenen der Neuraxis (Kortex, Rückenmark, peripherer Nerv) möglich war, wenn diese keine Läsionen aufwiesen, ist jetzt auf die äußerste Peripherie,

den denervierten Muskel selbst, beschränkt. Die Muskelfaser ist, wie die Nervenfaser, ebenfalls ein reizbares Substrat und kann elektrisch erregt werden. Jedoch sind dazu andere Reizparameter nötig. Gegenüber der Nervenfaser, die mit Impulsen kurzer Dauer von 1 ms und darunter erregt werden kann, benötigt die Muskelfaser Impulse längerer Dauer, d. h., sie hat zur Auslösung einer Erregung einen größeren Zeitbedarf (Hauptnutzzeit bzw. Chronaxie nötig. Mit den kurzdauernden Impulsen von 1 ms des neofaradischen Stromes ist der denervierte Muskel nicht mehr zur Kontraktion zu bringen. Es ist „faradisch" nicht mehr erregbar (wenn in einem Vortest mit 0,1 ms-Rechteckimpulsen und 40 Hz noch eine Muskelzuckung auslösbar ist oder der Muskel auf eine Mittelfrequenzreizung anspricht, sind noch innervierte Muskelfasern vorhanden, d. h., der Muskel ist nicht total denerviert). Um möglichst viele der denervierten Muskelfasern durch das elektrische Feld zu erregen, ist eine Längsdurchstörung bei Anwendung der sog. bipolaren Elektrodentechnik (s. Abb. 1) generell zu empfehlen. Dabei wird an beiden Muskelbauchenden je eine gleich große Elektrode appliziert, wobei die Elektrodengröße der Muskelgröße anzupassen ist (oder bei großen Muskeln mehr als ein Elektrodenpaar zur Anwendung kommen kann). Die vorübergehende oder dauernde (chronische) Denervierung hat für den Muskel schwerwiegende Folgen. Das Muskelvolumen nimmt ab. Es kommt rasch zum Muskelschwund, zur Muskelatrophie. Damit sinkt funktionell nicht nur die Muskelkraft, sondern auch andere Kontraktionseigenschaften ändern sich am denervierten Muskel (Nix 1982). Auf sie kann hier im einzelnen ebensowenig eingegangen werden wie auf das Verhalten der einzelnen Muskelfasertypen sowie die metabolischen Veränderungen und auf das elektrische Verhalten der Membran des denervierten Muskels (Trontelj und Stålberg 1983). Schließlich sind mit der schlaffen Lähmung und damit dem Ausfall für wichtige Bewegungs- und Haltungsfunktionen noch Sekundärfolgen wie Durchblutungs-, Wachstumsstörungen, Gefahr des Dekubitus, Infektionsgefahr, Osteoporose u. a. verbunden. Eine Reinnervation durch Nervennaht bzw. Nervenverpflanzung, wo dies möglich ist, konnte bisher als einzige Chance angesehen werden, die Denervierungsfolgen zu verhüten.
Welchen Beitrag kann eine Elektrotherapie bei einer Denervierung leisten? Ist sie, wie Bates 1978 meinte, nur eine „transistorisierte Plazebotherapie" oder mehr? Das Behandlungsziel einer Elektrotherapie denervierter Muskeln war bisher, wenn Aussicht auf eine Restitution (Reinnervation), z. B. nach Nervennaht, oder wenn nach einer Quetschung eines peripheren Nervs eine Reinnervation durch Aussprossung des Achsenzylinders zu erwarten war, die oft Monate dauernde Zeit, bis der betroffene Nerv wieder Anschluß an den Muskel gewinnt, durch elektrotherapeutische Maßnahmen zu überbrücken. Die rasch eintretende Muskelatrophie sollte dadurch, daß man den Muskel durch Verabfolgung von Einzelimpulsen wiederholt mit geeigneten Reizmustern zur Kontraktion brachte, zumindest verlangsamt (retardiert) werden. Zwei wichtige Fragen bei diesem bisherigen Therapiekonzept sind:

1. Ist diese Verlangsamung in den obengenannten Fällen überhaupt nötig, da bei relativ kurzzeitiger (Monate) Denervierung der Muskel sein Volumen und seine Kraft relativ rasch zurückgewinnen kann und zurückgewinnt, wenn er wieder unter neuraler Kontrolle steht?

2. Wurde es überhaupt objektiv nachgewiesen, daß durch ES allein eine wesentliche Verlangsamung gelingt, bzw. wie schneidet die ES ab im Vergleich zu anderen Methoden, z. B. krankengymnastischen Verfahren, bzw. was erbringt sie evtl. als Zusatzmethode?

Auch in letzter Zeit gibt es dazu noch verneinende Antworten, z. B. sahen BOONSTRA u. Mitarb. 1987 keinen Effekt hinsichtlich der Beeinflussung der Muskelatrophie denervierter Muskeln durch die übliche, konventionelle ES. MUCHA u. Mitarb. 1987 konnten 1 Jahr nach einer N. peronaeus-Parese zwischen nur physiotherapeutischen und auch mit Exponentialtherapie, z. T. mit stabiler Galvanisation kombiniert, als Zusatztherapie behandelten Patienten keine statistisch signifikanten Unterschiede feststellen. Dabei erhebt sich jedoch immer die Frage, ob das benutzte Behandlungsregime optimal war oder verbessert zu positiven Ergebnissen geführt hätte? Diese Frage ist durch neue Behandlungsvorschläge und damit erzielte Erfolge, die sich auch andere Behandlungsziele als die oben angegebenen gestellt haben, wieder aktuell. Zunächst soll jedoch das als konventionelle Elektrotherapie denervierter Muskeln bezeichnete, bisher meist geübte, Verfahren geschildert werden:

Konventionelle Elektrotherapie denervierter Muskeln

Sie ist im Schrifttum auch unter der Bezeichnung Exponentialstromtherapie bzw. selektive Lähmungsbehandlung bekannt. Sie wird seit der Herstellung moderner Reizstromgeräte (Transistortechnik) angewandt, als es gelang, Exponential- bzw. Dreieckimpulse längerer Impulsdauer und variabler Größe (bis ca. 1000 ms) zu erzeugen. Die Bezeichnung selektive Lähmungsbehandlung resultiert aus der schon lange bekannten Tatsache der Akkommodabilität normal innervierter Muskeln (s. Kapitel Elektrodiagnostik und Abb. 6) für die langsam einschleichenden Exponential- bzw. Dreiecksimpulse längerer Impulsdauer. Denervierte Muskeln haben ihre Akkommodabilität dieser Impulsform gegenüber verloren, während die in der Umgebung eines denervierten Muskels befindlichen normal innervierten Muskeln sich „ausschleichen" können, d. h. bei der angewandten Stromstärke nicht mit erregt werden (= selektive Reizstromtherapie). Dies verhindert z. B. weitgehend das unerwünschte „Durchschlagen der Antagonisten" der gelähmten Muskeln, wodurch diese Muskeln durch Dehnung geschädigt werden können. Nun darf jedoch nicht der Eindruck aufkommen, daß denervierte Muskeln nur mit Exponentialimpulsen gereizt werden könnten. Vor der Exponentialimpuls-Ära wurden sie mit Rechteckimpulsen längerer Dauer behandelt. Dies ist, wie BANKOV 1981 besonders bei oberflächlich gelegenen Armmuskeln zeigte, in einem hohen Prozentsatz bei exakter Elektrodenposition durchaus möglich. Dieses Verfahren wird in Vergleichsuntersuchungen (bei Anwendung einer speziellen EMG-Methode zur Beurteilung) oft von BANKOV als für noch effektiver angesehen. Mit Einzelimpulsen geeigneter Impulsdauer und genügend langer Pausendauer, um eine rasche Ermüdung zu vermeiden, wird jeder denervierte Muskel bei Anwendung der bipolaren Elektrodentechnik (wie beschrieben) gereizt. Die Reizung wird entweder mehrfach (z. B. 30 – 60 Kontraktionen) oder mit einer Frequenz von 0,5 Hz (= jede 2. Sekunde 1 Impuls) über eine bestimmte Zeitdauer, z. B. 20 min, durchgeführt. Der Schweregrad der Denervierung bestimmt die Impulsdauer. Wie

Abbildungen 6 und 7 zeigen, rückt die *I/t*-Kurve immer weiter nach rechts im Koordinatenkreuz. Je schwerer der Denervierungsgrad ist, desto längere Impulsdauern sind nötig, um den in Abbildung 51 schraffierten Bezirk zu erreichen, in dem eine selektive ES möglich ist. Je schwerer der Muskel denerviert ist, desto größere Pausen (2- bis 5faches der Impulsdauer) müssen eingelegt werden, um einer raschen Muskelermüdung vorzubeugen. Mit Eintritt und Fortschreiten einer Reinnervation werden immer mehr denervierte Muskelfasern innerviert. Damit rückt, wie Abbildung 7 zeigt, die *I/t*-Kurve immer mehr nach links, d. h., der Muskel kann durch immer kürzere Impulse und Pausen erregt werden, bis er schließlich wieder „faradisch erregbar" wird. Ob die Reinnervationsrate selbst durch die ES bei Kurzzeitbehandlungen beeinflußbar ist, wird z. Z. sowohl verneint als auch bejaht. Relativ einheitlich ist die Meinung über die Zeit des Beginns der ES. Bei einem Kurzzeitstimulationsregime (mehrere Wochen bis Monate), wie meist, ist die Behandlung innerhalb von Tagen einzuleiten (bei Langzeitregimen kann noch nach längerer Denervierung ein Erfolg erwartet werden). Die ES bevorzugt Stimulationen, die zu isometrischen Muskelkontraktionen führen, da die Muskeldehnung die Proteinsynthese im Muskel stimulieren soll. Um einen Trainingseffekt zu erzielen, sollen deutlich sichtbare Muskelkontraktionen mit der ES angestrebt und eine möglichst große Zahl von Muskelfasern dabei zur Kontraktion gebracht werden. Dazu wird generell die bipolare Elektrodentechnik angewandt. Die geeignete *Polung*, die zu den effektivsten Kontraktionen führt, ist zu testen (Polwenden). Daß dafür bei großen denervierten Muskeln bei Oberflächenelektrodenstimulation technische Grenzen bestehen, ist verständlich. Dies ist besonders auch bei tiefer gelegenen Muskeln der Fall, da denervierte Muskeln mit höheren Stromstärken (→ Schmerzen durch Erregung von sensiblen

Abb. 51 Selektive Reizung total denervierter Muskeln durch *Exponential-(Dreieck-)Impulse* langer Dauer (nach THOM)

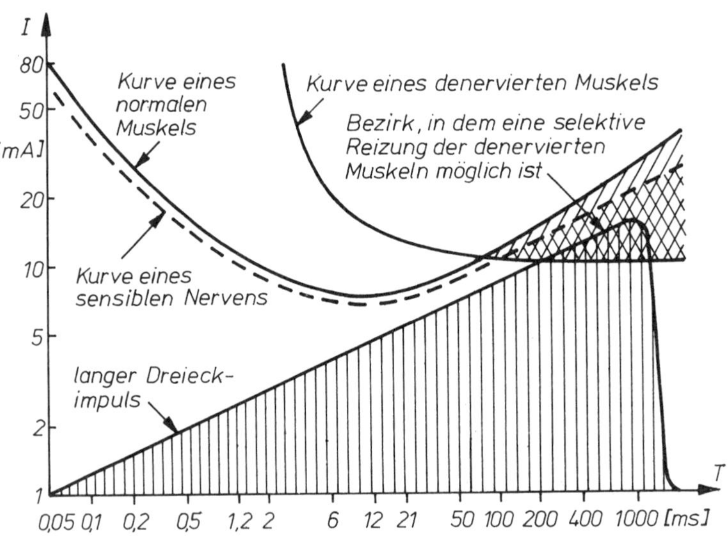

Rezeptoren in der Haut) gereizt werden müssen als innervierte. Übertrieben starke, schmerzhafte, heftige Muskelkontraktionen können andererseits zu Mikrotraumen führen, die zur Bindegewebsneubildung und Entstehung von Muskelkontrakturen führen, wie dies bei fehlerhafter Dosierung der ES bei Gesichtslähmung beobachtet worden ist.

Kombination Elektrotherapie und Dehnung

Muskelatrophie, die durch Hypokinesie und Hypodynamie entsteht, kann durch passive Muskeldehnung *verhütet* oder zumindest ihr Auftreten *verlangsamt* werden (F. und G. GOLDSPINK 1986, durch Stretch induzierte Steigerung der Proteinsynthese). Daher wird man die Dehnung zur Vorbeugung von Nichtgebrauch-Atrophie auch beim denervierten Muskel nutzen. Da allerdings dabei die antagonistischen Muskeln verkürzt werden, was zu einem gegenteiligen Effekt (Muskelabnahme) führt, wird als Kompromiß eine intermittierende als eine dauernde Dehnung vorgeschlagen. Zur Zeit sind allerdings das Ausmaß und die Dauer quantitativ noch schlecht festgelegt.

Neue Elektrotherapieverfahren bei schlaffen Lähmungen

In den letzten Jahren wurden von 2 Arbeitsgruppen neue Vorschläge zur Reizstromtherapie schlaffer Paresen gemacht. Die neuen Formen unterscheiden sich zunächst von der konventionellen Elektrotherapie in ihren weitergesteckten Behandlungszielen. Sie werden nicht nur auf Indikationen beschränkt, bei denen in absehbarer Zeit mit einer Reinnervation zu rechnen ist; sie zielen nicht nur auf die Retardierung der Muskelatrophie ab, sondern auf einen Wiederaufbau der Muskelkraft in einem solchen Ausmaß, daß sie für den Einsatz der gelähmten Muskulatur zur funktionellen Elektrostimulation der Extremitäten (FESE) geeignet ist. Damit werden auch die oben geschilderten Sekundärschäden der chronischen Denervierung wie Durchblutungs-, Wachstumsstörungen, Schäden an Haut, Knochen u. a. weitgehend behoben. Die Fähigkeit zur Willkürkontraktion kann dadurch selbstverständlich nicht wieder hergestellt werden. Die Vorschläge der beiden Arbeitsgruppen unterscheiden sich von der konventionellen Exponentialstromtherapie durch die Anwendung von Rechteckimpulsen verschiedener Form.

1. Arbeitsgruppe der Universität Ljubljana Jugoslawien
(VODOVNIK, VALENĆIČ u. a. 1982, 1986)

Zur Anwendung kommen *monopolare* Rechteckimpulse (Abb. 52), Impulsdauer 20 ms, Impulspausendauer 20 ms, Frequenz 15–20 Hz, Intensität 30 mA, bei Anwendung von zwei 5 × 5 cm-Elektroden (bipolare direkte Muskelstimulation über dem M. tibialis auterior bei N. peronaeus-Parese), 3 s ON/3 s OFF, 2 × täglich 20–30 min. An einem Beispiel mit 25 Hz, 2 × 20 min errechnen sich 30000 Impulse gegenüber 600 Impulsen einer konventionellen Reizstromtherapie von 1 × 20 min, alle 2 s 1 Impuls à 100 ms, d. h., es wird der denervierte Muskel in diesem neuen Trainingsprogramm 50mal häufiger aktiviert. Das erklärt wahrscheinlich den guten Trainingserfolg einer solchen Behandlung bei Peronaeuslähmung. Es gelang innerhalb mehrerer Wochen, die Muskelkraft des gelähmten M. tibialis ant. und damit die verlorengegangene Dorsalflexion so weit zu steigern,

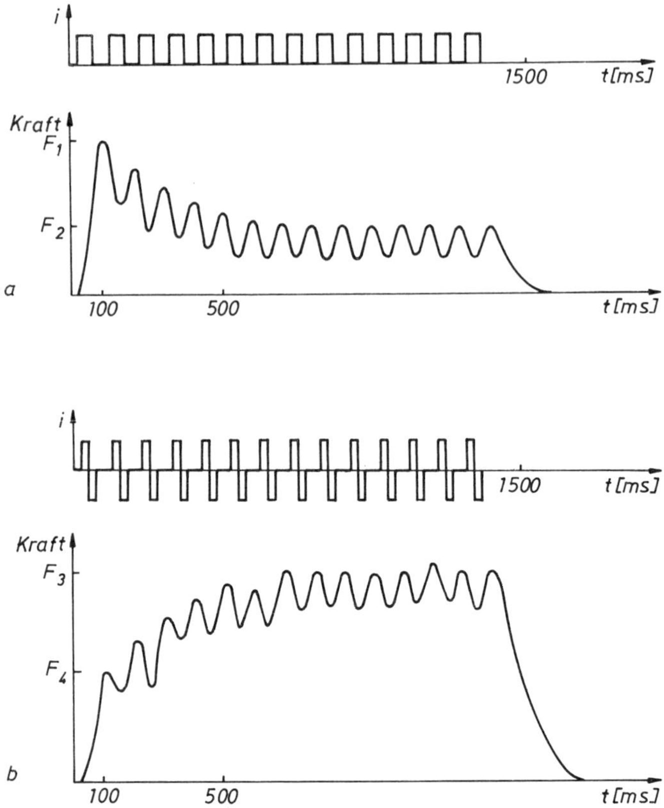

Abb. 52 Reizmuster für die Elektrostimulation schlaffer Lähmungen (total denervierter Muskeln) durch Kraftverlauf bei direkter Muskelreizung
a) monodirektionale Reizströme, die zu rascher Ermüdung führen, b) das von Eichhorn u. Schubert angegebene Reizmuster bidirektionaler Reizströme ($t = 50$ ms, $i = 40$ mA)

daß das eingangs erwähnte Behandlungsziel, sie für eine FESE geeignet zu machen, erreicht wurde.

2. Arbeitsgruppe der Universität Erlangen – Nürnberg
(Eichhorn u. Mitarb. 1983, Schubert 1985, Mokrusch u. Mitarb. 1988 u. a.).

Zur Anwendung kommen *bipolare* (bidirektionale, biphasische) symmetrische Rechteckimpulse ohne Gleichstromkomponente (s. Abb. 52), Impulsdauer 20 ms, Pausendauer (tp) 20 ms (= Tastverhältnis 1 : 2), 25 Hz, 20 mA bei Spezial-Graphitelektroden (keine Hautverletzungen bei direktem Hautkontakt), 2–3 cm ∅, bipolare Elektrodentechnik. Intensität bis zur Auslösung einer kräftigen Muskelzuckung, wobei gewisse Schmerzbelästigungen in Kauf genommen wurden. Die Behandlungsdauer wird pro denerviertem Muskel mit täglich 2 × 6 min (in

1/2 min Abstand Pausen), mindestens aber mit 1 – 2 min angegeben (an der unteren Extremität kann das Gesamtbehandlungszeiten von 1 h täglich ergeben). Weitere Einzelheiten dieser beiden bisher besonders bei Lähmungen infolge Spina bifida, Erb-Lähmungen bei Kindern oder Rückenmarktumoren eingesetzten Behandlungsmethode sind den Originalpublikationen zu entnehmen. Behandlungen diesen Umfangs müssen , wenn sie effektiv sein sollen, bei der notwendigen Langzeittherapie zu Hause und in Selbstbehandlung durchgeführt werden. Dazu wurden von der Arbeitsgruppe bedienungsfreundliche, betriebssichere Heimgeräte entwickelt. Sie sollen später durch rechnergesteuerte Geräte zur Mehrkanalreizung (z. B. 5 verschiedene Elektrodenpaare), auch zur Verkürzung der Behandlungszeit, noch weiter entwickelt werden. Auch mit der Methode dieser Arbeitsgruppe wurde das Behandlungsziel erreicht, die gelähmten Muskeln so aufzubauen, daß sie für eine FESE genutzt werden können. Bei den behandelten Kindern wurde auch beobachtet, daß die ungünstige Sekundärfolge gelähmter Gliedmaßen, die Wachstumsstörung (z. B. am Arm bei Erb-Lähmung), verhindert werden konnte.
Die genannten neuen Verfahren bedürfen noch weiterer fundierter, klinisch kontrollierter Studien, besonders auch bei anderen Nervenlähmungen als der Peronaeuslähmung und bei den von der Erlanger Arbeitsgruppe angegebenen Indikationen. Sie haben jedoch der etwas stagnierenden konventionellen Methode der Exponentialstromtherapie schlaffer Lähmungen neue Impulse gegeben.

Geräte zur Elektrotherapie denervierter Muskulatur

Für die stationäre und ambulante konventionelle Exponentialstromtherapie stehen als Netzstromgeräte zur Verfügung: „TuR“ RS 21, „TuR“ RS 10. Zur Heimbehandlung verwendbar ist ein an der Medizinischen Akademie Dresden von Lange, Güttler, Schieche entwickeltes Versuchsmuster (c.c. Netzgerät, 300 ms Dreieckimpulse, 0,5 Hz, Intensität bis 80 mA).
„Erbogalvan“ U 2, GF 3 der Fa. Erbe Elektromedizin GmbH; „Universal-Neuroton“ 826 und „Neuroton“ 827 der Fa. Siemens AG Berlin, Galva 4 der Fa. Zimmer Neu-Ulm.

3.2.4.1.5. Elektrostimulation der glatten Muskulatur

- Elektrostimulation zur Anregung der Wehentätigkeit

Nach den Veröffentlichungen von Palmrich u. Mitarb. 1949, am wehenbereiten Uterus bei Wehenschwäche die Uterusmuskulatur mittels ES zu Kontraktionen anzuregen, wurde diese Methode anscheinend wenig angewandt. 1978 berichtete jedoch Reschetova, UdSSR, auf einem Gemeinschaftssymposium DDR – UdSSR in Dresden (s. Edel 1979) über günstige Erfolge bei 175 Patientinnen. Stimuliert wird dabei mit einer klemmenförmigen aktiven Elektrode, die intravaginal eingeführt und am Muttermund befestigt wird. Eine Gegenelektrode als Plattenelektrode wird suprapubisch gelagert. Exponentialstromimpulse von 16 Hz und 30 ms erwiesen sich als optimales Reizmuster. Behandlungsdauer 3 – 5 × täglich, je 10 – 15 min. In 90% der Fälle war ein geburtserleichternder Effekt von mehreren Stunden zu beobachten gegenüber einer Kontrollgruppe von 200 Patientinnen ohne ES. Hypoxämische Fruchtschäden waren in der ES-Gruppe seltener.

Eine andere Methode, mittels Elektroakupunktur die Wehentätigkeit anzuregen, haben KUBISTA u. Mitarb. 1975 beschrieben. Auf Einzelheiten ihrer Behandlungstechnik und Ergebnisse sei auf die Originalarbeit verwiesen.

- Elektroejakulation

Mittels rektaler ES wird durch Reizung spezifischer autonomer Nerven der männlichen Fortpflanzungsorgane und der glatten Muskeln von Prostata und Samenblase versucht, Sperma zu gewinnen, das in die Harnröhre ausgeworfen wird. Zu der komplizierten Physiologie und Anatomie der an der Erektion des Penis und der Ejakulation beteiligten Substrate, s. SHABAN u. Mitarb. 1988 und BENNETT u. Mitarb. 1988.

Methodik: Die ES kann entweder

1. über Finger-Hand-Elektroden rektal (BRINDLEX 1981) oder
2. mit speziellen PVC-Rektalelektroden verschiedener Größe mit 3 darauf angebrachten Elektroden alternierender Polarität erfolgen (RAYMOND 1987).

Für die 1. Methode war das Reizmuster 30 Hz, 0,1 ms, 60 V. Damit war bei 50% der Patienten mit RM-Läsionen Sperma zu gewinnen. Bei der 2. Methode wurde im Verlauf von 20 – 30 Elektrostimulationen die Intensität auf mittlere Werte von ca. 3,15 mA pro Sitzung gesteigert. Der Erfolg trat in weniger als 5 min ein. Mindestens 1/3 der Patienten hatte wiederholte Spermaejakulationen, die für eine künstliche Besamung geeignet waren (SHABAN u. Mitarb. 1988, BENNETT u. Mitarb. 1988).

Indikationen: Hauptindikationen sind Patienten mit Rückenmarkläsionen in jüngerem, fertilem Alter. 1/3 dieser Querschnittsgelähmten war verheiratet oder heiratete später noch. Sie wollten eigene Kinder haben. Weitere Indikationen sind Patienten mit ejakulatorischen Dysfunktionen nach Ausräumung retroperitonealer Lymphknoten wegen Hodenkrebs, Kolektomie, Patienten mit multipler Sklerose, Myelitis, Diabetes mellitus u. a.

3.2.4.2. Neurostimulationsverfahren zur Schmerzbekämpfung, Elektroanalgesieverfahren

Die Elektroanalgesieverfahren sind die derzeit am häufigsten angewandten Methoden der Elektrotherapie.

Entwicklungstendenzen. Die Schmerztherapie mit elektrischen Strömen reicht bis in die Antike zurück. SCRIBONIUS LARGUS, ein römischer Arzt zu Zeiten des Kaisers Claudius beschreibt 46 n. Chr. in seinen Compositiones Medicamentum liber die Behandlung von Kopf- und Gichtschmerzen mit lebenden, stark elektrischen Fischen (Zitterrrochen, schwarzer Torpedo), also mit *natürlicher Bioelektrizität.* Die Reizmuster entsprechen dabei durchaus denen moderner Reizstromgeräte: 30 – 50 V, kurzdauernde 300-Hz-Impulse, die am Schmerzort appliziert werden. Von arabischen Ärzten ist im 12. Jahrhundert die Anwendung von Zitterwelsen (Malapterurus electricus, 300 V (!), 350 Hz) zur Schmerzbekämpfung bekannt. Der Gebrauch *apparativer Elektrizität* beginnt mit der Reibungselektrizitätsmaschine (= statische Elektrizität) und der Erfindung der sog. Leyden-Flasche (= 1. Kondensator, Elektrizitätsspeicher) durch v. KLEIST bzw. fast gleichzeitig durch PIETER VAN MUSSCHENBROEK (Holland) 1745. Einen wesentlichen Fortschritt brachte 1800 die Erfindung der 1. elektrischen galvanischen Batterie durch VOLTA. Durch Zusammenfügen unterschiedlicher Metalle und Zwischenschalten von Elektrolyten wurde nach dem Vorbild der elektrischen

Organe der Fische die Volta-Säure konzipiert. Die Entdeckung des Schlitteninduktors 1831 durch FARADAY brachte weitere günstige Möglichkeiten zur Schmerzbekämpfung. Tragbare batteriebetriebene faradische Stromgeräte waren von 1850–1940 zur transkutanen elektrischen Nervenstimulation sehr populär. Durch den Einsatz von Elektronenröhren und Transistoren konnten mit Netzstromgeräten wichtige analgetisch (hyperämisierend) wirkende Reizströme hergestellt werden, z. B. der Leduc-Strom (1 ms, 100 Hz Rechteckimpulse), der Träbert-Reizstrom (2 ms, 143 Hz Rechteckimpulse), die verschiedenen diadynamischen Stromformen, besonders CP, DF, LP (Sinushalbwellen, 10 ms, 50 bzw. 100 Hz). Zu einer neuen Ära der Elektroanalgesie kam es durch die elektronischen Kleinstimulatoren. Diese Geräte waren zur elektrischen Rückenmarkreizung (SHEALY 1967), vor allem aber zur transkutanen Nervenstimulation TENS (SHEALY 1974), zur Behandlung chronischer und später auch akuter Schmerzen geeignet. Sie fanden rasch weltweite Verbreitung.

Neurophysiologische Grundlagen der Elektroanalgesie

Entscheidene Impulse für die Neuroelektrostimulation NES zur Schmerzbekämpfung gaben neue neurophysiologische Schmerzkonzepte von MELZACK und WALL 1965 und 1982: die sog. Gate-Kontroll-Theorie (gate control theory, Abb. 53). Sie impulsierte zunächst die Konzeption der elektrischen Rückenmark-(Spinalcord-)Stimulation SCS zur Schmerzbekämpfung (SHEALY 1967), die periphere

Abb. 53 Gate control theory (MELZACK u. WALL)
a) Konzeption 1965, b) ergänzte Konzeption 1982

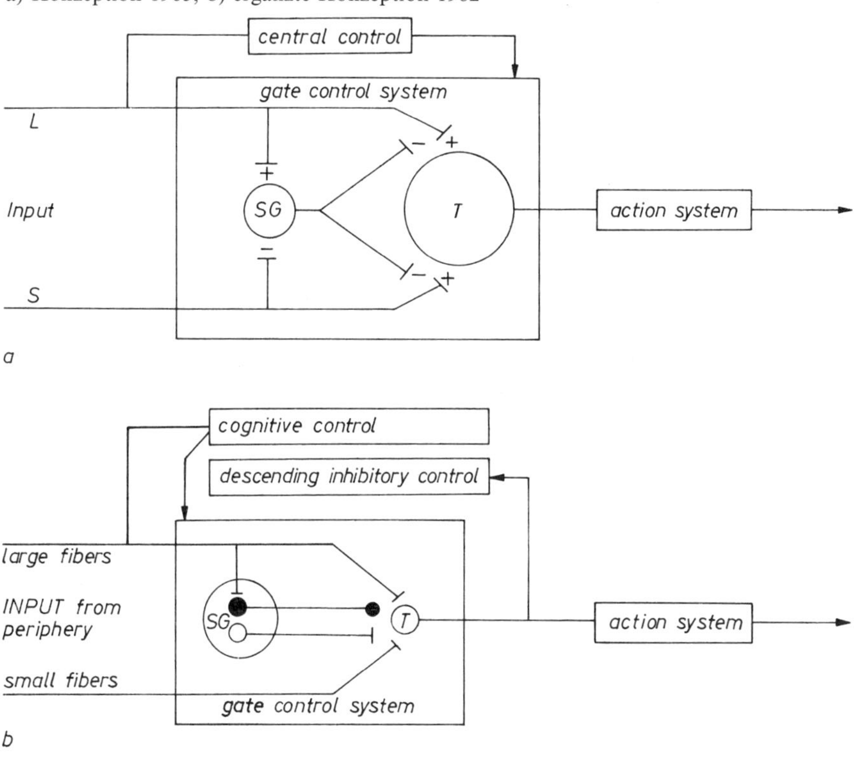

elektrischen Nervenstimulation (PENS durch WALL und SWEET 1967), besonders aber die transkutane elektrische Nervenstimulation, die sog. konventionelle TENS (durch SHEALY 1972) sowie die nachfolgenden TENS-Varianten, die APL- und die Hyperstimulation-TENS. Neue Einsichten in die Kontrolle des Schmerzgeschehens brachten ferner die Ergebnisse der fokalen elektrischen Hirnstimulation. Die sog. stimulation produced analgesia ist eine profunde Analgesie, die sich zunächst in Tierexperimenten, später auch beim Menschen (RICHARDSON 1976 u. a.) als wirksam erwies. Als therapeutische Konsequenz wurde die tiefe elektrische Gehirnstimulation (deep brain stimulation DBS) entwickelt. Eng damit zusammenhängend war die Aufdeckung absteigender, deszendierender hemmender Nervenbahnen im Rückenmark. Diese Bahnen enden am spinalen Gate-control-System. Die an diesen Vorgängen beteiligten Neurotransmitter, -modulatoren, wie die Substanz P, Endorphine, Serotonin, Enkephalin, ihr exitatorisches oder inhibitorisches Verhalten, der Ort ihrer Wirksamkeit, wurden aufgeklärt (auf Einzelheiten kann hier nicht eingegangen werden). Der Vorteil dieser NES-Verfahren liegt besonders darin, daß sie nicht destruierend sind, im Gegensatz z. B. zur Chordotomie u. a. chirurgischen Methoden zur Schmerzbekämpfung. Auch sind sie im Gegensatz zu pharmakologischen Verfahren (Analgetika, Narkotika) weitgehend frei von Nebenwirkungen, um nur einige Vorteile zu nennen. Nach dem derzeitigen Erkenntnisstand können für die NES zur Schmerzbekämpfung *zwei* körpereigene Schmerzsysteme angenommen werden, die schmerzkontrollierend (-modulierend) wirksam sind und die durch geeignete NES-Verfahren *aktiviert* werden können.

1. Ein segmental spinales und 2. ein supraspinal-zentrales System (Abb. 54).

Abb. 54 Angriffspunkte verschiedener Elektroanalgesieverfahren an der Neuraxis (schematisch)

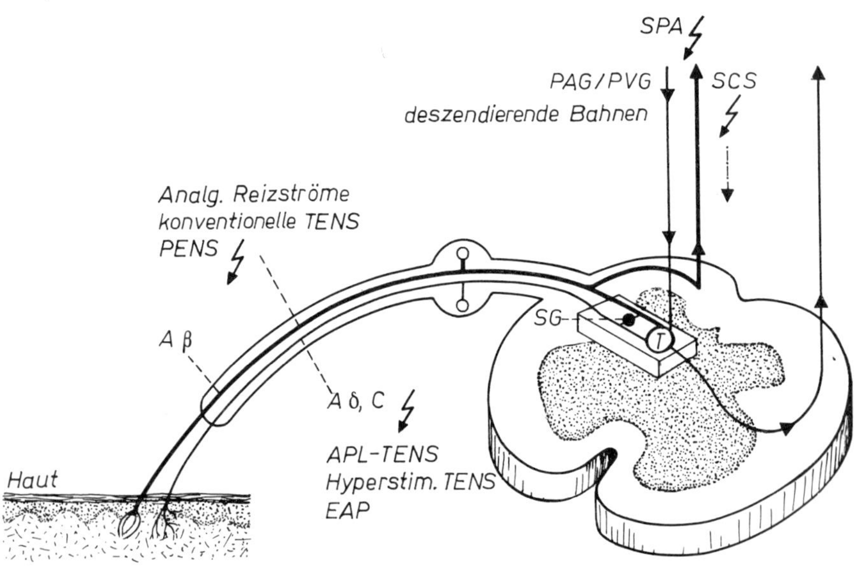

Zu 1. Segmental spinales Hemmsystem

Dieses körpereigene Schmerzhemmsystem entspricht dem Gate-control-System von MELZACK und WALL. Abbildung 53 zeigt ihre alte und 1982 modifizierte Theorie. Das Schmerzhemmsystem liegt im Hinterhorn des Rückenmarks (in Lamina II, III). Es erhält aber unterschiedliche, dicke (myeliniserte) und dünne, afferente, sensible Nervenfasern, die im Hinterhorn des Rückenmarks konvergieren, über A-β-Nervenfasern (N.f.), Informationen über Vibrations- bzw. Druckempfindungen über langsam leitende, nicht (oder wenig) myelinisierte C- bzw. A-δ-N.f. dagegen Schmerzinformationen. Zum Gate (engl. Gitter, Kontrollschranke) gehören als wichtigster Bestandteil für das Schmerzgeschehen die hemmend wirkenden Interneuronen der Substantia gelatinosa (Rolandi), die SG-Zellen (in Abbildung 53) wurde ihre inhibitorische Wirkung durch schwarze Kreise, die exitatorische Wirkung durch helle Kreise gekennzeichnet. Eine elektrische Stimulation der rasch leitenden A-β-N.f. durch ein entsprechendes Reizmuster aktiviert die SG-Zellen. Dadurch wird die Weiterleitung von Schmerz-(nozizeptiven)Informationen in den C- und A-δ-Fasern zu den Hinterhornzellen des RM, den sog. T-(Transmissions-)Zellen blockiert. Damit kann die Umschaltung auf zentralwärts aufsteigenden Bahnen zum Gehirn – wo der Schmerz perzipiert wird – nicht stattfinden. Das Gate wirkt damit wie ein Eingangskontrollschrankensystem für dort eintreffende Schmerzinformationen von peripher gelegenen Schmerz-(Nozi-)rezeptoren (= freie Nervenendigungen der C- bzw. A-δ-Nervenfasern).
Dies ist entsprechend der Gate-control-Theory der hypothetische Wirkungsmechanismus der folgenden NES-Verfahren zur Schmerzkontrolle (Tabelle 17): des analgetisch-hyperämisierenden Reizstromverfahrens der konventionellen TENS, der PENS, sowie der SCS.
Bei der elektrischen Rückenmark-(Hinterstrang-)Reizung SCS werden die dicken myelinisierten A-β-N.f. nicht im peripheren Nerven elektrisch stimuliert, sondern im Hinterstrang des RM, wo sie zentralwärts aufsteigen, bevor sie das Gate control System erreichen (Abb. 54). Über antidrome, absteigende Impulse werden sie jedoch den hemmenden Interneuronen der SG-Zellen und damit dem Gate zugeleitet (möglicherweise spielen noch andere Einwirkungsmechanismen eine Rolle).
Das Reizmuster der hierher gehörigen NES-Verfahren ist auf eine selektive A-β-Nervenfaserreizung abgestimmt: kurze, relativ hochfrequente Impulse (Tabelle 18), niedrige Intensitäten, die nicht zu einer schmerzhaften Reizung, sondern zum Auftreten von Parästhesien (Kribbeln) führen sollen.

Zu 2. Supraspinales Hemmsystem

Dieses zweite körpereigene Schmerzhemmsystem liegt im Hirnstamm bzw. in der Thalamusregion (s. DBS) in Form von eng umschriebenen Arealen. Von dort wird bei deren elektrischer Aktivierung über deszendierende Bahnen (s. Abb. 54) wieder das Gate-control-System des RM aktiviert und damit dieses Eingangskontrollsystem für Schmerzinformationen geschlossen. Hierbei spielt der Neurotransmitter Enkephalin eine Rolle.

Tabelle 17 Neurostimulationsverfahren zur Schmerzbekämpfung

Stimulationsverfahren	Applikationsform	Angriffsort
Am peripheren Nerv angreifende Verfahren		
1. Gleichstromtherapie	Oberflächenelektroden	A-β-Nervenfasern
2. Analgetisch-hyperämisierende Reizströme	Oberflächenelektroden	A-β-Nervenfasern
a) Träbert-Reizstrom	Oberflächenelektroden	A-β-Nervenfasern
b) diadynamische Ströme	Oberflächenelektroden	A-β-Nervenfasern
c) stochastische Reizströme	Oberflächenelektroden	A-β-Nervenfasern
d) Kombination US + Reizstrom	Oberflächenelektroden	A-β-Nervenfasern
3. TENS	Oberflächenelektroden	A-β-Nervenfasern
a) konventionelle TENS	Oberflächenelektroden	A-β-Nervenfasern
b) APL-TENS	Oberflächenelektroden	A-δ-Nervenfasern
c) Hyperstim.-TENS	Oberflächenelektroden	A-δ-Nervenfasern
4. Elektroakupunktur	Nadelelektroden	A-δ-Nervenfasern
5. Perkutane elektrische Nervenstimulation	implantierte Elektroden	A-β-Nervenfasern
Am Rückenmark angreifende Verfahren		
1. Elektr. RM-Reizung = Spinal cord Stim. SCS = Dorsal column Stim. DCS	epidurale perkutane Elektroden + RF-Transmitter-System	A-β-Nervenfasern
Am Gehirn angreifende Verfahren		
1. Tiefe elektrische Gehirnstimulation = Deep brain Stim. DBS der PAG/PVG oder/und VPM/VPL des Thalamus	stereotaktische implantierte Elektroden + RF-Transmitter-System	supraspinale zentrale Hemmzentren deszendierende Bahnen

Das supraspinale Hemmsystem kann auf 2 Wegen aktiviert werden:

- Aktivierung von der Peripherie her durch elektrische Reizung peripherer Nerven

Das geschieht, wenn die Schmerzinformation leitenden dünnen C- bzw. A-δ-Nervenfasern gezielt gereizt werden. Dazu ist ein anderes Reizmuster nötig als bei 1.: kurzdauernde niederfrequente (z. B. 2 Hz) Impulse (oder Impulsgruppen) mit hoher Intensität (s. Tabelle 18), die zu einer schmerzhaften Reizung bis in Nähe der Toleranzgrenze führen. Durch Reizung tieferer Substrate werden dabei auch Muskelkontraktionen erzielt. Dies entspricht den Reizmustern der APL-TENS, acupuncture like TENS, der Elektroakupunktur EAP und, wenn höhere Frequenzen benutzt werden, der Hyperstimulation-TENS von Melzack. Nach der Gate Kontroll-Theorie ist das Gate-control-System dabei zunächst offen, d. h., über die T-Zellen und von dort über aufsteigende Bahnen können die zentralen Hemmsysteme aktiviert werden. Über die genannten deszendierenden Rückenmarkbahnen erfolgt dann das Schließen des Gate für die eintreffenden Schmerzinformationen.

- Direkte, fokale Reizung der supraspinalen Hemmzentren

Dies ist der Wirkungsmechanismus der tiefen elektrischen Gehirnstimulation, DBS (näheres s. dort). Er ist durch die Entdeckung der sog. SPA (stimulation produced analgesia) zunächst im Tierversuch durch REYNOLDS 1969, dann auch beim Menschen (RICHARDSON 1976, RICHARDSON und AKIL 1977 u. a.) bestätigt worden. Bei *fokaler Reizung* dieser eng umschriebenen zentralen Schmerzhemmareale kommt es zu einer profunden Analgesie. Es werden körpereigene morphin-(opiat-) ähnliche (like) Substanzen (Endorphine) freigesetzt, die in der zerebrospinalen Flüssigkeit nachgewiesen werden können. Bei den über supraspinalen Hemmzentren wirkenden NES-Verfahren führt deshalb die Verabreichung von Morphinantagonisten wie z. B. Naloxon, zur Aufhebung der Analgesie (= Naloxonreversibilität). Dies ist bei den NES-Verfahren, die über dem segmental spinalen Weg wirksam werden, nicht der Fall, was für einen anderen Wirkungsmechanismus spricht. Es muß zugegeben werden, daß die Fragen des Wirkungsmechanismus der Elektronanalgesieverfahren sehr kompliziert sind, und der derzeitige Stand auch noch offene Fragen enthält, so daß die gegebene Darstellung nur als vereinfacht einzuschätzen ist. So gibt es auch Autoren, wie z. B. CAMPBELL und TAUB 1973, TOREBJÖRK und HALLIN 1974, IGNELZI und NYQUIST 1976, 1979, die das Konzept des Gate-control-Systems zur Schmerzunterdrückung ablehnen. Sie nehmen einen direkten peripheren axonalen Hemmprozeß (A-δ-N.f.-Ermüdung) an bei repetitiver hochfrequenter (100 Hz) Reizung und Reizintensitäten bis zur Schmerzgrenze (bei transkutaner Fingerreizung überprüft), Verschwinden des A-δ-Aktionspotentials, NLG Verlangsamung). JANKO und TRONTELJ 1980 haben jedoch aufgrund neuroelektrographischer Untersuchungen diesen Mechanismus der Schmerzkontrolle angezweifelt.

Plazebowirkung der TENS

Auf eine Plazebowirkung von TENS und anderen analgetischen Reizströmen wurde schon frühzeitig hingewiesen (THORSTEINSSON u. Mitarb. 1977). NAUMANN und PRESCHER 1985 konnten dies in einer Vergleichsstudie von TENS verum, Plazebo-TENS und diadynamischem Strom CP-verum bestätigen (s. dazu auch HEIDENREICH u. Mitarb. 1988, die Abb. 1). Während sich der Schmerzbesserungsgrad der Verum-Behandlungen in drei 10-Tage-Perioden nur wenig änderte, fiel er in der Plazebogruppe im Behandlungsverlauf von Periode zu Periode ab. Dies zeichnete sich schon in der zweiten Dekade ab und führte in der dritten zu hochsignifikanten Unterschieden bei den Ergebnissen der Verum-Gruppen, wobei sich bei Heimbehandlung TENS und CP nicht signifikant unterschieden.

Neben neuen Einsichten in Schmerzkonzeptionen sind für die Elektroanalgesie auch vertiefte neurophysiologische Erkenntnisse über Pathogenese von Schmerzsyndromen wertvoll (ZIMMERMANN und HANDWERKER 1984 u. a.). Die von ZIMMERMANN 1988 gegebene Einteilung in 5 pathogenetisch unterschiedliche Schmerzarten zeigt nicht nur, wie komplex das Schmerzgeschehen ist, sondern wie diese unterschiedliche Pathogenese u. U. ganz verschiedene Ansatzpunkte für den Einsatz der Elektrotherapie erfordert oder Hinweise gibt, wo sie evtl. von vornherein wenig erfolgversprechend sein dürfte.

1. Nozizeptorenschmerz (= Erregung der in allen Organen vorkommenden Schmerzrezeptoren). Eine direkte elektrische Wirkung auf den Nozizeptorenschmerz wird z. Z. für wenig wahrscheinlich gehalten. Nozizeptoren werden dagegen besonders durch algogene Substanzen erregt, unter denen Prostaglandine eine wesentliche Rolle spielen (rheumatischer Schmerz, Entzündungsschmerz). Wie bei der Iontophorese gesagt gibt die systemische Salicylsäure-Iontophorese wahrscheinlich am ehesten die Möglichkeit, mit der Elektrotherapie auf pharmakologischem Weg wirksam zu werden. Eine indirekte Einflußnahme auf den Nozizeptorenschmerz ist evtl. aber auch auf 2 anderen Wegen möglich. Es ist bekannt, daß durch einen Muskelhypertonus (Muskelhartspann) reflektorisch über efferente Bahnen, vom Hinterhornneuronen des RM ausgehend, periphere Nozizeptoren in Erregung gehalten werden können. Dieser Teufelskreis (Circulus vitiosus) durch positive Rückkopplung (Schmerz → Muskelhypertonus → Aktivierung und Sensitivierung von Nozizeptoren) kann durch verschiedene Elektrotherapiemaßnahmen angegangen werden, z. B. durch US-Reizstrom, tetanisierende analgetische Reizströme (neofaradischer Schwellstrom), besonders aber über eine gezielte Elektrotherapie von Trigger points mit Kleinstimulatoren, z. B. „Bius" (s. NMES-Geräte). Es ist noch eine weitere ungünstige indirekte Einflußnahme auf den Erregungszustand von Nozizeptoren bekannt, nämlich durch sympathische Nervenfasern. Das gilt besonders für Schmerzen bei der sympathischen Reflexdystrophie (M. Sudeck, Kausalgien u. a.). Sympathikusblockaden mit Lokalanästhetika oder eine Sympathektomie haben sich dabei als schmerzlindernd erwiesen. Elektrotherapeutische Alternativen sind Reizstromtherapieverfahren, die z. B. auf das Ganglion stellatum appliziert werden, z. B. die Methode die von Mooren und Bruhn 1961 (10 ms Rechteckimpulse/10 s Pause) oder die von Thom 1960 (DS, 100 Hz, 3–4 min), besonders auch die von Jenker 1980 angegebenen Reizstromformen („Nervenblockaden auf elektrischem Wege"), wobei auch lumbale Grenzstrangblockaden (L 4/5) angeführt werden.
Es spricht vieles dafür, daß dadurch ebenfalls ein ungünstiger positiver Feedback zwischen efferenten sympathischen Nervenfasern und afferenten somatischen peripheren Nervenfasern unterbrochen wird (Ephasenbildung, Noradrenalinfreisetzung, Mikromilieuveränderungen um Nozizeptoren, die zu deren Erregung führen, Jänig 1980 u. a.). Damit können die Hyperpathie, die brennenden Schmerzen und die ungünstige Vasokonstriktion gebessert werden. So sah z. B. Kaada 1982 gute Erfolge beim M. Raynaud mit APL-TENS durch Reizung des Akupunkturpunktes Hoku an der Hand (Schmerzlinderung, Hauttemperaturanstieg). Bei Ischämiebeteiligung am Schmerzgeschehen („ischämischer Schmerz") können überhaupt durchblutungsverbessernde elektrische Reizströme (analgetisch-hyperämisierende Impulsströme s. Abschnitt 3.2.4.2.1.) nützlich sein.

2. Neuropathischer Schmerz, Neuralgie, d. h. Erregung von Schmerznervenfasern auf ihrem Weg in der Neuraxis. Hier ist die Domäne der NES-Verfahren zu sehen mit ihren unterschiedlichen Einflußmöglichkeiten auf A-δ oder aber auf A-β und C-Fasern des peripheren Nerven, im RM oder zentral, wie vorher geschildert.

3. Deafferentierungsschmerz. Darunter werden abnorme Erregungen von Neuronen im ZNS (RM) nach Verlust sensorischer Afferenzen, z. B. bei Phantomschmerzen, nach Wurzelausriß, Anästhesia dolorosa oder post Herpes-zoster-Neuralgien, Thalamus-Syndrom u. a. verstanden (Bonica u. Mitarb. 1983). Bekanntlich sind solche Schmerzsyndrome generell schlecht beeinflußbar, dies gilt auch für die Elektroanalgesie. So sind u. U. nach vergeblichen Versuchen einer peripheren Einflußnahme (APL-TENS) Elektrotherapieverfahren erforderlich, die auf höherer Ebene der Neuraxis angreifen (SCS, DBS) und da wieder an bestimmten Hirnarealen (s. dort), um erfolgreich zu sein.

4. Reaktiver Schmerz. Darunter werden Nozizeptorenerregungen (Aufschaukeln und Selbstunterhaltung) durch Reflexe über die Motorik (Muskelhypertonus) oder über sympathische Nerven (M. Sudeck) verstanden, auf die schon bei 1. hingewiesen wurde.

5. Psychosomatisch bedingte Schmerzen. Schmerz als körperlicher Ausdruck seelischer Belastungen (Konflikte), z. B. bei Migräne und Kreuzschmerz bekannt, ist in erster Linie Indikation psychotherapeutischer, nicht elektrotherapeutischer Verfahren. Zumindest für elektrotherapeutische Methoden (SCS, DBS) in höheren Ebenen der Neuraxis sollten sie deshalb durch entsprechende diagnostische Maßnahmen ausgeschlossen werden.
Eine Übersicht über die z. Z. benutzten Neurostimulationsverfahren in den verschiedenen Ebenen der Neuraxis gibt Tabelle 17. Von den dort beschriebenen, an peripheren Nerven angreifenden Elektrotherapiemethoden wurde die Gleichstromtherapie bereits im Abschnitt 3.1.4. besprochen. Wenn auch die dort unter „analgetisch-hyperämisierende Reizströme" angeführten Verfahren durch die transkutane elektrische Nervenstimulation TENS erheblich an Bedeutung verloren haben, sollen sie, da man sie vielerorts noch praktiziert, kurz erörtert werden.

3.2.4.2.1. Analgetisch-hyperämisierende Reizstromverfahren

1. Reizstromtherapie nach Träbert („Ultrareizstrom", „Reizstrommassage")

Diese empirische, von dem praktischen Arzt Träbert aus Trier 1966 als schmerzlindernd wirksam gefundene Stromform entspricht weitgehend der des Franzosen Leduc (1 ms, 100 Hz Rechteckimpulse). Das Reizmuster (2 ms, 143 Hz Rechteckimpulse) ist praktisch von jedem konventionellen Reizstromtherapiegerät leicht herzustellen, deshalb fand der Träbert-Reizstrom rasch weite Verbreitung. Mit dem Reizstromtherapiegerät „TuR" RS 10 u. a. ähnlichen Geräten kann das Reizstrommuster bereits auf Tastendruck gewählt werden. Die für die Schmerzbehandlung benutzten Intensitäten werden gesteigert bis zum Auftreten eines deutlich vibrierenden Stromgefühls unter den Elektroden. Die Intensitäten müssen wegen des auftretenden Gewöhnungseffektes während der meist 15 min dauernden Behandlungszeit nachgeregelt werden. Die Polung am Schmerzort, am Trigger- bzw. Akupunkturpunkt ist kathodisch. Die Applikation erfolgt mit gut unterpolsterten Plattenelektroden (6 × 8 cm, 8 × 12 cm) oder mit den bei diadynamischen Strömen benutzten Elektrodenschalen, die an einem Elektrodenbügel befestigt werden können. Meist sind tägliche (1 × 2 ×) Behandlungen in kurzen (6 ×) Behandlungsserien erforderlich, besonders bei postraumatischen Schmerzzuständen.

2. Reizstromtherapie mit diadynamischen Strömen nach Bernard

Die 5 Stromformen DF, MF, CP, LP und RS (Abb. 55) werden auch als *Mischstrom* bezeichnet, weil neben den Impulsströmen auch immer ein (in Abbildung 55 nicht eingezeichnet) sensibel unterschwelliger Gleichstrom (sog. *Basistrom*) verabreicht wird. Die 1950 von dem französischen Zahnarzt Bernard empirisch gefundenen Ströme benutzen als Reizmuster monopolare Sinushalbwellen mit einer Impulsdauer von 10 ms an der Basis und Frequenzen von 100 Hz (DF) bzw. 50 Hz (MF). CP ist ein Wechsel von 100 und 50 Hz je Sekunde, bei LP erfolgt der Wechsel von 50 Hz und 100 Hz (davon eine Phase geschwellt) in längeren Perioden, bei RS wechselt 1 s 50 Hz mit 1 s Pause. Der Grund, zwei (Dia-)-Ströme anzuwenden, ist Gewöhnungseffekte zu vermeiden. Die Stromformen lassen sich leicht aus dem Netzstrom herstellen. Dies trug sicher zur raschen Verbreitung dieser Ströme bei. Es existiert eine Vielzahl entsprechender Geräte, z. B. das „TuR" RS 10 oder das an unserer Einrichtung entwickelte handliche

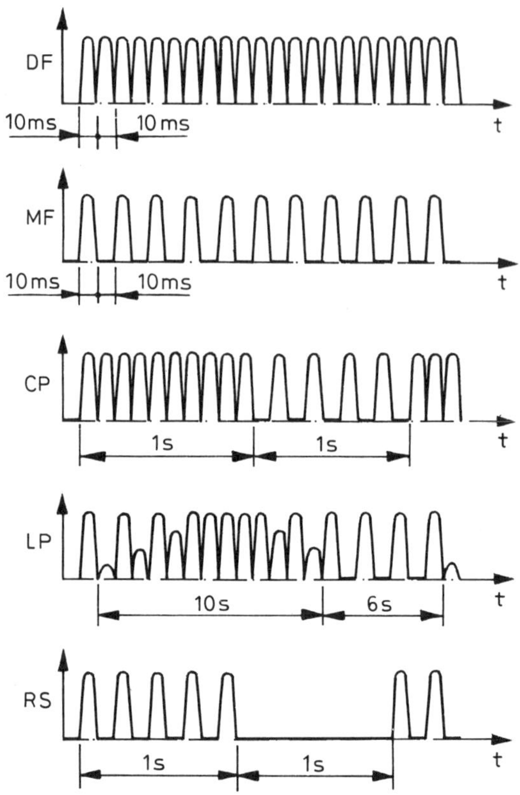

Abb. 55 Diadynamische Stromformen nach BERNARD
DF = diphasé fixe 100 Hz,
MF = monophasé fixe 50 Hz,
CP = modulé en courtes périodes,
LP = modulé en longues périodes,
RS = rhythme syncopé.
Die Gleichstromkomponente („Basisstrom“) des „Mischstromes“ ist nicht eingezeichnet

„Diadynamische Kleintherapiegerät“ (EDEL und FÜCKER 1979). Weitere Geräte sind z. B. das „Diadyn 4“ der Fa. Bosch, Berlin, die Geräte Erbogalvan U_2, GDF und D der Fa. Erbe, Tübingen, das „Therapie-Neuroton 827“ der Fa. Siemens Berlin, „Galva 3“, „Galva 4“ der Fa. Zimmer Neu-Ulm u. a. Für die Schmerztherapie werden am häufigsten die Stromformen CP, LP, DF angewandt, die meist auf Tastendruck wählbar sind. Die Netzstromgeräte werden auch zur Durchblutungsförderung (s. Abschnitt 3.2.4.4.), Resorptionsförderung (post Trauma) oder neuromuskulären Elektrostimulation eingesetzt. Polung, Elektroden, Elektroden Postierung sowie Behandlungstechnik entsprechen im Prinzip den Methoden des Träbert-Reizstromes.

3. Stochastische Reizströme

BANKOV 1972 hat für die Rehabilitation schmerzhafter Störungen des Bewegungsapparates kurzdauernde (1 ms) monopolare Rechteckimpulse verabreicht, statt der kontinuierlich in einem *irregulären, aperiodischen, stochastischen Rhythmus* ablaufenden. Damit soll der auftretende Gewöhnungseffekt vermieden werden. Wie EDEL und STERNECK 1979 in systematischen, vergleichenden Untersuchungen bei Gesunden mit Hilfe eines elektrischen Algesietestes zeigen konnten, heben die von ihnen benutzten pseudostochastischen Ströme im Frequenzbereich 5–30 Hz

die Schmerzwelle signifikant ($p < 1\%$) an, das trifft nicht für Frequenzen von 15–100 Hz und 30–200 Hz zu. Der analgetische Effekt übertraf den des Reizstromes von Träbert, den der diadynamischen Ströme (mit Ausnahme der Kombination CP/Ultraschall) sowie den eines periodischen 20-Hz/2-ms-Rechteckimpulsstromes.
Gerät. Sog. „Zufallsgenerator ZG 10" von Edel und Fücker. Die 2-ms-Rechteckimpulse mit verschiedenen Abständen wiederholen sich erst nach 32 Einzelreizen. Das Gerät wurde als Zusatzgerät zu konventionellen Reizstromgeräten konzipiert. Die Fa. Zimmer Neu-Ulm hat kürzlich ein stochastisches Reizstromgerät in Form eines batteriebetriebenen Kleinstimulators unter der Bezeichnung „Tens" in den Handel gebracht.

4. Kombination Ultraschall/Reizstrom synchron.

Bereits 1949 und 1968 hatten Gierlich und Jung auf diese Kombination hingewiesen, bei der US und niederfrequente, neuerdings auch mittelfrequente Ströme, *synchron* durch den Schallkopf verabreicht werden. Die analgetische Wirkung des US und der analgetischen Reizströme scheint sich durch die Kombination zumindest gegenüber der alleinigen Anwendung von Reizströmen zu verbessern. Darauf wiesen die von Edel und Lange 1979 durchgeführten Vergleichsuntersuchungen mit einem elektrischen Algesietest hin, die eine gute, die Schmerzschwelle anhebende Wirkung der Kombination US/CP zeigten.
Als Ankopplungssubstanzen müssen dabei solche gewählt werden, die sowohl US als auch elektrischen Strom passieren lassen (z. B. Glycerolum DAB 7, Glyzerin-Gelee®, Patina Halle, Aquasonic® u. a.). Die Kombinationsbehandlung ist, da mit bewegtem Schallkopf (dynamisch) behandelt wird, sehr gut geeignet, Trigger points (Schmerzpunkte) aufzuspüren, wie sie bei Erkrankungen, z. B. des rheumatischen Formenkreises, als myofasziale Syndrome oder posttraumatisch oft vorliegen. Die Schmerzpunkte zeigen sich durch umschriebene Schmerzäußerungen und/oder auch rötliche Verfärbungen (Vasodilatation). Typische Lokalisationen von Trigger points, die nach Melzack u. Mitarb. 1977, Gunn u. Mitarb. 1976 zu ca. 70% auch Akupunkturpunkten entsprechen, sind der Abbildung 57 zu entnehmen. Diese Schmerzpunkte können im Behandlungsverlauf gezielt behandelt werden. Über günstige Erfahrungen auch bei prognostisch ungünstigen klinischen Schmerzzuständen von degenerativen Erkrankungen des Bewegungs- und Stützapparates hat Heidenreich 1978 aus unserer Klinik berichtet.
Geräte. Ultraschall-Reizstromgerät „TuR" US R2. Verabreicht werden können US oder Reizstrom allein oder beides synchron. Reizströme: Gleichstrom, Träbert, neofaradischer Strom geschwellt und ungeschwellt; diadynamische Ströme: DF, MF, CP, LP; US-Frequenz: 880 kHz, 0,05–1,5 W/cm^2, Schallkopf 4 cm ∅, c.c., Impulsströme bis 50 mA. „Sonodynator 834", Fa. Siemens, „Sonomed 4", Fa. Bosch; „Galva 3 oder 4" oder Sinus (MF), über ein Spezialkabel gekoppelt mit Sono 3, Fa. Zimmer Neu-Ulm.

3.2.4.2.2. Transkutane elektrische Nervenstimulation TENS

TENS ist ein seit Anfang der 70er Jahre bekanntes Elektroanalgesieverfahren zur Bekämpfung *chronischer* Schmerzsyndrome. Später wurde es auch bei *akuten*

Schmerzsyndromen, z. B. posttraumatischen Schmerzen, Geburtsschmerzen, akuten Schmerzen des Muskel-Skelett-Systems, eingesetzt. Es hat sich rasch weltweit ausgebreitet. Als nichtdestruktives Verfahren hat die TENS die Palette der Schmerztherapieverfahren wesentlich bereichtert. Dabei ist die Einsatzmöglichkeit der TENS in Form von batteriebetriebenen, elektronischen Kleinstimulatoren in Taschenformat zur häuslichen Behandlung und zur Selbstbehandlung ein wesentlicher Vorteil gegenüber der Benutzung von Tisch-, Netzstromgeräten zur Elektrotherapie mit den bereits besprochenen analgetisch-hyperämisierenden Reizströmen (TRÄBERT, BERNARD usw.). Bedienungsfreundlichkeit, Sicherheit durch Batteriestrom- statt Netzstrombetrieb, Möglichkeit variabler statt fixer Impulsstromparametergestaltung, Preisgünstigkeit u. a. sind weitere Vorteile der TENS-Geräte. Sie können als Ein- oder Zweikanalgeräte, neuerdings auch noch weiter zu Mehrkanalgeräten, koppelbar gestaltet werden. Eine erhebliche Ausweitung ihres Anwendungsgebietes können TENS-Kleinstimulatoren erfahren, wenn ihre Reizmustergestaltung nicht nur die Neuroelektrostimulation zur Schmerzkontrolle zuläßt, sondern auch für die neuromuskuläre Elektrostimulation NMES geeignet ist. Hierher gehört z. B. das Gerät „Bius“ der Medizinischen Akademie Dresden. Kleinstimulatoren vom Typ der TENS-Geräte sind auch bei Anwendung von Radiofrequenz-Transmittersystemen für teilimplantierte Systeme (z. B. bei SCS, PENS, DBS) zu gebrauchen, nicht nur zur externen Behandlung mit Oberflächenelektroden. Die rasch fortschreitenden TENS-Geräteentwicklung hat inzwischen zu 3 TENS-Varianten geführt (Tabelle 18). Es hat sich gezeigt, daß bei den ätiologisch und pathogenetisch unterschiedlichen chronischen Schmerzsyndromen ein breitgefächertes Angebot an Reizmustern mit unterschiedlichen Wirkungsmechanismen vorteilhaft ist, da nicht alle auf die zuerst entwickelte konventionelle TENS ansprechen.

1. Konventionelle TENS, auch high frequency, low intensity TENS genannt (Reizmuster s. Tabelle 18). Die Reizintensität soll schmerzlos sein und nur Paräthesien, am besten im Schmerzareal, hervorrufen. Weitere Charakteristika und angenommener Wirkungsmechanismus s. Tabelle 18 und Abbildung 56.

2. Acupuncture like-TENS (APL-TENS), auch als low frequency, high intensity TENS bezeichnet, von ERIKSSON und SJÖLUND 1976 entwickelt. Reizmuster s. Tabelle 18 und Abbildung 56. Sie kann entweder als kontinuierliche Impulsfolge mit schmalen (0,2 ms) monopolaren Rechteckimpulsen der Frequenz 2 Hz oder in Form von Impulsgruppen (sog. Bursts) mit langsamer (2 Hz) Wiederholungsfrequenz (2 Hz) verabreicht werden. Die letztgenannte Applikationsform wird oft besser toleriert. Wie der Name akupuncture like sagt, ist die APL-TENS dem Reizmuster der in China entwickelten Elektroakupunkturanalgesie, die zur Schmerzbekämpfung von Operationsschmerzen eingesetzt wird, nachgestaltet. Statt mit Akupunkturnadeln wird aber mit Oberflächenelektroden gereizt. Auch ist der Reizort über Akupunkturpunkte nicht obligat. Im Gegensatz zur konventionellen TENS, die von ihrem Wirkungsmechanismus her (Gate-control-Theory) segmental spinal angewandt wird, sind hier u. U. auch Fernwirkungen, z. B. bei kontralateraler Reizung oder außerhalb des Segmentes des Schmerzortes, zu erwarten. Der Grund dafür ist der andere Wirkungsmechanismus, der über eine Reizung zentral gelegener Schmerzhemmareale angenommen wird und der zur

Tabelle 18 Drei TENS-Varianten

Konventionelle TENS	Acupuncture-like TENS	Hyperstimul.-TENS
Parameter		
high frequency = 10 – 100 (200) Hz low intensity = ca. 25 – 30 mA = ca. 2,5- bis 3fache Empfindungsschwelle Parästhesien, Kribbeln, Vibrieren	low frequency = ca. 2 Hz high intensitiy = ca. bis 100 mA = ca. 3- bis 5fache Empfindungsschwelle Muskelkontraktionen nahe Tolerangrenze	high frequency = 10 – 100 Hz high intensity = ca. bis 100 mA = ca. 3- bis 5fache Empfindungsschwelle tiefes schmerzhaftes Gefühl
Wirkungsmechanismus		
A-β-Nervenfaserreizung oberflächlicher Substrate (Haut) Gate-control-Mechan. Kurzzeit- > Langzeit-Effekte + Plazeboeffekte	A-δ-C-Nervenfaserreizung tieferer Substrate (Muskeln), opioid-mediated Mechanism. Endorphinausschüttung auch Langzeiteffekte	wie bei acupuncture-like TENS, besonders Reizung von Triggerpoints, Akupunkturpunkten, brief = ca. 20 min
Geräte		
Analgie-Stim. „TuR“ RS 40, TENS 2 Med. Akad. Dresden (MAD)	TENS 3 MAD: Konvent. TENS + APL-Kontin. + Bursts	TENS 3 MAD: Kont. Stromform (bis 100 mA)

Abb. 56 Stromformen des „TENS-3“ (Edel u. Güttler)
1. konventionelle TENS; 2.1. APL-TENS, kontinuierlich 2 Hz; 2.2. APL-TENS als Bursts (Impulsgruppen), Wiederholungsfrequenz 2 Hz; 3. Hyperstimulations-TENS nach Melzack

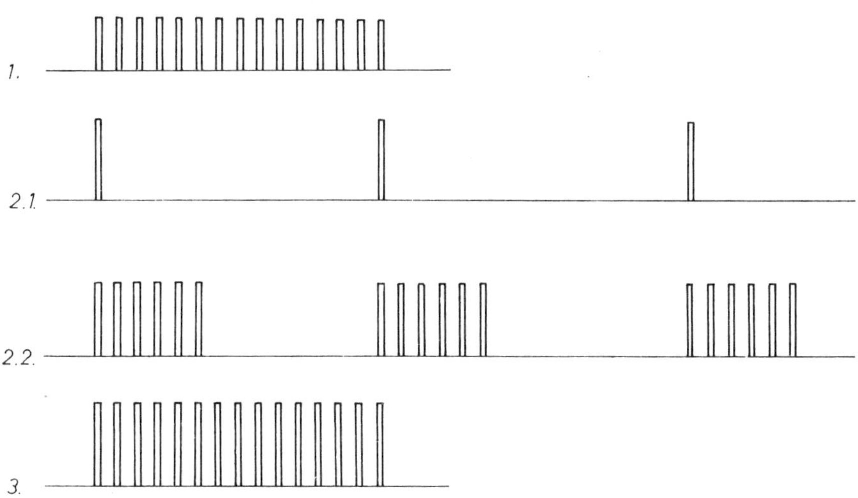

Endorphinausschüttung führt. Diese wird auch für den gegenüber der konventionellen TENS verspäteten Wirkungseintritt verantwortlich gemacht. Die Reizintensität ist hoch, nahe der bzw. bis zur Toleranzgrenze zu wählen. Es handelt sich also um eine schmerzhafte Reizung. Tiefer gelegene Substrate, wie z. B. Muskeln, sollen erregt werden, dabei soll es zu Muskelkontraktionen kommen. Reizorte über im Myotom des Schmerzareals gelegenen Muskeln sind also günstig. Stimuliert werden hierbei A-δ- und C-Nervenfasern, die Schmerzinformationen leiten (s. Abb. 54). Langzeitergebnisse sind häufiger als bei der konventionellen TENS, auch ist die APL-TENS u. U. noch dort wirksam, wo die konventionelle TENS versagt.
Deshalb ist es von Vorteil, wenn ein TENS-Gerät (wie z. B. das TENS-3 der Medizinischen Akademie Dresden) über beide Varianten (und auch über die dritte Variante) zur Auswahl verfügt. Dazu müssen diese Geräte eine hohe (bis 100 mA) Ausgangsleistung besitzen.

3. Hyperstimulation-TENS, von MELZACK, der diese 3. Variante 1975 (s. Abb. 56) entwickelte, auch als brief intense transcutaneous electrical stimulation bezeichnet. „Intense" besagt, daß hierbei ebenfalls mit hohen Intensitäten schmerzhaft gereizt wird. „Brief" (kurz) bedeutet nach MELZACK ca. 20 min, d. h. relativ kurz im Vergleich zur konventionellen TENS, die oft über sehr viel längere Zeit angewandt wird. MELZACK 1985 zählt dieses Verfahren hinsichtlich seiner Wirkung zu der Gruppe der Counterirritation-Verfahren der Schmerztherapie. Es wird, wie z. B. bei der Moxibution, der Kryotherapie u. a. auch in der Volksmedizin bekannten, z. T. sehr alten Verfahren, ein starker Gegenreiz ausgeübt. Was den Wirkungsmechanismus betrifft, dürften Ähnlichkeiten mit dem der APL-TENS bestehen. Anwendungen über Trigger points und den mit ihnen nicht selten übereinstimmenden Akupunkturpunkten werden vom Autor empfohlen. FOX und MELZACK 1976 haben bei Kreuzschmerzen mit der Akupunkturtherapie im Vergleich zur Hyperstimulation-TENS praktisch die gleichen positiven Ergebnisse erzielt (s. dazu auch MELZACK und WALL 1984).
Als 4. Variante existiert neuerdings die Mikroampere-TENS.

Behandlungstechnik

Für die in der Regel in *Heim-* und *Selbstbehandlung* angewandte TENS-Theapie ist, wenn sie erfolgreich sein soll, eine adäquate Anleitungs- und Überwachungsorganisation in der verordnenden Einrichtung aufzubauen. Von einem dazu qualifizierten Arzt oder evtl. auch einem elektrotherapeutisch versierten Physiotherapeuten (mittleres medizinisches Personal) sind die geeignete TENS-Variante, deren effektivstes Reizmuster (Frequenz, Impulsdauer, Intensität), die Behandlungszeit und der Reizort, d. h. die optimale Elektrodenposition, zu testen. Dies ist eine Gemeinschaftsarbeit von Patient und Behandler, die bei komplizierten Schmerzsyndromen evtl. stationär oder in wiederholten ambulanten Sitzungen mit Geduld erprobt werden muß.
Der Patient muß kontrolliert werden, ob er selbständig und sicher mit dem Gerät umgehen kann und dieses versteht. Bei den am meisten benutzten TENS-Geräten sind dazu ausführliche Bedienungsanleitungen für Ärzte und für Patienten erarbeitet worden. Bei der Kontrolle ist auch der Gerätezustand zu überprüfen

in Zusammenarbeit mit einem Physiker bzw. Ingenieur. Geräte wie das TENS 3, die konventionelle TENS und Formen von APL-TENS anbieten, sind bei der initialen Testung vorteilhaft.

Testung der Elektrodenposition (Edel 1986, Edel und Güttler 1978, Mannheimer 1978)

• Elektrodenplazierung direkt über dem Schmerzareal. Mit Einkanalgerät bei relativ umschriebener Schmerzlokalisation, mit Zweikanalgerät (= 4 Elektroden) bei größerer Ausdehnung.
Variante: Einkreisen des Schmerzareals von 2 oder 4 Seiten, z. B. bei Herpes-zoster-Neuralgie. Im Schmerzareal sollen Parästhesien bei konventioneller TENS auftreten.

• Elektrodenplazierung proximal über dem Hauptnervenstamm des peripheren Nervs, der das Schmerzareal versorgt. Dabei sollen ebenfalls Parästhesien auftreten. Typische zur Reizung benutzte Nerven sind: N. occipitales, N. supraorbitalis, Plexus brachialis am Erb-Punkt, N. medianus, N. ulnaris, N. radialis, N. femoralis, N. peronaeus, N. ischiadicus.

• Elektrodenplazierung an spezifischen Punkten, z. B. Trigger points (= schmerzhafte motorische Reizpunkte) bei myofaszialem Schmerzsyndrom (Abb. 57, Travell und Simons 1983) oder über Akupunkturpunkten, besonders bei APL- und Hyperstimulations-TENS. Nach Gunn u. Mitarb. 1976 und Melzack 1977 entsprechen sich Trigger points und Akupunkturpunkte in einem hohen Prozentsatz. Sie können palpatorisch, galvano-palpatorisch oder mit speziellen Hautwiderstandsmeßgeräten (z. B. dem „Reflex-Stimulator" „TuR" RS 45) nachgewiesen werden. Oft kommen solche Punkte in der Mehrzahl im betroffenen Myotom vor. Auch in der Ohrmuschel (Aurikuloakupunktur-TENS) gibt es solche Punkte sie wurden behandelt.

• Elektrodenplazierung im betroffenen Segment, bei segmental wirksamen TENS-Formen, z. B. im betroffenen Dermatom (Abb. 58 von Hansen und Schliack 1962) oder Myotom oder Sklerotom (über sog. Periostpunkte nach Vogler und Krauss 1963). Dabei werden spezifische Punkte, wenn sie in den Segmentzonen vorliegen, bevorzugt berücksichtigt.

• Weitere mögliche Elektrodenpositionen sind: bilaterale Plazierung auch bei unilateralen Prozessen, besonders bei Schmerzsyndromen in der Lumbalregion; kontralaterale Positionen, bei TENS-Verfahren, die über Endorphinausschüttung wirksam sind, können solche Fernwirkungen u. U. (z. B. auch über N. ulnaris, N. medianus) ohne Bezug zum Schmerzareal erzielt werden.

Reizparametergestaltung

Frequenz: Die Frequenz (high frequency oder low frequency) wird von der gewählten TENS-Variante bestimmt (konventionelle TENS: hoch, ebenso Hyperstimulation-TENS; APL-TENS: niedrig). Bei der konventionellen TENS geben die Geräte meist ein gewisses Frequenzspektrum vor (z. B. 10 – 100 oder 200 Hz). Die Wahl erfolgt dabei empirisch nach Testung niedriger oder höherer Frequenzen.

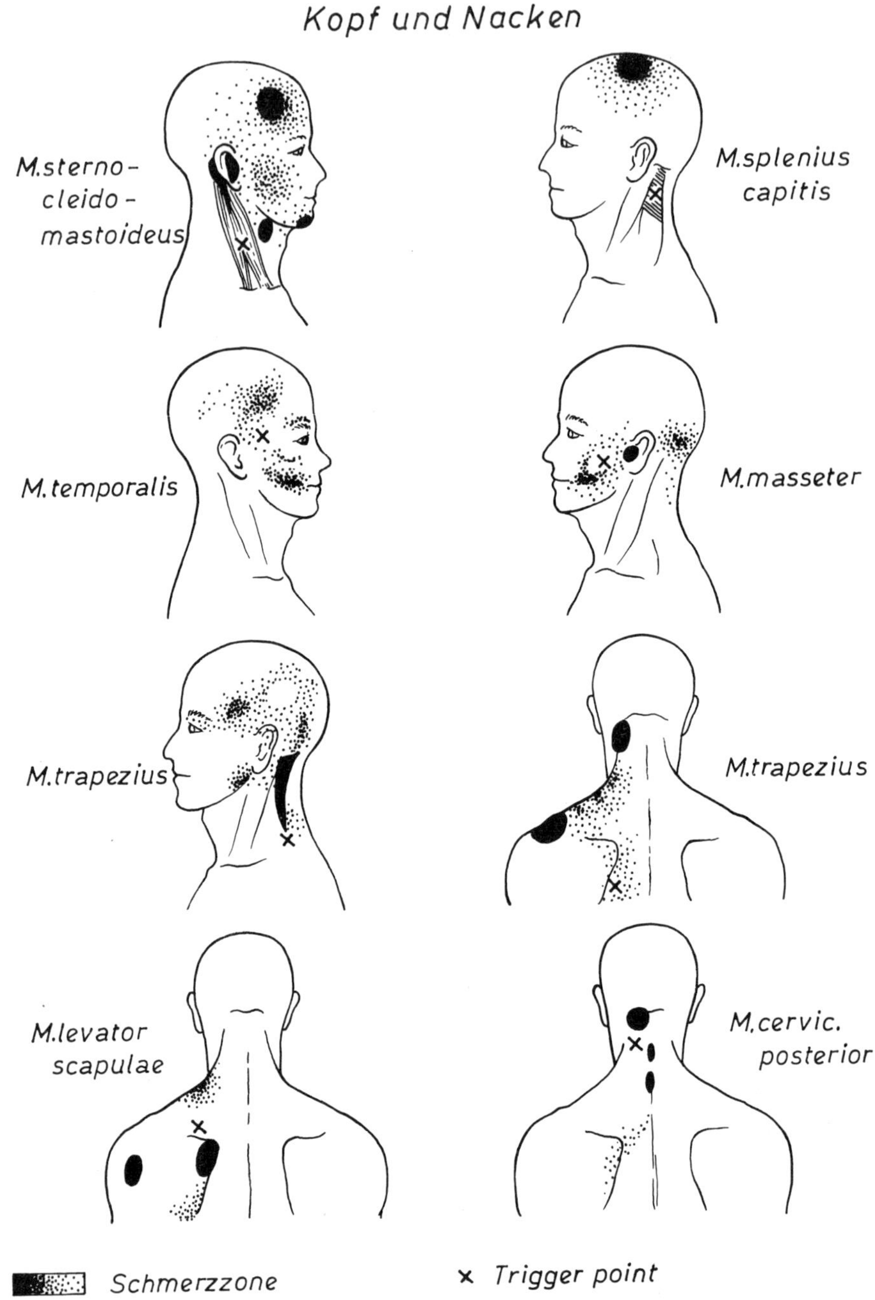

Abb. 57 Trigger points (×) und Referenz-Zonen (schwarze Zonen bzw. Punktwolken) am Kopf und Nacken, Schulter und Arm, Brust und Rücken, an der unteren Extremität

Schulter und Arm

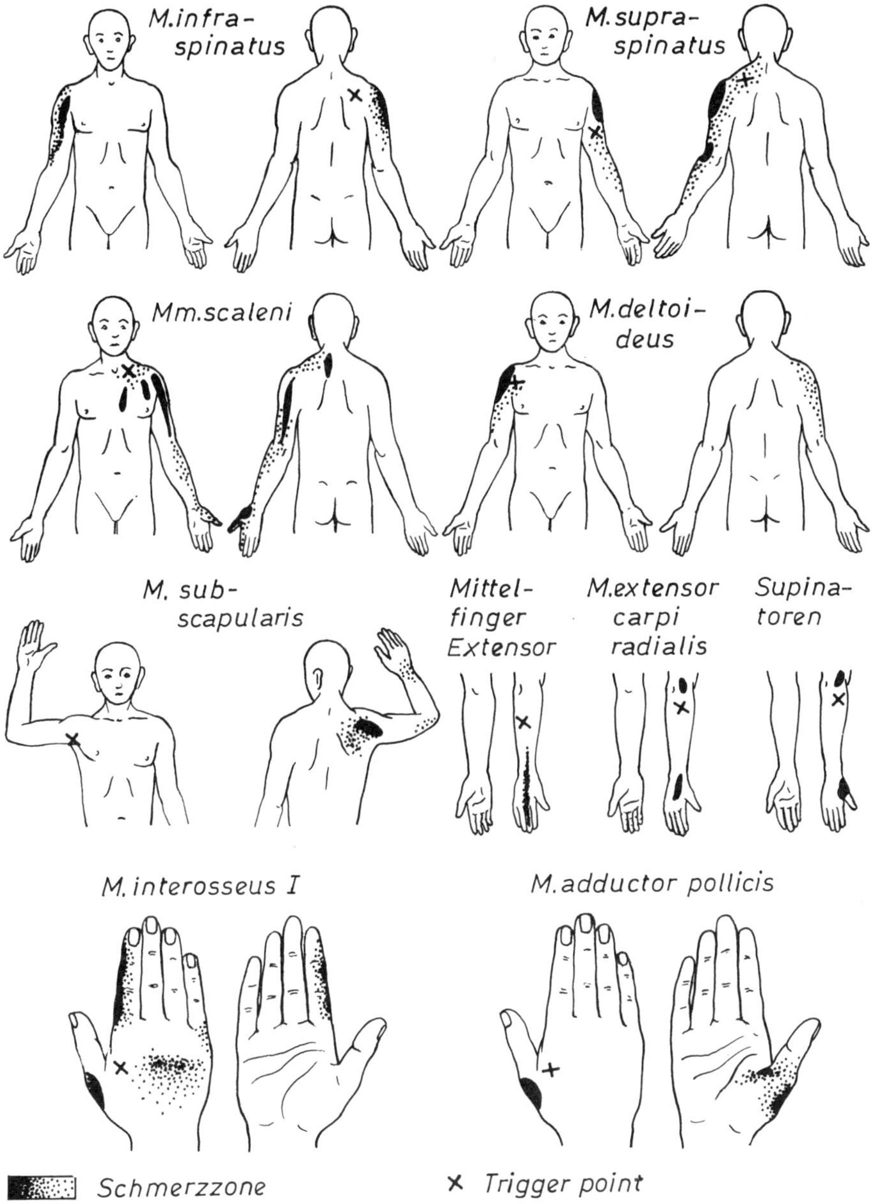

Brust und Rücken

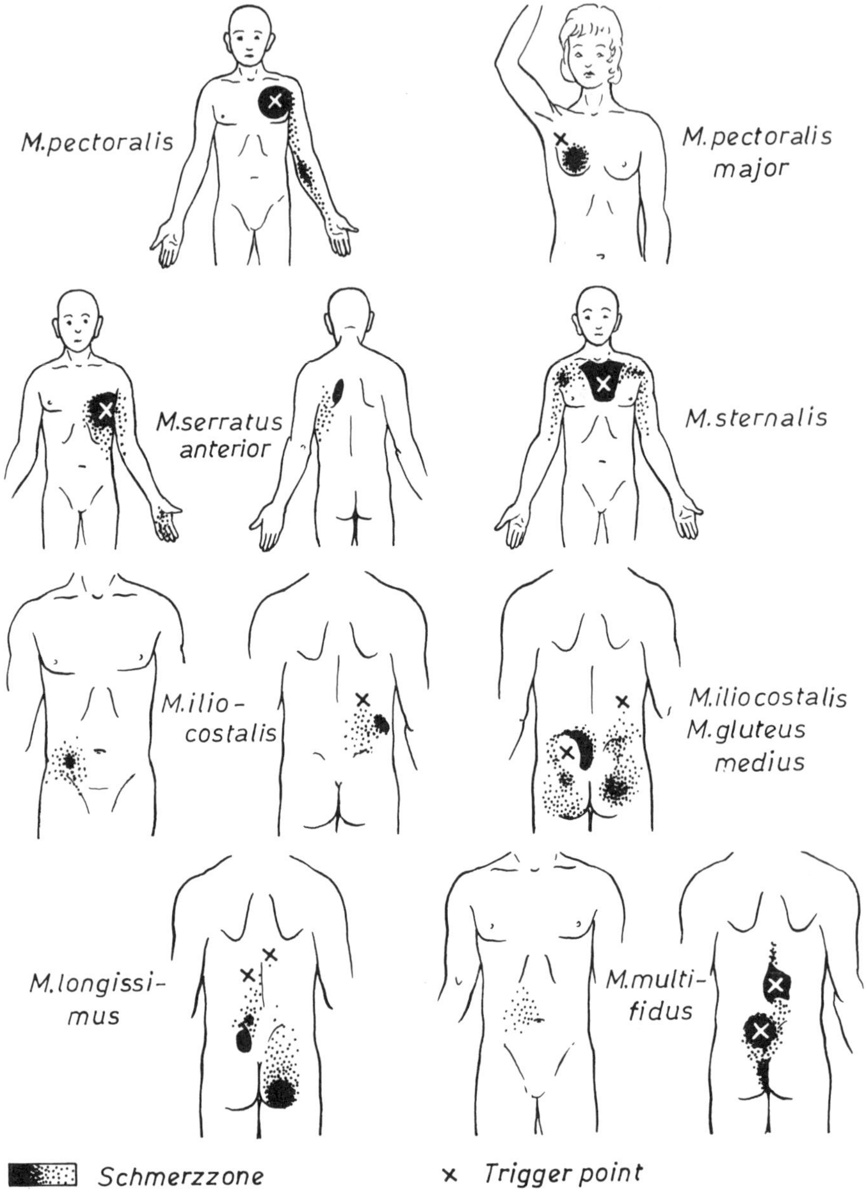

Untere Extremität

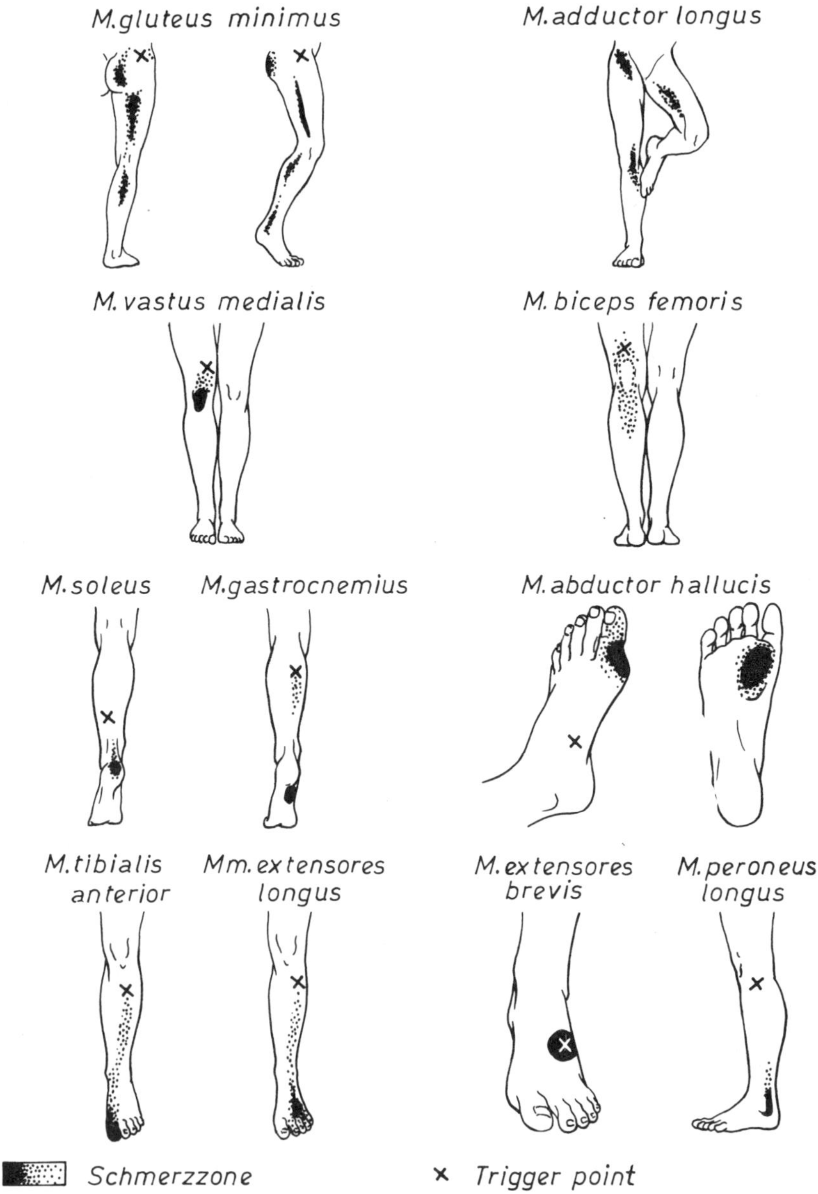

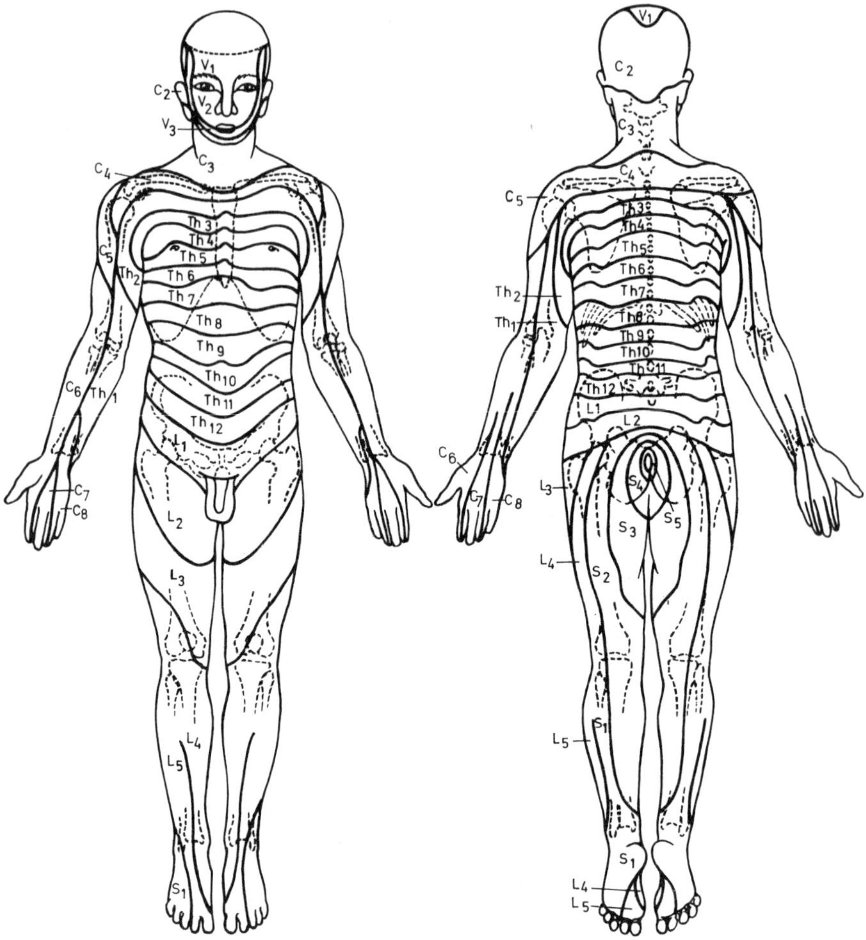

Abb. 58 Segmentale Innervation (Dermatome) (nach HANSEN u. SCHLIACK)

Nur wenige Autoren haben bestimmten Schmerzsyndromen innerhalb dieses möglichen Frequenzspektrums bestimmte Frequenzen zugeordnet, die besonders günstige Ergebnisse versprechen. Einige in der Literatur bis 1978 veröffentlichte Mitteilungen s. in einem TENS-Übersichtsreferat von EDEL und GÜTTLER 1978.

Impulsdauer: Bei allen TENS-Verfahren kommen in der Regel schmale Impulse von maximal 2 ms zur Anwendung. Abweichendes Vorgehen im Schrifttum s. wieder bei EDEL und GÜTTLER 1978.

Intensität (Amplitude, Stromstärke): Diese wird von der gewählten TENS-Variante bestimmt: bei konventioneller TENS niedrig, nicht schmerzhaft, bis zum Auftreten von Parästhesien; bei APL- und Hyperstimulations-TENS hoch, schmerzhafte Reizung; bei APL-TENS bis zum Auftreten von Muskelkontraktionen, bei Mikroampere-TENS $<1000\ \mu A$.

Polung: Sie spielt meist keine wesentliche Rolle, meist kathodisch, evtl. günstigste Wirkung durch Umpolen testen.
Behandlungsdauer: Initial meist mehrmals (3 ×) 30 min, später mindestens 1 × täglich 30 min als Minimum. Bei starken Schmerzsyndromen u. U. länger (Stunden), auch abhängig von der Länge des sog. Überdauerungseffektes, der im Einzelfall kurz oder lang (Stunden, Tage) sein kann. Dadurch wird auch das Behandlungintervall bestimmt. Die Verlaufsvarianten sind z. T. recht unterschiedlich, worauf MELZACK 1975 hingewiesen hat, der 5 Verlaufsvarianten angibt. Die Größe der Behandlungsserie wird im wesentlichen davon bestimmt, ob es sich um ein akutes oder chronisches Schmerzsyndrom handelt.

Behandlungsergebnisse

1988 haben HEIDENREICH u. Mitarb. an der Medizinischen Akademie Dresden die Ergebnisse von 264 Patienten mit *chronischen* Schmerzen, die mit TENS behandelt wurden, ausgewertet. In den 3 Gruppen Amputationsschmerzen, Neuralgien und Schmerzen bei degenerativen Erkrankungen des Bewegungsapparates wurden positive Therapieeffekte in 65,8; 63,2 bzw. 63,5% erzielt. In einer 4., sehr heterogenen Gruppe betrug die Erfolgsrate nur 50%. Bei *akuten* Schmerzen ($n = 51$) reagierten 66,7% der Behandelten positiv. Diese Erfolgsraten decken sich im wesentlichen mit denen, die in der umfangreichen internationalen Literatur dazu mitgeteilt wurden. Auf existierende Besonderheiten in den einzelnen Diagnosegruppen sind HEIDENREICH u. Mitarb. 1988 näher eingegangen. Wie auch THODEN und SITZER 1987 auf Grund langjähriger Erfahrungen berichten, sind die Ergebnisse beim einzelnen Patienten kaum voraussehbar. Bekannt ist auch, daß bei chronischen Schmerzzuständen die Langzeitergebnisse, z. B. nach 3 Jahren Nachkontrolle, absinken. Im Krankengut von THODEN u. Mitarb. z. B. von 52,4% auf 42,8%.
Die Langzeitergebnisse hängen jedoch bei einer TENS-Heimbehandlung sehr wesentlich von der Patienten-Compliance ab, worauf FLOTER 1986 nachdrücklich hingewiesen hat. Leider sieht es dabei nicht günstig aus, wie seine Untersuchungen mit speziell präparierten TENS-Geräten zeigten, die einen dem Patienten nicht bekannten Zeitmesser enthielten. Von den 151 chronischen Schmerzpatienten zeigten trotz vorausgegangener erfolgreicher Testung nur 57% positive Ergebnisse bei der Nachkontrolle (in 3–12 Monaten). Von den 65 Versagern (Non-Respondern) hatten, wie die Zeitkontrollen der Geräte bewiesen, aber nur 15% das Gerät regelmäßig, wie vorgeschrieben 45 h/Monat, benutzt; 85% jedoch nur ungenügend (= weniger als 10 h/Monat) oder gar nicht. Die Erfolgsraten steigen also mit dem Grad der Patienten-Compliance, der Überwachung und Kontrolle.

Indikationen für Elektrostimulationsverfahren zur Schmerzbekämpfung

Sie umfaßten anfangs nur chronische, später auch akute Schmerzsyndrome, wie den postoperativen Schmerz, den Geburtsschmerz und akuten posttraumatischen und rheumatischen Schmerz. Anwendungsgebiete sind neurologische, internistische, chirurgische, traumatologische, orthopädische, sportmedizinische, geburtshilflich/gynäkologische u. a. Fälle (s. dazu auch EDEL und GÜTTLER 1978):

– Kopfschmerzen, Migräne, Zahnschmerz, oro-faziale Schmerzsyndrome, Tic douloureux u. a.
– Zervikalsyndrom, Nacken-Arm-Schmerz (Zerviko-Brachialgie), Schulter-Arm-Syndrom, Schmerzen nach Schleudertrauma, Epikondylopathie.
– Thorakalsyndrom, Levator-Skapulae-Syndrom, Schmerzen nach Rippenfrakturen, Interkostalneuralgien u. a.
– Schmerzen bei degenerativen Wirbelsäulenerkrankungen (Radikulopathien), z. B. Lumbalgien, Kreuzschmerzen bei Bandscheibenläsionen, Lumbo-Ischialgien, Ischialgien mit und ohne Arachnoiditis.
– Schmerzen bei Erkrankungen des Bewegungs- und Stützapparates: Arthralgien bei Arthrosen, Arthritiden, Periarthritiden, Epikondylo-, Burso- und Tendopathien, Myopathien, myofasziales Syndrom.
– Neuralgien, Neuritiden, Neuropathien, Polyneuropathien, Neurinome, postherpetische Neuralgien, periphere Nervenverletzungen.
– Amputations-, Stumpfschmerzen, Phantomschmerz, Kauasalgie, Reflexdystrophie (M. Sudeck), Tumorschmerzen.
– Postoperative akute und chronische Schmerzsyndrome, Postinzisionsschmerz, Verbrennungsschmerz, Frakturschmerz u. a.
– Geburtsschmerz, Schmerzen nach Kaiserschnitt, Abrasioschmerz, Meralgia paraesthetica nach Geburt.
– Angina-pectoris-Schmerz, Pankreasschmerz.

Kontraindikationen

– Schmerzen, die durch kausale Maßnahmen behoben werden können oder behoben werden müssen, z. B. notwendige operative Eingriffe bei Tumoren u. a.
– Überwiegend psychogener Schmerz, zentrale Schmerzsyndrome (Thalamusschmerz), da Elektronanalgesieverfahren, die peripher angreifen, meist unwirksam sind, Reizung anästhetischer Gebiete für Verfahren, die über A-δ-Reizung wirksam sind. Extreme Stromempfindlichkeit.
– **Herzschrittmacher-(HSM-)Träger.** Gefährliche Störungen des HSM: totale Inhibierungen durch TENS-Ströme sind durchaus möglich. Sie sind 1. frequenzabhängig und 2. abhängig vom Abstand des TENS-Applikationsortes vom HSM. Burk u. Mitarb. 1988 an unserer Klinik testeten die bei uns am häufigsten implantierten Schrittmachertypen (MCP 201, MCP 211 L, LCP 201, LCP 255) hinsichtlich des Auftretens von Störmöglichkeiten bei Anwendung der TENS und analgetischer hyperämisierender Reizströme. Bei TENS-Frequenzen von 10 – 60 Hz kam es nicht wie erwartet zu einem Umschalten des Demand-HSM auf Sicherheits-(Stör-)Frequenzen, sondern zur totalen HSM-Inhibition. Das trat bei Frequenzen unter 40 Hz bei allen HSM ein, wenn das TENS-Gerät näher als 40 cm an den HSM herangebracht wurde. Dies hatte auch Alt 1985 bei 10 – 30 Hz beobachtet. Da TENS üblicherweise in Heim- und Selbstbehandlung genutzt wird, sollten nach diesen Untersuchungen folgende Vorsichtsmaßnahmen bei HSM-Patienten unter TENS-Anwendung eingehalten werden:

– Frequenz des TENS-Stromes nur 70 Hz oder darüber.
– Mindesabstand 70 cm zum HSM, d. h., TENS-Anwendung z. B. am Kniegelenk und distal davon ist möglich.

– Sicherheitshalber Testung des Gerätes, der vorgesehenen Elektrodenposition und des Eigenrhythmus des Patienten in der Schrittmacherambulanz.

Bei der *diadynamischen* Stromform CP ragierten bei einem Abstand von weniger als 50 cm vom HSM von den 3 geprüften MCP 201 alle mit Umschalten auf Sicherheitsfrequenz, bei *neofaradischem* Strom einmal sowohl mit Inhibierung als auch mit Sicherheitsfrequenz, einmal nur mit Inhibierung und einmal blieb der HSM unbeeinflußt. Bei den anderen Typen wurden z. T. kurze Inhibierungen und vereinzelt Sensingdefekte beobachtet, so daß bei diesen NF-Reizströmen eine Entfernung von mehr als 50 cm zum HSM zur gefahrlosen Anwendung angeraten sein dürften, d. h. nur an der unteren Extemität, evtl. Hüfte. Eine Anwendung im HSM-Gebiet scheidet generell aus.

3.2.4.2.3. Elektroakupunktur, EAP-Therapie, Elektropunktur EP und perkutane Elektrostimulation PES

EAP und perkutane Elektrostimulation sind invasive, EP ist dagegen ein nicht invasives Verfahren. Die Bezeichnung Akupunktur ist ein Kunstwort, gebildet aus dem lateinischen Wort acu = Nadel und pungere = stechen. Die Akupunkturtherapie, durch Einstechen von Nadeln in sog. Akupunkturpunkte des Körpers, die auf verschiedenen Meridianen oder auf der Ohrmuschel (sog. Aurikulo-Akupunktur) liegen, ist ein seit mehreren Jahrtausenden in China geübtes Verfahren. Es hat besonders in den letzten Jahrzehnten auch in Europa Interesse gefunden, vor allem auch zur Schmerzbekämpfung. Über mechanische Reize (Drehen an den eingestochenen Nadeln) soll die analgetische Wirkung der Nadelakupunktur durch Anwendung elektrischer Reize noch verstärkt werden. Dazu wurden serielle, meist batteriebetriebene Mehrkanalgeräte entwickelt, oder es wurden Geräte im Eigenbau angefertigt an Einrichtungen, die an der EAP interessiert sind. Die benutzten Reizmuster entsprechen denen, die bei der APL-TENS angegeben wurden. Meist werden Akupunkturnadeln aus Edelstahl (Fa. Deutschmann, Zittau) unterschiedlicher Größe verwendet. Daran werden mit kleinen Klammern die Elektrodenkabel befestigt. Gegenüber der APL-TENS, die mit Oberflächenelektroden arbeitet, ist die EAP ein invasives Verfahren mit allen Nachteilen, die daraus gegenüber einer nichtinvasiven Methode resultieren. Dazu kommt, daß die EAP nur vom Arzt, nicht in Heim- und Selbstbehandlung vom Patienten, durchgeführt werden kann. Das gleiche gilt auch für die „perkutane Elektrostimulation“, die sich von der EAP praktisch nur dadurch unterscheidet, daß nicht nur an Akupunkturpunkten eingestochen wird (Jäckel und Wessel 1985). Wesentliche Unterschiede des Wirkungsmechanismus der APL-TENS, PES und EAP sind unwahrscheinlich. Für beide werden die gleichen Mechanismen angenommen, z. B. die vollständige oder teilweise Aufhebung der analgetischen Wirkung durch den Morphinantagonisten Naloxon u. a. Auch andere Befunde sprechen für eine Beteiligung zentraler Hemmsysteme, wie z. B. erhöhte Endorphinwerte im Liquor (Sjölund u. Mitarb. 1977). Auf die weitgehende Übereinstimmung von Trigger points (schmerzhafte motorische Reizpunkte) und Akupunkturpunkten wurden schon hingewiesen (Gunn u. Mitarb. 1976, Melzack 1981). Die wissenschaftliche Erklärung für die Meridiane, auf denen die Akupunkturpunkte liegen, ist trotz der zeitweilig spektakulären Versuche, mit Injektionen radioaktiv markierter Substanzen in Akupunkturpunkten, den Beweis für die Existenz der Meridiane zu erbringen, durch die Untersuchung von SIMON u. Mitarb. 1988 wieder offen. Sie zeigten, daß es sich bei dem Abtransport dieser Substanzen um eine vaskuläre Drainage handelt. In der UdSSR wird die EAP zur Reflextherapie gezählt. Für die „Körperakupunktur" ergeben sich, besonders bei segmentaler Anwendung im Dermatom bzw. Myotom oder Sklerotom, aber auch verständliche Bezüge zu inneren Organen, z. B. über kutiviszerale Reflexbögen. Für das Verständnis der „Ohrakupunktur" wird eine Erklärung schon wesentlich schwieriger (über Vagusfasern?). Hinsichtlich der analgetischen Wirkung der Aurikulo-EAP (und -TENS) sind in der Literatur die mitgeteilten Ergebnisse z. T. kontrovers. MELZACK und KATZ 1984 z. B. haben sie als Versager eingeschätzt. Vergleichsuntersuchungen zwischen Körperakupunktur und Hyperstimulation-TENS bei chronischen Rückenschmerzen zeigten bei Applikation an den Akupunkturpunkten B24, B26, B62 keine statistisch signifikanten Unterschiede hinsichtlich der analgetischen Wirkung (FOX und MELZACK 1976). Zum Aufsuchen der Akupunkturpunkte dienen *Tafeln*, die diese Punkte auf den Meridianen des Körpers bzw. der Ohrmuschel darstellen. Sie sind in Standardwerken der AP, wie denen von BISCHKO 1978, STUX 1986 u. a. zu finden oder auf Körpermodellen eingezeichnet. Neben der Palpation und Galvanopalpation sind spezielle sog. Punktsuchgeräte (Neurometer) im Handel. An den Geräten gibt es z. B. den „Reflexstimulator" „TuR" RS 45 zur Punktsuche, zum Messen von Akupunkturpunkten und auch zur Therapie (der sog. Elektroakupunktur EP). Die EP ist ein nicht invasives Verfahren, das an Akupunkturpunkten angewandt wird. Die sog. Punktsuche beruht, wie Untersuchungen von B. und J. BRETSCHNEIDER 1980 zeigten, darauf, daß sich zumindest an einigen untersuchten Akupunkturpunkten gegenüber Nichtakupunkturpunkten ein erniedrigter Haut- und Gewebewiderstand bei erhöhtem kapazitivem Widerstand nachweisen ließ. Auf die zweifellos vorhandene Problematik der handelsüblichen Punktsuch- und Elektroakupunktur-Therapiegeräte kann hier nicht im einzelnen eingegangen werden. Viele Fragen müssen noch genauer abgeklärt werden, z. B. ob Gleich- oder Wechselstrom bessere Meßergebnisse liefert. Ferner sind wichtige Einflußfaktoren wie zu hoher Suchstrom, kein konstanter (c.c.) Suchstrom, zu hart gefederte Spitze des „Neuralstiftes", verschiedener Auflagedruck, unterschiedliche Hautfeuchte u. a. noch exakter zu bestimmen. Für den Therapieteil der Geräte fehlen noch exakte Grundlagenforschungen hinsichtlich einer optimalen Parameterwahl, z. B. der Mindeststromstärke bzw. -spannung zur Überwindung der Hautwiderstandes (bei Strömen um 10 μA ca. 50–200 MΩ) sowie der Mindestimpulsdauer (wahrscheinlich >0,2 ms), der Impulsform, Impulsgruppengestaltung und der Frequenz. Klinisch kontrollierte wissenschaftliche Studien, einschließlich Plazeboapplikationen, Vergleiche zu anderen ES-Verfahren, sollten durchgeführt werden. Dabei müssen die Abhängigkeit der Ergebnisse von den obengenannten Parametern des Reizmusters und auch der Polung [wirken positiv (+) oder negativ (–) gepolte Impulse tonisierend oder sedierend?] und noch zahlreiche andere offene Fragen geklärt werden. Bis dahin sind viele der meist auf Einzelerfahrung (Kasuistik) beruhenden klinischen Ergebnisse noch als fraglich zu bezeichnen. Bei uns hat sich besonders die Arbeitsgruppe Dr. LANGER und Ing. BÖRNER (KH Dresden-Neustadt) kritisch mit diesen anstehenden Fragen der

EAP und EP sowie der Punktsuche auseinandergesetzt. Auch entsprechende Geräte wurde entwickelt, z. B. das SES 1, ein Vierkanalimpulsgruppenstimulator zur Elektroakupunktur und Anästhesie; das SES 20, ein Akupunktursuchgerät mit eingebautem Therapieteil u. a. Auch Dr. HEIDENREICH (Universität Rostock) hat ein für die Elektropunktur (EP) geeignetes Gerät entwickelt, das sich klinisch bewährt hat. Auf eine Aufzählung der zahlreichen diesbezüglichen EAP-, Punktsuch- und EP-Geräte wird verzichtet. Dazu fehlen oft detaillierte technische Daten, Schaltbilder u. a., die nötig sind, um zu diesen Geräten Stellung zu nehmen.

Indikationen für die EAP

Neben akuten und chronischen Schmerzzuständen werden mit der EAP auch verschiedene funktionelle Störungen behandelt, z. B. angiospastische Zustände wie Migräne, periphere Gefäßspasmen, funktionelle Störungen am Magen-Darm-Kanal, der Gallenblase, der Blase, der Bronchien (Asthma bronchiale), Muskel-Skelett-Erkrankungen wie das myofasziale Syndrom u. a. Eine Anzahl weiterer Erkrankungen entsprechend einer WHO-Indikationsliste ist einer Publikation von STEINER 1983 zu entnehmen.

Kontraindikationen

AP und EAP sind kontraindiziert bei allen Systemerkrankungen, endogener Depression sowie anderen schweren psychischen Erkrankungen, Blutgerinnungsstörungen, Infektionskrankheiten, Tumoren, inoperablen Gewebsveränderungen, Schockzustand (KAMPIK und BERTSCHE 1988).

Elektroakupunkturanalgesie

= Elektrostimulationsanalgesie, ESA, weniger gut auch Elektroakupunktur-Anästhesie genannt. Sie dient der Schmerzausschaltung bei Operationen. Nach chinesischen Vorbildern wird sie seit Ende der 50er Jahre von einigen Anästhesisten in variierter Form als sog. kombinierte (N_2O) Elektroakupunkturanästhesie mit Erfolg in europäischen Kliniken praktiziert, z. B. von HERGET u. Mitarb. 1976 u. a. Auch in Kliniken von Heidelberg, München, Wien u. a. wird sie angewandt. Dazu werden Mehrkanalstimulatoren benutzt, dabei entsprechen die Reizmuster den bei der APL-TENS angegebenen (low frequency, high intensity).

3.2.4.2.4. Periphere elektrische Nervenstimulation PENS

Darunter wird die direkte Stimulation peripherer Nerven mit proximal am Nerven implantierten Elektroden bei chronischen Schmerzsyndromen infolge peripherer Nervenläsionen (Neuropathien posttraumatischer, postoperativer und anderer Ätiologie) verstanden, die mit TENS nicht genügend beeinflußt werden können. Unglücklicherweise wird die Abkürzung PENS von manchen Autoren auch für die „perkutane elektrische Nervenstimulation“ benutzt, einem analgetischen Verfahren mit Nadelelektrodenapplikationen, wobei jedoch nicht, wie bei der damit verwandten EAP, ausschließlich an Akupunkturpunkten eingestochen wird.

Sie wurde im vorangegangenen Kapitel abgehandelt. Die periphere elektrische Nervenstimulation ist schon seit den 60er Jahren bekannt, hat aber, wie aus dem vorher Gesagten hervorgeht, nur ein begrenztes Anwendungsgebiet. Sie kann jedoch bei richtiger Patientenselektion für die Betroffenen sehr nützlich sein. Mit muffartigen, multipolaren Elektroden, die proximal in mindestens 10 cm Entfernung vom Schädigungsort (z. B. am N. ischiadicus, Plexus brachialis, N. ulnaris, Okzipital- und anderen Nerven) von Ärzten mit Erfahrung in der Nervenchirurgie nach vorangegangener Testung implantiert werden, folgt die Stimulierung über implantierte Elektrodenkabel und einen subkutan implantierten Empfänger induktiv durch die intakte Haut mit einem externen, batteriebetriebenen Transmitter (Generator) = sog. RF-Transmitter-System. Serielle Geräte haben als Zubehör einen Elektrodenwähler, der zwischen die 4polige Elektrode und dem Empfänger geschaltet wird, um aus den 21 Schaltungskombinationsmöglichkeiten die am besten schmerzlindernde zu wählen. Solche Geräte bietet die Fa. Avery Labs, Framingdale USA, an. Das Reizmuster entspricht dem der konventionellen TENS: schmerzlose Reizung mit Auftreten von Parästhesien im Schmerzgebiet, aber keine Muskelkontraktionen; Frequenzwahl: 7–200 Hz, Impulsdauer 50–400 µs, 1,5–2 V, monopolare Rechteckimpulse (Bluemke u. Mitarb. 1985). Nützlich sind Nervenkarten, um die richtigen Faserbündel sensorischer Nerven zu reizen und unerwünschte motorische Mitreizung zu unterbinden. Die klinischen Ergebnisse sind bei richtiger Patientenauswahl gut (Picaza u. Mitarb. 1977, Goldner u. Mitarb. 1982 u. a.). Waisbrod u. Mitarb. 1985 konnten bei 11 von ihren 19 Patienten Schmerzfreiheit, bei 4 ebenfalls noch gute Ergebnisse erzielen. Nur bei 4 Patienten lag die Schmerzlinderung unter 50%. Bei ihnen stellte sich nachträglich heraus, daß es sich um zentrale Schmerzsyndrome gehandelt hatte, die mit PENS kaum beeinflußbar sind.

Analgetische Elektrostimulationsverfahren in höheren Ebenen der Neuraxis (SCS, DBS)

Sie werden von Neurochirurgen als nichtdestruktive Möglichkeit für chronische intraktable Schmerzsyndrome, die auf die bisher genannten peripheren Elektroanalgesieverfahren nicht ansprachen, eingesetzt. Sie sollen im folgenden nur kurz besprochen werden.

3.2.4.2.5. Elektrische Rückenmark-(Spinal cord-)Stimulation SCS (früher auch als elektrische Hinterstrang-(Dorsal column-) Stimulation DCS bezeichnet)

DCS (SCS) war das erste Elektroanalgesieverfahren, das auf der Gate control theory von Melzack und Wall 1965 basiert und von dem amerikanischen Neurochirurgen Shealy u. Mitarb. 1967 konzipiert wurde. Es fand besonders durch die Möglichkeit der perkutanen epiduralen Elektrodentechnik (Abb. 59) in der Lokalanästhesie und Stimulation der dort postierten bipolaren oder monopolaren Elektroden über ein RF-Transmittersystem wieder größeres Interesse (Lazorthes und Verdie 1978 u. a.). Betreffs des dazu benutzten Instrumen-

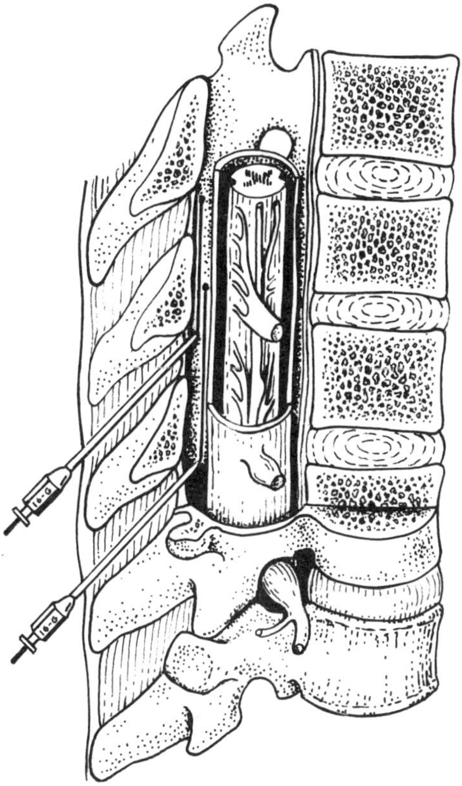

Ab. 59 SCS (spinal cord stimulation, elektrische Rückenmarkreizung), bipolare Reizung mit perkutaner epiduraler Technik

tariums s. auch Bluemke u. Mitarb. 1985. Neben seiner Indikation zur Bekämpfung anderweitig nicht beeinflußbarer schwerer chronischer Schmerzsyndrome ist die SCS auch zur Behandlung schwerer motorischer Störungen (Dysfunktionen) bei demyelinisierenden Erkrankungen (MS u. a.), wie z. B. Spastik, Athetose und anderen mit Erfolg angewandt worden (Barolat-Romana u. Mitarb. 1985, Dooley u. Mitarb. 1977/78, 1978, 1980, Cook u. Mitarb. 1979). Je nach vorliegender Indikation werden die Elektroden im Zervikal-, Thorakal- oder Lumbalbereich implantiert (Waltz 1981, 1982, Waltz und Davis 1983). Waltz u. Mitarb. haben für die „hohe zervikale SCS" bei C2–C4 spezielle Multi-(4-) Elektroden entwickelt.

Neben teilimplantierten RF-Transmittersystemen sind auch schon total implantierte Systeme im Gebrauch. Als Indikation wird die SCS auch bei fortgeschrittenen peripheren arteriellen Verschlußkrankheiten (Stadium III) angewandt (Dooley u. Mitarb. 1976, 1986, Demirel und Steinman 1984, Zeplin u. Mitarb. 1988). Dooley u. Mitarb. 1985 schlagen sie auch für die Behandlung neurogener Blasenstörungen vor.

Die für die verschiedenen Indikationen empfohlenen Reizmuster sind unterschiedlich:

1. Für die *Schmerztherapie* entsprechen sie denen der konventionellen TENS, da, wie früher dargelegt, bei der DCS (SCS) ebenfalls A-β-Nervenfasern gereizt und keine schmerzhafte Reizung durchgeführt, sondern Parästhesien im Schmerzgebiet erzielt werden sollen. Der angegebene Frequenzbereich liegt zwischen 2 – 200 Hz, bevorzugt bei 30 oder 100 Hz, die Impulsdauer bei 100 – 500 µs, die Intensität niedrig (Auftreten von Parästhesien), die Impulsform ist biphasisch, ohne Gleichstromkomponente.

2. Für *Gefäßerkrankungen* werden 80 – 120 Hz, 0,1 – 0,2 ms, 1 – 10 V als erfolgsversprechend angegeben.

3. Bei *spastischem Schiefhals* benutzt man nach GILDENBERG 1978 eine Frequenz von 1000 – 1500 Hz, für die hohe zervikale SCS nach WALTZ kommen 100 – 1400 Hz und 100 – 500 µs zum Einsatz.

4. Für *Blasenstörungen*, z. B. bei der MS, werden 15 – 35 Hz angegeben.

Gerätesysteme und Zubehör für die SCS werden von 3 USA-Firmen angeboten. Medtronic Inc.: Epidurale halbstarre mono- oder bipolare Elektroden Typ PISCES®, ferner Typ SIGMA®, der eine starre lenkbare Hohlsonde zum leichten Einbringen der Elektroden besitzt. Die Fa. Avery Labs empfiehlt z. Z. eine Elektrode, die direkt hinter dem aktiven Teil einen Dacronanteil besitzt, der Adhäsionen begünstigen und damit die Gefahr des Elektronenwanderns verringern soll. Die Fa. Cordis, Miami, bietet ein total implantierbares System mit einer Lithiumbatterie von 3 – 5 Jahren Betriebsdauer an. Reizmuster: 20 – 30 Hz, 200 µs, 3, 5, 6, 8 mA extern programmierbar.

Indikationen für die SCS

1. Schmerzindikation: Durch die 3 TENS-Varianten nicht beeinflußbare chronische Schmerzsyndrome, besonders Kreuzschmerzen, Lumboischialgien, nach mehrfachen,. vergeblichen Bandscheibenoperationen mit lumbospinaler Fibrose (Arachnoiditis), Phantom-, Kausalgie-, Stumpfschmerz, Schmerzen bei peripheren Nervenläsionen u. a. Als wenig oder ungeeignet erwiesen sich: zentraler Deafferentationsschmerz, Brachialplexusschmerzen mit präganglionärem Wurzelausriß, Thalamusschmerz, Anästhesia dolorosa, Paraplegieschmerz. Wichtig ist, bei einer längeren (bis 14 Tage) Testperiode, die Patienten zu analysieren, die auf SCS ansprechen, und erst dann das System zu internalisieren.

2. Motorische Indikationen: Spastik, Athetose, Dystonie an den Extremitäten und/oder am Rumpf, bei CP (cerebral palsy), Spastik nach Schlaganfall oder nach Trauma, spastischem Schiefhals, Dystonia musculorum deformans, multipler Sklerose. Auch hier sind längere Testperioden zur Patientenselektion nötig.

3. Gefäßerkrankungen: Fortgeschrittene arterielle periphere Angioorganopathien verschiedener Ätiologie mit Ruheschmerz, erheblicher Gehstreckenverkürzung, aber ohne größere Gangrän. Als Ersatz einer Sympathektomie, auch bei schon stattgehabter Sympathektomie noch wirksam (DEMIREL und STEINMAN 1984).

4. Blasendysfunktion: Neurogene Reflexblase, nach DOOLEY und KARABOYES 1985 bei hypotoner besser als bei hypertoner.

3.2.4.2.6. Tiefe elektrische Gehirnstimulation = Deep brain stimulation DBS (intrazerebrale, tiefe zerebrale Gehirnstimulation)

Supraspinale, intrazerebrale, körpereigene, engumschriebene (fokale) Schmerzhemmzentren, die dort direkt elektrisch stimuliert werden können, wurden, wie im Vergangenen gesagt, im Zusammenhang mit den Erforschungen der Lokalisation von Opiat-(Morphin-)Rezeptoren in verschiedenen Gehirnregionen entdeckt (s. SPA). Mazars u. Mitarb. (Paris) publizierten 1973 ihre erfolgreichen Ergebnisse bei der Schmerzbekämpfung durch chronische thalamische Elektrostimulation mit implantierten Hirnelektroden. Mit diesem neuen, nicht destruktiven Verfahren der Bekämpfung anderweitig nicht beherrschbarer Schmerzsyndrome hatten sie bereits 1960 begonnen. 1977 berichteten Richardson und Akil (New Orleans) über die erfolgreiche Elektrostimulation weiterer Schmerzhemmareale in der periaquäduktalen (PAG) bzw. periventrikulären (PVG) Grausubstanz. Bei deren Stimulation kommt es zur Ausschüttung der körpereigenen morphin-(opiat-)ähnlichen Substanz Endorphin. Bei der Implantation der Hirnelektroden ist deren millimetergenaue, exakte Einbringung nötig in die vorgesehenen Zielorte mit stereotaktischen Verfahren. Das muß in dazu ausgerüsteten Abteilungen einer spezialisierten Neurochirurgie-Klinik geschehen. Über das technische Vorgehen im einzelnen sowie die erforderlichen intraoperativen und späteren Stimulationstests zur Ermittlung der analgetischen Wirkung, der geeigneten Elektrodenwahl bei dem Anschluß einer Vierkontaktelektrode, den Ausschluß unerwünschter Nebenwirkungen u. a. hat Lazorthes 1982 eine ausführliche Beschreibung gegeben.
Für die DBS haben sich zur Schmerztherapie 2 Zielorte herauskristallisiert, denen ätiologisch unterschiedliche Schmerzsyndrome bei der Patientenauswahl zuzuordnen sind:

1. Elektrostimulation der *sensorischen Thalamuskerne*, STN (Nucleus venteroposterior lateralis = VPL bzw. medialis = VPM), wie von Mazars 1973 publiziert.
Indikationen: Deafferentationsschmerz, auch als neuropathischer Schmerz bezeichnet (s. vorn), d. h. Schmerzsyndrome, die von ausgeprägten sensorischen Ausfällen begleitet sind, wie z. B. Phantomschmerz, Anästhesia dolorosa des Gesichts nach N. Trigeminusläsion, Thalamusschmerz, postherpetischer Schmerz, Folgezustände nach schmerzchirurgischen Eingriffen (z. B. Unterbrechung von Leitungsbahnen), Brachialplexuszerrungen, Krebsschmerzen mit Deafferentationsschmerz, lumbale Arachnoiditis nach erfolglosen, multiplen Bandscheibenoperationen wegen Kreuzschmerz.

2. Elektrostimulation der *grauen Hirnsubstanz* in der Umgebung des Aquäduktus = periaquäduktale Grausubstanz PAG bzw. PVG = periventrikuläre Grausubstanz, bei sog. opiat-responsivem Schmerz, mit Hilfe bilateraler Elektrodenimplantation.
Indikationen: somatischer, besonders Krebsschmerz, bei erhaltener Sensibilität im Schmerzgebiet, bei Annahme einer Lebenserwartungszeit von ca. noch 6 Monaten.

3. Bei unklarer Ätiologie wurden *auch in beide Zielorte* Elektroden implantiert = sog. kombinierte elektrische Stimulation mit Zweikanalgeräten (Medtronic 2-Channel Receiver) (Hosobuchi 1983).

Weitere Indikationen der DBS außer der Indikation zur Schmerztherapie: 1975 versuchten Mundinger u. Mitarb. (publiziert 1977) die intrazerebrale Implantation von Elektroden bei motorischen Störungen (dystone, dyskinetische, spastische Störungen, Hyperkinesien, faziale Dyskinesien, Torsionsdyskinesien, Athetose, spastischer Schiefhals). 1982 wurde dazu eine „programmierte Stimulationsmethode" angegeben (Mundinger und Neumüller). Eine kritische Stellungnahme von Siegfried und Hood 1985 besagt, daß z. Z. ein definitives Urteil über die Wirksamkeit und Sicherheit solcher vorläufiger Resultate, obwohl sie positiv ausfielen, noch schwer möglich ist. Weitere multizentrische Studien werden empfohlen.
Als Reizmuster für die DBS haben sich empirisch bewährt:

1. für die *thalamische Stimulation* 50–70 Hz, 0,2 ms, 2–5 V. Nach Hosobuchi 1986 50 Hz (10–200), 0,8–1,0 ms, 3–9 V. 10–20 min mehrmals täglich (Dickmann und Krainick 1979);

2. für die *PAG/PVG-Stimulation* 30 Hz, 0,2 ms, 3 V (Hosobuchi 1986);

3. für die *kombinierte Stimulation* 2–60 Hz, 0,1–0,5 ms, 0–10 V, kontin. 15–20 min 4× täglich oder 1–60 s ON/15–60 min OFF mit 35 s fixer Anstiegs- und 1–35 s Abfallrampe (Hosobuchi 1983 u. 1986).

Für motorische Störungen verwendet man 50–125 Hz, 200 µs, 2–5 V, 0,5–1 h Thalamusstimulation 3–4× tgl. oder 12 h oder 24 h Dauerstimulation (Andy 1983). Für die Parameter der sog. programmierten Stimulation (Mundinger u. Neumüller 1982) s. Original. Auf eine genaue Darstellung der derzeit verfügbaren Geräte und des Zubehörs (Medtronic Inc., Biomedix u. a.) wird verzichtet und auf die Publikationen der zitierten Autoren verwiesen.

3.2.4.3. Sonstige Nervenstimulationsverfahren

3.2.4.3.1. Elektroschlaftherapie

Synonyma: Elektroheilschlaf, transkraniale bzw. transzerebrale Elektrotherapie. Elektrorelaxation. Die letztgenannte Bezeichnung wird deshalb vorgeschlagen, weil diese meist mit niederfrequenten Strömen geringer Stärke und Oberflächenelektroden in transkranialer Längsdurchflutung durchgeführte Elektrotherapie nur in einem relativ niedrigen Prozentsatz (ca. 30%) Schlaf bewirkt (Edel 1971). Das Auftreten von Schlaf wird von vielen Autoren auch nicht als essentieller Faktor für die von diesen Anwendern postulierten anderen therapeutischen Wirkungen angesehen. Das Verfahren wurde um 1950 besonders von sowjetischen Autoren entwickelt. Es verbreitete sich rasch. Dazu hat in Europa die von Giljarowski u. Mitarb. 1966 erschienene Monographie „Elektroschlaf", aber auch die Gründung einer internationalen Gesellschaft mit Sitz in Graz (Vorsitz

Dr. WAGENEDER) wesentlich beigetragen. Das Interesse an dieser Methode, die unbedingt von der Elektroanästhesie und von der Elektrokrampftherapie ECT abzugrenzen ist, hat jedoch schon seit längerer Zeit deutlich nachgelassen. Gründe dafür sind u. a. Unklarheiten über den Wirkungsmechanismus. Autoren wie KÜGLER und TAAKS 1978, EDEL und KEMP 1965, EDEL 1971 halten auf Grund ihrer Untersuchungen für die therapeutisch zu beobachtenden Wirkungen eine direkte Stromwirkung auf neurale Strukturen im Gehirn, die am Schlaf beteiligt sind, für wenig wahrscheinlich. Dafür sprechen auch elektrische Feldmessungen am Menschen unter Elektroschlafbehandlungen von DYMOND u. Mitarb. 1975. Es ist eher anzunehmen, daß es durch das elektrische Verfahren, das zu einer prickelnden Sensation unter den Elektroden führt, und durch das gesamte Behandlungsarrangement der meist 45 min dauernden täglichen Behandlung in langen Behandlungsserien (20 ×) zu Pavlow-Einschlafreflexen kommt, die allmählich eingeschliffen werden. Auch eine heterosuggestive (vom Arzt) Konditionsierung, wie sie vielerorts praktiziert wird, dürfte wesentlich am Therapieerfolg beteiligt sein. Auch Plazebotherapieeffekte durch die Elektrotherapie sind offensichtlich. So erzielte EDEL 1971 mit Leerversuchen ohne Strom die gleichen Ergebnisse wie mit Strom-(Verum-)Versuchen. Auffallend ist auch, daß Stromversuche mit unterschiedlichen Frequenzen, z. B. 10 Hz und 100 Hz, unterschiedlichen Intensitäten (sensibel unterschwellig und sensibel schwellig), verschiedener Elektrodenpolung oder -lokalisation und andere Variable der Behandlungstechnik keine signifikant unterschiedlichen Behandlungsergebnisse erbrachten.

Geräte und Zubehör: Nicht zuletzt durch die Aktivität der genannten Gesellschaft liegen genaue Parameter und sonstige Angaben zu sehr zahlreichen Elektroschlafgeräten aus der UdSSR, Österreich, BRD, USA, England, Israel vor, als Batterie- oder Netzstromgeräte, zur Einzel- und zur Gruppenbehandlung (4-Kanal), stationären sowie Heimbehandlung. Nach dem vorher Erörterten erübrigt sich meines Erachtens ein näheres Eingehen. Einfache preisgünstige, batteriebetriebene Kleinstimulatoren, die konventionelle TENS-Stromform abgeben können, erfüllen alle Anforderungen, wenn man eine Elektroschlaftherapie durchführen will. Mit ihnen können die am meisten benutzten Frequenzen 10 Hz oder 100 Hz, sowohl schmale Impulse als Rechteckimpulse, z. B. 0,2 (−1) ms, und geringe Stromstärken, bis zum Auftreten von Parästhesien (Kribbeln, Prickeln) unter den Elektroden erzielt werden. Eine Brillenelektrode und eine Nackenelektrode lassen sich leicht improvisieren. Heimbehandlung ist möglich.

Behandlungstechnik: Dazu ist das Wesentliche im Vorangegangenen erwähnt.

Indikationen: Die Indikationsliste ist besonders von sowjetischen Autoren breit angelegt. Ein Übersichtsreferat (EDEL 1971) geht näher auf Einzelheiten ein. Neben der ursprünglichen Hauptindikation Schlaflosigkeit (Insomnie) kann eine Vielzahl funktioneller Störungen (vegetativer Dysregulationen), z. B. des Gefäßsystems, des Magen-Darm-Traktes, der Gallenblase (Dyskinesien), der Blase u. a. damit behandelt werden, die auch sonst auf Relaxationsverfahren, wie z. B. autogenes Training u. ä., gut ansprechen, von denen aber auch Plazeboeffekte wohl bekannt sind.

Kontraindikationen: Organische Erkrankungen, besonders fortgeschrittene Organopathien, wie z. B. Tumoren, kardiovaskuläre Erkrankungen, Psychosen. Die Therapieerfolge bei den genannten Indikationen sind besonders in den Zeiträumen günstig, in denen Plazebowirkungen meist effektiv sind, d. h. 3–4 Wochen. Langzeiteffekte sind kaum untersucht worden. Gegenüber der oft als Alternative in Frage kommenden Pharmakotherapie hat die Elektroschlaftherapie den großen Vorteil, keine Nebenwirkungen, keinen Medikamentenmißbrauch oder -abhängigkeiten (Schlafmittel) hervorzurufen. Das Verfahren ist gefahrlos, es kann wiederholt angewandt werden, auch in häuslicher Behandlung.

3.2.4.3.2. Elektroanästhesie, Elektro-medikamentöse Anästhesie

Die Bemühungen, als Alternative zur pharmakologischen Anästhesie (Narkose) ein leicht zu handhabendes, nebenwirkungs- und nacheffektfreies elektrisches Verfahren (= Elektroanästhesie) zu schaffen, gehen schon bis auf D'ARSONVAL 1980 (Sinuswechselstrom 2500–10000 Hz) und LEDUC 1902 (100 Hz, 1 ms Rechteckimpulse, Selbstversuche auch mit anderen Stromvarianten) zurück. Neben französischen Autoren haben sich sowjetische, amerikanische, japanische und österreichische Wissenschaftler darum bemüht, ohne daß das Ziel, beim Menschen eine ausschließliche (reine) Elektroanästhesie mit externer transkranialer (transzerebraler) Stromdurchflutung über Oberflächenelektroden zu erreichen, zu befriedigenden Erfolgen geführt hat. In den letzten Jahren sind jedoch erfolgversprechende Ansätze mit einer Kombinationsbehandlung mit elektrischem Strom und Pharmakotherapie als sog. elektromedikamentöse Anästhesie erzielt worden. In Frankreich (Paris, Bordeaux 1983 über 15000 Anwendungen), in den USA (Salt Lake City), in Wien (bei Kaiserschnitt) wurde sie als Zusatztherapie zu einer N_2O-(50% Lachgas-Sauerstoff-Gemisch-)Neuroleptanästhesie erfolgreich durchgeführt. Als Vorteil gegenüber einer alleinigen chemischen Allgemeinanäthesie (Narkose) werden die Vertiefung des analgetischen Effektes von Fentanyl (bei reduzierter Dosierung während der Neuroleptanästhesie um 40%) von Morphinderivaten (um 98%), das Fehlen ungünstiger Sekundäreffekte, gutes Erwachen, postoperative Analgesie (bis 10 h) und die Lenkbarkeit und Sicherheit des Verfahrens herausgestellt. Umfangreiche Untersuchungen (Testungen von ca. 50 Stromformen) durch LIMOGE in Paris (Prof. für Physiologie) führten zur Entwicklung des nach ihm benannten „Limoge Stroms“ und des Gerätes „Anesthelec TAX 01“ (C.G.R. Biomedical, Paris). Ein niederfrequenzmodulierter MF-Strom vor 130 kHz, mit biphasischer, asymmetrischer, balancierter Rechteckimpulsform, wird in verschiedenen ON/OFF-Gestaltungen verabreicht (s. LIMOGE und BOISGONTIER 1979, LIMOGE 1983). Hinsichtlich Einzelheiten über Behandlungstechnik (Applikation über 3 Elektroden, 1. negativ gepolt zwischen den Augenbrauen, 2. und 3. (+) hinter dem Prozessus mastoideus), Elektroden, Sicherheit im OP-Saal u. a., s. die zitierten Publikationen. Berichte aus den USA liegen von STANLEY u. Mitarb. 1982 vor.

3.2.4.3.3. Elektrokonvulsivtherapie (ECT = Elektrokrampf-, Elektroschock-Therapie)

Dieses Elektrotherapieverfahren mit stärkeren niederfrequenten Strömen ist 1938 von den italienischen Psychiatern CERLETTI und BINI eingeführt worden. Es wird mit Erfolg bei bestimmten Formen endogener Psychosen angewandt. Mit ein- oder beidseitig am Kopf angelegten Oberflächenelektroden wird von einem externen Generator aus ein kurzer künstlicher epileptischer (Grand mal) Anfall ausgelöst. Trotz Fortschritte in der Pharmakotherapie endogener Psychosen hat dieses Elektrotherapieverfahren bei richtiger Indikationsstellung seine Bedeutung behalten.

Geräte: Die in den einzelnen Ländern zur ECT benutzten Stromformen sind etwas unterschiedlich. Entweder werden niederfrequente monopolare 50-Hz-Impulse, 0,5 ms Impulsdauer, z. B. in Form des Thyratronstromes (steiler Impulsanstieg, Abfall in Form einer Sinushalbwelle), 3 – 5 s lang appliziert, wie beim Gerät „Konvulsator G22" der Fa. Siemens, ein c.c. Tisch-(Netz-)Stromgerät mit 450 – 600 mA Spitzenstromstärke (CSSR-Gerät „Minikoma" der Fa. Chirana). Andere ausländische Geräte arbeiten mit 60 Hz-Sinuswechselstrom, 150 – 220 V, 0,1 – 1 s (meist 0,3 – 0,4 s appliziert).

Behandlungstechnik: Auf Einzelheiten dieser von Neurologen/Psychiatern stationär, in Skandinavien auch ambulant durchgeführten Therapie soll hier nicht näher eingegangen werden, ebenso nicht auf das dazu benutzte Spezialzubehör (bewegliche Hartgummielektroden). Als Elektrodentechnik kommt z. Z. meist die unilaterale ECT temperoparietal an der nicht dominanten Hemisphäre (UNI-NO-ECT) gegenüber der früher meist bilateralen (BI-ECT) in Frage, da erstere kürzere Erholungszeiten und keine oder eine geringer temporäre anterograde und/oder retrograde Amnesie aufweist. Wo die UNI-ECT nach 4 – 6 Behandlungen nicht effektiv ist, wird die BI-ECT angeraten. Die meist 2 – 3 × wöchentlich durchgeführten Anwendungen werden bei endogener Depression ca. 6 ×, bei Schizophrenie u. U. in einer längeren Behandlungsserie durchgeführt. Durch die Beteiligung von Anästhesisten ist das Verfahren wesentlich sicherer geworden. Bei 17000 Behandlungen trat kein Todesfall auf, die Komplikationsrate war mit 0,04% gegenüber der Pharmakotherapie mit über 3,3% und 0,08 Todesfällen günstiger. Neben Atropin-Injektion, i.v.-Kurznarkose mit Methohexital kommen von seiten des Anästhesisten Succinylchlorid zur Muskelrelaxation und evtl. Sauerstoffbeatmung zur Anwendung.

Indikationen:

1. *Endogene Depressionen* mit affektiven Störungen, wie z. B. irrationales Schuldgefühl, Wahn, Halluzinationen, Antriebsstörungen, besonders eine stuporöse, katatone Symptomatik. Akute lebensbedrohliche katatone Stuporformen gelten als vitale Indikationen, die Unterlassung der ECT als schwerer ärztlicher Kunstfehler.
2. *Schizophrenie*, wie z. B. bei akuter Exazerbation, paranoide, katatone Formen, nicht jedoch chronische Verlaufsformen.
3. *Endogene Psychosen*, die auf eine Pharmakotherapie nicht ansprechen oder wo Kontraindikationen gegen eine medikamentöse Therapie bestehen.

3.2.4.3.4. Elektrostimulation des Kleinhirns, chronische zerebellare Stimulation CCS

Bei dieser Form der Neuroelektrostimulation, die mit niederfrequenten Impulsströmen erfolgt, werden an der Kleinhirnoberfläche, beiderseits an den anterioren Lappen (Abb. 60), Multielektroden implantiert, die mittels eines RF-Transmitter-

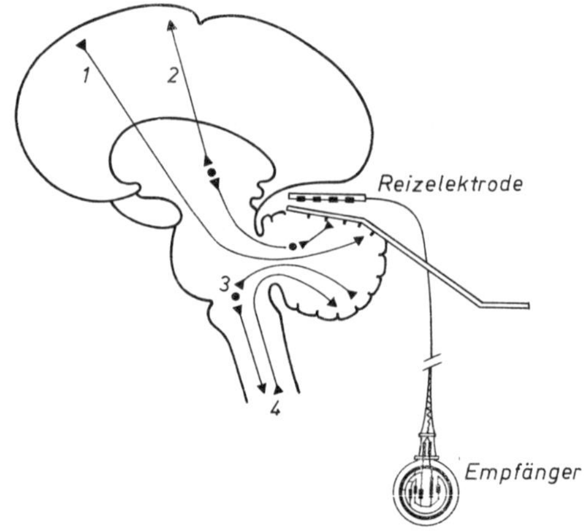

Abb. 60 CCS (chronische zerebellare Stimulation), Elektrodenlokalisation
1 = kortikoponto-zerebellare Bahn, 2 = dentato-rubro-thalamokortikale Bahn, 3 = zerebello-retikulo-spinale Bahn, 4 = spino-zerebellare Bahn

systems durch externe Kleinstimulatoren stimuliert werden. Neuerdings sind auch total implantierte Systeme für diese chronische, langzeitig durchzuführende Elektrostimulationsmethode entwickelt worden. Die CCS hat der modernen Rehabilitationsmedizin 2 neue, nicht destruktive Anwendungsverfahren eröffnet:

1. Folgezustände bei Patienten mit Zerebralparese (CP), z. B. infantiler CP im Kindes- und Jugendalter, mit konservativen oder chirurgisch destruierenden Methoden nicht bzw. nicht genügend beeinflußbaren schweren *motorischen Störungen*. Solche sind besonders Spastik, Athetose, Dyskinesien u. a. Behandlungsziel ist es, durch Minderung dieser behinderten Störungen die Aktivitäten des täglichen Lebens zu steigern, besonders die Unabhängigkeit des Patienten (Cooper u. Mitarb. 1973, 1976, 1977/78, Davis und Gray 1980, Winkelmüller u. Mitarb. 1977, 1979, Seidel u. Mitarb. 1980 u. a.).

2. Behandlung anderweitig nicht beeinflußbarer schwerer *Epilepsien* (Cooper u. Mitarb. 1974, 1976 u. a.). Das Behandlungsziel ist es, die Anfallshäufigkeit und -schwere sowie die Verhaltensstörungen zu reduzieren. Der Wirkungsmechanismus, der noch offene Fragen beinhaltet, soll hier nicht näher erörtert werden.

Geräte und Zubehör: Spezielle Multielektroden-Systeme zur Implantation, die über RF-Transmitter-Systeme von batteriebetriebenen externen Kleinstimulatoren stimuliert werden, haben die USA-Firmen Avery Laboratories, Farmingdale/NY in verschiedenen Varianten entwickelt. Auch die Fa. Medtronic Inc. Minneapolis/MN brachte einen „Cerebellar Stimulator“ in den Handel. Für ein total implantiertes System, das für stark Bewegungsbehinderte Vorteile hat, produziert die Fa. Pacesetter Systems Inc., Sylmar/CA, einen implantierbaren Generator „Neurolith“ No 607. Er ist mit einer Lithiumbatterie ausgestattet, die 5 Jahre Betriebsdauer hat. Das System kann mit den obengenannten Elektrodensystemen kombiniert werden. Betreffs apparativ-technischer Details s. Davis und Gray 1980, Bluemke 1985, Lazorthes 1983 (dort auch Angaben zur chirurgischen Implantationstechnik.

Behandlungstechnik: Zur Vermeidung von Gewebeschäden erfolgt eine bilaterale Implantation, damit alternierend stimuliert werden kann. Außerdem besteht noch

eine ON/OFF-Stimulation. Oft wird jeweils 8 min stimuliert mit 8 min Pause. Auch andere Reizperiodengestaltungen wurden benutzt. Als Impulsformen werden biphasische Impulse angewandt (ohne Gleichstromkomponente). Die Impulsdauer beträgt 0,5 ms, die Frequenzen für die CP werden mit 7 – 200 Hz, für die Epilepsie mit 10 Hz angegeben (bei Erfolgslosigkeit evtl. höher). Einheitlich liegt zur Vermeidung von Gewebeschäden die Ladungsdichte des Impulses bei 0,8 μCi/cm^2/Phase im Sicherheitsbereich. Die Preise für Geräte, OP- und Krankenhauskosten liegen hoch und wurden im Schrifttum 1976 mit 16000 $ angegeben.
Die Behandlungsergebnisse sind in Anbetracht der negativen Auswahl anderweitig nicht befriedigen beeinflußbarer schwer Geschädigter ermutigend. So geben Cooper 1977/78 für die CP (100 Pat.) 68% positive Resultate an. Das Rollstuhldasein konnte von 50 auf 25% gesenkt werden, die totale Abhängigkeit der Patienten von 30 auf 11%. Bei der Epilepsie reagierten von 32 Patienten 18 positiv. Auch Davis und Gray geben bei 292 CP-Patienten in 60% positive Resultate an.
Kontraindikationen: Vorhandensein von Gelenkkontrakturen, niedrige Intelligenz und Motivation, ungünstige häusliche Situation. Krankengymnastik ist eine notwendige Ergänzung bei den schweren motorischen Störungen. Cooper u. Mitarb. 1976 haben eindrucksvolle Fallschilderungen publiziert.

3.2.4.4. Elektrostimulationsverfahren zur Durchblutungsverbesserung

Die durchblutungsfördernde Wirkung elektrischer Ströme im Nieder- und Mittelfrequenzbereich ist schon längere Zeit bekannt. Für die Hochvoltstimulation HVS wird sie z. Z. diskutiert. Die Gleichstromtherapie zur Durchblutungsverbesserung wurde schon im Abschnitt 3.1.2. besprochen. Seit Ende der 60er Jahre ergab sich aber insofern eine neue Situation, als sog. analgetisch-hyperämisierende Reiz-(Impuls-)ströme zunächst im Nieder-, später auch im Mittelfrequenzbereich zur Verfügung standen. Diese Stromformen können bei entsprechender Dosierung und Reizmustergestaltung muskelkontrahierend, tetanisierend wirken.
Edel kam die Idee, mit solchen rhythmisch intermittierenden, muskelkontrahierenden Stromformen das zur Durchblutungsförderung bei Angioorganopathien bewährte krankengymnastische „Gefäßtraining" nach dem Intervallprinzip (Gehtraining, Zehenstandsübungen u. a.) elektrisch zu simulieren. Nach Vorversuchen fand Jenrich 1969 folgende Modifikation der diadynamischen Strombehandlung dafür geeignet: Stromform CP (courtes périodes, s. Abb. 55) statt DF; große (26 × 16 cm) Elektroden statt, wie von Bernard angegeben kleine (über der Wadenmuskulatur –, paravertebral + gepolt); Behandlungsdauer lang (25 min) statt kurz; Intensität bis zum Auftreten von Muskelkontraktionen (1 s) in der 50 Hz-(= MF-)Phase, nicht in der 100 Hz-(= DF-)Phase, also keine Dauerkontraktion. Die DF-Phase dient, entsprechend dem Intervalltraining als Pause. Mit dieser Stromform untersuchten Schneider und Mitarb. 1972 ein größeres Krankengut von Patienten mit peripheren arteriellen Verschlußkrankheiten (PAVK) im Stadium II. Bei 77% der 56 Patienten trat bei der Messung des Volumenpulses mit der Infratenoszillographic nach Boucke und Brecht eine Steigerung des Ausgangswertes (= 100%) auf 355% auf, beim Gesamtkrankengut auf 286% im Akutversuch. Im chronischen Versuch nach 12 ambulanten Behandlungen war bei 17 getesteten Patienten für eine beschwerdefreie Gehstrecke (= sog. Claudicatio-

intermittens-Distanz CID) eine Steigerungsrate von 249% (129–725%) zu erzielen. Diese Ergebnisse wurden auch von angiologischen Heilverfahren in Radon- und Kneippbädern (Edel und Thiele 1975), ambulanten physikalischen Intensivkuren und einer pharmakologischen (i. a. Acetylcholininjektionen) Komplexbehandlung, wie unsere entsprechenden Vergleichsuntersuchungen zeigten, nicht übertroffen. Die Elektrotherapie kann in wiederholten Serien als alleinige Therapiemaßnahme oder am besten mit anderen physikalischen Methoden (s. Edel 1975) und/oder evtl. pharmakologischen Maßnahmen (Thiele u. Mitarb. 1987) als Zusatztherapie durchgeführt werden. Als Alternative für die bewährte aktive Bewegungstherapie kommt die Elektrostimulation besonders dort in Frage, wo

1. ein aktives Gefäßtraining kontraindiziert ist oder
2. wegen bestehender Begleitkrankheiten wie ischämischer Herzkankheiten, Arthrose u. a. wahrscheinlich nicht genügend wirksam ist oder
3. eine mangelnde Kooperation hinsichtlich der Durchführung eines verordneten aktiven Gefäßtrainings angenommen werden muß (was keineswegs selten ist).

Mit kleinen tragbaren diadynamischen Stromgeräten (Edel und Fücker 1979) ist bei guter Compliance auch eine Heimbehandlung möglich. Die modernen batteriebetriebenen Kleinstimulatoren im Taschenformat zur Elektromyostimulation, wie das „ST 80“, „Bius“ der Medizinischen Akademie Dresden (Güttler 1987) oder das Respond II, Medtronic Inc. BRD (s. Abschnitt 3.2.4.1.) sind zur häuslichen Behandlung noch vorteilhafter, da sie netzstromunabhängig sind. Außerdem sind sie nicht wie bei den diadynamischen Strömen oder dem Schwellstrom auf ein fixes ON/OFF-(Ein/Ausschalt-)Regime von 1 s/1 s festgelegt, sondern haben ein Spektrum variabler ON/OFF-Relationen. Dabei ist sowohl eine längere ON-Zeit, vor allem aber bei schweren Angioorganopathien eine größere Pausenzeitgestaltung vorteilhaft.
Weitere ebenfalls motorisch wirksame Reizstromformen, von denen außerdem bekannt ist, daß sie auch analgetisch wirksam sind, wurden an unserer Klinik auf ihre Effektivität überprüft. Hillig und Schmieder 1973 testeten die *Kombination CP und Ultraschall*, Breitschuh 1975 im Mittelfrequenzbereich den *Interferenzstrom* (rhythmische Frequenzmodulationen 50–100 Hz, 0–100 Hz) mit tetrapolarer Elektrodentechnik. Die *Amplipulsstromform* ⊓⊓ (100 Hz Frequenzmodulation, 1 s ON/1 s OFF) des Amplipulsverfahrens von Jasnogorodskij Moskau (s. MF-Kapitel) überprüften Schultze und Schwabe 1973, Hillig u. Mitarb. 1976 (bipolare Elektrodentechnik). Alle diese motorisch wirksamen, tetanisierenden Stromformen erwiesen sich als wirksam, ohne jedoch die CP-Anwendungen zu übertreffen. Wie Hillig u. Mitarb. 1976 zeigten, sind auch *Plazeboelektroanwendungen* nicht ohne Wirkungen. Alle Verfahren, auch die pharmokologischen und die Heilverfahren, haben bei PAVK eine Versagerquote, die etwa bei 15–25% liegt. Der Wirkungsmechanismus der motorisch wirkenden Reizstromformen wird z. Z. in Parallele zu dem des aktiven Gehtrainings der Krankengymnastik darin gesehen, daß durch die Muskelarbeit metabolische Produkte entstehen, die zur Arbeitshyperämie und Vasodilatation führen.
Ein neuer Aspekt, der auch zu neuen Konzeptionen betreffs des Wirkungsmechanismus führte, ergab sich uns ab 1976 (Edel u. Mitarb. 1976, Kimmel, Edel, Liebscher 1976). Schon 1970 hatte Schoop darauf hingewiesen, daß bei

PAVK am Symptom der Gehstreckenverminderung bei der Claudicatio intermittens im Stadium II durchblutungsunabhängige Faktoren eine Rolle spielen müßten. In diesem Zusammenhang war uns eine Arbeit von ARCANGELI u. Mitarb. 1965 von großem Interesse. Sie hatten (Abb. 61) bei PAVK im Stadium II in der Muskulatur der vom gefäßstenosierenden Prozeß betroffenen Gliedmaßen in großer Häufigkeit Schmerzpunkte, Myalgic Spots, beim rheumatischen myofaszialen Syndrom auch Trigger points genannt, festgestellt: EDEL u. Mitarb. 1976 konnten in 94% ihren 70 untersuchten Patienten mit PAVK im Stadium II solche Befunde bestätigen. Dabei waren oft mehrere Trigger points gleichzeitig vorhanden. Daraus haben wir die therapeutische Konsequenz abgeleitet, analgetische Reizströme, z. B. den Reizstrom nach TRÄBERT oder ähnliche im Kapitel „Elektroanalgesie“ angeführte Stromformen, zur Gehstreckenverbesserung einzusetzen. Daß dies schon nach mehreren Minuten Reizung der mittels Galvanopalpation oder manueller Palpation diagnostizierten Schmerzpunkte gelingt, haben KIMMEL, EDEL und LIEBSCHER 1976 gezeigt. Nach 4 Behandlungen mit Träbert-Reizstrom wurden bereits signifikante ($p < 0{,}01$) Verbesserungen der CID um 86% nach Behandlungsende und um 103% 14 Tage danach festgestellt. BÜHRING 1985 hat auf die engen Zusammenhänge mit dem weichteilrheumatischen Syndrom und der Pathophysiologie hingewiesen (s. dazu auch Abschnitt 3.2.3.2. „Pathogenese von Schmerzsyndromen“). Dort wurde der Circulus vitiosus dargelegt, der durchbrochen werden muß: peripherer Schmerz → spinale sympathische und motoriche Reflexe, über Hinterhornneurone des Rückenmarks laufend, → Muskelhypertonus → Auftreten algogener Substanzen, Nozizeptorenreizung. BÜHRING u. Mitarb. 1984 haben bei Anwendung der konventionellen Form der *transkutanen elektrischen Nervenstimulation TENS* bei PAVK im Stadium II folgerichtig ebenfalls gute Ergebnisse erzielt. Mittels eines Zweikanal-Gerätes (dem „TuR“ RS 41

Abb. 61 Standard-Trigger-points bei peripheren arteriellen Verschlußkrankheiten im Stadium II (nach ARCHANGELI)

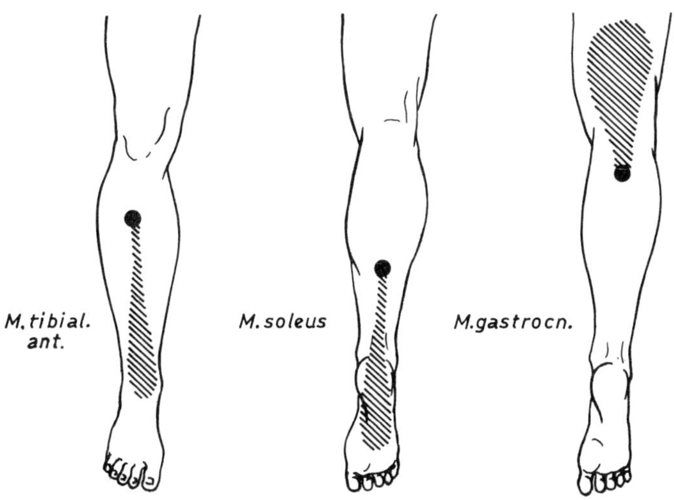

entsprechend) plazierten sie die 4 Elektroden am erkrankten Bein entlang dem N. ischiadicus. Nach 20 min Behandlungsdauer/Sitzung und 12 Behandlungen in 4 Wochen war die Gehstrecke (Laufband-Bestimmung) um 125% verbessert. Auch ERIKSSON und MANNHEIMER 1980 hatten mit konventioneller TENS sowohl eine Erhöhung der CID als auch bei 7 ihrer 11 Patienten eine Verminderung des ischämischen Ruheschmerzes festgestellt. Der Überdauerungseffekt der Schmerzlinderung nach TENS-Anwendung variierte stark. Auch andere Elektroanalgesieverfahren, wie z. B. die Elektroakupunktur EAP, wurden bei PAVK benutzt. TRNAVSKY 1977 erzielte damit rheographische Verbesserungen, CID-Steigerungen um 50 – 150%, Ruheschmerzlinderungen. Gereizt wurde mit Exponentialimpulsen von 30 ms, 50 ms Pause, 20 min an den Akupunkturpunkten MP 7 und Neu-P41 mit 0,1 – 0,8 mA. Über die Verwendung der *Hochvoltstimulation* HVS (s. Abschnitt 3.2.4.1., Zu 3.), die ebenfalls zur Durchblutungsverbesserung empfohlen wurde, liegen z. Z. erst wenige Untersuchungen vor. Sie sind bisher nur darauf ausgerichtet, ob es zu einer direkten Steigerung des Blutflusses kommt (meist mit der Doppler-Methode getestet), nicht auf die Beeinflussung durchblutungsunabhängiger Faktoren. ALON 1984 gibt neben zahlreichen anderen Wirkungen der HVS auch Verbesserungen der peripheren Durchblutung an. WALKER u. Mitarb. 1988 erzielten bei 16 Gefäßgesunden mit HVS [30 Hz Modulation, isometrischen Muskelkontraktionen der Plantarflexoren (10% und 30% der maximalen Muskelkraft), 5 min] keinen Anstieg des Blutflusses in der A. poplitea. MOHR u. Mitarb. 1987 haben im Tierversuch (Ratten) mit HVS 20 Hz-Modulation den besten Anstieg der Blutflußgeschwindigkeit erreicht. Er trat bereits < 1 min auf und überdauerte 14 min. Kathodische Polung war etwas wirksamer als anodische. Konsensuelle Reaktionen traten nicht auf. CURRIER u. Mitarb. 1986 erzielten bei Anwendung von Mittelfrequenzströmen (s. Abschnitt 3.2.4.1., Zu 2.) mit 2500 Hz Trägerfrequenz und 50 Hz Frequenzmodulation, 15 s ON/50 s OFF, nach 10 min Elektrostimulation des M. gastrocnemius bei Gesunden einen signifikanten Blutflowanstieg in der A. poplitea (Doppler-Methode). Er betrug bei einer Intensität von 10% der MIVC 20,5%, bei 30% der MIVC 19,6%. Auf die Bedeutung der elektrischen Rückenmarkstimulation (SCS) für die Therapie, besonders bei fortgeschrittenen Stadien (III, IV), der PAVK wurde bereits im Abschnitt 3.2.3.2. hingewiesen. Es wurden mehrere Autoren zitiert. Benutzt werden dabei die Parameter der konventionellen TENS (80 – 120 Hz, 0,1 – 0,2 ms, 1 – 10 V). Über weitere positive Ergebnisse berichten BROSETA u. Mitarb. 1985, BROGGI u. Mitarb. 1987, die auch 6 Patienten mit Reflexdystrophie (M. Sudeck) damit erfolgreich behandelten.

3.2.4.5. Elektrostimulationsverfahren zur Regenerationsförderung (Wundheilungsförderung, Heilung chronischer Hautulzera, Anregung der Osteogenese)

Durch immer empfindlichere und präzisere bioelektrische Meßinstrumente sowie besseres Verständnis der Zell- und Molekularbiologie ist es in den letzten Jahrzehnten gelungen, bei der Funktion lebenden Gewebes entstehende endogene elektrische Felder zu erfassen und zu charakterisieren. Obwohl z. Z. die Rolle solcher Felder für Zellwachstums-, Zellentwicklungs- und Regenerationsvorgänge nur unvollkommen verstanden werden kann, wird deren Bedeutung immer offensichtlicher. Die Forschung richtet sich nun besonders darauf, die Wirkung von außen (exogen) an die Zellen bzw. an das Gewebe herangebrachter elektrischer Felder der gleichen oder ähnlicher Feldcharakteristik zu ermitteln. Dadurch sollen Wachstums- und Regenerationsprozesse, die infolge Krankheits- oder Verletzt ungsprozesse zum Stillstand gekommen sind, wieder angeregt werden. Solche Bemühungen sind weltweit im Gange. Sie betreffen die Stimulation von Epithelgewebe, Bindegewebe (Fibroblasten), z. B. an Sehnen, aber auch an Nerven- und Knochengewebe. Auf dem Gebiet der Wundheilungsförderung, der Heilung chronischer Hautulzera und der Anregung der Osteogenese (des Knochenwachstums), z. B. bei Pseudarthrosen u. a., zeichnen sich auf Grund solcher Forschungen bereits erste praktisch verwertbare Ergebnisse ab. Über das Gebiet der Rehabilitation mittels Elektrostimulationsverfahren, das auch in den kommenden Jahren sicherlich noch anhaltendes Interesse finden dürfte, soll im folgenden kurz berichtet werden.

Elektrostimulationsverfahren zur Verbesserung der Wundheilung und Heilung chronischer Ulzera

Auf diesbezügliche Untersuchungen und Ergebnisse mittels Gleichstrom wurde schon im Abschnitt 3.1.2. und 3.1.4., Zu 6. ausführlich eingegangen.
Im folgenden soll noch über einige posititve Ergebnisse berichtet werden, die mit Impulsströmen erzielt wurden. So schreiben Vodovnik u. Mitarb. 1986, Ljubljana, über direkte elektrische Stimulation von Dekubitalgeschwüren bei Paraplegikern und Amputierten mit Stumpfwunden mit tetanisierenden Stromformen niedriger Amplitude (biphasischer Strom, 40 Hz, 250 ms, bis 50 mA). Die Behandlungsdauer betrug 20 min. Eine Heilung trat in wenigen Wochen ein bei Wunden, die vorher Monate nicht geheilt waren. di Bernardo u. Mitarb., Universität Messina, 1978 haben in zahlreichen Arbeiten über die erfolgreiche Behandlung trophischer Ulzera an den unteren Extremitäten mit Elektroakupunktur berichtet. Mit Mehrkanalgeräten (Reizmuster 20 – 25 Hz, 15 – 20 V) werden die Ulzera täglich oder jeden 2. Tag 6 – 7 h mit Intensitäten bis zur Toleranzgrenze stimuliert. Dabei werden mehrere Zentimeter lange (0,4 mm ∅) Nadeln in 1/2 cm Entfernung vom Ulkusrand und 4,5 cm Entfernung voneinander eingestochen. Interessant sind auch die Ergebnisse, die von Kaada 1983 nicht durch direkte Elektrostimulation, sondern über Fernwirkung bei chronischen Hautulzera sehr verschiedener Genese (neuropathischen, arteriellen, varikösen, thromboplebitischen, einschließlich diabetischen Polyneupathien und M. Raynaud) mittels acupuncture like (APL-) TENS (s. dort) erzielt wurden. Stimuliert wird mit 2 Hz Wiederholungsrate kurzer Bursts (0,2 ms Rechteckimpulse, innere Frequenz 100 Hz), täglich 30 – 45 min am sog. HO-KU-Punkt (zwischen Metakarpale 1 und 2 an der Hand), kathodisch gepolt, Anode an der Ulnarkante der Hand, Intensität bis zum Auftreten von Muskelkontraktionen. Es kommt dabei zu einem Anstieg der Hauttemperatur und zu verbesserter Mikrozirkulation. Neue Stromformen, wie die High Voltage Stimulation HVS, sind ebenfalls bereits in ersten Arbeiten hinsichtlich ihrer regenerationsfördernden Wirkung getestet worden. Bei Dekubitalulzera erzielten Kloth und Feedar 1988 Heilung in ca. 7 Wochen bei hohen wöchentlichen

Heilungsraten von 48%. Das Gerät (Dyna-Wave® Model 12, Geneva/IL, USA) stimuliert mit 105 Hz monophasischen Doppelimpulsen, intraphasischem Intervall 50 µs und Spannungen von ca. 100 – 175 V gerade unterhalb sichtbarer Muskelkontraktionen. Die Polung war auf dem Ulkus anodisch. Die distale Elektrode, 15 cm vom Ulkus entfernt angebracht, wurde kathodisch gepolt. Wenn der Regenertionsprozeß das Hautniveau erreicht hatte, wurde umgepolt. Die Frage der Polarität scheint jedoch noch offen zu sein. Brown u. Mitarb. 1988 empfehlen auf Grund ihrer Tierexperimente (Ratten), bei HVS zur Wundheilungsförderung am 1. – 4. Tag kathodisch auf der Wunde zu polen, dann (4. – 7. Tag ihrer Experimente) anodisch.

Elektrostimulationsverfahren zur Anregung der Osteogenese (des Knochenwachstums)

Soweit z. Z. eingeschätzt werden kann, scheinen sich verschiedene Elektrostimulationsverfahren zur Anregung der Osteogenese, zumindest als nützliche Zusatztherapie anderer orthopädischer Maßnahmen, zu eignen. Das gilt besonders für bestimmte Problemfälle des Fachgebietes Orthopädie/Traumatologie, z. B. für die bislang recht unbefriedigende Therapie der Pseudarthrosen. Der Osteostimulationsforschung kommt auch das Verdienst zu, viele anstehende Fragen der Interaktion elektrischer und elektromagnetischer Ströme und Felder mit verschiedenem lebendem Gewebe aufgegriffen zu haben. Sie hat z. B. Fragen der Feldverteilung untersucht und wichtige Kennwerte, wie die des elektrischen Widerstandes u. a., ermittelt. Trotzdem bleiben besonders hinsichtlich des Wirkungsmechanismus der einzelnen Elektrostimulationsverfahren noch zahlreiche Fragen offen. „More questions than answers“, sagte 1979 O. Becker, ein Pionier der Elektroosteostimulation. Auf einige derzeit zum Wirkungsmechanismus geäußerte Vorstellungen wird im folgenden noch kurz eingegangen. Ein weiteres Verdienst der Osteostimulationsforschung sind zahlreiche apparative Entwicklungen externer und vor allem implantierbarer elektronischer Kleinstimulatoren zur Langzeit- und Heimbehandlung, ohne daß auf technische Details hier näher eingegangen werden kann.

- Methoden der Elektrostimulation zur Osteogenesestimulation

Im Prinzip können dazu 3 unterschiedliche Methoden angewandt werden.

1. Stimulation mit elektrischen Strömen, mit Strömungsfeldern

a) mit Gleichstrom (Abb. 62)
b) mit niederfrequenten Impulsströmen
c) mit mittelfrequenten, sinusförmigen Wechselstromverfahren

2. Stimulation mit elektromagnetischen Feldern = induktive Kopplung

a) mit *reinen* Magnetfeldern (Abb. 63)
b) mit *Kombinationen* von Magnetfeldern und elektrischen Strömungsfeldern (Abb. 64)

3. Stimulation mit einem elektrischen Kondensatorfeld = kapazitiv gekoppelten Feldern (Übersicht dazu s. Edel 1987)

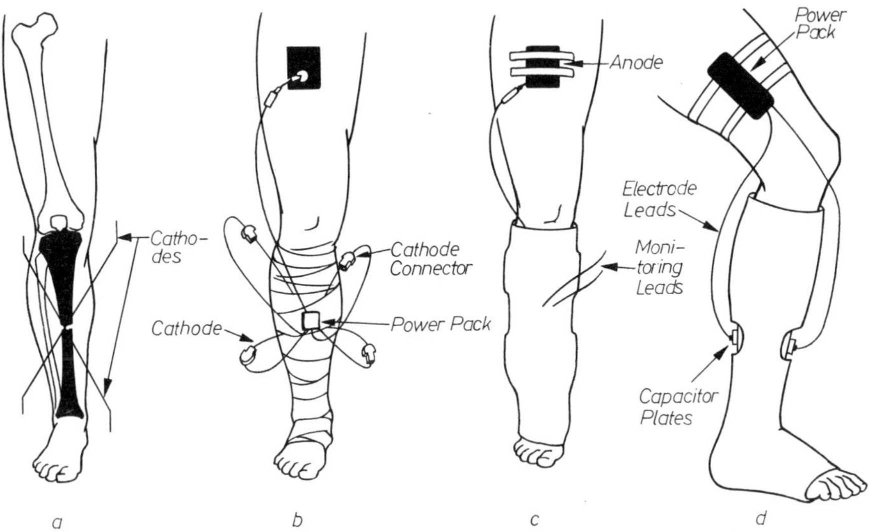

Abb. 62 Brighton-Verfahren der ES zur Anregung der Osteogenese
a–c) Gleichstromverfahren mit 4 kathodisch gepolten Elektroden im Bruchspalt, d) kapazitives Verfahren mit Oberflächenelektroden (BRIGHTON u. PATERSON 1984)

Zu 1 a) Elektrostimulation mit Gleichstrom

Sie wurde bereits im Abschnitt 3.1.2. und 3.1.4., Zu 5. besprochen. Neben halbinvasiven Techniken (BRIGHTON 1981) werden total implantierte Systeme (PATERSON 1984) angewandt.

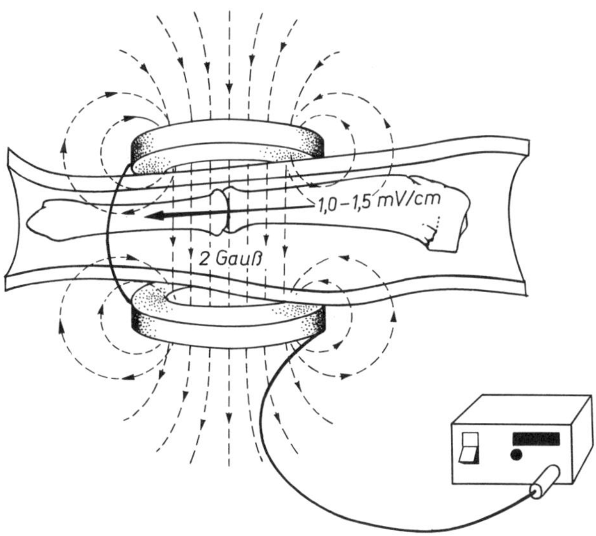

Abb. 63 Bassett-Verfahren, induktive Methode mit Doppelspule und pulsierenden elektroromagnetischen Feldern, PEMFs, nicht invasiv

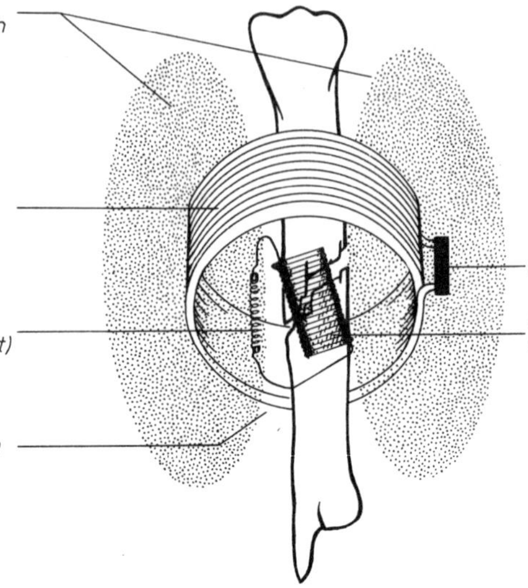

Abb. 64 Kraus-Lechner-Verfahren, kombiniertes Verfahren s. Text

Zu 1 b) Elektrostimulation mit niederfrequenten Impulsströmen

Dazu werden monophasische Impulse (mit Gleichstromkomponente), häufiger aber biphasische (bipolare) ohne Gleichstromkomponente benutzt. Die Klinik für Orthopädie der Medizinischen Akademie Dresden wendet bipolare symmetrische Rechteckimpulse mit exaktem Mittelwert Null an; Frequenz etwa 0,7 Hz (0,5 oder 0,85 Hz, bautechnisch bedingt), entsprechend der sog. walking frequency; Amplitude $\pm$ 25 µA, Impulsdauer 0,5 s/Phase, Puls-Pausen-Verhältnis 1 : 1, c.c. Schaltung (Konstantstrombereich bis 20 kΩ). Dieses sog. „Dresdner Verfahren" wurde von HELLINGER und KLEDITZSCH 1980, KLEDITZSCH u. Mitarb. 1984 entwickelt. Es wurde in zahlreichen tierexperimentellen Studien getestet (KLEDITZSCH1980) und hat sich in umfangreichen klinischen Studien beim Menschen bewährt.
Dazu wurden *externe* (EES4) und implantierbare (IES4) kleine (24 × 32 × 11 mm) Stimulatoren mit Lithiumbatterien entwickelt (GÜTTLER 1984, KLEDITZSCH und GÜTTLER 1984, 1985). Vertrieb der Stimulatoren in der BRD durch die Fa. Vygon, Aachen. Die Entscheidung, welches der beiden Verfahren im vorliegenden Fall das günstigste ist, trifft der Orthopäde.
Hauptindikationen des klinischen Einsatzes bisher: Pseudarthrosen, Distraktionsosteotomien, Harrington-Distraktionen, dorsale Spondylodesen, interspinaleFusion. Hinsichtlich des operativen Vorgehens und der Ergebnisse s. KLEDITZSCH und GÜTTLER 1985, EDEL 1987.

Zu 1 c) Interferenzstromverfahren

Seine Anwendung im Längsfeld hat sich ebenfalls als günstig erwiesen (GÜTTLER und KLEDITZSCH 1979, KLEDITZSCH 1980, GÜTTLER 1984, 1985). Als semiinvasives

Verfahren mit intraossär implantierten Elektroden kam dazu der externe Interferenzstimulator EIS1, als total implantiertes System der IIS1 (Güttler 1984) zur Anwendung. Trägerfrequenz ist 4 kHz, Modulationsfrequenz 1 Hz, Intensität 2 × 1,0 mA, Betriebsdauer 150 h, Größe 56 × 40 × 14 mm.

Zu 2. Stimulation mit elektromagnetischen Feldern

Hierbei erfolgt die induktive (Spulenfeld) Ankopplung durch ein oder zwei (Doppelspule) genau achsengerecht plazierte externe Spulen in Höhe des Bruchspaltes, ein- bzw. beiderseitig. Das Verfahren ist nicht invasiv. Bei Anwendung der für Frakturen an der unteren Extremität notwendigen großen Spulen muß der Patient 12–24 h am Tag liegen (Kooperation nötig). Die untere Extremität darf nicht gewichtbelastet werden. Es sind mehrere verschiedene Systeme im Gebrauch, wovon nur die bei a) genannten nicht invasiv sind.
a) Die reine *Magnetfeldmethode*, die mit einem konstanten, kontinuierlichen niederfrequenten sinusförmigen Wechselstrom arbeitet = sog. konservative Magnetfeldtherapie mit kontinuierlichem sinusförmigem Wechselstrom von 0,2 bis 20 Hz, 2–10 Millitesla (mT) = 20–200 Gauß (von Kraus 1974). Ihr entspricht bei der ebenfalls nichtinvasiven *Bassett-Methode* (Bassett 1974) das sog. single pulse system, das mit 75 Hz, 300 µs, bipolaren, asymmetrischen spike-förmigen Impulsen arbeitet, die Feldstärke im Gewebe wird mit 0,4(1,2–1,6) mV/cm, 16 mT angegeben.
Gerät für das Kraus/Lechner-System: „Magnetodyn-System“, BRD, für das Bassett-System: „Biosteogen“, EBI, **E**lectro**b**iology **I**nc., USA.
Bekannter ist das pulsed-Burst-System von Bassett. Es arbeitet mit **p**ulsierenden (pulsed) **e**lektro**m**agnetischen (electromagnetic) **F**eldern (fields), das sog. PEMF-System mit Impulsgruppen (Bursts) von 5 ms, Wiederholungsfrequenz 15 Hz, Einzelimpulsdauer in der Gruppe 28 µs, aller 235 µs, bipolare asymmetrische Spike-Impulsform, 1,9 mT.
Geräte wie oben: „Biosteogen“ (EBI-System) oder „Biostim“, Italien.
Eine weitere nichtinvasive Variante der Magnetfeldtherapie verwendet batteriebetriebene (die bisher erwähnten Verfahren sind netzstrombetrieben) Elektromagneten (0,5 kg), die am Gipsverband befestigt werden. Bei diesem Verfahren ist Belastung der unteren Extremitäten erlaubt. Diese Methode mit dem Eisenkernmagneten stammt von Watson (Swansen Wales), de Haas und Watson 1975. Das Reizmuster beträgt 15 Hz, 10 ms, kontinuierliche, bipolare asymmetrische Impulse, 20 mT; 12 h tägliche Behandlungszeit, 6 Wochen lang (Watson und Downes 1983).
b) Eine invasive Variante der Magnetfeldverfahren ist eine Kombination von Magnetfeld und elektrischem Feld, wie sie Kraus 1974, 1984 und Lechner 1976, 1981 angegeben haben (sog. elektrodynamische Feldtherapie magnetisch induzierter Elektrostimulation). Das Magnetfeld dient primär als Übertragungsmedium zur Erzeugung eines elektrischen Feldes im Knochen („Transformatorprinzip“). Die elektromagnetische Energie (400 mV) wird sog. Überträgern übermittelt, das sind längs- oder queraxial postierte Elektroden, in Bruchspaltnähe angebracht. Dazu wurden von den Autoren Marknägel, Elektrodenschrauben an Osteosyntheseplatten u. a. spezielle „Überträger“ entwickelt. Die Impulsformen und Parameter entsprechen denen des vorher angegebenen „Magnetodyn-Systems“.

Zu 3. Stimulation mit einem elektrischen Kondensatorfeld mit kapazitiver Ankopplung (BRIGHTON und POLLACK 1984)

Bei diesem nicht invasiven Verfahren wird ein Paar runder Metallelektroden (2,5 oder 9,5 cm) beiderseits in Höhe des Bruchspaltes in den im Gipsverband ausgeschnittenen Fenstern angebracht (täglich neues leitendes Gel ist anzubringen). Die tägliche 24-h-Elektrostimulation erfolgt durch einen kleinen am Gürtel oder Gipsverband befestigten batteriebetriebenen Stimulator (täglicher Batteriewechsel einer 9-V-Alkali-Batterie), Reizmuster 60 kHz, sinusförmiger Wechselstrom, 5 V (im Knochen 10 mV), Gewichtsbelastung bei Beinfrakturen ist erlaubt, eine minutiöse Elektrodenlokalisation, wie bei den Spulenanordnungen der Bassett-Methode gefordert, ist nicht unbedingt erforderlich.
Gerät: „OrthoPak" BioLectron Inc. USA, in der BRD über Zimmer-Chirurgie GmbH, Rödermark (s. Abb. 62 rechts).
Man sieht, daß alle erwähnten Methoden Vorteile und Nachteile aufweisen. Bei allen Verfahren berichten die Autoren über gute Behandlungsergebnisse, wobei zwischen 70–100% Erfolge angegeben werden, die bei kritischen Nachuntersuchungen jedoch nicht immer in dieser Höhe bestätigt werden konnten. Vergleichsuntersuchungen der unterschiedlichen Verfahren liegen bisher nur für wenige Methoden vor und sind insgesamt recht rar. MILLER 1983 verglich die perkutane Gleichstrommethode und das total implantierte Gleichstromsystem mit dem PEMF-Verfahren (Bassett-System) und fand Erfolgsraten von 92%, 80% bzw. 44%. In Doppelblindversuchen studierten BARKER u. Mitarb. 1984 PEMF nach BASSETT bei Patienten mit Unterschenkelpseudarthrosen in einer Verumgruppe und einer Placebogruppe. Nach 24 Wochen (täglich 13–14 h stimuliert) waren 5 von 9 Patienten der Verumgruppe, aber auch 5 von 7 der Placebogruppe geheilt, so daß konservative immobilisierende Behandlungsmaßnahmen als positive Auswirkungen mit beteiligt sein dürften. Die schwierige Frage, wie es möglich ist, daß die unterschiedlichen Elektrostimulationsmethoden überhaupt zu relativ übereinstimmenden Ergebnissen führen können, wird z. Z. unterschiedlich diskutiert.
Nach BLACK 1985 haben alle Methoden eine gemeinsame Endstrecke. Alle erfolgreichen ES-Verfahren bewirken in Frakturnähe Feldgradienten von 1–10 mV/cm. Andererseits sind jedoch bei den unterschiedlichen Elektrostimulationsverfahren z. T. differente biologische Reaktionen am Knochen beschrieben worden, auf die hier nicht näher eingegangen werden soll, zumal der Wirkungsmechanismus noch zahlreiche offene Fragen aufweist.

4. Impulsstrom-(Reizstrom-)Therapie im Mittelfrequenz-(MF-)Bereich

Für den Frequenzbereich 1 kHz – 100 kHz hat GILDEMEISTER den Begriff „Mittelfrequenz" eingeführt. Dieser Bereich deckt sich leider nicht mit den Bezeichnungen der Funktechnik VO Genf 1959, Artikel 2 (s. Tabelle 19).
Dort ist MF (medium frequency) mit 300 kHz – 3000 kHz angegeben. Noch unglücklicher ist, daß im amerikanischen Schrifttum für GILDEMEISTERS Mittelfrequenzbegriff die Bezeichnung „High frequency" (HF) üblich ist. Nach der VO Funk ist dies der Bereich 3 – 30 MHz. Dieser zeichnet sich gerade nicht durch Reizwirkungen auf Nerven und Muskeln aus, wie das für den MF-Bereich typisch ist. Denn von seiner Wirkung her muß der Mittelfrequenzbereich wie die im Kapitel 3 besprochenen niederfrequenten Impulsströme als ein Reizstromtherapieverfahren angesehen werden. Bei den zur Wirkung kommenden Reizmustern handelt es sich eigentlich um niederfrequente Impulsgruppen. Diese haben die gleiche Reizfrequenz wie die im NF-Bereich (meist um 50 Hz). Jedoch ist ihre Hüllkurve meist amplitudenmoduliert und besitzt eine mittelfrequente Trägerfrequenz von 2 – 5 kHz, die sie ausfüllt. Dadurch wird die kapazitive Komponente des Hautwiderstandes gesenkt. Es kommen nulliniensymmetrische Wechselströme zur Anwendung. Diese sind, schon aus technischen Gründen, meist sinusförmig (beim „TuR" RS 24 rechteckförmig). Die exakt nulliniensymmetrischen Impulse ohne Gleichstromkomponente verhindern Nebenwirkungen wie die beim Gleichstrom. Da keine elektrolytischen Produkte und damit keine Gewebeverätzungen zu befürchten sind, ist ein direkter Elektroden-Haut-Kontakt bei MF-Anwendungen möglich. Die aus Metall oder leitendem Gummi bestehenden Elektroden können der Haut ohne Unterpolsterung aufgelegt werden. Der sinusförmige nulliniensymmetrische Wechselstrom bedingt auch die Apolarität dieser Stromform. Durch die hohe Trägerfrequenz von mehreren kHz wird die Impulsdauer sehr kurz. Bei sinusförmigen Wechselströmen der Trägerfrequenz von 10 kHz ist die Impulsperiodendauer 0,1 ms (100 µs), die Dauer der Halbwelle nur 50 µs. Da die zu reizenden Muskel- oder Nervenfasern Refraktärphasen von ca. 5 – 1 ms haben, müssen zahlreiche Halbwellen in die Refraktärphase fallen. Das bedeutet, daß nicht jeder Impuls reizwirksam sein kann. Eine feste Reiz-Erregungs-Beziehung, bei der jeder Impuls mit einer fortgeleiteten Erregung, einem Aktionspotential, beantwortet wird, existiert nur im NF-Bereich (bis 200 – 100 Hz). Im MF-Bereich muß also ein anderes Reizprinzip herrschen. Die von WYSS 1976 und SENN und WYSS 1979 dazu entwickelten Vorstellungen wurden im Abschnitt 3.2.4.1. dargestellt. Sie erklären, wie es auch mit diesem Reizprinzip zur Erregung von Nerven- und Muskelfasern kommt. Voraussetzung ist allerdings, daß das Nerv-Muskel-System nicht denerviert ist (s. Kapitel 2 „Mittelfrequenztest"). Wird die Membran einer Muskelfaser mit einem kontinuierlichen Wechselstrom gereizt, so klingt die Reizwirkung sehr rasch ab. Solche unmodulierte sinusförmige MF-Wechselströme werden deshalb wie z. B. bei dem später zu

besprechenden „Amplipulsverfahren“ (s. Stromform PN, Abb. 68) als Pausen-effekte benutzt. Um die Reizwirkung von MF-Strömen zu erhalten, wurde eine *niederfrequente Frequenzmodulation* und eine *Amplitudenmodulation* durchgeführt, d. h., die Ströme werden in einem NF-Takt quasi rhythmisch ein- und ausgeschaltet. Die Hüllkurve solcher unterbrochener Ströme entspricht in ihrem Reizmuster weitgehend den Hüllkurven niederfrequenter Ströme, wie sie zur Nerven- oder Muskelreizung angewandt werden. Der Unterschied liegt darin, daß sie eine MF-Trägerfrequenz enthalten. Die Reizwirkung geht jedoch nicht von dieser aus. Die notwendige Amplitude (Intensität) mittelfrequenter Impulsgruppen ist jedoch im Vergleich zu niederfrequenten Impulsen höher. Dies zeigten MÜLLER und HOLLSTEIN 1975. Sie ermittelten jeweils eine I/t-Kurve. Die Rheobase des MF-Stromes lag immer oberhalb der NF-Impulse, und zwar um so höher, je höher deren Trägerfrequenz war. Während normal innervierte Muskeln sich gegenüber länger dauernden Exponential- bzw. Dreieckimpulsen akkommodieren (s. Kap. 2 und Abb. 6), ist dies bei MF-Impulsgruppen nicht der Fall. Der rechte Ast der Dreieckimpulscharakteristik (DIC) steigt gegenüber dem der Rechteckimpulscharakteristik (RIC) nicht an, beide verlaufen deckungsgleich horizontal. Daher kann durch eine Veränderung der Form der Hüllkurve im MF-Bereich kein wesentlicher Unterschied im Reizerfolg erwartet werden. Daß MF-Impulsströme auch zur Auslösung von Muskelkontraktionen, z. B. am M. quadriceps femoris getestet, höhere Intensitäten benötigen als NF-Impulse, zeigten HÖRL und BRETSCHNEIDER 1975.

4.1. Methoden der Elektrostimulation im MF-Bereich

Da ein kontinuierlich, unmoduliert fließender MF-Strom rasch reizunwirksam wird, galt es, geeignete Methoden zu finden, um über eine Frequenz- und Amplitudenmodulation, durch rhythmisches Ein- und Ausschalten, den Reizeffekt zu erhalten. Die Frequenzmodulation erfolgt bei allen Verfahren im niederfrequenten Rhythmus, meist bis zu Frequenzen von 100 (150) Hz. Die Amplitudenmodulation wird in der Regel an- und abschwellend gewählt (Abb. 68).

4.1.1. Interferenzstrom-Verfahren nach NEMEC

Dieses Verfahren wird auch als **interne**, endogene Amplitudenmodulation bezeichnet, weil die reizwirksamen niederfrequenten Impulse erst im Körper (intern), nicht schon unter den Elektroden entstehen. Zur Interfrequenz kommt es endogen, wenn zwei MF-Ströme gleicher Intensität unmoduliert von 2 galvanisch voneinander getrennten Stromkreisen (-quellen) über 4 Elektroden so in den Körper (s. Abb. 65) eingeführt werden, daß sie sich am Krankheitsort, wo die Reizwirkung stattfinden soll, kreuzen. Korrekterweise muß jedoch bemerkt werden, daß sich im räumlichen Objekt nicht Ströme kreuzen, sondern elektrische Felder überlagern. Dies hat zur Folge, daß an jedem Ort des dreidimensionalen Mediums, selbst bei nur 2 Elektrodenpaaren, ein anderes Überlagerungsverhalten entsteht, das auch noch vom betrachtenden Winkel an diesem Ort abhängt. Interferenz in Form reizwirksamer Schwebungen tritt dann auf, wenn sich die beiden MF-Kompo-

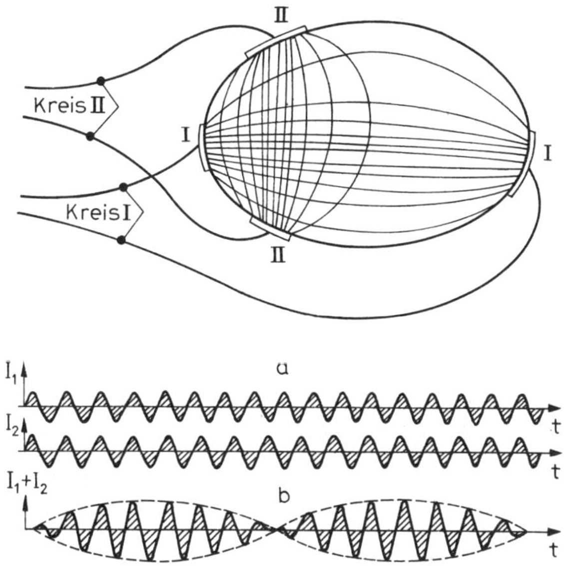

Abb. 65 Interferenzstromtherapie nach NEMEC: tetrapolare Elektrodentechnik a) 2 Impulsströme etwas unterschiedlicher Frequenz, b) Superposition mit auftretenden Schwebungen

nentenströme in ihrer Frequenz um einen bestimmten Betrag unterscheiden, voneinander differieren. Bei dem von NEMEC entwickelten Verfahren hat der eine Stromkreis die fixe Frequenz von 4000 Hz. Bei dem zweiten Stromkreis kann die Frequenz von 4000 Hz abwärts bis 3900 Hz gewählt werden. Die Differenz der beiden Frequenzen ergibt die niederfrequente Modulationsfrequenz (= Differenzfrequenz Δf). Die reizwirksamen Schwebungen entstehen durch punktweise *Addition* bzw. *Subtraktion* (bis zum Auslöschphänomen, d. h. dem Erreichen der Nullinie zwischen 2 Impulsgruppen) der Einzelströme, genauer gesagt, der Vektoren der elektrischen Felder an diesem Ort. Zur Interferenzstromtherapie nach NEMEC sind, wie Abbildung 65 zeigt, 4 Elektroden nötig (sog. tetrapolare Elektrodentechnik). Der *Ort*, wo es im Kreuzungsgebiet zu den erforderlichen „echten Schwebungen" kommt (s. Abb. 66 bei $C_1 - C_4$), war lange Zeit keineswegs klar. Durch Untersuchungen an einem zylindrischen Modell (40 cm ∅) mit einem homogenen Inhalt hat GÜTTLER 1984 in Form auftretender Oszillationen (s. Abb. 66 und Abb. 67a und b) sowie durch mathematische Berechnungen gezeigt, wo echte Schwebungen auftreten. Dies ist nicht nur im Elektrodenkreuz (Achse Ea_1 bzw. Aa) der Fall (Abbildung 66 zeigt nur einen Quadranten des Zylinders), sondern besonders in den Diagonalen (Ca) zwischen dem Elektrodenkreuz, d. h., unter den Elektroden bei A_4 kommt es überhaupt zu keiner Interferenz und damit zu keiner Reizwirkung. Die relative Wirksamkeit der Schwebung, die die Schwebungstiefe auf die Feldstärke bezogen darstellt, ist beim homogenen Zylindermodell mit idealisierten Linien (Querfeld) berechnet worden. Die Ergebnisse (Abb. 67a und b) zeigen die räumlich dargestellte Wirksamkeit in einem Quadranten bzw. vereinfacht in allen 4 Quadranten (GÜTTLER 1984). Daß die Situation noch schwieriger zu beurteilen ist, wenn statt des einfach geformten Zylindermodells komplizierter gestaltete Körperteile und statt eines homogenen ein inhomogenes

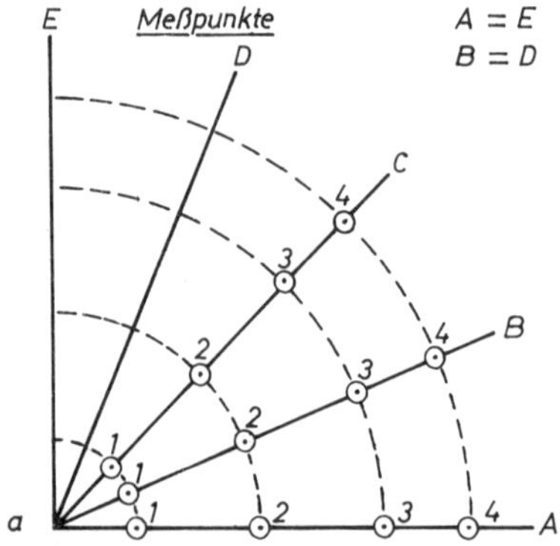

Abb. 66 Schwebungen beim Interferenzstrom, wie sie in einem „elektrischen Trog“ (Nachbildung eines Zylinderfeldes) an den bei a) bezeichneten Stellen gemessen wurden, b) fotographierte Oszillogramme, Darstellung nur eines Quadranten (nach GÜTTLER 1985)

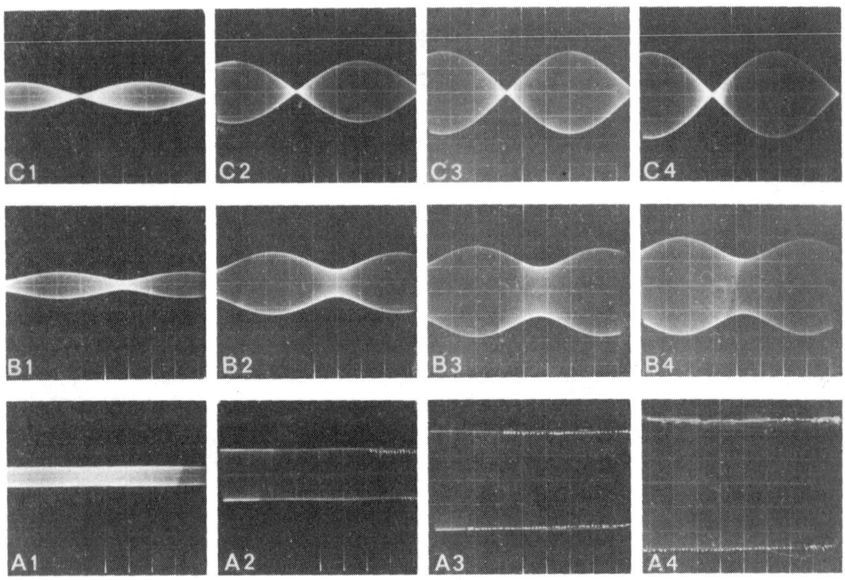

Abb. 67 Räumliche Darstellung des Schwebungsverhaltens (Potentialgebirge) a) in einem Quadranten des Zylinderfeldes, b) im Gesamtfeld (nach GÜTTLER 1985)

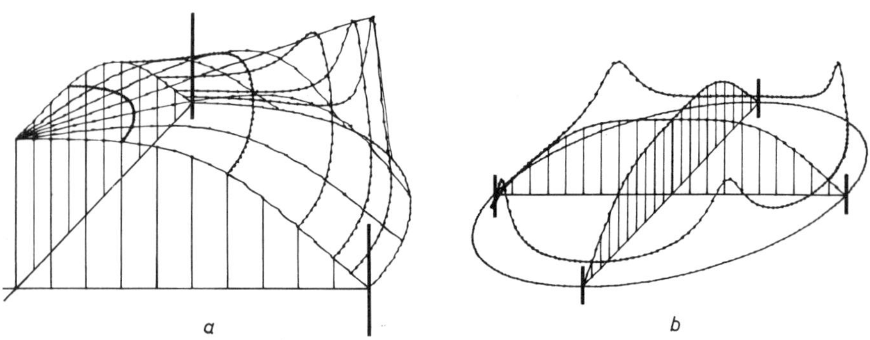

Gewebe zu behandeln sind, dürfte einleuchten. Oft ist nur durch Inspektion oder Palpation, z. B. wenn das Auftreten von Muskelkontraktionen als Reizeffekt erwünscht ist, festzustellen, ob diese und wo diese entstehen. Einer wirksamen Elektrodenpositionierung kommt daher eine entscheidende Bedeutung zu. Ein Vorteil der Methode ist zweifellos, daß unter den Elektroden, wo sich in der Haut die Schmerzrezeptoren befinden, durch die unmodulierten MF-Ströme keine belästigenden Schmerzempfindungen auftreten, auch nicht bei den höheren Stromstärken, die zum Erzielen eines Reizeffektes notwendig sind. Das Interferenzstromverfahren wird daher vom Patienten gut toleriert. Wie aber bei der Besprechung der NMES erörtert wurde, ist die Verträglichkeit einer Stromart die eine Seite, ihre Reizeffektivität die andere.

Geräte und Zubehör: Für das Interferenzstromverfahren nach Nemec sind mehrere Geräte verfügbar:

Sie arbeiten mit Trägerfrequenzen von f 4 kHz, Modulationsfrequenz Δf 0 ... 100 Hz, I 0 – 60 mA (bis 500 Ohm c. c.); eingebaut die Möglichkeit zur sog. dynamischen Interferenz, dabei kann statt der Applikation einer konstanten Modulationsfrequenz während der Behandlungszeit ein größeres (z. B. 0 – 100 Hz) oder kleineres (z. B. 90 – 100 Hz) Frequenzspektrum eingestellt werden, in einer vorgegebenen Zeit hin- und herpendelnd ablaufend = sog. rhythmische Frequenzapplikation. Neben diesem Teil ist noch ein Vakuumteil eingebaut. Über eine Vakuumpumpe können damit rhythmisch intermittierende Druckmodulationen und Saugveränderungen, also eine Art Massagebehandlung als Kombinationstherapie synchron zur elektrischen Strombehandlung oder allein durchgeführt werden. Dazu sind spezielle runde, becherförmige „Saugelektroden“ als Zubehör lieferbar. Für umschriebene Behandlungsfelder sind „Flachkissenelektroden“ verschiedener Größe im Gebrauch, die entweder 4 oder 2 Elektroden besitzen (Vierfeld- bzw. Zweifeldelektroden, jeweils als ein Elektrodenpaar). Zur sog. labilen Interferenz werden Handschuhelektroden benutzt = „kinetische Behandlungsform“ in Verbindung mit einer fixen Gegenelektrode. Die „labile“ Handschuhelektrode wird vom Behandler über der erkrankten Körperregion hin und her bewegt.

- Nemetron EDiT, Fa. Nemectron GmbH, Karlsruhe
- Erbogalvan IM 1 und 2, Fa. Erbe, Tübingen
- Interferenz 4, Fa. Bosch, Berlin
- Endomed 433 und 404, Fa. Euraf Nonius, Delft, Niederlande

Behandlungstechnik

- Frequenzwahl

Weitgehend empirisch hat man versucht, bestimmten Modulationsfrequenzen bestimmte spezifische therapeutische Wirkungen zuzuordnen. Auch nach eigenen Erfahrungen erwies sich das aber nur als bedingt verläßlich. Allgemein werden Modulationsfrequenzen (Δf um 30 – 70 Hz, wie auch im NF-Bereich, zur Erzielung von Muskelkontraktionen eingesetzt. Bei 30 Hz und darunter tritt ebenfalls eine Art Muskelwogen (unfusionierter Tetanus) auf. Dem Frequenzbereich 90 – 100 Hz werden von manchen Autoren besonders sympathikusdämpfende, auch analgetische und sedierende Wirkungen zugesprochen.

• Elektrodenposition

Diese ist für den Behandlungserfolg von wesentlicher Bedeutung. Die 4 Elektroden müssen so postiert werden, daß endogen, am Krankeitsort, das wirksame Reizmuster in Form von Schwebungen durch Kreuzung zustande kommt (s. Abb. 65). Eng umschriebene Behandlungsfelder wie bei der paravertebral-radikulären Behandlung von Nervenaustrittsstellen, z. B. Radikulopathien oder bei ganglio-troper sowie bei Trigger-point-Applikation werden mit in der Größe entsprechenden Flachkissenelektroden behandelt.
Die 1954 von Bianci entwickelte „Elektrokinesitherapie" ist besonders von den französischen Elektrotherapeuten Dumoulin und De Bisschop 1980 weiterentwickelt worden. In ihrem Buch „Électrothérapie" finden sich zahlreiche Anwendungsbeispiele und Variationen mit 1 oder 2 Handschuhelektroden und einer unterschiedlichen Zahl fixierter Elektroden zur Behandlung. Bei entsprechender Stromstärke kann man bei Anwendung tetanisierender Modulationsfrequenzen, besonders beim Überstreichen motorischer Reizpunkte überflächlich gelegener Muskeln, recht kräftige, nicht schmerzhafte Muskelkontraktionen auslösen. Handschuhelektroden benötigen jedoch bei ihrer Benutzung eine c. v. Ausgangsschaltung (-stufe), es sei denn, daß bei einer c. c. Ausgangsstufe eine Elektrodenwiderstand-Überwachungs-Schaltung die Elektroden bei unterbrochenem Elektrodenkontakt oder schlechter Ankopplung vom Gerät trennt (Güttler u. Mitarb. 1988).

• Dosierung

Hierbei gelten für die verschiedenen Indikationen die auch bei der NF-Reizstromtherapie benutzten Dosierungsparameter, von der notwendigen höheren Stromstärke abgesehen.

4.1.2. „Stereodynamische Interferenzstromtherapie"

Zu dem Interferenzstromverfahren mit 2 Stromkreisen nach Nemec ist seit 1979/1980 eine weitere, nach dem Interferenzstromprinzip der endogenen Frequenz- und Amplitudenmodulation arbeitende Variante hinzugekommen. Sie arbeitet mit 3 Stromkreisen. Die dafür auch benutzte Bezeichnung „stereo-(räumlich-) dreidimensionale dynamische Interferenz" (Szehi und David 1980) erscheint uns insofern wenig glücklich, weil der Eindruck erweckt werden könnte, daß damit gegenüber dem Nemec-Verfahren erstmals eine dreidimensionale Wirkung erzielt würde. Diese ist jedoch beim Nemec-Verfahren auch schon vorhanden. Der zu Schwebungen führende Interferenzeffekt läßt sich statt mit einer Kreuzung zweier in ihrer Frequenz etwas unterschiedlicher Ströme wie bei Nemec, auch dadurch erreichen, daß man 2 Ströme gleicher Frequenz durch periodisch sich ändernde Phasenverschiebung zur Überlagerung und damit zur Interferenz bringt. Die Modulationsfrequenz entspricht hierbei der Häufigkeit der Phasenverschiebung. Eine rhythmische Phasenverschiebung von 100 Hz im Bereich einer Periode von 0 ... 2π entspricht einem Interferenzstrom, der praktisch einem Schwebungsstrom des Nemec-Verfahrens gleichkommt. Die Orte, an denen der Reizeffekt im Gewebe auftritt, entsprechen, soweit dies bisher untersucht wurde, den Stellen, die auch GÜTTLER 1984 (s. Abb. 67) angibt. Sie liegen besonders auf den Diagonalen zwischen dem Elektrodenkreuz (s. dazu das Potentialgebirge der Interferenzamplituden einer Abbildung von SZEHI und DAVID 1980). Der 3. Stromkreis erzeugt eine mit der Frequenz von 1 Hz ablaufende Frequenzrhythmik, die die statische Interferenz durch Amplitudenänderungen dynamisch machen soll. Für dieses Verfahren sind jeweils 2 flexible „Elektrodensets" verfügbar. Diese enthalten jeweils 3 Elektroden, die dreisternförmig angeordnet sind (sog. Sternelektroden). Zwei verschiedene Größen sind verfügbar. Der „Dreiphasenstrom" kann aber auch über 2 aktive kleinere und eine größere indifferente Elektrode in den Körper geleitet werden. Damit sich die 3 Stromkreise am Zielort kreuzen, müssen die speziellen Applikationshinweise des Geräteherstellers genau beobachtet werden.

Geräte und Zubehör

• „Stereodynator 728", Fa. Siemens AG Erlangen, Tisch-Netzstromgerät, f: 5 kHz, Δf: 0,1 --- 200 Hz, I: 0 ... 200 mA/Stromkreis. s. oben. Die Frequenz 50 Hz wird zur Myostimulation empfohlen, 200 Hz sollen vorwiegend analgetisch und sympathikusdämpfend wirken. Eine wahlweise Umschaltung am Gerät ermöglicht entweder eine bevorzugte Tiefen- oder Oberflächenbeeinflussung. Bei Anwendung von Saugelektroden ist ein spezielles Zusatzgerät erforderlich. Behandlungszeiten ca. 8 min/Sitzung. Orthopädische Indikationen s. THOM 1980.

4.1.3. „Extern amplitudenmodulierte MF-Verfahren

Eine andere Gruppe von MF-Verfahren benutzt im Gegensatz zum Interferenzstromverfahren nur *eine Stromquelle*. Die Amplituden- und Frequenzmodulation erfolgt wie in der Bezeichnung *extern* zum Ausdruck kommt, nicht erst im Körper durch Interferenz, sondern dadurch, daß bereits im Gerät oder durch ein an dieses angeschlossenes Zusatzgerät, einer MF-Trägerfrequenz eine niederfrequente, amplitudenmodulierte Hüllkurve von außen aufgezwungen wird. Dieses so entstandene Reizmuster ist das den Reizeffekt bewirkende Agens, nicht die Trägerfrequenz. Bei diesem nur mit 2 Elektroden (= bipolare Elektrodentechnik) durchgeführten Verfahren ist das Reizmuster im Gegensatz zum Interferenzstrom bereits unter den Elektroden, nicht erst an einem Kreuzungspunkt zweier Ströme in der Tiefe, wirksam, damit auch an den in der Haut gelegenen Schmerzrezeptoren. Dadurch ist der sensible Belästigungsgrad nicht wesentlich von dem der NF-Impulsströme verschieden.

„Amplipuls-Verfahren"

Dieses von JASNOGORODSKIJ, Moskau, entwickelte Verfahren war das erste Gerät, das mit amplitudenmodulierten Mittelfrequenzimpulsströmen arbeitete. Die Frequenz- und Amplitudenmodulation erfolgt dabei im Gerät. Es wird eine sinusförmige Hüllkurve der MF-Trägerfrequenz von 5 kHz aufgeprägt. Wie bei den unter 4.1.1. genannten MF-Verfahren erfolgt die Frequenzmodulation im NF-Bereich. In Zehnerstufen kann die Frequenz von 10 Hz – 100 Hz und zusätzlich die Frequenz 150 Hz gewählt werden. Auch die Amplitudenmodulation ist in Stufen wählbar. Unmodulierter MF-Strom (Abb. 68 = Stromform PN) wirkt als Pauseneffekt (= keine Reizwirkung). 50%, 75% oder 100% Amplitudenmodulation, auch eine sog. „Übermodulation", d. h. das Auftreten von Pausen zwischen den Impulsgruppen, ist möglich. Vergleichbar den diadynamischen Stromformen sind Kombinationen alternierend wechselnder Ströme zur Applikation verfügbar, besonders, um Gewöhnungseffekte, aber auch bestimmte Wirkungen zu erzielen (JASNOGORODSKIJ 1987).

• Folgende 4 Amplipuls-Stromformen gibt das Gerät „Amplipuls 4" (Import UdSSR) auf Tastendruck ab:

I = PM:
mit wählbarer konstanter Frequenz in verschieden wählbarer Modulationstiefe (in Abb. 68 100%) ablaufend;

II = PP:
wie I, jedoch mit Pausen, wobei Impulsstrom- und Pausendauer unabhängig voneinander von 1 s – 6 s regelbar sind;

III = PN:
Wechsel zwischen modulierten und unmodulierten (= Pauseneffekt) MF-Strömen, Regelbereich wie bei II;

IV = PTsch:
Wechsel zwischen konstanter 150-Hz-Frequenz und einer zwischen 10 – 150 Hz wählbaren Frequenz (Zehnerstufen).

• „Sinus" der Fa. Zimmer Neu-Ulm ist ein auf ganz ähnlichen Prinzipien aufgebautes Gerät für die Anwendung amplitudenmodulierter MF-Impulsströme.- Frequenz 5 kHz, *I* 80 mA. Das Gerät kann außerdem in 3 Stufen regelbar

Abb. 68 Stromformen des „Amplipuls 4" (nach JASNOGORODSKIJ 1987)

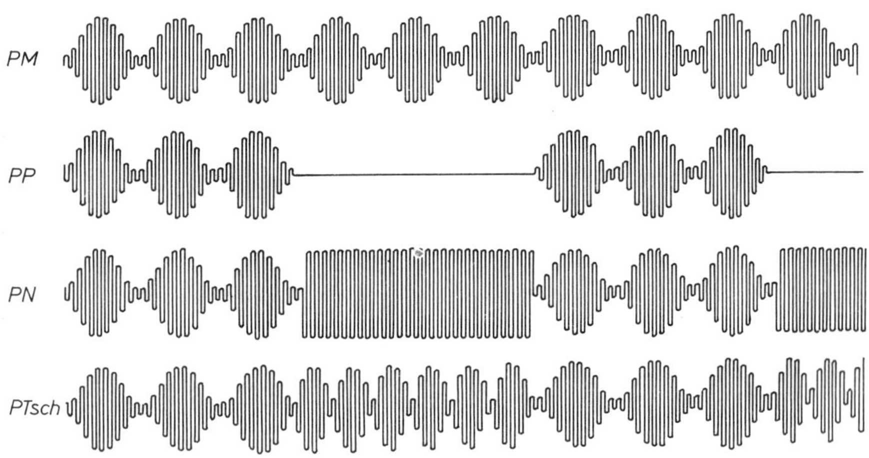

eine Gleichstromkomponente (ähnlich dem Basisstrom bei diadynamischen Strömen) den MF-Impulsströmen hinzufügen, wodurch allerdings das Apolaritätsprinzip verlassen ist und bei Fehlen einer Elektrodenunterpolsterung auch mit elektrolytischen Nebenwirkungen zu rechnen ist. Jedoch sollen dadurch manche wenig ausgeprägte Wirkungen reiner MF-Impulsströme, wie die durchblutungsfördernde oder analgetische, verstärkt werden. Koppelmöglichkeiten mit dem Ultraschallgerät „Sono" der Firma sind gegeben.

• „Mittelfrequenzgerät

Edel und Fücker (1972 Medizinische Akademie Dresden) haben eine andere Variante der externen amplitudenmodulierten MF-Impulsströme angegeben. Ein MF-Generator, als Zusatzgerät zu einem Reizstromgerät, erzeugt wahlweise *MF-Trägerfrequenzen* von 1, 2 oder 4 kHz. Dieser Trägerfrequenz können durch ein über ein Kabel verbundenes konventionelles Reizstromtherapiegerät (z. B. „TuR" RS 21) alle Reizmuster unterschiedlicher Frequenz von Impulsgruppen, deren Dauer, Impulsform, Amplitude, die ein Reizstromgerät zur Auswahl anbietet, als Hüllkurve aufgeprägt werden.

• Zweikanal-Stimulator „TuR" RS 24

Dieses ebenfalls auf dem Prinzip der externen (im Gerät) amplitudenmodulierten MF-Ströme arbeitendes Gerät [f: 2 kHz, Modulationsfrequenz 70 Hz, Impulsgruppendauer 5 ms, I: Mittelwert 30 mA, Scheitelwert 100 mA, verschiedene sog. Intervallprogramme (= ON/OFF-Relationen)] ist als Myostimulator (entsprechend dem „Modul 2" der UdSSR) konzipiert. Im Kapitel 3.2.4.1. (Zu 2, Mittelfrequenzstimulation) wurde schon auf dieses Verfahren eingegangen.

„Wymoton-Verfahren"

Diese weitere Variante der MF-Elektrostimulation (Senn und Wyss 1979) soll hier nicht näher besprochen werden. Dabei läßt man in sehr langsamer Frequenz (1/6 – 1/10 Hz) einen MF-Strom langsam an- und abschwellen.

4.2. Indikationen der MF-Elektrostimulation

Sie sind im Prinzip die gleichen wie die der NF-Impulsstromtherapie (s. Abschnitt 3.2.).

• Im Vordergrund dürften die Indikationen zur Myoelektrostimulation stehen, die bei der NF-Impulsstromtherapie bereits ausführlich diskutiert wurden. In Modelluntersuchungen am M. quadriceps femoris von Gesunden unter Messung der bewirkten Muskelkraft (kp) (Hörl und Bretschneider 1975) schnitten MF-Ströme im Vergleich zu NF-Strömen (CP, neofaradischer Strom) schlechter ab (Zusammenfassung unserer Ergebnisse s. Lange 1988). MF-Ströme waren im Vergleich zum neofaradischen Strom in bezug auf eine Muskelatrophie verhütende Wirkung bei Meniskotomiepatienten ebenfalls weniger wirksam (Kleditzsch und Lange 1979).

• Die analgetischen Wirkungen reiner MF-Impulsströme sind, wie unsere Untersuchung bei Gesunden mit einem elektrischen Algesietest zeigten (EDEL und LANGE 1979, LANGE 1988) nicht sehr ausgeprägt. Sie rangierten hinsichtlich der Anhebung der Schmerzschwelle weit hinter US, US-Reizstrom, NF-Strömen und Gleichstrom, die signifikante ($p < 0{,}1 - p < 1\%$) Schmerzschwellenanhebungen erbrachten, bei Interferenzstrom und Amplipulsströmen verschiedener Art jedoch alle nicht zu signifikant positiven Ergebnissen führten. Ob sich das durch eine galvanische Komponente zum MF-Strom ändert, wurde nicht untersucht.

• Indikationen zur Durchblutungsförderung wurden von uns bei peripheren arteriellen Verschlußkrankheiten PAVK im Stadium II sowohl mit „Amplipulsstrom" als auch mit Interferenzstrom untersucht. SCHULTZE und SCHWABE 1973 fanden bei Anwendung des PP-Stromes des „Amplipulsverfahrens" nach 15 Behandlungen einen signifikanten ($p < 1\%$) Anstieg der CID und des akralen Volumenpulses. Bei einem Vergleich von 8 vorangegangenen Plazebobehandlungen zu 8 nachfolgenden PP-Verum-Anwendungen (HILLIG und Mitarb. 1976) stiegen die CID von +126% auf +132% und der Volumenpuls von +200% auf +250% nicht signifikant an. Auch die Untersuchungen von BREITSCHUH 1975 mit dem Interferenzstrom ergaben, besonders im Vergleich zu den mit NF-Strömen (CP) erzielten Ergebnissen (SCHNEIDER u. Mitarb. 1972), keine so günstigen Verbesserungen durch die MF-Anwendungen. Ob auch hier, wie bei der analgetischen Wirkung, eine galvanische Komponente bessere Ergebnisse erbringen kann, was man z. B. einer Arbeit von SCHNIZER u. Mitarb. 1981 entnehmen könnte, die mit einem solchen Gerät („Sinus") arbeiteten, wurde von uns nicht untersucht. Bei Gefäßgesunden überprüfte ULMANN 1976 an unserer Klinik mit der Venenverschlußplethysmographie den NF-Strom CP im Vergleich zum Amplipulsstrom PP, Interferenzstrom (0 ... 10 Hz) und zu einer Plazebobehandlung. Für die ausgewerteten 6 Parameter der Meßmethode wurde nur bei 6 Versuchspersonen beim Parameter First Flow bei Anwendung von CP die Signifikanzschwelle am behandelten Bein überschritten, und zwar sofort sowie 30 min und 60 min nach Behandlungsende (s. dazu auch LANGE 1988). Wie im Abschnitt 3.2.4.4. dargelegt, sind wir inzwischen zu der Erkenntnis gekommen, daß für die Therapie von Angioorganopathien nicht nur Maßnahmen von Bedeutung sind, die direkt auf eine Verbesserung der Durchblutung abzielen, sondern daß wesentliche durchblutungsunabhängige Faktoren die Gehleistung der Patienten mit peripheren arteriellen Verschlußkrankheiten bestimmen. Bei der Komplexität der Wirkung nieder- als auch mittelfequenter Impulsströme ist deshalb der Einsatz von MF-Verfahren nicht prinzipell abzulehnen, sondern nur anders als es bisher meist geschah, zu werten, wobei allerdings der Vergleich zur Effektivität von NF-Strömen ein nicht unwesentlicher Aspekt sein dürfte.

• Zur Anregung der Osteogenese und Knochenbruchheilung (Abschnitt 3.2.4.5.) hat sich der Interferenzstrom in tierexperimentellen Untersuchungen von KLEDITSCH 1980 gut bewährt. GÜTTLER 1984 hat dazu geeignete externe und implantierbare batteriebetriebene Kleinstimulatoren entwickelt. Die Methode wird mit dem Ziel des Einsatzes beim Menschen z. Z. weiter verfolgt, da sie höhere Festigkeitswerte am Knochen ergab als die mit niederfrequenten bipolaren Impulsfolgen und keine Dauerstimulation über 24 h benötigt. Über den Einsatz von MF-Strömen zur Wundheilung liegen z. Z. noch keine Untersuchungen vor.

• Zusammenfassend kann man feststellen, daß die Anwendungsgebiete der MF-Elektrostimulation im wesentlichen die gleichen sind wie die der NF-Impulsstromtherapie. Wegen der komplexen Wirkung der Impulsströme beider Frequenzbereiche sind Erkrankungen und Verletzungsfolgen des Bewegungs- und Stützapparates, besonders der weitgespannte rheumatische Formenkreis, derzeit die Hauptindikationsgebiete. Preisgünstige Kleinstimulatoren mit Oberflächenelektroden sind im Gegensatz zum NF-Bereich (TENS Myostimulatoren) bisher aber nicht vorhanden, was sich sicherlich bei annähernd gleicher Wirkung beider Frequenzbereiche für ihren zukünftigen Einsatz auswirken dürfte.

4.3. Kontraindikationen

Sie sind generell die gleichen wie die der NF-Impulsströme. Herzschrittmacher und andere elektronische Geräte sind keiner direkten Durchströmung auszusetzen. Das früher als *generelle* Kontraindikation für die Anwendung der MF-Ströme gltende Vorhandensein einer Hüftgelenkmetallendoprothese kann nach neueren Untersuchungen von ENGELBRECHT u. Mitarb. 1988 in dieser Form nicht mehr aufrechterhalten werden. Die früher auf Grund tierexperimenteller Untersuchungen angenommene Gefahr einer Endoprothesenlockerung durch Beeinflussung des Palacos®-Kunststoffes (als Knochenzement benutzt) ist nicht durch den MF-Strom selbst verursacht. Sie tritt nur infolge mechanischer Wirkungen auf, wenn hochdosierte Modulationsfrequenzen unter 50 Hz, die zu starken Muskelkontraktionen führen, auf das Gelenk ausgeübt werden. Die Autoren empfehlen daher, nur Frequenzen *über* 50 Hz anzuwenden, besser wohl, alle Frequenzen und Intensitäten, die solche schädlichen, Muskelkontraktionen bewirken können, zu vermeiden. Weder für den Behandler noch für den Behandelten sind eine Schwangerschaft oder das Stillen eine Kontraindikation, das gilt gleichermaßen für die niederfrequente Reizstromtherapie. Dies sei erwähnt, weil irreführenderweise in einer Publikation von SCHIMMEL u. Mitarb. 1986 das Gegenteil behauptet wurde. Für die Hochfrequenztherapie, besonders die Kurzwelle, ist diese Kontraindikation jedoch zutreffend (s. dort).

5. Elektrotherapie im Hochfrequenzbereich

Definition: Als Elektrotherapie im Hochfrequenz-(HF-)Bereich bezeichnet man in der Medizin die therapeutische Anwendung elektrischer und magnetischer Felder elektrischer Wechselströme (Kurzwellentherapie) bzw. elektromagnetischer Wellen (Dezimeterwellen-, 915 MHz- und Mikrowellentherapie) in dem Frequenzbereich 300 kHz – 300 GHz (Tabelle 19).
Bei der Bezeichnung von Frequenzbereichen muß man unterscheiden:

1. die offizielle Bezeichnung gemäß einer in Genf 1959 erlassenen Funk-Verordnung,
2. die sich im Rundfunk- und Fernsehempfang eingebürgerten Bezeichnungen,
3. die Bereiche im medizinischen Sinne,
4. Bezeichnungen im Sprachgebrauch.

In diesem weitgespannten Frequenzbereich, der besonders in der Nachrichten-(Funk-)Technik und zu industriellen Zwecken (z. B. Mikrowellenöfen) stark genutzt wird, sind für medizinische Anwendungen nur wenige schmale Frequenzbereiche zugelassen worden. Es sind dies von den sog. ISM-(Industrial scientific medical-)Bändern im Mikrowellenbereich 890 – 940 MHz und 2400 – 2500 MHz, im Dezimeterwellen-(UHF-)Bereich (in Europa) 433,92 MHz ± 0,2% und im RF-Bereich für die KW-Therapie die Frequenzen 13,56 ± 0,05%, 27,12 ± 0,6% und 40,98 ± 0,05% MHz. Eine Übersicht über die zur Elektrotherapie z. Z. benutzten Verfahren gibt die folgende Aufstellung.

Übersicht über die zur Elektrotherapie im Hochfrequenzbereich benutzten Verfahren

1. Kurzwellentherapie	
Kontinuierliche und Impuls-KW	λ_0 = 11,06 m
– im Kondensatorfeld	λ_0 = 27,12 MHz ± 0,6 %
– im Spulenfeld	
2. Dezimeterwellentherapie	
(= Ultrahochfrequenz-69 cm-Wellen-Therapie)	λ_0 = 69 cm
– im Strahlenfeld	λ_0 = 433,92 MHz ± 0,2%
verschiedene Strahlerarten	
3. 915 MHz-Therapie	
– im Strahlenfeld	λ_0 = 32,79 cm
Kontaktstrahler, gekühlt	λ_0 = 915 MHz ± 0,2%
4. Mikrowellentherapie	
Kontinuierlich und gepulst	λ_0 = 12,5 cm
– im Strahlenfeld mit	λ_0 = 2450 MHz ± 50 MHz
verschiedenen Strahlerarten	

Bereich im Sprachgebrauch	Bereiche gem. VO-Funk, Artikel 2, Genf 1959 (zit. in MEINKE u. GUNDLACH 1962)		Bezeichnungen und Bereiche in Rundfunk- und Fernsehtechnik	Bezeichnungen und Bereiche in der Elektrothereapie
	Bezeichnung (Abkürzung) Frequenzbereich	Bezeichnung nach Wellenlänge Wellenlängenbereich		
Niederfrequenz (NF) 16 Hz … 30 kHz	Very Low Frequency (VLF) 3 … 30 kHz	Myriameterwellen 10 … 100 km		NF-(„Reizstrom“)-Therapie 0 … 150 Hz MF-Therapie 1 … 50 kHz
Radiofrequenz (RF)	Low Frequency (LF) 30 … 300 kHz	Kilometerwellen 1 … 10 km	Langwelle 150 … 285 kHz	
	Medium Frequency (MF) 0,3 … 3 MHz	Hektometerwellen 0,1 … 1 km	Mittelwelle 525 … 1605 kHz	Langwellen-Diathermie (historisch) 0,5 … 1 MHz
	High Frequency (HF) 3 … 30 MHz	Dekameterwellen 10 … 100 m	Kurzwelle 3 … 30 MHz	Kurzwellen-Therapie 13,56 MHz/27,12 MHz/ 40,68 MHz
	Very High Frequency (VHF) 30 … 300 MHz	Meterwellen 1 … 10 m	Ultrakurzwelle 87,5 … 100 MHz Fernsehbereich III 174 … 223 MHz	
Mikrowellen (MW)	Ultra High Frequency (UHF) 0,3 … 3 GHz	Dezimeterwellen 10 … 100 cm	Fernsehbereiche IV, V 470 … 790 MHz	Dezimeterwellen-Therapie 433,92 MHz/915 MHz Mikrowellen-Therapie 2,45 GHz
	Super High Frequency (SHF) 3 … 30 GHz	Zentimeterwellen 1 … 10 cm	Funkortung (Radar) 0,1 … 30 GHz	
	Extremly High Frequ. (EHF) 30 … 300 GHz	Millimeterwellen 1 … 10 mm		

1 kHz = 10^3 Hz (= 1000 Schwingungen je Sekunde)
1 MHz = 10^6 Hz (= 1 Million Schwingungen je Sekunde)
1 GHz = 10^9 Hz (= 1 Milliarde Schwingungen je Sekunde)

– 1888 Heinrich HERTZ (1857–1894). Entdeckung der elektromagnetischen Wellen. Demonstration der Ausbreitung dieser Hochfrequenzenergie durch den Raum im Polytechnikum in Karlsruhe.
– 1892 Jacques Arsène D'ARSONVAL (1851–1940). Physiologe, Mediziner, Elektroingenieur in Paris. Untersuchungen über die physiologischen Wirkungen der HF-Ströme (keine motorischen und sensorischen Reizwirkungen, sondern Wärmewirkungen).
– 1891 Nicola TESLA (1856–1943). Ingenieur, experimentierte in den USA ebenfalls mit HF-Strömen (20 kHz) und ist wesentlich an gerätetechnischen Entwicklungen (Hochfrequenzspannungstransformator) beteiligt.
– 1894 Richard v. ZEYNEK, Prag, ist wie D'ARSONVAL und TESLA daran beteiligt, elektrische Stromwärme als Tiefenerwärmungsverfahren zur Therapie einzusetzen.

Diese *1. Ära* der HF-Elektrotherapie wurde zu Ehren D'ARSONVALS als *Arsonvalisation* bezeichnet. Die HF-Ströme wurden mit Funkenstreckengeneratoren erzeugt. Das Verfahren ist inzwischen technisch und medizinisch überholt. Es wurde mit verschiedenen Elektrodentypen (Effluvien-, Funken-, Kondensator-, Vakuumelektroden) zur Lokalbehandlung benutzt. Zur Ganzkörperbehandlung („allgemeine Arsonvalisation“) kam eine große Drahtspule (Solenoid) zur Anwendung, in der sich der Patient befand, oder ein Kondensatorbett.
Ab 1900 bis ca. 1935 beginnt die *2. Ära*, die sog. *Langwellendiathermie* (0,5–1 MHz), die auch als „Klassische Diathermie“ bezeichnet wird. Es werden Kondensatorentladungen über Funkenstrecken benutzt, appliziert über blanke Bleiblechelektroden, die an der Haut über der Behandlungsregion befestigt wurden. Das gerätetechnisch aufwendige und mit Verbrennungsgefahr belastete Verfahren, das außerdem sehr rundfunkstörend war, wurde mit Einführung der Kurzwellendiathermie verlassen.

– 1907 Franz NAGELSCHMIDT (1845–1932) demonstriert in Dresden am Menschen die Wärmewirkung durch die Haut mit einem Funkenstreckengenerator und prägt dafür die für die HF-Elektrotherapie international übliche Bezeichnung **Diathermie** (Durch-Wärmung, Tiefenerwärmung). 1913 erscheint sein Lehrbuch der Diathermie.

Die Langwellendiathermie ist heute ebenfalls ein historisches HF-Therapieverfahren, das durch die KW-Therapie abgelöst wurde, die Ende der 20er Jahre beginnt = *3. Ära*. Sie hält bis heute an.

– 1928 Erwin SCHLIEPHAKE (geb. 1884), Internist in Gießen, und der Physiker ESAU leiten in Deutschland mit der Kondensatorfeldmethode (Luftabstandelektrode = Schliephake-Elektrode) die *KW-Ära* ein. Als Generatoren kamen jetzt Elektronenröhren (Trioden) zur Anwendung. Nach Tierexperimenten führte SCHLIEPHAKE 1929 einen Selbstversuch zur Heilung eines Nasenfurunkels durch. 1932 erschien sein „Lehrbuch der Kurzwellentherapie“ in der 1. Auflage (1935 in England, 1938 in den USA). Unabhängig davon experimentierte in den USA 1924 (publiziert 1926) J. W. SCHERESCHEWSKY mit der Kondensatorfeldmethode der KW und entdeckte dabei in Tierversuchen mit Mäusen schwere Symptome und letale Wirkungen sowie Tumorzerstörungen, angeblich ohne wesentliche Erwärmung. Die sog. athermischen Wirkungen werden aber 1933 von ihm zurückgenommen.
– 1934 Entdeckung der Spulenfeldmethode in Europa durch KOWARSCHIK in Wien, in den USA durch MERRIMAN, HOLMQUIST und OSBORNE.
– 1947 auf der Atlantic City Conference (NY) werden ISM-Frequenzbänder (industrial scientific und medical) festgelegt, die für die KW-Therapie in der Medizin 3 Frequenzen freigibt: 13,66, 27,12 und 40,98 MHz. Technische Entwicklungen, wie die Magnetronröhre (HOLMANN 1938) und die Klystronröhre (Stanford Univ. USA, 1938) als Generatoren gestatteten die Erzeugung von Wechselstromfrequenzen im Mikrowellen-MW-Bereich (300 MHz–300 GHz). Die Entwicklungen auf medizinischem Gebiet kamen durch den 2. Weltkrieg zum Stillstand, da dieser Frequenzbereich durch Arbeit an Radarsystemen zu militärischem Einsatz genutzt wurde.

– 1946 KRUSEN u. Mitarb. an der Mayoklinik (NY) steht eine 3000 MHz-Frequenz, durch eine Magnetronröhre erzeugt, mit 300 W Ausgangsleistung zur Verfügung, mit der Tierversuche an Hunden und später therapeutische Anwendungen am Menschen erfolgen. Die Frequenz 2450 MHz wird für die Mikrowellentherapie freigegeben. 1950 erfolgt die Freigabe der Frequenz für die Dezimeterwelle (433, 92 MHz) in Europa. Wegen jetzt erst anlaufender ingenieurtechnischer Grundlagenuntersuchungen wichtiger elektrischer Materialkonstanten (DK, elektr. Leitfähigkeit u. a.) geben SCHWAN u. Mitarb. Hinweise auf prinzipielle Mängel der Tiefenerwärmung mit 2450-MHz-Frequenzen und günstigere Wirkungen im Bereich 900 MHz, die 1966 durch LEHMANN u. Mitarb. als 915-MHz-Kontaktstrahler realisiert wurden.

5.1. Physikalische Grundlagen

Die im RF- und MW-Frequenzbereich des elektromagnetischen Spektrums transportierte Energie ist gegenüber der Energie ionisierender Strahlen sehr gering. Bei Photonen von Röntgenstrahlen beträgt z. B. das transportierte Energiequantum $10^4 - 10^6$ eV (eV = Elektronenvolt = $1{,}6021 \cdot 10^{-18}$ Joule), im RF-MW-Bereich dagegen nur $10^{-6} - 10^{-3}$ eV. Dies erklärt, warum in diesen Frequenzbereichen keine ionisierenden Eigenschaften mehr existieren. Das Energiequantum reicht nicht mehr aus, damit die Strahlen in die Atomhülle eindringen oder chemische Bindungen sprengen können. So beträgt z. B. die Photonenergie der Mikrowelle nur 1/6000 der kinetischen Energie eines Körpermoleküls bei Körpertemperatur. Ohne die Beteiligung von Wärmevorgängen, die aber erst bei der Absorption größerer Energiequanten auftreten, ist daher eine direkte athermische Primärwirkung auf molekularer Ebene in diesem Frequenzbereich nicht ohne weiteres zu erwarten. Im HF-Bereich kommen folgende Felder zur Anwendung:

1. das elektrische Kondensatorfeld,
2. das elektrische Feld $\mathfrak{E}$ (E),
3. das magnetische Feld $\mathfrak{H}$ (H), 1.–3. bei der Kurzwellentherapie
4. das elektromagnetische Feld, bei der Dezimeter-, 915 MHz- und bei der Mikrowellentherapie.

Der Begriff „Felder“ ist dabei als ein Raumzustand aufzufassen, der durch charakteristische, von Ort zu Ort variierende Werte beschrieben wird. Da es sich um „Vektorfelder“ handelt, d. h., der Zustand im Raum wird an jedem Ort durch eine gerichtete Größe beschrieben, werden meist „deutsche“ Buchstaben zur Beschreibung benutzt (lateinische in Klammer).

Zu 1. Beim elektrischen Kondensatorfeld tritt, wenn Ladungen vorhanden sind, zwischen den beiden Kondensatorplatten (Elektroden) eine Ladungsverschiebung ein. Aber auch im Vakuum, wo keine Ladungen vorhanden sind, existiert dieses Feld, im Gegensatz zum Strömungsfeld im NF-Bereich. Es wird beschrieben durch die Verschiebungsflußdichte $\mathfrak{D}$ (D) (As/m^2), die Wert und Richtung einer Ladungsverschiebung angibt. Liegt an den Kondensatoren ein Wechselfeld an, wie es bei der KW der Fall ist, so entsteht ein sog. Verschiebungsstrom. Er wirkt im Prinzip wie der Strom eines Strömungsfeldes. Er ist von dem zeitlichen Anstieg der Verschiebungsflußdichte abhängig.

Zu 2. Das elektrische Feld $\mathfrak{E}$ (E) ist die eigentliche übergeordnete Größe. Es entspricht der auf den Weg bezogenen Spannung.
Beim *Kondensatorfeld* liegt diese Spannung an den Kondensatorplatten. Sie erzeugt einen Strom, der der Verschiebungsflußdichte ϑ proportional ist. Die Proportionalitätskonstante ist die Dielektrizitätskonstante DK ε (engl.: permittivity), Dimension Vs/Vm. $\varepsilon = \varepsilon_0 \cdot \varepsilon_r$ = absolute DK für Vakuum und auch für Luft gültig. $\varepsilon_0 = 8{,}859 \cdot 10^{-12}$ Vs/Vm. ε_r = relative DK. Beim *Strömungsfeld* liegt die Spannung an Elektroden, die über ein leitendes Medium verbunden sind. Sie erzeugt einen Ladungsstrom der Stromdichte $\mathfrak{S}$ (*S*), der proportional der Felddichte $\mathfrak{E}$ ist. Die Proportionalitätskonstante ist die spezifische elektrische Leitfähigkeit $\varkappa$ (engl. conductivity), Dimension A/V · m ($\varkappa$ im Vakuum = 0), entsprechend dem spezifischen elektrischen Widerstand ϱ (engl. resistivity). Dieser ist der reziproke Wert von $\varkappa$ ($\varrho = 1/\varkappa$), Dimension Vm/A.

Zu 3. Das magnetische Feld $\mathfrak{H}$ (H), Dimension A/m. Es beschreibt den vektoriellen Raumzustand aus magnetischer Sicht. Die meist dazu benutzte „Kraftlinien"-Darstellung sagt etwas aus über das räumliche Verhalten des Magnetfeldes, aber nichts über sein Zeitverhalten. Die magnetische Flußdichte $\mathfrak{B}$ ist der Ausdruck für die Feldlinienzahl pro Flächeneinheit. Zwischen $\mathfrak{B}$, gemessen in Vs/m^2, und dem magnetischen Feld $\mathfrak{H}$ (H) besteht eine Proportionalität über eine 3. Materialkonstante, die Permeabilität μ, gemessen in Vs/Am, nach der Formel $\mathfrak{B} = \mu \cdot \mathfrak{H}$.
Elektrisches und magnetisches Feld können getrennt betrachtet werden. Die Wirkung auf ein biologisches Objekt hängt dabei stets von den Werten der Feldstärke, aber auch von den 3 unabhängigen Materialkonstanten $\varkappa$, ε und μ ab. Diese beschreiben gleichsam die „Sensibilität" des Materials, d. h. der verschiedenen Gewebearten frequenzabhängig für das jeweils zugeordnete Feld. Das Verhalten der beiden wichtigsten Materialkonstanten $\varkappa$ und ε im RF- und MW-Bereich zeigt Abbildung 71 (s. S. 258). Gleichzeitig wird dabei auch der Unterschied der 2 Arten von Geweben ersichtlich:

– Gewebe mit relativ hohem Wassergehalt (Muskeln, innere Organe, Haut),
– Gewebe mit niedrigem Wassergehalt (Fettgewebe, Knochen).

Die beiden Materialkonstanten für verschiedene Frequenzbereiche und Gewebearten sind von zahlreichen Autoren, besonders von Schwan 1957, 1980 mit in-vivo-Methoden untersucht worden. Sie geben wichtige Grundlagen für die Einschätzung der verschiedenen HF-Diathermieverfahren. Energieabsorptionsraten, Eindringtiefe u. a. werden entscheidend von ihnen bestimmt. Eine kurze Übersicht von Ergebnissen mehrere Autoren gibt Tabelle 20.
Man erkennt z. B. die relativ starken Variationen der DK in Muskeln und Fett. In hohen Frequenzbereichen sind elektrische und magnetische Feldstärke eng miteinander verknüpft, wie von Maxwell 1865 schon durch die fundamentalen Gleichungen der theoretischen Elektrotechnik beschrieben. In einem sich ändernden Magnetfeld wird dieses von einem elektrischen Feld umgeben und umgekehrt. Da sich dieser Vorgang zyklisch wiederholt, kommt es auch im Vakuum, in dem $\varkappa = 0$ ist, zur Ausbreitung einer elektromagnetischen Welle.

Zu 4. Das elektromagnetische Feld. Es hat, wie Abbildung 69 zeigt, eine elektrische Komponente $\mathfrak{E}$ (E) und eine magnetische Komponente $\mathfrak{H}$ (H). Das elektrische

Tabelle 20 Dielektrizitätskonstante (obere Werte) und -spezifische elektrische Leitfähigkeit (mmho/cm) in verschiedenen Frequenzbereichen bei einigen Körpergeweben (nach SCHWAN und FOSTER, 1980)

	Kurzwelle	Dezimeterwelle	915 MHz	Mikrowelle
Muskel	103–115	52–54	49–52	45–48
	6,8–8,8	11,1–11,8	12,7–13,3	21,7–23,3
Leber	136–138	44–51	46–47	42–43
	4,76–5,41	7,69–9,52	4,93–10,2	20,0–20,4
Gehirn	>160			
	4,55			
Fett	11–13	4–7	5,3–7,5	3,9–7,2
	0,4–0,5	0,36–1,11	0,83–1,49	1,11–2,27
Knochenmark	6,8–7,7		4,3–7,3	4,2–5,8
	0,2–0,36		0,43–1	1,16–2,25

Feld ist *transversal* orientiert, das Magnetfeld senkrecht dazu *radial*. Die elektrotherapeutischen Behandlungen erfolgen im *Nahfeld* (das Fernfeld ist für den Funkverkehr von Bedeutung). Hierbei wirkt nur die transversale Komponente der sich ausbreitenden elektromagnetischen Welle, da die elektrische Feldstärke gemäß $1/r^3$, die magnetische gemäß $1/r^2$ mit steigender Entfernung von der Antenne abfällt). Den Vorgang des Auftreffens und des Eindringens einer elektromagnetischen Welle in den Körper zeigt Abbildung 70. Ein Teil der Strahlung wird *reflektiert*, weil sich besonders die elektrischen Eigenschaften von Luft und Körpergewebe unterscheiden. So verhält sich z. B. die Dielektrizitätskonstante wie 1 : 40. Der verbleibende Anteil der Welle dringt in den Körper ein. Seine Energie wird je nach vorliegender Gewebeart in unterschiedlichem Maße *absorbiert*. Die Größe der elektromagnetischen Welle nimmt gegenüber der in Luft

Abb. 69 Elektromagnetische Welle, elektrische (E) und magnetische (H) Komponente

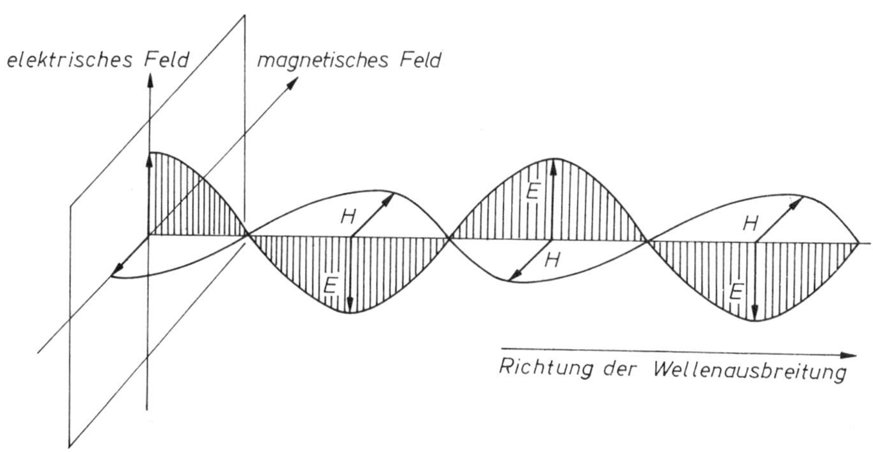

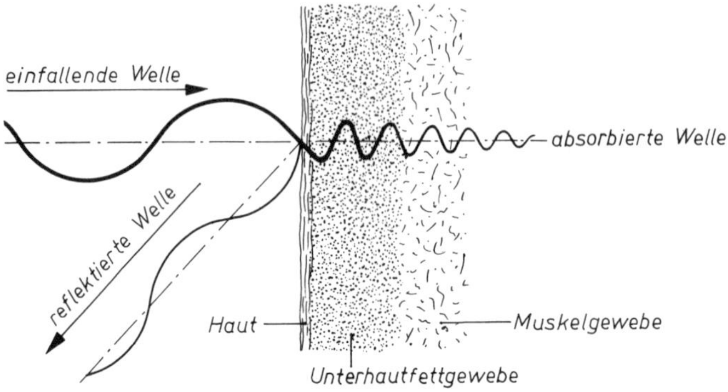

Abb. 70 Auftreffen und Eindringen einer elektromagnetischen Welle in Körpergewebe

ab, ebenso die Wellenlänge. So sinkt z. B. bei der Mikrowelle (2450 MHz) die Wellenlänge in Luft (λ_0) von ca. 12 cm im Muskelgewebe auf ca. 1,2 cm ab. Die Frequenz bleibt unverändert. Alle Formen elektromagnetischer Wellen breiten sich mit Lichtgeschwindigkeit (c) von 300 Millionen Meter pro Sekunde (3×10^{10} cm/s) aus. Bei Bekanntsein der Frequenz f (Hz) oder der Wellenlänge λ_0 (m) kann die fehlende Größe nach der Formel $f = c/\lambda_0$ bzw. $\lambda_0 = c/f$ errechnet werden. Durch den Vorgang der Absorption verringert sich die Energie der eindringenden elektromagnetischen Welle mit zunehmender Tiefe frequenz- und gewebeabhängig. Wie Abbildung 71 zeigt, nimmt mit zunehmender Frequenz in beiden Gewebearten die Eindringtiefe ab (Tumorgewebe liegt zwischen Muskel

Abb. 71 a) Eindringtiefen verschiedener Frequenzen in Augenlinsengewebe und Glaskörperflüssigkeit, Gewebe mit hohem Wassergehalt liegen dazwischen, mit niedrigem (Knochen, Fett) haben 3–5× höhere Eindringtiefen; b) frequenzabhängige Eindringtiefe

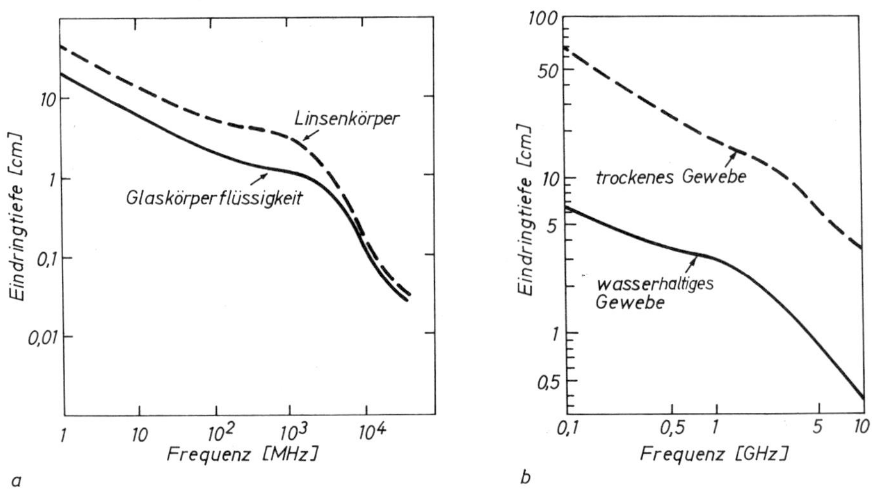

und Fettgewebe). Im wasserarmen Fett ist die Eindringtiefe deutlich niedriger als im Muskel, im Mikrowellenbereich etwa 2 cm : 13 cm. Oberhalb der Frequenz von 2450 MHz fällt die Eindringtiefe stark ab und beträgt z. B. im Infrarotfrequenzbereich nur noch Millimeter. Daß bereits die Mikrowellentherapie nicht das optimale Tiefenerwärmungsverfahren ist und 915 MHz oder 433 MHz besser abschneiden, geht ebenfalls aus Abbildung 93 hervor. Die Angabe der Eindringtiefe ist im Schrifttum unterschiedlich. Sie wird entweder als Halbwerttiefe (Halbwertschicht, half value layer HVL) angegeben oder als Eindringtiefe auf $1/e(e^{-1})$ bezogen. Das bedeutet auf eine Distanz (in cm), bei der die elektrische Feldintensität gegenüber ihrem Wert an der Oberfläche (=100%) um 37% auf 63% des Oberflächenwertes oder beim $1/e^2(e^{-2})$-Wert um 86% auf 14% reduziert ist. Abbildung 71 zeigt die Eindringtiefen in 2 Körpergewebe, Augenlinsenkörper und Glaskörperflüssigkeit, wobei die meisten Gewebe mit hohem Wassergehalt dazwischen liegen, die mit geringem Wassergehalt (Fett, Knochen) liegen 3–5 × höher in einem weiten Frequenzbereich. Der physikalische Primärvorgang bei der HF-Elektrotherapie ist die Absorption der eingedrungenen elektromagnetischen Energie und deren Umsetzung in Wärme. Im SI-System für Quantitäten und Einheiten ist das Joule (J) die Einheit für alle Energieformen, so auch für die elektromagnetische und elektrische Energie. 1 J = 10^7 erg = 0,239 Kalorien. Den Energiegehalt pro Masseeinheit eines absorbierenden Körpers, die Energiedosis, gibt die SI-Einheit J/kg bzw. J/g an. Watt (W) ist die SI-Einheit für die Zeitrate, in der Energie erzeugt, absorbiert, übertragen oder abgegeben wird. W = J/s. Die auf die Masse bezogene Zeitrate ist W/kg bzw. mW/g, oft auch als spezifische Absorptionsrate SAP bezeichnet (Arbeitseinheit in Milliwatt/Gramm oder Mikrowatt/Gramm, μW/g). Als Strahlungs- bzw. Energieleistungsdichte ist die SI-Einheit $W \cdot m^{-2}$ üblich.

Wärme ist der Kurzausdruck für eine Energie. Unter Wärmeenergie wird die in einem Körper auf Grund seiner absoluten Temperatur steckende Energie verstanden. Unter Wärmearbeit versteht man die Wärmeleistung, die in einer bestimmten Zeit abgegeben bzw. aufgenommen wird. Temperatur entspricht dem tatsächlichen Wärmegrad eines Stoffes, hat aber eine eigene Dimension (Grad). Die absolute Temperatur wird vom absoluten Nullpunkt aus gemessen und in Kelvin (K) angegeben. 0° entsprechen 273,15 K. Ungünstigerweise gibt es in der englischen Sprache für Wärme und Temperatur im adjektivischen Gebrauch nur die Bezeichnung „*thermal*“. Dies hat besonders in Zusammenhang mit dem Begriff „*athermal*“ zu Mißverständnissen geführt. „Athermal“(non-thermal) kann dann z. B. bedeuten, daß es bei diesem Vorgang zu keiner meßbaren Temperaturveränderung kommt, aber auch, daß eine Wirkung vorliegt, die nicht auf Erwärmung (Transfer und Absorption von Wärme) beruht.

Wie im HF-Bereich die elektromagnetische Energie auf das Körpergewebe übertragen wird, zeigt die folgende Übersicht.

Ankopplungsmethoden der HF-Elektrotherapie

Der Ausdruck Ankopplungs-(Kopplungs-, Applikations-)Verfahren wird für die Übertragung der elektromagnetischen Energie vom Applikator auf das Körpergewebe benutzt. Im RF- und MW-Frequenzbereich kommen für die verschiedenen

HF-Diathermieverfahren unterschiedliche Ankopplungsmethoden zur Anwendung.

1. *Kapazitive* Ankopplung = elektrische Kondensatorfeldmethode.
Anwendung bei der Kurzwellentherapie [Abb. 72 links, 2 Metallplattenelektroden (Kondensatoren), Dielektrikum, dazwischen das Behandlungsobjekt].

2. *Induktive* Ankopplung = Magnetfeld-, Spulenfeldmethode.
Anwendung bei der Kurzwellentherapie (Abb. 72 Mitte, Nahfeld). Als Applikatoren dienen verschiedene Spulen, z. B. Spulenkabel, Flachspulen (Pancake coil), Wirbelstromelektroden. Zur Tumortherapie konzentrische, koaxiale, zirkuläre Spulen.

3. *Radiative* Ankopplung = Strahlenfeld-, elektromagnetische Feldmethode (Abb. 72 rechts).
Anwendung bei der Dezimeterwellen-, 915-MHz- und Mikrowellentherapie, Abstrahlung der elektromagnetischen Energie von Antennen als Distanzstrahler im Nahfeld, Fokus-, Kontakt-, Körperhöhlenstrahler, bei der Hyperthermie zur Tumortherapie mit komplizierten Applikatorensystemen (BSD-Annular Arraysystem), implantierbaren Mikroantennen. Die Leitung der elektromagnetischen Energie vom Generator zur Antenne (Strahler, Dipol) erfolgt über ein Koaxialkabel.

5.2. Physiologische Grundlagen

Das Hauptinteresse physiologischer Sekundärwirkungen galt lange Zeit fast ausschließlich den Wirkungen von Kurzzeiteffekten bei Anwendung relativ hoher (bis 300 W) Intensitäten, wie sie zur Erzielung therapeutisch wirksamer Wärmeeffekte nötig sind. Außerdem interessierten noch mögliche Schädigungen durch

Abb. 72 Applikations-(Ankopplungs-)verfahren im Bereich der Hochfrequenztherapie: Kondensator-, Spulenfeld-, Strahlenfeldmethode

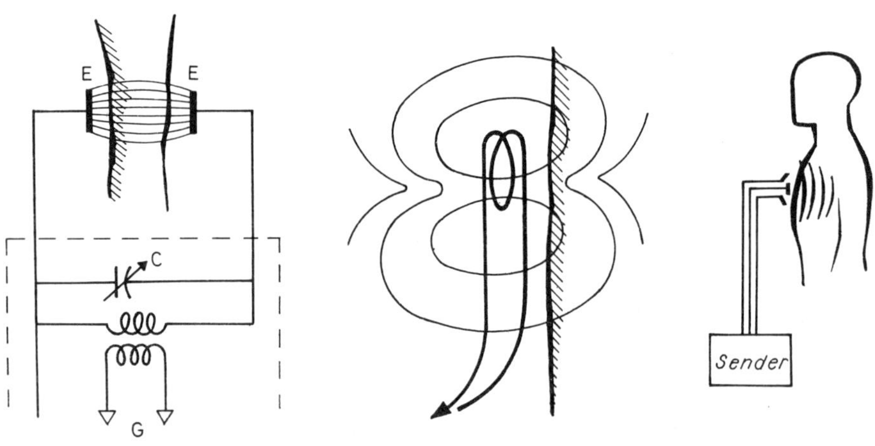

Wärme und Grenzwertbestimmungen, die das Auftreten thermischer Läsionen verhindern sollen. Solche Schädigungen wurden besonders in gefäßarmen Geweben oder Organen, wie z. B. den Augenlinsen oder Testikeln, bei Überschreitung von 100 mW/cm^2 Leistungsdichte angenommen. Von wissenschaftlichem Interesse ist jedoch eine vollständige Erforschung biologischer Wirkung der elektromagnetischen Energieform; dazu gehört auch die Wirkung niedriger Dosen (<10 mW/cm^2), besonders auch deren Langzeiteffekte. Bei solchen niedrigen Dosen stehen thermische Wirkungen, sofern sie überhaupt existieren, zumindest nicht im Vordergrund. Damit war auch die Frage zu beantworten, ob es neben den lange bekannten thermischen Wirkungen noch andere, sog. athermische („parathermische", „nicht-thermische", „spezifische") direkte Wirkungen auf biologische Substrate gibt. Neben dem Nachweis ihrer Existenz wären auch ihre physiologische Bedeutung zu klären, sowie die den Elektrotherapeuten interessierenden Frage, ob sie und bei welchen Indikationen sie evtl. therapeutisch genutzt werden könnten. Entsprechende Untersuchungen wurden erst mit Beginn der sechziger Jahre, anfangs meist auf der Basis von Tierexperimenten, besonders von sowjetischen Autoren unternommen. Sie führten auch zur Festlegung neuer Sicherheitsstandardwerte für die Exposition bei Anwendung von RF- und MW-Wellen. Inzwischen existiert zu dieser Thematik, die hier nicht ausdiskutiert werden kann, ein umfangreiches Schrifttum. Auf Übersichten, z. B. von CLEARY 1977 und STUCHLY 1974 sei hingewiesen. Einige Ergebnisse auf molekularer, zellulärer, makroskopischer Ebene sollen neben den für die Diathermie wichtigen thermischen Wirkungen im folgenden kurz erörtert werden.

Molekulare Ebene der Zwischenwirkungen

Sie muß bei der Beurteilung möglicher Wechselwirkungen mit biologischen Substraten berücksichtigen, daß im Frequenzspektrum von 10 MHz – 300 GHz nur $0{,}4 \times 10^{-7}$ bzw. 1.2×10^{-3} eV (Elektronenvolt) pro Photon, also eine sehr geringe Energiemenge verfügbar ist. Diese ist sogar 10mal niedriger als die Wärmebewegungsenergie kT, die sich aus der Boltzman-Konstanten k $k(=1{,}38 \cdot 10^{-23}$ Ws/$k)$ und der absoluten Temperature T (gemessen in K) ergibt. Ein Basismechanismus ist der Einfluß von Feldern auf die naturgemäß vorhandene Rotation polarer Moleküle (dieser Effekt wird speziell bei der in der Labortechnik schon länger, nun aber auch am Menschen angewandten Diagnostikmethode der Magnet-Resonanz-Technik (MRT) genutzt. Wenn rotierende Moleküle infolge eines äußeren Feldes ihre Lage ändern wollen, kommt es nach den Kreiselgesetzen zu einer kreisförmigen Bewegung der Rotationsachse, dem sog. Spin. Dies tritt jedoch nur in Flüssigkeiten und Gasen auf, nicht bei festen Körpern. Bei dieser Orientierung der polaren Moleküle kommt es durch Reibungskräfte zu Energieverlusten an den eingestrahlten Wellen. Die Rotationsenergie des Spins wird in Wärme umgesetzt, in Abhängigkeit von der Feldstärke, der Größe und Form der Dipole, der Viskosität u. a. Einflußfaktoren. Dieser Interaktionstyp der Rotation mit Spin polarer Moleküle führt allein, d. h. ohne Mitwirkung auftretender stärkerer Wärmeeffekte nicht zu irreversiblen Wirkungen am biologischen Substrat. Bei elektrischen Feldstärken von wenigen V/cm kann es nur zu einem teilweisen, keinem vollständigen Spin von Molekülen kommen. Im Frequenzbereich von 10 MHz bis 300 GHz betrifft die Spinrotation hauptsächlich

Wassermoleküle. Da die molekularen Strukturen dabei nicht verändert werden, sind spezifische biologische Wirkungen daraus nicht zu erwarten. Erst bei hohen Mikrowellenintensitäten kann die Spinrotation des „freien“ Wassers durch Wärmewirkungen zu Gewebealterationen führen. „Gebundenes“ Wasser macht 30% des Gesamtgewichtes von Proteinen aus. Sein Relaxationsmechanismus bedarf noch weiterer Untersuchungen. Im Frequenzbereich 1 – 3 GHz soll „gebundenes“ Wasser mehr elektromagnetische Strahlen absorbieren als „freies“ Wasser. Aminosäure-, Peptid-, Proteinmoleküle erfahren bei mäßiger Feldstärke nur eine partielle Orientierung ihrer Dipole, so daß spezifische biologische Effekte durch Rotationsrelaxation von Biopolymeren in den hier erörterten Frequenzbereichen nicht zu erwarten sind. Zusammenfassend schätzen die meisten Autoren deshalb ein, daß keine Grundlagen für molekulare frequenzspezifische Wechselwirkungen von elektromagnetischen Feldern im RF- und MW-Bereich mit biologischen Substraten existieren, es sei denn, sie beruhen auf Wärmewirkung.

Zelluläre Ebene der Zwischenwirkungen

Immer mehr rücken die Biomembranen als mögliche potentielle Orte der Interaktion von elektromagnetischen Feldern und leitenden biologischen Substraten in das Gesichtsfeld, da Veränderungen an der Zellmembran, wie wir aus der Niederfrequenztherapie wissen, zu physiologischen Veränderungen, wie z. B. Nervenerregung, Muskelkontraktionen u. a., führen können. Jedoch ist die Situation im RF- und MW-Frequenzbereich schon wesentlich anders, wie bereits D'ARSONVAL bei seinen physiologischen Studien fand. Ein wichtiger Parameter für das Verhalten einer Membran ist deren Kapazität/cm^2. Für eine große Zahl von Membranen wird dafür ein Wert von 1 $\mu F/cm^2$ und für die spezifische elektrische Leitfähigkeit ein Wert von 1 – 10 S/cm^2 gemessen. Membranen trennen Regionen mit unterschiedlichen Dielektrizitätskonstanten und formieren elektrisch geladene Zwischenräume. Bei Frequenzen zwischen wenigen 10 kHz und wenigen 100 MHz führen elektromagnetische Felder zu einem Frequenz-Relaxations-Verhalten (sog. Maxwell-Wagner-Effekt). Biologische Folgerungen dieses Phänomens sind die gleichen wie die bei der Rotationrelaxation erörterten. Oberhalb von 100 MHz aber sind die Membranen kurzgeschlossen, so daß ein elektrisches Potential nicht ausgelöst werden kann. Während unter 1 MHz Frequenz ein Wechselstromfeld von wenigen V/cm, senkrecht auf eine Nervenzellmembran verabreicht, ein elektrisches Potential von wenigen mV und damit eine Nervenerregung bewirken kann, sinkt dieses Potential mit Steigerung der Frequenz rapid. Oberhalb 10 MHz ist es im Vergleich zum Ruhepotential der Nervenzelle sehr klein. Es gibt jedoch spekulative Interaktionsmechanismen, die für spezielle Situationen, besonders an Nervenzellen, evtl. berücksichtigt werden müssen. Es spricht vieles dafür, daß Größe und Form, Funktionsstatus der Nervenzelle (ruhend oder aktiv), Lage der Zellen zum Feld als wesentliche Faktoren hinsichtlich der Höhe der auftretenden Potentiale berücksichtigt werden müssen. So hat SCHWAN 1980 darauf hingewiesen, daß Mechanismen, die das Volumen der exponierten Partikel vergrößern können und die als sog. kooperative Mechanismen bezeichnet werden, zu einer Wechselwirkung auch schwächerer elektromagnetischer Mikrowellenfelder mit biologischen Geweben führen könnten. Der Grund dafür ist, daß für eine gegebene in -situ-Feldstärke die transmembranen Potentiale

mit der Zellgröße steigen und damit Moleküle reorientiert werden können. Kooperative Reaktionen von Zellen oder von Makromolekülen, die die Größe der Strukturen erhöhen, reduzieren damit die Schwelle für eine mögliche Wechselwirkung auch in athermischen Bereichen der Intensität. Unterschiedliche Größe und Form von Zellen sind möglicherweise auch der Grund für gefundene Variabilitäten, besonders von Zellen des Zentralnervensystems, hinsichtlich der Sensitivitäten verschiedener Zelltypen gegenüber elektrischen Feldern (Hypothalamus, subthalamische Neuronen betreffend). Eine Wechselwirkung Kräften des elektromagnetischen Wechselstromfeldes mit biologischen Partikeln ist auch die sog. Perlschnur-(Pearl-chain-)Formation, ein kettenförmiges Arrangement suspendierter Partikel und Mikroorganismen infolge Dipol-Dipol-Interaktion. Dazu sind jedoch hohe Intensitäten von einigen Hundert V/cm zu applizieren. Andere beobachtete Wechselwirkungsphänomene, wie z. B. die Beeinträchtigung von Ca^2-Ionenbindungen im zerebralen Gewebe, liegen in Frequenzbereichen außerhalb der hier erörterten. Das gleiche gilt für Wachstumsbeeinflussungen in Zellkulturen bei 42 GHz oder bei Frequenzen > 10 GHz, die zu Vibrationseffekten durch quasi-resonante feldinduzierte Übertragung auf biologische Substrate führen sollen.
Nicht immer sind die zugrundeliegenden Mechanismen restlos aufgeklärt. Auch ob es sich wirklich um spezifische „athermische" Wirkungen handelt, kann nur durch Anwendung sehr exakter Meßmethoden entschieden werden, wie am Beispiel des sog. „Hörphänomens" (Hearing-Effektes) gezeigt werden kann, das unter Mikrowellenbestrahlung beobachtet wurde. Beim Überschreiten einer Intensität von nur 0,1 mW/cm^2, entsprechend einem Temperaturanstieg von nur 5×10^{-6} °C, kann es zur Perzeption eines „Click-Geräusches" oder bei pulsierender elektromagnetischer Bestrahlung zu einem Summen oder Zischen kommen. Dies besagt, wie vorsichtig man mit der Postulieung „nichtthermischer" Wirkungen im HF-Bereich operieren sollte!

Makroskopische Ebene der Zwischenwirkungen

Über die Wirkungen elektromagnetischer Felder auf Gewebe und Organe sind wir hinsichtlich Kurzzeiteffekten höherer Intensitäten, die zu therapeutisch wirksamen Wärmewirkungen (Diathermie) führen, auf die im folgenden noch eingegangen wird, wesentlich besser orientiert als über die Wirkungen niedriger Intensitäten und deren Effekte bei Langzeitexposition. Zu den letztgenannten Problemen sei auf eine umfassende Übersicht von Cleary 1977 verwiesen, die dieser auf einem Workship der Universität Maryland USA gegeben hat. Diskutiert werden dabei neurale Effekte bei Exposition gegenüber low-intensity Feldern und über die Schwierigkeiten, den dazugehörigen Wirkungsmechanismus festzustellen. Auf eine detaillierte Erörterung kann verzichtet werden, da vieles noch hypothetisch ist. Viele der Wirkungen, die wenige Monate nach Beginn beruflicher Exposition auftreten, sind rein *subjektiver* Natur, wie z. B. Kopfschmerzen oder Müdigkeit. Auch ein sog. chronisches Überexpositionssyndrom wurde beschrieben. Als *objektive* Symptome chronischer Exposition werden Akrozyanose, Hyperhydrose, Dermographismus, Hypotonie, Arm- und Fingertremor erwähnt. Die Veränderungen sind alle reversibel. Das gleiche gilt für gewisse neuroendokrine und hämatopoetische Effekte, die ebenfalls nur zu vorübergehenden, geringen Alterationen

führten. Anhaltspunkte, dadurch auftretende physiologische Wirkungen therapeutisch sinnvoll zu nutzen, z. B. zur Verbesserung des Immunsystems und für andere Indikationen, zeichnen sich, soweit ersichtlich, daraus jedoch nicht ab. Die Frage interessiert z. Z. mehr solche Autoren, die sich mit Problemen beschäftigen, die die Schädigung durch niedrige Dosen und die Festlegung von Sicherheitsstandards, besonders für beruflich exponierte Personen, betreffen, (STUCHY 1982 u. a.)
Über thermische Wirkungen auf Gewebe und Organe sind wir zweifellos besser unterrichtet. Ein Aspekt, der jedoch lange nicht genügend Berücksichtigung fand, sind die Schwierigkeiten, die dadurch entstehen, daß die elektromagnetischen Felder im Körper nicht auf homogene, sondern oft auf recht inhomogene Gewebestrukturen mit unterschiedlichen elektrischen Materialkonstanten treffen. Geometrische Formen des Körpers können das Reflexionsverhalten wesentlich beeinflussen und zur Entstehung sog. Hot spots führen.
Der Wärmetransport des Blutes kann die Absorptionsrate und damit das vorliegende Temperaturverteilungsspektrum der verschiedenen Körpergewebe verändern. Dazu kommen die Einflüsse unterschiedlicher Frequenzen in diesem von 3–3000 MHz reichenden Spektrum und nicht zuletzt der Einfluß der verschiedenen Applikatoren, die ebenfalls erheblich zu inhomogenen Temperaturverteilungsspektren beitragen können. Über die bei der Diathermie benutzten Hochfrequenztherapieverfahren (KW, Dezimeter- und Mikrowelle) und der dabei verwendeten Ankopplungsverfahren (Kondensator-, Spulen- und Strahlenfeld) sind wir nicht zuletzt durch die verdienstvollen Arbeiten der Forschungsgruppe von LEHMANN u. Mitarb. ziemlich gut orientiert.

Thermische Wirkungen

Die physiologisch und therapeutisch wichtigste Wirkung der HF-Diathermie ist die Wärmewirkung. Der physikalische Primärvorgang der Umsetzung der elektromagnetischen Energie bei deren Absorption im Gewebe löst durch die erfolgte Temperatursteigerung zahlreiche Sekundärvorgänge aus. Dises können in therapeutisch nützliche und therapeutisch unerwünschte Wärmewirkungen gegliedert werden.

Therapeutisch nützliche Wärmewirkungen

1. Für die Lokaltherapie

- Durchblutungsverbessernde, hyperämisierende Wirkungen.
- Entzündungswidrige, antiphlogistische Wirkungen, besonders bei chronisch proliferativen Entzündungen. Dagegen werden akute exsudative Entzündungen, z. B. mit Synovitis, sog. „aktivierte" Arthrosen, besser mit Kälte, oder wenn mit KW nur mit Impuls-KW niedriger Dosisstufe behandelt.
- Schmerzlindernde, analgetische Wirkungen, z. T. indirekt über:

– muskelentspannende, detonisierende, relaxierende Wirkungen bei reflektorischem Muskelhypertonus der Skelettmuskulatur bzw. Spasmen der glatten Muskulatur;
– Verbesserung der Dehnbarkeit von kollagenem Bindegewebe, besonders mit gleichzeitigen Dehnübungen, z. B. bei Gelenkkontrakturen nicht ossärer Genese;
– Verbesserung der Viskosität der Synovialflüssigkeit und damit Herabsetzung der Gelenksteifigkeit, z. B. bei der Rheumatoid-Arthritis.

- Resorptionsfördernde („auflösende") Wirkungen, z. B. bei entzündlichen oder posttraumatischen Infiltrationen, Ödemen, Hämatomen, auch trophikfördernde Wirkungen.
- Phagozytosefördernde Wirkungen.
- Gewebezerstörende Wirkungen bei der Hyperthermie zur Krebstherapie.

2. Für die Ganzkörperhyperthermie

- Zur Tumortherapie als Hyperthermiebehandlung (selten).
- Zur Stoffwechsel- und Zirkulationssteigerung, Erzielung trophotropischer autonomer Wirkungen, Stimulation des Hypophysen-Nebennierenrinden-Systems, der unspezifischen Adaptation des mesenchymalen Stoffwechsels sowie antiphlogistischer Wirkungen, besonders auf chronisch-proliferative Prozesse.
- Antibakterielle, antivirale und zytostatische Effekte.
- Leuko- und Phagozytenstimulation, Immunsuppression oder -stimulation, unterstützende Wirkungen einer Arzneitherapie (SCHMIDT 1979).

Therapeutisch unerwünschte Wärmewirkungen

- Aktivierung ruhender Infektionen.
- Verstärkung, statt Dämpfung bestehender Infektionen und Entzündungen.
- Aktivierung knorpelzerstörender Enzyme, z. B. Kollagenasen, bei arthritischen Prozessen bzw. aktivierten Arthrosen.
- Verstärkung der vaskulären Permeabilität, dadurch evtl. Blutungen bzw. Ödembildung.
- Auslösung von Verbrauchskoagulapathien (selten).
- Herz-Kreislauf-Störungen, besonders bei Ganzkörperhyperthermie.

Das Ausmaß der physiologischen Antwort auf Wärme wird von mehreren Faktoren bestimmt, die auch für die Behandlungstechnik wichtig sind:

- Zur Erzielung einer therapeutischen Wärmewirkung ist eine bestimmte Temperaturhöhe im Gewebe erforderlich. Nach Untersuchungen von LEHMANN 1971 betrug diese im Tierversuch etwa 41 °C. Beim Menschen werden deshalb $>$ 40 °C gefordert. Ob das für alle Indikationen zutrifft, ist noch zu prüfen. Für die Hyperthermie zur Krebsbehandlung müssen zur Erzielung erwünschter gewebezerstörender Effekte im Tumor höhere ($>$ 42 – 43 °C) Temperaturen erreicht werden. Sieht man von diesem Sonderfall ab, so ist jedoch durch die Untersuchungen von LEHMANN bekannt, daß der für viele Indikationen so wichtige durchblutungsfördernde Effekt der Wärme erst bei Erreichen einer bestimmten Temperatur ($>$ 40 °C), man könnte fast sagen getriggert wird (Abb. 73). Erst dann wird die therapeutisch wichtige Vasodilatation ausgelöst, der Blutfluß wird gesteigert.
Gleichzeitig damit kommt es zu einem weiteren wichtigen Vorgang, den man als den sog. Blutkühlungseffekt bezeichnet hat. Dieser verhindert den anfangs linear erfolgenden Anstieg der Gewebetemperatur in einem Bereich, in dem das Gewebe geschädigt werden kann. Dieser Temperaturbereich ist gewebespezifisch verschieden hoch. Der Blutkühlungseffekt (s. Abb. 73) sorgt dafür, daß der lineare Anstieg beendet wird. Die Gewebetemperatur sinkt um 1 – 2 °C. Sie geht in einem Steady-state-Verlauf über und nimmt bei intakter Zirkulation jetzt einen horizontalen Verlauf. Bei Drosselung der Zirkulation würde, wie Abbildung 73 zeigt,

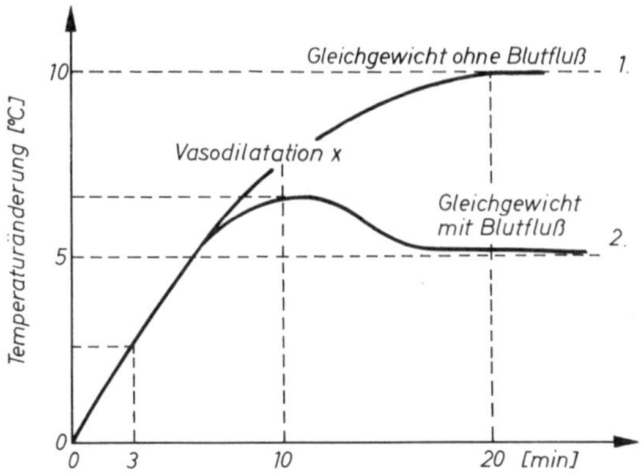

Abb. 73 Temperaturveränderungen im Gewebe (Messungen mit Thermistoren)
1. ohne Blutfluß (Staubinde),
2. mit Blutfluß (sog. Blutkühlungseffekt)

bei ca. 44 – 50 °C durch Proteindenaturation eine Zell- bzw. Gewebezerstörung auftreten. Daraus gehen eindeutig die Gefahren hervor, die schlecht durchbluteten Geweben, z. B. den Augenlinsen, Testikeln u. a. und Patienten mit peripheren Durchblutungsstörungen bei stärkerer Gewebeerwärmung drohen können.

- Tierexperimentelle Untersuchungen ergaben, daß die zur Erreichung therapeutischer Wirkungen notwendigen Leistungsdichten etwa 50 – 170 W/kg betragen. HF-Diathermieverfahren müssen an der Erfüllung bzw. Nichterfüllung dieser Forderung bewertet werden.

- Zur Erzielung einer therapeutischen Wärmewirkung ist auch eine Mindestdauer der Erwärmung nötig. Sie wird von Lehmann mit 3 – 5 min angegeben (= minimale Dauer). Das Maximum thermischer Reaktionen erfolgt später.

- Der zeitliche Anstieg der Temperaturkurve bis zum Erreichen der therapeutisch effektiven Temperatur soll ziemlich rasch verlaufen. Das Ausmaß der Reaktion wird nur von der Zeit bestimmt, in der die therapeutisch wirksame Temperatur erreicht wurde. Die Steilheit des Anstiegs wird wesentlich von der Leistung des Gerätes bestimmt.

- Hohe Temperaturen in oberflächlichen Gewebeschichten müssen vermieden werden, wenn eine gute Tiefenwirkung erzielt werden soll. Sonst tritt eine kompensatorische Vasokonstriktion in der Tiefe ein. Da Fettschichten schlecht vaskularisiert sind und dadurch der Blutkühlungseffekt gering ist, also wenig Wärme abtransportiert wird und die spezifische Wärme des Fettes niedrig ist, ist es ein Problem, eine hohe Oberflächentemperatur zu vermeiden. Bei der Kondensatorfeldmethode der KW und der Mikrowellentherapie (2450 MHz) sind diese Schwierigkeiten nicht optimal bewältigt.

- Neben einer intakten Durchblutung kommt einer intakten Sensibilität, einem ungestörten Wärme- und Schmerzempfinden eine große Bedeutung zu, um einen Temperaturanstieg in gewebeschädigende Temperaturregionen zu vermeiden. Bevor diese Temperaturbereiche erreicht werden, machen sich in der Regel auftretende Schmerzen bzw. ein starkes, kaum erträgliches Wärmeempfinden bemerkbar. Bei fehlendem Empfindungsvermögen, z. B. durch Läsion sensibler

Nerven, Syringomyelie, Bestehen einer Lokalanästhesie, fehlt das wichtige Warnungssignal Schmerz. Der Sicherheitsbereich, in dem keine Gewebeschäden auftreten, kann dadurch überschritten werden.
Im folgenden sollen die auf Seite 252 angeführten HF-Diathermieverfahren im einzelnen ausführlich besprochen werden.

5.3. Kurzwellentherapie

Die Kurzwellentherapie (engl. short wave) liegt nach der VO Funk im High-Frequency-(HF-)Bereich (3 – 30 MHz) des elektromagnetischen Spektrums. Sie ist das erste bedeutende Diathermieverfahren, das weltweite Verbreitung gefunden hat. Trotz mancher Mängel wird es noch am häufigsten angewandt. Von den 3 freigegebenen Frequenzen des Frequenzbandes wird, wegen der einfachen technischen Durchführbarkeit, die das große Band von 320 kHz erlaubt, am häufigsten die Frequenz 27,12 MHz $\pm$ 0,6% = 11,06 m benutzt. Für die Zwecke der Hyperthermie zur Krebstherapie ist auch noch die Frequenz 13,56 MHz im Gebrauch.

Ankopplungsverfahren zur KW-Therapie

Im KW-Bereich kommen 2 Applikationsverfahren der HF-Energie in Frage (s. Abb. 72):

1. die Kondensatorfeld- und
2. die Spulenfeldmethode.

Zu 1. Kondensatorfeldmethode

Sie wird auch als kapazitive Ankopplung bezeichnet. Wie Abbildung 72 zeigt, ist der zu behandelnde Körperteil dabei einTeil des Gesamtstromkreises. Das elektrische Kondensatorfeld (E bzw. $\mathfrak{E}$) entsteht zwischen den 2 Kondensatoren (= Metallplatten, Elektroden). Es führt beim Vorhandensein von Ladungen zu einer Ladungsverschiebung. Im Unterschied zum elektrischen Strömungsfeld des Niederfrequenzbereiches, bei dem die Elektroden dem Körper anliegen, existiert im HF-Bereich das elektrische Kondensatorfeld aber auch im Vakuum, in dem keine Ladungen vorhanden sind. Es tritt beim Anlegen eines HF-Wechselfeldes an den Kondensatoren auch im Vakuum ein sog. Verschiebungsstrom auf. Dieser kann den bei der Kondensatorfeldmethode üblichen kleineren oder größeren Elektroden-Haut-Abstand (EHA) überbrücken. Gegenüber der wegen möglicher Verbrennungen nicht ungefährlichen historischen Langwellendiathermie war es ein Vorteil, daß bei der KW-Therapie die Elektroden auf Distanz angebracht werden konnten (daher auch die Bezeichnung Luftabstandelektroden). Die Stromdichten des elektrischen Feldes hängen, wie im Abschnitt 5.1. dargelegt, von der Dielektrizitätskonstanten und der elektrischen Leitfähigkeit ab. Ein HF-Generator (*G*) erzeugt, wie Abbildung 72 zeigt, den Wechselstrom, der vom sog. Primär-(Generator-, Erzeuger-)Kreis in den sog. Sekundär-(Behandlungs-, Patienten-)Kreis geleitet wird. Ein Hilfskondensator *C* sorgt für eine automatische Abstimmung der beiden Schwingungskreise auf Resonanz. Der zu behandelnde Körperteil bildet zusammen mit dem isolierenden Material, das ihn von den Metallelektroden trennt, das mit Ohmschen Verlusten behaftete Dielektrikum.

Die spezifische Absorptionsrate SAR der elektromagnetischen Energie, die bei der Kondensatorfeldmethode den Temperaturanstieg im Gewebe und damit das Wärmeverteilungsspektrum bestimmt, ist schon ungefähr aus Abbildung 74 abzulesen. Trifft, wie meist, das elektrische Kondensatorfeld, z. B. bei einer Querdurchflutung senkrecht auf die 3 Gewebeschichten Haut, Unterhautfettgewebe und Muskelschicht, so sind der Feldlinienverlauf (als Maß der Felddichte) unter den Elektroden im Fettgewebe zusammengedrängter als in der darunter gelegenen Muskulatur. Hier divergieren die Feldlinien, d. h., die Erwärmung ist dort geringer. Dies ließ sich auch rechnerisch ermitteln. Unter Berücksichtigung der Materialkonstanten (Dielektrizitätskonstante, elektrische Leitfähigkeit und Dichte des Gewebes) ergab sich für die SAR_{Fett} zur SAR_{Muskel} eine Relation von ca. 8,9. Das Fettgewebe wird also erheblich stärker als das Muskelgewebe erwärmt. Wird dabei noch die unterschiedliche spezifische Wärme der beiden Gewebearten berücksichtigt, so ergab sich für die KW (27 MHz), daß sich das Fett 13,5mal mehr erwärmt als die Muskulatur (HAND 1983).
Die Rechnung verschlechtert sich sogar noch weiter zu ungunsten einer „hohen thermischen Fettbelastung", weil das Fettgewebe schlechter durchblutet ist als die Muskulatur. Damit verringert sich der Wärmeabtransport im Fett. Die im Fettgewebe durch Absorption verlorene Energie fehlt für eine Tiefenerwärmung in der Muskulatur und in tieferen Gewebeschichten. Daraus ist ersichtlich, daß die Kondensatorfeldmethode im allgemeinen keine günstige Applikationsmethode der HF-Energie ist, wenn der zu behandelnde Krankheitsprozeß in der Muskulatur liegt. Günstiger ist allerdings die Situation bei einer anderen Feldorientierung als der bisher besprochenen. Ist der Feldverlauf nicht senkrecht zu den Gewebeschichten wie bei der Querdurchflutung (= Querfeld, s. Abb. 82a), sondern parallel wie bei einer Längsdurchflutung, z. B. des Unterschenkels (= Längsfeld Abb. 82b), so ergibt sich eine wesentlich andere Relation. $SAR_{Fett} : SAR_{Muskel}$ beträgt jetzt 0,023. Die Initialrate des Temperaturanstiegs in der Muskulatur ist jetzt 28mal die des Fettgewebes, also wesentlich günstiger (HAND 1983).

- Elektroden-Haut-Abstand (EHA)

Dieser ist bei der Kondensatorfeldmethode eine wesentliche Einflußgröße, die bei der Behandlungstechnik beachtet werden muß, ohne daß allerdings dadurch eine hohe thermische Fettbelastung beim Querfeld prinzipiell verändert werden kann.
– *Kurzer (kleiner)* EHA = 1 – 2 cm = Oberflächenerwärmung. Dieser kurze EHA ist nur vorteilhaft, wenn der Krankheitsprozeß, z. B. ein Furunkel oder

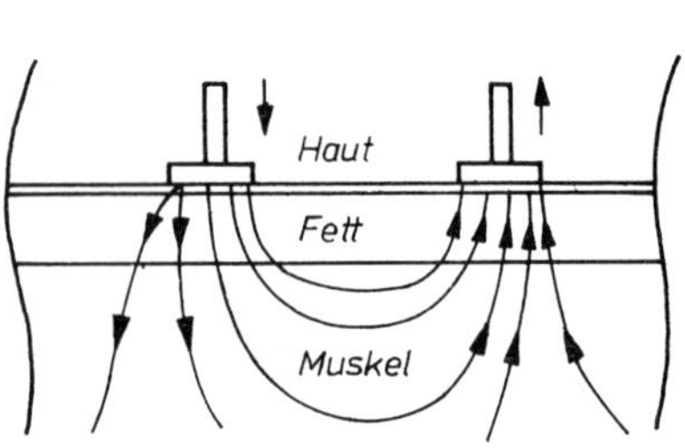

Abb. 74 Kondensatorfeldmethode der KW; Feldlinienverlauf im Querfeld (parallel verlaufende Fett/Muskelschichten)

Schweißdrüsenabszeß, im Unterhautfettgewebe liegt. Er ist falsch gewählt, wenn tiefer gelegene Gewebeschichten erwärmt werden sollen. Die Einstellung des EHA erfolgt durch ein spezielles Einstellsystem an den Schliephake-Elektroden, auf das bei der Besprechung des Zubehörs noch näher eingegangen wird, bzw. durch Unterlegen von Filzplatten bei Gummiplattenelektroden.

– *Größere* EHA = 3 – 5 cm. Nur dadurch ergibt sich bei genügender Tiefenleistung des KW-Gerätes überhaupt erst die Möglichkeit einer Tiefenerwärmung. Dieser EHA ist daher für alle tiefer gelegenen Krankheitsprozesse obligat. Wenn die begrenzte Einstellmöglichkeit durch die erwähnte Regulierungsvorrichtung an den Schliephake-Elektroden für einen größeren EHA nicht ausreicht, kann reguliert werden, indem man die Elektroden mit Hilfe der Haltearme in größerer Entfernung von der Haut anbringt.

– *Sehr großer* EHA = 6 – 10 cm, ebenfalls zur Tiefenerwärmung. Die Einstellung des für den Behandlungserfolg adäquaten EHA gilt für *beide* Elektroden.

Zu 2. Spulenfeldmethode (= induktive Ankopplung)

Diese später als die Kondensatorfeldmethode entwickelte zweite Applikationsform der KW wurde 1934 in Europa von Kowarschik in Wien bzw gleichzeitig unabhängig in den USA durch Merriman, Holmquist und Osborne eingeführt. Sie kann mit dem gleichen KW-Gerät in kontinuierlicher oder gepulster Form durchgeführt werden, wobei verschiedene Elektrodenformen wie Wirbelstromelektroden, Flachspulen und Spulenkabel, um die Extremitäten oder den Körper zur Anwendung kommen können (s. Geräte und Zubehör und Behandlungstechnik). Die elektromagnetische Energie wird dabei durch eine metallische Spule geleitet. Im Nahfeld der Spule befindet sich der zu behandelnde Körperteil. Das entsprechend der Frequenz von 27 (bzw. 13) MHz rhythmisch wechselnde elektromagnetische Feld hat, wie wir sahen, sowohl eine elektrische als auch eine magnetische Komponente; die magnetische radiale Komponente nimmt mit steigendem Abstand proportional $1/r^2$, die elektrische Komponente $1/r^3$ ab. Der Durchfluß durch die Spule ruft die elektromagnetische Induktion hervor, die auf den behandelten Körperabschnitt übertragen wird. Dabei überwiegt beim Spulennahfeld die magnetische Komponente gegenüber der elektrischen. Die in Abbildung 72 (Mitte) eingezeichneten Feldlinien (magnetischen Kraftlinien) sagen etwas über das räumliche Verhalten des Magnetfeldes, der sog. Wirbel-(Eddy-) Ströme aus, die senkrecht zur Hautoberfläche verlaufen. Die Anzahl der Feldlinien pro Flächeneinheit gibt Hinweise auf die Flußdichte $\mathfrak{B}$ (VS/m^2). Als Materialkonstante spielt im Magnetfeld als 3. Konstante die Permeabilität μ (VS/Am) eine Rolle ($\mathfrak{B} = \mu \cdot \mathfrak{H}$). Eine schematische Darstellung des Magnetfeldes bei Anwendung einer Flachspule mit 3 konzentrisch angeordneten Windungen, auch als „pancake coil“ = Pfannkuchenbratpfanne bezeichnet, gibt Abbildung 76. Man sieht, daß die Zahl der Feldlinien pro Flächeneinheit (magnetische Flußdichte) in der Muskulatur deutlich höher ist als im Fett. Der Grund dafür ist, daß Wirbelströme Gewebe mit hoher elektrischer Leitfähigkeit, wie es in wasserreichen Geweben, z. B. Muskeln, Blut u. a., der Fall ist, besser erwärmen, d. h. sich in Joulesche Wärme umsetzen als schlecht leitende, wasserärmere Gewebe wie Fett. Kalkuliert man die spezifische Absorptionsrate SAR bei der Spulenfeldmethode der KW, wie es z. B. Guy u. Mitarb. 1974 getan haben, so war die SAR_{Fett} um

1/3 niedriger als die SAR der Muskulatur (der Abstand der Spule von der Haut betrug 3 cm, die Fettschicht 2 cm). Die Eindringtiefe in der Muskulatur war 4 cm, d. h., in 4 cm Tiefe hatte die Temperatur um den Faktor $1/e^2$ abgenommen. Damit zeigt sich, daß im Gegensatz zur Kondensatorfeldmethode die Spulenfeldmethode eine geeignete Applikationsform für die Behandlung von in der Muskulatur gelegenen Krankheitsprozessen ist. Daß bei der Verwendung der Wirbelstromelektrode je nach deren Konstruktion zwischen einzelnen Seriengeräten u. U. nicht geringe Unterschiede bestehen, wird bei der Besprechung des Zubehörs erörtert. Ungünstig bei der Spulenfeldmethode ist das ungleichmäßige, inhomogene Wärmeverteilungsmuster. Dabei ist die Erwärmung in Spulennähe deutlich stärker als im Zentrum. Ob sich dieser Nachteil durch rasterartiges Hin- und Herbewegen (sog. Scanning) z. B. einer Wirbelstromelektrode, über dem Behandlungsfeld bedeutend verbessern läßt, muß nach den Untersuchungen von Oleson 1984 eher bezweifelt werden, von dem technischen Aufwand abgesehen. Einen guten Einblick in den Temperaturverlauf im Gewebe in verschiedenen Tiefen bei Anwendung einer Wirbelstromelektrode (sog. Minode, Fa. Siemens) gibt die Abbildung 77 von Lehmann u. Mitarb. 1969. Sie wurde mit Hilfe von Mikrothermistoren durch Temperaturmessungen in vivo an gesunden freiwilligen Probanden bei 20 min Behandlungsdauer gewonnen. Dabei werden in der Muskulatur Temperaturanstiege auf > 43 °C erreicht. Es kommt zu der schon besprochenen „Triggerung" des Blutflows mit dem darauffolgenden „Blutkühlungseffekt", der zu einem Stady state (Temperaturgleichgewicht) führt, wie auch in Abbildung 73 dargestellt. Auch Jenrich 1984, 1985 hält die Spulenfeldmethode bei konstanter KW-Applikation, besonders als Impuls-KW, zur Durchblutungsverbesserung in tieferen Muskelschichten für gut geeignet.

Betriebsarten bei der Durchführung der KW-Therapie

Es sind zwei Betriebsarten möglich:

1. *Kontinuierliche Form* (= ununterbrochene Form, Dauerbetrieb, Konstantbetrieb, Gleichkurzwelle). Sie ist die am häufigsten benutzte und am längsten angewandte Betriebsform.
2. *Impuls-KW* (= unterbrochene, diskontinuierliche, gepulste Form). Diese schon 1940 von Ginsberg in den USA mit dem Spulenfeldverfahren und 1947 von Abrikossow in der UdSSR als Kondensatorfeldmethode eingeführte Betriebsart, kam erst in den 60er Jahren etwas häufiger zur Anwendung. Bei uns sind seit 1987/88 Geräte verfügbar („TuR" KWI 5).

Beide Betriebsarten können sowohl mit der Kondensatorfeld- als auch mit der Spulenfeldelektrode praktiziert werden, wobei die letzte Methode häufiger benutzt wird.
Die international angebotenen Seriengeräte bieten entweder beide Betriebsarten zur Wahl an oder nur die kontinuierliche oder gepulste Form. Die Parametergestaltung bei der Impuls-KW ist nicht einheitlich. Sie unterscheidet sich in der mittleren Leistung, die vom eingesetzten Frequenzbereich abhängt, in der Höhe der Impulsspitzenwerte (fixiert oder variabel) und in der Impulsdauer (fixiert oder variabel).

Zur Impulskurzwelle

Schon 1940 benutzte GINSBERG in den USA statt der üblichen kontinuierlichen Anwendung die Impulskurzwelle. Aber erst seit Anfang der 60er Jahre, nachdem die entsprechenden Geräte vorhanden waren, stieg das Interesse. Die Problematik ist die gleiche wie beim Impulsschall. Die Frage ist, ob bei einer im Mittelwert gleich großen Energiezufuhr bei der Impuls-KW andere („spezifische") Wirkungen durch den Impulscharakter auftreten als bei einer kontinuierlichen KW, z. B. durch die hohen Spitzenintensitätswerte (bis 1000 W und mehr bei manchen Geräten) der sehr kurzen (ca. 400 µs) Impulse. Die Zahl der bisher in der Literatur mitgeteilten Publikationen zur Klärung dieser noch weitgehend offenen Frage ist bei Anlegen eines kritischen Maßstabes noch recht spärlich. Hier wären vor allem niedrige Intensitätsstufen (< 25 W) zu überprüfen, entsprechend niedrigen Impulsfrequenzen bei der Impuls-KW, bei denen noch kein wesentlicher thermischer Effekt auftritt. Nach den Untersuchungen von ENDRES und CALLIES 1988 waren aber schon bei der Leistungsstufe 2 (des „TuR" KWI 5) signifikante Temperatutanstiege von +0,4 °C festzustellen. Bei mittleren Leistungsstufen (90 Hz) betrugen sie +1,8 °C, bei 180 Hz (= 8. Leistungsstufe) +4,0 °C; d. h., in höheren Leistungsstufen (= höheren Frequenzen = kürzeren Pausen zwischen den Impulsen) werden erwartungsgemäß die Wirkungen denen bei kontinuierlichen Verabreichungen immer ähnlicher, entsprechend auch die thermischen Wirkungen. So fanden z. B. SILVERMAN und PENDLETON 1968 mit Impulsschall ab 75 W keinen Unterschied zwischen den auftretenden Temperatursteigerungen an der Haut bzw. hinsichtlich der mittels der Venenverschlußplethysmographie ermittelten Blutflußsteigerungsrate am Fuß und einer gleichen mittleren Intensität bei kontinuierlicher Verabreichung (bei 65 W), 20 min verabreicht, stieg die Hauttemperatur bei dem von ihnen benutzten Gerät um 5,3–5,8 °C).
Auch klinische Vergleiche mit gleicher Ausgangsleistung erbrachten bei gynäkologischen Erkrankungen, wie sie TROJEL und LEBECH durchführten, oder bei der Koxarthrose (SINGER und SCHIELER 1978) bei Dosierungen >25 W keine signifikanten Unterschiede zwischen beiden Betriebsarten. Die meisten Autoren, die über positive Ergebnisse mit der Impuls-KW berichten, wie z. B. WILSON 1974 zur Nervenregenerationsförderung bei experimentell gesetzter Nervennaht bei Ratten (10 W, 15 min), CAMERON 1961 zur Wundheilungsbeschleunigung 16 W, 10 min bei experimentell gesetzten Wunden, FENN 1969 zur Resorptionsförderung bei experimentell gesetzten Hämatomen (16 W), (Literaturangaben dazu s. JENRICH 1985), verzichten leider auf einen Vergleich mit kontinuierlichen Verabreichung oder Plazebogruppen. JENRICH hat 1984 und 1985 die Frage der Durchblutungsförderung bei Impuls- und kontiuierlicher Verabreichung im Vergleich zur Spulenfeld-(Wirbelstrom-)Elektrode bei gesunden Probanden erneut aufgegriffen. Um einen durchblutungsfördernden Effekt nachzuweisen, bediente er sich eines hochauflösenden A-Bild-Diagnostikgerätes. Er ermittelte damit die Summe der intramuskulären Gefäßlumina (im Bereich 0,3–1,5 mm Gefäßgröße) am M. gastrocnemius an Hand der auftretenden Gefäßechos (4 cm Laufstrecke). Eine Wirbelstromelektrode von 11 cm ∅ erbrachte schon bei 7,5 W und 8 min Behandlungszeit bei kontinuierlicher KW eine Durchblutungszunahme, der Gipfel lag bei 37,4 W. Größere Wirbelstromelektroden (20 cm ∅) zeigten eine maximale Durchblutungssteigerung bei 80–100 W. Bei der Kondensatorfeldmethode (Kapsel-

elektroden von 13 cm ∅) lagen bei 100 W die Werte um 40% niedriger. Bei 40 W mittlerer Leistung ist bei der Impulsspulenfeldmethode (19 cm ∅), 8 min im Vergleich zur Wirbelstromelektrode 11 cm ∅ und ebenfalls 40 W der Zuwachs der Gefäßechosummen bei der Impulsmethode um 120% größer. Eine Wirbelstromelektrode von 20 cm ∅ benötigt bei konstanter KW 100 W, um die gleichen Effekte zu erzielen wie die konstante Spulenfeldmethode von 11 cm ∅ bei ca. 40 W. Jenrich schlußfolgert, daß mit der Impulsspulenfeldmethode auch ohne größere Wärmebelastung in tieferen Muskelschichten schon bei Dosen bis 25 W mittlerer Leistung eine günstige durchblutungsfördernde Wirkung möglich ist. Bei niedriger Dosierung bilden bei der Impuls-KW Metallimplantate keine Kontraindikation. Ob die bei niedrigen Dosen (z. B. 12 W, 15 min 2 × täglich 3 Tage) mit Impuls-KW erzielten rascheren Heilungen von Weichteilverletzungen nur mit der Impuls-KW oder möglicherweise auch mit niedrig dosierter kontinuierlicher KW zu erreichen sind (Wilson 1974), wäre durch exakte Vergleichsstudien und Plazebovergleiche zu überprüfen. Dieselben sehr nützlichen Vergleiche schlagen Callies u. Mitarb. 1988 vor für die Indikationen aktivierte-sekundäre Arthrose, überhaupt für die Möglichkeiten subakuter, exsudativer Formen rheumatischer Erkrankungen, zur Verminderung von Gewebeschwellungen (posttraumatisch, nach Verbrennungen) u. a. Auch die Klärung einer besonderen Schmerztypik wird von ihnen als Aufgabenstellung genannt, ebenso wie die regionalen Wirkungsunterschiede, z. B. zervikal: lumbal. Es ist noch viel zu tun, um das 1971 von Lehmann gefällte Urteil, daß kein endgültiger Beweis für die Notwendigkeit der Impuls-KW für die klinische Praxis besteht, zu widerlegen. Die Aufgabe wird durch die z. T. recht unterschiedliche Parametergestaltung und deren vielfältige Möglichkeiten bei den verschiedenen Seriengeräten nicht erleichtert.

5.3.1. Geräte und Zubehör zur KW Therapie

5.3.1.1. Geräte

Im Grundprinzip besteht ein KW-Gerät aus 3 Elementen:

1. Primärkreis = Generator-, Erzeugerkreis,
2. automatische Resonanzabstimmung,
3. Sekundärkreis = Behandlungs-, Patientenkreis.

Betreffs technischer Einzelheiten s. Thom 1956, König 1964 Rentsch 1985.

- Geräte

– „TuR“ KWI 5. Ein Gerät für kontin. KW und Impuls-KW, Kondensator- und Spulenfeld (Wirbelstromelektrode 13 cm ∅ ohne spezielle elektrostatische Abschirmung), Nennleistung 500 W, Impulsspitze ca. 1000 W, Impulsdauer 400 µs, Impulsfrequenz 20 – 180 Hz, 8 Leistungsstufen.
– „TuR“ KW 4 – 1, nur kontin. KW, nicht mehr in der Serienproduktion.
– „Recotherm“ 511 automatic, Fa. Rentsch, Pirna-Copitz, nur kontin. KW, Kondensator- und Spulenfeld (Spulenkabel), Nennleistung 500 W.

- Weitere Geräte (Auswahl)

– „Ultratherm“ 808i, Fa. Siemens AG, Erlangen. Kontin. KW und Impuls-KW, Kondensator- und Spulenfeld. Wirbelstromelektroden: „Minode“ 5,5 cm ∅,

„Monode“ 14 cm ∅, „Diplode“ = sog. Kontur-Applikator, 2 Flügel aufklappbar, um ein Mittelstück angeordnet, ohne spezielle Abschirmvorrichtungen. Nennleistung 400 W, Impulsspitze bis 900 W, Impulsdauer 400 μs, Impulsfrequenz 20 – 180 Hz.
– „Ultramed“ 11 S 601, Fa. Bosch GmbH, Berlin. Kontin.- und Impuls-KW. Kondensator- und Spulenfeld. Als spezielle Wirbelstromelektrode: „Bosch-Circuplode“, mit elektrostatischer Abschirmung. Nennleistung 400 W, Impulsspitze bis 1000 W, Impulsdauer 400 μs, Impulsfrequenz 20 – 200 Hz.
– „Thermo“, Fa. Zimmer Neu-Ulm. Kontin. und Impuls-KW. Gerät mit Halbleiterbauelementen ohne Röhren. Spezialwirbelstromelektrode (pat. „Schnekkenelektrode“). Nennleistung 150 W, Impulsspitze 250 W, Impulsbreiten variabel.

– „Curapuls 419“ Universalkurzwellentherapiegerät. Kontin.- und Impuls-KW 400 W, Impulsspitze 1000 W, Impulsdauer 400 μs Impulsfrequenz 15 – 200 Hz. Spezialwirbelstromelektroden: Circuplode ∅ 140 × 90 mm, Flexiplode 412 × 225 mm.
Curamed 402, Kontin.-KW, Fa. Euraf Nonius, Delft, Niederlande

5.3.1.2. Zubehör

Zubehör für die Kondensatorfeldmethode

Für die kontinuierliche und die Impuls-KW kommen verschiedene Elektroden-(Kondensatoren-)Arten in Frage:

1. Kapselelektroden nach SCHLIEPHAKE (= Glasschalen-, Luftabstand-, Kondensatorelektroden)
Die Behandlung erfolgt jeweils mit einem Paar meist gleich großer Elektroden. Wenn für besondere Situationen eine Körperseite stärker erwärmt werden soll, können unterschiedlich große Elektroden gewählt werden. Dann erfolgen, wie Abb. 80 bei b zeigt, unter der kleineren (differenten) Elektrode eine Feldverdichtung und stärkere Erwärmung. Die Elektroden werden an 2 Haltearmen, die verstellbar sind, postiert. Bei Anwendung höherer Leistungen (Intensitäten), wie sie zur Tiefenerwärmung nötig sind, sind die Elektrodenkabel s. Abb. 78 in die beiden oberen Anschlußbuchsen des Gerätes einzustecken. Die KW-Durchflutung kann im *Querfeld* oder *Längsfeld* erfolgen (s. Abb. 82a und b). Dabei ist die SAR für Fett- und Muskelgewebe unterschiedlich. Die rechtwinklige Elektrodenposition (Abb. 82c) ist im Prinzip ebenfalls möglich. Als Standardzubehör werden meist verschiedene Elektrodengrößen angeboten, z. B. 40, 80, 130, 170 mm ∅. Als Spezialelektroden sind im Angebot: keilförmige Elektroden zur Behandlung von Schweißdrüsenentzündungen in der Achselhöhle, vorn offene Elektroden zur Furunkelbehandlung, Rektalelektroden zur Behandlung von Beckenbodenentzündungen, seltener Vaginalelektroden. Alle Elektroden bestehen aus Metallplatten, die in einer Kapsel (früher aus Glas, jetzt meist aus Pleximaterial) untergebracht sind. Eine wichtige Vorrichtung an den Elektroden dient dazu, unterschiedlich große Elektroden-Haut-Abstände EHA zu erzielen.
Der EHA muß zur Oberflächenerwärmung kurz, zur Tiefenerwärmung aber groß (lang) sein. Von der Metallplatte ragt ein Zapfen aus dem Gehäuse. Dieser Zapfen kann herausgezogen (= großer EHA) oder vollständig hereingedrückt werden

(= kleiner EHA). Die numerierte Skala ist bei den Geräten in etwa 0,5 cm eingestellt, eine genaue Einteilung nach Zentimetern würde die Einregulierung verbessern. Leider ist es vorgekommen, daß schlecht unterrichtete Hilfskräfte diesen Regulierungsmechanismus des EHA gar nicht kannten, sondern immer mit hereingedrücktem Zapfen, wie bei der Geräteanlieferung üblich, gearbeitet haben. Damit ist jedoch eine zu der Behandlung evtl. dringend notwendige Tiefenerwärmung nicht möglich. Drastisch ausgedrückt wird, meist auch noch zur Freude des Patienten, nur der „Speck“ fleißig erwärmt, besonders bei dicker Unterhautfettschicht.
Ein 3-Paar-Elektrodensystem mit runden Kondensatorfeldelektroden (Abb. 75) habe LE VEEN und PONTIGGIA zur Hyperthermie maligner Tumoren benutzt (13,56-MHz-Frequenz). Jede Elektrode wird, in einer regelmäßigen Reihenfolge kreuzfeuernd, in einem Durchlaufrhythmus von1/2 s aktiviert.

2. Gummiplattenelektroden (= Weichgummielektroden, flexible Elektroden, flexible Kondensatorelektroden).

Sie bestehen natürlich nicht nur aus Gummi. Der Gummi dient nur zur Umhüllung eines im Inneren befindlichen Metallgitters bzw. einer Metallfolie. Aus hygienischen Gründen befindet sich die Gummielektrode oft noch in einer Leinentasche. Im Gegensatz zu den starren Kapselelektroden sind die Gummiplattenelektroden flexibel, sie passen sich z. B. Rumpf oder Rücken gut an, oder sie können bei Längsdurchflutung in Kombination mit einer starren Elektrode, über dem Knie oder unter den Fuß gelegt, als Gegenelektrode dienen. Die Befestigung kann durch gelochte Gummibänder, Binden, Sandsäcke oder Körperauflage (z. B. am Rücken) erfolgen. Der bei der Erzielung einer Tiefenerwärmung notwendige größere EHA wird durch Unterlegen von Filzplatten (Dicke ca. 1 cm, eine oder mehrere unterlegen) geregelt. Standardgrößen sind z. B. 10 × 16 cm, 14 × 20 cm, 20 × 30 cm oder 8 × 12, 12 × 12, 15 × 25 cm.

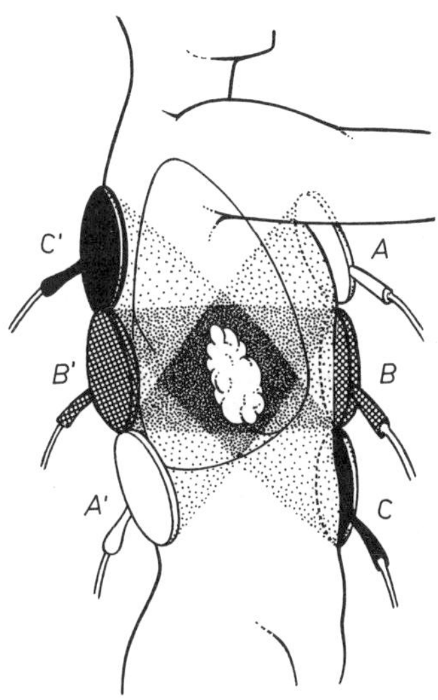

Abb. 75 Thermotherapiegerät nach LE VEEN mit 3 Elektroden
(A, B, C) kreuzfeuernd, sequentialaktiviert; Haut unter den Elektroden nur mit 1/3 der Wärme belastet; zur HT-Therapie tiefergelegener Tumoren

3. Kombination von Kapselelektroden mit Gummielektroden

Die Längsdurchflutung des Unterschenkels wurde schon als Beispiel erwähnt. Eine andere Möglichkeit ist die Querdurchflutung im Rumpfbereich (Gummielektrode am Rücken, Kapselelektrode vorn über dem Leib).

Zubehör für die Spulenfeldmethode

Für diese zur Tiefenerwärmung der Muskulatur günstige Ankopplungsform sind mehrere Applikationsformen entwickelt worden (Abb. 76 und 77).

1. Wirbelstromelektroden

Sie werden in verschiedenen Größen und Formen vor allem zur Behandlung umschriebener Krankheitsprozesse, besonders in der Muskulatur, hergestellt. Wie Abbildung 78 an einem Beispiel zeigt, bestehen sie aus einer Spule, aus wenigen (3) konzentrischen Windungen übereinander, kombiniert mit einem darunter angeordneten Kondensatorsystem aus mehreren runden Metallplatten. Das Ganze schließt ein Plastikgehäuse ab. Die Befestigung erfolgt an einem Haltearm mit einer Wirbelstromelektrode (= monopolare, unipolare Elektrodentechnik). Bei der Elektrodenkabelführung ist die richtige Wahl der Anschlußbuchsen zu beachten (Abb. 79). Um die Wirkung des Magnetfeldes zu verbessern und den elektrischen Feldanteil (der das Unterhautfettgewebe thermisch belastet) und die Streustrahlung nach außen (die den Behandler belastet) zu reduzieren, sind bei den Wirbelstromelektroden der verschiedenen Firmen Abschirmsysteme entwickelt worden. Diese elektrostatische Abschirmung ist sicher von Vorteil. Sie wirkt sich auch auf die Relation der Muskel- zur Fetterwärmung aus (SAR = spezifische Absorptionsrate). SAR_{Muskel}/SAR_{Fett} differiert nicht unerheblich, wie Lehmann u. Mitarb. 1983 bei Testung von 7 unterschiedlichen Wirbelstromelektroden zeigten. So betrugen z. B. die Spitzen- bzw. Mittelwerte der SAR_M/SAR_F bei der „Minode“ von Siemens 1,47 bzw. 1,23 bei der „Circuplode“ von Euraf Nonius 1,48 bzw. 1,58, besonders günstig waren sie bei einem viereckigen Applikator der International Medical Elektronics USA mit 2,27 bzw. 2,67, ungünstig dagegen bei einer El Med-„Magnode“ mit 0,39 bzw. 0,39. Generell schnitten elektrodisch nicht abgeschirmte Konstruktionen schlechter ab als abgeschirmte. Auch das Oberflächenanwendungsmuster (im thermographischen Raster) variierte. Nicht abgeschirmte Applikatoren zeigten exessive Oberflächenerwärmung. Das Wärmeverteilungsmuster der Wirbelstromelektroden ist nicht homogen. Die stärkste Erwärmung erfolgt ringförmig unter den Spulen am Rand, während das Zentrum weniger stark erwärmt wird. Nach Untersuchungen von Oleson 1984 gelingt es anscheinend auch durch Rastern (Scanning, hin und her bewegen über dem Behandlungsareal) nicht, diese Inhomogenitäten zu korrigieren. Aus dem Erörterten geht hervor, welche Bedeutung der Konstruktion von HF-Applikatoren zukommt; das gilt auch für den Mikrowellenbereich.

- „TuR“-Wirbelstromelektrode (s. Abb. 78 und 79), 13 cm ∅, keine spezielle elektrostatische Abschirmung.
- „Minode“ (5,5 cm ∅), „Monode“ (14 cm ∅), „Diplode“, eine spezielle Elektrode der Fa. Siemens AG Erlangen, bei der die Spulen, um ein Mittelstück

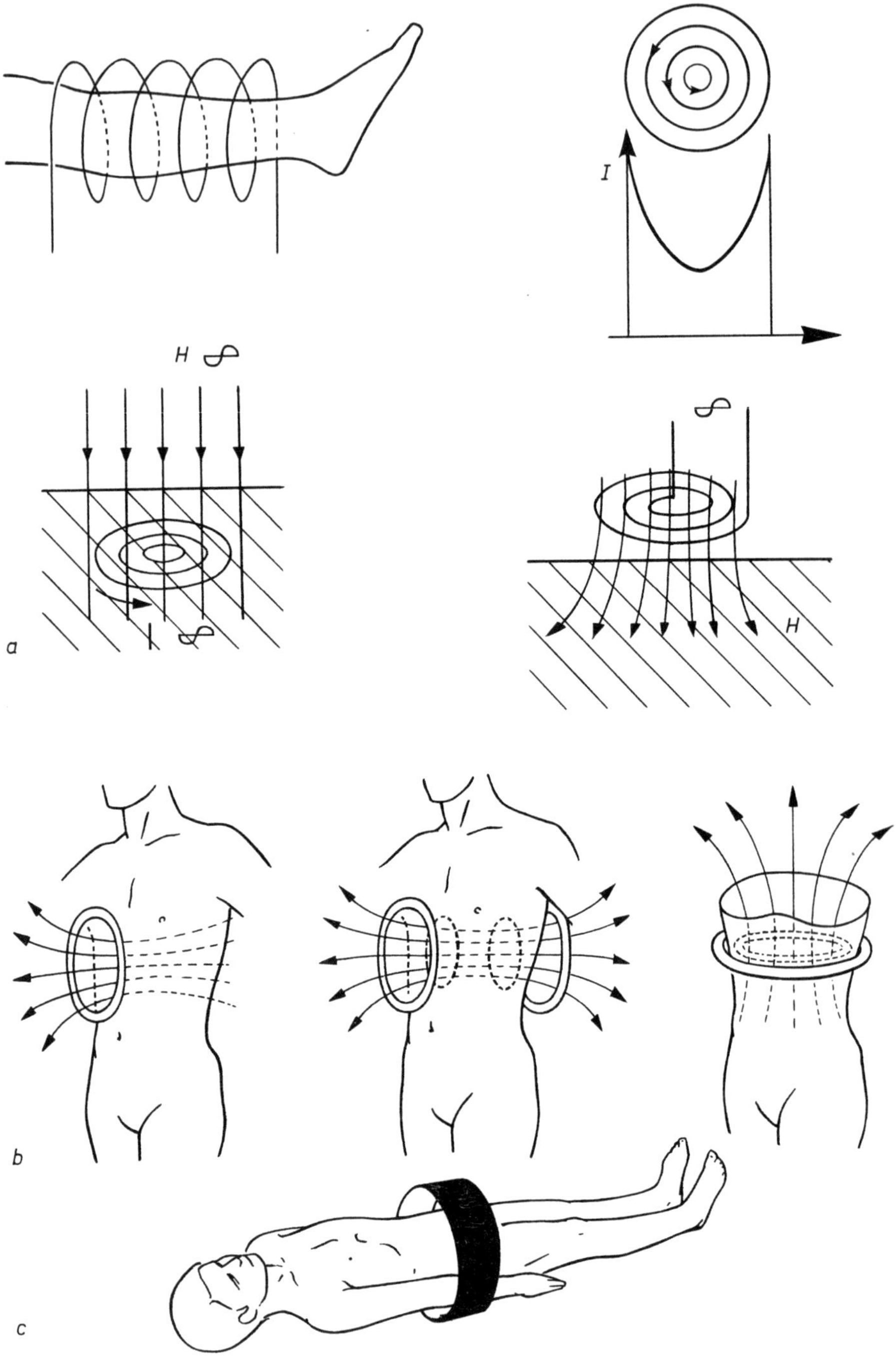
I
H
H
a
b
c

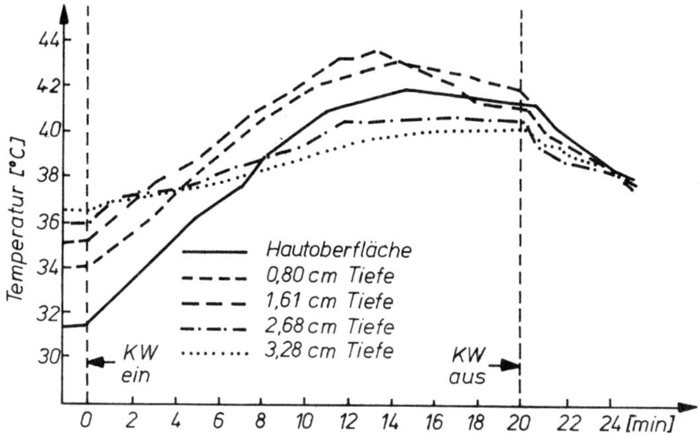

Abb. 77 Temperaturverlauf im Gewebe bei KW-Wirbelstromelektroden-(Siemens-Monode)Applikation (LEHMANN u. Mitarb. 1969)

angeordnet, in 2 aufklappbaren Flügelstücken angebracht sind, die man verstellen kann [zur Behandlung großflächigerer Areale (Rücken) bzw. zur Behandlung von 2 Seiten, z. B. und der Schulter], „Bosch-Circuplode“ mit elektrostatischem Abschirmsystem, Fa. Bosch, GmbH Berlin. Patentierte „Schneckenelektrode“ = Wirbelstromelektrode der Fa. Zimmer Neu-Ulm.

Abb. 78 Wirbelstromelektrode „TuR“ nach Abnahme des Plastikgehäuses

◄
Abb. 76 Spulenfeldmethode der KW
a) Spulenkabel um eine Extremität und Flachspule (Pancake coil), b) 3-Spulen-Anordnungen, c) Magnode zur Hyperthermie bei der Tumortherapie

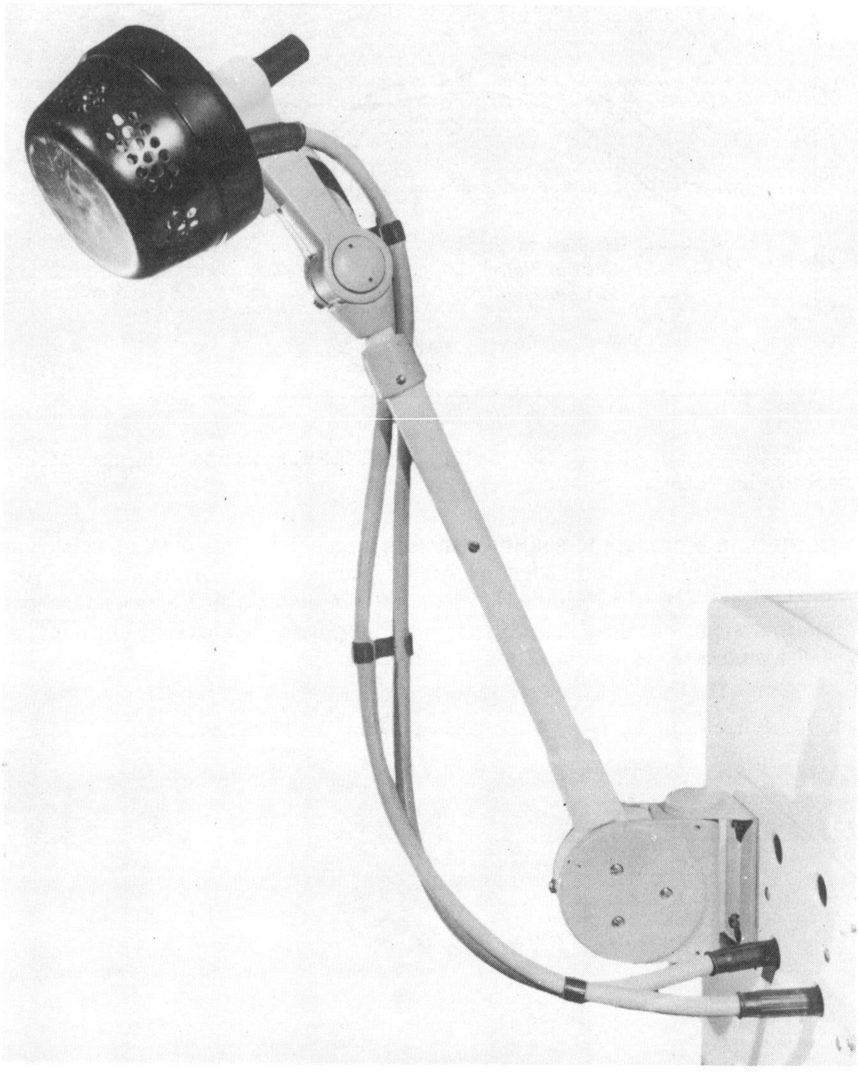

Abb. 79 Wirbelstromelektrode „TuR" (13 cm ∅)
Beachte die unteren Anschlußbuchsen bei Wirbelstromelektrodenapplikation!

• „Circuplode" Euraf Nonius, Delft, Niederlande, mit elektrostatischer Abschirmung, Adapter zur Anbringung von 2 Circuploden; „Flexiplode" mit verstellbaren Behandlungsflächen (wie bei „Diplode"), Koaxialkabel.

2. Spulenkabel (Induktionskabel)

Diese ca. 2 m langen, biegsamen, meist runden Spulenmetallkabel sind von einer Isolierschicht umgeben. Sie werden in wenigen Windungen, z. B. um eine Extremi-

tät gewickelt (= zirkuläre Anordnung), wobei eine Filzplattenunterlagerung nötig ist. Eine andere, besonders in den USA beliebte Anwendungsform, ist die ebene (plane) Flachspule. Sie besteht aus 3 konzentrischen Windungen (mit 4, 5, 6 cm Radius) und wird etwa mit 3,5 cm Abstand zu dem zu behandelnden Körperteil flach aufgelegt. Diese Form eignet sich auch zur Hyperthermiebehandlung bei der Krebstherapie (HAND u. Mitarb. 1982). Diese Elektrodenanordnung, wie die folgende wird auch als pancake coil (Pfannenkuchenbratpfanne) bezeichnet.
Für die Behandlung der Rückenstreckmuskulatur kann man das Spulenkabel in einer Leinentasche verpackt parallel nebeneinander führen und, mit einer Filztaschenunterpolsterung versehen, am Rücken befestigen.

3. Spulenanordnungen zur Hyperthermie bei der Krebsbehandlung

Hier sind außer der bei 2. erwähnten Anordnung noch mehrere andere Arrangements möglich (s. Abb. 76). Die beiden Koaxialspulen können nicht nur vorn und hinten am Rumpf angebracht werden, sondern auch zu beiden Seiten. Die konzentrische Spule (Abb. 76 rechts) gibt es auch als breite zirkuläre Elektrode, selbstresonant mit der Frequenz 13,56 MHz als „Magnetrode" STORM u. Mitarb. 1981). Auch die Koaxial-Paarelektroden (Abb. 76 Mitte) können mit dieser Frequenz betrieben werden. Mit der „Magnetrode" werden hohe Temperaturen bis zu einer Tiefe von 8 cm und mehr erreicht. Die Möglichkeit, mit Induktionsfrequenzen (meist mit Frequenzen von 1 MHz) Metallimplantate im Tumor zu erwärmen, soll nur kurz erwähnt werden. Unter Benutzung bestimmter ferromagnetischer Materialien schalten diese Elektroden bei Erreichung der Temperatur ihres Curie-Punktes selbst aus, was für eine Wärmekontrolle der Hyperthermie sehr nützlich ist.
Die Ganzkörperhyperthermie für die Krebsbehandlung, die in Spezialkabinen durchgeführt wurde (Elektroprexie), z. B. mit dem Gerät „Pyrostat" der Fa. Siemens unter Anwendung von 2 KW-Geräten von 400 W, bei der die Spulenkabel um den Körper herumgeführt wurden, hat an Bedeutung verloren.

5.3.2. Behandlungstechnik der Kurzwellentherapie

Voraussetzungen von seiten des Behandlers

Schwestern oder Hilfspersonal, die in kleineren ambulanten Einrichtungen des staatlichen Gesundheitswesens, in Gemeindeschwester- oder Betriebssanitätsstationen Kurzwellendiathermie verabreichen sollen, bedürfen dazu eines besonderen Befähigungsnachweises. Dieser kann meist durch den Besuch eines Kursus, der von den Bezirksakademien in Territorium der Einrichtung veranstaltet wird, erworben werden. Hilfskräfte sind nur dann einzusetzen, wenn eine ständige Anleitung und Kontrolle durch erfahrene Mitarbeiter mit einem Fachabschluß gewährleistet ist. Regelmäßige Belehrungen hinsichtlich der Arbeitschutzbestimmung sind für alle Behandler obligat und aktenkundig durchzuführen. Dafür ist der Leiter der Einrichtung verantwortlich (BRÜCKNER u. Mitarb. 1975). Die Bedienung von KW-Therapiegeräten durch Schwangere und Stillende ist verboten.

Räumliche Voraussetzungen

Hinweise in bezug auf die Größe von Behandlungsräumen, in denen eine KW-Therapie durchgeführt werden soll, sind Standards für Technologie des Gesundheitsschutzes zu entnehmen. Kurzwellentherapie- und Reizstromtherapiegeräte sollen nicht im selben Raum zur selben Zeit betrieben werden. Aber auch bei einer räumlichen Trennung (z. B. durch eine Mauer) sind ein Mindestabstand von 6–8 m zu fordern sowie eine Stromkreistrennung, d. h. beide Geräte dürfen nicht am selben Stromkreis angeschlossen sein. Das Hochfrequenzgerät (KW) wirkt auf das Reizstromgerät wie ein Sender. Die elektromagnetischen Wellen stören die Funktion des Reizstromgerätes und können beim Patienten auch sensible Belästigungen und Muskelkontraktionen auslösen (Hoppe u. Mitarb. 1978). KW-Geräte sollen möglichst entfernt von allen im Behandlungsraum verlaufenden Licht-, Telefonleitungen, Zentralheizungen usw. in Betrieb genommen werden. Patienten mit Herzschrittmachern dürfen sich nicht in Räumen aufhalten, in denen KW-Geräte in Betrieb sind. Die ständigen Arbeits- und Aufenthaltsplätze des Bedienungspersonals sollen sich mindestens 2 m, besser noch weiter vom KW-Therapiegerät entfernt befinden. Wo dies organisatorisch nicht möglich ist, sollte den Mitarbeitern an Hand von Feldstärkemessungen durch die Arbeitshygieneinspektion geeignete Plätze, die frei von Störfeldern sind, zugewiesen werden. Die Aufenthaltsdauer direkt am Gerät sollte sich auf das Einstellen des Gerätes beschränken. Streufeldmessungen durch Skotte 1986 ergaben interessante Hinweise auf Ausmaß und Ort bei Anwendung von Kapsel- und Wirbelstromelektroden; bei angeschlossenen Patienten oder bei im Leerlauf betriebenen Geräten zeigte sich, daß eine Anordnung der Einstellvorrichtung am KW-Gerät, bei der sich der Behandler zur Bedienung parallel zu den Haltearmen vor das Gerät aufstellen muß, ungünstig ist. Wesentlich besser ist es, wenn sich diese Vorrichtung nicht an der Seite, sondern gegenüber den Elektrodenhaltearmen und den Elektroden und Kabeln befinden würde. Dieser Raum ist praktisch schon störfeldfrei, was sowohl das elektrische Feld als auch das Magnetfeld betrifft. Elektrostatisch abgeschirmte Wirbelstromelektroden (z. B. die „Circuplode“) haben ein sehr kleines Streufeld, unabgeschirmte ein größeres, noch größer ist das Streufeld einer „Diplode“, am größten das der Kondensatorfeldmethode mit Kapselelektroden, besonders wenn diese unbelastet sind, d. h. der Patient nicht angeschlossen ist.

Voraussetzungen bei den Geräten

Der Leiter der Abteilung ist für die Funktions- Arbeitssicherheitskontrolle der KW-Geräte verantwortlich und hat erforderliche Wartungs- und Instandsetzungsarbeiten zu veranlassen. Schutzmaßnahmenprüfungen gegen zu hohe Berührungsspannungen und Anschlußleitungsprüfungen sind in mindest 1/2jährlichen Abständen von einem dazu berechtigten Elektrofachmann vorzunehmen. Das Ergebnis ist aktenkundig zu machen. Alle Mitarbeiter sind verpflichtet, Störungen und Abweichungen von der Normalleistung der Geräte dem leitenden Mitarbeiter sofort zu melden. Solche Geräte sind umgehend durch Anbringen eines Zettels mit dem Vermerk „defekt“ gut sichtbar zu kennzeichnen. Der Netzstecker ist aus der Steckdose zu entfernen. Defekte Kabelschnüre müssen sofort außer Betrieb genommen werden. Die Geräte sind grundsätzlich nie im Leerlauf (= unbelastet) zu betreiben. Wichtig ist die Wahl der richtigen Anschlußbuchse der Kabel am Gerät (s. Bedienungsanweisung). Für kurze EHA bei Kapselelektroden, für Gummiplattenelektroden und Wirbelstromelektroden (nur bis Leistungsstufe 5 betreiben!) sind die Buchsen 3 und 4 (= unteren, s. Abb. 79) vorgesehen, für größeren EHA dagegen die Buchsen 1 und 2 (= die oberen).

Bedienung von KW-Geräten

Sie ist bei modernen KW-Geräten so einfach, daß auf eine genaue Darstellung, die übrigens aus der Bedienungsanleitung, die zu jedem Gerät gehört, entnommen werden kann, verzichtet wird.

Allgemeine Behandlungsrichtlinien für die Kurzwellentherapie

- Vorbereitung des Patienten

Der Behandler hat den Patienten vor der Behandlung aufzuklären, wie er sich bei plötzlich auftretenden Störungen wie Schmerzen, unangenehmem Wärmegefühl, Brennen u. a. zu verhalten hat. Für Notfälle sind an den Geräten Sicherheitsvorrichtungen, sog. Zugleinen (Reißleinen) vorhanden, mit denen sich der Patient sofort selbst abschalten kann. Er ist mit deren Gebrauch vertraut zu machen. Die Zugleine muß ihm mühelos zugängig sein. In den meisten Fällen wird es genügen, sofort den Behandler anzusprechen, der sich in Ruf- oder Sichtweite aufzuhalten hat. Dem Patienten sollte auch erläutert werden, welche Wärmeempfindungsstufe (s. Dosierungsschablone nach Schliephake im Abschnitt „Dosierung") der Arzt für Krankheitsart und -stadium zur Behandlung vorgesehen hat, z. B. ein deutliches, angenehmes Wärmeempfinden bei mittlerer Dosis (= Stufe III). Ändert sich dieses Empfinden während der Behandlung, wird es z. B. stärker oder schwächer, so soll es der Patient dem Behandler melden. Da die Dosierung nach der Wärmeempfindung erfolgt, muß der Behandler vorher durch Befragen oder bei Verdacht auf Störungen durch Testen feststellen, ob Wärme- bzw. Kälteempfinden intakt sind. Störungen sind z. B. bei Nervenerkrankungen (Syringomyelie) oder -verletzungen bekannt. Der Patient ist auch nach Metallfremdkörpern in seinem Körper zu befragen, z. B. nach Metallstecksplitter, Geschossen durch Kriegsverletzungen, häufiger sind derzeit jedoch vom Orthopäden bzw. Traumatologen bei Frakturen eingebrachte Verplattungsmaterialien, Osteosynthesematerial verschiedener Art, wie Küntscher-Nägel, AO-Platten u. a. Dazu gehören auch Endoprothesen (am Hüft-, Kniegelenk). Diese Materialien erhitzen sich stark, besonders, wenn sie im elektomagnetischen Feld liegend, einer kontinuierlichen KW-Anwendung ausgesetzt sind und einer mittleren und hohen Dosierung ausgesetzt sind (Arnold und Langeheine 1976). Nur schwach dosierte Impuls-KW dürfte davon ausgenommen sein. Möglicherweise geben Narben im Behandlungsfeld Hinweise auf Metallfremdkörper; evtl. muß durch Röntgenbilder geklärt werden, ob und in welcher Form eine KW-Therapie durchführbar ist. Externe Metallgegenstände, sofern sie sich im elektrischen Feld befinden, sind abzulegen, z. B. Armbänder, Uhrketten, Schlüssel, Messer, Metallgeld, Haarspangen, -nadeln, Halsketten, Ohrclips, Metallbroschen, Schnallen, Sicherheitsnadeln, z. B. an Drains, sind zu entfernen. Abzulegen sind auch Uhren und elektronische Hörgeräte. Implantierte Schrittmachergeräte sind Kontraindikationen (Herzschrittmacher und andere elektronische Orthesen). Transdermale Plaster, z. B. zur Angina-pectoris-Behandlung, sind aus dem Behandlungsfeld zu entfernen. Auch feuchte Bekleidung, feuchte Verbände, Salbenverbände, mit Wund- und Fistelsekret durchnäßte Verbände müssen, da sie gut leiten und sich deshalb stärker erhitzen, aus dem Feld entfernt werden. Ebenso schädlich sind Schweißansammlungen, nasse schlecht saugende Gewebe (aus Kunstfaser, Perlon, Nylon u. a.).

- Vorbereitung des Behandlungsarrangements

Der Patient ist in eine geeignete entspannte Körperlage zu bringen. Dazu sind meist Kissen, Unterpolsterungen, Stützen erforderlich. Die Liege, der Stuhl, die Haltearme dürfen keine Metallteile enthalten. Die Elektroden (Gummiplatten), aber auch die Spulenkabel dürfen nicht auf leitfähige Unterlagen (Gummi, Wachstuch) gelagert werden. Der Patient darf die Elektrodenkabel nicht direkt berühren, evtl. müssen Filzplatten, Kissen dazwischen gelagert werden. Die Elektrodenkabelführung ist frei zu wählen, d. h., die Kabel dürfen sich nicht überkreuzen und berühren (kapazitive Kurzschlüsse). Wo an Kabeln örtliche Erwärmungen beobachtet werden, ist immer Gefahr vorhanden und eine sofortige Überprüfung und Instandsetzung nötig. Bevor der Leistungsschalter betätigt wird, sollte die getroffene Elektrodenposition noch einmal kritisch überdacht werden, ob der Feldlinienverlauf evtl. zu Feldeinschnürungen führen kann, z. B. bei sich direkt berührender Körperstellung (nicht durch Zwischenpolsterung abgesicherte Querdurchflutung beider Knie), ob Spitzen-, Verkantungseffekte auftreten können, ob der EHA richtig gewählt wurde und die Elektrodenkabel in den richtigen Anschlußbuchsen stecken.
Nach der Behandlung sollte der Patient befragt werden, ob ihm die Behandlung bekommen ist („Bekömmlichkeitstest"). Das Behandlungsfeld sollte besichtigt werden, ob es Auffälligkeiten aufweist. Eine Nachruheperiode ist für viele Indikationen, besonders auch bei älteren Patienten und bei stärkerer Dosierung oft von großem Wert.

Spezielle Behandlungsrichtlinien

- Elektrodentechnik der Kondensatorfeldmethode

Bei Anwendung der Kondensatorfeldmethode ist die optimale Elektrodentechnik, die schwieriger ist als bei der Spulen- oder bei der Strahlenfeldmethode, von entscheidender Bedeutung für einen guten Behandlungserfolg. Für die Elektrodentechnik ist folgendes zu bedenken:

1. Die Auswahl der geeigneten Elektrodenart

Starre Kapselelektroden oder flexible Gummiplattenelektroden oder Kombination beider. Hierbei wird die Behandlungsregion eine Rolle spielen.

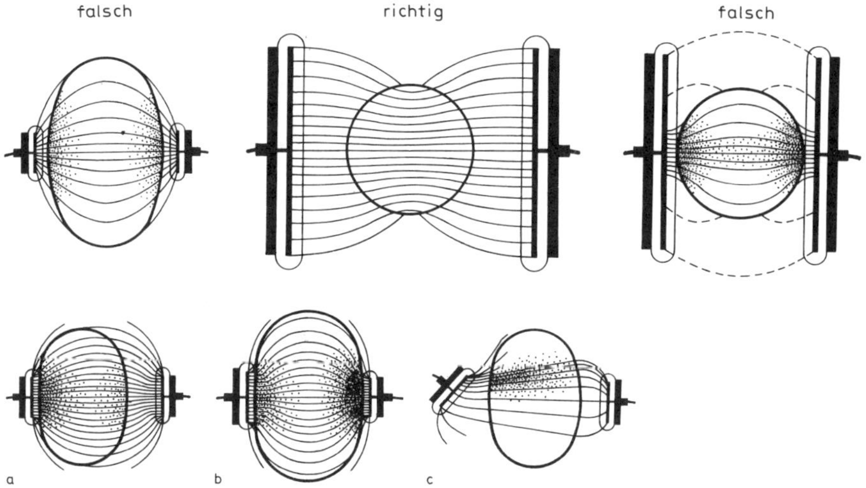

Abb. 80 KW-Elektrodentechnik; Bedeutung der Elektrodengröße und des Elektroden-Haut-Abstandes EHA
oben links: zu kleine Elektroden, Mitte: richtige Größe, rechts: zu große Elektroden, unten: a) Auswirkung unterschiedlicher EHA, b) unterschiedlich großer Elektroden, c) verkantete Elektrode

2. Die Wahl der geeigneten Elektrodengröße

Sie ist der Größe des zu behandelnden Körperteils entsprechend zu wählen. Sie darf weder zu klein noch zu groß sein (Abb. 80). Da das Behandlungsfeld nicht zu eng lokalisiert werden sollte und auch Randbezirke mit in die Erwärmung einbezogen werden, ist eine etwas größere Elektrode besser als eine zu kleine. Zur Behandlung am Rumpf sind bei Erwachsenen für die Tiefenerwärmung große (17 cm ∅) Elektroden zu wählen. Bei Gliedmaßenbehandlung (Querfeld) sollte der Elektrodendurchmesser eher größer sein als der Durchmesser der Extremität. Im allgemeinen kommen 2 gleich große Elektroden zur Anwendung. Für besondere Zwecke, wenn sich die Erwärmung auf eine Seite konzentrieren soll, kann dort eine kleinere (differente) Elektrode postiert werden. Unter dieser kommt es, wie Abbildung 80b zeigt, zur stärkeren Feldverdichtung und damit zur Erwärmung.

3. Die Wahl des geeigneten Elektroden-Haut-Abstandes EHA

Auf seine Bedeutung für die Oberflächenerwärmung (kurzer EHA) bzw. Tiefenerwärmung (großer und sehr großer EHA) wurde schon ausführlicher hingewiesen. Wird der EHA bei den beiden Elektroden nicht wie üblicherweise gleich groß, sondern unterschiedlich gewählt (s. Abb. 80a), so kommt es unter der näher postierten Elektrode zu stärkerer Erwärmung. Das kann beabsichtigt sein, weil der Krankheitsprozeß auf dieser Seite relativ oberflächlich gelegen ist, unbeabsichtigt ist das aber ein Fehler. Über herausragenden Körperteilen, wie z. B. der weiblichen Brust, den Ohrmuscheln u. a., kommt es bei zu kurz distanzierter EHA u. U. zu unangenehmen Erwärmungen, die als „Spitzeneffekte" bezeichnet werden.

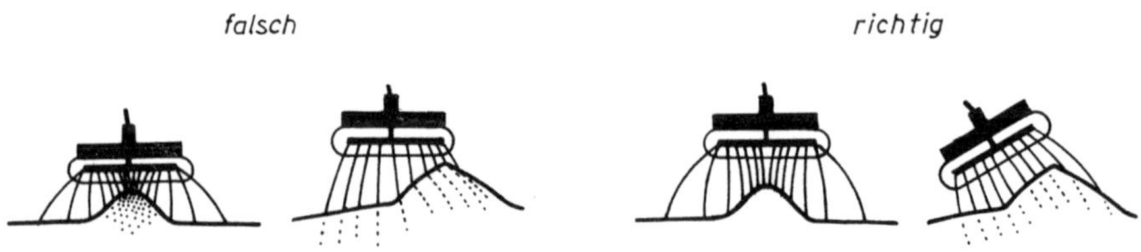

Abb. 81 KW-Elektrodentechnik: „Spitzeneffekte" und ihre Vermeidung

Abbildung 81 zeigt, wie man sie vermeiden kann. Als „Verkanten" wird eine Elektrodenposition bezeichnet, bei der der EHA unter der Elektrode ungleichmäßig ist (s. Abb. 80c). Unter dem Elektrodenabschnitt mit kürzeren EHA kommt es zu Feldverdichtungen, die, wenn sie nicht von der Behandlungssituation her so beabsichtigt sind, als Fehler gewertet werden müssen.

4. Wahl der geeigneten Elektrodenposition

Diese ist entsprechend dem vorliegenden Krankheitsort dem Behandler auf der Behandlungsverordnung, evtl. an Hand einer Skizze, vorzugeben. Sie muß so sein, daß der Krankheitsprozeß gut im elektromagnetischen Feld liegt. Dazu ist es vorteilhaft, sich den Feldlinienverlauf zwischen den Elektroden möglichst plastisch vorzustellen. Die Fähigkeit dazu kann an gutem Bildmaterial entwickelt werden (Thom 1956). Besonders ist dabei auf mögliche Feldverdichtungen (Fußknöchel oder Engpässe) zu achten. Ein bekannter Fehler ist die direkte Berührung der Knie bei einer Querdurchflutung beider Kniegelenke (s. Abb. 84 oben). Hier drängen sich die Feldlinien, wenn keine Filzplatten oder Kissen, Decken u. ä. zwischengelagert werden, wie durch ein Nadelöhr und können zu Verbrennungsschäden führen, für die der Behandler die Verantwortung trägt. Feldverdichtungen und damit Schädigungsmöglichkeiten entstehen auch wenn die Elektroden über Metallfremdkörper angebracht werden. Das gilt auch, wenn diese Fremdkörper nicht im Körper, sondern extern im Feld liegen für das darunter liegende Gewebe,

Abb. 82 KW-Elektrodentechnik: Elektrodenpositionsmöglichkeiten
a) Querfeld, b) Längsfeld, c) rechtwinklige Elektrodenposition

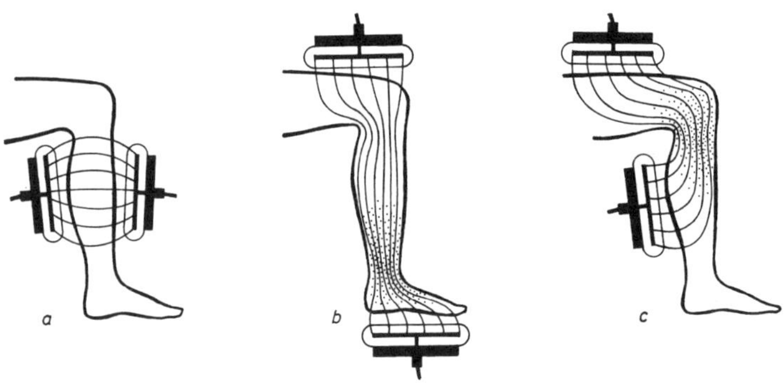

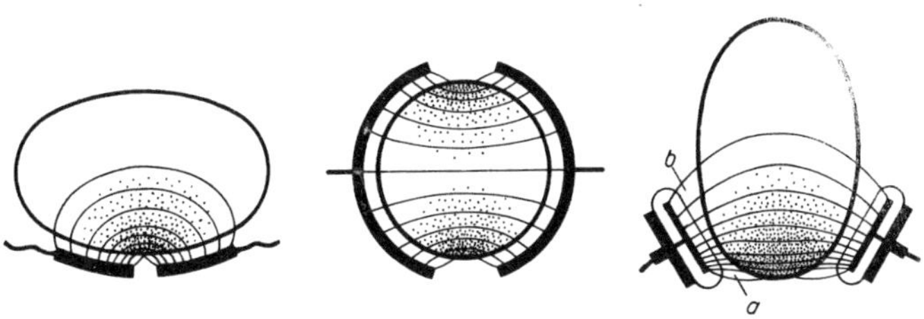

Abb. 83 KW-Elektrodentechnik: Kanten-(side-)Effekte bei Weichgummielektroden und Kanteneffekte bei Kapselelektrode („Verkanten")
a) großer EHA, b) kleiner EHA

z. B. bei Ohrclips, (s. Abb. 84). Die Feldorientierung, auf deren Einfluß bei der Besprechung der Kondensatorfeldmethode nachdrücklich hingewiesen wurde, wird ebenfalls von der Elektrodenpositionierung bestimmt. Abbildung 82 zeigt die 3 Möglichkeiten: *Querfeld*, *Längsfeld* und die selten benutzte *rechtwinklige Elektrodenposition*. Die Verordnung des Arztes legt die zu wählende Position fest. Als Kanten-(side-)Effekt wird eine fehlerhafte Elektrodenanlage (Abb. 83) bezeichnet, bei der Gummiplatten- oder Kapselelektroden einen zu kurzen Abstand haben oder sich gar berühren (Abb 84).
Fehler in der Elektrodentechnik ergeben sich bei der Kondensatorfeldmethode aus den dargelegten 4 Punkten.

- Elektrodentechnik der Spulenfeldmethode

– Die Wirbelstromelektrode wird an einem Haltearm befestigt (= mono- bzw. unipolare Elektrodentechnik). Die Elektrodenkabel sind in die richtigen Anschlußbuchsen einzuführen (Abb. 77, unten 3. und 4.). Das Plastikgehäuse soll dem zu behandelnden Körperteil direkt anliegen oder bis auf wenige Millimeter genähert sein. Die seitlich am Plastikgehäuse angebrachten Lüftungsschlitze dürfen nicht

Abb. 84 KW-Elektrodentechnik
a) Querfeld mit direkter Berührung von Körperpartien (z. B. am Knie) = falsch, b) richtig, Zwischenpolster, z. B. mit Filzplatten, c) Metallfremdkörper im elektrischen Feld, z. B. Ohrclips (Entfernen nötig)

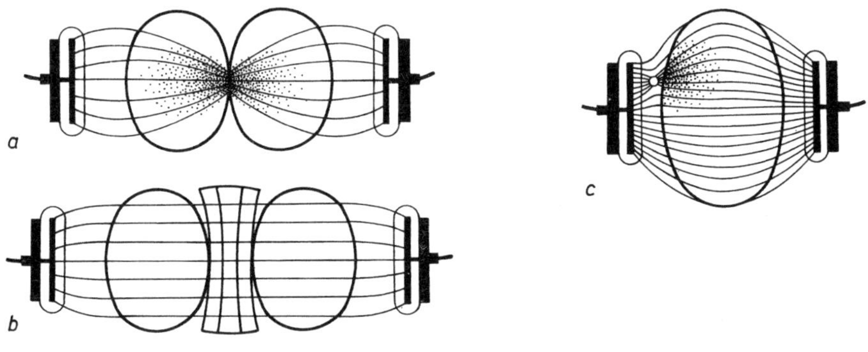

durch Tücher oder Decken verdeckt werden, weil sich sonst die Spule zu sehr erwärmt.

– Die „Diplode“ (aufklappbare Wirbelstromelektrode) ist so aufzuklappen, daß sie dem zu behandelnden Körperteil, z. B. Schulter, Knie, Rückenpartie (weit aufklappen) gut anliegt (daher auch die Bezeichnung Konturelektrode).

– Das Spulenkabel ist in 3–4 Windungen zirkulär um die Gliedmaße zu führen (s. Abb. 76). Dabei sind Filzplatten oder Zellstoffdecken oder Tücher unterzulegen.

– Als Flachspule, ebene (plane) Anordnung, wird ein Spulenkabel in meist 3 Windungen zusammengefügt (s. Abb. 76). Filzunterlagen oder die Unterbringung in einer Filztasche sorgen für einen Hautabstand von ca. 3,5 cm. Als Pancake coil (Pfannkuchenbratpfanne) wird außer dem erwähnten auch ein parallel nebeneinander angeordnetes Spulenkabel bezeichnet, ebenfalls in einer Filztasche untergebracht, meist aus hygienischen Gründen noch in einer Leinentasche. Es eignet sich, auf den Rücken gebunden, gut zur Erwärmung der langen Rückenstreckermuskulatur, z. B. beim myalgischen Syndrom, beim Muskelhypertonus, bei Myogelosen, Spondylitis ankylosans.

– Auf die verschiedenen Anordnungen von Spulen bei Einsatz zur Hyperthermie im Rahmen der Krebsbehandlung wurde schon bei der Besprechung des Zubehörs eingegangen (s. Abb. 76). Fehler der Behandlungstechnik ergeben sich bei der Spulenfeldmethode aus dem Dargelegten.

5.3.3. Dosierung

Entscheidende Hinweise für die Dosierung geben

1. Krankheitsart,
2. Krankheitsstadium,
3. Reaktionsverhalten des Patienten.

Zu 1. Krankheitsart

Aus langjähriger Empirie ist bekannt, daß manche Krankheiten Wärme gut vertragen, andere dagegen wärmeempfindlich sind. Zu letzteren gehören z. B. Neuralgien und Neuritiden. Wenn Wärme überhaupt indiziert ist, kommt dann nur eine niedrige Dosierung als kontinuierliche oder Impuls-KW in Frage.

Zu 2. Krankheitsstadium

Ebenso empirisch bekannt ist die unterschiedliche Wärmeempfindlichkeit akuter, subakuter und chronischer Krankheitsstadien.

– **Akute Krankheitsstadien** und **akute Schübe** bei chronischen Krankheitsverläufen bedürfen, wenn Wärme überhaupt indiziert ist die Kälte (Kryotherapie) nicht günstiger ist, prinzipiell nur einer *niedrigen* Dosierungsstufe; d. h. niedrige Intensitäten (Dosisstufe 1–2) bei kontinuierlicher KW oder Impuls-KW (Leistungsstufe 1–2), kurze Behandlungszeiten, bei Impuls-KW evtl. 2(–3) × täglich, kurze Behandlungsserien.

– **Subakute Krankheitsstadien** liegen hinsichtlich der Dosierung etwa in der Mitte zwischen akuten und chronischen.
– **Chronische Krankheitsstadien** vertragen meist höhere Dosisstufen: 3–4 bei kontinuierlicher KW, Leistungsstufen 5–8 bei Impuls-KW, längere Behandlungsdauer, längere Behandlungsintervalle (3× wöchtentlich), längere Behandlungsserien (3–4 Wochen).

Zu 3. Reaktionsverhalten des Patienten

Dieses ist nicht immer abzuschätzen, wenn nicht die Anamnese Hinweise hinsichtlich Reaktionen auf Wärmemaßnahmen gibt. Bei Kleinkindern (oder gar Säuglingen), evtl. aber auch bei höherem Alter ist die Wärmetoleranz herabgesetzt. Auch bei vegetativ labilen Patienten oder in der 2. Hälfte des Prämenstrums kann dies der Fall sein. Menschen mit Hitzeberufen haben dagegen eher eine gesteigerte Wärmetoleranz. Das Reaktionsverhalten des Patienten unter der eingeschlagenen Dosierung ist wichtig für die weitere Steuerung der Dosierung im Verlauf der Behandlungsserie, sog. Bekömmlichkeitstest (s. dazu auch Abschnitt „Dosierungsstrategie"). Diese subjektiven Angaben sind oft nützlichere Hinweise als die wesentlich umständlicher durch apparative Überwachung oder Laboruntersuchungen erhaltenen Reaktionen, wie verstärkte Schmerzen, Kopfschmerz, Schwindelgefühl, Schlafstörungen, Rötung, Wärmesteigerung im Behandlungsgebiet, Schwellungen, Fieber. Sie können Hinweise für eine zu starke Dosierung sein und zur Dosisreduzierung mahnen.

Dosierungsparameter

Sie betreffen

1. die Einzelbehandlung und
2. die Behandlungsserie.

Zu 1. Dosierungsparameter für die Einzelbehandlung

a) Behandlungsintensität (Intensität, Leistung) in Watt (W) bzw. nach Wärmeempfindungsstufen.
b) Behandlungsdauer (Zeit) in Minuten (min). Dabei ist bei der Dosierung der Intensität eine größere Bedeutung beizumessen als der Zeit.
Für eine differenzierte KW-Therapie hat es sich in der Praxis bewährt, mit 3 Dosisstufen (niedrig, mittel, hoch) zu arbeiten. Diese Stufung soll sowohl die Intensitäts- als auch die Zeitstufen berücksichtigen.

Zu a) Intensitätsstufen

• Bei der objektiven Dosierung werden die Intensitätsstufen von den Geräten in Watt bzw. in Leistungsstufen (Schalterstufen) angezeigt. Dies ist durch den Einbau eines Hochfrequenzleistungsmessers möglich (König 1965), was einem allgemeinen Trend der Physio- und Elektrotherapie zu objektiven Meßverfahren entspricht. Die Wattzahl gibt die in der Zeiteinheit in den Patientenkreis abgegebene HF-Energie (Dosisrate) an.

• Bei der subjektiven Dosierung wurden verschiedene Stufen aufgestellt, nach dem Wärmeempfinden des Patienten. Voraussetzung ist, daß der Patient ein intaktes Wärmeempfindungsvermögen besitzt. Die älteste und bekannteste „Dosierungsschablone" ist die von SCHLIEPHAKE. Sie arbeitet mit 4 Dosisstufen, die von schwacher bis zu starker, gerade noch erträglicher Wärmeempfindung reichten (Tabelle 21). In dieser Tabelle ist auch eine 3er-Stufung angegeben, wie sie im Institut für Physikalische Therapie der Universität Jena (Prof. CALLIES) benutzt wird. Sie hat ihre Berechtigung, als die Dosisstufe I nach SCHLIEPHAKE, = thermosensibel unterschwellig, bei der kontinuierlichen KW-Therapie nur selten benutzt wird. Außerdem ist die exakte, reproduzierbare Einstellung dieser Dosisstufe problematisch, das um so mehr, da viele KW-Geräte keine stufenlos regelbare Intensitätsschaltung besitzen, sondern nach Schalter-(Leistungs-)stufen regeln. Dabei zeigte es sich, daß schon bei Schalterstufe 1 eine Wärmeempfindung auftrat (ENDRES und CALLIES 1982).

Tabelle 21 Dosierungsparameter für die Intensität

Intensitätsstufen	Objektive Dosierung bzw. Leistungsstufen		(W)
	Kontinuierliche-KW		Impuls-KW Spulenfeld[1] Leistungsstufen
	Kondensator-feldmethode	Spulenfeld-methode[1]	
(sehr niedrig)	s. Abb. I 85	–	–
niedrig	s. Abb. II 85	20 W	1 (20 Hz, 3 W)
mittel	s. Abb. III 85	30 W	5 (90 Hz, 14 W)
hoch	s. Abb. IV 85	40 W	8 (180 Hz, 28 W)

Intensitätsstufen	subjektive Dosierung nach Wärmeempfinden	
	Dosisstufen, (SCHLIEPHAKE)	Intensitätsstufen, (CALLIES)
(sehr niedrig)	I: keine Wärmeempfindung	–
niedrig	II: eben spürbare Wärmeempfindung	1. minimale Wärmeempfindung
mittel	III: deutliche angenehme Wärmeempfindung	2. mittel = zwischen 1 und 3
hoch	IV: kräftige, nicht unangenehme Wärmeempfindung	3. maximales Wärmeempfinden

Erläuterungen: [1] = Wirbelstromelektrode „TuR". Die Angaben bei der Spulenfeldmethode der kontinuierlichen KW erfolgten nach DANZ und CALLIES 1983, bei der Impuls-KW nach ENDRES und CALLIES 1988. Dabei betrugen die Temperaturdifferenzen (6 min, Handregion) bei 1: 0,4 °C, bei 5: 1,8 °C, bei 8: 4,0 °C

Dosisstufen sollen praxisrelevant und reproduzierbar sein. Sie sollen sich hinsichtlich der auftretenden Temperatursteigerungen im Gewebe, z. B. bei Anwendung thermometrischer Meßverfahren (Thermovision), nach Möglichkeit statistisch signifikant unterscheiden (DANZ 1979).

Zwischen den objektiven Dosisstufen (W) und den subjektiven Dosisstufen, z. B. nach SCHLIEPHAKE (I–IV), bestehen Übereinstimmungen. Dies konnten EDEL und ROSENBERG 1969 an gesunden Probanden zeigen. Sie verwandten eine mit der Kondensatorfeldmethode kontinuierlich verabreichte KW (Abb. 85). Allerdings sind die damit erzielten Ergebnisse an einzuhaltende Standardbedingungen geknüpft:

1. an eine bestimmte Elektrodengröße,
2. an einen festgelegten Elektroden-Haut-Abstand EHA,
3. an eine bestimmte Behandlungsregion.

Bei letzterer spielt die Größe des Behandlungsobjektes die entscheidende Rolle.

Die ergänzenden Angaben zu Abbildung 85 sind:

Fußgelenk	Elektrodengröße 8,5 cm ∅,	EHA 2 cm,
Ellenbogengelenk	Elektrodengröße 8,5 cm ∅,	EHA 3 cm,
Schultergelenk	Elektrodengröße 13 cm ∅,	EHA 3 cm,
Kniegelenk	Elektrodengröße 13 cm ∅,	EHA 3 cm,
Hüftgelenk	Elektrodengröße 17 cm ∅,	EHA 4 cm,
Thorax	Elektrodengröße 17 cm ∅,	EHA 5 cm.

Besonders in den niedrigen bis mittleren Dosisstufen nach SCHLIEPHAKE (I–III) und Anwendung eines 2-σ-Bereiches kommt es zu Überschneidungen. Für andere

Abb. 85 Dosisstufen I–IV nach SCHLIEPHAKE und Entsprechungen in Watt-Werten (Ermittlung mit Hilfe eines HF-Leistungsmessers, „TuR“ KW 4 (EDEL u. ROSENBERG 1969)

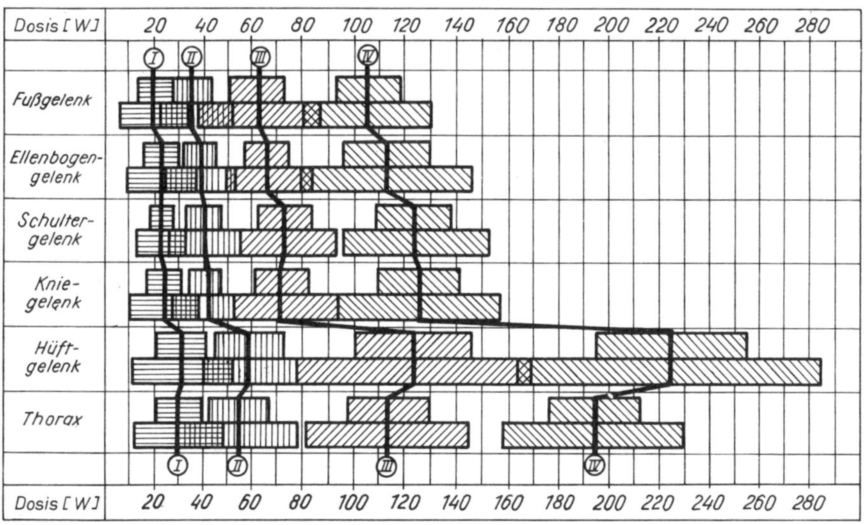

Körperregionen und bei Anwendung der Kondensatorfeldmethode, z. B. für das kleine Becken, die Wirbelsäulenregion und die Nasennebenhöhlen, haben CONRADI u. Mitarb. 1976 ergänzende Untersuchungen publiziert. Sie führten auch Wirbelstromanwendungen an der Hüfte durch.
Die subjektiven Dosisstufen sollten, besonders um Überdosierungserscheinungen zu vermeiden, nicht unberücksichtigt bleiben. Daß mit der Neuentwicklung eines Hochfrequenzleistungsmessers, der nur die vom Gerät in den Patientenkreis abgegebene Leistung überhaupt anzeigt (ohne Berücksichtigung evtl. Leistungsverluste in den Elektrodenkabeln), nicht alle Dosierungsprobleme gelöst sind, liegt auf der Hand. Was den Therapeuten letztlich interessiert ist eigentlich etwas anderes, nämlich der in dem Gewebe, in dem der Krankheitsprozeß liegt, auftretende Temperaturanstieg. Hier helfen dem Behandler, von komplizierten thermometrischen Meß- und Überwachungssystemen bei der Hyperthermie zur Krebstherapie abgesehen, auf die hier nicht eingegangen werden kann, Kenntnisse, wie sie aus Messungen des Wärmeverteilungsspektrums an geschichteten Gewebsphantomen (-modellen) erarbeitet wurden. Noch wertvoller, weil sie den Wärmeabtransport durch das Blut berücksichtigen, sind mit im Gewebe implantierten Thermofühlern an freiwilligen Probanden ermittelte Temperaturverteilungen, wie sie besonders von der Arbeitsgruppe von Prof. LEHMANN, USA, gewonnen wurden, auf die im folgenden noch mehrfach eingegangen wird. Von Bedeutung sind auch mathematische Berechnungen der absorbierten HF-Energie (der spezifischen Absorptionsrate SAR) wie sie bei Kenntnis der Materialkonstanten der verschiedenen Gewebe möglich sind. Was den Behandler ebenfalls interessiert, ist das oft keineswegs immer homogene Temperaturverteilungsspektrum der benutzten Applikatoren. So konnte z. B. mit thermometrischen Methoden gezeigt werden, daß bei Anwendung der Wirbelstromelektrode das Zentrum wesentlich geringere Temperatursteigerungen aufweist als die Peripherie des Bestrahlungsfeldes (DANZ 1979, OLESON 1984). Solche wichtigen Erkenntnisse sollte der Behandler berücksichtigen.

Zu b) Zeitstufen

Auch hinsichtlich der Behandlungsdauer (Applikationszeit) ist für die Praxis eine Unterteilung in 3 Zeitstufen von Vorteil. Sie kann wie bei CALLIES in fixen Zeitstufen (3, 6, 9 min) oder in Von-bis-Angaben erfolgen:

- kurz = 3 min oder 3 – 4 min
- mittel = 6 min oder 5 – 9 min
- lang = 9 min oder 10 – 15 min

Zu 2. Dosierungsparameter der Behandlungsserie

Auch hier sind wie bei der Einzelbehandlung, immer 2 Parameter festzulegen.

a) Größe der Behandlungsserie. Dabei kann entweder die Anzahl der Einzelbehandlungen angegeben werden oder die der Behandlungswochen. In beiden Fällen müssen das Behandlungsintervall (s. unten) und die Anzahl der Behandlungen pro Woche (z. B. 5 × oder 6 × = Montag bis Sonnabend) festliegen.

b) Behandlungsintervall (= Intervall zwischen den Einzelbehandlungen), z. B. kurz = täglich, mittel = 3 × wöchentlich, lang = 2 × wöchentlich (selten!).

Hinsichtlich der Stufung der Behandlungsserie ergäbe sich dann z. B.

- kurze Behandlungsserie = 1 – 2 Wochen,
- mittlere Behandlungsserie = 3 Wochen,
- lange Behandlungsserie = 4 Wochen.

Pause zwischen den Behandlungsserien

Nicht wenige Patienten verlangen fortlaufend über lange Zeit behandelt zu werden. Das muß über kurz oder lang zu einem nicht vertretbaren Anstieg der Wartezeit in der Abteilung führen. Daher sollte auch diese Frage vom Arzt nach wissenschaftlich vertretbaren Gesichtspunkten entschieden werden. In der Regel kommen besonders nach mittleren und längeren Behandlungsserien auch bei chronischen Krankheiten mehrere Monate andauernde Pausen in Frage. Neben dem Stadium ist die vorliegende Art der Krankheit für eine notwendige Wiederholung und die Dauer der Pause entscheidend, z. B. bei Rheumatoid-Arthritis und dem M. Bechterew.

Dosierungsstrategie

Der Arzt muß sich an Hand der vorliegenden Krankheitsart, des Krankheitsstadiums und des angenommenen Reaktionsvermögens des Patienten für eine der 3 Dosisstufen entscheiden. Eine generelle „einschleichende" Dosierungsgestaltung halten wir nicht für gerechtfertigt. In vielen Fällen wird mit einer mittleren Dosisstufe zu beginnen sein. Nach Beobachtung der dabei auftretenden Reaktionen (= sog. Bekömmlichkeitstest) wird bei günstigem Verlauf diese Dosierung bis zum Ende der Behandlungsserie beibehalten. Bei zu starken Reaktionen ist die Behandlungsintensität um eine Stufe zu senken. Erst wenn sich auch dies als nicht ausreichend erweist, ist in einem 2.Schritt die Behandlungsdauer um eine Stufe zu verkürzen. Beide Parameter gleichzeitig zu verändern ist in der Regel unzweckmäßig (Danz und Callies 1985, Callies u. Mitarb. 1985). Um diese Entscheidungen zu treffen, sind ärztliche Kontrolluntersuchungen in anfangs etwa einwöchentlichen Abständen erforderlich. Bei akuten stärkeren Reaktionen ist auf Hinweise des Behandlers an den Arzt natürlich sofort zu reagieren. Im anderen möglichen Fall, daß nach Ablauf von etwa 1/3 der vorgesehenen Zeit der Behandlungsserie keine ausreichende Therapiewirkung zu beobachten ist, weil die Dosierung evtl. zu niedrig angesetzt war, muß umgekehrt verfahren werden. Zunächst wird die Dosisstufe (Intensität) erhöht, erst wenn dies nicht die erwartete Wirkung zeigt, wird auch die Behandlungsdauer um eine Stufe verlängert.

Probleme der Intensitätsdosierung bei KW-Geräten

Gewisse Probleme können durch Fehlen einer stufenlosen Intensitätsregelung an KW-Geräten auftreten. Darauf haben Endres und Callies 1981 hingewiesen; und Manthey, Callies und Endres haben 1985 auf die Möglichkeit aufmerksam gemacht, eine solche einzubauen. Bei 10 untersuchten KW-4-1-Geräten gaben z. B. bei Schalterstufe 3 die Geräte Intensitäten zwischen 30 – 50 W an. Nur bei 3 der 10 KW-Geräte der Fa. „TuR" GmbH war eine genaue Einstellung von 30 W möglich.

Kurzwellenverordnung

eine optimale KW-Rezeptur sollte folgende Angaben enthalten:

1. Allgemeine Angaben

Personalien
Krankheitsart
Krankheitsstadium
Behandlungsort: bei Lokalbehandlung evtl. Skizze; bei Fernbehandlung Segmentangabe, evtl. Skizze bzw. Ort einer geplanten konsensuellen Behandlung.

2. Angaben zur Applikations-(Behandlungs-)technik

a) **Betriebsart:** kontinuierliche KW oder Impuls-KW,
b) **Applikationsform:** Kondensatorfeld- oder Spulenfeldmethode,
c) **Elektrodenart und -größe:** Kapselelektroden, z. B. 4; 8,5; 13; 17 cm ∅; Spezialelektroden; Gummiplattenelektroden, z. B. 10 × 16, 14 × 20, 20 × 30 cm; Spulenkabel oder Wirbelstromelektrode 13 cm ∅ oder Monode, Minode, Diplode, Circuplode. Wenn unterschiedliche Elektrodengrößen für aktive und Gegenelektrode zur Anwendung kommen sollen: getrennte Angaben.
d) **Elektroden-Haut-Abstand** EHA (cm): bei der Kondensatorfeldmethode für beide Elektroden.
e) **Elektrodenpositionen:** Längs- oder Querdurchflutung oder sonstige Position, evtl. Skizze.

3. **Dosierungsparameter** für kontinuierliche KW bzw. Impuls-KW

a) Für die *Einzelbehandlung*: Intensität (Leistung) in Watt, Leistungsstufen bzw. nach dem Wärmeempfinden; Behandlungsdauer (min).
b) Für die *Behandlungsserie*: Größe der Behandlungsserie und Behandlungsintervall bzw. Angabe in Behandlungswochen, mit Angabe des Behandlungsintervalls und der Zahl der Behandlungen pro Woche.

4. **Sonstige Bemerkungen, die für den Behandler von Bedeutung sein könnten**

z. B. Begleiterkrankungen, Lagerungsprobleme, Nachruhezeit, Dosierungsstrategie

Dokumentation zur KW-Therapie

Auf einer Behandlungskarte sollen die wichtigsten unter 1. – 4. genannten Angaben der Kurzwellenverordnung festgehalten werden sowie Beobachtungen und Vorkommnisse während der Behandlung. Dies erzieht nicht nur zu exakter Arbeit, sondern ist auch die Grundlage für die Auswertung von Ergebnissen, wenn gleichzeitig eine kurze Einschätzung des Behandlungserfolges dokumentiert wird. Auch stellt die Behandlungskarte eine notwendige Unterlage dar bei evtl. auftretenden Regreßansprüchen bei vermeintlichen oder tatsächlichen Behandlungsfehlern.

5.3.4. Mögliche Gefahren bei der KW-Therapie

Sie sind bei Beachtung der Indikationen und Kontraindikationen (s. folgendes), der Behandlungstechnik und der Dosierungshinweise gering. Für den Patienten können es sein:

– Lokale Wärmeschäden: Verbrennungsschäden verschiedenen Grades (1.–3.) an oberflächlich gelegenen, evtl. aber auch tiefer gelegenen Geweben, bei der Hyperthermie zur Krebsbehandlung auch von gesundem Gewebe. Bei intaktem Wärmeempfindungsvermögen geben meist brennender Schmerz an der Haut oder an Periost, Pleura, Peritoneum warnende Hinweise auf drohende Gefahren einer thermischen Gewebsschädigung.

– Bei Ganzkörpererwärmungsverfahren drohen durch Überdosierung Hitzetod, Zustände von Herz-Kreislauf-Versagen durch Übererwärmung.

– Elektrische Zwischenfälle bei defekten Geräten können den Patienten und den Behandler treffen. Sie sind durch Einhalten der *Sicherheitsvorschriften*, der notwendigen Gerätekontrollen und der *Arbeitsschutzbestimmungen* vermeidbar. Das gilt auch für den Behandler hinsichtlich von Schädigungsmöglichkeiten durch Streustrahlen (s. Behandlungstechnik). Schädigungsmöglichkeiten ergeben sich nicht zuletzt durch Nichtbeachtung der Kontraindikationen. Hier soll z. B. auf die Ausbreitung bestehender entzündlicher Prozesse, die Aktivierung von ruhenden Herden (Foki), aber auch die Schädigungsmöglichkeiten von Herzschrittmacherpatienten, selbst bei Aufenthalt in der Nähe von KW-Geräten, hingewiesen werden.

5.3.5. Indikationen der HF-Diathermie

Als Indikationen von Tiefenerwärmungsverfahren wie KW- und Mikrowellentherapie gelten ganz allgemein Krankheitsarten und Krankheitsstadien sowie Verletzungsfolgen, bei denen sich empirisch Wärmeanwendungen als therapeutisch erfolgversprechend erwiesen haben. In der Aufstellung auf Seite 264 wurden die therapeutisch nützlichen Wärmewirkungen angegeben. Daraus sind die folgenden Indikationen bei den verschiedenen Krankheiten abzuleiten.
(Literaturhinweise zur Indikation s. Edel, in Rentsch 1985, Callies 1986 und Thom 1963)

5.3.5.1. Internistische Indikationen

Erkrankungen des rheumatischen Formenkreises (Rheumatologie)

- Entzündlicher Rheumatismus

Rheumatoid-Arthritis RA: *Akute Phasen* hoher Entzündungsaktivität galten bislang als Kontraindikation einer Wärmetherapie. Ob die Anwendung niedrig dosierter (< 20 W), sog. athermischer Impuls-KW daran etwas ändert, bleibt abzuwarten und ist durch exakte klinische, kontrollierte Studien, evtl. im Vergleich zu Plazeboversuchsreihen abzuklären. Bei *subakuten Krankheitsphasen* kommen niedrig dosierte Impuls- oder kontinuierliche KW schon eher in Frage. Am wenigsten umstritten sind sicher KW-Anwendungen in *chronisch proliferativen Phasen* (Spätphasen) der Gelenkentzündung, bei denen Callies für 3-Wochen-Behandlungen in mittleren Dosisstufen entsprechend dem im Abschnitt „Dosierungsstrategie" beschriebenen Vorgehen plädiert (Callies u. Mitarb. 1985). Meistens wird die Wirbelstromelektrode (30 W) in 3 Behandlungsregionen/Sitzungen angewandt, bei wöchentlich 3maliger Behandlung. Es wurden Verbesserungen der Handkraft sowie eine Verminderung der Entzündungsaktivität beschrieben.

Spondylarthritis ankylosans (Morbus Bechterew): Das Vorgehen bei dieser chronischen entzündlichen Erkrankung der Wirbelsäule und einiger typischer Gelenke deckt sich weitgehend mit dem bei der RA Beschriebenen. Spulenfeldmethode (Spulenkabel, Diplode), aber auch Kondensatorfeldmethode (2 nebeneinander gelagerte Kapsel- oder Gummiplattenelektroden) kommen als Applikationstechnik in Frage. Die Erwärmung der Rückenmuskeln soll Schmerzen lindern, Muskeldetonisierung bewirken und damit zur besseren Wirkung einer notwendigen Bewegungstherapie beitragen. Langfeldstrahler und Muldenapplikator der Dezimeterwellentherapie sind ebenfalls indiziert.

• Degenerative rheumatische Erkrankungen der Gelenke (Arthrosen) und der Wirbelsäule (Spondylosen)

Behandlungsziele dabei sind Schmerzlinderung, Detonisierung eines reflektorischen Muskelhypertonus, Besserung bestehender muskulärer und bindegewebiger Gelenkkontrakturen bei gleichzeitigem Dehnen, Durchblutungsverbesserung.
„Aktivierte Arthrosen" (Synovitis): Sie galten bislang als Kontraindikation, zumindest für KW u. a. Diathermieverfahren, die zu thermischen Effekten führen. Ob sich hieran durch niedrig dosierte Impuls-KW (sog. athermische Anwendung) generell etwas ändert, bleibt wie bei akuten entzündlichen exsudativen Phasen der RA abzuwarten und zu testen. Auch für akute schmerzhafte Wurzelreizsyndrome (Radikulopathien), besonders beim sog. Zervikalsyndrom, ist Wärme nicht indiziert. Für die Koxarthrose hat der Ultraschall als Diathermieverfahren bessere Chancen, an den benachbarten Substraten (Gelenkkapseln, Bändern, Sehnen) und an der Synovia therapeutisch nützliche Tiefenwirkungen zu erzielen, als alle HF-Therapieverfahren. Neben KW im Kondensatorfeld und in oberflächlich gelegenen Gelenken auch im Spulenfeld kommen auch Dezimeterwellen- und Mikrowellentherapie mit Rundfeld-, Langfeld- sowie Großfeldstrahlern wie dem Muldenapplikator meist in mittlerer Dosisstufe in Frage.

• Weichteilrheumatismus (= extraartikulärer Rheumatismus u. a. Synonyma)

Diese vielgestaltige Krankheitsgruppe gilt als Hauptindikation der Diathermieverfahren. Sie schließt den Muskelrheumatismus (Myalgie, Myose, Tendomyose, Fibrositissyndrom, Muskelhypertonus, -hartspann), die Erkrankung der Sehnen, Ligamente (Tendinopathien), der Bursen (Bursopathien) sowie die Gruppe der Periarthropathien (z. B. die Periarthropathia humero skapularis), die primären Enthesopathien (Epikondylopathia humeri = Tennisellenbogen), Periostopathien und die Erkrankungen des Haut- und Unterhautfettgewebes (Pannikulitiden) ein, oft auch die Erkrankungen der Nerven. Behandlungsziele sind dabei oft Schmerzlinderung an eng umschriebenen Prädilektionsstellen durch gezielte lokale Anwendungen mit der Wirbelstromelektrode, einschließlich Diplode bei großflächigeren Behandlungsfeldern bzw. der Einsatz von Rundfeld-, Langfeld- und Großfeldstrahlern bei der Dezimeter- und Mikrowellentherapie. Für akute und subakute Stadien dürfte auch niedrig dosierte Impuls-KW indiziert sein, bei mehr chronischen Stadien kontinuierliche KW in mittlerer Dosisstufe (oder Impuls-KW in höherer). Thermische Wirkungen haben neben schmerzlindernden auch durchblutungsverbessernde, resorptionsfördernde, muskeldetonisierende u. a. Effekte, die zu den bekannten günstigen Wirkungen dieser Anwendungen beitragen.

Erkrankungen des Respirationstraktes

Im komplexen Therapieplan dieser Erkrankungen haben die HF-Diathermieverfahren keinen hohen Stellenwert. Bei chronischen Bronchitiden kommen außerhalb akuter Exazerbationen (Schübe) zur Expektorationserleichterung, Hustenlinderung, zur Erzielung broncholytischer und durchblutungsverbessernder Wirkungen Kondensatorfeldapplikationen der KW mit großen (17 cm ∅) Kapselelektroden bei großem (4 cm) EHA oder die Dezimeterwellentherapie mit dem Muldenapplikator in Frage. Das gleiche gilt für pneumonische und pleuritische Restinfiltrate. Dabei soll dem Behandler an Hand vorliegender Röntgenbilder ein genauer Hinweis auf den Sitz des Krankheitsprozesses gegeben werden. Das gilt auch für die relativ seltene Indikation, bei Lungenabzessen zur Unterstützung einer Antibiotikatherapie mit Diathermie zu therapieren. Auch beim Asthma bronchiale, bei dem am ehesten an das Infektasthma zu denken ist, hat die HF-Diathermie keinen hohen Stellenwert. Das Vorgehen entspricht dem bei chronischer Bronchitis.

Gastrointestinale Indikationen

Sie spielen ebenfalls kaum mehr eine wesentliche Rolle. Sie kommen evtl. bei vorwiegend funktionellen Störungen zum Einsatz, wobei sie wahrscheinlich kaum mehr leisten dürften als ein feuchtwarmer Wickel. Das gilt auch für Dyskinesien der Gallenblase, postoperative abdominale Verwachsungsbeschwerden u. a.
Außer der Kondensatorfeldmethode der KW kommt auch hier der Muldenapplikator der Dezimeterwellentherapie in Frage.

Nephrologische und urologische Indikationen

Sie haben ebenfalls keinen hohen Stellenwert, evtl. wendet man die KW-Therapie noch bei der chronischen bzw. chronisch rezidivierenden Prostatitis als Kondensatorfeldmethode (Kapselelektrode 13 cm ∅, EHA 2–3) an, besser noch mittels Rektalelektrode mit Mikrowellentherapie. Eine ausreichende Sekretentleerung muß gesichert sein.

5.3.5.2. Chirurgische, traumatologische, sportmedizinische Indikationen

Posttraumatische Zustände wie Kontusionen, Distorsionen, Muskelzerrungen, Zustände nach Luxationen und Frakturen gehören, wenn das akute Stadium mit Blutungsgefahr, Ödemverstärkung (meist nach 48 h) abgelaufen ist, zu den Indikationen der HF-Diathermie. Sie dient der Schmerzlinderung, Durchblutungs- und damit Resorptionsverbesserung (z. B. von Hämatomen). Der Einsatz der Diathermie muß zum *richtigen Zeitpunkt* mit der *richtigen Dosisstufe* erfolgen, wenn er erfolgreich sein soll. Andererseits können zu frühe und zu hoch dosierte Wärmeanwendungen auch schaden, wie am Beispiel der Reflexdystrophie (Morbus Sudeck) bekannt. Die Impuls-KW in niedrigen, keine stärkeren Wärmewirkungen hervorrufender Leistungsstufe (z. B. 1), kann vielleicht etwas früher eingesetzt werden, jedoch wäre es auch hier nützlich, den Wert einer solchen Therapie im Vergleich zu einer kontinuierlichen KW- oder Mikrowellentherapie niedriger Dosisstufe sowie einer Plazebotherapie durch vergleichende, randomisierte, größere klinische Studien zu bestätigen. Weitere Indikationen sind posttraumatische Gelenkkontrakturen, soweit sie nicht ossär bedingt sind, und wenn die Wärmetherapie mit Dehnübungen verbunden wird. Die Sudeck-Dystrophie gilt im Stadium I und II als Kontraindikation. Nach Abklingen der entzündlichen Reizerscheinungen im Stadium III und besonders im Stadium IV (dystrophische Schrumpfkontraktionen) kommen Impuls-KW, kontinuierliche KW bis zu mittleren Dosisstufen unter laufender ärztlicher Kontrolle der Verträglichkeit in Frage. Besser vertragen werden oft die Mikrowellen- oder die Dezimeterwellentherapie.

5.3.5.3. Gynäkologische Indikationen

In Absprache mit dem Gynäkologen wird eine HF-Diathermie bei Adnexitiden, Parametritiden, Metritiden, Restexsudaten im Beckenbindegewebe, Adhäsionen nach Entzündungen und Operationen angewendet. Wichtig ist der richtige Zeitpunkt und die richtige Dosierung.

• Akute entzündliche Prozesse gelten ebenso als Kontraindikationen wie Endometriose, Myome, maligne Tumoren (sofern diese nicht Indikationen einer speziellen Hyperthermietherapie sind), Tuberkulose, Gravidität, Menses und andere Genitalblutungen. Früheste Indikationen sind hier abklingende, subakute Prozesse (Temperatur-, BSR-, Leuko-, Ausfluß-, Tastbefundrückgang) unter laufender klinischer Kontrolle und in einschleichender Dosierung. Als Hauptindikationen gelten chronische Stadien. Behandlungsziele sind der Rückgang der Entzündung, die Resorptionsförderung der Infiltrate, eine Durchblutungssteigerung und damit auch evtl. eine bessere Antibiotikawirkung, Schmerzlinderung.
Die Kondensatorfeldmethode kontinuierlicher KW führt nur zu sehr geringen (< 0,2 °C) vaginalen Temperaturerhöhungen. Mit dem Muldenapplikator der Dezimeterwelle erzielten wir bei 100 W 15 min in einer Serie von in der Dosierung ansteigenden Behandlungen (Beginn mit 60 W und 3 min) zwar maximal nur 0,23 °C in der Vagina, die klinischen Ergebnisse waren jedoch infolge der relativ hohen eingestrahlten HF-Energie in die Beckenregion bei 30 Patientinnen mit chronischer Adnexitis in 70% als gut einzuschätzen (Hübner 1969). Höhere lokale Temperaturen in der Vagina sind mit Vaginal-(Körperhöhlen-)Strahlern der Mikrowelle („Lutsch-2") bzw. mit einen uns zur Verfügung stehenden Vaginalstrahler eines Dezimeterwellengerätes (UT-1 „TuR") zu erzielen. Sie betrugen bei 15 W 5 min 1,5 °C bzw. 2,2 °C (Klaus und Heinke 1975). Die klinischen Ergebnisse der untersuchten 6 bzw. 20 Patientinnen waren denen der Muldenapplikatorbehandlung gleichwertig. Conradi u. Mitarb. 1980 haben ebenfalls vaginale Temperaturmessungen mit dem Vaginalstrahler des Mikrowellengerätes Lutsch-2 (UdSSR) durchgeführt. Bei 3,7 W (= Schaltstufe 2) und 5 min erhielten sie 1,27 °C, bei Schaltstufe 4–5, 10 min 2,5–3 °C Temperaturanstieg. Sie empfehlen ebenfalls eine in Intensität und Behandlungsdauer ansteigende Dosierung (bei 6–12 Behandlungen). Furunkel an der Vulva, Entzündungen der Bartholini-Drüse, ältere Vulvahämatome gelten ebenfalls als Indikationen. Hier ist die Kondensatorfeldmethode der KW gut geeignet.

5.3.5.4. HNO-Indikationen

In der Oto-Rhino-Laryngologie sind subakute und chronische *Sinusitiden* (maxillaris, frontalis), chronische und chronisch-rezidivierende *Tubenkatarrhe*, subakute und chronische *Pharyngitiden* und *Laryngitiden* Indikationen für die HF-Diathermie. Auch hier sind fachärztliche Konsultationen ratsam bei einer exakt abgeklärten Diagnose, um den richtigen Zeitpunkt und die richtige Dosierung für einen Behandlungserfolg zu ermitteln. Das gilt besonders für Mittelohrentzündungen, die bei falscher Indikation folgenschwer enden können. Bei der KW-Therapie ist die Kondensatorfeldmethode mit Kapselelektroden die Methode der Wahl, bei der Mikrowellentherapie die Anwendung von Kontakt-(Fokus-) Strahlern (Brillenschutz), für Ohrgangfurunkel Ohr-(Körperhöhlen-)Strahler.

5.3.5.5. Stomatologische Indikationen

Indikationen sind Dolor post extraktionem, jedoch erst, wenn die Leitungsanästhesie abgeklungen ist, dentogene submukose und subperiostale Prozesse (Parulis) zum richtigen Zeitpunkt, synoviale Formen von Kiefergelenkerkrankungen, Kieferklemme bei Dentitio difficilis des Weisheitszahnes. Von den HF-Diathermieverfahren kommen die Kondensatorfeldmethode der KW mit Kapselelektroden in Frage; mit der Dezimeterwellentherapie hatten wir mit speziellen Kontaktstrahlern beim Dolor post extraktionem gute Erfolge (VÖDISCH und VÖDISCH 1980). Bei der Mikrowellentherapie kommen ebenfalls in erster Linie Kontaktstrahler zum Einsatz, bei Anwendung von Rundfeld- bzw. „Topfkreisstrahlern" ist unbedingt ein Augenschutz nötig.

5.3.5.6. Ophthalmologische Indikationen

Die Indikationsstellung sollte von mit dieser Methode erfahrenen Ophthalmologen vorgenommen werden, ebenso die Kontrolle der Behandlung und Vorschläge zur Dosierung. Als Indikationen gelten Lidentzündungen wie Hordeulum, Lidabzesse, Dakryoadenitis. Über Behandlungen mit der Kondensatorfeldmethode der KW bei Patienten mit Hämophthalmus (Kapselelektroden 4 cm ∅ als aktive Elektrode, 8 cm ∅ als Gegenelektrode, EHA 3 cm, Schalterstufen (2)–3, (3)–6 min täglich) haben Ch. DIETZE, R. DIETZE und CALLIES 1983 berichtet. Die Meinungen bei Iridozyklitis, Uveitis, Episkleritis, Skleritis als Indikation sind nicht einheitlich.

5.3.5.7. Dermatologische Indikationen

Furunkel, Karbunkel, Schweißdrüsenabszesse gehören zu den ersten Indikationen der Kondensatorfeldmethode der KW (SCHLIEPHAKES Selbstversuch bei einem Nasenfurunkel). Sie liegen aber noch vor der Antibiotikaära. Das gilt auch für die *Mastitis.* Im akuten Stadium angewandt, will man die Entzündung kupieren. Im späteren Stadium soll die Einschmelzung gefördert werden, um inzidieren zu können, bzw. nach Entleerung die Resorption von Restinfiltrationen zu fördern; evtl. sind Spezialelektroden (offene) für Furunkel bzw. Schweißdrüsenentzündungen in der Achselhöhle (keilförmige) angezeigt. Da wegen des Sitzes des Krankheitsprozesses eine Oberflächenerwärmung im Unterhautfettgewebe vorteilhaft ist, ist ein kurzer EHA angebracht.

5.3.5.8. Onkologische Indikationen, Hyperthermietherapie (HT) zur Krebsbehandlung

Betreffs einer ausführlicheren Übersicht zu dieser Thematik s. EDEL 1988. Die Hyperthermie wird z. Z. als kombiniertes HT-Verfahren mit Strahlentherapie (Thermoradiotherapie) durchgeführt, da sich eine alleinige HT als weniger effektiv erwies. Ihre Kombination mit der Chemotherapie (Zytostatika) ist noch wenig erforscht.

Die Ganzkörper-HT (whole body hyperthermia) versuchte beim Vorliegen diffuser Tumoren die Körpertemperatur des in einer Spezialkabine gelagerten Patienten mit KW-Geräten auf 41,5–42 °C zu steigern. Wegen der dabei möglichen Komplikationen, psychischen und physischen Belastungen wird zugunsten effektiverer extrakorporaler Erwärmungsverfahren mit Perfusion die Ganzkörper-HT kaum mehr praktiziert. Regionale HT-Verfahren, d. h. die Erwärmung bestimmter Körperpartien mit Tu-Befall (Extremitäten, Abdomen, Becken, Thorax) werden z. Z. nur mit wenigen elektromagnetischen Verfahren in begrenztem Umfang erreicht. Bei der Besprechung der Spulenfeldmethode der KW wurde schon darauf eingegangen, z. B. die Methoden von LE VEEN u. Mitarb. (s. Abb. 75) und STORM u. Mitarb. (s. Abb. 76). Das Hauptinteresse gilt z. Z. der lokalen, fokalen HT für oberflächliche und tiefsitzende Tumoren mit HF-Verfahren im RF- und Mikrowellenbereich. Im RF-Bereich kommt für oberflächliche Hauttumoren bzw. in oberen Muskelschichten die 13,56-MHz-Frequenz bei Anwendung wassergekühlter Metallelektroden (kapazitive Applikation)

und hohen Intensitäten (20–1000 W) in Frage (SAUER und HERBST 1984). Mit 3 Elektrodenpaaren kreuzfeuernd arbeitet das schon erwähnte le-Veen-Verfahren (13,56 oder 27,12 MHz), das evtl. auch für tiefer sitzende Tumoren einzusetzen ist. Über Spulenfeldverfahren mit Flachspulen (Pancake coil) bei oberflächlichen oder dicht hinter der Fettgrenze sitzenden Tumoren berichten OLESON u. Mitarb. 1983 sowie OLESON 1984.
Ein mit einer rasterförmig bewegten Wirbelstromelektrode (27,12 MHz) (scanning) arbeitendes Verfahren haben v. ARDENNE u. Mitarb. 1984 in Dresden entwickelt (sog.CMT-Selectotherm-Verfahren). Mit einer konzentrischen Spule („Magnetode“, Frequenz13,56 MHz) arbeiten STORM u. Mitarb. 1979. Im Mikrowellenbereich (Strahlenfeld) sind neben einfachen Systemen mit einem Applikator für oberflächliche Tumoren auch komplizierte Systeme mit vielen Applikatoren in Gebrauch. Sie arbeiten mit variablen Frequenzen (434 MHz, 915 MHz, 2450 MHz), mit Breitwandapplikatoren verschiedener Größen oder mit Ringapplikatoren mit 12 Hornapplikatoren und Computersteuerung. Sie werden regional und lokal angewendet [sog. BSD-Annular-Array-System (APAS)] (SAPOZINEK u. Mitarb. 1984).
Im RF- und Mikrowellenfrequenzbereich sind neben den genannten externen elektromagnetischen Verfahren auch interstitielle Thermoradiotherapieverfahren (s. Übersicht EDEL 1988, Tabelle 2) sowie intrakavitäre und intraluminäre (s. Tabelle 3) in Gebrauch. Sie arbeiten mit kleinsten Mikrowellenantennen und feinsten Koaxialkabeln, die über Hohlnadeln in den Tumor implantiert werden. Es würde den Rahmen dieses Buches überschreiten, hier näher auf Einzelheiten einzugehen. Es war nur beabsichtigt, auf das sich rasch entwickelnde neue Anwendungsgebiet der HF-Diathermie hinzuweisen (s. dazu auch STREFFER, HERBST, SCHWABE 1986).

5.3.6. Kontraindikationen der HF-Diathermie

Als Kontraindikation für die Tiefenerwärmungsverfahren wie KW- und Mikrowellentherapie gelten ganz allgemein:

– alle Krankheiten, Krankheitsstadien und -prozesse, bei denen die Gefahr besteht, daß eine Tiefenerwärmung den pathologischen Prozeß verschlimmern könnte. Hierzu zählen besonders akute floride Entzündungsprozesse an Knochen (z. B. Osteomyelitis), Gelenken (z. B. aktivierte Arthrosen, exsudative Arthritiden), auch akute Neuralgien, Zerviko-Radikulopathien, Reflexdystrophien (Sudeck Stadium I und II), Periarthropathien sowie frische posttraumatische Folgezustände mit Blutungsgefahr, Ödemverschlimmerung. Bei ihnen ist Kryotherapie besser indiziert;

– alle zu Blutungen neigenden Prozesse bzw. Krankheits- oder Verletzungszustände mit Blutungsgefahr, wie z. B. Hämorrhagien, Blutungsübel, zur Blutung neigende Magen-Darm-Ulzera, blutende Gewebe und Anwendungen im Bereich des Abdomens während der Menses;

– Thrombophlebitiden und Thrombosen, floride Vaskulitiden;

– Lokalanwendung auf das Abdomen oder Becken bei bestehender Gravidität. Erwärmung der Hoden durch Lokalanwendung, da diese Gewebe stark wärmeempfindlich sind;

– schwere arterielle periphere Durchblutungsstörungen, fortgeschrittene Stadien II mit kurzer Gehstrecke (zumindest hinsichtlich lokaler Wärmeanwendungen) sowie Stadium III und IV, da die kranken Gefäße den durch die Temperatursteigerung im Gewebe ausgelösten erhöhten Stoffwechsel- und Sauerstoffbedarf nicht decken können. Damit besteht die Gefahr der Gangrän des Gewebes;

– maligne Tumoren, Tumorverdacht, Metastasen, sofern die genannten Zustände nicht die Indikationen einer speziellen Hyperthermietherapie des Krebses sind. Hierher gehören aber auch gutartige Tumoren, wie z. B. Myome, wegen einer evtl. Blutungsgefahr oder Wachstumsanregung;

– Tuberkulose von Organen, besonders aktive Tuberkulose;

– implantierte Herzschrittmacher (Pacemaker) wegen der Gefahr einer Interferenz mit Inhibierung oder „Schrittmacherrasen". Dabei ist nicht nur jegliche Art der Behandlung untersagt, sondern auch der Aufenthalt in Räumen, in denen KW-Geräte arbeiten. Auch andere elektronische Orthesen, (z. B. Zwerchfell-, Blasenschrittmacher) und implantierte Insulinpumpen sind Kontraindikationen;

– Verlust des Wärmeempfindungs- und Schmerzempfindungsvermögens sind kontraindiziert für Betriebsarten und Dosierungsstufen, die zu Gewebserwärmung führen, da das Warnungssignal starker Erwärmungen, z. B. Brennen, Schmerz u. a., als Hinweis einer drohenden Gewebsschädigung fehlt, z. B. bei der Syringomyelie, bei peripheren Nervenverletzungen (auch iatrogen bedingt), bei anästhesierten Gebieten durch eine Leitungsanästhesie oder in Folge Durchtrennung von Schmerzbahnen (Chordotomie), durch starke Analgetika oder Narkotikaverabreichung. Auch psychisch Gestörte, Bewußtlose, Anfallsleidende mit Gefahr des Bewußtseinsverlustes gelten als Kontraindikationen, ebenso Kleinstkinder;

– Patienten, die kürzlich ionisierender Strahlung im Rahmen einer Bestrahlungstherapie ausgesetzt waren, sollten im Bestrahlungsfeld wegen der Empfindlickeit bestrahlter Gewebe nicht stärker erwärmt werden;

– bei bestehenden Ödemen, sonstigen Wasseransammlungen im Gewebe, wie Pleuraergüssen, Aszites u. a., sollten diese Regionen nicht lokal mit KW behandelt werden, weil sie sich stärker erwärmen. Ebenso gilt dies für feuchte Verbände, Unterlagen, Kleidungsstücke;

– die Gefahr der Schädigung des Gewebes durch stärkere Erwärmung besteht auch in der näheren Umgebung von Metallfremdkörpern, die außerhalb (Ohrclips) und innerhalb des Körpers im Bestrahlungsfeld liegen (Granatsplitter, Geschosse, Metallendoprothesen, Verplattungsmaterial zur Osteosynthese, Marknägel u. a.). Ausnahmen sind niedrige Dosierungen bei Impuls-KW;

– für die Ganzkörper-Hyperthermie sind Herz-Kreislauf-Störungen, fortgeschrittene Leber- oder Nierenerkrankungen, ungenügender Allgemeinzustand Kontraindikationen.

5.4. Mikrowellentherapie

Der gemäß VO Funk 1959 (s. Tabelle 19) als Mikrowelle (MW) bezeichnete Frequenzbereich 300 – 3000 MHz enthält die 3 HF-Diathermie-Verfahren auf den dafür freigegebenen 3 Frequenzbändern der IMS.

Dezimeterwellentherapie (= Ultra High Frequency, UHF-, Ultrahochfrequenz-, 69-cm-Wellen-Therapie). 433,92 ± 0,2% MHz, λ_0 = 69 cm, in Europa freigegeben, nicht in den USA.
915-MHz-Therapie. λ_0 = 32,8 cm, in den USA freigegeben.
Mikrowellentherapie. 2450 MHz ± 50 MHz, λ_0 = 12,5 cm.

Die Applikationsform für diesen Frequenzbereich ist die Strahlenfeldmethode (s. Abb. 72 rechts). Die Kondensator- und Spulenfeldmethode ist aus physikalischen Gründen, vor allem infolge von Strahlungsverlusten, nicht anwendbar. Für diesen Bereich sind neue Generatoren entwickelt worden, selbsterregte Topfkreisstrahler (Dezimeterwelle) bzw. das Magnetron (Mikrowelle). Statt von Elektroden spricht man hier von Applikatoren (Strahlern, Sendeantennen, Dipolen). Für die 3 Verfahren sind dazu unterschiedliche Formen (Arten) entwickelt worden, die in 2 große Gruppen gegliedert werden können:

1. Distanzstrahler. Sie werden in vom Hersteller vorgegebenen Abständen (etwa 5 – 15 cm) zur Körperoberfläche an verstellbaren Haltearmen befestigt.
2. Kontaktstrahler (Fokusstrahler), Körperhöhlenstrahler. Dabei wird als Übertragungsmittel nicht wie bei 1. die Luft benutzt, sondern die Antennen (Dipole) werden in ein verlustarmes keramisches Material hoher Dielektrizitätskonstante eingelassen. In diesem Material ist die Ausbreitungsgeschwindigkeit und die Länge der elektromagnetischen Welle kleiner. Dies verkleinert die Strahler beträchtlich und ermöglicht einen direkten Kontakt. Sie sind jedoch dadurch nur zur Erwärmung relativ kleiner Behandlungsfelder einzusetzen. Sie können im Gegensatz zu den Distanzstrahlern, besonders den sog. Großfeldstrahlern, mit wesentlich geringeren Geräteleistungen (bis maximal 20 – 25 W) betrieben werden. Bei gutem Körperkontakt ist die Streustrahlung der Kontaktstrahler wesentlich niedriger als die der Distanzstrahler. Sie werden gern im Bereich des Gesichtsschädels eingesetzt, um schädliche Einwirkungen von Strahlen auf die Augenlinsen mit der Gefahr der Kataraktbildung zu verhindern. Die Strahler erhalten die elektromagnetische Energie vom Generator über ein Koaxialkabel (s. Abb. 72 rechts). Bei der interstitiellen Hyperthermie zur Krebstherapie können diese Koaxialkabel so dünn gestaltet werden, daß sie in einer Hohlnadel zu der Mini-Antenne bis in den Tumor eingeführt werden können.
Auf die physikalischen Vorgänge im Strahlenfeld (Eindringen der elektromagnetischen Welle in das Gewebe, Ausbreitung, Absorption der elektromagnetischen Energie u. a.) wurde bereits eingegangen (s. auch Abb. 70).
Ein wesentliches Problem bei der Strahlenfeldmethode ist die Reflexion eines Anteils der Wellen an Schichtengrenzen. Eine wichtige Grenzschicht bildet dabei das Unterhautfettgewebe und die darunter liegende Muskulatur. Da sich die Wellenlängen im Gewebe gegenüber denen in der Luft (λ_0) um etwa 1/3 – 1/7 verkleinern, bildet der reflektierte Anteil der Welle mit der einfallenden Welle an einer bestimmten Stelle vor der Fett/Muskulatur-Grenze eine stehende Welle aus, deren Maximum etwa 1/4 der Wellenlänge vor der reflektierten Grenzschicht liegt. Dieses Intensitätsmaximum führt zu einer verstärkten Erwärmung, zum Auftreten ungünstiger Hot-Spots im Unterhautfettgewebe (s. Abb. 93). Je höher die angewandte Frequenz desto kleiner ist bekanntlich die Wellenlänge (in Luft sowie Gewebe), desto geringer ist der Abstand vor der Fett/Muskel-Schicht. So beträgt er z. B. bei der Mikrowelle für das 1. Maximum nur 1 cm (s. Abb. 93, 3 GHz,

gestrichelte Linie). Damit reicht er meist, bei dicker Fettschicht immer, in das Fettgewebe. Noch ungünstiger ist die Verwendung *höherer* Frequenzen als 2450 MHz (= 2,45 GHz), wie z. B. 10 GHz (s. Abb. 93). Günstiger schneiden dagegen die *niedrigeren* Frequenzen 915 MHz (in Abb. 93 900 MHz) und 433 MHz (Dezimeterwelle) ab. Hier beträgt der Abstand das 6fache des Abstandes der Mikrowelle und reicht damit nicht mehr in das Fettgewebe. Dieses wird daher „thermisch entlastet“. Unterschiede in den genannten 3 Frequenzbereichen ergeben sich nicht nur hinsichtlich des unterschiedlichen Wärmeverteilungsspektrums in den verschiedenen Geweben, auf das bei der Besprechung der einzelnen Verfahren noch genauer eingegangen wird, sondern auch hinsichtlich der Größe der Bestrahlungsfelder. Dezimeterwellen haben gegenüber Mikrowellen etwa die 6fache Wellenlänge. Technisch gleich konstruierte Strahler bestrahlen daher Felder mit einem Größenunterschied von 6 : 1 zugunsten der Dezimeterwellenapplikatoren. Diese sind somit für die Bestrahlung größerer Felder, die Mikrowellenstrahler dagegen generell eher für kleinere Behandlungsfelder geeignet.

5.4.1. Dezimeterwellentherapie

Die günstige Wirkung kürzerer Wellenlängen als die der KW (11 m) wurde bereits 1937 von Pätzold in Deutschland erkannt. Korb 1939 erprobte ein 300-MHz-(= 1 m-Wellenlänge)Gerät klinisch erfolgreich. Die Entwicklung stoppte jedoch kriegsbedingt. Erst 1959 (noch nicht auf der Atlantic City Konferenz 1947) wurde in Europa für medizinische Zwecke die Frequenz 433,92 MHz ± 0,2% freigegeben. 1965 berichteten Barth und Kern über erste Behandlungsergebnisse mit dem von der Fa. Siemens AG Erlangen entwickelten Dezimeterwellengerät „Siretherm“. Für dieses Gerät wurde 1968 der erste sog. Rechteckhohlleiterstrahler (= Muldenapplikator „Pyrodor“) konstruiert und von Krause erprobt. Als Generator für die Dezimeterwellengeräte dient ein sog. selbsterregter Topfkreisgenerator, eine Senderöhre, die im C-Betrieb (= unterer Teil der Röhrenkennlinie) arbeitet und mit Druckluft gekühlt wird. Für die Abstimmung auf die Sollfrequenz sorgt ein Stabilisierungstopfkreis. Nicht erwünschte Oberwellen werden durch Resonanz- und breitbandige n-Filter herabgesetzt. Zum Applikator bestehen koaxiale Leitungsanschlüsse. Die Applikationstechnik ist immer monopolar. Die Applikatoren werden an beweglichen Haltearmen befestigt. Der behandelte Körperteil befindet sich im Nahfeld der Strahler. Eine Abstimmung während der Behandlung ist nicht erforderlich. Die Behandlungstechnik ist denkbar einfach.
Da die Wahl der Applikatoren das Behandlungsergebnis wesentlich bestimmt, sollen im folgenden die Indikationen und Wirkungen der verschiedenen Strahler besprochen werden.

- Rundfeldstrahler

Sie dienen der Behandlung kleinerer Körperregionen. Wegen ihrer guten Tiefenwirkung in der Muskulatur sind sie für umschriebene Krankheitsprozesse gut geeignet. Auch oberflächlich gelegene Gelenke können gut damit behandelt werden. Als Distanzstrahler werden sie in einem vom Hersteller vorgegebenen Abstand (8 – 10 cm) posiert. Den Temperaturverlauf in der Muskulatur des Oberschenkels (Lehmann u. Mitarb. 1975) zeigt Abb. 86. Von 5 Probanden gibt Abbildung 87 die

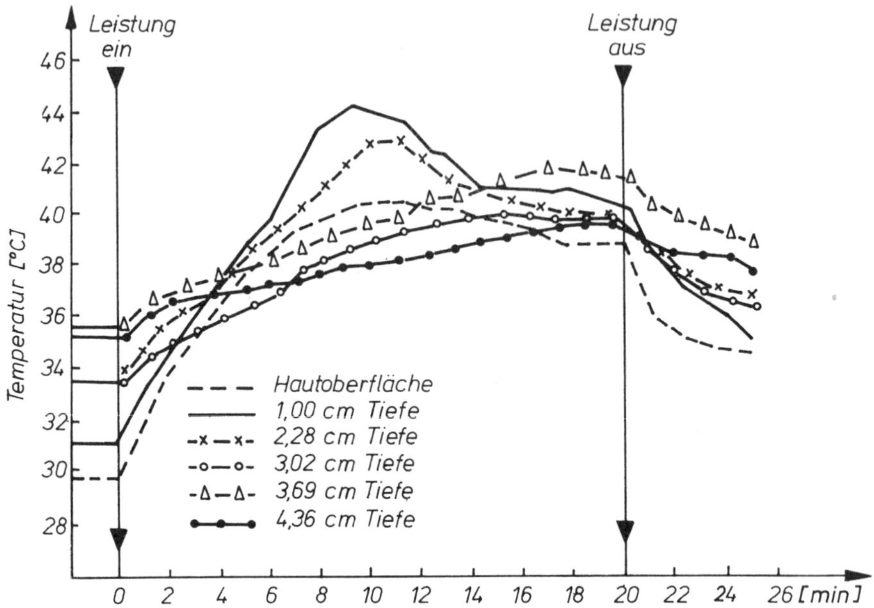

Abb. 86 Dezimeterwellentherapie (69 cm): Temperaturverlauf bei Rundfeldstrahlerapplikation (20 min) am Oberschenkel eines freiwilligen Probanden (Thermistormessung), s. c. Fettgewebe = 2 cm (LEHMANN u. Mitarb. 1975).

Temperaturverteilung an der wichtigen Fett/Muskel-Grenzschicht an. Man sieht, daß therapeutisch wirksame Temperaturen (>40 °C) damit erreicht werden können. Die mittlere effektive Tiefe wird von LEHMANN mit 2,4 cm jenseits der Fett/Muskel-Grenze, in der Muskulatur gelegen, angegeben. Damit kann der Rundfeldstrahler der Dezimeterwellentherapie als ein günstiges Diathermieverfahren eingestuft werden.

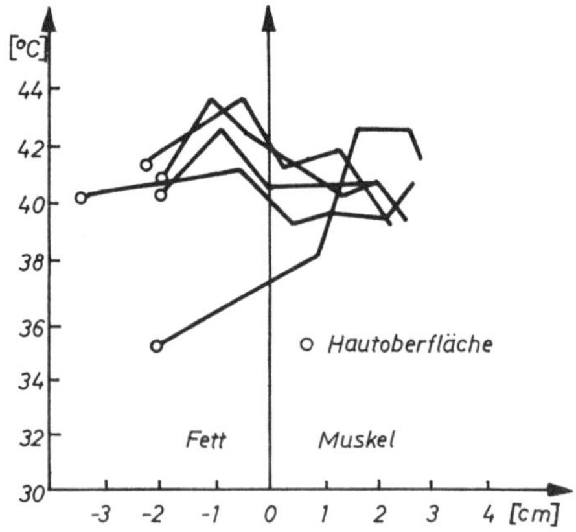

Abb. 87 Dezimeterwellentherapie (69 cm): Temperaturverteilung bei Rundfeldstrahlerapplikation (20 min 55 W) bei 5 freiwilligen Probanden, s. c. Fettgewebe = 2 cm (LEHMANN u. Mitarb. 1975)

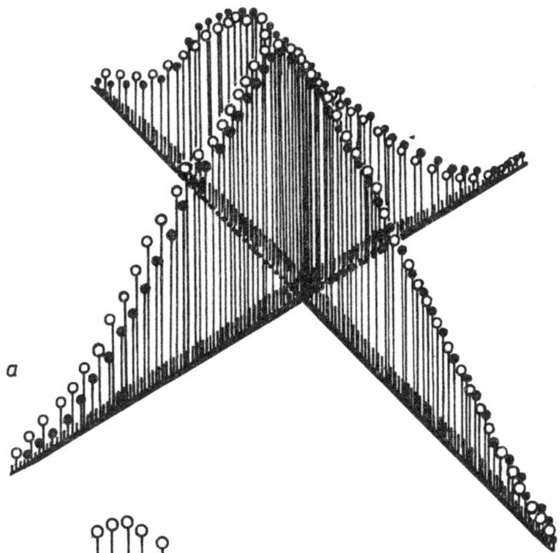

a

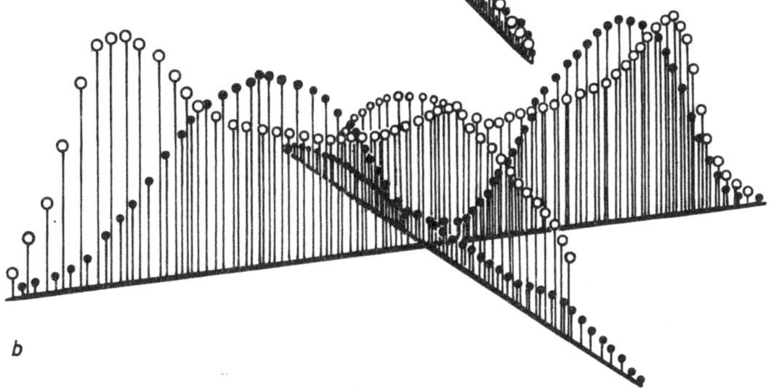

b

Abb. 88 Dezimeterwellentherapie (69 cm): Dreidimensionale Darstellung der Temperaturverteilung im Gewebsphantom
a) bei Langfeldstrahlerapplikation, b) bei Muldenapplikatorapplikation
weiße Kreise = höchste Temperaturen im s. c. Fettgewebe, schwarze Punkte = höchste Temperaturen im Muskelgewebe

- Langfeldstrahler

Sie sind besonders zu Behandlungen von Gliedmaßen und Rückenmuskelabschnitten geeignet. Eine Applikation dieses Strahlers mit 55 W und 20 min Behandlungsdauer an einem Rückenmodell zeigt Abbildung 88 oben in einer 3dimensionalen Darstellung. Es fällt auf, daß schon 11 – 13 cm von den Strahlerenden entfernt keine optimalen, therapeutisch wirksamen Temperaturanstiege mehr zu erzielen sind. Die Distanz der Strahler wird ebenfalls mit 8 – 10 cm angegeben.

- Muldenapplikatoren (Rechteckhohlleiterstrahler)

Dieser Strahlertyp ist zur Behandlung größerer Körpervolumina entwickelt worden. Er eignet sich gut zur Behandlung des Abdomens, des kleinen Beckens, von größeren Rückenpartien, aber auch der Schulter, von 2 Kniegelenken. Er wird im Gegensatz zu den R- und L-Strahlern direkt dem behandelten Körperteil anliegend postiert. Abbildung 89 nach Krause 1968 zeigt die Feldverteilung des E-(elektrischen)Feldes und H-(Magnet-)Feldes. Man sieht die kräftigen Magnetfelder, die von den 4 Ecken des Applikators ausgehen. Die von dem Generator angeregten Hohlraumwellen [H_{11}-(eins-eins-)Wellen] haben dem Applikator den Namen Rechteckhohlleiterstrahler gegeben, beim „Siretherm" „Pyrodor" genannt. Das Wärmeverteilungsspektrum eines von uns benutzten Muldenapplikators (von König 1969 gemessen) und eine schematische Darstellung zeigt Abbildung 89. Auch hier ist die inhomogene Verteilung des Wärmeverteilungsspektrums im Bestrahlungsgebiet mit bevorzugter Erwärmung an den Ecken ersichtlich. Diese geht aus der 3dimensionalen Darstellung (s. Abb. 88 von Lehmann u. Mitarb. 1975) besonders übersichtlich hervor. Dieses Verteilungsmuster ist weniger störend, wenn man, wie z. B.bei der Behandlung beider Kniegelenke, die Behandlungsobjekte in die Ecken postieren kann.

Abb. 89 Dezimeterwellentherapie (69 cm)

a) Feldverteilung im Rechteckwellenhohlleiterstrahler, H_{11}-Wellentyp links, E_{11}-Wellentyp rechts (Krause 1968), b) Rechteckhohlleiterstrahler (Muldenapplikator), 1 = leitender Hohlkörper, 2 = Koppelelement (Dipol) (König 1969)

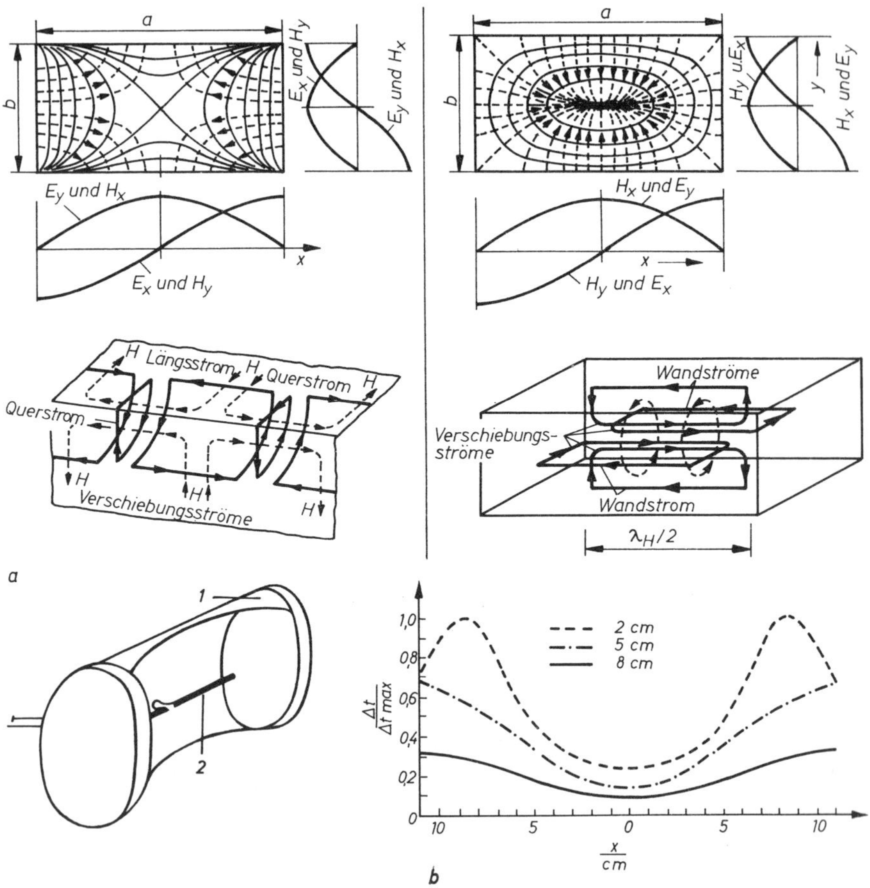

- Körperhöhlenstrahler

Sie sind für Seriengeräte meist nicht im Angebot. Ein für ein Versuchsmuster eines Dezimeterwellengerätes von „TuR“ entwickelter Kontaktstrahler (3,5 cm ∅ für stomatologische Indikationen), Ohrstrahler, Vaginalstrahler waren in der klinischen Erprobung sehr erfolgreich.

5.4.1.1. Geräte und Applikatoren

„Siretherm“ 709, 250 W Leistung, in 7 Stufen über Drucktasten wählbar, Hohlleiterstrahler „Pyrodor“, Rund- und Langfeldstrahler, Fa. Siemens AG Berlin. Das UdSSR-Gerät „Wolna-2“, 460 ± 4,6 MHz, 100 W, ohne Muldenapplikator ist aus postalischen Gründen nicht zugelassen.

5.4.1.2. Behandlungstechnik

Die Regelung der Leistung erfolgt über Drucktastenschalter in 7 Leistungs-(Intensitäts-)stufen. Rund- und Langfeldstrahler werden in der vom Hersteller vorgegebenen Distanz (5–10 cm) an Haltearmen postiert. Bei Unterschreiten der Distanz tritt infolge kapazitiver Verstimmung eine Leistungsminderung auf. Der Muldenapplikator ist dagegen so aufgebaut, daß die maximale Leistungsabgabe bei direkter Ankopplung am Behandlungsobjekt in den offenen Hohlleiterkörper erfolgt. Im Notfall kann der Patient das Gerät durch eine Reißleine selbst abschalten.

5.4.1.3. Dosierung

Die Dosierung ist im Prinzip die gleiche wie sie bei der Kurzwellentherapie ausführlich geschildert wurde, jedoch mit einer Ausnahme: Auf Grund der thermischen Hautentlastung bei der Dezimeterwelle gegenüber der Kurzwelle und der Mikrowelle liegt die Schwelle, bei der eine Wärmeempfindung wahrgenommen wird, nicht wie bei der KW zwischen Dosisstufe I und II nach SCHLIEPHAKE, sondern zwischen II und III. Die Erwärmung tieferer Gewebe ist bei gleicher Angabe des Wärmeempfindens also bei der Dezimeterwelle stärker. Damit ergibt sich folgende Abänderung des Schliephake-Dosierungsschemas für die Dezimeterwelle:

Dosisstufe I = deutlich unter der Wärmeempfindungsschwelle,
Dosisstufe II = eben unter der Wärmeempfindungsschwelle,
Dosisstufe III = eben fühlbare Wärme,
Dosisstufe IV = angenehm, kräftige Wärme.

Den 7 Leistungsstufen entsprechen folgende Wettzahlen:

1 = 30 W, 2 = 40 W, 3 = 60 W, 4 = 80 W, 5 = 120 W, 6 = 160 W, 7 = 250 W.

Für den Einsatz des Muldenapplikators gelten die hohen Leistungsstufen des Gerätes (5–7), für R- und L-Strahler reichen die Stufen 1–4 aus.
Die Behandlungszeiten können gegenüber KW- und MW-Therapie eher kürzer als länger gewählt werden, wie auch aus dem Vergleich der Abbildung 78 und Abbildung 86 ersichtlich, wo die Temperaturmaxima bei der Dezimeterwellentherapie früher erreicht werden. Als Zeitstufung gilt:

kurz = 3–4 min
mittel = 5–9 min,
lang = 10 min (maximal 15 min).

Für alle anderen Behandlungsparameter und die sog. Dosierungsstrategie gilt das bei der KW Gesagte. Dasselbe trifft auch für die Indikationen und Kontraindikationen zu.

5.4.2. 915-MHz-Therapie

Bereits in den 50er Jahren hatte Schwan (Universität Pennsylvania) auf Grund seiner Untersuchungen der dielektrischen Eigenschaften von verschiedenen Körpergeweben, der Fortpflanzungseigenschaften der elektromagnetischen Wellen, der spezifischen Absorptionsraten, der Gewebegeometrien u. a. vorausgesagt, daß im Hinblick auf eine Tiefenerwärmung die Frequenz um 1000 MHz = 30 cm Wellenlänge gegenüber der 2450-MHz-Frequenz der Mikrowelle deutliche Vorteile aufweist. Nach Freigabe der 915-MHz-Frequenz in den USA haben 1960 bis 1966 Lehmann u. Mitarb. 1970, 1975 einen 915-MHz-(= λ_0 32,8 cm)Kontakt-Applikator entwickelt, der diese Voraussage voll bestätigte. Er hat sich auf Grund seiner günstigen Eigenschaften für die lokale Tiefenerwärmung bewährt und wird auch von Experten, die sich mit Hyperthermie in Kombination mit Radiotherapie zur Krebsbehandlung beschäftigen (Scott u. Mitarb. 1983 u. a.) als die günstigste Frequenz im MW-Bereich (500 W) eingeschätzt. Abbildung 90 zeigt einen solchen

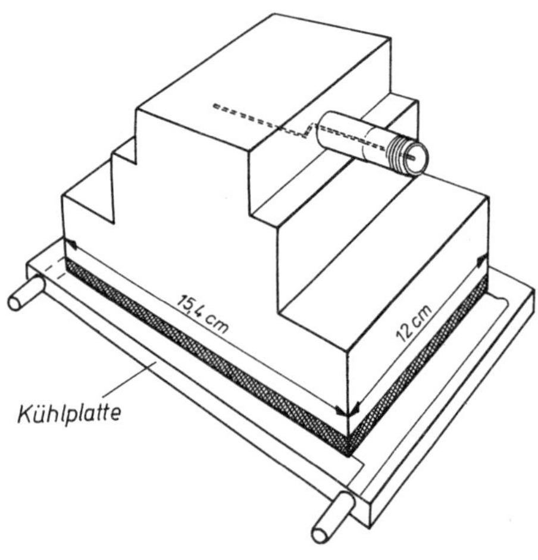

Abb. 90 915-MHz-(32 cm-)Therapie: Direktkontaktapplikator (Lehmann u. Mitarb. 1970)

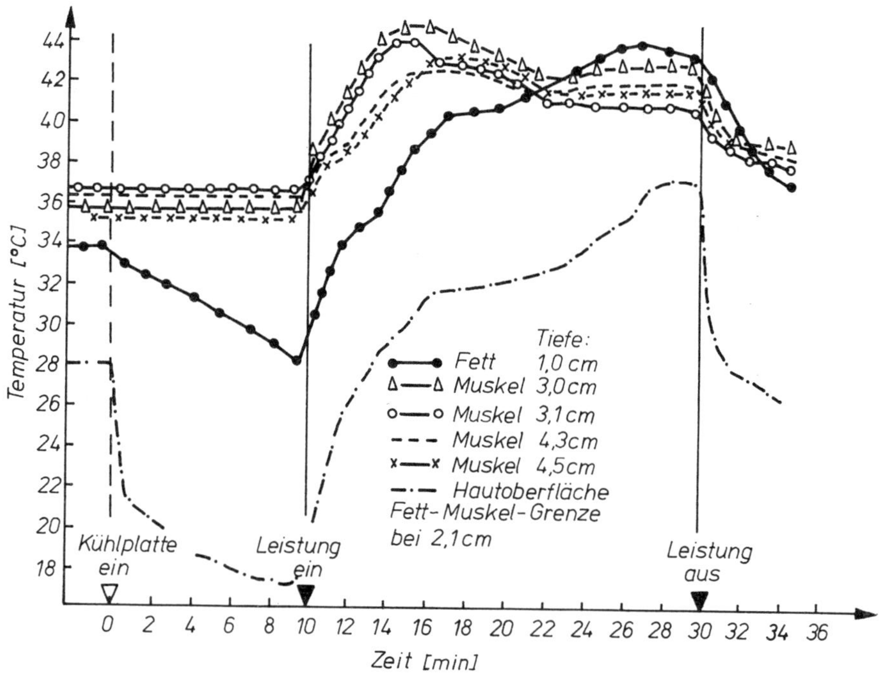

Abb. 91 915-MHz-(32 cm-)Therapie: Temperaturverlauf im Oberschenkel eines freiwilligen Probanden, s. c. Fettgewebe 2,1 cm (DE LATEUR u. Mitarb. 1970)

Direktkontaktapplikator. Zwischen Behandlungsobjekt und Gerät liegt eine Kühlplatte mit zirkulierender dielektrischer Flüssigkeit. Abbildung 91 zeigt den Temperaturverlauf im Gewebe nach einer Messung von DE LATEUR u. Mitarb. 1970 mit Thermofühlern bei einem freiwilligen Probanden während 20 min Behandlung. Bei Erreichen von 44 °C tritt der sog. Blutkühleffekt auf und führt zu einem Stady state auf einem Niveau von etwa 42 °C. Bei 6 Probanden wurden bei einer Fettschichtdicke von >2 cm effektive Temperatursteigerungen bis über 40 °C in einer mittleren Muskeltiefe von 2,1 cm (1,4 – 2,9 cm) erreicht, bei dünnerer Fettschicht bis zu 2,5 cm (1,9 – 3,3 cm) (Abb. 92). Die absorbierten Leistungsdichten für 1 cm Tiefe in der Muskulatur wurden mit 171 W/kg, für 2 cm mit 75 W/kg, für das Zentrum der Fettschicht mit 96 W/kg kalkuliert. Durch Fehlen ungünstig gelagerter Hot-Spots wie bei der Mikrowelle, ist die Erwärmung gleichmäßiger, die Eindringtiefe größer. Auch kommt es durch den Direktkontakt zu einer geringeren Streustrahlung als bei Distanzstrahlern und der KW.

5.4.3. Mikrowellentherapie 2450 MHz

Nach Entwicklung der Magnetronröhre 1937/38 wurde die Mikrowelle 1938/39 in Deutschland erstmals von HOLMANN zur Diathermie eingesetzt. Aus kriegsbedingten Geheimhaltungsgründen (Radarwellen wurden von den Alliierten zur

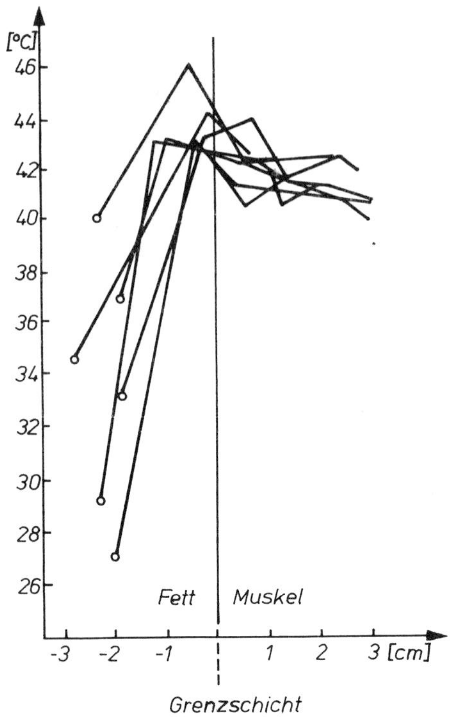

Abb. 92 915-MHz-(32 cm-)Therapie. Temperaturverteilung im Gewebe bei 6 freiwilligen Probanden (s. c.-Fettgewebe ≧ 2 cm) bei 20 min Behandlung mit Direktkontakt-Applikator (DE LATEUR u. Mitarb. 1970)

U-Boot-Ortung eingesetzt) stoppte die medizinische Entwicklung. Erst 1946 kam die therapeutische Anwendung durch KRUSEN an der Mayoklinik in Rochester USA wieder in Gang. Im selben Jahr gab die Federal Communication Commision FCC die Frequenz 2450 MHz für medizinische Zwecke frei. Die einfache Behandlungstechnik, im Strahlenfeld die elektromagnetischen Wellen ohne Ankopplung von Kondensatoren oder Spulen dem Patienten applizieren zu können, die Fokusierungsmöglichkeit dieser kurzen Wellen u. a., stimmten zunächst sehr optimistisch und förderten eine rasche Verbreitung der Mikrowellentherapie. Wie schon vorher erwähnt, machte bereits Ende der 50er Jahre SCHWAN seine Bedenken geltend, daß die MW ein ideales Tiefenerwärmungsverfahren sei. Als ungünstig zu bewerten sind

– die geringe Eindringtiefe,
– die ausgedehnte Erwärmung des s. c. Fettgewebes durch stehende Wellen, Hot Spots (Abb. 93),
– die schlechte Kontrolle und Kenntnis der Energieabsorption durch die Variationsbreite elektrischer Parameter (elektrische Dichte) im Fettgewebe.

Abbildung 94 von GUY u. Mitarb. 1974 aus dem Arbeitskreis von LEHMANN, die den Temperaturverlauf einer Mikrowellenbestrahlung (C-Strahler) am Oberschenkel eines freiwilligen Probanden durch Thermofühler zeigt, bestätigt dies weitgehend. Die Oberflächenerwärmung ist hoch, die Tiefenerwärmung gering,

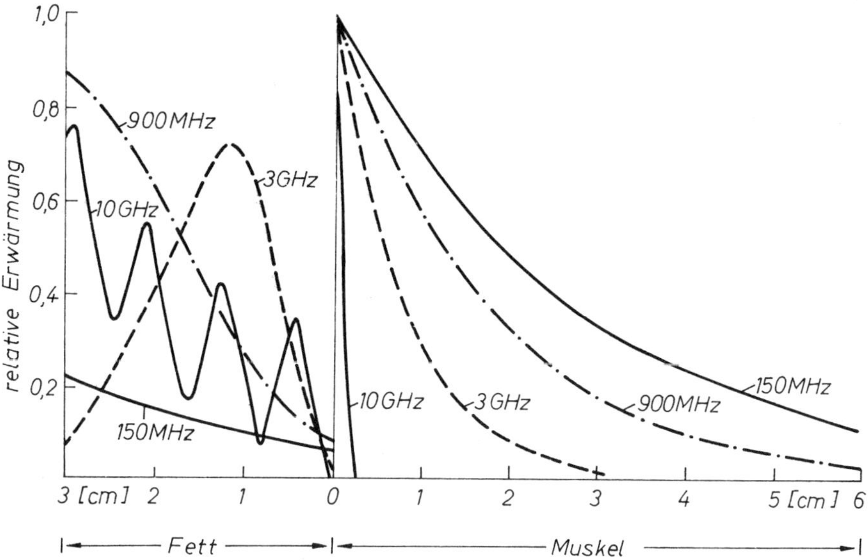

Abb. 93 Temperaturverteilung in einem Fett/Muskel-Phantom bei verschiedenen Frequenzen
Beachte die unterschiedliche Eindringtiefe in die Muskulatur und den Hot spot bei der Mikrowellenfrequenz im Fettgewebe durch stehende Wellen!

selbst bei Intensitäten (17 W), die bereits zu Mißempfindungen und mäßigen Schmerzen durch die thermische Hautbelastung führten (= Dosisstufe IV, die Fettdicke betrug 0,8 cm, der Strahlerabstand 2 cm). Mikrowellendistanzstrahler entwickeln in ihrer Umgebung auch eine nicht unerhebliche unerwünschte Streustrahlung, die in arbeitsmedizinischen Standards für den Behandler seine

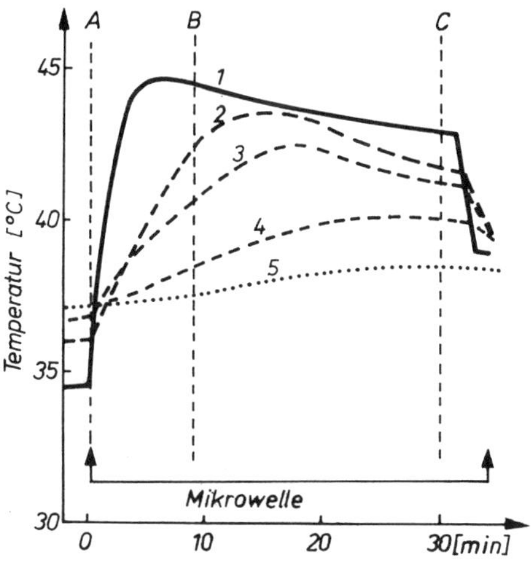

Abb. 94 Mikrowellen-(2450-MHz) Therapie: Temperaturverlauf bei Applikation am Oberschenkel bei einem freiwilligen Probanden (Guy u. Mitarb. 1974)
Fett-Muskel-Grenze: 0,8 cm,
1 = Hautoberfläche, 2 = Tiefe 1,00 cm,
3 = Tiefe 1,85 cm, 4 = Tiefe 2,85 cm,
5 = Tiefe 3,80 cm

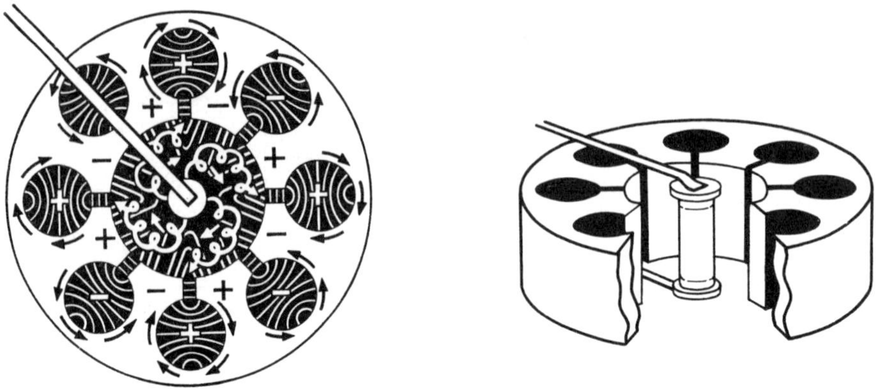

Abb. 95 Magnetron

Berücksichtigung finden muß (Conradi u. Mitarb. 1980, Teil 2). Als Generatoren dienen bei der Mikrowellentherapie das Magnetron (Abb. 95). Dieses besteht aus der zentral gelegenen Kathode, die von außen geheizt wird und dann Elektronen emittiert. Ein radial geschlitzter Anodenblock mit zahlreichen Hohlräumen umgibt die Kathode. Diese wirken wie Schwingkreise (Hohlraumresonatoren) und bestimmen die erzeugte Frequenz. Zwischen Kathode und Anode liegen Spannungen von 800 – 1500 V. Die aus der Kathode austretenden Elektronen erreichen nach Durchlaufen einer engen Spiralbahn die Anode und geben dabei Energie an die Anodenschlitze ab, wodurch HF-Schwingungen angeregt werden. Diese werden über ein Koaxialkabel dem Strahler (Antenne), meist in Form eines Dipoles oder Stabes gestaltet dessen Länge auf die Wellenlänge des HF-Generators (12,5 cm) abgestimmt ist. Auf die beiden verschiedenen Applikatorarten (Distanz- und Kontaktstrahler) wurde schon in der Einleitung zum MW-Kapitel hingewiesen. In den letzten Jahren haben einige Gerätehersteller wie bei der KW und dem Ultraschall 2 wählbare Betriebsarten angeboten (s. Geräte): den üblichen kontinuierlichen (Dauer-)Betrieb und den Impulsbetrieb (sog. gepulste MW). Was diese Neuerung wirklich für klinische Vorteile (mögliche Erweiterungen des Indikationsspektrums) bringt, bleibt wie bei der Impuls-KW, wo näher darauf eingegangen wurde, abzuwarten.

5.4.3.1. Geräte und Applikatoren

„Radarmed 12 S 253“ Standgerät, 2450 MHz, max. 250 W (10 W, 50 W, 250 W), kontin. und gepulst, Muldenstrahler, Rundfeld- (R), Langfeld- (L), Topfstrahler (T), Ohrstrahler, Fokusstrahler (15 mm, 35 mm ∅), Körperhöhlenstrahler (Rektum- und Vaginaltubus). „Radarmed 12 S 150“, max. 150 W, nur kontin. Betrieb, Strahlersortiment wie bei 12 S 253. „Radarmed 12 T 151“, Tischgerät, max. 150 W, R und F Strahler. „Radarmed 12 S 25“, Standgerät, max. 25 W, kontin., Topfstrahler. Fa. Bosch GmbH, Berlin.

„Radiotherm“ 706, Fa. Siemens AG Berlin, 2450 MHz, konstante MW, 0–250 W stufenlos, „Muldenstrahler“, Lang-, Rundfeld-, Fokus-, Körperhöhlenstrahler.
„Micro“ 2, Fa. Zimmer Neu-Ulm, 2450 MHz, kontinuierliche und Impuls-MW, in 3 Variationen umschaltbarer (Rund-, Halbfeld-, Großfeld-)Variostrahler, 250 W, Impulsspitzen 1600 W.
„Nemectron Mikrowelle“, max. 250 W, kontin. und gepulst, Impulsspitzen 1600 W, Fa. Nemectron Karlsruhe.

5.4.3.2. Behandlungstechnik

Der Behandler hat zunächst, bei Vorliegen entsprechender Geräte, zwischen *kontinuierlicher* und *Impulsbetriebsart* zu wählen. Je nach Einsatz der zur Therapie gewählten 2 Gruppen von Applikatoren (Distanzstrahler einerseits, Kontakt-, Fokus-, Körperhöhlenstrahler andererseits) entscheidet sich der zu wählende Leistungsbereich. Für die Distanzstrahler (Großfeld-, Rund-, Langfeldstrahler) ist der größere Leistungsbereich anzuwenden (je nach Geräteausgangsleistung, z. B. 0–250 W). Für die Kontaktstrahler ist der kleinere Leistungsbereich (0–25 W) vorgesehen. Moderne Geräte schalten beim Einsatz dieser kleinen Strahler automatisch auf den niederen Leistungsbereich um. Bei der Impuls-MW erfolgt die Abstufung stärkerer oder schwächerer thermischer Wirkungen wie bei der Impuls-KW durch die Frequenzregulation der abgegebenen Impulse (z. B. 15–200 Hz) und damit der Pausen zwischen den Impulsen. Die Spitzenimpulse bleiben, z. B. mit 1600 W maximal dabei konstant.
Hinsichtlich der einzuhaltenden Distanz zwischen Körperteil und Distanzstrahler werden von den Herstellern Angaben gemacht (Großfeldstrahler z. B. 10 cm). Auf detaillierte Angaben die für die Behandlungstechnik bei der MW-Therapie zur kombinierten Hyperthermie-Strahlentherapie als neuer Therapiemodalität in der Onkologie erforderlich wären, wird verzichtet, weil sie in der Regel von Spezialisten praktiziert wird. Neben externen Anwendungen der MW kommen, wie im Kapitel Indikationen der KW schon erwähnt, auch invasive Verfahren in Form der interstitiellen Anwendung in Frage. Dabei werden Ministrahler über Hohlnadeln und dünne Koaxialkabel in den Tumor eingestochen.
Eine andere Anwendungsform, z. B. bei Ösophagus-, Vaginal-, Prostatakarzinomen, bilden speziell dazu entwickelte Körperhöhlenstrahler (s. Edel 1988).
Für Mikrowellenbehandlungen im Kopf-(Gesichts-)bereich ist eine Augenschutzbrille erforderlich.

5.4.3.3. Dosierung

Die Dosierung nach dem Wärmeempfinden entspricht den bei der Kurzwellentherapie nach Schliephake angeführten Dosisstufen I–IV. Diesen subjektiven Dosisstufen des Wärmeempfindens zuzuordnende objektiven Werte in Watt bei Anwendung des Gerätes „Lutsch-2“ (UdSSR) für den Einsatz im Nacken-Schulter-Bereich (Fokusstrahler 35 mm ∅), für Ellenbogen (20 mm ∅), Daumengrundgelenk (20 mm ∅), am Mastoid (20 mm ∅) und kleinen Becken (3 Stufen: I–III) mit dem Vaginalkörperhöhlenstrahler, haben CONRADI u. Mitarb. 1980 (Teil 1) in einer Übersichtstabelle angegeben. Auf Dosierungsempfehlungen für gynäkologische Indikationen wurde im Kapitel KW-Therapie eingegangen.

5.4.3.4. Einhaltung arbeitstechnischer Standards

In der Mikrowellentherapie gibt es verschiedene Standards in verschiedenen Ländern.
Dabei sind zwei unterschiedliche Philosophien festzustellen:

Zum einen wird von Grenzwerten für elektrische, magnetische und elektromagnetische Felder und Wellen (auch Mikrowellen) ausgegangen, die keine thermischen Effekte ergeben.
Diese Standards sind z. B. in den USA wie folgt:

Dauerexposition	1 mW/cm^2
Kurzzeitexposition	10 mW/cm^2

Eine andere Philosophie bezieht beobachtete „athermische biologische Effekte" ein. Diese sind z. B. durch Veränderung des Stoffwechselhaushalts von Zellen, von Membraneigenschaften von Zellen u. ä. nachgewiesen.
Solche Grenzwerte liegen naturgemäß niedriger und sollten in Zukunft in Betracht gezogen werden, solange es noch keine international verbindlichen Werte für diese „Low-level-Effekte" gibt.
Die UdSSR berücksichtigt in ihrer Gesetzgebung diese Effekte mit folgenden Grenzwerten:

8-Std.-Tag-Exposition (Arbeitstag)	10 $\mu W/cm^2$
2-Std.-Exposition	100 $\mu W/cm^2$
20-min-Exposition	1 mW/cm^2

Gleichzeitig wird der *Expositionswert* für Schwangere und Stillende mit 1 $\mu W/cm^2$ pro Arbeitsschicht angegeben, so daß im Normalfall Schwangere und Stillende nicht in Räumen, in denen Mikrowellentherapie stattfindet, beschäftigt werden sollten.
Lassen sich für nicht schwangere Behandlerinnen längere Expositionszeiten nicht umgehen, sollten sie eine Schürze aus Leonischem Gewebe tragen.
Um Irrtümer zu vermeiden sei darauf hingewiesen, daß es keinen Grund gibt, Schwangere und Stillende an niederfrequenten und mittelfrequenten Reizstromgeräten nicht zu beschäftigen, da hier die Antennenwirkung so gering ist, daß die Feldstärken unter den kritischen Expositionswerten bleiben.
CONRADI u. Mitarb. 1980, Teil 2 haben die Streustrahlung beim Umgang mit dem „Topfkreisstrahler" und den Fokusstrahlern gemessen und die Meßwerte mit den Grenzwerten verglichen. Dabei ergaben sich besonders bei fehlerhafter Bedienung Überschreitungen. Die wichtigsten Folgerungen sind: keine Überschreitung der obengenannten Arbeitszeiten, bei Topfkreisstrahleranwendung maximal 20 min/Tag, kein Verkanten der Fokusstrahler, angeschaltete Strahler nie unangekoppelt benutzen oder ablegen.

Für den Patienten gelten Augenschutz bei Anwendung im Gesichtsbereich durch Schutzbrille [engmaschiges Kupfer- oder Bronzedrahtgewebe, z. B. in eine Schweißerbrille montiert, wenn keine serienmäßige Spezialbrille verfügbar ist, oder Abdecken mit „Elbit“ (mikrowellenabsorbierendes Material)]. Schwangere nicht im Rumpfbereich oder mit Vaginalstrahlern bestrahlen (Möglichkeit einer evtl. Frühschwangerschaft durch Befragen ausschließen). Intrauterinpessare ausschließen; Herzschrittmacherpatienten ausschließen. Dagegen bestehen beim Vorliegen von Metallimplantaten im Gegensatz zur KW keine generellen Kontraindikationen, z. B. bei Osteosynthesematerial, zumal dieses meist 1,5 cm tief liegt. Bei der geringen Eindringtiefe der Mikrowellen und der Reflektion an Metallteilen sind dabei keine Gewebeerwärmungen zu erwarten, die zu irreversiblen Gewebsschäden führen könnten, wie Untersuchungen von Arnold und Langeheine 1976 (3. Mitteilung) gezeigt haben.

5.4.3.5. Indikationen und Kontraindikationen

Sie sind im Abschnitt 5.3.5. bzw. 5.3.6. bei der Kurzwellentherapie angeführt. Auf bestehende Abweichungen bei Vorliegen von Metallimplantaten wurde im vorangegangenen Abschnitt hingewiesen.

- Hinweise zur Differentialtherapie der HF-Diathermieverfahren.

Bei dem vorliegenden Angebot der besprochenen HF-Diathermieverfahren, ihren verschiedenen Applikations-(Ankopplungs-)Methoden, Applikatorentypen ergibt

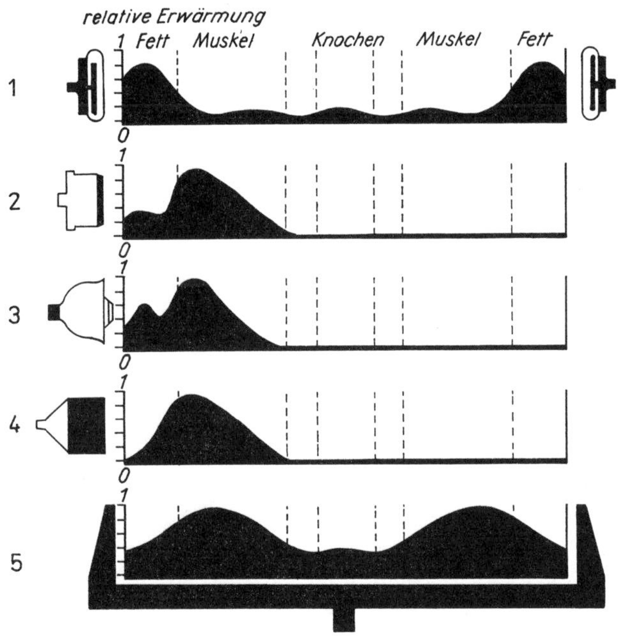

Abb. 96 Temperaturverteilungsspektrum im Mehrschicht-Gewebephantom
1 = KW-Kondensatorfeld, 2 = KW-Spulenfeld (Wirbelstromelektrode), 3 = Mikrowellen-Rundfeldstrahler, 4 = Dezimeterwellen-Rundfeldstrahler, 5 = Dezimeterwellen-Muldenapplikator

Tabelle 22 Wärmeverteilungsspektrum bei den verschiedenen HF-Diathermieverfahren

Diathermieverfahren	Haut/Unterhaut-fettgewebe	Muskulatur	darunter gelegene Gewebe
1. KW (27,12 MHz)			
1.1. Kondensatorfeld	+++	+	(+)*
1.2. Spulenfeld	+	++	–
2. Dezimeterwelle			
2.1. Distanzstrahler	+	++	–
2.2. Muldenapplik.	+	++	(+)
3. 915 MHz-Kontaktstrahler	–	++	+
4. Mikrowelle (2450 MHz)			
4.1. Distanzstrahler	++	(+)	–
4.2. Vaginalstrahler	–	–	++

* bei großem EHA

sich für den Behandler, wenn er das volle Spektrum der apparativen Möglichkeiten nutzen will, die Frage, welche Diathermiemodalität für die vorliegende Krankheitsart und das Krankheitsstadium am besten geeignet ist? Hierbei entscheidet ganz wesentlich der Sitz des Krankheitsprozesses. In welchem der 3 Gewebe [1. Haut/Unterhautfettgewebe, 2. Muskulatur, 3. darunter gelegene Gewebe (Tiefe)] ist er gelegen?
Hier muß die Entscheidung für die Diathermiemodalität fallen, die in der Lage ist, dieses Gewebe auch ausreichend zu erwärmen. Hinweise zur Beantwortung dieser entscheidenden Frage wurde in den vorangegangenen Abschnitten gegeben. Sie sollen jedoch zur raschen Orientierung in einer schematischen Übersicht noch einmal zusammengefaßt werden (Tabelle 22 und Abb. 96).

6. Elektrische Sicherheit bei Elektrodiagnostik und Elektrotherapie

J.-P. Güttler

6.1. Grundgesetze der elektrischen Sicherheit

Bei der Elektrodiagnostik und Elektrotherapie wird der elektrische Strom zur Erreichung der medizinischen Aufgabenstellung benötigt, er wird über Elektroden sogar gezielt in den menschlichen Organismus eingebracht. Dabei sind die Stromstärken bei der Elektrotherapie ein Vielfaches von denen bei der Elektrodiagnostik, jedoch stets so, daß keine Gefährdung des Patienten auftritt. Dies gilt allerdings nur für ein bestimmungsgemäß eingesetztes, intaktes Gerät, das sachkundig bedient wird.
Wie jedes Gerät, kann auch ein mit dem Menschen verbundenes Gerät durch Bauelementeausfall, durch grobe Fehlhandlung oder durch Alterungs- und Korrosionserscheinungen, besonders an Kontakten, in Funktion oder gar Sicherheit beim Einsatz beeinträchtigt werden. Es kann als Grundgesetz formuliert werden:

- Es gibt keine absolute Sicherheit. Dies bedeutet, daß stets ein bestimmtes Restrisiko verbleibt. Dieses darf nun nicht beliebig groß sein, sondern es ist so gering zu halten, daß man es akzeptieren kann. Akzeptabel bedeutet z. B., daß im Fehlerfall zwar eine Beeinträchtigung auftritt, die aber weder Leben oder Gesundheit gefährdet noch sehr wahrscheinlich im Auftreten ist. Da dies relativ ist, formuliert das zweiße Grundgesetz:

- Das akzeptable Risiko muß so gering sein wie möglich, und zwar gemäß dem derzeitigen Stand der Technik. Die Realisierung dieses Grundgesetzes erfordert ein Prinzip, bei dem jeder beliebige auftretende *Einzelfehler* keine Gefährdung von Patient oder Bedienungspersonal zur Folge haben kann. Das läßt sich technisch noch realisieren, der Schutz vor zwei beliebigen, an sich voneinander unabhängigen Fehlern jedoch kaum. Da aber bei unabhängigen Fehlern die Wahrscheinlichkeit für ihr gleichzeitiges Auftreten sehr gering ist (entspricht dem Produkt der an sich schon geringen Einzelwahrscheinlichkeiten), reicht der Schutz vor einem Fehler aus, wenn dieser Fehler in einer zumutbaren Zeit bemerkt und dann natürlich beseitigt wird.

Daraus resultiert als drittes Grundgesetz:

- In der Medizin muß das Prinzip der doppelten Sicherheit angewendet werden, d. h., ein beliebiger Einzelfehler muß ohne Gefährdungen auftreten und erkennbar sein.

Praktisch gibt es folgende Gefahrenquellen:

1. Gefährdung durch Ströme, die während des Beriebes funktions- oder gerätebedingt fließen,
2. Gefährdungen bei Ausfall des Gerätes,
3. Gefährdungen durch hohe Spannungen oder Ströme im Defektfall,
4. Gefährdung durch unsachgemäße Handhabung.

Zur *1. Gefährdungsart* gehören zunächst ungewollte Ströme, die über Metallteile, die berührt werden (Gehäuse-Ableitströme), oder die Elektroden selbst unabhängig von den funktionsbedingten Strömen fließen (Patienten-Ableitströme). Ableitströme entstehen in jedem netzbetriebenen Gerät durch die stets vorhandene Kapazität zwischen netzspannungführenden Teilen und dem Anwendungsteil, der über den Ausgang mit dem Patienten verbunden ist, bzw. dem Gehäuse. Diese Ströme müssen so klein sein, daß sie beim Normalbetrieb vom Patienten nicht bemerkt werden (<0,1 mA gemäß IEC-Publikation 601-1 „Safety of medical electrical equipment") und dürfen selbst im Fehlerfall den 5fachen Wert nicht übersteigen. Zur 1. Gefährdungsart gehören aber auch unerwünschte Wirkungen der Therapieströme selbst. Dies betrifft z. B. die Beeinflussung von Herzschrittmachern durch Elektrodiagnose- oder -therapieverfahren. BURCK u. Mitarb. berichteten 1988 über den Einfluß von Diagnoseverfahren (Stimulations-EMG und Nervenleitgeschwindigkeitsmessungen) und Therapieverfahren (analgetische Verfahren wie TENS oder diadynamische Ströme, Muskelstimulation, Diathermie sowie hydrogalvanische Bäder) auf die Funktion von Schrittmachern. Neben belanglosen Störungen trat auch totale Inhibierung als gefährliche Störung auf, z. B. bei TENS-Anwendung mit niederen Frequenzen (unter 40 Hz) bei Abständen der Stimulationselektroden unter 40 cm vom Schrittmacher. Prinzipiell gefährlich wird die TENS im Bereich 10 ... 60 Hz und bei Kurzwelle eingeschätzt. Für TENS-Anwendung wird ein Mindestabstand von 70 cm zum Schrittmacher empfohlen. Eine totale Kontraindikation für TENS ist jedoch ein Herzschrittmacher nicht, auch wenn es früher so gesehen wurde. Eine andere Möglichkeit der Gefährdung besteht beim Vorhandensein metallischer Implantate, weil diese die Feldlinien auf sich ziehen. Bei großen Feldstärken, die durch ungünstige Elektrodenanlage entstehen können, kann es dabei zu unzulässig hoher Stromdichte und damit zu Erwärmung kommen.
Die *2. Gefährdungsart* betrifft hauptsächlich lebenerhaltende Geräte (z. B. der Neonatologie und Intensivtherapie) oder Chirurgietechnik. Die Anwendung solcher Geräte muß in speziell installierten Räumen (Räume der Anwendungsgruppe 2 gemäß DIN VDE 0107 „Starkstromanlagen in Krankenhäusern und medizinisch genutzten Räumen" erfolgen. Dies trifft im Normalfall für Geräte der Reizstromdiagnostik und -therapie nicht zu.
Die *3. Gefährdungsart* kann die schlimmsten Folgen haben. Hier werden die Geräte nach Schutzklassen eingestuft, die sich in der Art der Realisierung des Prinzips der doppelten Sicherheit unterscheiden (Abb. 97). Geräte der *Schutzklasse I* (Abb. 97a) sind mit einem Schutzleiter versehen, der vom Schutzkontakt am Stecker zu allen berührbaren Metallteilen führt. Wenn der elektrische Kontakt über diesen Schutzleiter und ordentlich installierte Schutzkontakte in der Schutzkontaktsteckdose bis auf Erdpotential führt, wird z. B. beim Durchschlag der Betriebsisolierung (die die 1. Sicherheit gegen Berührung spannungführender Teile darstellt) als 2. Sicherheit der Kurzschlußstrom gegen Erde abgeleitet. Dabei kann zwar eine Sicherung ansprechen, es tritt jedoch keine Gefährdung durch hohe Spannungen auf.
Geräte der *Schutzklasse II* (Abb. 97b) realisieren die doppelte Sicherheit durch eine doppelte Isolation. Sie werden durch zwei ineinander verschachtelte Quadrate gekennzeichnet. Der Stecker hat keinen Schutzleiteranschluß, daher muß auch nicht an der Steckdose, wie bei der Schutzklasse I ein intakter Schutzleiter vorhanden sein. Das ist besonders für Haushalte mit älterer Elektroinstallation

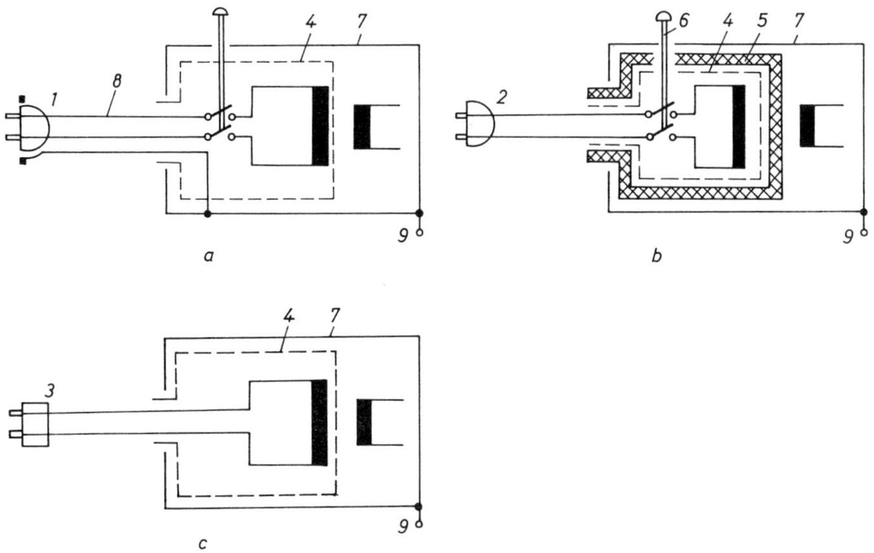

Abb. 97 Möglichkeiten zum geräteseitigen Schutz vor gefährlichen Spannungen und Strömen a) Schutzklasse I (Schutzleiter), b) Schutzklasse II (doppelte Isolation), c) Schutzklasse III (Kleinspannung)
1 = Netzstecker mit Schutzkontakt, 2 = Netzstecker ohne Schutzkontakt, 3 = Sonderstecker für Kleinspannungen (darf nicht in Netzstecker passen!), 4 = Betriebs-(oder Basis-)Isolierung, 5 = zusätzliche Isolierung, 6 = Netzschalter mit verstärkter Isolierung, 7 = berührbare leitfähige Teile (Gehäuse), 8 = Schutzleiter, 9 = zusätzliche Betriebserde- oder Potentialausgleichs-Außenstelle

wichtig. Da der Stecker auch in ältere Steckdosen ohne Schutzleiter paßt, die keine Vertiefung haben, sind die Steckerstifte am steckerseitigen Ende isoliert, um eine Gefährdung bei ungewollter Berührung beim Einstecken in solche flachen Dosen auszuschließen. Die Stecker sind jedoch so gestaltet, daß sie auch in Schutzkontaktsteckdosen passen, ohne den Schutzleiter zu benötigen.
Bei Geräten der *Schutzklasse III* (Abb. 97c) wird im gesamten Gerät nur ungefährliche Kleinspannung verwendet. Diese beträgt gemäß IEG-Publikation 601-1 maximal 25 V Wechselspannung oder 60 V Gleichspannung mit einer Welligkeit unter 10%. Diese Kleinspannung muß dem Gerät so zugeführt werden, daß der verwendete Stecker unverwechselbar ist, d. h. nicht in Netzsteckdosen paßt. Die Kleinspannung selbst kann durch Batterien oder durch Netzspannungswandler erzeugt werden, wobei letztere wiederum in Schutzklasse II ausgeführt und außerdem kurzschlußfest sein müssen.
Völlig vom Netz getrennt sind Geräte mit interner Spannungsversorgung. Hier können intern (z. B. bei TENS-Geräten) durchaus Spannungen erzeugt werden, die über den Kleinspannungswerten liegen. Trotzdem besteht keine Gefahr, daß Netzspannung am Patienten anliegt. Die intern erzeugte Betriebsspannung muß natürlich ebenfalls vom Patienten ferngehalten werden, auch im Fehlerfall, dazu werden bestimmte Sicherheitsschaltungen gefordert (s. Abschnitt 6.3.).

Wichtig beim Vergleich dieser Schutzmöglichkeiten ist ein weiteres Grundgesetz der elektrischen Sicherheit:

- Es gibt keine besseren oder schlechteren Schutzklassen, jede hat Vor- und Nachteile.

Die Vorteile der Schutzklasse I sind:

– sehr kleine Ableitströme,
– erster Fehler wird meist erkannt (Sicherungsausfall),
– gerätetechnisch leicht zu realisieren.

Der wesentliche Nachteil der Schutzklasse I besteht darin, daß auch auf der Installationsseite ein intakter Schutzleiter notwendig ist. Fehlt der Schutzleiter, ist die doppelte Sicherheit unwirksam und der Betrieb erfolgt nur mit einfacher Sicherheit. Deshalb ist die Kontrolle der Funktion des Schutzleiters vorgeschrieben mindestens halbjährlich am Gerät und jährlich an der Installation aller medizinisch genutzten Räume des Gefährdungsgrades II, aber auch des Gefährdungsgrades I, wenn hier ein Potentialausgleich gefordert ist (z. B. Räume der Funktionsdiagnostik und der Physiotherapie, in denen Wasser oder Inhalationen angewendet werden). Eine besondere Gefährdung besteht beim Einsatz von Geräten der Schutzklasse I bei sog. Zweileiter-Netzen, wie sie in den meisten Haushalten zu finden sind.
Hier ist in der Schutzkontaktsteckdose der Schutzleiter mit dem Nulleiter verbunden. Wird nun der direkte Weg zwischen dieser Brücke und dem zentralen Nulleiter unterbrochen (Drahtbruch, aber auch Korrosion in Verteilern), so funktioniert das Gerät zwar nicht, dadurch tritt aber auch kein Spannungsabfall über dem Geräteeingang auf, und so liegt bei eingeschaltetem Gerät über die Brücke in der Steckdose volle Netzspannung auf dem Gerätegehäuse (Abb. 98).
Geräte der Schutzklasse II weisen diese Gefährdungen nicht auf. Diesem entscheidenden Vorteil stehen jedoch einige Nachteile der Schutzklasse II gegenüber:

– die Ableitströme sind meist größer als bei Schutzklasse-I-Geräten,
– der erste Fehler bleibt oft unbemerkt,

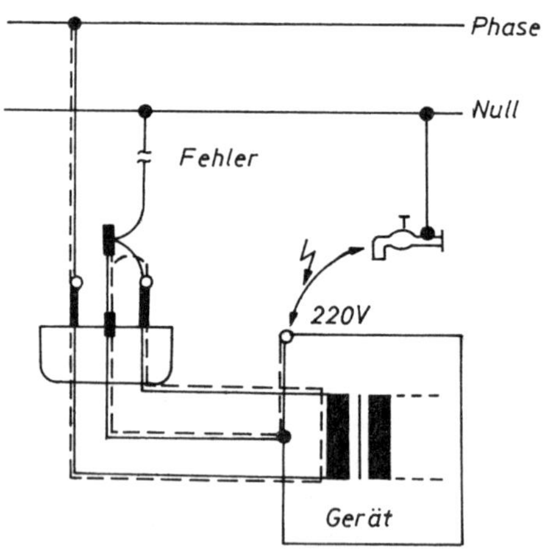

Abb. 98 Gefährdung beim Geräteeinsatz an defektem Zweileiter-Netz

– die Geräte sind teurer, da die doppelte Isolation überall so zu realisieren ist, daß eine 4000-V-Prüfung ohne Schaden für 1 min erfolgen kann.

Der Vergleich der Vor- und Nachteile dieser beiden Schutzklassen führt zu einem weiteren Grundgesetz, das darauf basiert, daß in medizinischen Einrichtungen grundsätzlich der Schutzleiter getrennt zu verlegen ist, also keine Brücken in den Steckdosen erlaubt sind.

• In ordentlich installierten medizinisch genutzten Räumen werden Geräte mit umschaltbarer Schutzklasse stets auf Schutzklasse I eingestellt.
Dies betrifft z. B. Geräte des Biomonitor-Systems des Meßgerätewerkes Zwönitz, die bei der Elektrodignostik Verwendung finden.
Der Vollständigkeit halber seien noch Vor- und Nachteile von Kleinspannungsgeräten und Geräten mit interner Spannungsversorgung erwähnt.

Vorteilhaft sind:
– einfachste Realisierbarkeit
– geringe Gefährdung
Nachteilig sind:
– hohe Kosten des Batteriebetriebs
– hoher Aufwand bei der Kleinspannungserzeugung, wenn keine Batterien verwendet werden (betrifft Schutzklasse III).

Die bisher aufgezählten Maßnahmen zur Vermeidung der Berührung von gefährlichen Spannungen betrafen die Geräte selbst. Zusätzlich kann und soll jedoch die Sicherheit auch installationsseitig erhöht werden. Dies erfolgt duch die Realisierung eines Potentialausgleiches (Abb. 99). Der Potentialausgleich ist die niederohmige Verbindung aller Gehäuse elektrischer Geräte und anderer berührbarer Metallteile, um so eine Umgebung ohne Differenz elektrischer Potentiale, d. h. ohne Spannungsunterschiede zu erzeugen. Selbst im Fehlerfall, wenn ein

Abb. 99 Realisierung eines Potentialausgleichs
PA1, PA2 = Potentialausgleichsschienen für örtlichen Potentialausgleich, PASS = Potentialausgleichssammelschiene der betreffenden Funktionseinheit, verbunden mit dem zentralen Potentialausgleich

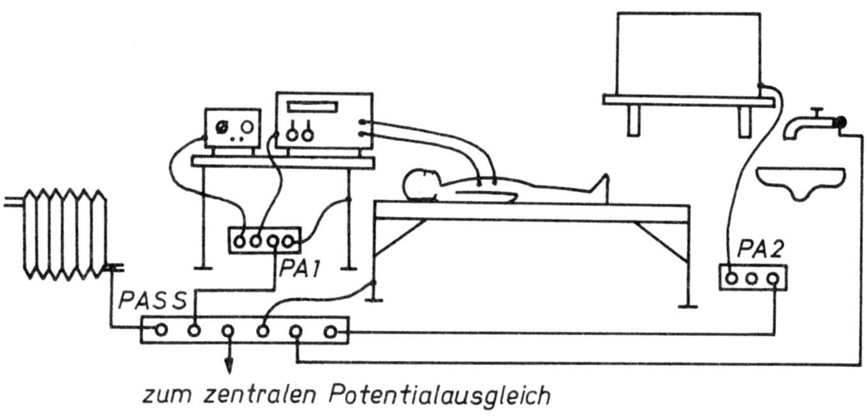

Gehäuse Spannung führen würde, wird diese über die Potentialausgleichsleiter sofort abgebaut, wobei auch hohe Ströme fließen können, die dann möglicherweise zum Ansprechen einer Sicherung führen. Für die Realisierung des Potentialausgleichs gibt es wiederum einige Grundgesetze:

– in den Potentialausgleich kann grundsätzlich jedes Gerät, unabhängig von seiner Schutzklasse, einbezogen werden (auch Schutzklasse II!);
– Potentialausgleichsleitungen dürfen an Gerät und Sammelschiene nur über Spezialstecker angeschlossen werden, bei denen durch Ziehen an der Leitung kein Kontaktverlust entsteht;
– bei der Realisierung sind „Erdschleifen", d. h. geschlossene Leiterverbindungen zu vermeiden, da in geschlossenen Schleifen gemäß Induktionsgesetz sehr leicht Störspannungen induziert werden können. Deshalb wird eine strahlenförmige Einbeziehung aller Geräte vorgeschlagen (s. Abb. 99);
– für bestimmte medizinische Prozesse, die mit guten Patientenkontakten (Elektroden) und hoher Feuchtigkeit (z. B. in Baderäumen) verbunden sind, wird dieser Potentialausgleich gefordert. Er ist jedoch bei Anwendung mehrerer Geräte am Patienten stets sinnvoll und relativ leicht zu realisieren.

Die *4. Gefährdungsart* betrifft das Betreiben des Gerätes selbst. Hierzu gibt es Hinweise in der Medizingeräteverordnung (MedGV) in den Paragraphen 6–16.

Im einzelnen ist festgelegt, daß medizintechnische Geräte bestimmungsgemäß betrieben werden dürfen, die Bestimmung des Gerätes folgt aus der Gerätedokumentation. Weiterhin müssen die Personen, die die Geräte anwenden, die Gewähr für eine sachgerechte Handhabung bieten. Der Anwender hat sich vor Anwendung des Gerätes von der Funktionssicherheit zu überzeugen. Bei Geräten der Gruppe I nach dieser Verordnung, zu denen Geräte zur Stimulation von Nerven und Muskeln für Diagnose und Therapie gehören, darf der Betreiber das Gerät erst in Betrieb nehmen, wenn vom Hersteller oder Lieferanten das Gerät am Betriebsort einer Funktionsprüfung unterzogen wurde und wenn die für den Betrieb des Gerätes Verantwortlichen anhand der Gebrauchsanweisung in die Handhabung des Gerätes eingewiesen wurden.

Der Betreiber von Geräten der Gruppe I ist weiterhin verantwortlich für die vom Hersteller festgelegten sicherheitstechnischen Kontrollen, die sowohl Funktion des Gerätes als auch Wirksamkeit der Schutzmaßnahmen umfassen. Der Betreiber von Geräten der Gruppe I hat für diese Geräte ein Gerätebuch zu führen. Im Gerätebuch sind einzutragen

1. Funktionsprüfung vor der erstmaligen Inbetriebnahme des Gerätes,
2. Zeitpunkt der Einweisung sowie Namen der eingewiesenen Personen,
3. sicherheitstechnische Kontrollen und Instandhaltungsmaßnahmen (Zeitpunkt, Person oder Firma)
4. Zeitpunkt, Art und Folgen von Funktionsstörungen und wiederholter gleichartiger Bedienfehler.

Ausnahmen für diese Verfahrensweise sind nur zulässig, wenn solche Geräte nicht gewerblich betrieben werden (z. B. Sondergeräte für Forschung und Lehre).

6.2. Elektrische Sicherheit bei der Elektrodiagnostik

Grundsätzlich gilt hier alles, was unter 6.1. erwähnt wurde. Zusätzlich zur Problematik „Elektrische Sicherheit“ ist jedoch bei der Gewinnung von Meßwerten am Patient zu beachten:

– Meßfühler (Elektroden, Wandler) müssen an die Meßeinheit angepaßt sein. So fordern EMG-Einstichelektroden, die aufgrund ihres geringen Durchmessers einen relativ hohen elektrischen Übergangswiderstand besitzen, einen EMG-Verstärker, der einen wesentlich höheren Eingangswiderstand als diesen Übergangswiderstand hat. Deshalb sollten stets Meßeinheit und Elektroden vom selben Hersteller verwendet werden. Sollten Produkte verschiedener Hersteller eingesetzt werden, muß ein Biomedizintechniker die Anpassung überprüfen;
– sollten Kalibrierungen der Meßkette notwendig sein, müssen diese sorgfältig nach der vorgeschriebenen Einlaufzeit durchgeführt und nach Angaben des Herstellers möglicherweise wiederholt werden;
– sollten bei der Elektrodiagnostik Stimulationsimpulse verwendet werden, so dürfen diese nicht den Diagnostikteil beeinträchtigen. Es ist auf Vermeidung einer direkten Verbindung von Stimulations- und Diagnostikteil zu achten.

Diese genannten Probleme betreffen dabei mehr die Genauigkeit und Funktionssicherheit der Elektrodiagnostik als die Vermeidung von Gefährdungen durch elektrische Ströme. Für diese sind die vom Gesetz vorgeschriebene Einhaltung der Werte von Ableitströmen, Isolationswerten, die zyklische Überprüfung der Schutzmaßnahme und besonders der sachgemäße Umgang gemäß der Gerätedokumentation wichtig, wie bereits unter Abschnitt 6.1. beschrieben.

6.3. Elektrische Sicherheit bei der Elektrotherapie

Die Probleme der elektrischen Sicherheit bei der Elektrotherapie sind im Vergleich zu denen bei der Elektrodiagnostik vielfach größer. Die Ursache dafür liegt darin, daß
– wesentlich größere Ströme zur Anwendung kommen,
– zur Erzielung einer ausreichenden Konstantstrom-Charakteristik relativ hohe Betriebsspannungen im Gerät benötigt werden,
– bei Unterbrechung der Stromzuführung zu den Elektroden bei Geräten mit Konstantstrom-Charakteristik die Spannung am Geräteausgang stark ansteigt, wodurch bei Wiederherstellung des Kontaktes ein kurzzeitiger starker Spannungsimpuls am Patienten liegt,
– bei Mehrkanalstimulation die Gefahr von Querströmen zwischen Elektroden verschiedener Kanäle zu beachten ist,
– Änderungen der Elektrodenfläche, der Unterpolsterung, aber auch der Stromflußrichtungen direkte Folgen in Reizwirkung und Nebenwirkung haben können.

Deshalb ist bei der Elektrotherapie zusätzlich zu den unter Abschnitt 6.1. aufgeführten Problemen zu beachten:
a) Grundsätzlich sind die Elektroden im stromlosen Zustand an den Patienten zu legen. Die Erhöhung der Ausgangsstromstärke (bei c. c.-Betrieb) bzw. der Ausgangsspannung (bei c. v.-Betrieb) hat so langsam zu erfolgen, daß die Wirkung beim Patienten von diesem ständig beschreibbar ist.

b) Um von der Geräteseite schädliche Folgen einer Fehlbehandlung vom Patienten fernzuhalten, werden bestimmte Sicherheitsschaltungen gefordert, wenn der Scheitelwert des Nennausgangsstromes 10 mA oder mehr beträgt. Dies sind die

– *Einschaltsicherung*, die die Elektroden stromlos schaltet, wenn das Gerät bei aufgedrehtem Amplitudenregler eingeschaltet wird,
sowie die
– *Umschaltsicherung*, die die Elektroden stromlos schaltet, wenn bei aufgedrehtem Amplitudenregler eine Bereichsumschaltung durchgeführt wird.

c) Um von der Geräteseite schädliche Wirkungen infolge technischer Veränderungen von Bauelementen des Stimulators (durch Alterung oder durch Defekt) vom Patienten fernzuhalten, schreibt dasselbe Gesetz *Ausgangsstrombegrenzungen* vor. Diese müssen die Elektroden stromlos schalten, wenn

– bei Geräten mit Ausgangsströmen bis zu einem Scheitelwert von 50 mA der maximale Ausgangsstrom um 20% überschritten wird,
– bei Geräten mit Ausgangsströmen mit Scheitelwerten über 50 mA der eingestellte Ausgangsstrom um 20% überschritten wird.

Für die Ausgangsstrombegrenzung sind möglicherweise zwei verschiedene Sicherheitsschaltungen einzusetzen. Wenn nämlich die Überstromsicherung, die die eben genannten Forderungen erfüllt, vor der Endstufe wirksam wird, was technisch möglicherweise einfach realisierbar ist, kann ein Defekt der danachfolgenden Endstufe (z. B. Durchschlag des Ausgangstransistors, der die volle Betriebsspannung an die Elektroden bringt) gefährlich werden. Hier wird eine schnell wirkende *Ausschaltsicherung* gefordert, die bei einer für den Patienten gefährlichen Spannung an den Elektroden diese stromlos macht.

d) Um das schädliche Ansteigen der Spannung an den Elektroden bei Loslösen oder Kontaktverschlechterung der Elektroden am Patienten beim Einsatz von c. c.-Stimulatoren zu vermeiden, kann als weitere Sicherheitsschaltung eine *Grenzwertschaltung* vorgesehen werden, die während der Stimulation ständig den elektrischen Widerstand überwacht und bei einer Überschreitung eines vorgegebenen Maximalwertes den Ausgangsstrom entweder begrenzt oder gar abschaltet. Diese Grenzwertschaltung wird derzeitig noch nicht vom Gesetz gefordert, erhöht aber die Gebrauchswerteigenschaften eines Stimulators beträchtlich.
Abbildung 100 zeigt am Beispiel eines Zweikanalstimulators, welcher schaltungstechnische Aufwand bei der Realisierung aller erwähnten Sicherheitsschaltungen entsteht, wobei die drei letztgenannten Sicherheitsschaltungen für jeden Kanal getrennt existieren müssen.

e) Bei Mehrkanal-Stimulatoren ist zusätzlich zu beachten, daß Querströme zwischen Elektroden verschiedenen Kanäle 0,1 mA nicht überschreiten dürfen. Dazu wurden von Güttler und Schubert 1988 Hinweise gegeben, die die technischen Möglichkeiten zur Trennung der Kanäle betreffen.

f) Beim praktischen Betrieb von Elektrostimulatoren ist durch den Anwender weiterhin zu beachten:
– Nur ordentliche, d. h. intakte und saubere Elektroden verwenden! Rißbildung erhöht den Elektrodenwiderstand und kann zu Strominseln (Verbrennungsgefahr!) führen;

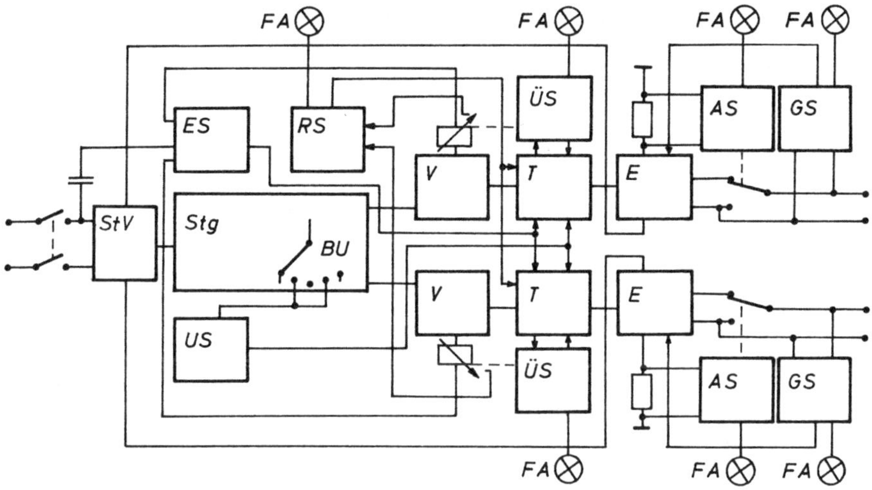

Abb. 100 Zweikanal-Stimulator mit Sicherheitsbaugruppen (nach GÜTTLER, FÜCKER u. SCHUBERT 1988)
AS = Ausschaltsicherung, BU = Bereichsumschaltung, E = Endstufe, ES = Einschaltsicherung, FA = Fehleranzeige, GS = Grenzwertschaltung, RS = Rücksetzschaltung, Stg = Steuergenerator, StV = Stromversorgung, T = Torschaltung, US = Umschaltsicherung, ÜS = Überstromsicherung, V = Verstärker

– Vermeidung von Strömen, die nicht vom Stimulator kommen, z. B. durch Induktionswirkung elektrischer Felder. Dazu sollen Schleifenbildung von Elektrodenleitungen sowie der Betrieb von Elektrostimulatoren direkt neben eingeschalteten Diathermiegeräten vermieden werden;

– Elektroden von Stimulatoren sollen keine direkte Verbindung zu Elektroden anderer Geräte oder zu Metallteilen der Einrichtung haben (Gefahr der Spannungsverschleppung);

– Bei Strömen mit Gleichstromanteilen ist direkter Kontakt von Metallelektroden zur Haut zu vermeiden (ausreichend befeuchtete Schwammunterpolsterung!), um Elektrolyseprozesse in der Haut auszuschließen;

– Elektrodenlage und -sitz sind vor Einschalten des Gerätes zu überprüfen, während der Behandlung dürfen Elektroden nicht bewegt oder gar abgehoben werden;

– Bei Mehrkanalbetrieb dürfen auf keinen Fall zueinander gehörende Elektroden verwechselt werden, weil sonst ungewollte Stromwege mit z. T. erheblichen Stromstärken entstehen können.

6.4. Das Betreiben medizintechnischer Geräte

Neben den unter Abschnitt 6.1. bis 6.3. beschriebenen speziellen Problemen sind noch allgemeine Grundsätze beim Betreiben medizintechnischer Geräte zu beachten.

Zunächst ist darauf hinzuweisen, daß prinzipiell nur Geräte eingesetzt werden dürfen, die vom Hersteller eine Bauartzulassung haben. Dieses kann bei normal über den Handel bezogenen Geräten vorausgesetzt werden.
Eine Besonderheit ist jedoch dann gegeben, wenn Geräte klinisch erprobt werden müssen, um z. B. für die Bauartzulassung Aussagen zu treffen. Hier muß vor Einsatz am Menschen die technische Unbedenklichkeit des Gerätes nachgewiesen werden. Diese technische Unbedenklichkeit schließt Messungen der möglichen Ableitströme im Fehlerfall, der Isolationsfestigkeit sowie der Wirksamkeit der Schutzmaßnahmen ein. Der Einsatz dieser Geräte mit einer technischen Unbedenklichkeitsbescheinigung bedarf eines Antrages bei der zuständigen Behörde (Landesbehörde). Auf diesem Antrag ist der vorgeschlagene Anwenderkreis (möglichst gering) auszuweisen. Die Betreibung mit dieser Ausnahmegenehmigung ist auf höchstens drei Jahre zu befristen. Weiterhin sollen bei jeder größeren Reparatur, die die Sicherheit des Gerätes beeinflussen könnte, d. h. besonders nach Reparaturen an mit dem Netz verbundenen Baugruppen, Funktion und Wirksamkeit der Schutzmaßnahme überprüft und ausgewiesen werden.
Dies setzt jedoch das Vorhandensein funktionsfähiger medizintechnischer Servicezentren oder entsprechende Verträge mit Hersteller- oder Servicefirmen voraus.
Besonderheiten ergeben sich beim Betrieb von Geräten in Baderäumen. Während normale Geräte nur außerhalb einer Schutzzone um Badewanne oder Patienten herum aufgestellt und betrieben werden dürfen, gilt dies nicht für batteriebetriebene Geräte und für Geräte, bei denen eine elektrische Durchströmung von Patienten (z. B. hydroelektrische Vollbäder) erreicht werden soll. Hier wird jedoch von den dazugehörigen Geräten ein Schutzgrad von mindestens IP 34 gefordert. Die erste Ziffer gibt den Berührungsschutz an (bei einer 3 dürfen keine Öffnungen größer als 2,5 mm sein), die zweite Ziffer beinhaltet den Wasserschutz (bei einer 4 wird Schutz vor Spritzwasser aus jeder Richtung gefordert). Der sonst als Mindestschutz geforderte Schutzgrad IP 20 (2 bedeutet keine Öffnung größer als 4 mm, 0 bedeutet kein Schutz gegen Spritzwasser) ist in Baderäumen nicht ausreichend, obwohl die meisten Stimulatoren nur diesen Schutzgrad besitzen. Sollte ihr Einsatz trotzdem in Feuchträumen notwendig sein, sind Sondermaßnahmen gegen Spritzwasser erforderlich. Beachtung ist grundsätzlich auch der Qualifikation und Unterweisung des Bedienpersonals zu schenken. Es sind aktenkundige Belehrungen durchzuführen, die folgenden Inhalt haben:

- vorschriftsmäßiger Anschluß der Geräte ans Netz und an Potentialausgleichsbuchsen,
- mögliche elektrische Gefährdungen und ihre Vermeidung (s. 6.1. bis 6.3.),
- spezielle Verhaltensanforderungen beim Ansprechen von Sicherheitstechnik,
- Umgang mit und Lagerung von ortsveränderlichen Geräten auch außerhalb des klinischen Einsatzes.

Bei Beachtung aller gegebenen Hinweise ist die Wahrscheinlichkeit für das Auftreten einer Gefährdung von Patient oder Bedienpersonal durch Strom oder Spannung bei Elektrotherapie und -diagnose als ausreichend klein anzusehen, um wirklich von einer „sicheren Geräteanwendung“ zu sprechen.

7. Literaturverzeichnis

1. ALFIERI, V.: Electrical treatment of spasticity. Scand. J. Rehab. Med. 14 (1982) 177–182
2. ALON, G.: High voltage stimulation. Chattanooga, TN, Chattanooga Corp. 1984, pp. 4–16
3. ALON, G.: High voltage stimulation. Effects of electrode size on basic excitatory responses. J. Am. Phys. Ther. Assn. 65 (1985) 890–895
4. ALT, E.: Schrittmachertherapie des Herzens. Perimed Fachbuch Verlagsgesellschaft GmbH, Erlangen 1985, S. 169–172
5. AMINOFF, M. J., R. B. LAYZER, S. SATYA-MURTI, A. I. FADEN: The declining electrical response of muscle to respetitive nerve stimulation in myotonia. Neurology 27 (1977) 812–816
6. ANDY, O. J.: Thalamic stimulation for control of movement disorders. Appl. Neurophysiol. 46 (1983) 107–11
7. ARCANGELI, P., F. CORRADI, G. D'AYALA-VALVA: Alterations of skin and muscle sensibility in chronic obliterating arteriopathy of the lower limbs and their importance in determing intermittant claudication. Acta Neurovegetativa 27 (1967) 511–545
8. ARDENNE, v. M., G. BÖHME, W. DAUTERSTEDT, H. J. GÖTTING, J. SCHORCHT: Die Selectotherm-Anlage, eine KW-Diathermieapparatur mit bewegtem Applikator zur zweistufigen Erzeugung von Regionalhyperthermie in der kombinierten Tumortherapie. Dt. Gesundh.-Wesen 39 (1984) 977–983
9. ARNOLD, W., U. LANGEHEINE: Tierexperimentelle Untersuchungen über das thermische Verhalten chirurgischer Metallimplantate während der Einwirkung moderner Elektrotherapieverfahren mit therapeutischen Intensitäten. 3. Mitteilung: Mikrowelle und Metallimplantat. Zschr. Physiother. 28 (1976) 347–350
10. ARVIDSSON, I., H. ARVIDSSON, E. ERIKSSON, E. JANSSON: Prevention of quadriceps wasting after immobilisation: An evaluation of the effect of electrical stimulation. Orthopedics 9 (1986) 1519–1528
11. AXELGAARD, J., J. C. BROWN: Lateral electrical surface stimulation for the treatment of progressive idiopathic scoliosis. Spine 8 (1983) 242–260
12. AXELGAARD, J., A. NORDWALL, J. C. BROWN: Correction of spinal curvatures by transcutaneous electrical muscle stimulation. Spine 8 (1983) 463–481
13. BAJD, T., A. KRALJ, R. TURK, H. BENKO, J. SEGA: The use of a four channel electrical stimulation as an ambulatory aid for paraplegic patients. Physical Therapy 63 (1983) 1116–1120
14. BAKER, L. L., K. PARKER: Neuromuscular electrical stimulation of the muscles surrounding the shoulder. J. Am. Phys. Ther. Assn. 66 (1986) 1930–1937
15. BAKER, L. L., K. PARKER, D. SANDERSON: Neuromuscular electrical stimulation for the head-injured patient. Am. J. Physical. Therap. Assn. 63 (1983) 1967–1974
16. BAKER, L. L., C. YEH, D. WILSON, R. L. WATERS: Electrical stimulation of wrist and fingers for hemiplegic patients. J. Am. Phys. Ther. Assn. 59 (1979) 1495–1499
17. BANKOV, S.: Ein neuer niederfrequenter Impulsstrom in der Rehabilitation von Schädigungen des Bewegungsapparates. Beitr. Orthop. 19 (1972) 458–462
18. BANKOV, S. D.: Elektromyographische Beurteilung der Kontraktion von denervierten Muskeln bei Stimulation mit rechteckigen und exponentiellen elektrischen Impulsen. Z. Physiother. 33 (1981) 391–400

19. BARKER, A. T., R. A. DIXON, W. J. W. SHARRAD et al.: Pulsed magnetic field therapy for tibial non-union. Lancet 1984/I. 994–996
20. BARNES, F. S.: Interaction of DC electric fields with living matter. In CRC Handbook of Biological Effects of Electromagnetic Fields. Academic Press, New York 1986, S. 99–138
21. BAROLAT-ROMANA, G., J. B. MYKLEBUST, D. C. HEMMY et al.: Immediate effects of spinal cord stimulation in spinal spasticity. J. Neurosurg. 62 (1985) 558–562
22. BASBAUM, A. J., H.-C. FIELDS: The origin of descending pathways in the dorsolateral funiculus of the spinal cord. J. Comp. Neurol. 187 (1979) 513–523
23. BASMAJIAN, J. V., C. G. KUKULKA, M. G. NARYAN, K. TAKEBE: Biofeedback treatment of foot-drop after stroke compared with standard rehabilitation technique: Effects on voluntary control and strength. Arch. Phys. Med. Rehabil. 56 (1975) 231–236
24. BASMAJIAN, J. V., E. R. REGENOS, M. P. BAKER: Rehabilitating stroke patients with biofeedback. Geriatric 32 (1977) 85–88
25. BASSETT, C. A. L., F. J. PAWLUK, A. A. PILLA: Acceleration of fracture repair by electromagnetic fields: A surgical noninvasive method. Ann. NY Acad. Sci. 238 (1974) 242–262
26. BECKER, R.: The significance of electrically stimulated osteogenesis. Clin. Orthop. 414 (1979) 266–274
27. BECKER, R., R. G. A. LIEBERMEISTER: EMG-Biofeedback-Muskeltraining. Med. Klin. 80 (1985) 594–596
28. BEHSE, F., F. BUCHTHAL: Normal sensory conduction in the nerve of the leg in man. J. Neurol. Neurosurg. Psychiat. 34 (1971) 404–414
29. BENECKE, R., A. BERTHOLD, B. CONRAD: Denervation activity in the EMG of patients with upper motor neuron lesions: Time course, local distribution and pathogenetic aspects. J. Neurol. 230 (1983) 143–151
30. BENNETT, C. J., S. W. SEAGER, E. A. VASHER, E. J. MC GUIRE: Sexual dysfunction and electroejaculation in men with spinal cord injury: Review J. Urol. 139 (1988) 453–457
31. BERNARD, P. D.: La Thérapie diadynamique. Paris 1960
32. BERNHARD, M., U. F. GRUBER: Wert der elektrischen Wadenstimulation zur Verhütung postoperativer Venenthrombosen in der allgemeinen Chirurgie. Med. Welt 27 (1976) 1255–1259
33. BUSCHKO, J.: Einführung in die Akupunktur, 10. Aufl., Heidelberg 1978
34. BLACK, J.: Electrial stimulation of hard and soft tissue in animal models. Clin. Plast. Surg. 57A (1985) 243–24
35. BLANKENSHIP, M. L.: Electrosurgery, electrocautery and electroysis. Int. J. Dermatol. 18 (1979) 443–452
36. BLUEMKE, D. A., C. L. GOELZER, A. J. NILLES: Applikations of electrical stimulation. In: Electronic Devices for Rehabilitation. Ed. J. G. Webster et al. Chapman a. Hall, London 1985 pp. 365–430
37. BOBECHKO, W. P.: Scoliosis spinal pacemaker. J. Bone Joint Surg (Am) 56 (1974) 442
38. BOBECHKO, W. P., M. A. HERBERT, H. F. FRIEDMANN: Electrospinal instrumentation for scoliosis, current status. J. Bone Joint Surg (Am.) 58 (1976) 156 (Abstract)
39. BOBECHKO, W. P., A. H. MORLEY, H. G. FRIEDMANN: Orthop. Clin. N. Amer. 10 (1979) 917–941
40. BOHANNON, R. W.: Effect of electrical stimulation to the vastus medialis muscle in a patient with chronically dislocating patella. J. Am. Phys. Ther. Assn. 63 (1983) 1445–1447
41. BONICA, J. J.: History of pain concepts and pain therapy. Seminars in Anesthesia 4 (1985) 189–208
42. BONICA, J. J., U. LINDBLOM, A. IGGO, Hrsg.: Advances in Pain Research and Therapy Vol. 5. Raven Press, New York 1983

43. Boonstra, A. M., T. W. Van Weerden, W. H. Eisma et al.: The effect of low-frequency electrical stimulation on denervation atrophy in man. Scan. J. Rehab. Med. 19 (1987) 127–134
44. Bourguignon, G.: La chronaxie. In: L. Delherm: Nouveau Traité d'Electro-Radiothérapie, pp. 203–248. Masson Paris 1951
45. Braddom, R. L., E. W. Johnson: Standardization of H-Reflex and diagnostic use in S1-radioculopathy. Arch. Phys. Med. Rehabil. 55 (1974) 161–166
46. Braddom, R. L., E. W. Johnson: H-Reflex: Review and classification with suggested clinical use. Arch. Phys. Med. Rehabil. 55 (1974) 412–417
47. Breitschuh, I.: Untersuchungen über die Wirkung des Interferenzstromes bei peripheren arteriellen Durchblutungsstörungen im Stadium II mit Hilfe der Infratonoszillographie und der Bestimmung der Gehleistung. Dissertation, Mediz. Akad. Dresden 1975
48. Brighton, C. T., J. Black, Z. B. Friedenberg et al.: A multicenter study of treatment of non-union with constant direct current. J. Bone Joint Surg. 62–A (1981) 2–13
49. Brighton, C. T., Z. B. Friedenberg, J. Black et al: Electrically induced osteogenesis. Clin. Orthopaedics 161 (1981) 122–132
50. Brighton, C. T., Z. B. Friedenberg, E. L. Mitchell, R. E. Booth: Treatment of non-union with constant direct current. Clinical Orthopaed. 224 (1977) 106–123
51. Brighton, C. T., S. R. Pollack: Treatment of nonunion of the tibia with a capacitively coupled electrical field. J. Trauma 24 (1984) 15
52. Brindley, G. S.: Electroejaculation: its technique, neurological implications and uses. J. Neurol., Neurosurg & Psychiat. 44 (1981) 9
53. Brindley, G. S., C. E. Polkey, D. N. Rushton, L. Cardozo: Sacral anterior root stimulators for bladder control in paraplegia: the first 50 cases. J. Neurol. Neurosurg. Psych. 49 (1986) 1104–1114
54. Broggi, G., D. Servello, A. Franzini et al.: Spinal cord stimulation for treatment of peripheral vascular disease. Appl. Neurophysiol. 50 (1987) 439–441
55. Broseta, J., G. Garcia-March, J. J. Sanchez, J. Goncales: Influence of spinal cord stimulation on peripheral blood flow. Appl. Neurophysiol. 486 (1985) 365–370
56. Brown, J. C., J. Axelgaard, D. C. Howson: Multicenter trial of a noninvasive stimulation method for idiopathic scoliosis. Spine 9 (1984) 382–387
57. Brown, M., M. K. Mc Donnell, D. N. Menton: Electrical stimulation effects on cutaneous wound healing in rabbits. A follow-up study. Phys. Ther. 68 (1988) 955–960
58. Brückner, Ch., R. Gräfe, G. Leistner: Gesundheitsschutz, Arbeitsschutz und Brandschutz im Gesundheitswesen, 3. Aufl., Dresden 1975
59. Buchthal, F.: Einführung in die Elektromyographie, Urban & Schwarzenberg, München, Berlin 1958
60. Buchthal, F.: Diagnostic significance of the myopathic EMG. In: Phathogenesis of Human Muscular Dystrophies. Excerpta Medica International Congress Scries No. 404, Excerpta Medica Amsterdam 1976. S. 205–218
61. Buchthal, F., C. Guld, P. Rosenfalck: Multielectrode study of motor unit. Acta physiol. scand 39 (1957) 83
62. Buchthal, G., A. Rosenfalck: Sensory potentials in polyneuropathy. Brain 94 (1971) 241–262
63. Bühring, M.: Physikalische Therapie bei Patienten mit peripherer arterieller Verschlußkrankheit und Claudicatio intermittens. Therapiewoche 35 (1985) 3290–3300
64. Bühring, M., A. Sayegh, E. Blumenthal, M. Klöckner, R. Saller: Elektrotherapie bei Patienten mit Claudicatio intermittens. Z. Phys. Med. Baln. Med. Klim. 13 (1984) 8–9
65. Burck, Gerlinde, R. Hentschel, D. Wiedemann, R. Henssge: Beeinflussung von Herzschrittmachern der MCP- und LCP-Serie durch Elektrodiagnostik- und Elektrotherapieverfahren. Z. ges. inn. Med. 43 (1988) 572–576
66. Caldwell, K. P.: The electrical control of sphincter incompetence. Lancet 2 (1963) 174–175

67. CALLIES, R.: Rheumatologische Physiotherapie. G. Fischer Verlag, Jena 1986
68. CALLIES, R., J. DANZ, C. DIETZE et al.: Dosis und Dosierung in der Physiotherapie rheumatischer Krankheiten unter besonderer Berücksichtigung einer 3-Wochen-Serie. Z. Physiother. 33 (1985) 3–10
69. CALLIES, R., U. SMOLENSKI, U. ENDRES, J. MANTHEY et al.: Die Position der Impulskurzwelle in der Physiotherapie. Z. Physiother. 40 (1988) 427–433
70. CAMPBELL, E. D., P. HICKEY, K. H. NIXON et al.: Value of nerve excitability measurements in prognosis of facialpalsy. Brit. Med. J. 2 (1962) 7–10
71. CAMPBELL, J. N., A. TAUB: Local analgesia from percutaneous electrical stimulation. Peripheral mechanism. Arch. Neurol. 28 (1973) 347–350
72. CARLEY, P. J., S. F. WAINAPEL: Electrotherapy for acceleration of woundhealing with low intensity direct current. Arch. Phys. Med. & Rehabil. 66 (1985) 443–446
73. CARNSTAM, B., L.-E. LARSSON, T. S. PREVE: Improvement of gait following functional electrical stimulation. Scand. J. Rehab. Med. 9 (1977) 7–13
74. CHANTRAINE, A., J. P. LUDY, D. BERGER: Is cortisone iontophoresis possible? Arch. Phys. Med. Rehabil. 67 (1986) 38–40
75. CHENG, N., H. VAN HOOF, E. BOCKX et al.: The effects of electrical currents on ATP generation, protein synthesis and membran transport in rat skin. Clinic. Orthopaedics 171 (1982) 264–272
76. CHRACCHIOLO, A.: Peripheral nerve entrapments. Western J. Medicine 127 (1977) 299 to 313
77. CLEARY, S. F.: Survey of microwave and radiofrequency biological effects and mechanismus. In: The Physical Basis of Electromagnetic Interactions with Biological Systems. Proceedings of a Workship held at the University of Maryland 1. June 15–17, 1977. Editors: L. S. TAYLOR, A. Y. CHEUNG
78. CONRADI, E., G. BERTZ, D. WOHLFAHRT: Klinische Aspekte bei der Anwendung des sowjetischen Mikrowellentherapiegerätes „Lutsch 2“, Teil 1. Z. Physiother. 32 (1980) 3–14
79. CONRADI, E., G. BERTZ, S. EGGERT et al.: Klinische Aspekte der Anwendung des sowjetischen Mikrowellengerätes „Lutsch 2“, Teil 2. Z. Physiother. 32 (1980) 97–103
80. CONRADI, E., G. VOGT, D. WOLFARTH: Untersuchungen zur objektiven Bestimmung der Dosierung bei Kurzwellenbehandlung. Zschr. Physiother. 28 (1976) 307–309
81. COOK, A. W., S. WEINSTEIN: Chronic dorsal column stimulation in multiple sclerosis, Prelimenary report. N.Y. State Journal of Medicine 73 (1973) 2868–2872
82. COOPER, J. S., E. CRIGHEL, J. ARMIN: Clinical and physiological effects of stimulation of the paleocerebellum in humans. J. Am. Geriatr. Soc. 21 (1973) 40–42
83. COOPER, J. S., M. RIKLAN, J. ARMIN et al.: Chronic cerebellar stimulation in cerebral palsy. Neurol. 26 (1976) 744–753
84. COOPER, J. S., M. RIKLAN, R. S. SNIDER: The cerebellum, epilepsy and behavior. Plenum Press, New York 1974
85. COOPER, J. S., RIKLAN, M., K. TABADDOR et al.: A long-term follow-up of chronic cerebellar stimulation for cerebral palsy. In: COOPER, cerebellar stimulation in man. Raven Press, New York 1978, S. 59–99
86. CUGOLA, L., G. TAROLLI: Auto-electrotherapy in nerve lesions. The Hand 10 (1978) 279–282
87. CURRIER, D. P., R. MANN: Muscular strength development by electrical stimulation in health individual. J. Am. Phys. Ther. Assn. 63 (1983) 915–921
88. CURRIER, D. P.: Electrical stimulation effect on localized blood flow. Abstract. Phys. Ther. 63 (1963) 761
89. CURRIER, D. P., J. LEHMANN, P. LIGHTFOOT: Electrical stimulation in exercise of quadriceps femoris. J. Am. Phys. Ther. Assn. 59 (1979) 1508–1512
90. DANZ, J.: Objektivierung differenzierter Kurzwellentherapie mittels Thermovision. Z. Physiother. 31 (1979) 139–143

91. DANZ, J., R. CALLIES: Thermographische Objektivierung einer differenzierten Gleichstromtherapie. Z. Physiother. 31 (1979) 15–20
92. DANZ, J., R. CALLIES: Differenzierte Kurzwellentherapie und Hauttemperaturänderung bei Patienten mit Rheumatoid-Arthritis. Z. Physiother. 35 (1983) 81–84
93. DANZ, J., R. CALLIES: Thermische Wirkungen einer differenzierten Kurzwellentherapie bei Patienten mit Rheumatoid-Arthritis. Z. Klin. Med. 40 (1985) 795–799
94. DAUBE, J. R.: Disorders of neuromuscular transmission: A review. Arch. Phys. Med. Rehabil. 64 (1983) 185–200
95. DAUBE, J. R.: Electrophysiologic studies in the diagnostic and prognosis of motor diseases. Neurologic Clinics 3 81985) 473–493
96. DAVIS, R., E. F. GRAY: Technical problems and advances in the cerebellar stimulating systems used for reduction of spasticity and seizures. Appl. Neurophysiol. 43 (1980) 230–243
97. DAWSON, G. D.: The relative excitablity and conduction velocity of sensory and motor nerve fibers in man. J. Physiol. 131 (1956) 436
98. DAWSON, G. D., J. W. SCOTT: The recording of nerve action potentials trough skin in man. J. Neurol. Neurosurg. Psychiat. 12 (1949) 259–267
99. DE HAAS, W. G., D. M. MORRISON, J. WATSON: Noninvasive treatment of the tibia using electrical stimulation. Joint Bone Surg. 62 (1980) 465–470
100. DELATEUR, B. I., J. F. LEHMANN, J. B. STONEBRIDGE, C. G. WARREN, A. W. GUY: Muscle heating in human subjects with 915 MHz microwave contact applicator. Arch. Phys. Med. Rehab. 51 (1970) 147–151
101. DELITTO, A., S. J. ROSE, J. M. MC KOWEN et al.: Electrical stimulation versus voluntary exercise in strengthening tigh musculature after anterior cruciate ligament surgery. J. Am. Phys. Ther. Assn. 68 (1988) 660–66
102. DEMIREL, T., G. STEINMAN: Spinal cord stimulation (SCS) as an alternative to sympathectomy in peripheral vasculopathies. Acta Neurochirurgica 72 (1984) 136–137
103. DESMEDT, J. E., S. BORENSTEIN: Diagnosis of myasthenia gravis by nerve stimulation. Annals New York Acad. Sci. 274 (1976) 174–188
104. DIAMANTOPOULOS, E., M. M. GASSEL: Electrically induced myosynaptic reflexes in man. J. Neurol. Neurosurg. Psychiat. 28 (1965) 496–502
105. DI BERNARDO, N., F. FERLAZZO, G. BIONDO et al.: Elettroagopunctura ed ulcere trofiche. Min. Med. 71 (1980) 3715–3718
106. DIECKMANN, G., J. U. KRAINICK: Pain relief by chronic, mediothalamic stimulation in man. In: Neurovascular Surgery. Specialized Neurosurgical Techniques. Ed.: MARGUTH, BROCK, KAZNER, KLINGER, SCHMIEDEK. Springer Verlag Berlin, Heidelberg, New York, 1979. S. 172–179
107. DIETZE, Ch., U. DIETZE, R. CALLIES: Kurzwellentherapie mittels Kondensatorfeldmethode bei Patienten mit Hämophthalmus. Z. Physiother. 35 (1983) 49–52
108. DIMITRIJEVIC, M. R., A. M. SHERWOOD: Spasticity: Medical and surgical treatment. Neurology 30 (1980) 19–27
109. DIPPOLD, A.: Behandlung der muskulären Knieinstabilität mit gezielter Elektromechanotherapie. Z. Physiother. 35 (1983) 307–316
110. DOOLEY, D. M., J. KARABOYES: Indications for implanted electrostimulation of the spinal cord. Appl. Neurophysiol. 48 (1985) 380–381
111. DOOLEY, D. M., M. KASPRAK: Modification of blood flow to the extremities by electrical stimulation of the nervous system. South. Med. J. 69 (1979) 1309–1311
112. DOOLEY, D. M., J. SHARKEY: Electrical stimulation of the spinal cord in patients with demyelinating and degenerative disease of the central nerve system. Appl. Neurophysiol. 44 (1981) 218–224
113. DOOLEY, D. M., J. SHARKEY, W. KELLER, M. KASPRAK: Treatment of demyelinating and degenerative diseases by electrostimulation of the spinal cord. Med. Progr. Technol. 6 (1978) 1–14

114. DORFMANN, L. J.: The distribution of conduction velocities (DVC) peripheral nerves: A review. Muscle nerve 7 (1984) 2–11
115. DUMOULIN, J., G. DE BISSCHOP: Électrothérapie. Maloine Paris 1980
116. DYMOND, A. M., R. W. COGER, E. A. SERAFETINIDES: Intracerebral current levels in man during electrosleep therapy. Biological Psychiatry 10 (1975) 101–104
117. EDEL, H.: Elektroschlaftherapie. Z. Physiother. 23 (1971) 161–173
118. EDEL, H. in: THIELE, P. u. G. HEIDELMANN: Therapiefibel arterieller Durchblutungsstörungen. Th. Steinkopff, Dresden 1975
119. EDEL, H.: Angiologie (arterieller Angiopathien). In: Spezielle Physiotherapie in der Kardiologie, Angiologie, Broncho-Pulmonologie, Rheumatologie und Chirurgie-Traumatologie. CORDES, Ch., U. ALBRECHT, H. EDEL, R. CALLIES. Volk und Gesundheit 1980, S. 68–77
120. EDEL, H.: Die Knochenstimulation mit dem elektrischen und magnetischen Feld – ein Wissenschaftsgebiet im Gespräch. Übersichtsreferat. Z. Physiother. 37 (1985) 383–390
121. EDEL, H.: Elektroanalgesie-Verfahren zur Therapie rheumatischer Krankheiten (unter Berüchsichtigung der Elektroakupunktur und der Akupunktur). Z. Physiother. 38 (1986) 305–315
122. EDEL, H.: Funktionelle elektrische Stimulation der Extremitäten: FESE, Stand und Entwicklungstendenzen, Übersichtsreferat. Z. Physiother. 39 (1987) 217–228
123. EDEL, H.: Physikalische Therapie bei peripheren arteriellen Verschlußkrankheiten: Elektrotherapie. Z. Phys. Med. Baln. Med. Klim. 17 (1988) 275
124. EDEL, H.: Hyperthermie für die Krebstherapie – ein neues Anwendungsgebiet für die Physiotherapie. Übersicht. Z. Physiother. 40 (1988) 155–161
125. EDEL, H.: Neuromuskuläre Elektrostimulationsverfahren (NMES) (unter besonderer Berücksichtigung der M. quadriceps femoris-Stimulation). Übersichtsreferat. Z. Physiother. 40 (1988) 287–298
126. EDEL, H.: Stand und Bedeutung neuromuskulärer Elektrostimulationsverfahren (NMES) für die Orthopädie/Traumatologie. Z. Physiother. 41 (1989) 203–210
127. EDEL, H., R. FREUND: Gleichstrombehandlung chronischer Hautulzera und sekundär heilender Wunden. Zschr. Physiother. 27 (1975) 457–464
128. EDEL, H., P. FÜCKER: Ein diadynamisches Kleintherapiegerät. Zschr. Physiother. 31 (1979) 299–300
129. EDEL, H., H. FÜSSEL: Überprüfung der Wirkung ansteigender Teilbäder nach Hauffe bei arteriellen peripheren Durchblutungsstörungen der unteren Extremitäten mit dem Infratonoszillographen. In: Grundprobleme der neuen Hämodynamik und therapeutischen Konsequenzen. Thieme, Leipzig 1967, S. 257–260
130. EDEL, H., H. GÜLDENRING, R. HENTSCHEL, F. JACOBI, A. LANGE: Ergebnisse der Reizstromtherapie der Spastik bei Zerebralparese. Dtsch. Ges.-Wesen 28 (1973) 178–180
131. EDEL, H., P. GÜTTLER: Transkutane elektrische Nervenstimulation (TENS). Z. Physiother. 30 (1978) 79–89
132. EDEL, H., R. HENTSCHEL: Möglichkeiten der Elektrotherapie in der Rehabilitation nach zerobrovaskulärem Insult, nach Zerebralparese und Spastik anderer Genese. Z. Physiother. 33 (1981) 321–328
133. EDEL, H., A. LANGE: Schmerzmodulation durch elektrische Reize (nieder- und mittelfrequenter Impulsfolgen) und Ultraschall. Z. Physiother. 31 (1979) 241–247
134. EDEL, H., K. LIEBSCHER: Gleichstrombehandlung chronischer Hautulzera mit einem neu konzipierten Gerät. Dermatol. Monatsschr. 164 (1978) 200–202
135. EDEL, H., S. KALMÜTZE, B. MAAZ: Häufigkeit von Trigger points bei Patienten mit Claudicatio intermittens bei palpatorischer und galvanopalpatorischer Testung. Zschr. Physiother. 28 (1976) 25–2
136. EDEL, H., W. KEMPF: Elektroschlaf. Asklepios 6 (1965) 1–6, H. 10

137. EDEL, H., E. ROSENBERG: Welche Hochfrequenzleistungsmeßwerte in Watt entsprechen den Dosierungsstufen I ... IV nach SCHLIEPHAKE bei Anwendung der KW-Therapie (11 m) im Kondensatorfeld. Dtsch. Ges.-Wesen 24 (1969) 445–448

138. EDEL, H., D. SCHUBERT, B. RÖMER, I. KINDER, E. MILEV: Experimentell-klinische Überprüfungen neuer Vorstellungen über den Verlauf der Reizintensität – Reizdauer (I/t)-Kurven. Elektromedizin 15 (1970) 155–158

139. EDEL, H., S. STERNECK: Untersuchungen zur analgetischen Wirksamkeit stochastischer Impulsfolgen. Zschr. Physiother. 31 (1979) 249–252

140. EDEL, H., P. THIELE: Kurorttherapie arterieller Gefäßkrankheiten. In: THIELE u. HEIDEMANN: Therapiefibel arterieller Durchblutungsstörungen. Verlag Th. Steinkopff Dresden 1975, S. 130–139

141. EICHHORN, K. F., G. HOSEMANN, W. HOSEMANN, W. SCHUBERT et al.: Reizstromtherapie bei schlaffen Lähmungen. Biomed. Technik 28 (1983) 48–58

142. EICHHORN, K. F., W. SCHUBERT, E. DAVID: Maintenance, training and functional use of denervated muscles. J. Biomed. Eng. 6 (1984) 205–211

143. EISEN, A.: Electrodiagnosis of radiculopathies. Neurol. Clinics 3 (1985) 495–510

144. ENDRES, U., R. CALLIES: Die Problematik der subjektiven und objektiven Dosisstufen in der Kurzwellentherapie. Z. Physiother. 34 (1982) 145–148

145. ENDRES, U., R. CALLIES: Untersuchungen zur Intensitätsstufung einer Impulskurzwellenapplikation mit dem Gerät „TuR" KWI 5. Z. Physiother. 40 (1988) 435–440

146. ENGEL, W. K., J. R. WARMOLTS: The motor unit. In: New Developments in Electromyography and Clinical Neurophysiology. Vol. 1 Ed.: J. E. DESMEDT. Karger, Basel (1973). p. 141

147. ENGELBRECHT, H., Ch. EGGERS, H. EINFELD: Gefährdung von Gelenkprothesen durch Interferenzstrom? Z. Phys. Med. Baln. Med. Klim. 17 (1988) 286–287

148. ERIKSSON, H., C. MANNHEIMER: The effect of transcutaneous electric nerve stimulation on ischemic pain in the lower extremities. akt. gerontol. 10 (1980) 33–35

149. ERIKSSON, M., B. SJÖLUND: Acupuncture like electroanalgesia in TENS-resistant chronic pain. In: Sensory Functions of the Skin. Edit.: ZOTTERMAN. Pergamon Press Oxford, New York 1976 pp. 575–581

150. FARRANCE, B. W., M. E. HOUSTON, D. A. RAMCY: Effects of electrical stimulation training using the extended leg position on quadriceps muscle of woman. Can. J. Sport. Sci. 12 (1987) 170–174

151. FEHLINGER, R., A. SCHULZ, E. ENGEL, W. PETERS: Probleme der Klassifizierung des tetanischen Syndroms. Dtsch. Ges.-Wesen 32 (1977) 609–612

152. FISCHER, W., F. HEGENSCHEID, D. LAMM: Vaginale Elektrostimulation – eine weitere Möglichkeit zur Therapieoptimierung der funktionellen Harninkontinenz. Zbl. Gynäkol. 100 (1978) 1295–1303

153. FISCHER, H., H. A. VON DER MOSEL: Electronic management of fecal incontinence. J. Am. Med. Ass. 207 (1969) 1897–1898

154. FLOREK, H.-J., H.-J. HOLLSTEIN: Rektale elektrische Stimulation der Beckenbodenmuskulatur zur Behandlung der Stressinkontinenz 1. und 2. Grades. Promotion-A-Arbeit. Medizinische Akademie „Carl Gustav Carus", Dresden 1980

155. FLOTER, T.: TENS treatment at home: dependence the efficacy on frequency of use. Acupuncture & Electro-Therap. Res. Int. J. 11 (1986) 153–160

156. FODSTAD, H.: The swedish experience in phrenic nerve stimulation. Pace 10 (1987) 246–251

157. FODSTAD, H., G. ANDERSSON, S. BLOM, H. LINDERHOLM: Phrenic nerve stimulation (Diaphragma pacing) in respiratory paralysis. Appl. Neurophysiol. 48 (1985) 351–357

158. FOX, E. J., R. MELZACK: Transcutaneous electrical stimulation and acupuncture:comparison of treatment for low-back pain. Pain 2 (1976) 141–148

159. FREUND, R., P. K. H. SCHMIDT, E. ALTMANN: Anwendung der niederfrequenten Elektrotherapie zur Prophylaxe der Phlebothrombose. Dermatol. Monatschr. 167 (1981) 440–442
160. FREUND, R., W. HOPPE: Möglichkeiten einer Vorfelddiagnostik für Elektromyographie mit motorischer Chronaxie. Wiss. Z. der E.-M.-Arndt-Univ. Greifswald 28 (1979) 227 bis 229, Mediz. Reihe H. 3
161. FRIEDMANN, B., U. STILLA, K. MEYER-WAARDEN: Beitrag zur Iontophorese. Biomed. Technik 33 (1988) 2–8
162. FÜRSTENAU, R.: Die Bergonisation, ein neues elektrisches Verfahren. Bibliothek der Unterhaltung und des Wissens. Union Deutsche Verlagsgesellschaft, Stuttgart, Berlin, Leipzig 1914, S. 165–178
163. GABLER, A., S. LIEBIG, E. ALLICA: Beitrag zur Elektrostimulation des Zwerchfells. Prax. Pneumol. 35 (1981) 711–714
164. GAULT, W. R., P. F. GATENS: Use of low intensity direct current in management of ischemic skin ulcers, Phys. Ther. 56 (1976) 265–268
165. GEDDES, L. A., L. E. BAKER: The specific resistance of biological material – a compendium of data for the biomedical engineer and physiologist. Med. & Biol. Eng. 5 (1967) 271–293
166. GIBBERD, F. B.: The Neurogenic Bladder, Chapter 11. In: Clinics in Obstretrics and Gynaecology. Vol. 8. Nr. 1. W. Saunders Comp. Ltd. 1981
167. GIERLICH, K., A. JUNG: Die kombinierte Anwendung von Ultraschall und Reizstrom. Phys. Med. & Rehab. 9 (1968) 258–261
168. GILDEMEISTER, M.: Untersuchungen über die Wirkungen der Mittelfrequenzströme auf den Menschen. Pflügers Arch. 247 (1944) 366–404
169. GILDENBERG, P. L.: Treatment of spasmodic torticollis by dorsal column stimulation. Appl. Neurophysiol. 41 (1978) 113–121
170. GILJAROWSKI, W. A., N. M. LIEWENZEW, JU. JE. SEGAL, S. A. KIROLLOWA: Elektroschlaf. Berlin 1966
171. GILLIATT, R. W., I. D. MELVILLE, A. S. VELATE, R. G. WILLISON: A study of normal nerve action potentials using an averaging technique. J. Neurol. Neurosurg. Psychiat. 28 (1965) 191–200
172. GILLIATT, R. W., T. A. SEARS: Sensory nerve action potentials in patients with peripheral nerve lesions. J. Neurol. Neurosurg. Psychiat. 21 (1958) 109
173. GLASS, J. M., R. L. STEPHEN, S. C. JACOBSEN: The quantity and distribution of radiolabelied dexomethasone delivered to tissue by iontophoresis. Int. J. Dermatol. 19 (1980) 519–525
174. GLENN, W. W.: The treatment of respiratory paralysis by diaphragm pacing. Am. Thor. Surg. 30 (1980) 106–109
175. GLENN, W. W.: Pacing the diaphragm infants. Ann. Thor. Surg. 40 (1985) 319–320
176. GLENN, W. W.: Bladder and Diaphragm. Pace 10 (1987) 275–276
177. GLENN, W. W., W. C. HOLCOMB, A. J. MC.LAUGHEIN et al.: Total ventilatory support in a quadriplegic patient with radiofrequency electrophrenic respiration. N. Engl. J. Med. 286 (1972) 513–516
178. GOBELET, Ch., A. FOLLONIER, F. MEYLAN, E. MAEDER: Penetration of corticosteroids with iontophoresis. Z. Phys. Med. Baln. Med. Klim. 12 (1983) 226
179. GOLDNER, J. L., B. S. NASHOLD, P. C. HENDRIX: Peripheral nerve electrical stimulation. Clin. Orthopaed. Rel. Research 163 (1982) 33–41
180. GOULD, N., D. DONNERMEYER, G. GAMMON et al.: Transcutaneous muscle stimulation to retard disuse atrophy after open meniscotomy. Clin. Orthopaedics 178 (1983) 190–197
181. GOULD, N., D. DONNERMEYER, M. POPE, T. ASHIKAGA: Transcutaneous muscle stimulation as a method to retard disuse atrophy. Clin. Orthopaedics 164 (1982) 215–220
182. GOULT, W. R., P. F. GATENS, Jr.: Use of low intensity direct current in management of ischemic skin ulcers. Phys. Ther. 56 (1976) 265–269

183. GRACANIN, F.: In: „Electrostimulation". Sixth International Symposium Albena, Bulgarien 1984; Kongreßbericht. Ed.: V. IVANOV, p. 221
184. GRAUPE, D., K. H. KOHN, A. KRALJ a. S. BASSEAS: Patient controlled electrical stimulation via EMG signature discrimination for providing certain paraplegics with primitive walking functions. J. Biomed. Eng. 5 (1983) 220–226
185. GRUBER, U. F., G. BON: Intermittierende pneumatische Kompression zur Thromboseprophylaxe. Dtsch. med. Wschr. 108 (1983) 1767–1771
186. GUNN, C. C., F. G. DITCHBURN, M. H. KING, G. J. RENWICK: Acupuncture loci: A proposal for their classification according to their relationship to known neural structures. Am. J. Clin. Med. 4 (1976) 183–195
187. GÜTTLER, J.-P.: Konstantstrom- und Kosntantspannungscharakteristik von Reizstromgeräten bei komplexem Patientenwiderstand. Z. Physiotherapie 31 (1979) 71–82
188. GÜTTLER, P.: Anwendung elektrischer Ströme zur Stimulation der Osteogenese. Dissertation (Promotion-B) Fakultät der Technischen Wissenschaften der TH Ilmenau, 1984
189. GÜTTLER, P.: Kleine Stimulatoren für die Nerv-, Muskel und Knochenwachstumsstimulation. Z. Physiother. 39 (1987) 377–380
190. GÜTTLER, J.-P., P. FÜCKER, D. SCHUBERT: Sicherheitsanforderungen an Elektrostimulatoren. Z. Physiother. 40 (1988) 423–436
191. GÜTTLER, P., J. KLEDITZSCH: Die Anregung der Kallusbildung durch Interferenzströme. Dt. Gesundh.-Wesen 34 (1979) 91–94
192. GÜTTLER, P., J. KLEDITZSCH: Kleinstimulatoren zur Anregung der Osteogenese. Dt. Gesundh.-Wesen 39 (1984) 983–986
193. GÜTTLER, J.-P., D. SCHUBERT: Probleme bei der Realisierung von Mehrkanal-Elektrostimulatoren. Z. Physiotherapie 40 (1988) 409–414
194. GUY, A. W., J. F. LEHMANN, J. B. STONEBRIDGE: Therapeutic applications of electromagnetic power. Proc. IEEE 62 (1974) 55–75
195. GYBLES, J., D. VAN ROOST: Spinal Cord Stimulation for Spasticity. In: Advances and Technical Standards in Neurosurgery. Vol. 15. Springer Verlag Wien/New York 1987, S. 64–96
196. HACKE, W., M. STÖHR, H. C. W. DIENER, U. BÜTTNER: Empfehlung zur Untersuchungsmethodik evoziierter Potentiale in der Routinediagnostik. Z. EEG-EMG 16 (1985) 162–164
197. HALAR, E. M., J. A. DE LISA, F. V. BROZOVICH: Peroneal nerve conduction velocity: The importance of temperature correction. Arch. Phys. Med. Rehabil. 62 (1981) 439–444
198. HALKJAER-KRISTENSEN, J., T. INGEMANN-HANSEN: Wasting and training of the human quadriceps muscle during the treatment of knee ligament injuries. Scand. J. Rehab. Med. Suppl. 13: 3 (1985) 29–37
199. HALLER, S.: Stromflußmessungen im hydroelektrischen Teilbad mit handelsüblichen Badezusätzen. Diplomarbeit, Mediz. Akad. Dresden 1975
200. HAND, J. W.: The technology of hyperthermia. In: The Biological Basis of Radiotherapy. Elsevier Science Pub. BV, 1983, p. 305–320
201. HAND, J. W., J. L. LEDDA, N. T. S. EVANS: Considerations of radiofrequency induction heating for localised hyperthermia. Phys. Med. Biol. 27 (1982) 1–16
202. HANSEN, K., H. SCHLIACK: Segmentale Innervation. Ihre Bedeutung für Klinik und Praxis. Thieme, Stuttgart 1982
203. HARRIS, R.: Chronaxie. In: Electrodiagnosis and Electromyography. Edit. S. LICHT. New Haven 1962, p. 218–240
204. HARVEY, J.: Electrical muscle stimulation in the treatment of chondromalacia patellae. A. preliminary study. Mitteil: Staodynamic Inc. Longmont/CO, USA
205. HAUG, J., L. T. WOOD: Efficacy of neuromuscular stimulation of the quadriceps femoris during continous passive motion following total knee arthroplasty. Arch. Phys. Med. Rehabil. 69 (1988) 423–424

206. HEIDENREICH, E.-M.: Erfahrungen mit der synchronen Kombination von Ultraschall und Reizstrom in der Behandlung verschiedener Schmerzsyndrome des Bewegungsapparates. Z. Physiother. 30 (1978) 329–334
207. HEIDENREICH, E.-M., R. HENTSCHEL, A. LANGE: Die Aussagefähigkeit der klassischen Elektrodiagnostik im Vergleich zur Elektromyographie zum Nachweis der neuromuskulären Übererregbarkeit beim tetanischen Syndrom. Z. Physiother. 31 (1979) 15–25
208. HEIDENREICH, E.-M., R. HENTSCHEL, A. LANGE: Erfahrungen mit der transkutanen elektrischen Nervenstimulation. Z. Physiother. 40 (1988) 389–396
209. HELLINGER, J., J. KLEIDTZSCH: Electrical stimulation of the callus formation by means of bipolar rectangular pulse sequences. Arch. Orthop. Traumat. Surg. 96 (1980) 241–246
210. HENTSCHEL, R., A. BRETSCHNEIDER, E.-M. HEIDENREICH, Chr. SCHMIDT: Mehrkanalreizstromtherapie bei zerebralparetischen Kindern. Dt. Gesundh.-Wesen 36 (1981) 570 bis 572
211. HERGET, H.-F., H. L'ALLENMAND, K. KALWEIT, P. WALTER, F. W. HEHRLEIN, M. SCHLEPPER: Klinische Erfahrungen und erste Ergebnisse mit kombinierter Akupunktur-Analgesie bei offenen Herzoperationen im Zentrum für Chirurgie der Justus-Liebig-Universität in Gießen. Anaesthesist 25 (1976) 223–230
212. HETTINGER, T.: Isometrisches Muskeltraining. Thieme Stuttgart 1972
213. HILGER, J. A.: Facial nerve stimulator. Trans. Am. Acad. Ophthalmol Otolaryngol. 68 (1964) 74–76
214. HILLE, H.: Das elektrische Bad. Therapiewoche 15 (1975) 171–178
215. HILLE, H.: Grundlagen und Probleme der Anwendung der Gleichstromtherapie. Der deutsche Badebetrieb 69 (1978) 415–417
216. HILLE, H., A. FRIEHE: Stromflußmessungen im Gleichstrombad am Menschen. Ärztl. Forsch. 22 (1968) 173–180
217. HILLIG, M., Ch. SCHMIEDER: Kombinationsbehandlung von Ultraschall und diadynamischem Strom bei arteriellen Verschlußkrankheiten im Stadium II. Dipl-Arb. Mediz. Akad. Dresden 1973
218. HILLIG, M., W. SCHWABE, H. EDEL, P. THIELE: Ergebnisse des sowjetischen „Amplipulsverfahrens" amplitudenmodulierter Mittelfrequenzströme bei peripheren arteriellen Verschlußkrankheiten im Stadium II. Z. Physiother. 28 (1976) 31–36
219. HODES, R., M. G. LARRABEE, W. GERMAN: The human electromyogram in response to nerve stimulation and the conduction velocity of motor axons. Arch. Neurol. Psychiat. 60 (1948) 340–364
220. HOFFMANN, P.: Über die Beziehung der Sehnenreflexe zur willkürlichen Bewegung und zum Tonus. Z. Biol. 68 (1918) 351–371
221. HOLLE, J., M. FREY, H. GRUBER, H. KEM et al.: Functional electrostimulation of paraplegics. Experimental investigations and first clinical experience with an implantable stimulation. Orthopedics 7 (1984) 1145–1155
222. HÖLZLE, E., M. PAULI, O. BRAUN-FALCO: Leitungswasser-Iontophorese zur Behandlung von Hyperhidrosis manuum et pedum. Hautarzt 35 (1984) 142–147
223. HOLZER, W.: Physikalische Medizin in Diagnostik und Therapie. Maudrich, Wien 1947
224. HOPF, H. C.: Untersuchungen über die Unterschiede in der Leitungsgeschwindigkeit motorischer Nervenfasern beim Menschen. Dtsch. Z. Nervenheilk. 183 (1962) 579–588
225. HOPF, H. C.: EMG-Grundbegriffe. Fischer, Stuttgart 1985
226. HOPF, H. C., A. STRUPPLER: Elektromyographie, Lehrbuch und Atlas. Thieme, Stuttgart 1974
227. HOPKINSON, B. R., R. LIGHTWOOD: Electrical treatment of anal incontinence. Lancet 1 (1966), 227–298
228. HOPPE, K., M. ANDERSEN, E. CONRADI, R. WINTER: Zur Beeinflussung von niederfrequenten Reizstromtherapiegeräten durch Kurzwellentherapie. Z. Physiother. 30 (1978) 341–349

229. Hörl, W., A. Bretschneider: Vergleichende Untersuchungen über den muskelstimulierenden Effekt mittel- und niederfrequenter Reizströme, Diplomarbeit. Mediz. Akad. Dresden 1975
230. Hosobuchi, Y.: Combined electrical stimulation of the periaqueductal gray matter and sensory thalamus. Appl. Neurophysiol. 46 (1983) 112–115
231. Hosobuchi, Y.: Subcortical electrical stimulation for control of intractable pain in humans. J. Neurosurg. 64 (1986) 543–553
232. Hübner, B.: 69-cm-Wellen-Therapie der Adnexitis. Dissertation Mediz. Akad. Dresden 1969
233. Hufschmidt, H.-I.: Elektrotherapie der Spastik. Klin. Wschr. 44 (1966) 80
234. Hufschmidt, H.-I.: Die Elektrotherapie der Spastik. Med. Welt 19 (1968) 2613 to 2626
235. Hufschmidt, H.-I.: Elektrotherapie spastischer Bewegungsstörungen. Krankengymn. 21 (1969) 1–9
236. I: IEC-Publication 601-1. Safety of medical electrical equipment Part 1: General requirements Int. Elektrotechn. Kommission (IEC), 1977
237. Ignelzi, R. J., J. K. Nyquist: Direct effect of electrical stimulation on peripheral nerve evoked activity: Implications in pain relief. J. Neurosurg. 45 (1976) 159–165
238. Ignelzi, R. J.: Excitability changes in peripheral nerve fibers after repetitive electrical stimulation. Implication in pain modulation. J. Neurosurg. 51 (1979) 824–833
239. Ipser, J., M. Kassowitzová, K. Stepánek: Elektrophysiologische Grundlagen der Iontophorese. In: Abhandlungen auf dem Gebiete der Physikalischen Therapie Bd. II. Hrsg.: A. Kukowka. Thieme, Leipzig 1955, S. 221–244
240. Jäckel, R., G. Wessel: Die perkutane elektrische Nervenstimulation in der Therapie von lumbalen Radikulopathien. Z. Physiother. 31 (1979) 83–87
241. Jänig, W.: Sympathisches Nervensystem und der Schmerz. Verh. Dtsch. Ges. innere Medizin 86 (1980) 1538–1545
242. Janko, M., J. V. Trontelj: Transcutaneous electrical nerve stimulation. A. microneurographic and perceptual study. Pain 9 (1980) 219–230
243. Jantzsch, H., F. Schuhfried: Niederfrequente Ströme zur Diagnostik und Therapie. W. Maudrich Wien, München, Bern 1974
244. Jantzsch, H., G. Trnavsky: Der H-Reflex als Parameter für den Wirkungsmechanismus physikalischer Behandlungsmethoden. Therapiewoche 32 (1982) 5865–5870
245. Järvinen, M., P. Kannus: Quadriceps muscle atrophy and long-term recovery after knee ligamentous injury. Am. Chir. Gynaec. 76 (1987) 108–113
246. Jasnogorodskij, J.: Elektrotherapie (russisch), Moskau Medicina 1987
247. Jenker, P. L.: Nervenblockaden auf pharmakologischem und auf elektrischem Weg. Springer Verlag, Wien, New York 3. Aufl. 1980
248. Jenker, F. L.: Die elektrische Blockade von sympathischen und somatischen Nerven von der Haut aus. Wien. Klin. Wschr. 92 (1980) 233–240
249. Jenrich, W.: Untersuchungen über die Wirkung diadynamischer Ströme bei Gefäßgesunden und Gefäßkranken mittels Bestimmung der motorischen Nervenleitgeschwindigkeit und der Infratonoszillographie. Med. Dissertation. Dresden 1969
250. Jenrich, W.: Die Anwendung der hochfrequenten Ultraschall-A-Bild-Diagnostik in der Elektrotherapie. Z. Physiother. 36 (1984) 97–100
251. Jenrich, W.: Impulskurzwellentherapie: Wirkungsweise und Anwendungen. Electromedica 53 (1985) 165–168
252. Jensen, J., R. Conn, G. Hazelring et al.: The use of transcutaneous neural stimulation and isokinetic testing in arthroscopic knee surgery. J. Am. Phys. Ther. 66 (1986) 854
253. Johnson, E. W.: Practical Electromyography. William & Willkins, Baltimore, London 1980

254. KAADA, B.: Vasodilatation induced by transcutaneous nerve stimulation in peripheral ischemia (Raynaud's phenomen and diabetic polyneurophathy). European Heart Journal 3 (1982) 303–314
255. KAADA, B.: Neurophysiological mechanism of pain suppression and cutaneous, vasodilatation induced by transcutaneous nerve stimulation (TNS) and acupuncture – a review – Legevitenskap og livsvisdom universitetsforlaget, Bergen, 1982 S. 64–94
256. KAADA, B.: Promoted healing of chronic ulceration by transcutaneaous stimulation (TNS). VASA 12 (1983) 262–269
257. KAHANOVITZ, N., M. NORDIN, R. VERDERAME et al.: Normal trunk muscle strength an endurance in woman and the effect of exercise and electrical stimulation. Part 2. Spine 12 (1987) 112–118
258. KAMPIK, G., O. BERTSCHE: Akupunktur bei inneren Krankheiten. Internist 29 (1988) 479–486
259. KANZLER, M.: Untersuchungen über die Beeinflussung von Fettdepots durch ein niederfrequentes Reizstromverfahren. Diplomarbeit, Mediz. Akad. Dresden 1976
260. KATONA, F.: Electric stimulation in the diagnosis and therapy of bladder paralysis. Orv. Hetil. 99 (1958) 277
261. KATZ, R. T., D. GREEN, T. SULLIVAN, G. YARKONY: Functional electric stimulation to enhance systemic fibrinolytic activity in spinal cord injury patients. Arch. Phys. Med. Rehabil. 68 (1987) 423–426
262. KERN, H., M. FREY, J. HOLLE, W. MAYER, G. SCHWANDY, H. STÖHR, H. THOMA: Funktionelle Elektrostimulation querschnittsgelähmter Patienten – 1 Jahr praktische Anwendung. Z. Orthop. 123 (1985) 1–12
263. KIESEWETTER, H.: Wirkung von niederfrequenten Strömen auf die Beckenbodenmuskulatur. Fortschr. Med. 103 (1985) 67–70
264. KIMMEL, G., H. EDEL, K. LIEBSCHER: Behandlung von Trigger points (Schmerzpunkten) bei Patienten mit arteriellen Verschlußkrankheiten im Stadium II mit Reizstrom nach Träbert. Z. Physiother. 28 (1976) 286–293
265. KIVERSKI, J., M. WEISS, R. PASNICZEK: Electrostimulation of the median nerve in tetraplegies by means of implanted stimulation. Paraplegica 21 (1983) 322–326
266. KLAUS, M., V. HEINKE: Erprobung von 2 Veginalstrahlern für ein Dezimeterwellenversuchsgerät und eines Vaginalstrahlers für das Mikrowellentherapiegerät „Lutsch 2" bei gynäkologischen Erkrankungen. Diplomarbeit, Mediz. Akad. Dresden 1975
267. KLEDITZSCH, J.: Die Knochenheilung im Tierexperiment unter Einfluß von bipolaren Rechteckimpulsfolgen und Interferenzstrom. Promotion B. Mediz. Akad. Dresden 1980
268. KLEDITZSCH, J., P. GÜTTLER: Vygon – Informationsschrift Nr. 9, Sept. 1985
269. KLEDITZSCH, J., J.-P. GÜTTLER: Zum Einsatz des Reizstromgerätes „Jogger", Z. Physiother. 40 (1988) 445
270. KLEDITZSCH, J., J.-P. GÜTTLER, K.-J. SCHULZE et al.: Der klinische Einsatz des implantierbaren Elektrostimulators IES 4. Z. Physiother. 4 (1988) 403–408
271. KLEDITZSCH, J., A. LANGE: Die muskelstimulierende Wirkung von Nieder- und Mittelfrequenzströmen, isometrische Spannungs- und aktive Bewegungsübungen nach Meniskotomie. Beitr. Orthop. u. Traumatol. 26 (1979) 380–385
272. KLEDITZSCH, J., K.-J. SCHULZE, P. GÜTTLER et al.: Die Anwendung bipolarer Rechteckimpulsfolgen zur Anregung der Knochenheilung. Dt. Gesundh.-Wesen 39 (1984) 1421 bis 1424
273. KLOTH, L. C., J. A. FEEDAR: Acceleration of wound healing with high voltage, monophasic, pulsed current. Phys. Ther. 68 (1988) 503–508
274. KLUG, W., H.-G. KNOCH, S. GERBER: Bipolarer Applikator zur Elektrostimulation der analen Sphinktermuskulatur. Medizintechnik 28 (1988) 53–55
275. KÖHLER, U.: Eine neue, hochwirksame Behandlungsmethode der Angina pectoris. Dtsch. Ges.wesen 15 (1960) 2504–2507

276. KÖNIG, G.: 5. Kurzwellentherapie. In: Handbuch Medizinischer Elektronik, Teil I. Hrsg. A. H. FRUCHT, I. MATAUSCHEK, W. K. KAHL, Berlin 1964, S. 5–5.27
277. KÖNIG, G.: Objektive Dosierung in der Kurzwellentherapie durch echten Hochfrequenz-Leistungsmesser im Kurzwellentherapie-Gerät KW 4. Dtsch. Ges.wesen 20 (1965) 263–269
278. KÖNIG, G.: Besonderheiten der Dezimeterwellentherapie. Untersuchungsergebnisse über den Einfluß der Größe des Behandlungsobjekts auf die Wärmeverteilung. Medizintechnik 9 (1969) 103–106
279. KÖSTLER, E.: Die Behandlung des Lymphödems mit Hyaluronidase-Iontophorese. Z. Physiother. 30 (1978) 91–99
280. KOTS, J. M.: Trenirovka misecnoj sili metodom electrostimulaciji, Soobstenie 1. Teorija i praktika fiziceskoi kultury 3 (1971) 64–72
281. KRALJ, A., A. TRNKOCZY, P. STROJNIK et al.: Three-channel electrical stimulation of lower extremities, In: Orthotic Systems using functional electical stimulation and myoelectrical control. Final Report, Ljubljana 1971, p. 32–44
282. KRAMER, J. F.: Effect of electrical stimulation current frequencies on isometric knee extension torque. J. Am. Phys. Ther. Assn. 67 (1987) 31–38
283. KRAUS, W.: Zur Biophysik der Knochenbruch- und Wundbehandlung durch funktionelle elektrische und magnetische Potentiale. Langenbecks Arch. Chir. 337 (1974) 637–642
284. KRAUS, W.: Magnetfeldtherapie und magnetisch induzierte Elektrostimulation in der Orthopädie. Orthopädie 13 (1984) 78–92
285. KRAUSE, W.: Die Entwicklung von Strahlen für den UHF-Bereich (433, 92 MHz) unter besonderer Berücksichtigung der Anregung von Hohlleiterwellen im Körper. Elektromedizin 13(1968) 19–25
286. KUBISTA, E., H. KUCERA, E. MÜLLER-TYL: Initiating contractions of the gravid uterus through electro-acupuncture. Am. J. Clin. Medic. 3 (1975) 343–346
287. KUGLER, I., H. TAAKS: Elektro-Schlaftherapie. Med. Welt 29 (1978)
288. LAMPERT, H.: Embolieverhütung durch Elektroosmose des Thrombus. Med. Welt 1962, 377–380
289. LANGE, A.: Die Bedeutung der Mittelfrequenz-Stromreizung und ihre Anwendungsmöglichkeiten in Elektrodiagnostik und -therapie. Promotion-B-Arbeit. Mediz. Akad. Dresden 1978
290. LANGE, A.: Die Bedeutung der Mittelfrequenz-Stromreizung in der Elektrotherapie. Z. Physiother. 40 (1988) 377–387
291. LANGE, A., H. LIEBSCHER, E. RENCIN: Mehrkanalreizstromtherapie bei Kindern mit spastischer Zerebralparese. Z. Physiother. 40 (1988) 55–63
292. LAPIQUE, L.: Definition experimentale de l'excitabilité. Comptes Rendus Acad. Sci. 67 (1909) 280–283
293. LAUGHMAN, R. K., J. W. YOUDAS, T. R. GARRET, Y. S. CHAV: Strength changes in the normal quadriceps femoris muscle as a result of electrical stimulation. J. Am. Phys. Ther. Assn. 63 (1963) 454–499
294. LAZORTHES, Y.: Klinische Anwendung der elektrischen Langzeit-Neurostimulation, Teil 2. Acta medicotechnica 30 (1982) 162–164. Teil 3: 205–206
295. LAZORTHES, Y., I. C. VERDIE: Indication et techniques de stimulation analgésique médullaire et périphérique. Ann. Anesth. Franc 19 (1978), 439–448
296. LECHNER, F.: Beeinflussung der Knochenbildung durch elektromagnetische Potentiale. Langenbecks Arch. Chirurgie 337 (1974) 631–635
297. LECHNER, F.: Die Beeinflussung der Knochenbildung durch elektromagnetische Potentiale. Habilitationsschrift der Fakultät für Medizin der TU München 1976
298. LECHNER, F., R. ASCHERL, W. KRAUS: Treatment of pseudarthroses with electrodynamic potentials of low frequency range. Clin. Orthop. (1981) 71–81

299. LEE, W. J., J. P. MC GOVERN, E. N. DUVALL: Continuous tetanizing (low voltage) currents for relief of spasms. Arch. Phys. Med. 31 (1950) 766–770

300. LEHMANN, J. F.: Diathermy. In: Handbook of Physical Medicine and Rehabilitation. Edit. F. H. KRUSEN, F. I. KOTTKE, P. M. ELLWOOD, Jr. 2. Aufl. Philadelphia/London/Toronto 1971, S. 273–345

301. LEHMANN, J. F., DE LATEUR, B. I., J. B. STONEBRIDGE: Selective muscle heating by shortwave diathermy with a helical coil. Arch. Phys. Med. Rehab. 50 (1969) 117–123

302. LEHMANN, J. F., DE LATEUR, B. I., J. B. STONEBRIDGE: Heating patterns produced by 433,92 MHz round field applicator and 915 MHz contact applicator. Arch. Phys. Med. Rehab. 56 (1975) 442–448

303. LEHMANN, J. F., A. W. GUY, J. B. STONEBRIDGE, G. C. WARREN, B. I. DE LATEUR: Temperature distribution produced in models by three microwave applicators at 433,92 megahertz. Arch. Phys. Med. Rehab. 56 (1975) 145–151

304. LEHMANN, J. F., A. W. GUY, C. G. WARREN, B. J. DE LATEUR, J. B. STONEBRIDGE: Evaluation of microwave contact applicator. Arch. Phys. Med. Rehab. 51 (1970) 143–146

305. LEHMANN, J. F., J. A. MC DOUGALL, A. W. GUY et al.; Heating patterns produced by shortwave diathermy applicators in tissue substitute models. Arch. Phys. Med. Rehabil. 64 (1983) 575–577

306. LEO, K.: Conductive adhesive VS carbon gel electrode in neuro-muscular stimulation: a comparative study. J. Am. Phys. Ther. Assn. 66 (1986) 784

307. LE VEEN, H. H., P. PONTIGGIA: Radiofrequency thermotherapy (RFTT) in the treatment of cancer. In: Biomedical Thermology. Alan R. Liss. Inc. New York 1982, p. 731–738

308. LEVINE, M. G., M. KNOTT, H. KABAT: Relaxation of spasticity by electrical stimulation of antagonist muscles. Arch. Phys. Med. 33 (1952) 668–673

309. LIBERSON, W. T., H. J. HOLMQUIST, D. SCOTT et al.: Functional electrotherapy: stimulation of peroneal nerve synchronized with swing phase of gait of hemiplegic patients. Arch. Phys. Med. Rehabil. 42 (1961) 101–105

310. LIMOGE, A.: Anesthésie électro-médicamenteuse: fiction ou réalité? La Revue du Practicien 34 (1983) 666

311. LIMOGE, A., M. T. BOISGONTIER: Characteristics of electric currents used in human anesthesiology. In: Advanced Technology, Ed.: RYBACK, SIJTHOFF, NOORDHOFF. Alphen Van den Rijn, Niederlande 1979. S. 437–446

312. LINDSTROEM, B., C. HOLMDAHL et al.: Prediction and prophylaxis of postoperative thromboembolism. Brit. J. Surg. 69 (1982) 633–637

313. LIPPERT, H.: SI-Einheiten in der Medizin. Fischer, Jena 1980

314. LISSNER, S.: Pulsoszillographische Messungen mit dem Infraton-System von Brecht und Boucke nach stabiler Galvanisation. Dissertation Mediz. Akad. Dresden 1963

315. LONG, C. H., V. D. MASCIARELLI: Electrophysiological bracing in peripheral nerve lesions. Arch. Phys. Med. Rehabil. 44 (1963) 499–503

316. LUDIN, H. P.: Praktische Elektromyographie. Enke Stuttgart 1976 u. 1981

317. LUDIN, H. P., W. TACKMANN: Polyneuropathien. Thieme, Stuttgart, New York 1984

318. LÜTSCHG, J., H. P. LUDIN: Electromyographic findings in patients after recovery from peripheral nerve lessions and poliomyelitis. J. Neurology 225 (1981) 25–32

319. MADERSBACHER, H.: Blasenentleerungsstörungen bei neurologischen Erkrankungen: Diagnostik und Therapie. Akt. Neurol. 8 (1981) 22–33

320. MAGLADERY, J. W., D. B. MC DOUGAL Jr.: Electrophysiological studies of nerve and reflex activity in normal man. Bull. Johns Hopk. Hosp. 86 (1950) 265–290

321. MALEŽIČ, M., U. STANIC, M. KLJAJIC et al.: Multichannel electrical stimulation of gait in motor disabled patients. Orthopedics 7 (1984) 1187–1195

322. Mamoli, B., M. Mayr, H. Gruber, E. Maida: Elektroneurographische Untersuchungen am N. suralis. Methodische Probleme und Normwerte. Z. EEG-EMG 11 (1980) 129–137
323. Mannheimer, J. S.: Electrode placement for transcutaneous electrical nerve stimulation. Physical Therapy 58 (1978) 1455–1462
324. Manthey, J., R. Callies, U. Endres: Intensitätsregelung beim Kurzwellentherapiegerät „TuR“ KW 4–1. Medizintechnik 25 (1985) 57–58
325. Maryniak, O., R. Yaworski: H-Reflex: Optimum location of recording electrodes. Arch. Phys. Med. Rehabil. 68 (1987) 798–801
326. Matthes, R., R. Both, G. Mühlau, K.-P. Hoffmann: Diagnostik und Verlaufskontrolle der urämischen Polyneuropathie mittels H-Reflex-Index. Z. Klin. Med. 41 (1986) 1655–1657
327. Mazars, G., L. Merienne, C. Ciolocca: Stimulations thalamiques intermittentes antaligiques. Note preliminaire. Rev. Neurol. (Paris) 128 (1973) 273–279
328. Mazars, G., R. Rogé, Y. Mazars: Résultats de la stimulation du faisceau spinothalamique et leur incidence sur la physiopathologie de la douleur. Revue Neurol. (Paris) 103 (1960) 136–138
329. Mc Collough III, N. C.: Nonoperative treatment of idiopathic scolioses using surface electical stimulation. Spine 11 (1986) 802–804
330. Mc Miken, D. F., M. Todd-Smith, C. Thompson: Strengthening of human quadriceps muscles by cutaneous electrical stimulation. Scand. J. Rehab. med. 15 (1983) 25–28
331. Mc Neal, D. R., L. L. Baker: Effects of joint angle, electrodes and waveform on electrical stimulation of the quadriceps and hamstrings. Ann. Biomed. Engin. 16 (1988) 299–310
332. Meisner, H., H. G. Borst, H. Knerr: Behandlung der Analinkontinenz durch perkutane Sphinkterstimulation. Münch. Med. Klin. 110 (1968) 487–491
333. Melzack, R.: Prolonged relief of pain by brief intense transcutaneous somatic stimulation. Pain 1 (1975) 357–373
334. Melzack, R.: Myofascial trigger points: Relation to acupuncture and mechanisms of pain. Arch. Phys. Med. Rehabil. 62 (1981) 114–117
335. Melzack, R.: Hyperstimulation Analgesia, Clinics in Anaesthesiology 36 (1985) 81–92
336. Melzack, R., J. Katz: Auriculotherapy fails to relief chronic pain. JAMA 251 (1984) 1041–1043
337. Melzack, R., D. M. Stillwell, E. J. Fox: Trigger points and acupuncture points for pain: correlations and implications. Pain 3 (1977) 3–23
338. Melzack, R., P. D. Wall: Pain mechanismus: A new theory. Science 150 (1965) 971–979
339. Melzack, R., P. D. Wall: The Challenge of Pain. Basic Book Publishers, New York 1982
340. Melzack, R., P. D. Wall: Acupuncture and transcutaneous nerve stimulation. Postgraduate Medical Journal 60 (1984) 893–896
341. Melzer, B., H.-G. Knoch: Die Elektrotherapie bei analer Inkontinenz. Zbl. Chirurgie 110 (1985) 699–704
342. Merletti, R., A. Andina, M. Galante, I. Furlan: Clinical experience of electronic peroneal stimulators in 50 hemiplegic patients. Scand. J. Rehab. Med. 11 (1979) 111–121
343. Merletti, R., F. Zelaschi, D. Latella et al.: A control study of muscle force recovery in hemiparetic patients during treatment with functional electrical stimulation. Scand. J. Rehabil. Med. 10 (1978) 147–154
344. Meyer, M., P. Hilfiker: Computerized motor neurography. Progress in Clinical Computer-Aided Electromyography. Edit. J. E. Desmedt, pp. 242–257, Karger AG Basel 198

345. MEYERSON, B. A.: Electrostimulation procedures: Effects, presumed rationale and possible mechanismus. Advances in Pain Research and Therapy. Vol. 5, Ed.: BONICA et al. Raven Press, New York 1983
346. MILLER, G. J.: Experience with electrical stimulation of nonunions. Bull. Hosp. Joint Diseases Orthop. Inst. XL III (1983) 178–186
347. MOHR, TH., TH. K. AKERS, H. C. WESSMAN: Effect of high voltage stimulation on blood flow in the rat hind limb. Phys. Ther. 67 (1987) 526–533
348. MOHR, TH., B. CARLSON, C. SULETIC, R. LANDRY: Comparison of isometric exercise and hight volt galvanic stimulation on quadriceps femoris muscle strength. J. Am. Phys. Ther. Assn. 65 (1985) 606–612
349. MOKRUSCH, T., K. F. EICHHORN, G. SACK et al.: Elektrotherapie schlaffer Lähmungen – ein neuer Ansatz. Biomed. Techn. 33 (1988) 231–235
350. MØLLER, B. N., A. C. JURIK, C. TIDEMAND-DAL et al.: The quadriceps function in patellofemoral disorders. Arch. Orthop. Traum. Surg. 106 (1987) 195–198
351. MOOREN, G., G. BRUHN: Möglichkeiten einer Blockade des Ganglion stellatum mit Reizströmen. Elektromedizin 6 (1961) 140–142
352. MUCHA, C.: Ergebnisse einer kontrollierten Vergleichsuntersuchung zur Effizienz physikalischer Kombinationstherapie in der postoperativen Phase nach Meniskotomie. Z. Phys. Med. Baln. Med. Klim. 16 (1987) 1–11
353. MUCHA, C., E. A. ZYSNO: Zur Prophylaxe von postoperativen Gelenkergüssen mit diadynamischen Strömen. Z. Phys. Med. 3 (1978) 103–112
354. MUGICA, J., D. DEJEAU, K. SMITS et al.: Direct diaphragm stimulation. Pace 10 (1987) Part II, 252–258
355. MÜLLER, D., H.-J. HOLLSTEIN: Reizintensität/Reizzeitkurven mit Mittelfrequenzströmen im Vergleich zu Niederfrequenzströmen. Diplomarbeit, Mediz. Akad. Dresd. 1975
356. MUMENTHALER, M.: Kompressionssyndrome peripherer Nerven. Med. Klin. 71 (1976) 223–227
357. MUMENTHALER, M., H. SCHLIACK: Läsion peripherer Nerven. Diagnostik und Therapie. G. Thieme Stuttgart/New York 1973
358. MUNDINGER, F.: Die Behandlung chronischer Schmerzen mit Hirnstimulatoren. Dtsch. Med. Wschr. 102 (1977) 1724–1729
359. MUNDINGER, F., H. NEUMÜLLER: Programmed stimulation for control of chronic pain and motor diseases. Appl. Neurophysiol. 45 (1982) 102–111
360. MUNSAT, T. L., D. MCNEAL; R. WATERS: Effect of Nerve Stimulation of Human Muscle. Arch. Neurol. 33 (1976) 608–617
361. NAKANO, K. K.: The entrapment neuropathies. Muscle & Nerve 1 (1978) 264–279
362. NASHOLD, B. S., H. FRIEDMAN, J. H. GLENN et al.: Electromicturation in paraplegia. Arch. Surg. 104 (1972) 195–202
363. NATHAN, R. H.: The development of computerized upper limb electrical stimulation system. Orthopedics 7 (1984) 1170–1180
364. NAUNDORF, G.: Hydroelektrisches Vollbad (Stangerbad). Medizintechnik 9 (1969) 23–25
365. NELSON, R. M.: Facial nerve excitability, its reliability, objectivity and desceptive validity. Phys. Ther. 51 (1971) 387–390
366. NERNST, W.: Zur Theorie des elektrischen Reizes. Arch. ges. Physiol. 122 (1908) 275–280
367. NEPOMUCENO, C., M. MCCUTCHEON, J. M. MILLER et al.: Differential analyses of EMG findings in motor neuron lesions. Am. J. Physical Medic. 56 (1977) 1–11
368. NESSLER, J., D. MASS: Direct current electrical stimulation of tendon healing in vitro. Clin. Orthop. Rel. Res. 217 (1987) 303–311
369. NAUMANN, C., H. PRESCHER: Ein Vergleich von transkutaner elektrischer Nervenstimulation, diadynamischen Strömen nach Bernard und Plazebo bei der Behandlung von Patienten mit chronischen Scherzzuständen. Diplomarbeit Mediz. Akad. Dresden 1985

370. NIETHARD, F. U.: Die konservative Skoliosebehandlung. Krankengymnastik 38 (1986) 92–99
371. NIGST, H.: Periphere Nervenschmerzen. Orthopäd. 13 (1984) 195–200
372. NIX, W. A.: The effect of low frequency electrical stimulation on the denervated extensor digitorum longus muscle of the rabbit. Acta neurol. scandinav. 66 (1982) 521–528
373. NOCHOMOVITZ, M. L., A. F. DI MARCO, J. T. MORTIMER, N. S. CHERNIACK: Diaphragm. activation with intramuscular stimulation in dogs. Am. Rev. Resp. Disease 127 (1983) 325–329
374. NOTERMANS, S. L. H. (Edit.): Current Practice of Clinical Electromyography. Elsevier, Amsterdam, New York, Oxford 1984
375. NÜRNBERG, H. G.: Perspektiven der Funktionellen Elektrostimulation. Biomedizinische Technik 31 (1986) Ergänzungsband, H10–H15
376. OH, S. J.: Electrodiagnostic studies in neuromuscular disease. Alabama J. Medic. Sciences 17 (1980) 300–307
377. OHLSSON, B. L., S. LINDSTRÖM, B. E. ERLANDSON, M. FALL: Effects of some different pulse parameters on bladder inhibition and urethral closure during intravaginal electrical stimulation. Technical Report Nr. 14 L, 1984, School of Electrical Engineering, Chalmers Univ. of Technology
378. OLESON, J. R.: A review of magnetic induction methods for hyperthermia treatment of cancer. IEEE Trans. Biomed. Eng. 31 (1984) 91–97
379. OLESON, J. R., T. C. CETAS, P. M. CORRY: Hyperthermia by magnetic induction: Experimental and theoretical results for coaxial coil pairs. Radiat. Res. 956 (1983) 175–186
380. ORPIN, J. A.: Unexpected burns under skin electrodes. CMA Journal 127 (1982) 1106
381. OUTREQUIN, G., J. BAUDET, A. NYS: Rééducation de la paroi abdominale par électrothérapie après l'accouchement. Gaz. Méd. de France 87 (1980) 2383–238
382. PACKMAN-BRAUN, R.: Relationsship between functional electrical stimulation duty cycle and fatigue in wrist extensor muscles of patients with hemiparesis. Phys. Therapy 68 (1988) 51–53
383. PALMRICH, H. A., K. SCHMIEDECKER, H. JANTSCH, H. NÜCKEL: Über die Möglichkeit einer elektrischen Wehenanregung. Wien. Klin. Wschr. 61 (1949) 650–651
384. PATERSON, D. C.: Treatment of nonunion with a constant direct current: A totally implantable system. Orthop. Clin. North. Am. 15 (1984) 47–59
385. PECKHAM, P. H., J. T. MORTIMER, E. B. MARSOLAIS: Controlled prehension and release in the C5 quadriplegic elicited by functional electrical stimulation of the paralysed forearm musculature. Ann. Biomed. Engin. 8 (1980) 369–388
386. PECKHAM, P. H., C. W. POON, W. H. KO, E. B. MARSOLAIS, J. J. ROSEN: Multichannel implantable stimulator for control of paralyzed muscle. JEEE Trans. Biomed. Engin. BME 28 (1981) 530–536
387. PETERSON, D K., M. NOCHOMOVITZ, A. F. DI MARCO, J. F. MORTIMER: Intramuscular electrical activation of the phrenic nerve. IEEE Trans. Biomed. Engin. BME 33 (1986) 342–351
388. PETERSON, G. W., A. D. WILL: Newer electrodiagnostic techniques in peripheral nerve injuries. Orth. Clin. North Amer. 19 (1988) 13–25
389. PETROFSKY, J. S., H. H. HEATON III, C. A. PHILLIPS: Leg exerciser for training of paralysed muscle by closed-loop control. Med. a. Biol. Eng. a Comput. 22 (1984) 298–303
390. PETROFSKY, J. S., C. A. PHILLIPS, D. E. STAFORD: Closed loop control for restauration of movement in paralyzed muscle. Orthopedics 7 (1984) 1289–130
391. PICAZA, J. A., S. E. HUNTER, B. W. CANNON: Pain suppression by peripheral nerve stimulation. Appl. Neurophysiol. 40 (1977/78) 223–234
392. PLEVNIK, S., J. JANEZ: Maximal electrical stimulation for urinary incontinence. Report of 98 cases. Urology 14 (1979) 638–645
393. PLEVNIK, S. J., J. JANEZ, P. VRTACNIK, B. TRSMAR, D. VODUSEK: Short-term electrical stimulation: home treatment for urinary incontinence. World J. Urol. 4 (1986) 24–26

394. Pollock, A. V.: Die elektrische Stimulation der Wadenmuskulatur als prophylaktische Methode. Triangel 16 (1977) 41–45
395. Pratzel, H.: Grundlagen zum perkutanen Stofftransport. Habilitationsschrift, Mediz. Fakultät der Universität München 1985
396. Pratzel, H.: Iontophorese, Springer Verlag 1987
397. Pratzel, H.: Möglichkeiten der transkutanen medikamentösen Therapie in der Physikalischen Therapie bei Muskelschmerzen. Krankenhausarzt 60 (1987) 23–30
398. Pratzel, H., U. Seemüller, J. Dodt, R. Gemmerli: Forcierte und spontane Hautresorption von Hirudin bei Schweinen und am Menschen. Z. Phy. Med. Baln. Med. Klim. 15 (1986) 129–142
399. Raulin, Ch., D. Petzoldt: Iontophorese-Behandlung bei Hyperhidrosis manum et pedum. Dtsch. med. Wschr. 112 (1987) 1871–1874
400. Raymond, C. A.: New use for old method of inducing ejaculation may give hope of fatherhood to some spinal cord-injured men. JAMA 258 (1987) 743–744
401. Reinicke, C., C. Dietze: Phenylbutazonspiegelbestimmungen im Serum im Verlauf einer Phenylbutazon-Iontophoresebehandlung. Dt. Gesundh.-Wesen 38 (1983) 1262–1263
402. Rentsch, W.: Kurzwellen- und Mikrowellentherapie. G. Fischer Verlag, Jena 1985
403. Reynolds, D. V.: Surgery in the rat during electrical analgesia induced by focal brain stimulation. Science 164 (1969) 444
404. Richardson, D. E.: Brain stimulation for pain control. IEEE Trans. Biomed. Engin. 23 (1976) 304–306
405. Richardson, D. E., H. Akil: Pain reduction by electrical brain stimulation in man. Part I and II. J. Neurosurg. 47 (1977) 178–183, 184–194
406. Richet, C.: De l'addition latente des excitations électriques dans les nerfs et dans les muscles. Physiol. expér. Trav. Lab. Marey 3 (1877) 97–105
407. Richter, K.: Allgemeine Elektrophysiologie. Fischer, Jena 1979
408. Ritchie, A. E.: Electrical diagnosis. In: Medical Research Council Special Report Series No. 282. Peripheral Nerve Injuries pp. 239–362, London: Her Majestys stationary Officie 1954
409. Romero, J. A., T. L. Sanford, R. V. Schroeder, T. D. Fahez: The effects of electrical stimulation of normal quadriceps on strength and girth. Med. Sci. Sports Exerc. 14 (1982) 194–197
410. Rondinelli, R. D., W. C. Stolov, W. Y. Fujimoto, J. S. Osberg: Electrodiagnosis of diabetic peripheral polyneuropathy. Am. J. Phys. Med. & Rehabil. 1988, 12–23
411. Roth, G.: The origin of fasciculations. Ann. Neurol. 12 (1982) 542–547
412. Sapozink, M. D., F. A. Gibbs, K. S. Gates, J. R. Stewart: Regional hyperthermia in the treatment of cilically advanced, deep seated malignancy: Results of a pilot study employing and annular phased array applicator. Int. J. Radiat. Oncol. Biol. Phys. 10 (1984) 775–786
413. Sarkarati, M., A. B. Rossier, B. A. Fam: Experience in vibratory and electroejaculation techniques in spinal cord injury patients. A preliminary report. J. Urol. 138 (1987) 59–62
414. Sarnoff, S. I., E. Hardenbergh, J. L. Whittenberger: Electrophrenic respiration. Amer. J. Physiol. 155 (1948) 1–9
415. Sauer, R., M. Herbst: Hyperthermia for overcoming radioresistance.Clinical experience. Tumor-Diagnostik & Therapie 5 (1984) 116–121
416. Schimmel, G., W. Fritzsch, J. Simon: Altersgerechte Arbeitsplätze, Frauenarbeitsplätze, Schonarbeitsplätze Grundsätze. Tribüne-Verlag, Berlin 1986, 3. Aufl.
417. Schindler, H., R. Freund, H. Koenitz: Messung der neuromuskulären Erregbarkeitsgeschwindigkeit zur Reaktionsbeurteilung physiotherapeutischer Maßnahmen. Z. Physiother. 36 (1984) 91–96

418. SCHMIDT, K. L.: Wärmebehandlung rheumatischer Erkrankungen: Wirkungsweise, Verfahren und therapeutische Prinzipien. Akt. Rheumatol. 4 (1979) 235–242

419. SCHMITT, O.: Zur Pathogenese und Therapie der kindlichen Thorakalskoliose. Habil. Schrift Med. Fakultät Homburg/Saar Univ. 1981

420. SCHMITT, O.: Treatment of idiopathic scoliosis with daily short-term electrostimulation. In: Electrical stimulation and neuromuscular disorders. Ed.: W. A. NIX, G. VRBOVÁ Springer, Berlin 1986, S. 132–143

421. SCHNIZER, W., J. MAGYAROSY, H. GALL et al.: Die Beeinflussung der peripheren Durchblutung durch Kombination elektrotherapeutischer Stromformen. Z. f. Phys. Med. 10 (1981) 276–282

422. SCHUBERT, D., J.-P. GÜTTLER, BEATE NEUDERT, O. PAASCH: Eine Beschreibungsform für die Zeitparameter der Elektrostimulation. Z. Klin. Med. 44 (1989), 2315–2320

423. SCHUBERT, W.: Funktionelles Training schlaff gelähmter Muskulaturen. Biomed. Technik 30 (1985) 115–122

424. SCHUBERT, W.: Therapeutische und funktionelle Elektrostimulation schlaffer Lähmungen. Anwendungen, Geräte und Sicherheitstechnik. Dissertation Techn. Fak. Univ. Erlangen-Nürnberg, Erlangen 1986

425. SCHULTZE, G., W. SCHWABE: Amplipulsverfahren bei arteriellen Verschlußkrankheiten im Stadium II (Akuter Versuch und Langzeitversuch). Dipl.-Arb. Med. Akad., Dresden 1973

426. SCHWAN, H. P.: The conductivity of living tissues. Ann. NY Acad. Sci 65 (1957) 1007–1013

427. SCHWAN, H. P.: Electromagnetic and ultrasonic induction of hyperthermia in tissue-like substances. Radiat. Environ. Biophys. 17 (1980) 186–203

428. SCHWAN, H. P.: Electrical and acustic properties of biological materials and biomedical applications. IEEE Trans. Biomed. Engin. BME-31 (1984) 872–878

429. SCHWAN, H. P.: Dielectric properties of the cell surface and electric field effects on cells. Studia biophysica 110 (1985) 13–18

430. SCHWAN, H. P., K. R. FOSTER: RF-field interactions with biological systems: Electrical properties and biophysical mechanismus Proc. IEEE 68 (198) 104–112

431. SCHWARZ, F., H. VOLKMER: Über die Summation lokaler Potentiale bei Reizung motorischer Nervenfasern mit elektrischen Wechselimpulsen. Acta biol. med. german. 15 (1965) 283–301

432. SCHWING, C.: Electrostimulation gegen Harninkontinenz. Fortschr. Med. 104 (1986) 60

433. SCOTT, R. S., R. J. R. JOHNSON, H. KOWAL et al.: Hyperthermia in combination with radiotherapy: A review of five years experience in the treatment of superficial tumors. Int. J. Radiation Oncology Biol. Phys. 9 (1983) 1327–1333

434. SCRIBONIUS, L.: Compositiones Medicae Frambottus Padua 1655 Kap. 11

435. SEDDON, H. H.: A classification of nerve injuries. Brit. med. J. 2 (1942) 237–242

436. SEIDEL, B. U., W. WINKELMÜLLER, H. DIETZ: Die Behandlung der infantilen Zerebralparese mittels Kleinhirnstimulation. Orthop. Praxis 16 (1980) 264–269

437. SEICHERT, N., W. SCHNIZER, P. SCHÖPS: Vergleich der motorischen und sensiblen Reizwirkungen unterschiedlicher elektrotherapeutischer Stromformen. Z. Phys. Med. Baln. Med. Klim. 15 (1986) 316

438. SELKOWITZ, D. M.: Improvement in isometric strength of the quadriceps femoris muscle after training with electrical stimulation. J. Am. Phys. Ther. Assn. 65 (1985) 186–196

439. SENN, E., O. A. M. WYSS: Auf dem Weg zu einem neuen Verfahren in der Elektrotherapie. Die Mittelfrequenzdurchströmung der Skelettmuskeln. Z. Physiother. 29 (1979) 81–94

440. SHABAN, S. F., S. W. J. SEAGER, L. I. LIPSHULTZ: Clinical Electroejaculation. Medical Instrumentation 22 (1988) 77–81

441. SHEALY, C. N.: Transcutaneous electroanalgesia. Surgical Forum 23 (1972) 419–421
442. SHEALY, C. N.: Transcutaneous electrical stimulation for control of pain. Clin. Neurosurg. 21 (1974) 269–27
443. SHEALY, C. N.: Transcutaneous nerve stimulation for control of pain. Surg. Neurol. 2 (1974) 99–102
444. SHEALY, C. N., D. MAURER: Transcutaneous nerve stimulation for control of pain: preliminary technical note. Surg. Neurol. 2 (1974) 45–47
445. SHEALY, C. N., J. T. MORTIMER, J. B. RESWICK: Electrical inhibition of pain by stimulation of the dorsal columns; preliminary clinical report. Anesth. Analg. (Paris) 46 (1967) 489–491
446. SIEGFRIED, J., T. HOOD: Brain stimulation procedures in dystonic, hypertonic, dyskinetic and hyperkinetic conditions. Recent Achievements in Restorative Neurology 1: Upper Motor Neuron Functions and Dysfunctions, Eds.: ECCLES, DIMITRIJEVIC, Karger, Basel 1985, S. 79–90
447. SILVERMAN, D., R. L. PENDLETON: A comparison of the effects of continuous and pulsed short-wave diathermy on peripheral circulation. Arch. Phys. Med. 49 (1968) 429–436
448. SIMON, J., G. GUIRAUD, Y. LAZORTHES, J.-P. ESQUERRE, R. GUIRAUD: La méthodologie des radioisotopes permet-elle de justifier l'existence des méridiens d'acupuncture? Bull. Acad. Méd. 172 (1988) 363–368
449. SINGER, F., K. SCHIELER: Die Wirkung pulsierender hochfrequenter elektromagnetischer Energie im Vergleich zur herkömmlichen Kurzwellendiathermie bei der konservativen Behandlung der Koxarthrose. Wien. med. Wschr. 128 (1978) 49–52
450. SISK, T. D., S. W. STRALSKA, M. B. DEERING, J. W. GRIFFIN: Effect of electrical stimulation on quadriceps strength after reconstructive surgery of the anterior cruciate ligament tm. J. Sports. Med. 15 (1987) 215–220
451. SJÖLUND, B., L. TERENIUS, M. ERIKSSON: Increased cerebrospinal fluid levels of endorphins after electroacupuncture. Acta Physiol. Scand. 100 (1977) 352–35
452. SKOTTE, J.: Reduction of radiofrequency exposure to the operator during short-wave diathermy treatments. J. Medical Engin. & Technol. 10 (1986) 7–10
453. SLONIC, A., A. ROSENFALCK, F. BUCHTHAL: Electrical and mechanical responses of normal and myasthenic muscle. Brain Res. suppl. 10 (1968) 68
454. SOLOMONOW, M.: Restoration of movement by electrical stimulation. A contemporary view of the basic problems. Orthopedics 7 (1984) 245–250
455. STÅLBERG, E.: Macro EMG, a new recording technique. J. Neurol. Neurosurg. Psychiatry 43 (1980) 475–482
456. STÅLBERG, E., L. ANTONI: Computer-aided EMG analysis. Prog. Clin. Neurophysiol. Vol 10, Computer-Aided Electromyography Ed. J. E. DESMEDT. Karger Basel 1983
457. STÅLBERG, E., J. V. TRONTELJ: Single Fibre Electromyography. Mirvalle Press, Woking, England 1979
458. STANLEY, T. H., J. A. CAZALAA, A. ATINAULT et al.: Transcutaneous cranial electrical stimulation decreases narcotic requirements during neurolept anesthesia and operation in man. Anesth. Analg. 61 (1982) 863–866
459. STAPPAERTS, K. H., P. BROOS, T. WILLOCX, C. AELVOET: Factors determining quadriceps recovery following femoral shaft fractures. Unfallchirurg. 89 (1986) 121–126
460. STEINER, R. P.: Acupuncture-cultural perspectives 1. The western view. Postgraduate Medicine 74 (1983) 60–67
461. STEFANOVSKA, A., N. GROS, L. VODOVNIK, S. REBERSEK, R. ACIMOVIC-JANEZIC: Chronic electrical stimulation for the modification of spasticity in hemiplegic patients. Scand. J. Rehab. Med. Suppl. 17 (1988) 115–121
462. STEFANOVSKA, A., L. VODOVNIK: Change in muscle force following electrical stimulation. Scand. J. Rehab. Med. 17 (1985) 141–146

463. STÖHR, M.: Elektromyographische Ruheaktivität. Seltenere Formen der Spontanentladungen in gesunden und kranken Skelettmuskeln. Fortschr. Med. 95 (1977) 2078–2080
464. STÖHR, M.: Elektrophysiologische Untersuchungen bei Polyneuropathien. Internist 25 (1984) 583–588
465. STÖHR, M.: Somatosensorisch Evozierte Potentiale SEP. In: Evozierte Potentiale AEP-VEP-SEP. Hrgs.: MAURER, LOWITZSCH, STÖHR. Enke, Stuttgart 1988
466. STORM, F. K., W. H. HARRISON, R. S. ELLIOTT, D. L. MORTON: Normal tissue and solid tumor effects of hyperthermia in animal models and clinical trials. Cancer Res. 39 (1979) 2245–2251
467. STORM, F. K., W. H. HARRISON, R. S. ELLIOT et al.: Clinical radiofrequency hyperthermia by magnetic-loop induction. J. Microware Power 16 (1981) 179–184
468. STRAUZENBERG, S. E.: Untersuchungen zur Frage einer echten pharmakodynamischen Wirkung der „transkardialen" Magnesiumiontophorese. Dtsch. Ges.wesen 19 (1964) 476–482
469. STREFFER, CH., M. HERBST, H. SCHWABE, Hrsg.: Lokale Hyperthermie. Deutscher Ärzte-Verlag, Köln 1986
470. STUCHY, M. A.: Interaction of radiofrequency and microwave radiation with living systems. Rad. Environom. Biophys. 16 (1979) 1–14
471. STUCHY, M. A.: Medical use of nonionizing electromagnetic waves in the radio and superhigh frequency range: Hazards and standards. In: Biomedical Technology Alan R. Liss Inc. New York 1982, p. 851–865
472. STUX, G.: Grundlagen der Akupunktur. Springer Verlag Berlin, Heidelberg 1986
473. SUHEL, P., B. KRALJ, S. PLEVNIK. Advances in nonimplantable electrical stimulators for correction of urinary incontinence. T.-J.-T.-J. Life Sci. 8 (1978) 11–16
474. SZEHI, E., E. DAVID: Der stereodynamische Interferenzstrom – ein neues Verfahren in der Elektrotherapie. Electromedica 1980, 13–17
475. TAKABE, K., C. KUKULKA, M. G. NARAYAN, M. MILNER, J. V. BASMAJIAN: Peroneal nerve stimulator in rehabilitation of hemiplegic patients. Arch. Phys. Med. Rehabil. 56 (1975) 237–240
476. TALALLA, A.: Electrical stimulation for bladder control. Pace 9 (1986) 164–170
476. TALALLA, A., J. W. BLOOM, N. QUANG: FES for bladder: Direct or indirect means. Pace 10 (1987) 240–245
477. TEGNER, Y., J. LYSHOLM, M. LYSHOLM, J. GILLQUIST: Strengthening exercises for old cruciate ligament tears. Acta Orthop. Scand. 57 (1986) 130–134
478. Medizingeräteverordnung (MedGV) vom 14. 1. 85 (Verordnung über die Sicherheit medizintechnischer Geräte). BGBl. 2, S. 93
479. DIN VDE 107. Starkstromanlagen in Krankenhäusern und medizinisch genutzten Räumen außerhalb von Krankenhäusern. Ausgabe Nov. 1989
480. THIELE, P., E. RUNGE, G. HEMPEL et al.: Aktuelle Therapie chronischer arterieller Verschlußkrankheiten. Zsch. Ges. Innere Med. Grenzgeb. 42 (1987) 661–667
481. THIELE, V.: Über die Möglichkeit einer Blockade des Ganglion stellatum mit niederfrequenten Impulsströmen. Inaugural-Dissertation. Medizinische Akademie „Carl Gustav Carus", Dresden 1969
482. THODEN, U., R. P. GRUBER, J.-U. KRAINICK, L. HUBER-MÜCK: Langzeitergebnisse transkutaner Nervenstimulation bei chronisch neurogenen Schmerzzuständen. Nervenarzt 50 (1979) 179–18
483. THODEN, U., G. SITZER: Die transkutane elektrische Nervenstimulation (TENS) in der Schmerzbehandlung. Nervenheilkunde 6 (1987) 239–241
484. THOM, H.: Einführung in die Kurzwellentherapie. München/Berlin 1956
485. THOM, H.: Die Elektrotherapie der schmerzhaften Schultersteife. Arch. Phys. Therap. 2 (1960) 105–114

486. THOM, H.: Einführung in die Kurzwellentherapie. Urban & Schwarzenberg, 3. Aufl., München u. Berlin 1963
487. THOM, H.: Stereodynamische Interferenzstromtherapie – Grundlagen und erste Ergebnisse. Electromedica 1980, 18–20
488. THORSTEINSSON, M. D., H. H. STONNINGTON, G. K. STILLWELL, L. R. ELVEBACK: Transcutaneous electrical stimulation: a double-blind trial of its efficacy for pain. Arch. Phys. Med. Rehabil. 58 (1977) 8–13
489. TOREBJÖRK, H. E., R. G. HALLIN: Excitation failure in thin nerve fiber structures and accompanying hypalgesia during repetitive electric skin stimulation. Advances in Neurology. Vol. 4, Edit. I. I. BONICA. New York, 1974, p. 720
490. TOREBJÖRK, H. E., R. G. HALLIN: Response in human A and C fibers to repeated electrical intradermal stimulation. J. Neurol. Neurosurg. Psych. 37 (1974) 653–664
491. TRÄBERT, H.: Reizstrommassage. Dtsch. Ges.wesen 15 (1966) 543–547
492. TRAVELL, J., D. G. SIMONS: Myofascial pain and dysfunction: The trigger point Manual, Williams & Wilkins, Baltimore 1983
493. TRNAVSKY, G.: Rheographische Überprüfung der Durchblutungsänderung an der unteren Extremität nach perkutaner elektrischer Reizung von Akupunkturpunkten. Wien. Med. Wschr. 127 (1977) 659–662
494. TRNAVSKY, G.: Experimentelle Überprüfung der Rechteck-i-t-Kurve mit Hilfe der Hyperbelform von Hoorweg und Weiß. Z. Physiother. 32 (1980) 25–27
495. TROJABURG, W., F. BUCHTHAL: Malignant and benign fasciculations. Acta Neurol. Scand. 41 Suppl. 13 (1965) 251–254
496. TRONTELJ, J., E. STÅLBERG: Responses to electrical stimulation of denervated human muscle fibres recorded with single fibre EMG. J. Neurol. Neurosurg. Psychiatry 46 (1983) 305–309
497. ULLMANN, E.: Überprüfung der durchblutungsfördernden Wirkung niederfrequenter und amplitudenmodulierter Mittelfrequenzreizströme bei Gefäßgesunden mit Hilfe der Venenverschlußplethysmographie. Diplomarbeit, Medizin. Akad. Dresden 1976
498. URABE, Y.: Strengthening the quadriceps femoris by electrical stimulation. J. Am. Phys. Ther. Assn. 66 (1986) 283
499. VALENČIČ, V., L. VODOVNIK, M. STEFANCIC, T. JELNIKAR: Improved motor response due to chronic electrical stimulation of denervated tibialis anterior muscle in humans. Muscle & Nerve 9 (1986) 612–617
500. VISSER, S. I., A. ZONNEVELD, W. DE RIJKE et al.: Normal Hoffmann reflex latencies (H-M intervall) in relation to age and body length. Clin. Neurol. Neurosurg. 85-2 (1983) 85–91
501. VÖDISCH, D., A. VÖDISCH: Die Therapie des Dolor post extractionem unter besonderer Berücksichtigung der Dezimeterwellentherapie mittels Kontaktstrahlers. Promotion-A-Arbeit. Medizinische Akademie „Carl Gustav Carus", Dresden 1980
502. VODOVNIK, L., B. R. BOWMAN, P. HUFFORD: Effects of electrical stimulation on spinal spasticity. Scand. J. Rehab. Med. 16 (1984) 29–34
503. VODOVNIK, L., S. REBERSEK: Improvements involuntary control of paretic muscle due to electrical stimulation. In: FIELD, W. S., L. A. LEAVETT (Eds.): Neural organization and its relevance to prostetics. Int. Med. Book Corp., New York 1973, pp. 101–105
504. VODOVNIK, L., S. REBERSEK, A. STEFANOVSKA, T. BAJD: Indirect and direct effects of electrical currents on pathological neuromuscular systems. studia biophysica 112 (1986) 99–104
505. VODOVNIK, L., A. STEFANOVSKA, T. BAJD: Effects of stimulation parameters on modification of spinal spasticity. Med. & Biol. Eng. § Comput 19 (1981) 470–478
506. VODOVNIK, L., V. VALENCIC, P. STROJNIK et al.: Improvement of some abnormal motor functions by electrical stimulation. Med. Progr. Technol. 9 (1982) 141–147
507. VOGEL, P., W. TACKMANN: Zur „Spezifität" elektromyographischer Befunde bei Vorderhornprozessen. Nervenarzt 55 (1984) 279–284

508. Vogler, P., H. Krauss: Periostmassage. Thieme, Leipzig 1963
509. Wagner, A., G. Reichel: Die elektrophysiologische Diagnostik bei zentralen Nervenläsionen. Z. Physiother. 33 (1981) 305–309
510. Wagner, A., L. Zett: Elektrophysiologische Aspekte der Myotonie: Wiss. Zschr. Ernst-Moritz-Arndt-Univ. Greifswald 28 (1979) 221–222
511. Wagner, E.-M., Ch. Gruner, A. Lange: EMG-Biofeedback-Training bei Patienten mit Hemiparese und Fallfuß. Z. Physiother. 40 (1988) 415–421
512. Wagner, E.-M., R. Hentschel, B. Kunath, A. Lange: Elektroneurographische Befunde beim Karpaltunnelsyndrom. Z. Physiother. 36 (1984) 81–86
513. Waisbrod, H., Ch. Panhans, D. Hansen, H. U. Gerbershagen: Direct nerve stimulation for painful peripheral neuropathies. J. Bone Joint Surgery. Brit. Vol. 67 (1985) 470–472
514. Walker, D. C., D. P. Currier, A. J. Threlkeld: Effects of high voltage pulsed electrical stimulation on blood flow. Phys. Ther. 68 (1988) 481–485
515. Wall, D. P., W. H. Sweet: Temporary abolition of pain in man. Science 155 (1967) 108–109
516. Waltz, J. M.: Computerized percutaneous multilevel spinal cord stimulation in motor disorders. Appl. Neurophysiol. 45 (1982) 73–92
517. Waltz, J. M., W. H. Andreesen, D. P. Hunt: Spinal cord stimulation and motor disorders. Pace 10 (1987) 180–204
518. Waltz, J. M., J. A. Davis: Cervical cord stimulation on the treatment of athetosis and dystonia. Advances in Neurology 37: Experimental Therapeutics of Movement Disorders. Ed.: Fahn et al. Raven Press New York 1983
519. Waters, R. L., D. R. Mc Neal, W. Faloon et al.: Functional electrical stimulation of the peroneal nerve for hemiplegia. J. Bone Joint Surg 67-A (1985) 792–793
520. Watson, J., E. M. Downes: Light-weight battery-operable orthopaedic stimulator for the treatment of long-bone nonunions using pulsed magnetic fields. Med. & Biol. Eng. & Comput. 21 (1983) 509–510
521. Wedekind, W. H.: Untersuchungen über elektrische Vollstrom- und Teilstrombäder (System Stanger). Z. Phys. Ther. 43 (1932) 183–186
522. Weiss, G.: Sur la possibilité de rendre comparable entre eux les appareile cervant à l'éxcitation électrique. Arch. Ital. Biol. 35 (1901) 413–446
523. Wigerstad-Lossing, J., G. Gumby, T. Jonsson et al.: Effects of electrical muscle stimulation combined with voluntary contractions after knee ligament surgery. Med. Sports Exerc. 20 (1988) 93–98
524. Wilson, D. H.: Comparison of short wave diathermy and pulsed electromagnetic energy in treatment of soft tissue injuries. Physiotherapy 60 (1974) 309–310
525. Winkelmüller, W., B. U. Seidel, H. Dietz: Über die Beeinflussung von Bewegungsstörungen bei der infantilen Cerebralparese durch chronische Kleinhirnstimulation. Neurochirurgie 20 (1977) 179–185
526. Witt, T. H.: Engpaß-Syndrom peripherer Nerven der oberen Extremität. Münch. med. Wschr. 122 (1980) 1374–1378
527. Wolcott, L. E., P. C. Wheeler, H. M. Hardwicke, B. A. Rowley: Accelerated healing of skin ulcers by electrotherapy: Prelimenary clinical results. South. Med. Ass. 62 (1969) 795–801
528. Wolf, S. L.: Electromyographic biofeedback applications to stroke patients. Phys. Ther. 63 (1983) 1448–1455
529. Wolf, S. L., S. A. Binder-Macleod: Electromyographic biofeedback applications to hemiplegic patients. Phys. Ther. 63 (1983) 1404–1413
530. Wynn Parry, C. B.: Electrodiagnosis. J. Bone Joint Surg. 43 (1958) 222–236
531. Wyss, O. A. M.: Nouveau principe de stimulation electrique: L'excitation ambipolaire par courant alternatif, sinusoidal pur, de fréquence moyenne. Exper. 18 (1962) 341

532. Wyss, O. A. M.: Prinzipien der elektrischen Reizung. Neujahrsblatt. Hrsg. Naturforschende Gesellschaft in Zürich, Lehmann AG Zürich 1976
533. Yamamoto, T., Y. Yamamoto: Analysis for the change of skin impedance. Med. & Biol. Eng. & Comput. 15 (1977) 219–227
534. Yasuda, K., T. Sasaki: Muscle exercise after anterior cruciate ligament reconstruction. Clin. Orthopaed. 220 (1987) 236–244 (1), 275–283 (2)
535. Zeplin, H. E., H. U. Günther, T. H. Stegemann: Erste Erfahrungen mit der therapeutischen Rückenmarkstimulation bei arteriellen Verschlußkrankheiten. angio 10 (1988) 67–72
536. Zimmermann, M.: Physiologie von Schmerz und Schmerzbehandlung. Medwelt 39 (1988) 517–523
537. Zimmermann, M., H. O. Handwerker (Hrsg.): Schmerz-Konzepte und ärztliches Handeln. Springer, Berlin 1984

8. Sachwortverzeichnis

E

F

G

H

I

K

L

M

N

O

P

Q

R

S

T